MICHELIN

Espãna
Portugal

ATLAS DE CARRETERAS
ATLAS RODOVIÁRIO
ATLAS ROUTIER
MOTORING ATLAS

servicio de Turismo
MICHELIN

Los neumáticos y los mapas de carreteras **MICHELIN** constituyen hoy, cada uno en su ámbito, una referencia indiscutible de calidad.

El presente Atlas de Carreteras España – Portugal, síntesis de esta cartografía, aporta al viajero – ya sea turista o profesional de la carretera – un nuevo servicio adaptado a las necesidades de cada uno.

Respetando la riqueza de signos convencionales, la claridad de dibujo y la preocupación por estar al día que le han dado prestigio, el Servicio de Turismo Michelin consagra aquí 95 páginas a la red de carreteras de la Península Ibérica.

Cincuenta y cuatro planos de grandes ciudades garantizan una travesía tranquila de aglomeraciones urbanas, al mismo tiempo que un índice toponímico detallado localiza cerca de 27 000 ciudades y curiosidades.

Unos cuadros sobre las condiciones climáticas permiten elegir acertadamente la época más favorable para visitar una región determinada.

El mapa de carreteras, brújula del conductor, precisa no obstante ir acompañado de algunos consejos sobre alojamientos y nuevos descubrimientos turísticos.

Por ello la Guía Roja España - Portugal (hoteles y restaurantes) y las Guías Verdes de España y de Portugal (curiosidades turísticas) son complementos útiles de este Atlas.

Además, todas las publicaciones sobre la Península Ibérica utilizan el mismo sistema de coordenadas, lo que facilita su uso conjunto.

Fiel a la relación de confianza que mantiene con sus lectores, Michelin recibe siempre con satisfacción sus observaciones y sugerencias. De este modo, con cada una de sus ediciones anuales se aproxima a su objetivo de proporcionar el mejor servicio a sus clientes.

¡Muchas Gracias y Buen Viaje!

Los mapas y las guías
MICHELIN
se complementan,
utilícelos juntos

O pneumático **MICHELIN** e o mapa de estradas do mesmo nome, constituem hoje, cada um no seu domínio, uma referência incontestável de qualidade e de competência.

O presente Atlas Rodoviário Portugal e Espanha, síntese da cartografia dos dois países, proporciona ao grande viajante, quer seja turista ou profissional da estrada, um novo serviço adaptado às necessidades de cada um.

Respeitando a riqueza da legenda, a clareza do desenho, e a preocupação de estar actualizado, valores que fizeram a sua notoriedade, os serviços de turismo MICHELIN dedicam aqui 95 páginas à rede de estradas da Península Ibérica.

As 54 plantas de grandes cidades garantem uma travessia tranquila das aglomerações urbanas e ao mesmo tempo um índice completo localiza 27 000 localidades.

Um quadro das condições climatéricas permite uma escolha judiciosa da época mais favorável à visita de uma região determinada.

O mapa das estradas indispensável para o condutor, necessita também de ser acompanhado de alguns conselhos sobre alojamento e sítios turísticos.

Os Guias Vermelhos Portugal e España-Portugal, para os hotéis e restaurantes, e os Guias Verdes Portugal e Espanha, para as curiosidades turísticas, são os complementos úteis deste atlas.

Esta complementaridade é de fácil utilização, porque o mesmo sistema de coordenadas é utilizado em todas as publicações relativas à Península Ibérica.

Fiel à sua relação privilegiada que mantém com os seus leitores, a Michelin recebe sempre com satisfação as suas observações e sugestões para assim poder assegurar o melhor serviço ao longo das edições anuais.

Agradecemos desde já, desejando-lhe Boa Viagem

Os mapas e Guias
MICHELIN
complementam-se :
utilize-os juntos !

Le Pneumatique **MICHELIN** et la carte routière du même nom constituent aujourd'hui, chacun dans son domaine, une référence incontestée de qualité et de savoir-faire.

Le présent Atlas Routier Espagne et Portugal, synthèse de cette cartographie, apporte donc au grand voyageur – qu'il soit touriste ou professionnel de la route – un nouveau service, adapté au besoin de chacun.

En respectant la richesse de légende, la clarté de dessin et le souci d'actualité qui ont fait leur notoriété, les Services de Tourisme Michelin consacrent ici 95 pages au réseau routier de la Péninsule Ibérique.

Les cinquante-quatre plans de grandes villes garantissent une traversée détendue des agglomérations urbaines, tandis qu'un index complet localise 27 000 noms de lieux et localités.

Un tableau des conditions climatiques permet un choix judicieux de l'époque la plus favorable à la visite d'une région déterminée.

La carte routière, fil d'Ariane du conducteur, demande cependant à être accompagnée de conseils en matière d'hébergement et de découverte touristique.

C'est pourquoi le Guide Rouge España Portugal réservé aux hôtels et restaurants et les Guides Verts Espagne et Portugal pour les curiosités peuvent constituer d'utiles compléments à cet atlas.

Cette complémentarité est d'autant plus aisée que le même système de coordonnées est utilisé dans tous les ouvrages couvrant la Péninsule Ibérique.

Fidèle à la relation privilégiée qu'il entretient avec ses lecteurs, Michelin est toujours heureux de connaître leurs remarques et suggestions. Le service auquel il vise ne peut en être que mieux assuré au fil des éditions annuelles.

Merci d'avance et bonne route !

Les cartes et les guides
MICHELIN
sont complémentaires :
utilisez-les ensemble !

MICHELIN tyres and road maps are, each in their own right, unrivalled benchmarks of quality and expertise.

This Motoring Atlas of Spain and Portugal, a synthesis of our road-mapping, meets the needs of every road-user, whether they are a tourist or a professional driver.

In these 95 pages dedicated to the Iberian peninsular's road network, we have paid close attention to the factors which have gained us our reputation – a detailed key and clear, up-to-date mapping.

The 54 town plans show you an easy route through built-up areas, whilst a full index gives references for 27 000 town and place names.

A table showing climatic conditions allows you to choose carefully when to visit a particular region.

However, whilst being a vital tool for drivers, the Road Atlas needs to be accompanied by information on accommodation and places to visit.

The Red Hotel and Restaurant Guide to Spain and Portugal and the Green Spain and Portugal Guides are both useful complements to this Atlas.

Our publications covering the Iberian peninsular are made even more mutually compatible by all using the same system of coordinates.

In keeping with the valuable relationship we enjoy with our readers, we are always happy to hear your comments and suggestions. In this way we can achieve our aim of providing a high-quality service, by annually updating the information contained within the Atlas.

Thank you in advance. May we wish you a safe journey.

MICHELIN
Maps and Guides
complement one-another:
use them together!

Sumario

Portada interior
Mapa índice

II Michelin
IV **Información general**
VI **Cuadro de distancias**
VIII **Climatología**

1 **Signos convencionales**
2 **España/Portugal** - 1:400 000
80 **Madeira**
90 **Islas Baleares**
92 **Islas Canarias**
96 **Islas Azores**

97 **Índice España**
156 **Índice Portugal**

Contraportada interior
Signos convencionales

Sumário

Verso da capa
Quadro de articulação

II Michelin
IV **Grandes itinerários**
VI **Quadro das distâncias**
VIII **Clima**

1 **Legenda**
2 **Portugal/Espanha** - 1/400 000
80 **Madeira**
90 **Baleares**
92 **Canárias**
96 **Açores**

97 **Índice Espanha**
156 **Índice Portugal**

Verso de contra-capa
Legenda completa

Sommaire

Intérieur de couverture
Tableau d'assemblage

II Michelin
IV **Grands itinéraires**
VI **Tableau de distances**
VIII **Régimes climatiques**

1 **Légende**
2 **Espagne/Portugal** - 1/400 000
80 **Madère**
90 **Iles Baléares**
92 **Iles Canaries**
96 **Iles Açores**

97 **Index Espagne**
156 **Index Portugal**

Intérieur de couverture
Légende complète

Contents

Inside front cover
Key to map pages

II Michelin
IV **Route planning**
VI **Distances**
VIII **Temperatures**

1 **Key to maps**
2 **Spain/Portugal** - 1:400 000
80 **Madeira**
90 **Balearic islands**
92 **Canary islands**
96 **Azores islands**

97 **Index Spain**
156 **Index Portugal**

Inside back cover
Key

Planos de ciudades Plantas de cidade Plans de villes Town plans

España

97 Albacete
99 Alicante/Alacant
99 Almería
101 Ávila
102 Badajoz
102 Barcelona (alrededores)
103 Barcelona
105 Bilbao/Bilbo
106 Burgos
107 Cáceres

107 Cádiz
109 Cartagena
111 Ciudad Real
112 Córdoba
113 La Coruña/A Coruña
115 Elche/Elx
117 Gijón
118 Granada
121 Jerez de la Frontera
122 León
123 Logroño
124 Madrid (alrededores)

125 Madrid
126 Málaga
127 Mérida
129 Murcia
131 Oviedo
132 Palma
133 Las Palmas
     de Gran Canaria
132 Pamplona/Iruñea
139 Salamanca
141 San Sebastián/Donostia
143 Santa Cruz de Tenerife

144 Santander
144 Santiago de Compostela
145 Segovia
145 Sevilla (alrededores)
146 Sevilla
148 Toledo
151 Valencia (alrededores)
152 Valencia
153 Valladolid
154 Vigo
156 Vitoria/Gasteiz
157 Zaragoza

Portugal

159 Braga
160 Coimbra
161 Évora
162 Funchal
163 Lisboa (arredores)
164 Lisboa
166 Porto (arredores)
167 Porto
170 Setúbal

Información general

Autopista	
Autovía	
Carretera general	
Carretera regional	
A 7 N 120	Número de autopista o de carretera
E 80	Número de carretera europea
14	Distancia en kilómetros
⊙	Límite y capital de Comunidad Autónoma
•	Límite y capital de Província (España) de Distrito (Portugal)

Grandes itinerários

Auto - estrada	
Estrada com 2 faixas de rodagem do tipo auto - estrada	
Estrada principal	
Estrada secundária	
A 7 N 120	Número de auto-estrada ou de estrada
E 80	Número de estrada europeia
14	Distância em quilómetros
⊙	Limite e capital de comunidade ou de região autónoma
•	Limite e capital de província (Espanha) distrito (Portugal)

Grands itinéraires

Autoroute	
Double chaussée de type autoroutier	
Route principale	
Route secondaire	
A 7 N 120	Numéro d'autoroute ou de route
E 80	Numéro de route européenne
14	Distance en kilomètres
⊙	Limite et capitale de Communauté ou de Région autonome
•	Limite et capitale de Province (Espagne) de District (Portugal)

Route planning

Motorway	
Dual carriageway with motorway characteristics	
Main road	
Secondary road	
A 7 N 120	Motorway or road number
E 80	European road number
14	Distance in kilometres
⊙	Frontier and capital town of an autonomous Community or Region
•	Frontier and capital town of a Province (Spain) of a District (Portugal)

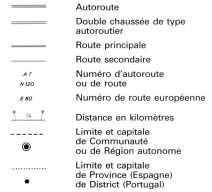

ESPAÑA

Comunidades Autónomas

1. Andalucía
2. Aragón
3. Asturias (Principado)
4. Cantabria
5. Castilla - La Mancha
6. Castilla y León
7. Cataluña/Catalunya
8. Extremadura
9. Galicia
10. Madrid
11. Murcia (Región)
12. Navarra (C. Foral)
13. País Vasco/Euskadi
14. La Rioja
15. Valenciana

	Albacete	Algeciras	Alicante/Alacant	Almería	Andorra la Vella	Aveiro	Ávila	Badajoz	Barcelona	Beja	Bilbao/Bilbo	Braga	Bragança	Burgos	Cáceres	Cádiz	Castellón de la Plana/Castelló de la Plana	Castelo Branco	Ciudad Real	Coimbra	Córdoba	La Coruña/A Coruña	Cuenca	Évora	Faro	Girona	Granada	Guadalajara	Guarda	Huelva	Huesca	Jaén	Jerez de la Frontera	Leiria
Algeciras	606																																	
Alicante/Alacant	168	614																																
Almería	347	344	290																															
Andorra la Vella	626	1216	643	892																														
Aveiro	777	756	945	948	1143																													
Ávila	361	776	530	656	727	416																												
Badajoz	601	410	770	602	1012	345	328																											
Barcelona	519	1108	535	784	189	1143	728	1012																										
Beja	705	414	818	629	1190	398	501	176	1190																									
Bilbao/Bilbo	639	1062	808	941	553	714	400	701	613	874																								
Braga	833	922	1002	1137	1121	123	509	456	1121	508	658																							
Bragança	620	822	789	915	939	274	295	447	940	560	478	212																						
Burgos	481	904	650	783	602	554	240	542	602	715	164	498	318																					
Cáceres	503	460	672	652	914	388	235	95	914	268	609	495	364	449																				
Cádiz	589	118	639	449	1240	687	641	341	1109	345	1018	814	753	860	391																			
Castellón de la Plana/Castelló de la Plana	234	824	251	500	394	936	520	803	286	934	581	992	779	517	705	818																		
Castelo Branco	606	565	774	757	1016	201	319	154	1017	268	662	308	294	502	141	496	807																	
Ciudad Real	218	496	387	411	802	673	256	326	701	549	581	766	552	423	296	432	417	483																
Coimbra	768	707	936	899	1134	59	407	296	1134	349	705	166	320	545	339	638	927	145	624															
Córdoba	351	308	515	331	1002	621	495	275	871	361	780	728	754	622	325	244	579	430	195	572														
La Coruña/A Coruña	859	1171	1027	1153	1121	373	530	705	1122	758	570	250	345	496	678	1066	1018	561	791	419	992													
Cuenca	159	689	327	510	586	689	273	556	552	734	552	743	532	394	458	646	267	560	238	680	407	768												
Évora	711	476	879	691	1121	299	432	108	1122	83	806	406	479	646	199	408	912	186	435	250	357	655	665											
Faro	691	393	810	616	1342	511	689	315	1211	141	1120	618	772	962	439	325	919	407	535	462	346	867	747	222										
Girona	609	1198	625	874	209	1225	810	1094	101	1272	695	1203	1022	685	996	1199	376	1099	791	1216	961	1204	642	1204	1302									
Granada	351	266	350	167	952	813	521	467	845	471	807	920	780	648	490	291	560	622	277	764	169	1019	434	533	458	934								
Guadalajara	273	723	441	602	559	581	166	451	560	629	396	635	425	237	353	680	386	455	241	572	441	660	156	560	782	642	469							
Guarda	619	669	788	914	986	168	259	258	986	372	557	257	189	397	227	600	778	105	514	159	531	507	531	290	511	1068	780	424						
Huelva	580	281	694	504	1231	531	577	247	1100	170	1009	638	690	850	328	213	808	402	423	482	234	888	636	233	112	1189	346	670	506					
Huesca	487	1050	573	822	253	909	494	778	275	956	321	864	682	368	680	1008	363	783	569	900	769	864	378	888	1110	359	796	326	752	998				
Jaén	266	346	409	225	942	723	434	377	781	465	720	853	693	561	427	348	496	532	190	674	109	932	347	462	451	871	92	381	692	339	708			
Jerez de la Frontera	557	104	607	417	1208	655	609	309	1077	313	986	782	721	828	359	39	785	464	400	606	211	1031	613	376	293	1166	259	647	568	181	974	316		
Leiria	783	647	951	839	1193	120	476	237	1194	289	774	227	381	614	280	579	984	158	564	71	510	476	737	190	402	1276	678	632	227	422	959	641	547	
León	598	1013	766	892	783	447	272	512	784	685	345	354	174	182	420	809	757	471	530	493	731	315	510	617	856	866	759	402	366	745	550	672	777	554
Lérida/Lleida	482	1128	498	747	158	987	572	856	158	1034	457	942	761	446	758	1086	249	861	647	978	847	943	431	966	1188	242	808	404	830	1076	116	787	1054	1038
Lisboa	830	598	999	813	1241	247	552	227	1241	184	900	354	508	741	319	529	1032	244	555	198	500	603	785	131	297	1323	655	680	354	353	1007	632	497	138
Logroño	551	1000	646	879	479	676	362	664	480	837	137	620	440	126	571	957	448	623	519	667	719	622	391	768	1060	562	746	275	518	948	246	659	925	735
Lugo	766	1181	934	1060	1031	353	440	685	1032	738	512	230	253	406	588	977	925	490	698	399	899	93	678	639	850	1114	927	570	385	870	774	840	945	460
Madrid	250	670	419	550	617	525	110	393	618	571	394	579	369	236	295	628	409	398	187	516	389	604	162	503	730	700	416	56	368	618	384	329	596	575
Málaga	464	143	472	201	1074	773	634	427	967	431	919	900	893	761	477	257	682	582	355	724	166	1131	546	494	419	1056	124	580	686	307	908	204	219	665
Mérida	543	388	712	580	954	405	321	58	954	236	731	512	434	573	72	320	745	214	268	356	251	762	498	168	368	1036	419	393	297	256	720	382	288	297
Murcia	149	541	86	217	688	930	514	713	580	746	792	986	773	634	656	566	296	759	338	921	442	1012	312	809	733	670	278	426	772	622	618	336	534	936
Orense/Ourense	756	999	924	1050	1046	256	430	589	1046	641	583	133	192	423	462	931	915	391	688	302	889	179	668	542	754	1129	917	560	286	774	789	830	899	363
Oviedo	709	1124	877	1003	839	552	384	623	899	797	290	489	278	301	531	920	868	583	641	598	843	291	621	728	968	981	870	514	478	856	607	783	888	659
Palencia	489	904	658	784	682	482	168	470	683	643	244	412	232	84	377	766	546	429	421	473	623	420	401	574	814	765	650	245	324	702	449	563	734	541
Pamplona/Iruñea	618	1067	649	898	482	767	451	795	483	973	160	709	529	215	660	1024	451	713	586	758	786	711	430	904	1127	565	813	342	608	1015	163	726	992	826
Le Perthus	667	1256	683	932	185	1284	868	1153	159	1331	682	1262	1080	743	1055	1258	434	1157	849	1275	1019	1247	700	1262	1360	62	993	700	1126	1249	416	929	1226	1334
Pontevedra	852	1044	1021	1147	1139	245	524	578	1140	630	647	122	285	517	621	939	1011	434	784	291	855	129	761	531	743	1222	1013	654	383	763	882	926	907	352
Portalegre	635	485	804	677	1046	272	350	74	1046	190	713	379	373	553	132	416	837	81	402	223	347	628	590	109	329	1128	515	484	185	322	812	479	384	163
Porto	817	869	985	1084	1149	70	456	403	1150	455	687	49	209	527	446	764	976	259	711	116	676	298	729	356	568	1232	866	621	208	588	892	830	732	177
Salamanca	460	672	629	755	826	320	100	307	827	480	395	409	178	235	214	603	619	267	355	311	594	464	372	411	651	909	621	265	162	539	593	534	571	379
San Sebastián/Donostia	699	1122	726	1001	453	775	459	761	559	936	102	718	537	223	668	1079	528	721	641	766	840	668	506	867	1181	640	867	419	616	1069	239	780	1047	834
Santander	634	1056	802	935	652	679	365	667	712	840	103	589	409	152	574	1013	680	626	575	670	775	474	546	771	1116	794	802	390	521	1004	420	715	981	738
Santarém	777	593	945	808	1187	183	491	189	1188	185	837	290	444	677	274	524	978	180	517	134	462	539	731	116	342	1270	650	626	290	348	953	594	492	74
Santiago de Compostela	866	1098	1034	1160	1143	300	538	632	1144	685	592	177	299	518	569	994	1025	488	798	346	910	73	775	586	798	1226	1027	668	438	817	886	940	962	407
Segovia	348	763	517	643	714	482	66	394	715	567	358	515	304	199	301	721	507	385	280	473	482	540	260	498	823	797	509	153	324	711	481	422	689	541
Setúbal	799	558	968	773	1210	291	521	196	1210	145	894	398	552	735	288	489	1001	252	524	242	469	647	754	100	257	1292	615	649	356	313	976	601	457	183
Sevilla	492	193	598	408	1143	564	518	218	1012	222	921	671	630	762	268	124	720	373	335	515	146	925	548	284	202	1101	250	582	477	90	909	251	92	455
Soria	445	894	548	773	465	638	265	622	465	800	238	623	413	145	524	851	369	586	412	629	612	641	284	731	953	548	640	169	481	842	231	553	819	698
Tarragona	421	1011	438	687	208	1071	656	940	99	1118	541	1049	868	530	842	1012	189	945	604	1062	774	1050	454	1050	1115	192	747	488	914	1003	207	683	980	1122
Teruel	237	834	318	567	436	830	415	699	427	877	462	887	674	378	601	791	140	704	383	821	552	912	150	809	893	517	580	247	673	782	255	493	759	881
Toledo	241	626	410	505	686	553	137	360	686	538	464	646	436	306	262	583	430	365	118	510	344	671	185	470	685	768	371	125	395	573	452	284	551	542
Valencia	184	752	179	427	465	874	458	741	357	872	602	930	717	578	643	756	73	745	355	865	517	956	205	850	858	447	488	370	716	746	395	451	724	922
Valladolid	442	857	611	737	717	435	121	423	718	596	279	420	210	119	330	720	601	383	374	426	576	445	354	527	767	800	603	247	278	656	484	516	688	495
Viana do Castelo	864	946	1032	1161	1151	147	533	480	1151	532	688	51	276	528	523	841	1023	336	796	193	757	232	773	433	645	1234	948	665	285	665	894	938	809	254
Vigo	855	1019	1023	1149	1142	221	526	553	1142	606	679	98	288	519	596	914	1014	409	787	267	830	156	764	507	719	1224	1016	656	358	738	885	929	882	328
Vila Real	739	818	907	1033	1057	157	367	490	1057	542	594	96	117	434	360	750	898	258	671	203	762	337	651	443	655	1140	900	543	153	674	800	813	718	264
Viseu	685	716	853	979	1051	92	324	305	1051	438	622	182	216	462	293	647	844	152	579	91	578	431	597	339	551	1134	846	489	76	570	818	759	615	160
Vitoria/Gasteiz	595	1018	764	897	567	670	356	657	567	830	70	614	434	120	565	975	535	617	537	661	736	616	508	762	1077	649	764	352	512	966	256	677	943	729
Zamora	509	737	678	804	839	383	165	372	839	545	377	327	113	217	279	668	668	331	441	374	643	398	421	476	716	922	670	314	226	604	582	583	636	443
Zaragoza	412	976	498	747	309	835	420	704	309	882	309	793	612	298	606	934	273	709	495	826	695	794	325	814	1036	392	722	252	678	924	75	635	902	886

Distancias Distâncias Distances

El kilometraje está calculado desde el centro de la ciudad y por la carretera más práctica para el automovilista, que no tiene porqué ser la más corta.

As distâncias são calculadas desde o centro da cidade e pela estrada mais prática para o automobilista mas que não é necessariamente a mais curta.

Les distances sont comptées à partir du centre-ville et par la route la plus pratique, c'est-à-dire celle qui offre les meilleures conditions de roulage, mais qui n'est pas nécessairement la plus courte.

Distances are calculated from town-centres and using the best roads from a motoring point of view – not necessarily the shortest.

622 km

Lisboa - Valladolid

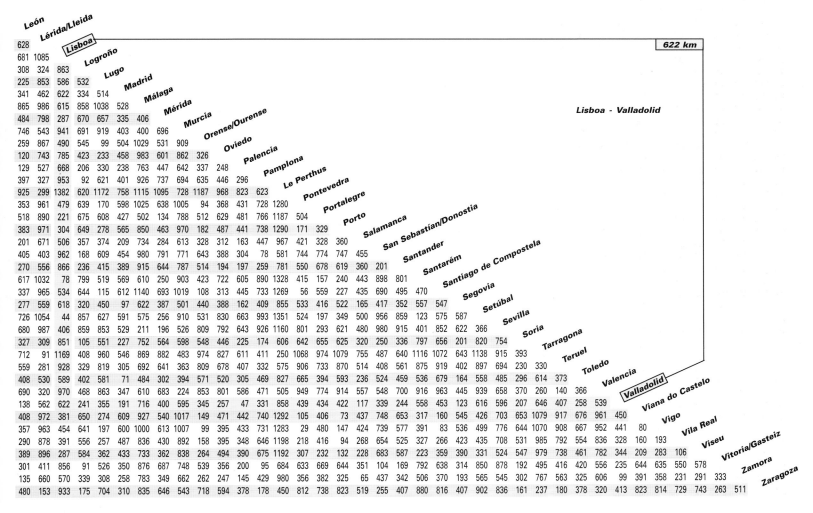

	León	Lérida/Lleida	Lisboa	Logroño	Lugo	Madrid	Málaga	Mérida	Murcia	Orense/Ourense	Oviedo	Palencia	Pamplona	Le Perthus	Pontevedra	Portalegre	Porto	Salamanca	San Sebastián/Donostia	Santander	Santarém	Santiago de Compostela	Segovia	Setúbal	Sevilla	Soria	Tarragona	Teruel	Toledo	Valencia	Valladolid	Viana do Castelo	Vigo	Vila Real	Viseu	Vitoria/Gasteiz	Zamora
Lérida/Lleida	628																																				
Lisboa	681	1085																																			
Logroño	308	324	863																																		
Lugo	225	853	586	532																																	
Madrid	341	462	622	334	514																																
Málaga	865	986	615	858	1038	528																															
Mérida	484	798	287	670	657	335	406																														
Murcia	746	543	941	691	919	403	400	696																													
Orense/Ourense	259	867	490	545	99	504	1029	531	909																												
Oviedo	120	743	785	423	233	458	983	601	862	326																											
Palencia	129	527	668	206	330	238	763	447	642	337	248																										
Pamplona	397	327	953	92	621	401	926	737	694	635	446	296																									
Le Perthus	925	299	1382	620	1172	758	1115	1095	728	1187	968	823	623																								
Pontevedra	353	961	479	639	170	598	1025	638	1005	94	368	431	728	1280																							
Portalegre	518	890	221	675	608	427	502	134	788	512	629	481	766	1187	504																						
Porto	383	971	304	649	278	565	850	463	970	182	487	441	738	1290	171	329																					
Salamanca	201	671	506	357	374	209	734	284	613	328	312	163	447	967	421	328	360																				
San Sebastián/Donostia	405	403	962	168	609	454	980	791	771	643	388	304	78	581	744	774	747	455																			
Santander	270	556	866	236	415	389	915	644	787	514	194	197	259	781	550	678	619	360	201																		
Santarém	617	1032	78	799	519	569	610	250	903	423	722	605	890	1328	415	157	240	443	898	801																	
Santiago de Compostela	337	965	534	644	115	612	1140	693	1019	108	313	445	733	1269	56	559	227	435	690	495	470																
Segovia	277	559	618	320	450	97	622	387	501	440	388	162	409	855	533	416	522	165	417	352	557	547															
Setúbal	726	1054	44	857	627	591	575	256	910	531	830	663	993	1351	524	197	349	500	956	859	123	575	587														
Sevilla	680	987	406	859	853	529	211	196	526	809	792	643	926	1160	801	293	621	480	980	915	401	852	622	366													
Soria	327	309	851	105	551	227	752	564	598	548	446	225	174	606	642	655	625	320	250	336	797	656	201	820	754												
Tarragona	712	91	1169	408	960	546	869	882	483	974	827	611	411	250	1068	974	1079	755	487	640	1116	1072	643	1138	915	393											
Teruel	559	281	928	329	819	305	692	641	363	809	678	407	332	575	906	733	870	514	408	561	875	919	402	897	694	230	330										
Toledo	408	530	589	402	581	71	484	302	394	571	520	305	469	827	665	394	593	236	524	459	536	679	164	558	485	296	614	373									
Valencia	690	320	970	468	863	347	610	683	224	853	801	586	471	505	949	774	914	557	548	700	916	963	445	939	658	370	260	140	366								
Valladolid	138	562	622	241	355	191	716	400	595	345	257	47	331	858	439	434	422	117	339	244	558	453	123	616	596	207	646	407	258	539							
Viana do Castelo	408	972	381	650	274	609	927	540	1017	149	471	442	740	1292	105	406	73	437	748	653	317	160	545	426	703	653	1079	917	676	961	450						
Vigo	357	963	454	641	197	600	1000	613	1007	99	395	433	731	1283	29	480	147	424	739	577	391	83	536	499	776	644	1070	908	667	952	441	80					
Vila Real	290	878	391	556	257	487	836	430	892	158	395	348	646	1198	218	416	94	268	654	525	327	266	423	435	708	531	985	792	554	836	328	160	193				
Viseu	389	896	287	584	362	433	733	362	838	264	494	390	675	1192	307	232	132	228	683	587	223	359	390	331	524	547	979	738	461	782	344	209	283	106			
Vitoria/Gasteiz	301	411	856	91	526	350	876	687	748	539	356	200	95	684	633	669	644	351	104	169	792	638	314	850	878	192	495	416	420	556	235	644	635	550	578		
Zamora	135	660	570	339	308	258	783	349	662	262	247	145	429	980	356	382	325	65	437	342	506	370	193	565	545	302	767	563	325	606	99	391	358	231	291	333	
Zaragoza	480	153	933	175	704	310	835	646	543	718	594	378	178	450	812	738	823	519	255	407	880	816	407	902	836	161	237	180	378	320	413	823	814	729	743	263	511

Climatología Clima Climat Climate

MEDIA MENSUAL DE TEMPERATURAS
16 máx. diaria en rojo
8 mín. diária en negro

MÉDIA MENSAL DE TEMPERATURAS
16 máx. diária em vermelho
8 mín. diária em preto

TEMPÉRATURES (MOYENNE MENSUELLE)
16 max. quotidien en rouge
8 min. quotidien en noir

AVERAGE DAILY TEMPERATURE
16 maximum in red
8 minimum in black

TEMPERATURA MEDIA DEL MAR

TEMPERATURA MÉDIA DA ÁGUA DO MAR

TEMPÉRATURE MOYENNE DE L'EAU DE MER

AVERAGE SEA TEMPERATURE

MEDIA MENSUAL DE PRECIPITACIONES - MÉDIA MENSAL DE PRECIPITAÇÕES
PRÉCIPITATIONS (MOYENNE MENSUELLE) **- AVERAGE MONTHLY RAINFALL**

0-20 mm	20-50 mm	50-100 mm	+ 100 mm

Temperaturas medias (máxima en rojo / mínima en negro)

Ciudad	T	1	2	3	4	5	6	7	8	9	10	11	12
Albacete	máx	9	12	16	19	22	28	33	32	27	20	14	10
	mín	-1	-1	1	2	5	8	12	15	16	13	7	3
Alicante/Alacant	máx	16	18	20	22	25	29	32	32	30	25	21	17
	mín	6	6	8	10	13	17	19	20	18	14	10	7
Almería	máx	16	16	18	20	22	26	29	29	27	23	19	17
	mín	8	8	10	12	15	18	21	22	20	16	12	9
Andorra la Vella	máx	6	7	12	14	17	23	26	24	21	16	10	6
	mín	-1	-1	2	4	6	10	12	12	10	6	2	-1
Badajoz	máx	13	15	18	21	24	30	34	33	29	23	17	13
	mín	4	5	8	9	12	16	18	18	16	12	8	5
Barcelona	máx	13	14	16	18	21	25	28	28	25	21	16	13
	mín	6	7	9	11	14	18	21	21	19	15	11	7
Bilbao/Bilbo	máx	12	13	17	17	20	23	25	25	23	21	16	13
	mín	5	5	7	7	9	13	14	14	13	11	8	6
Bragança	máx	8	10	13	16	19	24	28	28	24	18	12	8
	mín	1	1	3	5	8	11	13	13	11	8	4	1
Burgos	máx	6	8	12	15	18	24	25	22	16	10	6	6
	mín	0	2	4	7	10	12	12	10	7	3	0	0
Cádiz	máx	15	16	18	21	23	27	29	30	27	23	19	16
	mín	8	9	11	12	14	18	20	20	19	16	12	9
Castelo Branco	máx	11	13	16	18	24	28	32	31	27	21	15	12
	mín	5	5	7	9	12	16	18	18	16	12	8	5
Córdoba	máx	14	16	19	23	26	32	36	36	31	24	19	14
	mín	4	5	8	10	13	17	19	20	17	13	8	5
La Coruña/A Coruña	máx	13	13	15	16	18	20	22	23	22	19	16	13
	mín	7	7	8	9	11	13	15	15	14	12	9	7
Cuenca	máx	8	10	13	16	20	25	30	29	25	18	12	9
	mín	-2	-2	1	4	7	11	14	14	11	6	2	-1
Faro	máx	15	16	18	20	23	26	29	29	26	23	19	16
	mín	9	9	11	12	14	17	19	19	18	16	12	9
Funchal (Madeira)	máx	19	19	20	20	21	22	24	25	25	24	22	20
	mín	13	13	14	14	15	16	18	19	19	19	16	14
Gijón	máx	13	13	15	16	18	20	22	23	22	19	16	13
	mín	6	6	8	9	11	14	16	16	15	12	8	7
Granada	máx	12	14	18	20	24	30	34	34	29	22	17	12
	mín	1	2	5	7	9	14	17	17	14	9	5	2
León	máx	7	9	13	16	19	24	28	27	23	17	11	7
	mín	-1	-1	2	4	6	10	12	12	10	6	2	0
Lérida/Lleida	máx	9	13	18	21	25	29	32	32	28	21	14	10
	mín	1	1	5	8	11	15	18	18	15	10	4	2
Lisboa	máx	14	15	18	20	22	26	28	28	26	23	18	15
	mín	8	8	10	11	13	16	17	17	17	14	11	8
Madrid	máx	9	11	15	18	21	27	31	30	26	19	13	9
	mín	2	2	5	7	10	14	17	17	14	9	5	2
Mar Menor	máx	15	16	18	19	23	25	29	30	27	20	18	15
	mín	5	5	8	9	13	17	20	20	18	14	10	6
Palma (Baleares)	máx	14	15	17	19	22	26	29	29	27	23	18	15
	mín	6	6	8	10	13	17	19	20	18	14	10	8
Pamplona/Iruñea	máx	9	10	14	16	20	24	27	27	24	19	12	9
	mín	1	1	4	6	9	12	14	14	12	8	4	2
Peniche	máx	14	14	16	17	18	20	20	20	20	19	16	15
	mín	9	9	10	12	13	15	16	16	16	14	12	9
Ponta Delgada (Açores)	máx	17	17	18	18	20	22	24	25	24	22	20	18
	mín	11	11	11	12	13	15	17	18	17	16	14	12
Porto	máx	14	14	16	18	20	22	23	23	23	21	17	14
	mín	6	6	8	9	11	13	15	14	14	12	8	5
Puerto de Navacerrada	máx	2	3	5	8	11	17	22	21	17	11	6	3
	mín	-4	-4	-1	0	3	7	11	10	8	3	0	-3
Salamanca	máx	8	10	14	17	20	26	30	30	25	19	13	8
	mín	-1	0	2	4	7	11	13	13	11	6	2	0
San Sebastián/Donostia	máx	10	11	14	15	18	21	22	23	23	17	13	10
	mín	5	5	8	9	11	14	15	16	15	13	8	6
Santa Cruz de T. (Canarias)	máx	20	21	22	23	24	26	28	29	28	26	24	21
	mín	14	14	14	15	16	18	20	21	20	19	17	15
Santander	máx	12	12	15	15	17	20	22	22	21	18	15	12
	mín	7	6	8	9	11	14	16	16	15	12	9	7
Santiago de Compostela	máx	11	12	15	16	18	22	24	24	22	19	14	12
	mín	4	4	6	6	8	11	13	13	12	10	7	5
Sevilla	máx	15	17	20	23	26	32	36	36	32	26	20	16
	mín	6	6	9	11	13	17	20	20	18	14	10	7
Sines	máx	15	15	16	16	18	19	21	21	21	20	17	16
	mín	9	9	10	11	13	15	16	16	16	14	12	10
Tarifa	máx	16	17	18	20	22	24	27	27	26	23	20	17
	mín	10	11	12	13	15	17	20	20	19	16	14	11
Tarragona	máx	13	14	16	18	22	26	29	29	26	22	17	14
	mín	5	6	8	10	13	17	20	20	18	14	9	6
Toledo	máx	10	13	16	19	23	29	33	32	28	21	15	10
	mín	2	3	5	8	11	15	17	17	15	10	5	2
Valencia	máx	15	16	18	20	23	26	29	29	27	23	19	16
	mín	5	6	8	10	13	17	20	20	18	14	10	7
Valladolid	máx	7	10	14	16	20	25	29	29	24	18	12	8
	mín	0	0	3	5	8	12	14	14	11	7	3	1
Vigo	máx	14	14	16	18	22	24	24	24	23	20	16	14
	mín	7	7	9	10	12	14	16	16	15	12	10	8
Zaragoza	máx	10	12	16	19	23	27	31	30	26	20	14	10
	mín	2	3	8	11	15	17	20	17	15	10	6	4

Temperatura media del mar / Average sea temperature

Ciudad	1	2	3	4	5	6	7	8	9	10	11	12
Alicante/Alacant	14	13	14	15	16	20	22	25	23	21	17	15
Almería	15	14	15	15	17	19	21	23	22	20	17	15
Barcelona	12	12	13	14	17	20	23	23	22	19	16	14
Cádiz	14	14	15	15	16	18	20	21	20	20	17	15
La Coruña/A Coruña	12	12	13	13	13	15	18	18	18	17	14	13
Funchal (Madeira)	18	17	17	18	18	20	21	22	23	22	21	19
Gijón	12	12	12	13	13	15	18	19	18	17	14	13
Mar Menor	14	13	14	15	17	20	22	24	23	21	17	15
Palma (Baleares)	13	13	13	15	17	21	23	25	23	21	18	15
Peniche	14	14	14	14	15	16	16	17	16	16	15	14
Porto	12	12	13	14	15	15	16	15	16	16	14	13
San Sebastián/Donostia	11	11	12	12	13	17	19	22	19	18	14	12
Santa Cruz de T. (Canarias)	19	18	18	18	19	20	21	22	23	22	21	20
Santander	12	11	12	12	13	15	19	19	17	14	13	12
Sines	14	14	14	14	15	16	16	17	16	16	15	14
Tarragona	13	12	13	14	15	19	23	22	22	19	16	14
Valencia	14	12	13	14	16	19	22	24	23	20	17	14
Vigo	13	13	13	13	14	16	18	18	19	18	15	14

Signos convencionales
Para más información ver contraportada interior

Carreteras
Autopista
Áreas de servicio — LA SAFOR
Autovía
Accesos : completo - parciales
Números de los accesos
Carretera general :
con calzadas separadas
con 4 carriles - con 2 carriles anchos
con 2 carriles - con 2 carriles estrechos
asfaltada, en mal estado - sin asfaltar
Carretera regional :
con calzadas separadas
con 2 carriles - con 2 carriles estrechos
asfaltada, en mal estado - sin asfaltar
Otra carretera : asfaltada - sin asfaltar
Carretera en construcción
(en su caso : fecha de entrada en servicio prevista)
Distancias en carretera
Distancias en autopista :
tramo de peaje
tramo libre

Transportes
Línea férrea - Estación de viajeros
Línea marítima con transporte de coches
(enlace de temporada : signo rojo)
Barcaza para el paso de coches
(carga máxima en toneladas)
Aeropuerto - Aeródromo

Localidades
Localidad con plano
en la Guía Roja Michelin

Legenda
Ver a legenda completa no interior da capa

Estradas
Auto-estrada
Área de serviço — LA SAFOR
Estrada com 2 faixas de rodagem tipo auto-estrada
Nós : completo - parciais
Número de nós
Estrada de ligação principal :
com faixas de rodagem separadas
com 4 vias - com 2 vias largas
com 2 vias - com 2 vias estreitas
asfaltada, em mau estado - não asfaltada
Estrada de ligação regional :
com faixas de rodagem separadas
com 2 vias - com 2 vias estreitas
asfaltada, em mau estado - não asfaltada
Outra estrada : asfaltada - não asfaltada
Estrada em construção
(eventual data prevista para estrada transitável)
Distâncias na estrada :
Distâncias na auto-estrada :
secção com portagem
secção sem portagem

Transportes
Via férrea - Estação de passageiros
Linha de navegação com transporte de automóveis
(ligação de temporada : sinal vermelho)
Barcaça para passagem de automóveis
(carga máxima em toneladas)
Aeroporto - Aeródromo

Localidades
Localidade cuja planta esta
no Guia Vermelho Michelin

Légende
Voir la légende complète à l'intérieur de la couverture

Routes
Autoroute
Aires de service — LA SAFOR
Double chaussée de type autoroutier
Echangeurs : complet - partiels
Numéros d'échangeurs
Route de liaison principale :
à chaussées séparées
à 4 voies - à 2 voies larges
à 2 voies - à 2 voies étroites
revêtue, en mauvais état - non revêtue
Route de liaison régionale :
à chaussées séparées
à 2 voies - à 2 voies étroites
revêtue, en mauvais état - non revêtue
Autre route : revêtue - non revêtue
Route en construction
(le cas échéant : date de mise en service prévue)
Distances sur route
Distances sur autoroute :
section à péage
section libre

Transports
Voie ferrée - Station voyageurs
Ligne de navigation passant les autos
(liaison saisonnière : signe rouge)
Bac passant les autos
(charge maximum en tonnes)
Aéroport - Aérodrome

Localités
Localité possédant un plan
dans le Guide Rouge Michelin

Segni convenzionali
Vedere la legenda completa all'interno della copertina

Strade
Autostrada
Area di servizio — LA SAFOR
Doppia carreggiata di tipo autostradale
Svincoli : completo - parziali
Svincoli numerati
Strada principale :
a carreggiate separate
a 4 corsie - a 2 corsie larghe
a 2 corsie - a 2 corsie strette
con, senza rivestimento - in pessimo stato
Strada regionale :
a carreggiate separate
a 2 corsie - a 2 corsie strette
con, senza rivestimento - in pessimo stato
Altra strada : con, senza rivestimento
Strada in costruzione
(data di apertura prevista)
Distanze su strada
Distanze su autostrada :
tratto a pedaggio
tratto libero

Trasporti
Ferrovia - Stazione viaggiatori
Linea di navigazione trasporto auto
(stagionale : segno rosso)
Trasporto auto su chiatta
(carico massimo in tonnellate)
Aeroporto - Aerodromo

Località
Località con pianta
sulla Guida Rossa Michelin

Zeichenerklärung
Vollständige Zeichenerklärung siehe Umschlaginnenseite

Straßen
Autobahn
Tankstelle mit Raststätte — LA SAFOR
Schnellstraße mit getrennten Fahrbahnen
Anschlußstellen : Autobahnein- und/oder - ausfahrt
Nummern der Anschlußstellen
Hauptverbindungsstraße :
mit getrennten Fahrbahnen
4 Fahrspuren - 2 breite Fahrspuren
2 Fahrspuren - 2 schmale Fahrspuren
mit Belag, in schlechtem Zustand - ohne Belag
Regionale Verbindungsstraße :
mit getrennten Fahrbahnen
2 Fahrspuren - 2 schmale Fahrspuren
mit Belag, in schlechtem Zustand - ohne Belag
Andere Straße : mit Belag - ohne Belag
Straße im Bau
(ggf. voraussichtliches Datum der Verkehrsfreigabe)
Entfernungsangaben auf der Straße
Entfernungsangaben auf der Autobahn :
gebührenpflichtiger Abschnitt
gebührenfreier Abschnitt

Transport
Bahnlinie - Bahnhof
Autofähren
(rotes Zeichen : saisonbedingte Verbindung)
Autofähre
(Höchstbelastung in t)
Flughafen - Flugplatz

Ortschaften
Ort mit Stadtplan
im Roten Michelin-Führer

Key to symbols
A full key to symbols appears inside the front cover

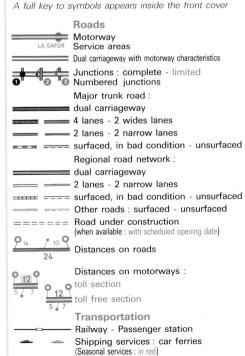

Roads
Motorway
Service areas — LA SAFOR
Dual carriageway with motorway characteristics
Junctions : complete - limited
Numbered junctions
Major trunk road :
dual carriageway
4 lanes - 2 wides lanes
2 lanes - 2 narrow lanes
surfaced, in bad condition - unsurfaced
Regional road network :
dual carriageway
2 lanes - 2 narrow lanes
surfaced, in bad condition - unsurfaced
Other roads : surfaced - unsurfaced
Road under construction
(when available : with scheduled opening date)
Distances on roads
Distances on motorways :
toll section
toll free section

Transportation
Railway - Passenger station
Shipping services : car ferries
(Seasonal services : in red)
Ferry : cars
(maximum load : in metric tons)
Airport - Airfield

Towns

Towns having a plan
in the Michelin Red Guide

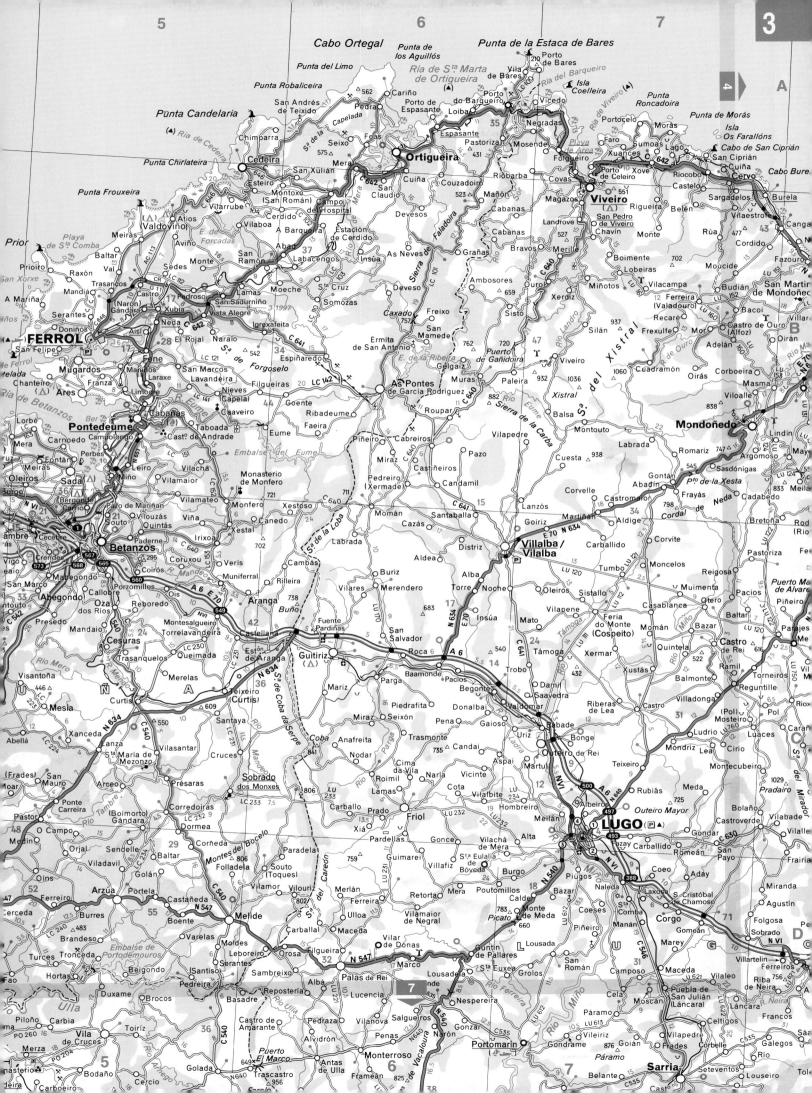

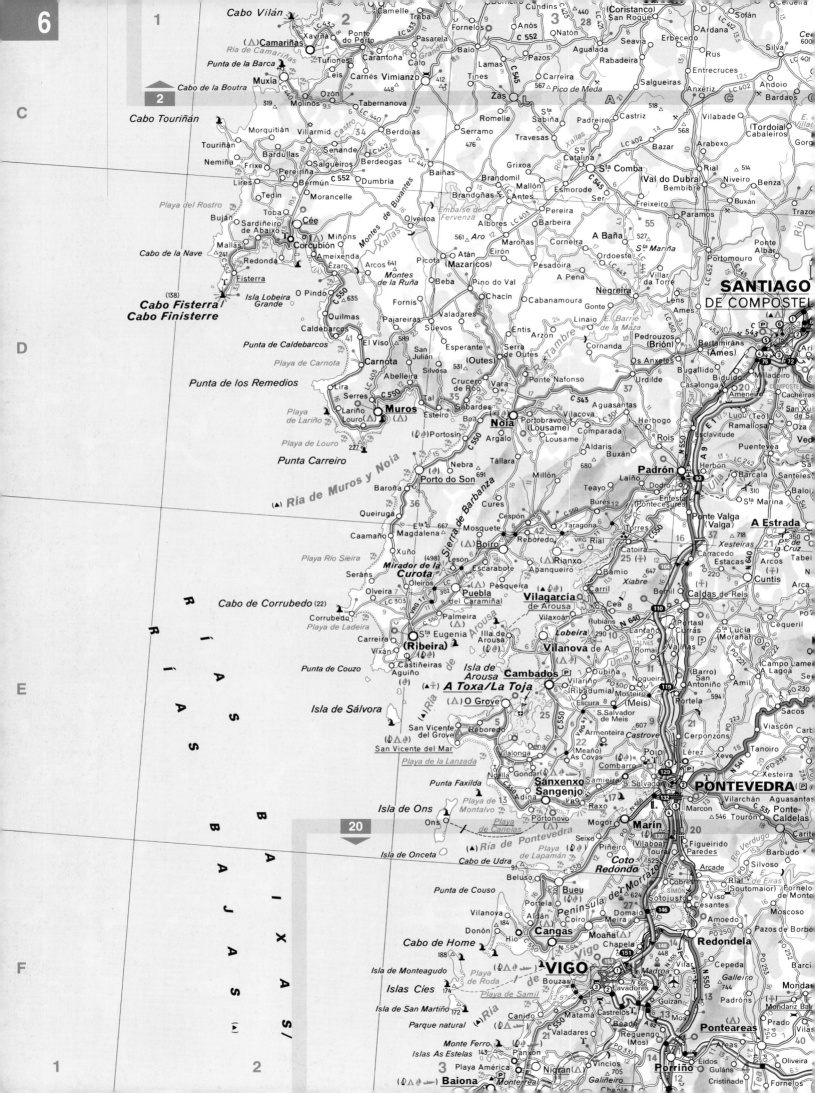

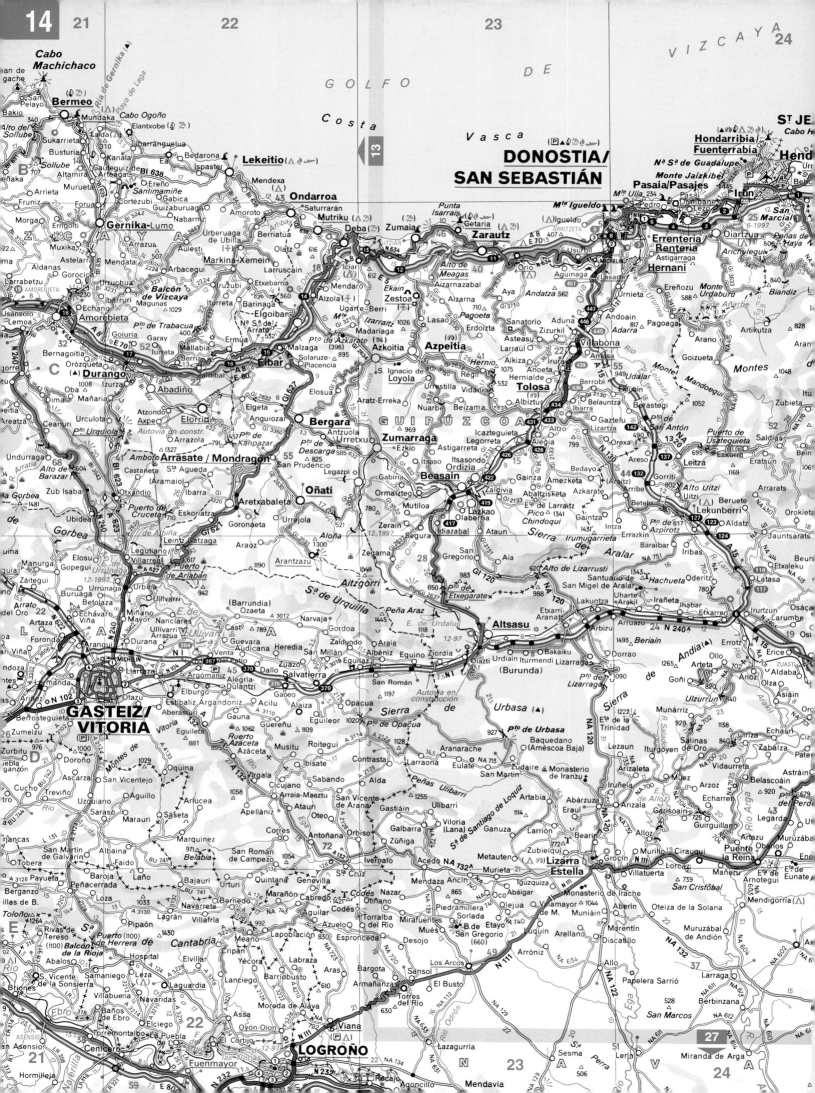

COSTA VERDE

VIGO
Cangas
Bueu
Baiona
Nigrán
Gondomar
Porriño
Ponteareas
Redondela
A Cañiza
Ribadavia
Faro de Avión
Melgaço
Monção
As Neves
Salvaterra de Miño
Tui
Valença do Minho
Monte do Faro
A Garda
Sta Tecla
Caminha
Vila Praia de Âncora
Viana do Castelo
Paredes de Coura
Arcos de Valdevez
Ponte da Barca
Ponte de Lima
Gerês
Caldelas
Vila Verde
Amares
Esposende
Praia de Ofir
Bárcelos
BRAGA
Bom Jesus do Mte
Póvoa de Lanhoso
Vieira do Minho
Guimarães
Fafe
Vila Nova de Famalicão
Caldas de Vizela
Póvoa de Varzim
Vila do Conde
Sto Tirso
Felgueiras

Serra da Peneda
Serra do Soajo
Serra da Peneda-Gerês
Parque Nacional
Parque natural del Monte Alhoya

Ria de Pontevedra
Islas Cíes
Cabo de Home
Ria de Vigo
Playa de Samil

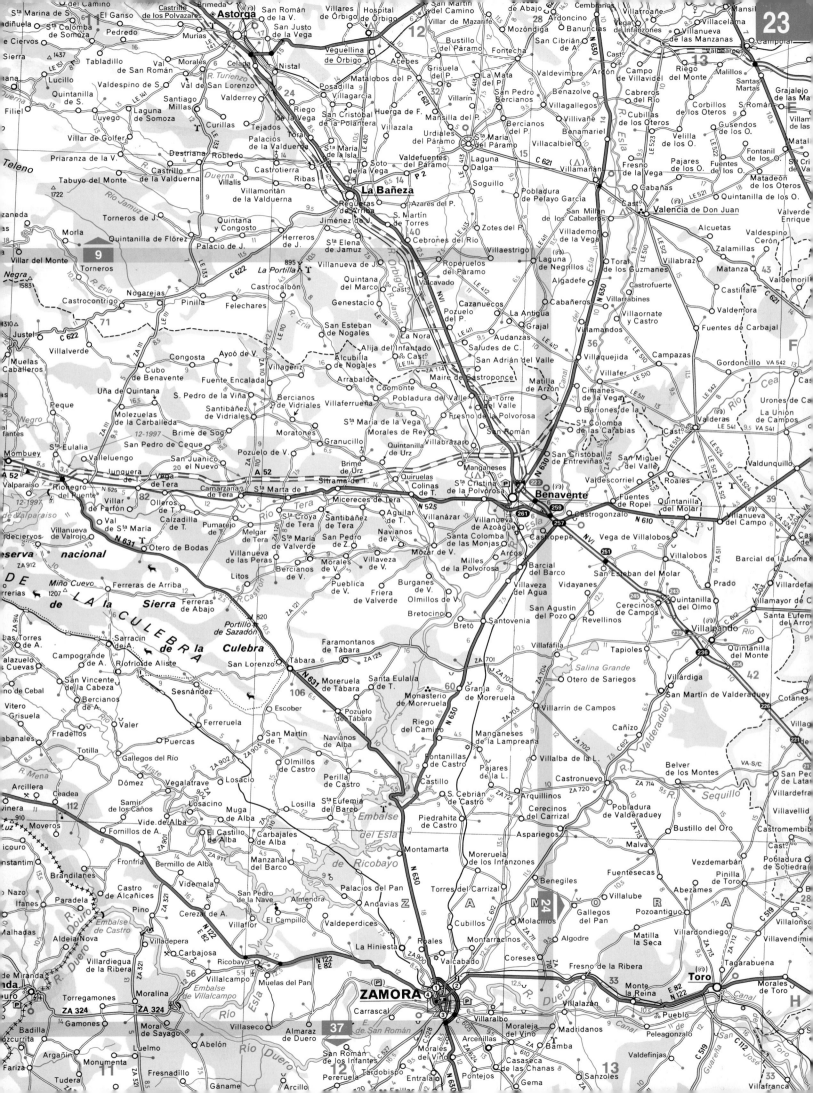

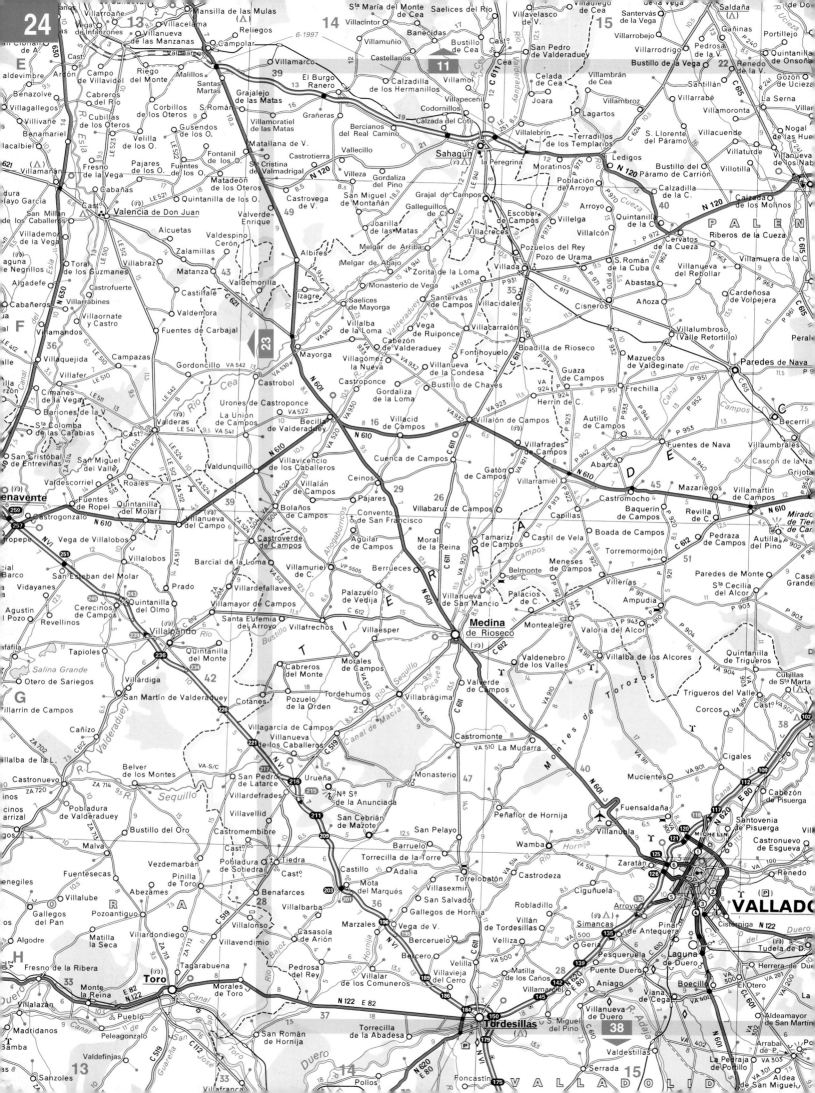

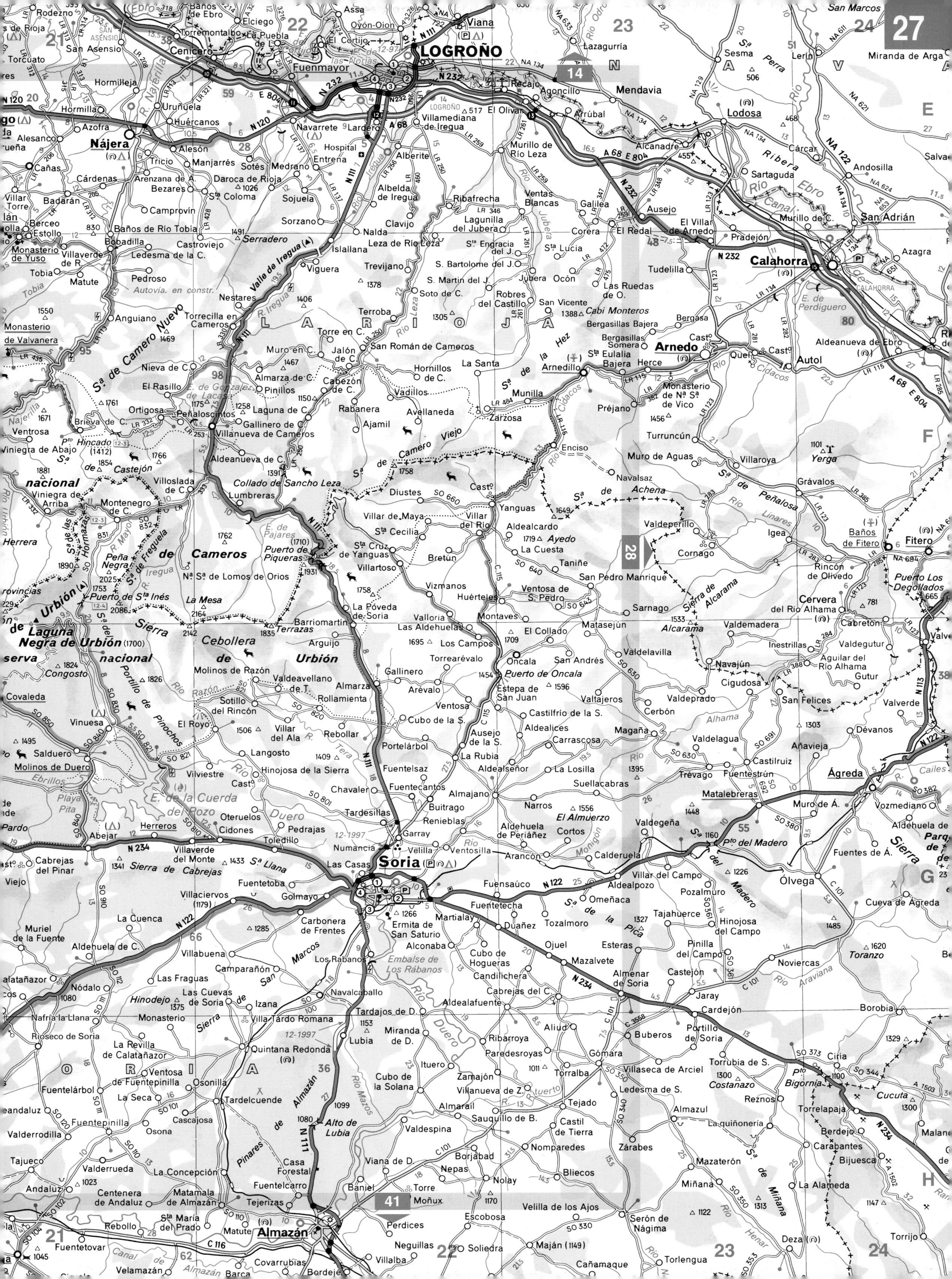

LOGROÑO
Nájera
Calahorra
Arnedo
Soria
Almazán
Ágreda
Lodosa
San Adrián
Mendavia
Viana
Cenicero
Fuenmayor
Navarrete
Lardero
Villamediana de Iregua
Murillo de Río Leza
Ribafrecha
Albelda de Iregua
Alberite
Clavijo
Nalda
Leza de Río Leza
Islallana
Viguera
Trevijano
Torrecilla en Cameros
Nestares
Pinillos
El Rasillo
Ortigosa
Villanueva de Cameros
Aldeanueva de C.
Lumbreras
Villoslada de C.
Montenegro de C.
Puerto de Piqueras
Sta Cruz de Yanguas
Villartoso
Yanguas
Enciso
Munilla
Arnedillo
Préjano
Herce
Autol
Quel
Cervera del Río Alhama
Aguilar del Río Alhama
Cornago
Igea
Baños de Fitero
Fitero
Ágreda
Ólvega
Matalebreras
San Pedro Manrique
Oncala
Garray
Numancia
Las Casas
Golmayo
Carbonera de Frentes
Quintana Redonda
Tardelcuende
Osona
Matamala de Almazán
Sta María del Prado
Covaleda
Vinuesa
Molinos de Duero
Salduero
Duruelo
Abejar
Herreros
Cidones
Cabrejas del Pinar
Nódalo
Calatañazor
Muriel de la Fuente
Nafría la Llana
Rioseco de Soria
Valderrueda
Berlanga
Gómara
Almenar de Soria
Castejón
Jaray
Cardejón
Borobia
Ciria
Torrelapaja
Bijuesa
Deza
Cihuela
Serón de Nágima

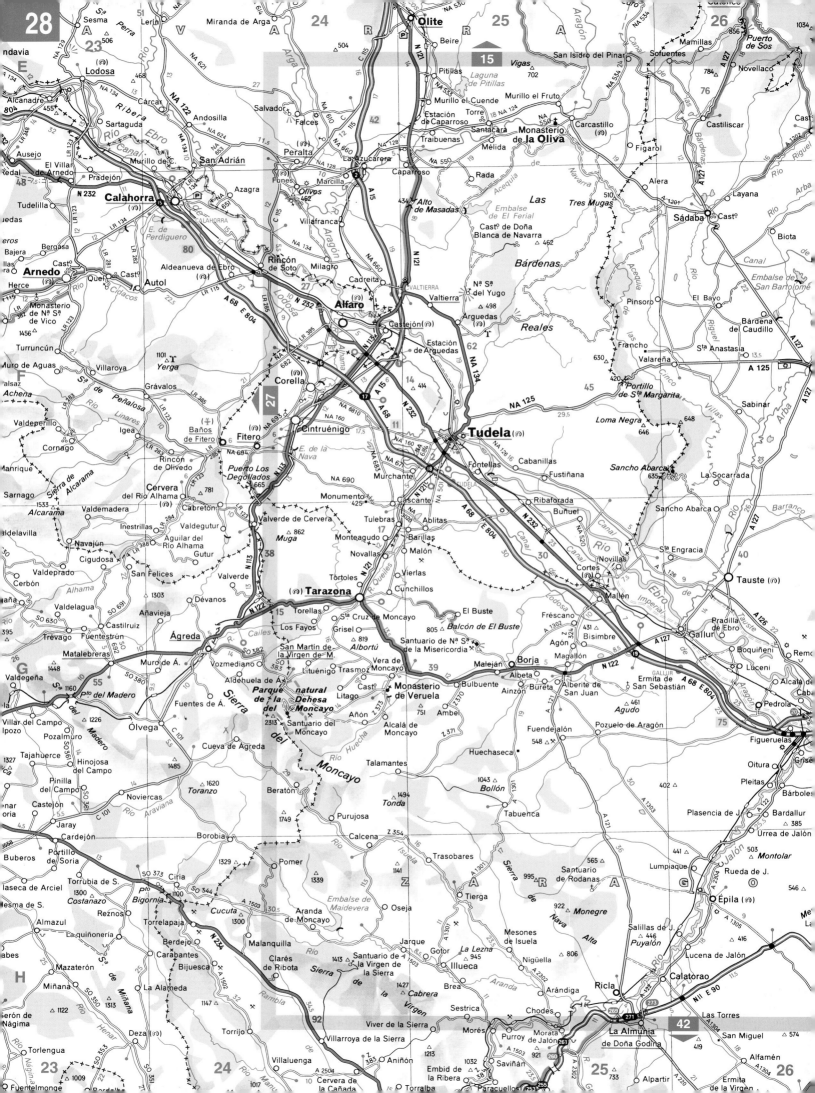

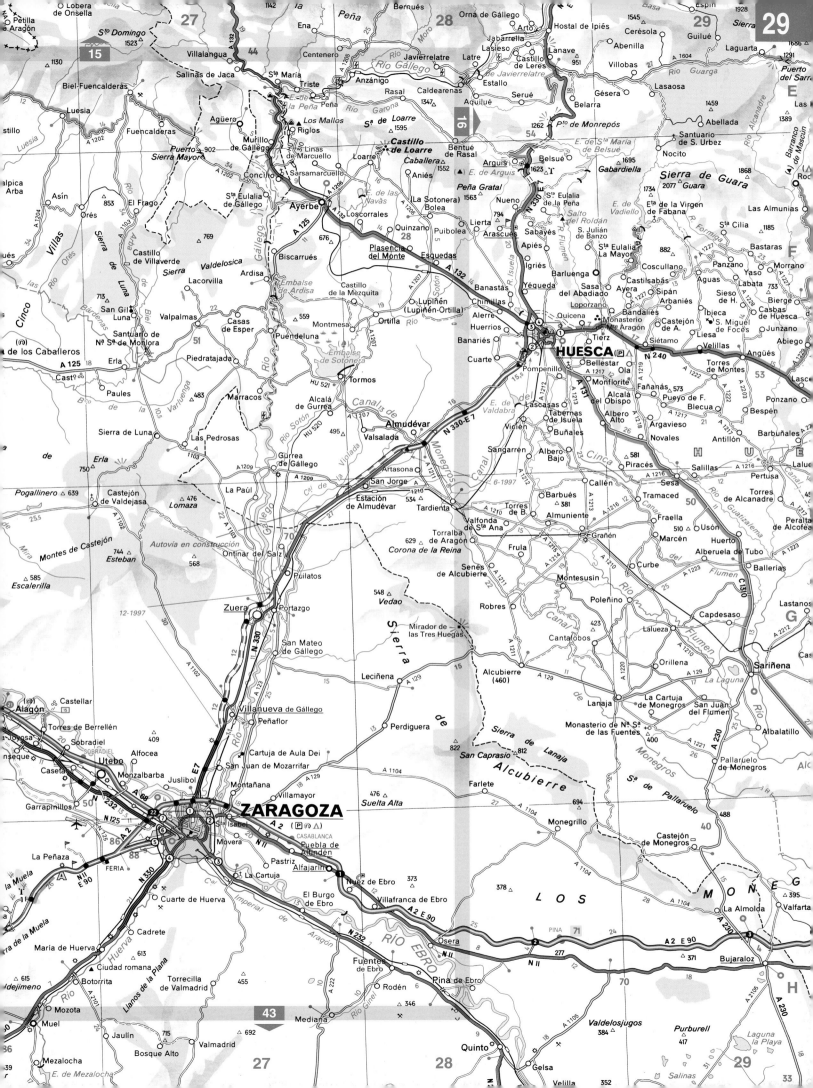

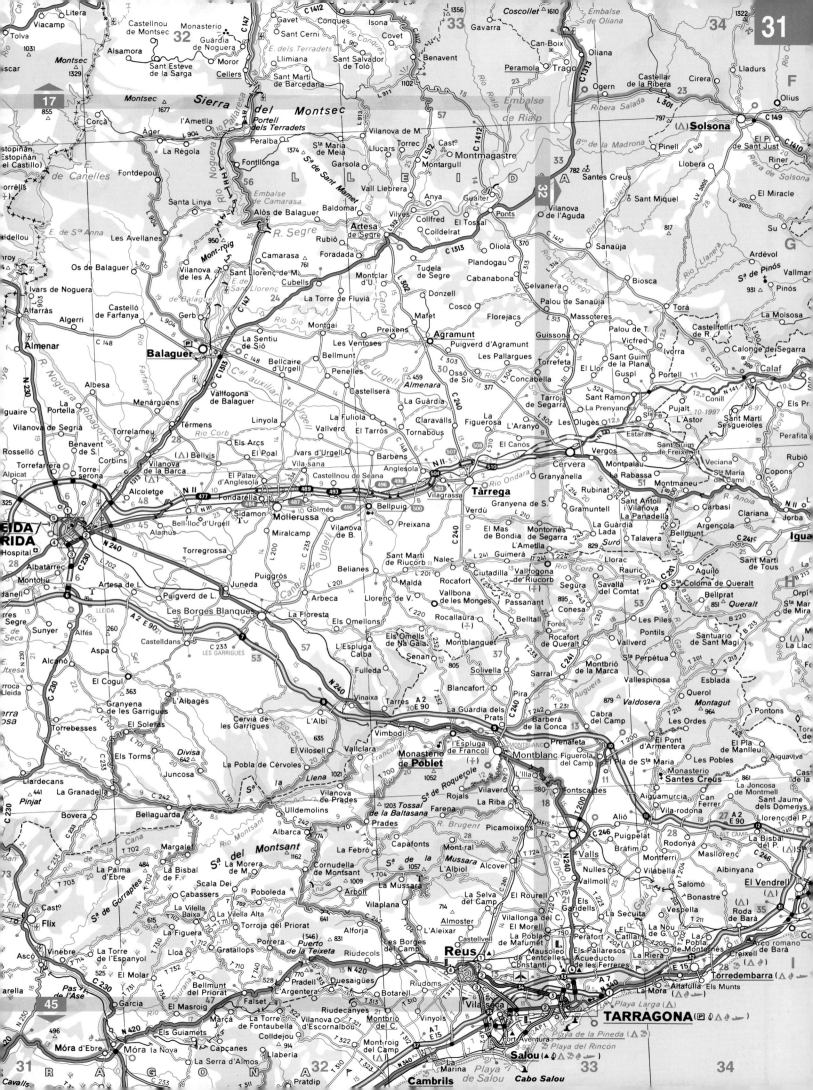

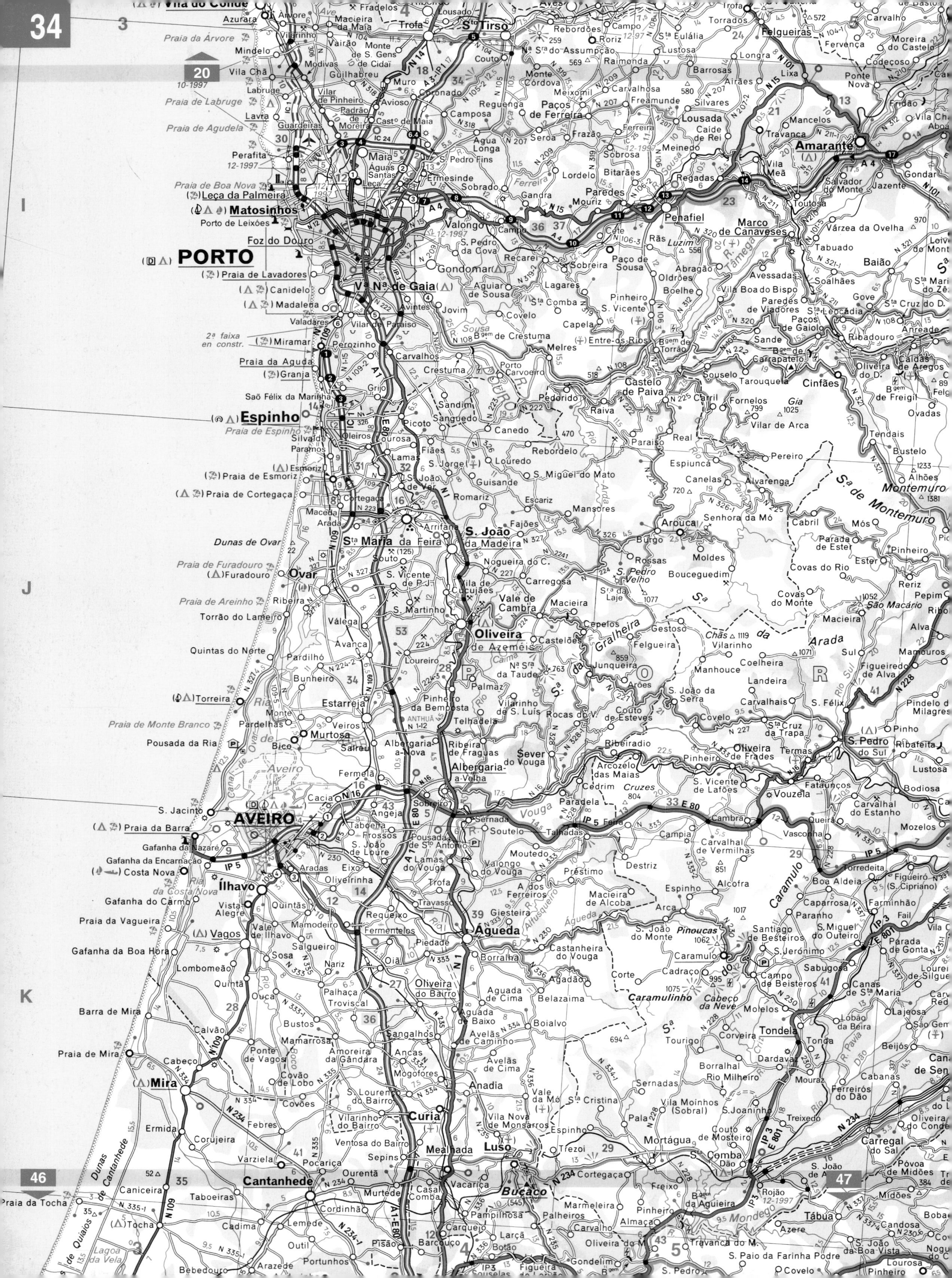

20
10-1997

46

47

3

I

J

K

PORTO

Matosinhos
Porto de Leixões
Leça da Palmeira
Foz do Douro
Praia de Lavadores
Canidelo
Madalena
Valadares
Miramar
Praia da Aguda
Granja
São Félix da Marinha
Espinho
Praia de Espinho
Silvalde
Paramos
Praia de Esmoriz
Esmoriz
Praia de Cortegaça
Cortegaça
Maceda
Arada
Dunas de Ovar
Ovar
Praia de Furadouro
Furadouro
Praia de Areinho
Ribeira
Torrão do Lameiro
Quintas do Norte
Válega
Avanca
Pardilhó
Bunheiro
Torreira
Praia de Monte Branco
Pardelhas
Monte
Veiros
Murtosa
Bico
Salreu
Pousada da Ria
Fermelã
S. Jacinto
AVEIRO
Praia da Barra
Cacia
Gafanha da Nazaré
Gafanha da Encarnação
Costa Nova
Ílhavo
Gafanha do Carmo
Vista Alegre
Praia da Vagueira
Vagos
Gafanha da Boa Hora
Vale de Ílhavo
Salgueiro
Sosa
Nariz
Praia de Mira
Barra de Mira
Cabeço
Lombomeão
Quinta
Ouca
Bustos
Mamarrosa
Ponte de Vagos
Covão do Lobo
Mira
Calvão
Covões
Praia de Mira
Ermida
Corujeira
Caniceira
Taboeira
Cantanhede
Cadima
Lemede
Murtede
Febres
Vilarinho do Bairro
Ventosa do Bairro
Sepins
Ourentã
Praia da Tocha
Tocha

Vila do Conde
Azurara
Mindelo
Vila Chã
Labruge
Lavra
Perafita
Maia
Águas Santas
Ermesinde
Leça
Sobrado
Vª Nª de Gaia
Avintes
Jovim
Vilar de Paraiso
Perozinho
Carvalhos
Crestuma
Grijó
Picoto
Sandim
Sanguedo
Lamas
Oleiros
Lourosa
Fiães
S. Jorge
Louredo
S. João de Ver
Arrifana
Stª Maria da Feira
Souto
S. Vicente de P.J.
Vila de Cucujães
S. Martinho
Oliveira de Azeméis
Loureiro
Pinheiro da Bemposta
Estarreja
Palmaz
Nª Srª da Taude
Telhadela
Albergaria-a-Nova
Ribeira de Fraguas
Albergaria-a-Velha
Fermelã
Sobreiro
Angeja
Taboeira
Frossos
S. João de Loure
Eixo
Oliveirinha
Aradas
Lamas do Vouga
Trofa
Requeixo
Fermentelos
Mamodeiro
Piedade
Águeda
Oiã
Borralha
Oliveira do Bairro
Aguada de Cima
Castanheira do Vouga
Troviscal
Palhaça
Aguada de Baixo
Sangalhos
Avelãs de Caminho
Anadia
Avelãs de Cima
Curia
Vilarinho do Bairro
S. Lourenço do Bairro
Mealhada
Luso
Buçaco
Vacariça
Casal Comba
Barcouço

S. João da Madeira
Nogueira do C.
Carregosa
Macieira
Vale de Cambra
Castelões
Felgueira
Junqueira
Cepelos
Couto de Esteves
Sever do Vouga
Paradela
Cedrim
Talhadas
Souteto
Serradela
Pousada de Stº António
Moutedo
Valongo do Vouga
A dos Ferreiros
Giesteira
Préstimo
Macieira de Alcoba
Arca
Borralhal
Rio Milheiro
Vale da Mó
Stª Cristina
Vila Moinhos (Sobral)
S. Joaninho
Pala
Mortágua
Trezoi
Marmeleira
Palheiros
Carvalho
Almaça
Oliveira do M.
Gondelim

Amarante
Vila Meã
Marco de Canaveses
Penafiel
Paredes
Recarei
Sobreira
Paço de Sousa
Castelo de Paiva
Oldrões
Raiva
Entre-os-Rios
Pedorido
Melres
Porto Carvoeiro
Souselo
Tarouquela
Cinfães
Baião
Ribadouro
Soalhães
Gove
Sta Cruz do D.
Avessadas
Vila Boa do Bispo
Paredes de Viadores
Sande
Paços de Gaiolo
Oliveira do D.
Caldas de Aregos
Ovadas
Vilar de Arca
Espiunca
Canelas
Alvarenga
Arouca
Burgo
Rossas
Moldes
S. Pedro Velho
Senhora da Mó
Cabril
Mós
Parada de Ester
Covas do Rio
Covas do Monte
São Macário
Macieira
Reriz
Figueiredo de Alva
Manhouce
Coelheira
Landeira
S. João da Serra
Carvalhais
S. Félix
Covelo
S. Pedro do Sul
Pinho
Ribafeita
Lustosa
Oliveira de Frades
Termas
S. Vicente de Lafões
Fataúnços
Vouzela
Queirã
Vasconha
Campia
Carvalhal de Vermilhos
Cambra
Destriz
Alcofra
Torredeita
Boa Aldeia
Caparrosa
Paranho
Farminhão
Sabugosa
Santiago de Besteiros
S. Miguel do Outeiro
S. Jerónimo
Campo de Besteiros
Canas de Stª Maria
Lóbão da Beira
Caramulo
Molelos
Corveira
Tondela
Tonga
Lajeosa
Dardavaz
Mouraz
Tourigo
Boialvo
Guardão
Sernadas
Ferreirós do Dão
Cabanas de Seno
Couto de Mosteiro
Treixedo
Tábua
Candosa
Carregal do Sal
Póvoa de Midões
Midões
Oliveira do Conde
S. João de A.
Rojão
Stª Comba Dão
Pinheiro de Ázere
Travanca do M.
S. Paio da Farinha Podre
Covelo

Serra de Montemuro
Serra da Arada
Serra da Gralheira
Caramulo
Caramulinho
Cabeço da Neve
Serra do Caramulo

R. Tâmega
R. Douro
R. Sousa
R. Arda
R. Caima
R. Vouga
R. Águeda
R. Dão
R. Pavia
R. Mondego

A1 · A3 · A4
IC24
IP5 · IP3
E80 · E801
N1 · N14 · N15 · N16 · N101 · N104 · N108 · N109 · N207 · N209 · N222 · N223 · N225 · N227 · N228 · N230 · N234 · N235 · N320 · N321 · N326 · N327 · N333 · N334 · N335

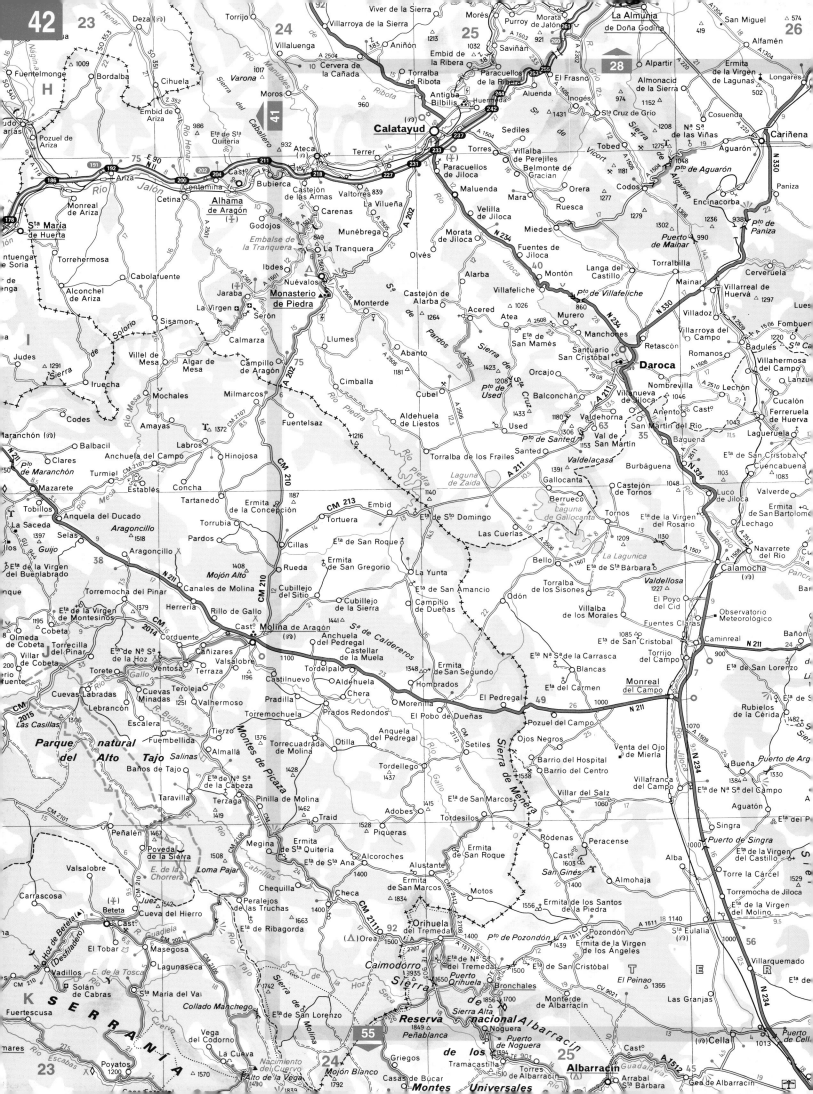

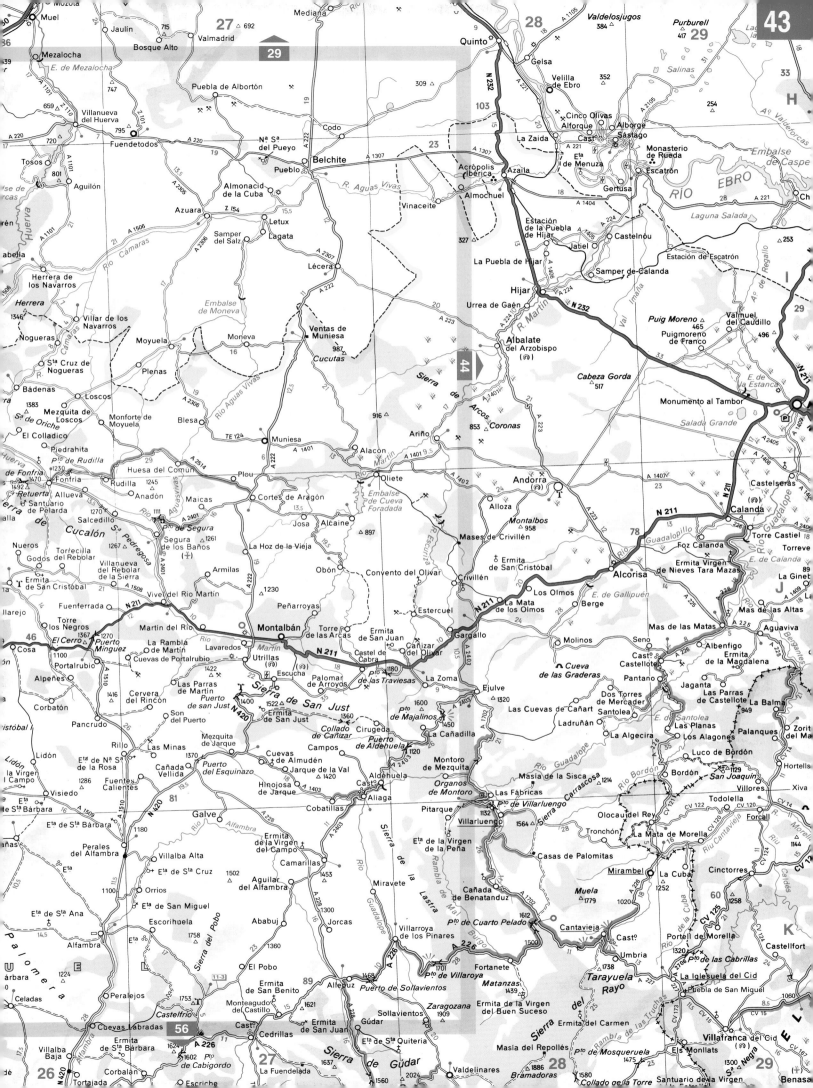

OCEANO

ATLÂNTICO

L

M

N

O

Praia da Tocha
Caniceira
Taboeiras
Canta
52
35
Tocha
Cadima
Castanheiro
Bebedouro
Ferreira-a-Nova
Iceia
Amieiro
Praia de Quiaios
Quiaios
Santana
Seixo de Gatões
Gatões
Boa Viagem
Buarcos
Brenha
Alhadas
Montemor-o-Velho
Carapinheira
Cabo Mondego
Buarcos
Miradouro
Figueira da Foz
Maiorca
Cast
Alfarelos
Vila Verde
Vila Nova da Barca
Gala
Verride
Lares
Abrunheira
Brunhós
Costa de Lavos
Alqueidão
Samuel
Azenha
Gesteira
Carvalhais
Paião
Vinha da Rainha
Lavos
Telhada
Leirosa
Marinha das Ondas
Praia de Leirosa
Fontinha
Vieirinhos
Louriçal
Pingarelhos
Pinhal do Urso
Guarda do Norte
Carriço
Moita do Boi
Almagreira
Castelhanas
Grau
Guia
Mata Mourisca
Casas de Fonte Cova
Monte Redondo
Covão dos Mendes
Carnide
Pedrógão
Ervideira
Coimbrão
Praia da Vieira
Vieira de Leiria
Casal Novo
Carvide
Várzeas
Souto da Carpalhosa
Pedras Negras
Monte Real
Ortigosa
Moita da Roda
Vermoil
Pilado
Amor
Regueira de Pontes
Barreiros
Milagres
Colmeias
São Simão de
Praia Velha
Garcia
Gândara
Marrazes
Albergaria dos Doze
Memória
São Pedro de Moel
Barosa
Sta Eufémia
Carânguejeira
Espite
Marinha Grande
Albergaria
Pousos
Água de Madeiros
Parceiros
Leiria
Pedra do Ouro
Comeira
Padrão
Barrocaria
Polvoeira
Burinhosa
Moita
Cavalinhos
Azoia
Cortes
Olivais
Vale Furado
Martingança
Maceira
Barreira
Arrabal
Sta Catarina da Serra
Légua
Patalas
Calvaria de Cima
Batalha
Reguengo do Fetal
Ourém
Falca
Pataias
Pisões
Porto do Carro
São Jorge
Alqueidão da Serra
Cova da Iria
Fanhais
Alpedriz
Andam
São Mamede
O Sítio
Coz
Juncal
Cruz da Légua
FÁTIMA
Nazaré
Valado dos Frades
Maiorga
Cumeira
Porto de Mós
Caneiro
Praia Nova
Cela Velha
Aljubarrota
Pedreiras
Parque
Praia do Salgado
Fervença
Boleiros
Gralha
Famalicão
Cela
Alcobaça
Serro Ventoso
Natural
Alcaria
Rex
São Martinho do Porto
Facho
Molianos
Alvados
Mira de Aire
Moinhos Velhos
Bairro
Salir do Porto
S. Martinho
Alto de
São Bento
Alfeizerão
Évora de Alcobaça
Vale Alto
Ponta dos Covinhos
Casal Velho
das
Serras
Serra de Sto Antonio
Minde
Cidade
Chão da Parada
Vimeiro
Turquel
Cabeça das Pombas
Moitas Venda
Foz do Arelho
Tornada
Serra do Bouro
de Aire e
Candeeiros
Zibreira
Estelas
Carvalhal Benfeito
Sta Catarina
Valverde
Vila Moreira
Lapa
Berlenga
Aldeia dos Pescadores
Nadadouro
Benedita
Monsanto
Pedr
Praia do Rei Cortiço
Lagoa de Óbidos
Amiães de Cima
Alcanena
Papoa
Caldas da Rainha
Alcobertas
Amiães de Baixo
Entr
Remédios
Ferrarias
Arelho
Matoeira
Alcanede
Parceiros de São João
Brog
Cabo Carvoeiro
Baleal
Avenal
Almofala
Abrã
Espinheiro
Malhou
Alcoro
Peniche
Ferrel
Alvorninha
Vidais
Teira
Maqueda
Aldeia da Ribeira
Casével
Cidadela
Vau
Sobral da Lagoa
Gaeiras
Pé da Serra
Fráguas
Arneiro das Milhariças
Consolação
Atouguia da Baleia
Serra d'El-Rei
Óbidos
São Gregório da Fanadia
Alto da Serra
Tremês
Santos
Azóia de Cima
São Vicente do Paúl
São Bernardino
Amoreira
SiMamede
Aldeia dos Francos
Correias
Outeiro da Cortiçada
Achete
Praia da Areia Branca
Geraldes
Olho Marinho
Roliça
Casais do Chafariz
Rio Maior
Azinheira
Abitureiras
Póvoa de S
Ribafria
Salgueiro
Landal
Boiças
Arruda dos Pisões
Romeira
Vale de Figueira
Reguengo Grande
Po
Abuxanas
São João da Ribeira
Mocarria
Alcanhões
São Bartolomeu dos Galegos
Vermelha
Peral
Alguber
Asseca
Bombarral
Vale Covo
Lourinhã

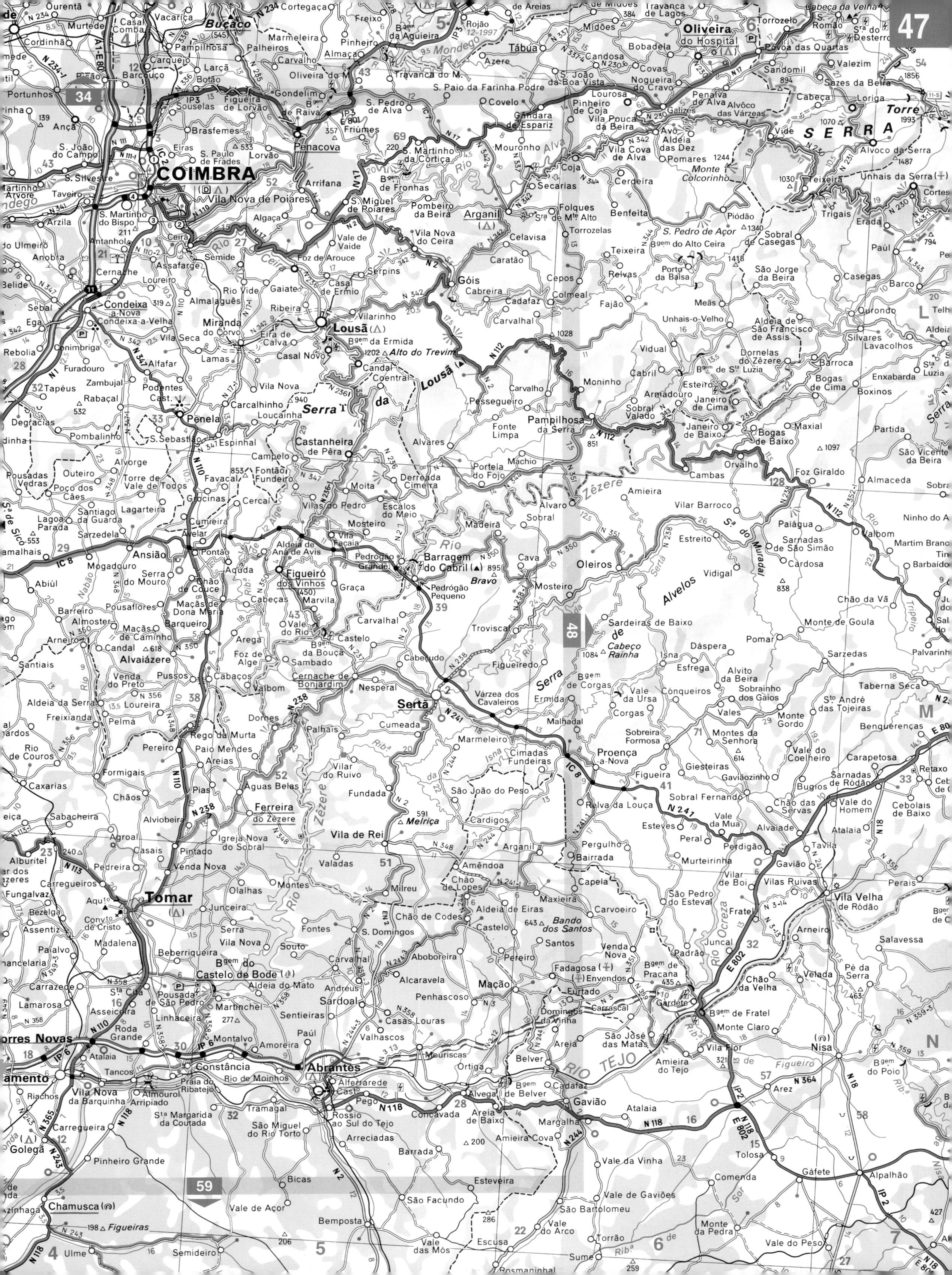

COIMBRA

Bucaço

Oliveira do Hospital

Torre
SERRA

Penacova

Arganil

Lousã
Serra da Lousã
Alto do Trevim 1202

Castanheira de Pêra

Pampilhosa da Serra

Penela

Espinhal

Góis

Ansião

Figueiró dos Vinhos

Barragem do Cabril

Oleiros

Alvaiázere

Sertã

Proença-a-Nova

Cernache de Bonjardim

Vila de Rei

Tomar
Convto de Cristo

Abrantes

Torres Novas

Constância

Mação

Gavião

Vila Velha de Ródão

Nisa

RIO TEJO

Chamusca

IC 8

Rio Zêzere

Rio Mondego

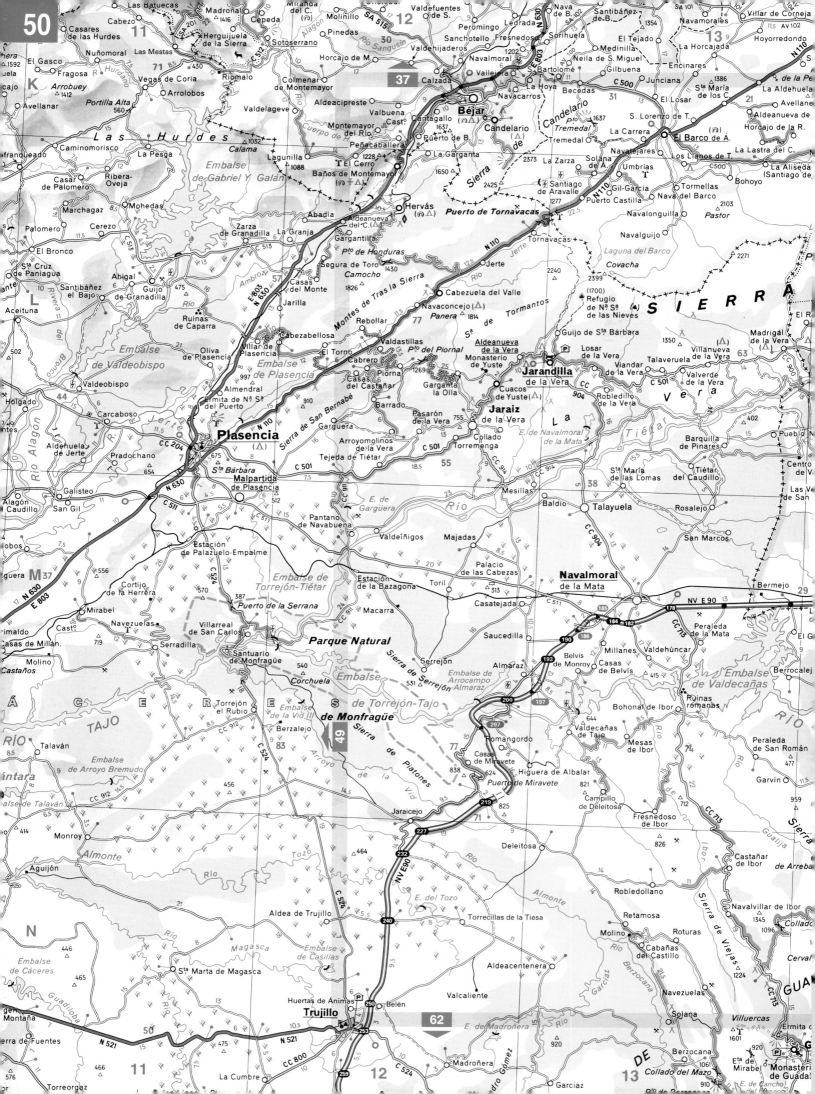

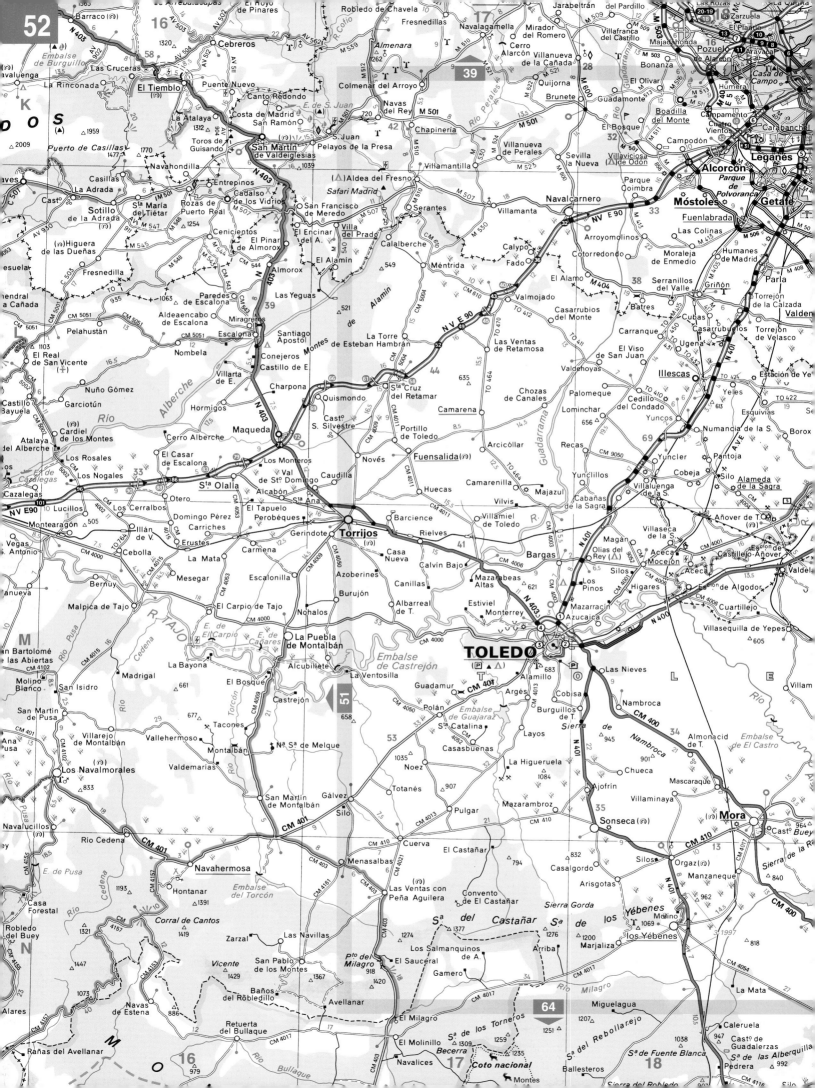

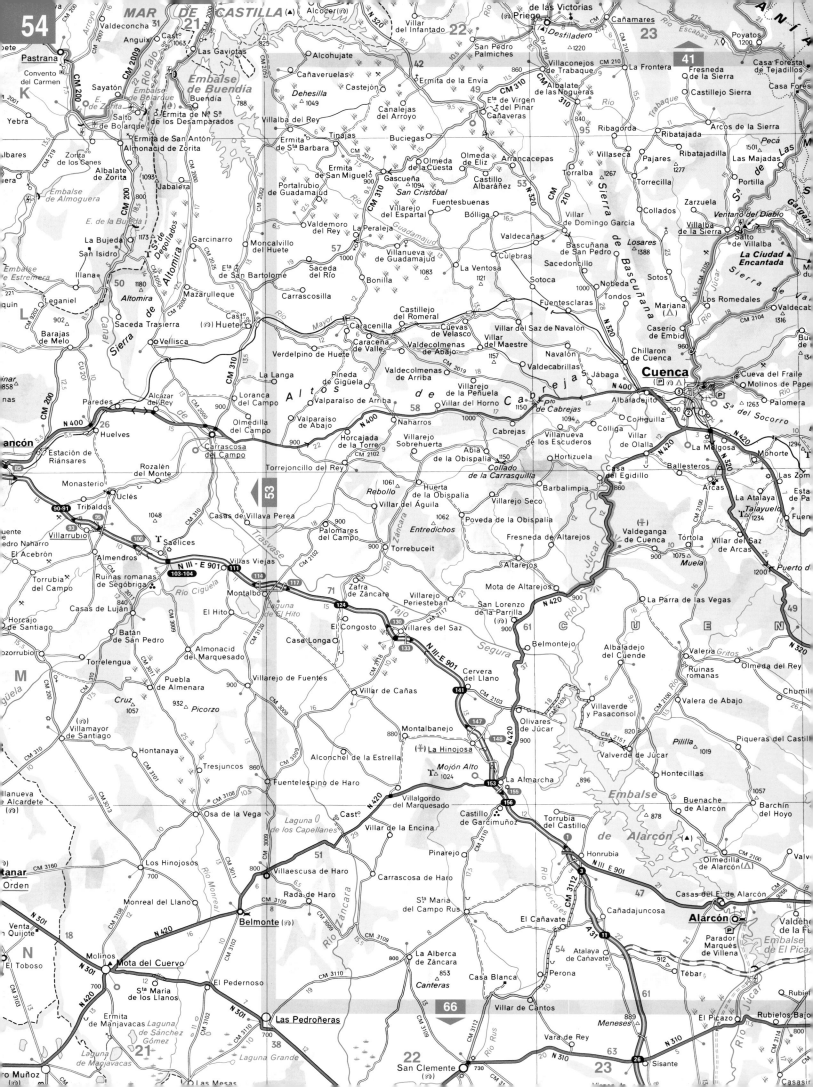

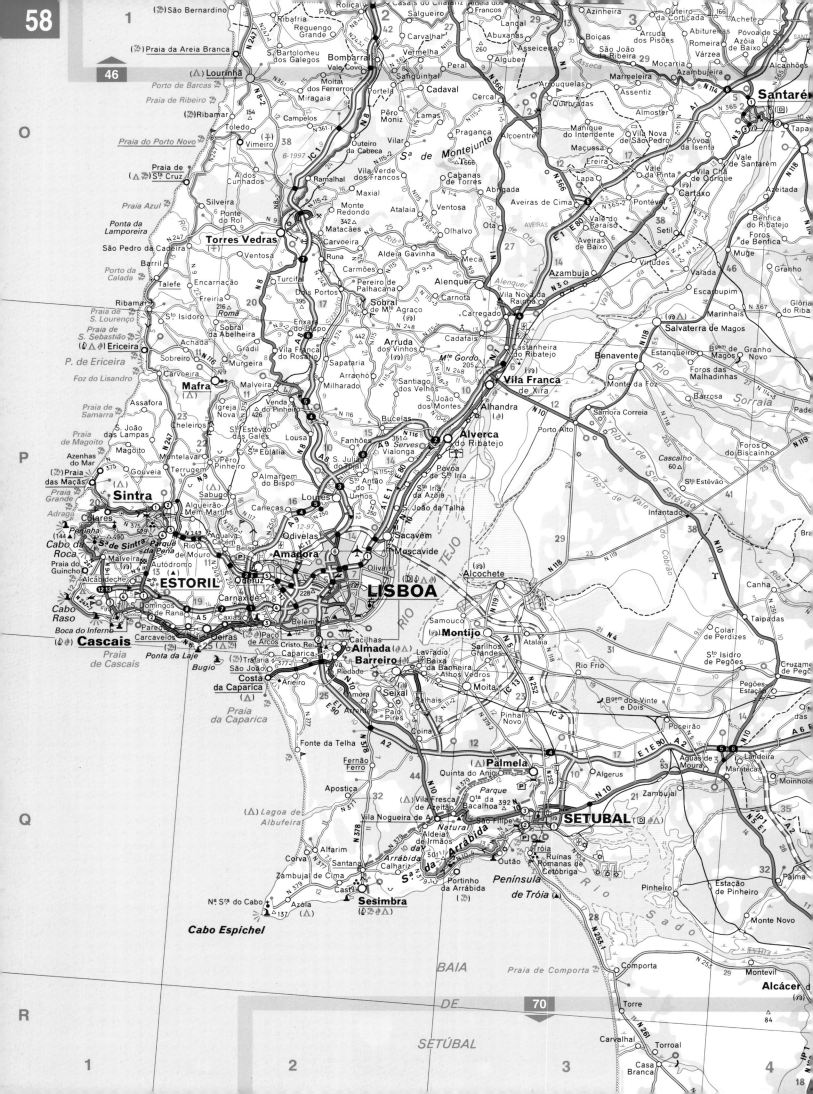

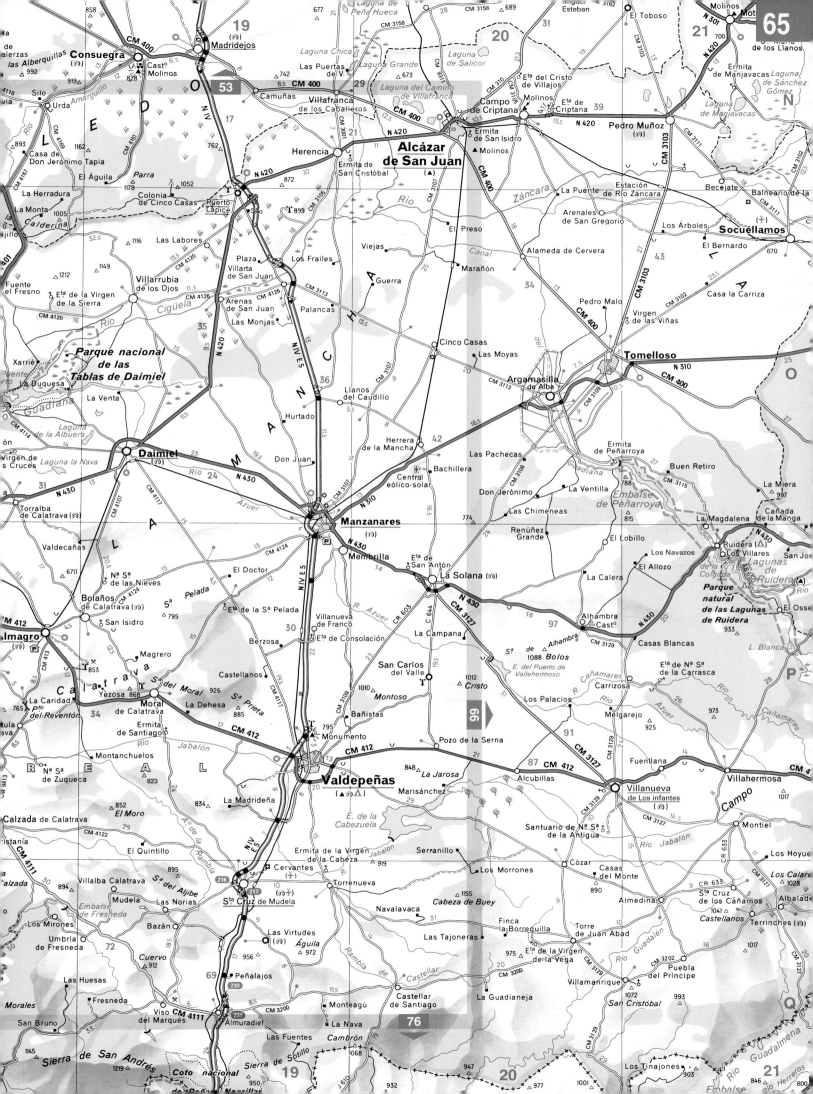

SETÚBAL

▲ 58

3

DE 4

R

S

T

Torre
Carvalhal
Torroal
Casa Branca
N 261
Fontainhas
Boiças
31
Atalaia
N 261.2 325 △
Melides (△)
29
Praia de Melides
Praia de Sto André
Costa de Sto André
São Francisco da Serra
Sta Margarida da Serra
Lagoa de Sto André
Vila Nova de Sto André
IP 8
N 120
Cruz de João Mendes
Serra
51
31
Sto André
Sta Cruz
5 P
Santiago do Cacém
São Bartolomeu da Serra
N 121
30
Cabo de Sines
(△)
Sines
23
IP 8
Ruinas Romanas de Miróbriga
282 △
Abela
Ermidas-Sado
Porto de Sines
Zonas Industriais
Provença
Boavista do Paiol
São Domingos
N 261
Alvalade
Praia de São Torpes
Bgem de Morgavel
Muda
214
Vale de Água
Vale Vinagre
Praia de Morgavel
N 120
Sol Posto
Foros de Casa Nova
27
N 120-1
IC 4
△ 149
Bgem Fonte Serne
Praia de Porto Covo
Tanganheira
Foros da Caiada
26
(△) Porto Covo
Bgem de Campilhas
Fornalhas Velhas
Praia da Ilha
Bracial
Cercal
N 262
23
Fornalhas Novas
Torre Vã
Malpensado
341 △
Vales
Bicos
IP 1
N 389
Campo Redondo
N 390
Casa Nova
Vale de Santiago
Brunheiras
N 120
Ribeira do Seissal
Sta das Neves △ 277
Vila Nova de Milfontes
São Luís
Monte da Estrada
Colos
Sta Luzia
Funcheira
37
Vale Beijinha
Relíquias
N 389
Garvão
Almograve
Zambujeiras
Vale de Ferro
37
Amoreiras
Praia Grande
Troviscais
N 263
Aldeia das Amoreiras
▲ 80
São Martinho das Amoreiras
Ourique
Cabo Sardão
Cavaleiro
N 395
Telheiro
Milharadas
Vigia △ 393
Maroufenha
Odemira
Luzianes
N 123
Aldeia dos Palheiros
Touril
Fontinha
Boavista dos Pinheiros
△ 209
Corte Brique
Sta da Cola
243
Porto das Barcas
N 393-1
Estibeira
Camachos
Bgem de Sta Clara
Aldeia dos Fernandes
(△) Zambujeira do Mar
Carvalhal
São Teotónio
Sta Clara-a-Velha
Santana da Serra
Brejão
38
Oleiros
Sta Bárbara
Sabóia
△ 306
53
Praia de Odeceixe
Caeiro
455 △
63
Pereiras
Odeceixe
Samouqueira
Maria Vinagre
Moitinhas
Nave Redonda
Praia da Carreagem
Foz do Arroio
Seixe
São Marcos da Serra
Praia de Monte Clérigo
Bunheira
Rogil
346
516 △
266
Ponta da Atalaia
Foz do Farelo
Portela das Corchas
Alferce
Perna Seca
Vale da Telha
Pêro Negro
902 Foia △
Monchique
△ 353
Monte Alto
(△) Arrifana
Vales
N 120
Marmelete
773
N 267
Águas Frias
Arrifana
Serra
Caldas de Monchique
Serra
N 264
Alfambra
de
Casais
de

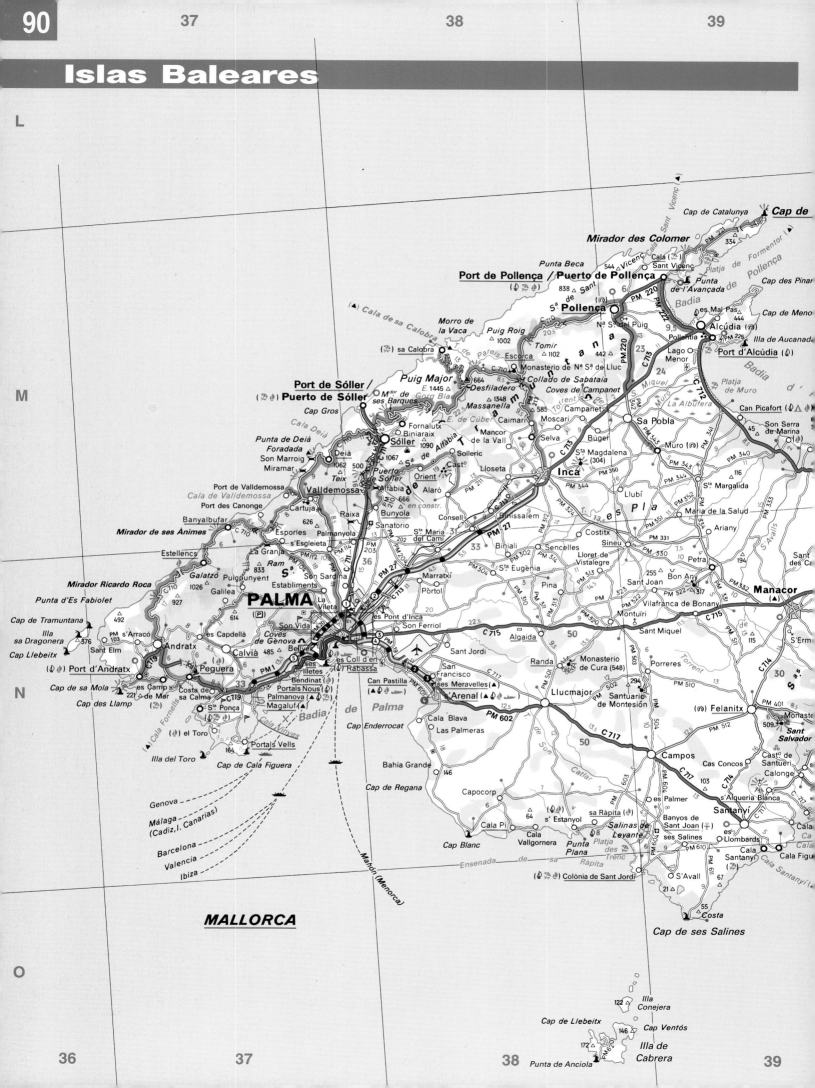

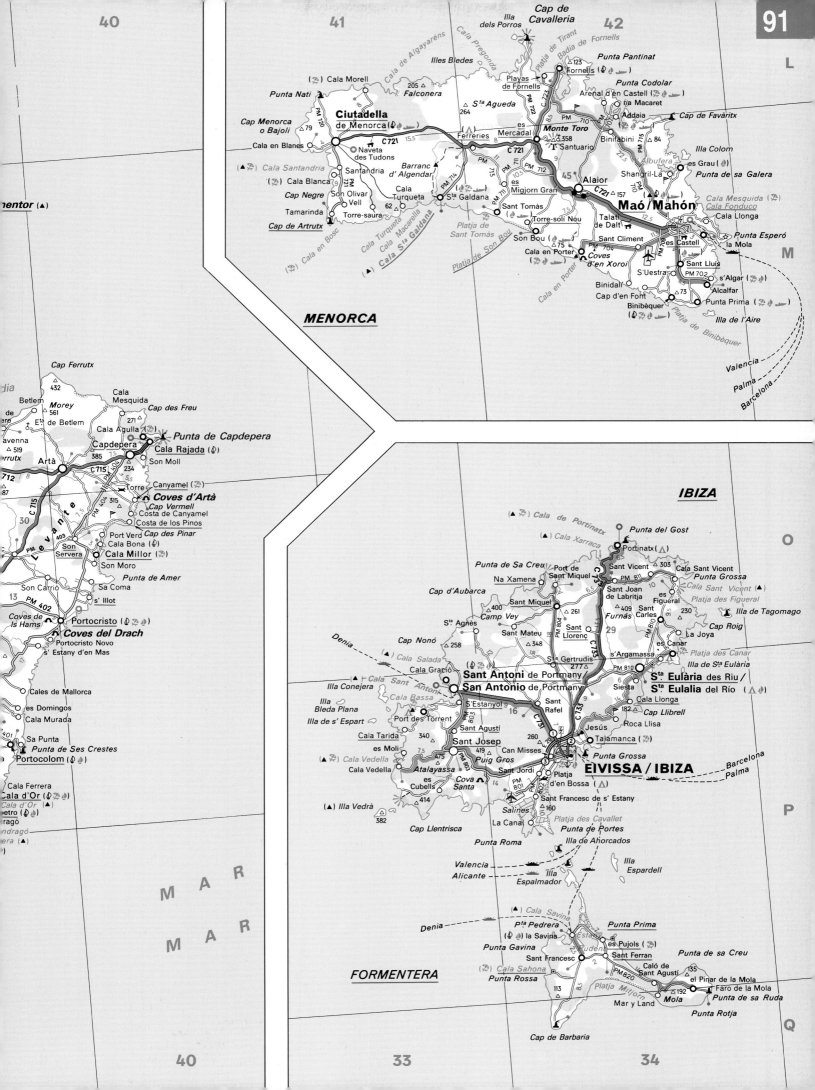

MENORCA

IBIZA

FORMENTERA

MAR MAR

Cap de Cavalleria
Illa dels Porros
Cala Pregonda
Cala d'Algayaréns
Illes Bledes
Cala Morell
Punta Nati
Falconera
205
Cap Menorca o Bajoli
79
Cala en Blanes
Naveta des Tudons
Cala Santandria
Santandria
Cala Blanca
Cap Negre
Son Olivar Vell
Tamarinda
Torre-saura
Cap de Artrutx
Cala en Bosc

Ciutadella de Menorca
C 721   15,5
Ferreries
es Mercadal
Barranc d'Algendar
Cala Turqueta
Sta Galdana
Platja de Sant Tomás
Cala Turqueta
Cala Macarella
Cala Sta Galdana

Sta Agueda
264
Monte Toro
358
Santuario
es Migjorn Gran
Sant Tomás
Torre-soli Nou
Platja de Son Bou
Son Bou
75
Cala en Porter
Coves d'en Xoroi
Cala en Porter
Binidali
Cap d'en Font
Binibèquer
Platja de Binibèquer

Playas de Fornells
Fornells
123
Punta Pantinat
Punta Codolar
Arenal d'en Castell
na Macaret
Addaia
Binifabini
Shangri-La
Albufera
es Grau
Punta de sa Galera
Alaior
C 721   157
Maó/Mahón
Cala Mesquida
Cala Fonduco
Cala Llonga
Talati de Dalt
Sant Climent
es Castell
Punta Esperó
la Mola
Sant Lluis
S'Uestra
PM 702
s'Algar
Alcalfar
Punta Prima
Illa de l'Aire
Cap de Favàritx
Illa Colom
73
84

Valencia
Palma
Barcelona

Cap Ferrutx
Betlem
Morey   561
271
Cap des Freu
Es de Betlem
Cala Mesquida
Cala Agulla
Punta de Capdepera
Capdepera
Cala Rajada
Son Moll
Artà
C 715
234
Torre
Canyamel
Coves d'Artà
Cap Vermell
Costa de Canyamel
Costa de los Pinos
Port Verd
Cap des Pinar
Cala Bona
Son Servera
Cala Millor
Son Moro
Punta de Amer
Sa Coma
s'Illot
Son Carrió
Coves de Is Hams
Portocristo
Coves del Drach
Portocristo Novo
s'Estany d'en Mas
Cales de Mallorca
es Domingos
Cala Murada
Sa Punta
Punta de Ses Crestes
Portocolom
Cala Ferrera
Cala d'Or

Cala de Portinatx
Cala Xarraca
Punta del Gost
Portinatx
Punta de Sa Creu
Port de Sant Miquel
Na Xamena
Sant Vicent
303
Cala Sant Vicent
Punta Grossa
Cala Sant Vicent
Platja des Figueral
Cap d'Aubarca
Sant Miquel
Sant Joan de Labritja
Figueral
230
Illa de Tagomago
Camp Vey
261
Furnàs
409
Sant Carles
Cap Roig
Sta Agnès
Sant Mateu
348
Sant Llorenç
s'Argamassa
La Joya
Cap Nonó
258
Sta Gertrudis
277
s'Canar
Platja des Canar
Illa de Sta Eulària
Denia
Cala Salada
Cala Gració
Sant Antoni de Portmany
San Antonio de Portmany
Sta Eulària des Riu/
Sta Eulalia del Río
Illa Conejera
Cala Bassa
S'Estanyol
Sant Rafel
Siesta
Cala Llonga
182
Cap Llibrell
Illa Bleda Plana
Illa de s'Espart
Port des Torrent
Jesús
Roca Llisa
Sant Agustí
Cala Tarida
340
Sant Josep
419
Can Misses
Punta Grossa
es Molí
Puig Gros
Sant Jordi
Talamanca
Cala Vedella
475
Atalayassa
260
EIVISSA/IBIZA
es Cubells
414
Cova Santa
Platja d'en Bossa
Barcelona
Palma
Illa Vedrà
382
Sant Francesc de s'Estany
Cap Llentrisca
Salines
160
Punta de Portes
Punta Roma
La Canal
Platja des Cavallet
Valencia
Illa de Ahorcados
Alicante
Illa Espalmador
Illa Espardell

Cala Savina
Pta Pedrera
Punta Prima
Denia
la Savina
Estany
es Pujols
Punta Gavina
Punta de sa Creu
Sant Francesc
Sant Ferran
Cala Sahona
Caló de Sant Agustí
PM 820
135
el Pinar de la Mola
Punta Rossa
Platja Mitjorn
Faro de la Mola
113
Mola   192
Mar y Land
Punta de sa Ruda
Cap de Barbaria
Punta Rotja

40   41   42   L

M

O

P

Q

40   33   34

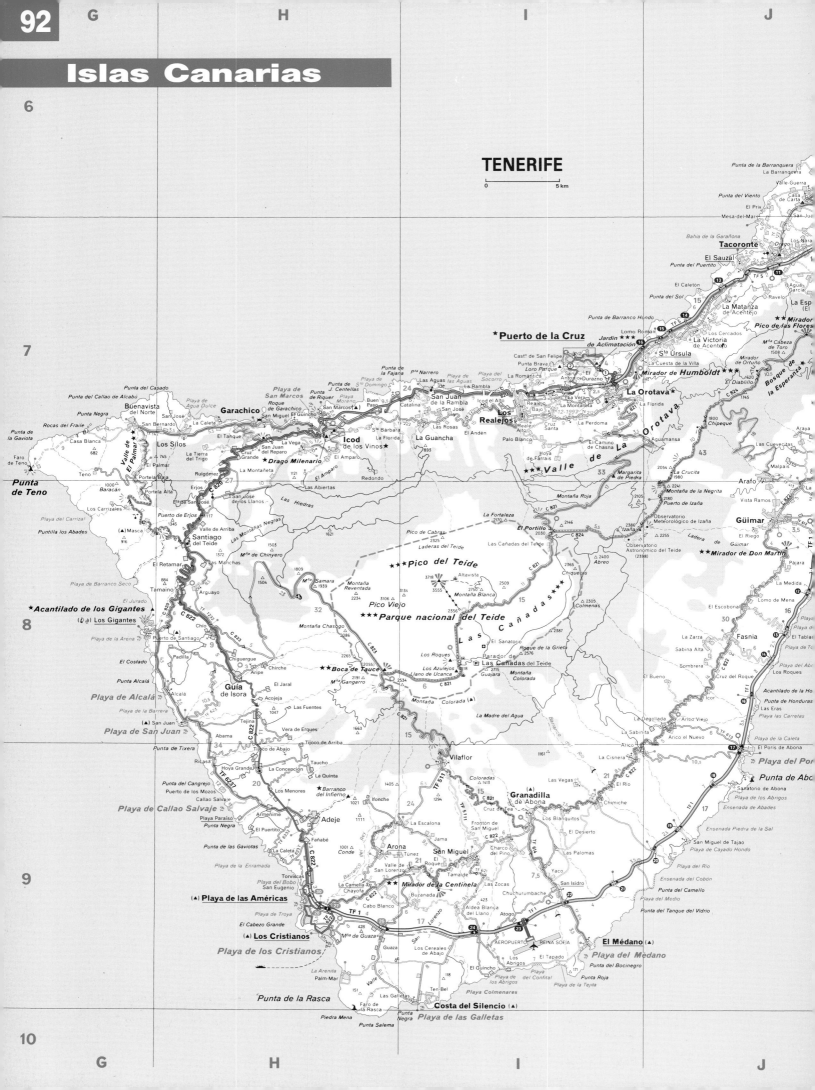

Islas Canarias

TENERIFE

0   5 km

HIERRO

K · L · A · B

0 ___ 5 km

Punta Norte
Pozo de las Calcosas
Echedo
Roque Salmor
Mocanal
Tamaduste
Guarazoca
La Peña
Eta Virgen
de la Peña
Playas
Largas
El Golfo ★★
Cantada
Valverde
Jarales 1137
Tiñor
La Caleta
San Andrés
TF 912
641
El Rincón
Playa de los Corrales
Pta de la Dehesa
Playa de los Palos
Tigaday
Frontera
Jinama
Puerto de
la Estaca
Bahía de
los Reyes
Pozo de S
Sabinosa
Isora
Punta de
Tijimiraque
Nª Sª de
624 los Reyes
1216
1371
10
Malpaso
Las Playas
Punta de la Bonanza
1500
El Pinar ★
La Dehesa
Taibique
Playa de los Cardones
Punta
de Orchilla
El Julán
774 △
Punta de Miguel
Playa de los Mozos
Playa de Lines
Playa de los Joraditos
Playa de la Herradura
La Restinga
Punta de los Saltos

11 · 12

Sta CRUZ DE TENERIFE

(K · L)

Punta del Hidalgo
Roque de Fuera
Roque de Dentro
Roque Bermejo
Playa de El Draguillo
Faro de Anaga
Punta Fajana
Playa de Ojos Troches
Punta del Tamadite
Playa del Tamadite
El Draguillo
Pta de
Anaga
Punta del Hidalgo
706
Taborno
Playa del Roque
Playa de Benijo
Benijo
Chamorga
Bajamar
Las Carboneras
Taganana
Almáciga
Playa de Anosma
La Gotera
794 △
Monte de las Mercedes ★★
El Batán
Afur
Chinobre
910 △
Lomo de
los Bodegas
Punta de
Antequera
Tejina
El Mirador
Taborno
Paso ★
El Bailadero ★
San Luis
Cruz del Carmen
La Cumbrilla
El Socorro
Las Canteras
755 △
Las Mercedes
754 △
Igueste
427 △
Bahía de
Antequera
Tequeste
Pedro
Álvarez
★★ Mirador
Pico del Inglés (992)
Valle-Brosque
Playa de las Gaviotas
El Roquete
Los Baldíos
Guajara
San Andrés
La Laguna
AEROPUERTO
DE LOS RODEOS
La Higuerita
8
Bufadero
Playa de las Teresitas
Ortigal
TF 2
El Sobradillo
La Cuesta
Valle Seco
Dársena Pesquera
938 △
Llano
del Moro
Taco
Hoya-Fría
Dique del Este
Las Rosas
Barranco Grande
Paso Alto
El Portezuelo
Santa María del Mar
Punta Maragallo
San Isidro
25
Añaza
Playa del Muerto
Tabaiba
Radazul
Playa Berruguete
11
Punta del Morro
Punta de Guadamojete
Las Caletillas (▲)
Playa de las Caletillas
Candelaria
Basílica Nª Sª de la Candelaria
Playa de Lima
El Socorro
Playa de la Entrada
Punta de Güímar
Puerto de Güímar
Punta del Salvaje

FUERTEVENTURA

T · U · V

Punta Martiño
Isla de
los Lobos
Playa del Bajo
de la Burra
Punta de
la Tiñosa
El Puertito
Punta de la Ballena
o de Tostón
Corralejo
Solyplayas
Majanicho
Playas de
Corralejo
Cotillo
Roque
Playas del Cotillo
Casto
Lajares
FV 101
FV 109
Jable
del Moro
Montañas
de la Blanca
FV 10
420 △
Villaverde
312 △
Taca
308 △
529 △
31
Punta de Paso Chico
La Oliva
FV 102
Calderera
39
Tindaya
Casa de los
Coroneles
Playa de Tebeto
Monumento
Unamuno
Vallebrón
El Time
Punta de la Tiñosa
567 △
6
FV 10
Punta del Salvaje
FV 207
La Matilla
FV 219
FV 214
Los Molinos
FV 221
686 △
Tetir
Guisguey
Puerto Lajas
Loma de Salinas
Tefía
FV 10
332 △
San Agustín
625 △
Puerto
del Rosario
Playa de Sta Inés
Casillas del Angel
Tesjuates
Playa Blanca
Llanos de la
Concepción
3
FV 20
275 △
Parque
Valle de Sta Inés
9.5
Ampuyenta
FV 2
natural
680 △
Antigua
FV 430
593 △
Triquivijate
Playa del Matorral
Punta de la Herradura
★ Betancuria
FV 413
Las Pocetas
416 △
Ajuy
FV
724 △
FV 30
Valles
de Ortega
Eta de San Francisco
7
La Peña
621
Fustes
Puerto de la Peña
41
Vega de
Río Palmas
708 △
Majada Blanca
38
Punta del Bajo
Playa de la Solapa
Gran Montaña
FV 50
494 △
Las Salinas
Toto
Tiscamanita
10
Playa del Muellito
414 △
Agudo
Playa de Garcey
Pájara
FV 2
FV 420
Pozo Negro
9
606 △
300 △
Punta del Viento
La Matanza
Carbón
FV 30
Tuineje
Malpaís
Grande
Playa Pozo Negro
382 △
Las Casitas
354 △
439 △
Parque
Playa Amanay
Tesejerague
462 △
natural
Punta de las Borriquillas
Playas Negras
Cardón
FV 20
691 △
FV 618
Playa de las Hermosas
Cardón
FV 2
14
Las Playitas
La Entallada
FV 605
367 △
FV 56
464 △
362 △
FV 4
Gran Tarajal
Punta de la Entallada
Playa del Viejo Rey
La Pared
Tarajalejo
Giniginámar
Playa de Gran Tarajal
Matas Blancas
La Lajita
Playa de Tarajalejo
Playa los Molinillos
Costa Calma
51
Playa de Barlovento
281 △
Parque
natural de Jandía
Playa Barca
Playas de
Sotavento
El Islote
28
El Roquete
Punta Pesebre
Punta de
Barlovento
Playa de Cofete
Jandía
807 △
FV 2
Playa de Ojos
425 △
Cofete
255 △
Península de Jandía
Las Yeseras
Playa de Butihondo
Puerto de la Cruz
Playa
de las Pilas
Playa de
Juan Gómez
Morro
del Jable
Butihondo
Punta de Jandía
Punta del Matorral
Playa del Matorral

0 ___ 5 ___ 10 km

5 · 6 · 7 · 8 · 9

Q · R · S

ENLACES MARÍTIMOS
Transporte de coches
(de temporada : signo rojo)

Uno o varios enlaces diarios
Uno o varios enlaces semanales
Enlaces poco frecuentes

LIGAÇÕES MARÍTIMAS
Transporte de automóvel
(sazonal : a vermelho)

Uma ou várias ligações diárias
Uma ou várias ligações semanais
Ligação de pouca frequência

LIAISONS MARITIMES
Transport des automobiles
(en saison : signes rouges)

Une ou plusieurs liaisons par jour
Une ou plusieurs liaisons par semaine
Liaison à faible fréquence

SHIPPING SERVICES
Car ferries
(seasonal services: in red)

One or several sailings daily
One or several sailings weekly
Infrequent service

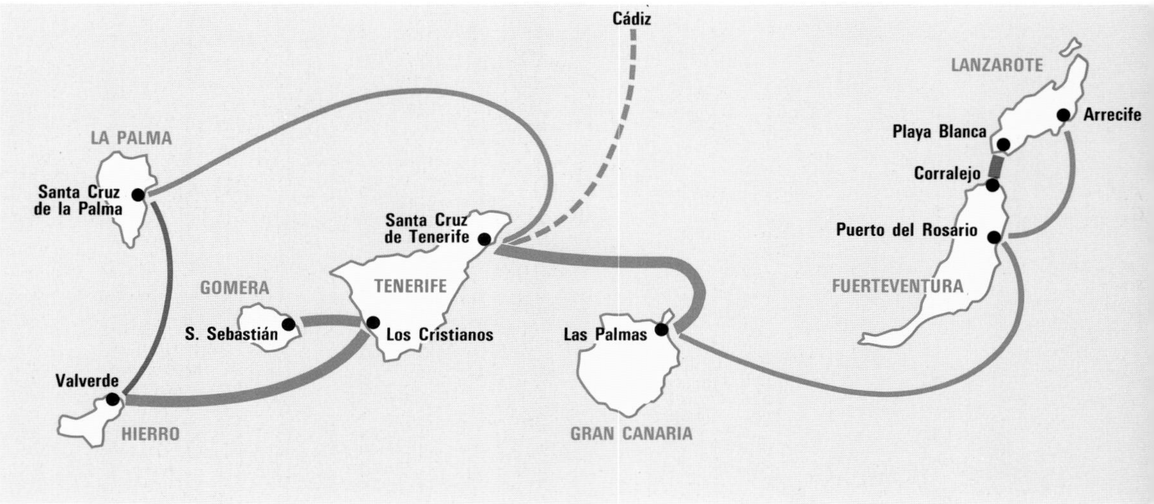

Cádiz

LANZAROTE
Playa Blanca
Corralejo
Arrecife
Puerto del Rosario
FUERTEVENTURA

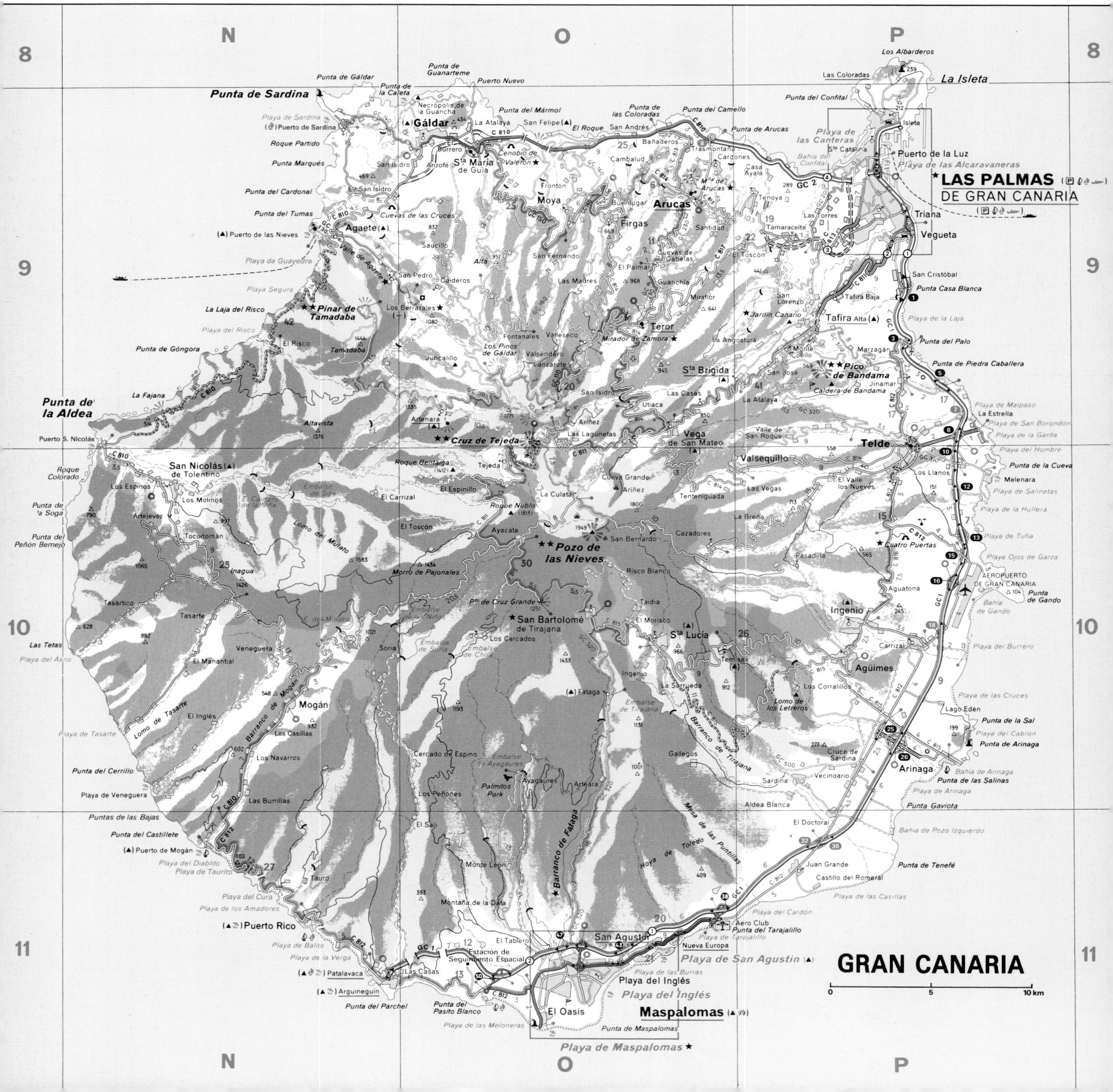

LA PALMA
Santa Cruz de la Palma

GOMERA
S. Sebastián
Valverde
HIERRO

TENERIFE
Santa Cruz de Tenerife
Los Cristianos

Las Palmas
GRAN CANARIA

GRAN CANARIA

Punta de Sardina
Punta de Gáldar
Punta de Guanarteme
Puerto Nuevo
Los Albarderos
Las Coloradas
La Isleta
Punta del Confital

Gáldar
Santa María de Guía
Moya
Arucas
Firgas
Teror

Agaete
Puerto de las Nieves
Pinar de Tamadaba
Valle de Agaete

LAS PALMAS DE GRAN CANARIA
Puerto de la Luz
Playa de las Canteras
Triana
Vegueta

Punta de la Aldea
San Nicolás de Tolentino
Puerto S. Nicolás

Cruz de Tejeda
Tejeda
Roque Nublo
Pozo de las Nieves

Tafira Alta
Jardín Canario
Pico de Bandama
Caldera de Bandama

Telde
Valsequillo
Cuatro Puertas
AEROPUERTO DE GRAN CANARIA
Punta de Gando

San Bartolomé de Tirajana
Santa Lucía
Ingenio
Agüimes
Arinaga
Punta de Arinaga

Mogán
Puerto de Mogán
Puerto Rico
Arguineguín
Patalavaca

San Agustín
Playa de San Agustín
Playa del Inglés
Maspalomas
Playa de Maspalomas
Punta de Maspalomas

0   5   10 km

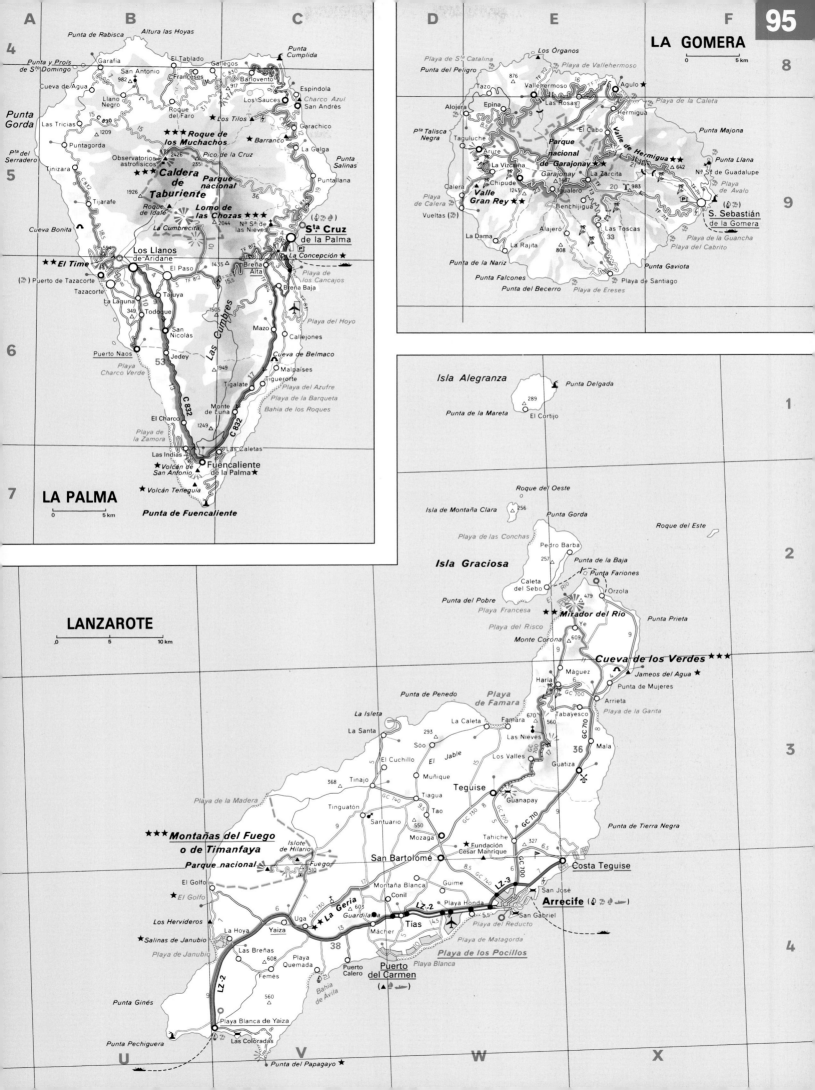

Islas Azores

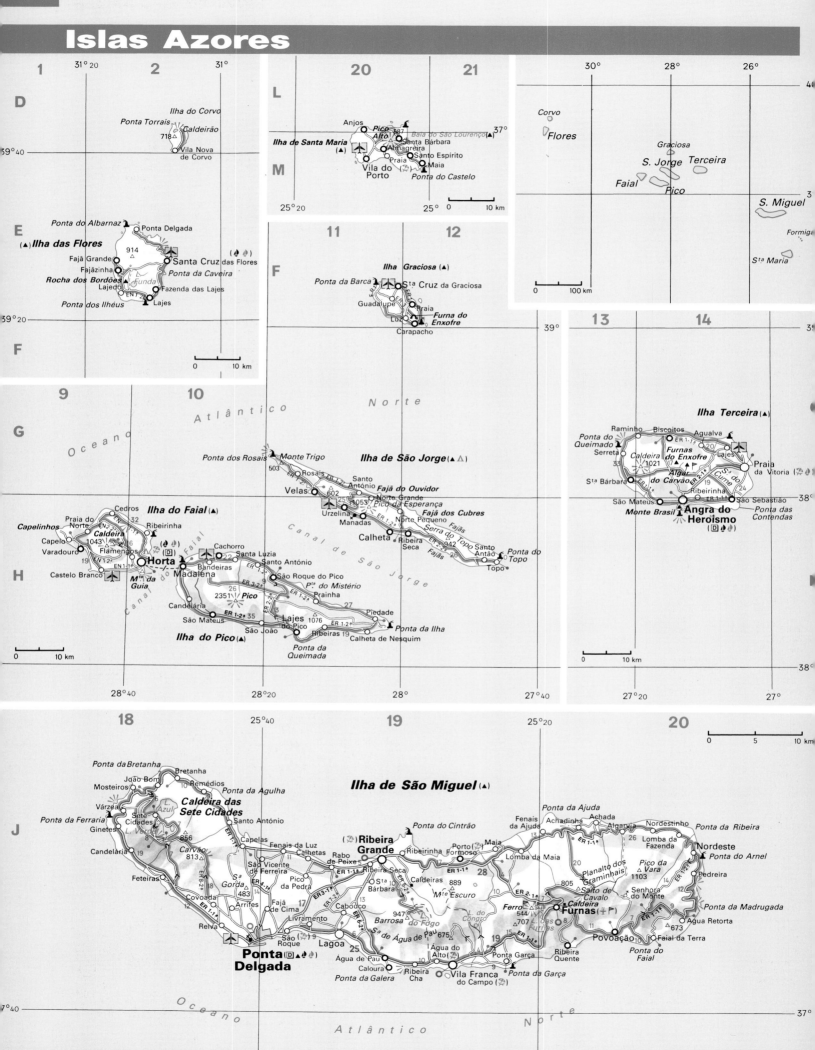

1 31°20 **2** 31°

D

Ilha do Corvo
Ponta Torrais
718△ Caldeirão
39°40 Vila Nova
de Corvo

E
Ponta do Albarnaz Ponta Delgada
(▲)Ilha das Flores
914
△ Santa Cruz das Flores
Fajã Grande Ponta da Caveira
Fajãzinha
Rocha dos Bordões Funda
Lajedo
EN 7-2a Fazenda das Lajes
Ponta dos Ilhéus
39°20 Lajes

F
0   10 km

20 **21**

L
Anjos Pico 687
Alto▲ Baía do São Lourenço (▲)
Ilha de Santa Maria Santa Bárbara
(▲) Almagreira Santo Espírito
M Praia Maia
Vila do
Porto Ponta do Castelo
25°20
0   10 km
25°

11 **12**

F
Ilha Graciosa (▲)
Ponta da Barca Sta Cruz da Graciosa
Guadalupe
Praia
Luz Furna do
Enxofre
Carapacho
39°

30° 28° 26°

40

Corvo
Flores
Graciosa
S. Jorge Terceira
Faial
Pico
S. Miguel
3
Formiga
Sta Maria

0   100 km

13 **14**

Ilha Terceira (▲)
Raminho Biscoitos Agualva
Ponta do ER 1-7 Furnas
Queimado Serreta do Enxofre Lajes
Caldeira Praia
33 1021 Algar da Vitoria (▲)
Sta Bárbara do Carvão 19
São Mateus Ribeirinha ER 1-11
São Sebastião
Monte Brasil Angra do Ponta das
Heroismo Contendas
(回)
38°

9 **10** Norte

G Atlântico
Oceano

Ponta dos Rosais Monte Trigo
503 Ilha de São Jorge (▲ △)
Rosais ER 1-2a Santo
Velas Antonio Fajã do Ouvidor
602 Norte Grande
Ilha do Faial (▲) 1053 Pico da Esperança
Praia do Urzelina Fajã dos Cubres
Capelinhos Cedros Norte
Capelo Norte Pequeno Fajãs
Caldeira 32 Ribeirinha Manadas
Santa Luzia Calheta Ribeira Santo
Varadouro 1043 Santo António Seca Antão
Flamengos 942
Capelo Cachorro Ponta do
Varadouro Topo
19 EN 1-2a Horta Bandeiras São Roque do Pico Topo
Castelo Branco Madalena Pta do Mistério
Ma da Prainha
Guia Candelária São Mateus Piedade
26 2351 Pico 27
São João Lajes 1076
Ilha do Pico (▲) do Pico Ribeiras 19
Ribeiras Calheta de Nesquim
Ponta da Ponta da Ilha
Queimada

Canal do Faial
Canal de São Jorge

0   10 km

0   10 km

18 25°40 **19** 25°20 **20**

0 5 10 km

Ponta da Bretanha
Bretanha
João Bom Remédios
Mosteiros Ponta da Agulha Ilha de São Miguel (▲)
Várzea L. Caldeira das
Azul Sete Cidades Ponta da Ajuda
Ponta da Ferraria Sete Santo António Fenais Achadinha Achada Algarvia
J Ginetes Cidades da Ajuda Nordestinho Ponta da Ribeira
L. Verde Capelas Ponta do Cintrão Maia
856 Fenais da Luz (回)Ribeira Porto ER 1-1a Lomba da
Candelária 19 Carvão Calhetas Grande Formoso Fazenda Nordeste
813△ São Vicente Rabo Ribeirinha Lomba da Maia Pico da Ponta do Arnel
de Ferreira de Peixe Ribeira Seca Planalto dos Vara
Feteiras Pico da Sta Graminhais 1103 Pedreira
Sa Pedra Barbara Caldeiras 805 Salto de Senhora
Gorda 483 889 Cavalo do Monte
Covoada Fajã Mte Escuro Ferro Ponta da Madrugada
17 de Cima 544 Caldeira
Arrifes Barrosa do Fogo 707 L. das Furnas
Relva Livramento 947 Furnas (+)
Cabouço do Congo Água Retorta
São Sa de Água de Pau 675 19 Povoação 673
Roque Ribeira Ponta do Faial
Ponta Lagoa 25 Água do Quente Faial da Terra
Delgada Alto (回) Ponta Garça
(回) Água de Pau Ribeira Ponta da Madrugada
Caloura Cha Vila Franca Ponta da Garça
Ponta da Galera do Campo (回) Ponta do Faial
Ribeira

7°40

Oceano Norte Atlântico
37°

España

A

Ababuj	43	K 27
Abad	3	B 6
Abad (Fuente del)	78	R 24
Abades	39	J 17
Abades (Ensenada de)	92	J 9
Abades (Puntilla los)	92	G 8
Abadía	50	L 12
Abadía de Lebanza	11	D 16
Abadín	3	B 7
Abadiño	14	C 22
Abáigar	14	E 23
Abajas	12	E 19
Abalario (El)	82	U 9
Abalos	13	E 21
Abaltzisketa	14	C 23
Abama	92	H 8
Abánades	41	J 22
Abanco	40	H 21
Abaniella	4	C 10
Abanilla	79	R 26
Abanilla (Sierra de)	79	R 26
Abanillas	11	B 16
Abano	10	E 11
Abanqueiro	6	E 3
Abanto	42	I 24
Abarán	78	R 25
Abarca	24	F 15
Abárzuza	14	D 23
Abastas	24	F 15
Abaurrea Alta	15	D 26
Abaurrea Baja	15	D 26
Abay	16	E 28
Abdet (L')	69	P 29
Abecia	13	D 21
Abegondo	3	C 5
Abejar	27	G 21
Abejas (Puerto de las)	84	V 15
Abejuela (Almería)	78	T 24
Abejuela (La)	67	Q 23
Abejuela (Teruel)	56	M 27
Abelgas	10	D 12
Abellá	3	C 5
Abella	17	E 31
Abellada	16	E 29
Abella de la Conca	17	F 33
Abelleira	6	D 2
Abelón	23	H 11
Abena	16	E 28
Abengibre	67	O 25
Abengibre (Arroyo de)	67	O 25
Abenilla	16	E 29
Abenójar	64	P 16
Abenuz	67	Q 24
Aberásturi	14	D 22
Abertura	62	O 12
Abetenda	7	E 10
Abezames	23	H 13
Abiada	12	C 17
Abia de la Obispalía	54	L 22
Abia de las Torres	25	E 16
Abiego	16	F 29
Abiertas (Las)	92	H 7
Abínzano	15	E 25
Abió	69	Q 28
Abionzo	12	C 18
Abizanda	16	F 30
Abla	86	U 21
Ablanque	41	J 23
Ablanquejo	41	J 23
Ablaña	5	C 12
Ablitas	28	G 25
Abodi	15	D 26
Abodi (Sierra de)	15	D 26
Abona (Punta de)	92	J 9
Abra de Bilbao	13	I 8
Abreo	92	H 8
Abrera	32	H 35
Abrigos	55	K 25
Abrigos (Los)	92	I 9
Abrucena	86	U 21
Abuime	8	E 7
Abulagoso	64	Q 17
Abusejo	37	J 11
Abuzaderas	67	P 24
Acaderas	63	O 15
Acantilado y Pinar de Barbate (Parque natural del)	88	X 11
Acebeda (La)	40	I 19
Acebedo	11	C 14
Acebedo del Río	20	F 5
Acebes	23	E 12
Acebo (Alto de)	4	C 9
Acebo (Cáceres)	49	L 9
Acebo (Leon)	9	E 10
Acebrón (El) (Huelva)	82	U 10
Acebrón (El) (Cuenca)	53	M 21
Acebuchal (El) (Jaén)	76	R 19
Acebuchal (El) (Sevilla)	74	T 13
Acebuche (Badajoz)	62	Q 13
Acebuche (El) (Huelva)	82	U 10
Acebuche (El) (Sevilla)	84	U 14
Acebuche (Huelva)	82	U 10
Acebuche (Laguna del)	64	P 18
Acebuche (Puerto)	73	T 11
Acebuche (Punta)	89	X 13
Aceca	52	M 18
Acedera	62	O 13
Acedo	14	D 23
Acehuche	49	M 10
Aceituna	49	L 11
Acequias	86	V 19
Acera de la Vega	11	E 15
Acered	42	I 25
Aceredo	20	G 5
Aceuchal	61	Q 10
Achena (Sierra de)	27	F 23
Acilu	14	D 22
Aciscar (El)	88	X 12
Acojeja	92	H 8
Acosta (Salinas de)	87	V 23
Ácula	85	U 18
Acumuer	16	E 28
Adahuesca	16	F 29
Adaja	38	K 15
Adalia	24	H 14
Adalid (El)	75	S 16
Adal Treto	12	B 19
Adamuz	75	S 17
Adanero	38	J 16
Adarra	14	C 24
Aday	8	D 7
Addaia	91	L 42
Adeanueva de la Serrezuela	39	H 18
Adeje	92	H 9
Adelán	3	B 7
Adelantado (Parador El)	76	S 21
Ademuz	55	L 26
Adi	15	C 25
Adina	6	E 3
Adino	13	B 19
Adiós	15	D 24
Adoain	15	D 26
Adobes	42	J 24
Adra	86	V 20
Adrada (La)	52	L 16
Adrada de Haza	25	H 18
Adrada de Pirón	39	I 17
Adradas	41	H 22
Adrados (León)	10	D 14
Adrados (Segovia)	39	H 17
Adrados de Ordás	10	D 12
Adrall	18	F 34
Adriano	83	U 12
Adsubia	69	P 29
Aduanas de Mar	69	P 30
Aduna	14	C 23
Adzaneta (Castellón de la Plana)	57	L 29
Adzaneta de Albaida (Valencia)	69	P 28
Afur	93	K 6
Agadón	36	K 10
Agaete	94	N 9
Agaete (Valle de)	94	N 9
Agalla (Sierra)	62	P 12
Agallas	36	K 10
Áger	17	F 32
Agoitz / Aoiz	15	D 25
Agón	28	G 25
Agoncillo	27	E 23
Agost	68	Q 28
Agra	67	Q 24
Agramaderos (Los)	85	T 18
Agramón	67	Q 25
Agramunt	31	G 33
Agraviados (Los)	88	W 12
Ágreda	28	G 24
Agres	69	P 28
Agrio	73	T 11
Agrio (Embalse de)	73	T 11
Agrón	85	U 18
Agua (Cabo de)	79	T 27
Agua (Cueva del)	76	S 20
Agua de Enmedio	87	U 24
Agua (Sierra del)	76	Q 18
Agua Amarga	87	V 24
Aguacil (Puerto del)	84	V 13
Aguada Salada	67	Q 23
Aguadulce (Almería)	87	V 22
Aguadulce (Sevilla)	84	U 15
Aguadulce (Urbanización)	87	V 22
Aguafría	72	S 9
Agua García	92	J 7
Agualada	2	C 3
Aguamansa	92	J 7
Aguarón	42	H 26
Aguarón (Puerto de)	42	I 25
Aguas	16	F 29
Aguas (Las)	92	I 7
Aguas (Río de)	87	U 23
Aguasal	38	I 16
Aguasantas (cerca de Ponte-Caldelas)	6	E 4
Aguasantas (cerca de Rois)	6	D 3
Aguas Cándidas	12	D 19
Aguascebas (Embalse)	76	R 21
Aguasmestas	4	C 11
Aguasnuevas	67	P 24
Aguasvivas	43	J 27
Aguas Vivas	43	I 27
Aguatón	42	J 26
Aguatona	94	P 10
Aguaviva	44	J 29
Aguaviva de la Vega	41	I 22
Aguda (Sierra)	72	R 10
Agudo (Ciudad Real)	63	P 15
Agudo (Zaragoza)	28	G 25
Águeda (Embalse del)	36	K 10
Águeda (Río)	36	J 9
Águeda del Caudillo	36	K 10
Agüeira (Río)	4	C 9
Agüera (Asturias)	5	B 11
Agüera (Burgos)	12	C 19
Agüera (Cantabria)	13	C 20
Agüera (Río)	13	C 20
Agüeras (Las)	5	C 11
Agüerina	5	C 11
Agüero	29	E 27
Aguijón (Embalse del)	61	Q 9
Aguijón (Embalse del)	61	Q 9
Águila	65	Q 19
Águila (Cuevas del)	51	L 14
Águila (El) (Córdoba)	74	R 15
Águila (El) (Toledo)	65	N 19
Águila (Punta del)	12	B 19
Aguilafuente	39	I 17
Aguilar	75	T 16
Aguilar de Anguita	41	I 22
Aguilar de Bureba	13	E 20
Aguilar de Campóo	12	D 17
Aguilar de Campóo (Embalse de)	11	D 16
Aguilar de Campos	24	G 14
Aguilar del Alfambra	43	K 27
Aguilar de Montuenga	41	I 23
Aguilar de Segarra	32	G 34
Aguilar de Tera	23	G 12
Águilas	78	T 25
Aguilera (La)	25	G 18
Aguillo	14	D 22
Aguillós (Punta de los)	3	A 6
Aguiló	32	H 34
Aguinaga	14	C 23
Aguinaliu	17	F 31
Aguiño	6	E 2
Agullana	19	E 38
Agullent	69	P 28
Agulo	95	E 8
Agustín (Lugo)	8	D 8
Agustín (Valencia)	56	M 27
Aguzadera	89	W 14
Aguzadera (Castillo)	83	U 13
Agüimes	94	P 10
Ahedo de la Sierra	26	F 19
Ahedo del Butrón	12	D 18
Ahigal	49	L 11
Ahigal de los Aceiteros	36	J 9
Ahigal de Villarino	36	I 10
Ahillas	56	M 27
Ahillones	73	R 12
Ahillos (Sierra)	85	T 17
Ahorcados (Illa de)	91	P 33
Aia (cerca de Beasain)	14	D 23
Aibar	15	E 25
Aigua Blava	33	G 39
Aigua d'Ora	18	F 34
Aiguafreda (Barcelona)	32	G 36
Aiguafreda (Gerona)	33	G 39
Aiguamolls de l'Empordà (Parc natural dels)	19	F 39
Aiguamúrcia	32	I 34
Aiguaviva (Gerona)	33	G 38
Aiguaviva (Tarragona)	31	H 34
Aigües de Busot	69	Q 28
Aigüestortes (Parc nacional d')	17	E 32
Aín	56	M 28
Ainet de Besan	17	E 33
Ainsa	16	E 30
Aintzioa	15	D 25
Ainzón	28	G 25
Aire (Illa de l')	91	M 42
Aire (Puerto del)	74	R 15
Aisa	16	D 28
Aisa (Sierra de)	16	D 28
Aisl	3	B 5
Aitana (Serra de)	69	Q 29
Aitona	30	H 31
Aitzgorri	14	D 23
Aixorta (Serra de)	69	P 29
Aizarna	14	C 23
Aizarnazabal	14	C 23
Aja	12	C 19
Ajalvir	40	K 19
Ajamil	27	F 22
Ajo	12	B 19
Ajo (Cabo de)	12	B 19
Ajofrín	52	M 18
Ajuy	93	T 7
Alacant / Alicante	79	Q 28
Alacón	43	I 27
Aladrén	43	I 26
Alaejos	38	I 14
Alagón (Río)	37	K 12
Alagón (Río)	49	M 9
Alagón (Zaragoza)	29	G 26
Alagón del Caudillo	49	M 11
Alagones (Los)	44	J 29
Alagüeces	78	S 24
Alaior	91	M 42
Alaiza	14	D 22
Alájar	72	S 10
Alajeró	95	E 9
Alaló	40	H 21
Alalpardo	40	K 19
Alameda	84	U 16
Alameda (Arroyo de la)	83	U 13
Alameda (La) (Ciudad Real)	64	Q 18
Alameda (La) (Soria)	27	H 23
Alameda de Cervera	65	O 20
Alameda de Gardón (La)	36	K 9
Alameda de la Sagra	52	L 18
Alameda del Obispo	74	S 15
Alameda del Valle	39	J 18
Alamedilla	76	T 20
Alamedilla (La)	36	K 9
Alamedilla del Berrocal (La)	38	J 15
Alamillo (Ciudad Real)	63	P 15
Alamillo (El)	82	U 10
Alamillo (Estación de)	63	P 15
Alamillo (Toledo)	52	M 17
Alamín (El)	52	L 17

ALBACETE

Marqués de Molins	BZ	24
Mayor	AYZ	28
Arcángel San Gabriel	AZ	3
Arquitecto Julio Carrilero (Av. del)	AY	4
Batalla del Salado	BZ	5
Caba	AZ	6
Carretas (Pl. de las)	BZ	7
Catedral (Pl. de la)	AY	8
Comandante Padilla	AZ	9
Fernán Pérez de Oliva	AY	14
Francisco Fontecha	BY	16
G. Lodares (Pl. de)	AZ	17
Granada	AY	18
Iris	BY	19
Isabel la Católica	AY	20
Joaquín Quijada	AY	21
Libertad (Pas. de la)	BY	22
Martínez Villena	BY	26
Mayor (Pl.)	AY	29
Pedro Martínez Gutiérrez	AY	30
Pedro Simón Abril (Pas. de)	AZ	32
Rosario	AY	33
San Antonio	BY	34
San Julián	AY	35
San Sebastián	AY	36
Santa Quiteria	BZ	37
Tesifonte Gallego	AZ	38
Tinte	AZ	39
Valencia (Puerta de)	BZ	42
Virgen de las Maravillas	AY	44
Zapateros	AY	46
M¹ MUSEO		

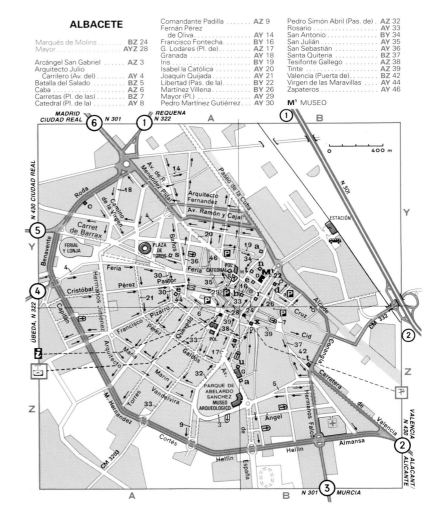

Alamín (Montes de) 52 L 17
Alaminos 41 J 21
Alamitos (Los) 73 S 13
Álamo 88 W 12
Álamo (El) (Madrid) 52 L 18
Álamo (El) (cerca de El Madroño) 72 T 10
Álamo (El) (cerca de Lora del Río) 73 T 13
Álamos (Los) 77 T 23
Álamos (Sierra de los) 78 R 24
Alamús (Els) 31 H 32
Almazul 27 H 23
Alandre 63 O 14
Alange 62 P 11
Alanís 73 R 12
Alanís (Estación de) 73 S 12
Alaquàs 56 N 28
Alaraz 38 J 14
Alarba 42 I 25
Alarcia 26 F 20
Alarcón 54 N 23
Alarcón (Embalse de) 54 N 23
Alarcones 75 R 18
Alar del Rey 12 E 17
Alares (Los) 51 N 15
Alarilla 40 J 20
Alaró 90 M 38
Alàs i Cerc 18 E 34
Alastuey 15 E 26
Alatoz 67 O 25
Álava (Provincia) 13 D 21
Alazores (Puerto de Los) 85 U 17
Albá (cerca de Palas de Rei) 7 D 6
Alba (cerca de Villalba) 3 C 6
Alba (Teruel) 42 K 25
Albacete 67 P 24
Alba de Cerrato 25 G 16
Alba de los Cardaños 11 D 15
Alba de Tormes 37 J 13
Alba de Yeltes 36 J 11
Albagès (L') 31 H 32
Albahacar (Arroyo de) 72 S 8
Albaicín 85 U 16
Albaida 69 P 28
Albaida (Puerto de) 69 P 28
Albaida del Aljarafe 73 T 11
Albaina 14 D 22
Albaladejito 54 L 23
Albaladejo 66 Q 21
Albaladejo del Cuende 54 M 23
Albalá del Caudillo 62 O 11
Albalat de la Ribera 69 O 28
Albalate de Cinca 30 G 30
Albalate del Arzobispo 43 I 28
Albalate de las Nogueras 54 K 23
Albalate de Zorita 54 L 21
Albalatillo 30 G 29
Albánchez 87 U 23
Albánchez de Úbeda 76 S 19
Albanyà 19 F 38
Albarca 45 I 32
Albarda (Albacete) 67 Q 23
Albarda (Murcia) 79 R 26
Albarderos (Los) 94 P 8
Albarellos (cerca de Beariz) 7 E 5
Albarellos (cerca de Verín) 21 G 7
Albarellos (Embalse de) 20 E 5
Albarellos (La Coruña) 7 E 5
Albares 53 L 20
Albares de la Ribera 9 E 10
Albaricoques (Los) 87 V 23
Albarín 16 E 28
Albariño (Parador del) (Cambados) 6 E 3
Albariza 5 C 11

Albarracín 55 K 25
Albarracín (Sierra de) 42 K 25
Albarragena (Rivera de) 61 O 9
Albarrana (Sierra) 74 R 13
Albarreal de Tajo 52 M 17
Albatana 67 Q 25
Albatàrrec 31 H 31
Albatera 79 R 27
Albatera (Canal de) 79 R 27
Albayate (Sierra) 85 T 17
Albeiros 3 C 7
Albelda 30 G 31
Albelda de Iregua 27 E 22
Albendea 41 K 22
Albendiego 40 I 20
Albendín 75 S 17
Albenfigo 44 J 29
Albéniz 14 D 23
Albentosa 56 L 27
Alberca (La) (Murcia) 79 S 26
Alberca (La) (Salamanca) 37 K 11
Alberca de Záncara (La) 54 N 22
Alberche (Río) 52 L 16
Alberche del Caudillo 51 M 15
Alberguería 21 F 7
Alberguería de Argañán (La) 36 K 9
Alberín 14 E 24
Alberique 69 O 28
Alberite (Río) 88 W 13
Alberite (La Rioja) 27 E 22
Alberite de San Juan 28 G 25
Albero Alto 29 F 28
Albero Bajo 29 F 28
Alberquilla 86 V 21
Alberquillas (Sierra de las) 52 N 18
Alberuela de la Liena 16 F 29
Alberuela de Tubo 30 G 29
Albesa 31 G 31
Albeta 28 G 25
Albi (L') 31 H 32
Albilla (Fuente) 67 Q 24
Albillos 25 F 18
Albinyana 32 I 34
Albiña (Embalse de) 14 D 22
Albiol (L') 45 I 33
Albires 24 F 14
Albita 85 V 18
Albiztur 14 C 23
Albocácer 57 K 30
Alboloduy 87 U 22
Albolote 85 U 19
Albondón 86 V 20
Albons 19 F 39
Alborache 56 N 27
Alboraya 56 N 28
Alborea 67 O 25
Alboreca 41 I 22
Albores 6 D 3
Alborge 43 H 28
Albornos 38 J 15
Albortú 28 G 24
Albox 87 T 23
Albudeite 78 R 25
Albuera (La) 61 P 9
Albuera (Laguna de la) 65 O 19
Albuera de Feira (Embalse de) 61 Q 10
Albufera (L') (Valencia) 69 N 28
Albufera (La) (Mallorca) 90 M 39
Albufera (La) (Menorca) 91 M 42
Albufera de Anna (La) 69 O 28
Albufereta (L') 79 Q 28
Albujón 79 S 26
Albujón (Rambla de) 79 S 26
Albuñán 86 U 20
Albuñol 86 V 20
Albuñuelas 85 V 19
Albuñuelas (Sierra de) 85 V 18

Alburquerque 61 O 9
Alburrel 48 N 7
Alcabala Alta 83 U 13
Alcabón 52 L 16
Alcachofar (El) 73 T 12
Alcadozo 67 Q 24
Alcahozo 55 N 25
Alcaide 77 S 23
Alcaide (Sierra) 85 T 17
Alcaidía (La) 74 T 16
Alcaina 79 R 26
Alcaine 43 J 27
Alcalá (Punta) 92 H 8
Alcalá de Chivert 57 L 30
Alcalá de Ebro 28 G 26
Alcalá de Guadaira 83 T 12
Alcalá de Gurrea 29 F 27
Alcalá de Henares 40 K 19
Alcalá de la Selva 56 K 27
Alcalá de la Vega 55 L 25
Alcalá del Obispo 16 F 29
Alcalá de los Gazules 88 W 12
Alcalá del Río 73 T 12
Alcalá del Valle 84 V 14
Alcalá de Moncayo 28 G 24
Alcalá la Real 85 T 18
Alcalalí 69 P 29
Alcalde (El) 53 M 20
Alcalá del Júcar 67 O 25
Alcalfar 91 M 42
Alcampel 30 G 31
Alcaná 79 Q 27
Alcanadre (La Rioja) 27 E 23
Alcanadre (Río) 27 E 22
Alcanar 45 K 31
Alcanó 31 H 31
Alcántara 49 M 9
Alcántara (Embalse de) 49 M 9
Alcantarilla 79 S 26
Alcantarillas (Estación de las) 83 U 12
Alcantín (Sierra de) 77 S 22
Alcantud 41 K 23
Alcañices 22 G 10
Alcañiz 44 I 29
Alcañizo 51 M 14
Alcaparaín (Sierra de) 84 V 15
Alcaparoza 75 R 17
Alcaracejos 74 Q 15
Alcarama 27 G 23
Alcarama (Sierra de) 27 F 23
Alcarayón (Arroyo de) 83 U 11
Alcaraz 66 P 22
Alcaraz (Sierra de) 66 Q 22
Alcarrache 60 Q 8
Alcarràs 30 H 31
Alcarria (La) 41 J 21
Alcàssel 69 N 28
Alcaucín 85 V 17
Alcaudete (Jaén) 85 T 17
Alcaudete (Sevilla) 83 T 12
Alcaudete de la Jara 51 M 15
Alcaudique 86 V 21
Alcázar (Granada) 86 V 19
Alcázar (Jaén) 85 T 17
Alcázar del Rey 54 L 21
Alcázar del Rey Don Pedro (Parador) (Carmona) 83 T 13
Alcázar de San Juan 65 N 20
Alcazarén 38 H 15
Alcázares (Los) 79 S 27
Alceda 12 C 18
Alcoba de la Torre 26 G 19
Alcoba de los Montes 64 O 16
Alcobendas 40 K 19
Alcobilla 64 O 16
Alcocer 54 K 22
Alcocero de Mola 26 E 19
Alcohujate 54 K 22
Alcoi / Alcoy 69 P 28

Alcola (Alto de) 68 O 26
Alcolea (Almería) 86 V 21
Alcolea (Córdoba) 74 S 15
Alcolea (Laguna de) 64 P 17
Alcolea de Calatrava 64 P 17
Alcolea de Cinca 30 G 30
Alcolea de Tajo 51 M 14
Alcolea de las Peñas 41 I 21
Alcolea del Pinar 41 I 22
Alcolea del Río 73 T 12
Alcoletge 31 H 32
Alcollarín 62 O 12
Alcollarín (Río) 62 O 12
Alconaba 27 G 22
Alconada 37 J 13
Alconada de Maderuelo 40 H 19
Alconchel 60 Q 8
Alconchel (Rivera de) 60 Q 8
Alconchel de Ariza 41 I 23
Alconchel de la Estrella 54 M 22
Alconera 73 Q 10
Alconétar (Puente Romano de) 49 M 10
Alcóntar 87 T 22
Alcor 82 U 9
Alcor (El) 39 K 17
Alcora 57 L 29
Alcora (Embassament d') 56 L 29
Alcora (Riu d') 57 L 29
Alcoraia (L') 68 Q 28
Alcorcillo 22 G 10
Alcorcón 52 K 18
Alcorisa 43 J 28
Alcorlo 40 J 20
Alcorlo (Embalse de) 40 I 20
Alcorneo 60 O 8
Alcorneo (Rivera de) 60 O 8
Alcornocal 74 S 13
Alcornocal (El) (Córdoba) 74 R 14
Alcornocal (El) (Ciudad Real) 64 O 16
Alcornocalejo 73 T 12
Alcornocales (Parque natural de los) 88 V 12
Alcornocosa 74 Q 14
Alcornocosa (La) 73 S 11
Alcoroches 42 K 24
Alcossebre 57 L 30
Alcotas (Teruel) 56 L 27
Alcotas (Valencia) 56 M 27
Alcover 45 I 33
Alcozar 26 H 20
Alcozarejos 67 O 25
Alcubierre 29 G 28
Alcubierre (Sierra de) 29 G 28
Alcubilla de Avellaneda 26 G 20
Alcubilla del Marqués 26 H 20
Alcubilla de Nogales 23 F 12
Alcubillas 65 P 20
Alcubillas (Las) 87 U 22
Alcubilla de las Peñas 41 I 22
Alcubillete 52 M 17
Alcublas 56 M 27
Alcúdia (Badia d') 90 M 39
Alcúdia de Crespins (L') 68 P 28
Alcudia (L') 69 O 28
Alcudia (La) (Ruinas de Ilici) 79 R 27
Alcúdia (Mallorca) 90 M 39
Alcudia (Río) 63 P 15
Alcudia (Sierra de) 64 P 16
Alcudia (Valle de) 64 Q 16
Alcudia de Guadix 86 U 20
Alcudia de Monteagud 87 U 23
Alcudia de Veo 56 M 28

Alcuéscar 62 O 11
Alcuetas 23 F 13
Alcuneza 41 I 22
Alda 14 D 23
Aldaba 14 D 24
Aldaia 56 N 28
Aldán 20 F 3
Aldanas 13 C 21
Aldaris 6 D 3
Aldatz 14 C 24
Aldea de Estenas 55 N 26
Aldea de les Coves 55 N 26
Aldea de los Corrales 55 N 26
Aldea (Lugo) 3 C 6
Aldea (L') 45 J 31
Aldea (Punta de la) 94 N 9
Aldea Quintana (Córdoba) 74 S 15
Aldea (Soria) 26 H 20
Aldea Blanca 94 P 10
Aldea Blanca del Llano 92 I 9
Aldeacentenera 50 N 13
Aldeacipreste 50 K 12
Aldeacueva 13 C 19
Aldeadávila (Embalse de) 36 I 10
Aldeadávila de la Ribera 36 I 10
Aldea de Arango 51 L 15
Aldea de Arriba 21 F 6
Aldea de Ebro 12 D 17
Aldea del Cano 62 O 11
Aldea del Cano (Estación de) 61 O 10
Aldea del Fresno 52 L 17
Aldea del Obispo 36 J 9
Aldea del Pinar 26 G 20
Aldea del Portillo de Busto (La) 13 D 20
Aldea del Puente (La) 10 E 14
Aldea del Rey 64 P 18
Aldea del Rey Niño 38 K 15
Aldea de Pallarés 73 R 11
Aldea de San Miguel 38 H 16
Aldea de Trujillo 50 N 12
Aldeaencabo de Escalona 52 L 16
Aldeahermosa 76 R 20
Aldealabad del Mirón 37 K 13
Aldealafuente 27 G 23
Aldealázaro 40 H 19
Aldealbar 25 H 16
Aldealcardo 27 F 23
Aldealcorvo 39 I 18
Aldealengua 37 J 13
Aldealengua de Pedraza 39 I 18
Aldealices 27 G 23
Aldealpozo 27 G 23
Aldealseñor 27 G 23
Aldeamayor de San Martín 25 H 16
Aldea Moret 49 N 10
Aldeanueva de Atienza 40 I 20
Aldeanueva de Barbarroya 51 M 14
Aldeanueva de Cameros 27 F 22
Aldeanueva de Ebro 28 F 24
Aldeanueva de la Sierra 37 K 11
Aldeanueva de la Vera 50 L 12
Aldeanueva del Camino 50 L 12
Aldeanueva del Codonal 38 I 16
Aldeanueva de Portanobis 36 J 10
Aldeanueva de San Bartolomé 51 N 14

Aldeanueva de Santa Cruz 50 K 13
Aldeaquemada 76 Q 19
Aldea Real 39 I 17
Aldearrodrigo 37 I 12
Aldearrubia 37 I 13
Aldeaseca 38 I 15
Aldeaseca de Alba 37 J 13
Aldeaseca de la Frontera 38 J 14
Aldeasoña 39 H 17
Aldeatejada 37 J 12
Aldeavieja 39 J 16
Aldeavieja de Tormes 37 K 13
Aldehorno 25 H 18
Aldehuela (cerca de Aliaga) 43 J 27
Aldehuela (cerca de Teruel) 55 L 26
Aldehuela (Guadalajara) 42 J 24
Aldehuela (La) 50 K 13
Aldehuela (Madrid) 53 L 19
Aldehuela (Puerto de) 43 J 28
Aldehuela de Ágreda 28 G 24
Aldehuela de Calatañazor 27 G 21
Aldehuela de Jerte 49 L 11
Aldehuela del Codonal 39 I 16
Aldehuela de Liestos 42 I 24
Aldehuela de Periáñez 27 G 23
Aldehuela de Yeltes 37 K 11
Aldehuelas (Las) 27 G 23
Aldeire 86 U 20
Aldeonsancho 39 I 18
Aldeonte 39 H 18
Aldeyuso 25 H 17
Aldige 3 C 7
Aldover 45 J 31
Alea 11 B 14
Aleas 40 J 20
Aledo 78 S 25
Alegia 14 C 23
Alegranza (Isla) 95 W 1
Alegría (La) 83 U 12
Alegría-Dulantzi 14 D 22
Aleixar (L') 45 I 33
Alejos (Los) 66 Q 23
Alella 33 H 36
Alentisque 41 I 23
Aler 17 F 31
Alera 28 F 25
Alerre 29 F 28
Alesanco 27 E 21
Alesón 27 E 21
Alevia 11 B 16
Alfàbia 90 M 38
Alfàbia (Sierra de) 90 M 38
Alfacar 85 U 19
Alfacs (Puerto de San Carlos) 45 K 31
Alfafar 56 N 28
Alfafara 69 P 28
Alfaix 87 U 24
Alfajarín 29 H 27
Alfambra 43 K 26
Alfambra (Río) 43 K 26
Alfamén 28 H 26
Alfántega 30 G 30
Alfara de Carles 44 J 31
Alfara de Algimia 56 M 28
Alfaraz de Sayago 37 I 12
Alfarnate 85 V 17
Alfarnatejo 85 V 17
Alfaro 28 F 24
Alfaro (Serra de) 69 P 29
Alfarp 69 O 28
Alfarràs 31 G 31
Alfarrasí 69 P 28
Alfaz del Pi 69 Q 29
Alfera (La) 66 Q 23
Alfés 31 H 31
Alfocea 29 G 27
Alfondeguilla 57 M 29
Alfonse XIII (Embalse de) 78 R 25
Alfonso XIII 83 U 11

Alfoquia (La) 87 T 23
Alforja 45 I 32
Alfornón 86 V 20
Alforque 43 I 28
Alfoz (Castro de Ouro) 3 B 7
Alfoz (Lugo) 8 D 8
Algaba (La) 73 T 11
Algadefe 23 F 13
Algaida 90 N 38
Algaida (La) (Cádiz) 82 V 11
Algaida (La) (Murcia) 78 R 26
Algaidilla 84 U 15
Algairén (Sierra de) 42 H 25
Algallarín 75 R 15
Algámitas 84 U 14
Algar 88 W 13
Algar (El) 79 T 27
Algarabejo (El) 83 U 13
Algar de Mesa 42 I 24
Algar de Palancia 56 M 28
Algarín 73 T 13
Algarinejo 85 U 17
Algarra 55 L 25
Algarra (Río de) 55 M 25
Algarróbillo (El) 83 V 12
Algarrobo 85 V 17
Algarrobo (Sierra de) 78 T 26
Algarrobo Costa 85 V 17
Algas 44 J 30
Algas (Punta de) 79 S 27
Algatocín 89 W 14
Algayón 30 G 31
Algecira (La) 43 J 28
Algeciras 89 X 13
Algeciras (Bahía de) 89 X 13
Algemesí 69 O 28
Algendar (Barranc d') 91 M 41
Algerri 31 G 31
Algete 40 K 19
Algezares (cerca de Cehegín) 78 R 24
Algezares (cerca de Murcia) 79 S 26
Algibillo 75 R 17
Algimia de Alfara 56 M 28
Algimia de Almonacid 56 M 28
Alginet 69 O 28
Algodonales 84 V 13
Algodor 52 M 18
Algodre 23 H 13
Algora 41 J 22
Algorfa 79 R 27
Algorta 13 B 21
Algozón 7 E 6
Alguaire 31 G 31
Alguazas 78 R 26
Algueña 79 Q 26
Alhabia 87 V 22
Alhama de Granada 85 U 18
Alhama (Río) 27 G 23
Alhama (Sierra de) 85 V 17
Alhama (Tierras de) 85 V 17
Alhama de Almería 87 V 22
Alhama de Aragón 42 I 24
Alhama de Murcia 78 S 25
Alhambra 65 P 20
Alhambra (La) 85 U 19
Alhambra (Sierra de) 65 P 20
Alhambras (Las) 56 L 27
Alhamilla (Sierra) 87 V 22
Alhanchete (El) 87 U 24
Alhándiga 37 K 12
Alharilla 75 S 17
Alhaurín de la Torre 84 W 16
Alhaurín el Grande 89 W 15
Alhendín 85 U 19
Alhóndiga 41 K 21
Alía 51 N 14
Aliaga 43 J 27
Aliaguilla 55 M 26
Aliaguilla (Sierra de) 55 M 25
Alias 87 V 23
Alicante / Alacant 79 Q 28
Alicante (Golfo de) 79 Q 28
Alicún 87 V 22
Alicún de Ortega 76 T 20

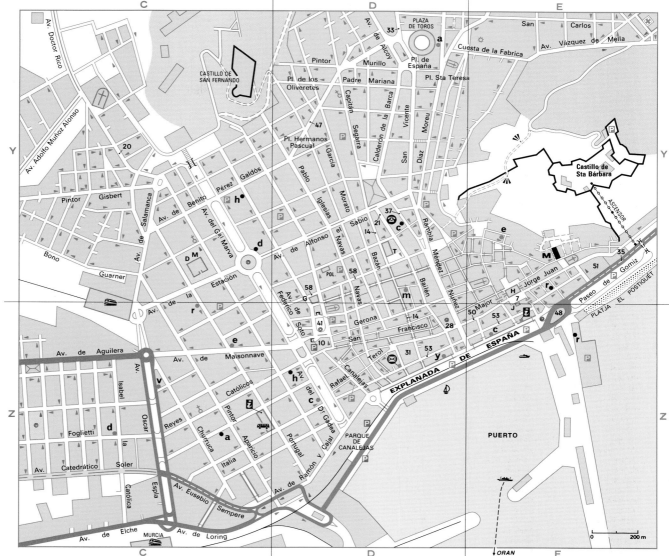

ALACANT
ALICANTE

Alfonso X el Sabio (Av. de) . . . DY
Constitución (Av. de la) . . . DY 21
Major . . . . EY
Méndez Núñez (Rambla) . . DYZ

Adolfo Muñoz
  Alonso (Av.) . . . . CY
Aguilera (Av. de) . . . . . . CZ
Alcoy (Av. de) . . . . DY
Ayuntamiento (Pl. del) . . . EY 7
Bailén . . . . DY
Bazán . . . . DY
Benito Pérez Galdós (Av.) . . CY
Bono Guarner . . . . CY
Calderón de la Barca . . . . DY
Calvo Sotelo (Pl.) . . . . . DZ 10
Canalejas . . . . DZ
Capitán Segarra . . . . . . DY
Castaños . . . . DYZ 14
Catedrático Soler (Av.) . . . CZ
Churruca . . . . CZ
Condes de
  Soto Ameno (Av.) . . . . CY 20
Díaz Moreu . . . . DY
Doctor Gadea (Av. del) . . . DZ
Doctor Rico (Av.) . . . . . . CY
Elche (Av. de) . . . . DZ
Elche (Portal de) . . . . . . DZ 28
España (Esplanada de) . . . DEZ
España (Pl. de) . . . . . . DY
Estación (Av. de la) . . . . CY
Eusebio Sempere (Av.) . . . CZ
Fábrica (Cuesta de la) . . . EY
Federico Soto (Av. de) . . . DZ
Foglietti . . . . DZ
Gabriel Miró (Pl. de) . . . . DZ 31
García Morato . . . . DY
General Marva (Av. del) . . . CY
Gerona . . . . DZ
Gomiz (Paseo de) . . . . . EY
Hermanos Pascual (Pl.) . . . DY
Isabel la Católica . . . . . CZ
Italia . . . . DZ
Jijona (Av. de) . . . . DY 33
Jorge Juan . . . . EY
Jovellanos (Av. de) . . . . . EY 35
López Torregrosa . . . . . DY 37
Loring (Av. de) . . . . CZ
Maisonnave (Av. de) . . . . DZ
Montañeta (Pl. de la) . . . . DZ 41
Navas . . . . DYZ
Oliveretes (Pl. de los) . . . DY
Óscar Espla (Av.) . . . . . CZ
Pablos Iglesias . . . . . . DY
Padre Mariana . . . . DY
Pintor Aparicio . . . . CZ
Pintor Gisbert . . . . CY
Pintor Murillo . . . . DY
Poeta Carmelo Calvo (Av.) . . DY 47
Portugal . . . . DZ
Puerta del Mar (Pl.) . . . . EZ 48
Rafael Altamira . . . . . . EZ 50
Rafael Terol . . . . DZ
Ramiro (Pas.) . . . . EY 51
Ramón y Cajal (Av. de) . . . DZ
Reyes Católicos . . . . . . CZ
Salamanca (Av. de) . . . . CY
San Carlos . . . . EY
San Fernando . . . . . . DEZ 53
San Francisco . . . . DZ
San Vicente . . . . DY
Santa Teresa (Pl.) . . . . . DY
Teatre Chapi . . . . DY 58
Vázquez de Mella (Av.) . . . EY

Alienes . . . . . . 4 B 10
Alija . . . . 10 E 13
Alija del Infantado . 23 F 12
Alijar . . . . 82 V 11
Alijar (Puerto de) . . 89 W 14
Alins . . . . 17 E 33
Alins del Monte . . 17 E 31
Alinyà . . . . . . 18 F 34
Alió . . . . 45 I 33
Alique . . . . . . 41 K 22
Alisar (El) . . . . . 73 T 11
Alisas (Puerto de) . . 12 C 19
Aliseda . . . . . . 49 N 9
Aliseda (La) . . . . 76 R 19
Aliseda de Tormes
  (La) . . . . . . 50 L 13
Aliste . . . . . . 23 G 11
Aliud . . . . 27 H 23
Aljabaras (Las) . . . 74 S 14
Aljaraque . . . . . 82 U 8
Aljariz . . . . . . 87 U 24
Aljibe . . . . . . 88 W 13
Aljibe (El) . . . . . 78 T 24
Aljibe (Sierra del) . . 63 N 15
Aljibe (Sierra del)
  (Ciudad Real) . . 65 Q 19
Aljorra (El) . . . . 79 S 26
Aljube . . . . . . 67 Q 25
Aljucén . . . . . . 62 O 11
Aljucén
  (Estación de) . . 61 P 10
Aljucén (Río) . . . 62 O 11
Aljunzarejo (El) . . . 78 R 26
Alkiza . . . . . . 14 C 23
Alkotz . . . . . . 15 C 24
Allande . . . . . . 4 C 10
Allariz . . . . . . 21 F 6
Allariz (Alto de) . . 21 F 6
Allepuz . . . . . . 43 K 27
Aller . . . . 5 C 13

Allés . . . . 11 B 15
Allo . . . . 14 E 23
Alloz . . . . 14 D 24
Alloz (Embalse de) . 14 D 24
Alloza . . . . . . 43 J 28
Allozo (El) . . . . . 66 P 21
Allueva . . . . . . 43 J 26
Almacelles . . . . 30 G 31
Almáchar . . . . . 85 V 17
Almáciga . . . . . 93 K 6
Almaciles . . . . . 77 S 22
Almadén . . . . . 63 P 15
Almadén (El) . . . . 76 S 19
Almadén (Sierra) . . 76 S 19
Almadén de la
  Plata . . . . . . 73 S 11
Almadenejos . . . 63 P 15
Almadenes . . . . 78 R 25
Almadraba de
  Monteleva (La) . . 87 V 23
Almadraba (La) . . . 88 W 10
Almadrava (L') . . . 45 J 32
Almadrones . . . . 41 J 21
Almafrá . . . . . . 68 Q 27
Almagarinos . . . . 9 D 11
Almagrera
  (Cabeza) . . . . 63 P 14
Almagrera
  (Sierra) . . . . . 87 U 24
Almagro . . . . . 65 P 18
Almagro (Sierra
  de) . . . . 78 T 24
Almagros . . . . . 78 S 26
Almajalejo . . . . 78 T 24
Almajano . . . . . 27 G 22
Almallá . . . . . . 42 J 24
Almaluez . . . . . 41 I 23
Almandoz . . . . . 15 C 25
Almansa (Albacete) . 68 P 26
Almansa (Cáceres) . 63 O 14

Almansa
  (Embalse de) . . 68 P 26
Almansas . . . . . 76 S 20
Almanza . . . . . 11 E 14
Almanzor (Pico) . . 51 L 14
Almanzora . . . . 87 T 23
Almanzora (Río) . . 78 T 24
Almar (Río) . . . . 37 J 13
Almarail . . . . . 27 H 22
Almaraz . . . . . . 50 M 12
Almaraz de Duero . 23 H 12
Almarcha (La) . . . 54 M 22
Almarchal (El) . . . 88 X 12
Almargen . . . . . 84 U 14
Almarza . . . . . 27 G 22
Almarza de
  Cameros . . . . 27 F 22
Almàssera . . . . 56 N 28
Almassora . . . . 57 M 29
Almatret . . . . . 44 I 31
Almayate . . . . . 85 V 17
Almazán . . . . . 27 H 22
Almazán (Canal de) . 27 H 21
Almazán (Pinares
  de) . . . . 27 H 22
Almázcara . . . . 9 E 10
Almazorre . . . . 16 F 30
Almedíjar (cerca de
  Segorbe) . . . . 56 M 28
Almedíjar
  (cerca de
  Torreblanca) . . . 57 L 30
Almedina . . . . . 66 Q 21
Almedinilla . . . . 85 T 17
Almeida . . . . . 37 I 11
Almenar . . . . . 31 G 31
Almenara (Castelló) . 57 M 29
Almenara (Lérida) . 31 G 33
Almenara (Madrid) . 39 K 17

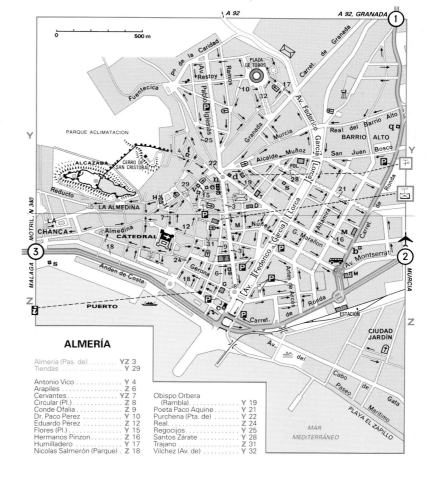

ALMERÍA

Almería (Pas. de) . . . . YZ 3
Tiendas . . . . Y 29

Antonio Vico . . . . Y 4
Arapiles . . . . Y 6
Cervantes . . . . YZ 7
Circular (Pl.) . . . . Z 8
Conde Ofalia . . . . Y 9
Dr. Paco Perez . . . . Y 10
Eduardo Pérez . . . . Z 12
Flores (Pl.) . . . . Y 15
Hermanos Pinzon . . . . Y 16
Humilladero . . . . Y 17
Nicolas Salmerón (Parque) . . . Z 18

Obispo Orbera
  (Rambla) . . . . Y 19
Poeta Paco Aquine . . . . . . Y 21
Purchena (Pta. de) . . . . . . Y 22
Real . . . . Z 24
Regocijos . . . . Y 25
Santos Zárate . . . . Y 28
Trajano . . . . Z 31
Vilchez (Av. de) . . . . Y 32

Almenara (Sierra) 89 X 13
Almenara (Sierra de) 78 T 25
Almenara de Adaja 38 I 15
Almenara de Tormes 37 I 12
Almenaras 66 Q 22
Almenar de Soria 27 G 23
Almendra (Embalse de) 37 I 11
Almendra (Salamanca) 36 I 10
Almendra (Zamora) 23 H 12
Almendral 85 U 17
Almendral (Badajoz) 61 Q 9
Almendral (Cáceres) 49 L 11
Almendral (El) (Almería) 87 U 22
Almendral (El) (Granada) 85 V 17
Almendral de la Cañada 51 L 15
Almendralejo 61 P 10
Almendres 12 D 19
Almendricos 78 T 24
Almendro (El) 72 T 8
Almendros 54 M 21
Almendros (Los) 45 K 31
Almensilla 83 U 11
Almenzora 87 T 22
Almería 87 V 22
Almería (Golfo de) 87 V 22
Almerimar 86 V 21
Almeza (La) 56 M 27
Almijara (Sierra de) 85 V 18
Almirez 78 Q 24
Almiruete 40 I 20
Almochuel 43 I 28
Almócita 86 V 21
Almodóvar 88 X 12
Almodóvar (Embalse de) 88 X 13
Almodóvar del Campo 64 P 17
Almodóvar del Pinar 55 M 24
Almodóvar del Río 74 S 14
Almogía 84 V 16
Almoguera 53 L 21
Almoguera (Embalse de) 53 L 21
Almohaja 42 K 25
Almoharín 62 O 11
Almoines 69 P 29
Almolda (La) 30 H 29
Almonacid de la Cuba 43 I 27
Almonacid del Marquesado 54 M 21
Almonacid de Toledo 52 M 18
Almonacid de Zorita 54 L 21
Almonació de la Sierra 42 H 26
Almonaster la Real 72 S 9
Almontaras (Las) 77 S 21
Almonte (Huelva) 82 U 10
Almonte (Río) 49 N 11
Almoradí 79 R 27
Almoraima 89 X 13
Almorchón 63 P 14
Almorchón (Sierra de) 77 R 22
Almorox 52 L 16
Almoster 45 I 33
Almudáfar 30 H 30
Almudaina 69 P 28
Almudena (La) 78 R 24
Almudévar 29 F 28
Almudévar (Estación de) 29 G 28
Almuerzo (El) 27 G 23
Almunia de Doña Godina (La) 28 H 25
Almunia de San Juan 30 G 30
Almunias (Las) 16 F 29
Almuniente 29 G 28
Almuña 4 B 10
Almuñécar 85 V 18
Almuradiel 65 Q 19
Almurfe 5 C 11
Almussafes 69 O 28
Alobras 55 L 25
Alocén 41 K 21
Alojera 95 E 9
Alomartes 85 U 18
Alonso de Ojeda 62 O 12
Alonsótegui 13 C 21
Aloña 14 D 22
Alor 60 Q 8
Álora 84 V 15
Alós de Balaguer 31 G 32
Alós de Gil 17 D 33
Alosno 72 T 8
Alovera 40 K 20
Alozaina 84 V 15
Alp 18 E 35
Alpandeire 89 W 14
Alpanseque 41 I 21
Alpartir 42 H 25
Alpedrete 39 K 17
Alpedroches 40 I 21
Alpens 18 F 36
Alpeñés 43 J 26
Alpera 68 P 26
Alpicat 31 G 31
Alpizar 72 T 10
Alporchones 78 T 25
Alpuente 56 M 26
Alpujarras (Las) 86 V 20
Alquería (La) (Almería) 86 V 20
Alquería (La) (Murcia) 68 Q 26
Alquerías Zeneta 79 R 26
Alquézar 16 F 30
Alquían (El) 87 V 22
Alquife 86 U 20
Alquité 40 I 19
Alsamora 17 F 32
Alsodux 87 U 22
Alta 3 C 7
Alta 94 O 9
Alta (Sierra) 42 K 25
Altable 13 E 20
Alta Coloma (Sierra de) 75 T 18
Altafulla 32 I 34
Alta Gracia (Ermita de) 49 N 10
Altamira 13 B 21
Altamira (Cuevas de) 12 B 17
Altamira (Sierra de) 50 M 13
Altamiros 38 J 15
Altarejos 54 M 22
Altavista 92 I 8
Altavista 94 N 9
Altea 69 Q 29
Altea de Vella 69 Q 29
Altet (L') 79 R 28
Altico (El) 75 R 18
Alto de Ter (Vall) 19 F 37
Alto (Puntal) 86 U 21
Altobordo 78 T 24
Alto de la Madera 5 B 12
Altomira 54 L 21
Altomira (Sierra de) 54 L 21
Alto Rey (Sierra de) 40 I 20
Altorricón 30 G 31
Altorricón-Tamarite 30 G 31
Altos (Los) 12 D 19
Altos (Puerto Los) 67 P 25
Alto Tajo (Parque natural del) 41 J 23
Altotero 12 D 19
Altron 17 E 33
Altsasu 14 D 23
Altube 13 C 21
Altura 56 M 28
Altzo 14 C 23
Aluenda 42 H 25
Alueza 17 E 30
Alumbres 79 T 27
Alustante 42 K 25
Alvarado 61 P 9
Álvarez de Sotomayor 87 V 22
Alvarizones (Los) 88 W 11
Alvedro (Aeropuerto de) 2 C 4
Alvidrón 7 D 6
Alzira 69 O 28
Alzola 14 C 22
Amadòrio (Embassament d') 69 Q 29
Amaiur 15 C 25
Amandi 5 B 13
Amarguillo (Río) 65 N 19
Amasa 14 C 23
Amatos 37 J 13
Amatriáin 15 E 25
Amavida 38 K 14
Amaya 12 E 17
Amayas 42 I 24
Amayuelas 11 D 16
Ambás (cerca de Avilés) 5 B 12
Ambás (cerca de Villaviciosa) 5 B 13
Ambasaguas 10 D 13
Ambasmestas 8 E 9
Ambel 28 G 25
Ambite 53 L 20
Ambosores 3 B 6
Amboto 14 C 22
Ambrona 41 I 22
Ambroz (Río) 49 L 11
Ameixenda 6 D 2
Amer 19 F 37
Amer (Punta de) 91 N 40
Ames 6 D 4
Ames (Bertamiráns) 6 D 4
Améscoa Baja 14 D 23
Ametlla (L') (cerca de Àguer) 17 F 32
Ametlla (L') (cerca de Tàrrega) 31 H 33
Ametlla de Casseres (L') 18 F 35
Ametlla del Vallès (L') 32 G 36
Ametlla de Mar (L') 45 J 32
Ametlla de Merola (L') 32 G 35
Ameyugo 13 E 20
Amezketa 14 C 23
Amieva 11 C 14
Amil 6 E 4
Amiudal 7 E 5
Amoedo 20 F 4
Amoeiro 7 E 6
Amoladeras (Collado de las) 68 N 27
Amorebieta 13 C 21
Amoroto 14 C 22
Amparo (El) 92 H 7
Ampolla (L') 45 J 32
Amposta 45 J 31
Ampudia 24 G 15
Ampuero 12 B 19
Ampuyenta 93 U 7
Amurrio 13 C 20
Amusco 25 F 16
Amusquillo 25 G 17
Anadón 43 J 27
Anafreita 3 C 6
Anaga (Faro de) 93 L 6
Anaga (Punta de) 93 L 6
Anaya 39 J 17
Anaya de Alba 37 J 13
Anayet (Coto nacional del) 16 D 28
Ancares 63 O 15
Ancares (Refugio de) 8 D 9
Ancares (Río) 9 D 9
Ancares (Sierra de) 9 D 9
Ancares Leoneses (Reserva nacional de los) 9 D 9
Anchuela del Campo 41 I 23
Anchuela del Pedregal 42 J 24
Anchuelo 53 K 20
Anchuras 51 N 15
Anchuricas (Embalse de) 77 R 22
Anchurones 64 N 16
Anciles 17 E 31
Ancillo 12 C 19
Ancín 14 E 23
Anciola (Punta de) 90 O 38
Ancla (El) 88 W 11
Anclas (Las) 41 K 21
Anda 13 D 21
Andagoya 13 D 21
Andaluz 27 H 21
Andara 11 C 15
Andarax 86 V 21
Andatza 14 C 23
Andavias 23 H 12
Andén (El) 92 I 7
Andia (Sierra de) 14 D 24
Andilla 56 M 27
Andiñuela 23 E 11
Andoain 14 C 23
Andoio 2 C 4
Andorra 43 J 28
Andorra la Vella 18 E 34
Andosilla 28 E 24
Andrade (Castillo de) 3 B 5
Andratx 90 N 37
Andrín 11 B 15
Andújar 75 R 17
Aneas (Las) 87 U 22
Anento 42 I 25
Anero 12 B 19
Aneto (Pico de) 17 E 31
Anfeoz 21 F 6
Angel (El) 89 W 15
Ángeles (Cerro de los) 53 L 19
Ángeles (Los) 52 L 18
Ángeles (Los) (Cádiz) 89 W 13
Ángeles (Los) (Córdoba) 75 S 16
Ángeles (Río de Los) 49 L 10
Ángeles (Sierra de Los) 49 L 10
Anglès 33 G 37
Anglesola 31 H 33
Angón 41 I 21
Angostura (La) 94 P 9
Anguciana 13 E 21
Angüés 16 F 29
Anguiano 27 F 21
Anguijes (Los) 67 P 24
Anguiozar 14 C 22
Anguita 41 I 22
Anguix (Burgos) 25 G 18
Anguix (Guadalajara) 54 K 21
Aniago 24 H 15
Aniés 29 F 28
Anievas 12 C 17
Aniezo 11 C 16
Aniñon 28 H 24
Anleo 4 B 9
Anllares 9 D 10
Anllarinos 9 D 10
Anllóns 2 C 3
Anna 68 O 28
Anoeta 14 C 23
Anoia 32 H 34
Anorias (Las) 67 P 25
Anós 2 C 3
Anoz 14 D 24
Anquela del Ducado 41 J 23
Anquela del Pedregal 42 J 24
Anroig 44 K 30
Ansares (Lucio de los) 82 V 10
Anserall 18 E 34
Ansó 15 D 27
Ansó (Valle de) 15 D 27
Antas 87 U 24
Antas (Río) 87 U 23
Antas de Ulla 7 D 6
Antella 68 O 28
Antemil 2 C 4
Antequera 84 U 16
Antequera (Bahía de) 93 L 6
Antequera (Punta de) 93 L 6
Antes 6 D 3
Antezana 13 D 21
Antigua 93 T 7
Antigua (La) 23 F 12
Antigüedad 25 G 17
Antilla (La) 82 U 8
Antillón 16 F 29
Antimio 10 E 13
Antonio Machado (Parador) (Soria) 27 G 22
Antoñana 14 D 22
Antoñán del Valle 10 E 12
Antzuola 14 C 22
Anue 15 D 25
Anxeles (Os) 6 D 3
Anxeriz 2 C 3
Anya 31 G 33
Anzánigo 16 E 28
Anzofé 94 O 9
Anzur 84 T 16
Añarbe (Embalse de) 14 C 24
Añastro 13 D 21
Añavieja 28 G 24
Añaza 93 K 7
Añe 39 I 17
Añes 13 C 20
Añides 4 B 9
Añisclo (Garganta de) 16 E 30
Añón 28 G 24
Añora 74 Q 15
Añorbe 14 E 24
Añover de Tajo 52 M 18
Añover de Tormes 37 I 12
Añoza 24 F 15
Aoiz / Agoitz 15 D 25
Aós (Lérida) 18 E 34
Aós (Navarra) 15 D 25
Aoslos 40 I 19
Apadreado (El) 67 P 25
Aparecida (La) (Alicante) 79 R 26
Aparecida (La) (Murcia) 79 S 27
Apellániz 14 D 22
Apiés 29 F 28
Apricano 13 D 21
Aquaola 86 U 19
Aquasvivas 43 J 27
Aquijón 49 N 11
Aquilianos (Montes) 9 E 9
Aquilué 16 E 28
Ara 16 E 28
Ara (Río) 16 D 29
Arabayona 37 I 13
Arabexo 2 C 4
Arabí 68 P 26
Arabinejo 67 P 25
Aracaldo 13 C 21
Aracena 72 S 10
Aracena (Embalse de) 72 S 10
Aracena (Sierra de) 72 S 9
Arafo 92 J 7
Aragó i Catalunya (Canal d') 31 H 31
Aragón (Canal Imperial de) 28 G 25
Aragón (Río) 15 E 27
Aragoncillo 41 J 23
Aragoncillo (Monte) 41 J 23
Aragoneses 39 I 16
Aragón Subordán 15 D 27
Aragón y Cataluña (Canal de) 16 F 30
Aragosa 41 J 21
Araguás 16 E 30
Araguás del Solano 16 E 28
Aragüés del Puerto 15 D 27
Arahal (El) 83 U 13
Arahuetes 39 I 18
Araia 56 L 29
Araia / Araya (Alava) 14 D 23
Araitz 14 C 23
Arakil 14 D 23
Aralar (Sierra de) 14 D 23
Aralla 10 D 12
Aralla (Collada de) 10 D 12
Aramaio 14 C 22
Aramunt 17 F 32
Arán 44 J 30
Aran (Vall d') 17 D 32
Arana (Sierra) 76 T 19
Aranarache 14 D 23
Arancedo 4 B 9
Arancón 27 G 23
Aranda (Canal de) 26 H 19
Aranda (Málaga) 89 W 15
Aranda (Río) 28 H 25
Aranda de Duero 25 G 18
Aranda de Moncayo 28 H 24
Arándiga 28 H 25
Arandilla 26 G 19
Arandilla (Río) 26 G 19
Arandilla del Arroyo 41 K 22
Aranga 3 C 5
Aranga (Estación de) 3 C 6
Arangas 11 C 15
Aranguiz 13 D 21
Aranguren 15 D 25
Aranjuez 53 L 19
Arano 14 C 24
Aranqüite 15 E 26
Arànser 18 E 34
Arante 4 B 8
Arantza 14 C 24
Arantzazu 14 D 22
Arantzazu (Vizcaya) 13 C 21
Aranyó (L') 31 G 33
Aranza 8 D 8
Aranzueque 40 K 20
Araña (Cuevas de la) 68 O 27
Arañuel 56 L 28
Araós 17 E 33
Araoz 14 D 22
Arapiles 37 J 13
Aras 14 E 22
Arascués 29 F 28
Aras de Alpuente 55 M 26
Aratz-Erreka 14 C 23
Arauzo de Miel 26 G 19
Arauzo de Salce 26 G 19
Arauzo de Torre 26 G 19
Aravaca 52 K 18
Aravel 18 E 34
Araviana 28 G 24
Araxes 14 C 23
Araya 92 J 7
Araya / Araia (Alava) 14 D 23
Araya (Cabeza) 49 N 10
Araya de Arriba (Embalse de) 49 N 9
Araz (Peña) 14 D 23
Arba 28 F 26
Arbacegui 14 C 22
Arba de Biel 29 F 27
Arba de Luesia 28 F 26
Arbancón 40 J 20
Arbaniés 16 F 29
Arbás 10 D 12
Arbayún (Hoz de) 15 D 26
Arbeca 31 H 32
Arbedales (Cuevas de) 5 B 12
Arbejal 11 D 16
Arbeteta 41 J 22
Arbillas (Mirador de) 51 L 14
Arbizu 14 D 23
Arbo 20 F 5
Arboç (L') 32 I 34
Arboçar de Dalt (L') 32 I 35
Arboleas 87 T 23
Árboles (Los) 66 O 21
Arbolí 45 I 32
Arbón 4 B 9
Arbón (Embalse de) 4 B 9
Arbúcies 33 G 37
Arbujuelo 41 I 22
Arbuniel 76 T 19
Arca 6 E 4
Arcade 6 E 4
Arcallana 5 B 11
Arcamo (Sierra de) 13 D 20
Arcángeles (Los) 40 K 19
Arcas 54 M 23
Arcavell 18 E 34
Arce (Valle de) 15 D 25
Arcediano 37 I 13
Arcellana 5 B 11
Arcenillas 23 H 12
Arcentales 13 C 20
Archena 78 R 26
Archez 85 V 18
Archidona (Málaga) 85 U 16
Archidona (Sevilla) 73 S 11
Archidona (Sierra de) 85 U 16
Archilla 40 J 21
Architana 78 R 24
Archivel 77 R 23
Arcicóllar 52 L 17
Arcillera 23 G 11
Arcillo 37 H 12
Arco 49 M 10
Arco (El) 37 I 12
Arco de Cabanes 57 L 30
Arconada (Burgos) 12 E 19
Arconada (Palencia) 25 F 16
Arcones 39 I 18
Arcos (Burgos) 25 F 18
Arcos (cerca de Carnota) 6 D 2
Arcos (cerca de Cuntis) 6 E 4
Arcos (Embalse de) 83 V 12
Arcos (Los) 14 E 23
Arcos (Lugo) 7 E 6
Arcos (Orense) 7 E 5
Arcos (Río) 55 M 26
Arcos (Sierra de) 43 I 28
Arcos (Zamora) 23 G 12
Arcos de Jalón 41 I 23
Arcos de la Frontera 83 V 12
Arcos de la Sierra 54 K 23
Arcos de las Salinas 56 M 26
Arcs (Els) 31 G 32
Arcs (Ermita d'Els) 19 F 37
Arcusa 16 F 30
Ardachón (Arroyo) 73 T 11
Ardáiz 15 D 25
Ardal 77 Q 22
Ardales 84 V 15
Ardanaz 15 D 25
Ardaña 2 C 3
Ardèvol 32 G 34
Ardila 72 R 9
Ardisa 29 F 27
Ardisa (Embalse de) 29 F 27
Ardisana 11 B 15
Ardón 23 E 13
Ardoncino 10 E 13
Ardonsillero 37 J 11
Arduas (Las) 83 U 12
Area 20 F 3
Areas (cerca de Ponteareas) 20 F 4
Areas (cerca de Tui) 20 F 4
Areas (Estación de) 8 E 7
Areas (Lugo) 7 D 6
Areatza 13 C 21
Areeta (Vizcaya) 13 C 20
Arejos (Los) 78 T 24
Arellano 14 E 23
Arén 17 F 32
Arena (La) 5 B 11
Arenal (El) (Ávila) 51 L 14
Arenal (El) (Segovia) 39 I 18
Arenal (Puerto del) 66 Q 22
Arenal d'en Castell 91 L 42
Arenales (Los) 84 T 14
Arenales del Sol (Los) 79 R 28
Arenales de San Gregorio 65 O 20
Arenas (Asturias) 5 C 13
Arenas (Burgos) 12 D 18
Arenas (Málaga) 85 V 17
Arenas (Refugio) 51 L 14
Arenas de Cabrales 11 C 15
Arenas de Iguiña 12 C 17
Arenas del Rey 85 V 18
Arenas de San Juan 65 O 19
Arenas de San Pedro 51 L 14
Arenetes (Les) 69 P 30
Arenillas (Soria) 41 H 21
Arenillas (Sevilla) 73 S 12
Arenillas de Muñó 25 F 18
Arenillas de Riopisuerga 25 E 17
Arenillas de Villadiego 12 E 18
Arenita (La) 92 H 9
Arenós (Embassament de) 56 L 28
Arenosillo (Arroyo) 75 R 16
Arenoso 75 R 16
Arens de Lledó 44 J 30
Arenteiro 7 E 5
Arenys de Mar 33 H 37
Arenys de Munt 33 H 37
Arenzana de Abajo 27 E 21
Areños 11 C 16
Arceo 3 C 5
Ares (Collado d') 19 E 37
Ares (La Coruña) 3 B 5
Ares (Monte) 44 K 29

Ares del Maestre	44 K 29		
Areso	14 C 24		
Areta	13 C 21		
Areta (Río)	15 D 26		
Aretxabaleta	14 C 22		
Areu	17 E 33		
Arevalillo	37 K 13		
Arevalillo (Río)	38 J 15		
Arevalillo de Cega	39 I 18		
Arévalo (Soria)	27 G 22		
Arévalo (Ávila)	38 I 15		
Arga	15 D 25		
Argallanes (Sierra de)	62 Q 12		
Argallet (Serra del)	79 R 27		
Argallón	74 R 13		
Argalo	6 D 3		
Argamasilla	74 T 13		
Argamasilla de Alba	65 O 20		
Argamasilla de Calatrava	64 P 17		
Argamasón (Albacete)	67 P 23		
Argamasón (Almería)	87 U 24		
Arganda	53 L 19		
Arganza (Asturias)	4 C 10		
Arganza (León)	9 E 9		
Arganza (Río)	4 C 10		
Argañín	23 H 11		
Argañoso (Asturias)	5 B 13		
Argañoso (León)	9 E 11		
Argavieso	16 F 29		
Argecilla	41 J 21		
Argel	66 Q 22		
Argelaguer	19 F 37		
Argelita	56 L 28		
Argençola	32 H 34		
Argente	42 J 26		
Argente (Puerto de)	42 J 26		
Argentera (L')	45 I 32		
Argentona	33 H 37		
Argés	52 M 17		
Argómaniz	14 D 22		
Argómaniz (Parador de) (Gasteiz/Vitoria)	13 D 21		
Argomoso	3 B 7		
Argoños	12 B 19		
Argos	78 R 24		
Argos (Embalse del)	78 R 24		
Argovejo	11 D 14		
Arguayo	92 H 8		
Arguedas	28 F 25		
Arguedas (Estación de)	28 F 25		
Arguellite	77 R 22		
Argueña (Serra de la)	68 Q 27		
Argüero	5 B 13		
Arguillos	84 U 15		
Arguineguín	94 N 11		
Arguis	29 F 28		
Arguis (Embalse de)	29 F 28		
Arguisuelas	55 M 24		
Argujillo	37 I 13		
Aria	15 D 26		
Ariany	90 N 39		
Aribe	15 D 26		
Arichulegui	14 C 24		
Arico	92 I 9		
Arico El Nuevo	92 J 8		
Arico Viejo	92 J 8		
Arienza	10 D 11		
Arija	12 D 18		
Arinaga	94 P 10		
Arinaga (Bahia de)	94 P 10		
Arinaga (Punta de)	94 P 10		
Aríns	6 D 4		
Arinsal	18 E 34		
Ariñez	13 D 21		
Ariñez	94 O 9		
Ariño	43 I 28		
Aripe	92 H 8		
Arisgotas	52 N 18		
Aristebano (Alto de)	4 B 10		
Aristot	18 E 34		
Ariza	41 I 23		
Arizala	14 D 24		
Arizaleta	14 D 24		
Arizkun	15 C 25		
Arjona	75 S 17		
Arjonilla	75 S 17		
Arjuá	7 E 6		
Arlaban (Puerto de)	14 D 22		
Arlanza (León)	9 E 10		
Arlanza (Río)	26 G 20		
Arlanzón (Burgos)	26 F 19		
Arlanzón (Embalse de)	26 F 20		
Arlanzón (Río)	26 F 20		
Arlas (Arroyo de)	41 K 21		
Arlos	5 B 12		
Arlucea	14 D 22		
Armada	5 C 12		
Armada (Castillo de la)	74 S 13		
Armada (La)	20 F 5		
Armallones	41 J 23		
Armañanzas	14 E 23		
Armas	89 W 15		
Armellada	10 E 12		
Armenteira	6 E 3		
Armentera (L')	19 F 39		
Armenteros	37 K 13		
Armentón	2 C 4		
Armeñime	92 H 9		
Armilla	85 U 19		
Armillas	43 J 27		
Armíndez	76 S 20		
Arminza	13 B 21		
Armiñón	13 D 21		
Armuña	39 I 17		
Armuña de Almanzora	87 T 22		
Armuña de Tajuña	40 K 20		
Arnao	88 W 13		
Arnedillo	27 F 23		
Arnedo	27 F 23		
Arnego	7 D 5		
Arnés	44 J 30		
Arneva	79 R 27		
Arnicio (Puerto de)	5 C 13		
Arnoia (A Ponte)	20 F 5		
Arnoia (Río)	20 F 5		
Arnostéguy (Puerto d')	15 C 26		
Arnotegui (Ermita de)	14 D 24		
Arnuero	12 B 19		
Aro	6 D 3		
Aroche	72 S 9		
Arona	92 H 9		
Arorilla (Ermita de)	53 L 20		
Aróstegui	15 D 24		
Arou	2 C 2		
Arousa (Isla de)	6 E 3		
Arousa (Ría de)	6 E 3		
Arques (Pico de)	33 G 38		
Arquijo	27 G 22		
Arquillinos	23 G 13		
Arquillo de San Blas (Embalse del)	55 K 26		
Arquillos	76 R 19		
Arrabal	20 F 3		
Arrabalde	23 F 12		
Arrabal de Portillo	25 H 16		
Arrabal Santa Barbara	55 K 25		
Arrago	49 L 10		
Arraia-Maestu	14 D 22		
Arraitz	15 C 25		
Arrancacepas	54 L 22		
Arrankudiaga	13 C 21		
Arrarats	14 C 24		
Arrasate / Mondragón	14 C 22		
Arratia	13 C 21		
Arrato (Sierra de)	13 D 21		
Arrazola	14 C 22		
Arrazua	14 C 22		
Arrebatacapas (Collado de)	51 N 14		
Arrebatacapas (Puerto de)	39 K 16		
Arrecife	95 W 4		
Arrecife (El)	74 S 15		
Arredondo	12 C 19		
Arrés (Huesca)	15 E 27		
Arres (Lérida)	17 D 32		
Arriano	13 D 21		
Arriate	84 V 14		
Arriba	52 N 17		
Arribe	14 C 24		
Arrieta	95 X 3		
Arrieta (Navarra)	15 D 25		
Arrieta (Vizcaya)	13 B 21		
Arrigorriaga	13 C 21		
Arriondas	11 B 14		
Arripas (Las)	64 O 16		
Arro	16 E 30		
Arroba de los Montes	64 O 16		
Arrobuey	49 K 11		
Arrocampo-Almaraz (Embalse de)	50 M 12		
Arrojo	5 C 12		
Arrolobos	49 K 11		
Arróniz	14 E 23		
Arroyomuerto	37 K 11		
Arroyal	12 D 17		
Arroyo	55 N 26		
Arroyo (Ciudad Real)	64 Q 18		
Arroyo (Cantabria)	12 D 17		
Arroyo (Huelva)	72 S 9		
Arroyo (Palencia)	24 F 15		
Arroyo (Valladolid)	24 H 15		
Arroyo Bremudo (Embalse de)	49 M 11		
Arroyo Cerezo	55 L 25		
Arroyo de Cuéllar	39 H 16		
Arroyo de la Luz	49 N 10		
Arroyo de la Miel	84 W 16		
Arroyo de la Plata	73 S 11		
Arroyo de las Fraguas	40 I 20		
Arroyo del Ojanco	76 R 21		
Arroyo de Salas	26 F 20		
Arroyo de San Serván	61 P 10		
Arroyofrío	55 L 25		
Arroyo-Malpartida (Estación)	49 N 10		
Arroyomolinos (Madrid)	52 L 18		
Arroyomolinos de la Vera	50 L 12		
Arroyomolinos de Léon	73 R 10		
Arroyomolinos de Montánchez	62 O 11		
Arroyos (Los) (Jaén)	77 R 22		
Arroyos (Los) (Madrid)	39 K 17		
Arroyuelo	13 D 19		
Arrozao (Sierra del)	62 P 12		
Arruazu	14 D 24		
Arrúbal	27 E 23		
Arruchua	14 C 22		
Arruzafa (Parador de la) (Córdoba)	74 S 15		
Ars	18 E 34		
Arsèguel	18 E 34		
Artà	91 M 40		
Artà (Coves d')	91 M 40		
Artabia	14 D 23		
Artaiz	15 D 25		
Artaj	56 M 27		
Artajo	15 D 25		
Artajona	14 E 24		
Artana	56 M 29		
Artariáin	15 E 25		
Artasona (cerca de Almudévar)	29 F 28		
Artasona (cerca de El Grado)	16 F 30		
Artaza (cerca de Subijana)	13 D 21		
Artaza (cerca de Vitoria-Gasteiz)	13 D 21		
Artazu	14 D 24		
Artea (El)	87 U 24		
Arteara	94 O 10		
Artecona	13 C 20		
Artedo (Asturias)	5 B 11		
Artedó (Lérida)	18 E 34		
Arteixo	2 C 4		
Artejévez	94 N 10		
Artejuela	56 L 28		
Artenara	94 O 9		
Artés	32 G 35		
Artesa	56 M 29		
Artesa de Lleida	31 H 32		
Artesa de Segre	31 G 33		
Artesiaga (Puerto de)	15 C 25		
Arteta	14 D 24		
Artiby	14 C 22		
Artichuela (La)	86 T 19		
Artieda (Navarra)	15 D 26		
Artieda (Zaragoza)	15 E 27		
Arties	17 D 32		
Artikutza	14 C 24		
Arto	16 E 28		
Artomaña	13 D 21		
Artrutx (Cap de)	91 M 41		
Artze	12 B 18		
Artziniega	13 C 20		
Arucas	94 O 9		
Arucas (Montaña de)	94 O 9		
Arucas (Punta de)	94 P 9		
Arure	95 E 9		
Arvas (Ruinas romanas de)	73 T 13		
Arzádigos	21 G 8		
Arzón	6 D 3		
Arzoz	14 D 24		
Arzúa	7 D 5		
Ascara	16 E 28		
Ascarza	13 D 21		
Ascaso	14 D 21		
Ascó	45 I 31		
Ascopalls	69 O 28		
Ascoy	78 R 25		
Ascoy (Sierra de)	78 R 25		
Ase (Pas de l')	45 I 31		
Aserradero del Río Tús	77 Q 22		
Asiáin	14 D 24		
Asiego	11 C 15		
Asientos (Los)	82 V 11		
Asín	29 F 26		
Asín de Broto	16 E 29		
Asma	7 E 6		
Asma	7 E 6		
Asneiro	7 E 6		
Asno (Boca del)	84 V 16		
Asno (Cabeza del)	78 R 25		
Aso de Sobremonte	16 E 28		
Asomadilla	67 O 25		
Asón	12 C 19		
Asón (Puerto del)	12 C 19		
Aspa	31 H 32		
Aspai	3 C 6		
Aspariegos	23 G 13		
Aspe	79 Q 27		
Asperillas	53 M 19		
Asperillo	82 U 10		
Aspra	4 B 9		
Aspurz	15 D 26		
Assa	14 E 22		
Asso Veral	15 E 27		
Asteasu	14 C 24		
Astelarra	13 C 21		
Astigarraga	14 C 24		
Astigarreta	14 C 23		
Astillero (El)	12 B 18		
Astor (L')	32 G 34		
Astorga	10 E 11		
Astráin	14 D 24		
Astrana	12 C 19		
Astudillo	25 F 17		
Astún (Valle de)	16 D 28		
Asturianos	22 F 10		
Asua	13 C 21		
Atajate	89 W 14		
Atalaies d'Alcalà	57 K 30		
Atalaya (Badajoz)	73 Q 10		
Atalaya (Estación de)	84 V 14		
Atalaya (La) (Cáceres)	49 L 10		
Atalaya (La) (Cuenca)	54 M 23		
Atalaya (La) (Cerca de Gáldar)	94 O 9		
Atalaya (La) (Murcia)	78 T 25		
Atalaya (La) (Salamanca)	36 K 10		
Atalaya (La) (Cerca de Santa Brígida)	94 P 9		
Atalaya (La) (Ávila)	52 K 16		
Atalaya (La) (Huelva)	72 S 10		
Atalaya (La) (Sevilla)	74 T 13		
Atalaya (Málaga)	89 W 14		
Atalaya (Monte)	87 U 23		
Atalaya (Valencia)	56 N 28		
Atalaya del Alberche	51 L 16		
Atalaya del Cañavate	54 N 23		
Atalaya Real	40 J 19		
Atalayas (Las)	57 K 31		
Atalayassa	91 P 33		
Atamaría	79 T 27		
Atán	6 D 3		
Atance (El)	41 I 21		
Atance (Embalse de)	41 I 21		
Atanzón	40 J 21		
Atapuerca	26 E 19		
Ataquines	38 I 15		
Atarés	16 E 28		
Atarfe	85 U 18		
Atarja (Rivera)	72 R 10		
Ataun	14 C 23		
Atauri	14 D 22		
Atauta	26 H 20		
Atazar (El)	40 J 19		
Atazar (Embalse de El)	40 J 19		
Atea	42 I 25		
Ateca	42 H 24		
Atiega	13 D 20		
Atienza	41 I 21		
Atios	3 B 5		
Atlanterra	88 X 12		
Atochares	87 V 23		
Atogo	92 I 9		
Atrave	21 G 8		
Atzondo	13 C 22		
Aubarca (Cap d')	91 O 34		
Aubert	17 D 32		
Aucanada (Illa de)	90 M 39		
Audanzas	23 F 12		
Audícana	14 D 22		
Auguera	31 H 33		
Aulá (Puerto de)	17 D 32		
Aula Dei (Cartuja de)	29 G 27		
Aulaga (La)	73 S 10		
Aulago	87 U 22		
Aulesti	14 C 22		
Auñón	41 K 21		
Aurela (Rivera)	48 N 8		
Aurín	16 E 28		
Auritz	15 D 26		
Auritzberri	15 D 25		
Ausejo	27 E 23		
Ausejo de la Sierra	27 G 22		
Ausines (Los)	26 F 19		
Autilla del Pino	24 G 16		
Autillo de Campos	24 F 15		
Autol	27 F 23		
Autza	15 C 25		
Auza	15 D 24		
Avançada (Punta de l')	90 M 39		
Ave	68 O 27		
Aveinte	38 J 15		
Avella (El)	44 K 29		
Avellanar (Cáceres)	49 K 10		
Avellanar (Toledo)	52 N 17		
Avellaneda (Ávila)	50 K 13		
Avellaneda (La Rioja)	27 F 22		
Avellaneda (Vizcaya)	13 C 20		
Avellanes (Les)	31 G 32		
Avellanosa del Páramo	25 E 18		
Avellanosa de Muñó	25 G 18		
Aves	5 C 14		
Avià (Barcelona)	18 F 35		
Avia (Río)	7 E 5		
Aviados	10 D 13		
Avícolas del Jarama	53 L 19		
Avide	8 E 7		
Ávila	38 K 15		
Ávila (Bahía de)	95 V 4		
Ávila (Sierra de)	38 K 14		
Avilés (Asturias)	5 B 12		
Avilés (Murcia)	78 S 24		
Avileses	95 S 27		
Avín	11 B 15		
Avinyó	32 G 35		
Avinyonet	19 F 38		
Avinyonet del Penedès	32 H 35		
Aviñante	11 D 15		
Aviño	3 B 5		
Avión (Faro de)	20 F 5		
Avión (Pontevedra)	7 E 5		
Avion (Río)	27 H 21		
Axpe	14 C 22		
Aya (Guipúzcoa)	14 C 23		
Ayacata	94 O 10		
Ayagaures	94 O 10		
Ayagaures (Embalse de)	94 O 10		
Ayamonte	81 U 7		
Ayaz	8 E 7		
Ayechu	15 D 26		
Ayedo	27 F 23		
Ayelo de Malferit	68 P 28		
Ayera	16 F 29		
Ayerbe	29 F 27		
Ayesa	15 E 25		
Ayllón	40 H 19		
Ayllón (Sierra de)	40 I 19		
Ayna	67 Q 23		
Ayódar	56 L 28		
Ayoluengo	12 D 18		
Ayones	4 B 10		
Ayoó de Vidriales	23 F 11		
Ayora	68 O 26		
Ayuda	14 D 22		
Ayuela (Burgos)	11 E 16		
Ayuela (Embalse de)	62 O 11		
Ayuela (Río)	61 N 10		
Ayuelas	13 D 20		
Azaba (Rivera de)	36 K 9		
Azáceta	14 D 22		
Azáceta (Puerto)	14 D 22		
Azafor	69 P 29		
Azagala	61 O 9		
Azagra (Navarra)	28 F 24		
Azagra (Valencia)	55 M 26		
Azaila	43 I 28		
Azanaque	73 T 13		
Azanúy	30 G 30		
Azañón	41 J 22		
Azara	16 F 29		
Azares del Páramo	23 F 12		
Azarrulla	26 F 20		
Azcamellas	41 I 22		
Azcarate	14 C 22		
Azkarate (Puerto de)	14 C 22		
Azkoitia	14 C 23		
Azlor	16 F 29		
Aznalcázar	83 U 11		
Aznalcóllar	73 T 11		
Aznar	83 V 12		
Azoberines	52 M 17		
Azofra	27 E 21		
Azohía (La)	79 T 26		
Azorejo	63 P 15		
Azparren	15 D 26		
Azpeitia	14 C 23		
Azpirotz (Puerto de)	14 C 24		

ÁVILA

Alemania	B 2	
Generalísimo Franco	B 14	
Reyes Católicos	B 21	
Alférez Provisional (Av. de)	B 4	
Caballeros	B 6	
Calvo Sotelo (Plaza de)	B 8	
Cardenal Pla y Deniel	B 10	
Esteban Domingo	B 12	
General Mola (Plaza)	A 13	
Jimena Blázquez	B 16	
Lope Núñez	B 16	
Marqués de Benavites	AB 18	
Peregrino (Bajada del)	B 19	
Ramón y Cajal	A 20	
San Segundo	B 22	
San Vicente	B 24	
Santa (Pl. la)	A 25	
Sonsoles (Bajada de)	B 27	
Telares	A 28	
Tomás Luis de Victoria	B 30	
Tostado	B 31	

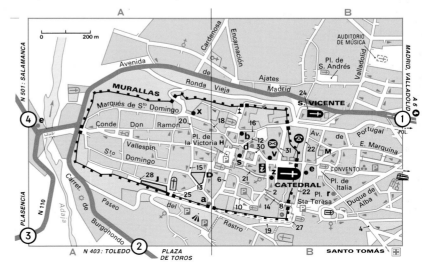

Azuaga 74 R 13
Azuara 43 I 27
Azucaica 52 M 18
Azucarera (La) 28 E 24
Azud de Matacavas 71 T 7
Azuébar 56 M 28
Azuel 75 R 17
Azuelo 14 E 22
Azuer 65 O 19
Azul (Charco) 95 C 5
Azulejos (Los) 92 I 8
Azuqueca
  de Henares 40 K 20
Azután 51 M 14
Azután (Embalse de) 51 M 15
Azuz de Ojós
  (Embalse de) 78 R 25

B

Baamonde 3 C 6
Baamorto 8 E 7
Babilafuente 37 J 13
Bacanera 17 D 32
Bacares 87 U 22
Bacarot 79 R 28
Bachicabo 13 D 20
Bachiller (El) 67 P 25
Bachillera 65 O 20
Bachimaña
  (Embalse de) 16 D 29
Bacoco 60 O 8
Bacoi 3 B 7

Bacor Olivar 76 T 21
Badajoz 61 P 9
Badalejos (Los) 88 W 12
Badalona 32 H 36
Bádames 12 B 19
Badarán 27 E 21
Bádenas 43 I 26
Badiel 40 J 20
Badilla 23 H 11
Badolatosa 84 U 15
Badostáin 15 D 25
Badules 42 I 26
Bael (El) 18 F 36
Baell (El) 18 F 36
Baell (El) 18 F 36
Baélls 30 G 31
Baélls
  (Embalse de la) 18 F 35
Baelo (Ruinas
  romanas de) 88 X 12
Baena 75 T 17
Baeza 76 S 19
Baezuela 53 K 19
Baga 18 F 35
Bagergue 17 D 32
Báguena 42 I 25
Bagüés 15 E 27
Bahabón 25 H 17
Bahabón de
  Esgueva 25 G 18
Bahía 78 T 26
Bahía de Cádiz
  (Parque natural
  de la) 83 W 11

Bahía Grande 90 N 38
Bahíllo 25 E 16
Baides 41 I 21
Bailadero (El) 93 K 6
Bailén 75 R 18
Baíllo (Burgos) 12 D 19
Baíllo (León) 22 F 10
Bailo 15 E 27
Baíña 5 C 12
Baíñas 2 C 2
Baio 2 C 3
Baiona 20 F 3
Baiuca (A) (Arteixo) 2 C 4
Baja (Punta de la) 95 X 2
Bajamar 93 J 6
Baja o de
  Miraflores
  (Cartuja) 29 H 27
Bajas
  (Puntas de las) 94 N 11
Bajauri 14 E 22
Bajo (Collado) 55 L 24
Bajo (Punta del) 93 U 7
Bajo Guadalquivir
  (Canal del) 73 T 12
Bajoz 24 H 14
Bakaiku 14 D 23
Bakio 13 B 21
Baladre
  (Sierra del) 67 Q 24
Balaguer 31 G 32
Balaguer
  (Embalse de) 31 G 32
Balaïtous 16 D 29

BADAJOZ

Francisco Pizarro . . . . **BY** 7
Obispo San Juan de Rivera . **BZ** 17
San Juan . . . . **BY**
Antonio Masa
  Campos (Av.) . . . . **AZ** 2

Calatrava . . . . **BCZ** 3
Carolina Coronado . . . . **AY** 4
Doblados . . . . **CZ** 5
España (Pl. de) . . . . **BZ** 6
Hernán Cortés . . . . **BZ** 8
Huelva (Av. de) . . . . **AZ** 9
Joaquín Costa (Av. de) . . . . . **AY** 12
Juan Sebastián Elcano
  (Av. de) . . . . **CZ** 14

Minayo (Pl. de) . . . . **BZ** 15
Muñoz Torrero . . . . **BYZ** 16
Pedro de Valdivia . . . . **BZ** 18
Reyes Católicos
  (Pl.) . . . . **AY** 19
San Blas . . . . **BZ** 20
San Francisco
  (Paseo) . . . . **AZ** 21
Soledad (Pl. de la) . . . . **BY** 23

BARCELONA

Alfons XIII (Av. d') . . . . **DS** 2
Bartrina . . . . **CS** 8
Berlin . . . . **BT** 12
Bisbe Català . . . . **AT** 13
Bonanova (Pas. de la) . . **BT** 16
Borbó (Av. de) . . . . **CS** 17
Brasil . . . . **BT** 25
Can Serra (Av. de) . . . . **AT** 30
Carles I (Passeig de) . . . . **CT** 37
Carles III (Gran Via de) . . . **BT** 38
Constitució . . . . **BT** 50
Creu Coberta . . . . **BT** 53
Dalt (Travessera de) . . . . . **CS** 56
Doctor Pi i Molist . . . . **CS** 65
Enric Prat de la Riba . . . . . **AT** 66
Entença . . . . **BT** 71
Estadi (Av. de l') . . . . **CT** 75
Fabra i Puig (Pas. de) . . . . **CS** 77

FF. CC. (Pas. dels) . . . . **AT** 78
Gavà . . . . **BT** 84
Gran Sant Andreu . . . . **CS** 88
Hospital Militar (Av. de l') . . **BS** 93
Isabel la Católica (Av. d') . . **AT** 96
Josep Tarradellas (Av.) . . . . **BT** 102
Just Oliveras (Rambla de) . . **AT** 105
Llorens Serra (Pas.) . . . . . . **DS** 107
Madrid (Av. de) . . . . **BT** 110
Manuel Girona (Pas. de) . . . **BT** 112
Mare de Déu de
  Montserrat (Av. de) . . . . . **CS** 113
Marina . . . . **CT** 114
Marquès de Comillas (Av.) . . **BT** 115
Marquès de Mont-Roig (Av.) **DS** 116
Marquès de Sant Mori
  (Av. del) . . . . **DS** 117
Miramar (Av. de) . . . . **CT** 119
Numància . . . . **BT** 129
Pi i Margall . . . . **CS** 138
Princep d'Astúries (Av. del) . **BT** 144

Pujades (Pas. de) . . . . **CT** 145
Ramiro de Maeztu . . . . **CS** 146
Reina Elisenda de
  Montcada (Pas. de) . . . . . **BT** 150
Reina Maria Cristina (Av.) . . **BT** 151
Ribes (Carret.) . . . . **CS** 154
Sant Antoni (Ronda de) . . . . **BT** 160
Sant Antoni Maria Claret . . . **CS** 162
Sant Gervasi (Pas. de) . . . . **BS** 164
Sant Joan (Rambla) . . . . . . **DS** 166
Sant Pau (Ronda de) . . . . . **BT** 174
Sant Sebastià
  (Rambla de) . . . . **DS** 179
Santa Coloma (Av. de) . . . . **DS** 184
Santa Coloma (Pas. de) . . . **DS** 186
Sardenya . . . . **CT** 191
Tarragona . . . . **BT** 194
Tibidabo (Av. del) . . . . **BS** 196
Universitat (Pl. de la) . . . . . **BT** 198
Verdum (Pas. de) . . . . **CS** 200
4 Camins . . . . **BS** 204

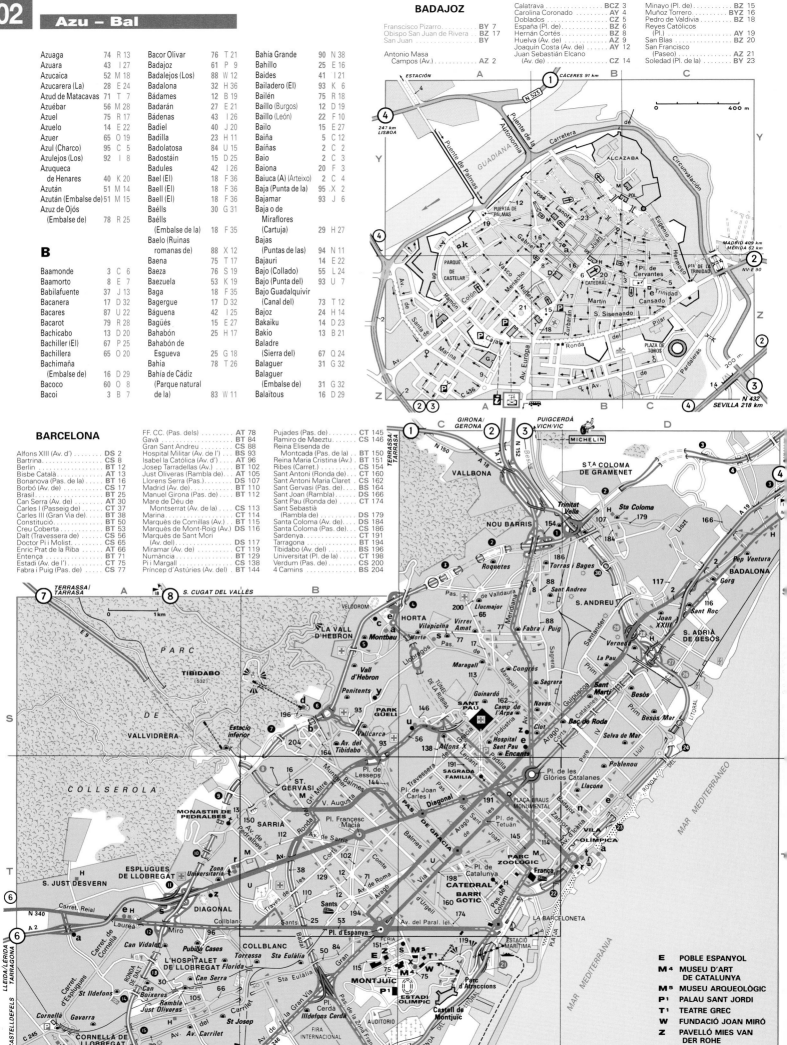

E   POBLE ESPANYOL
M4   MUSEU D'ART DE CATALUNYA
M5   MUSEU ARQUEOLÒGIC
P1   PALAU SANT JORDI
T1   TEATRE GREC
W   FUNDACIÓ JOAN MIRÓ
Z   PAVELLÓ MIES VAN DER ROHE

Balandrau 18 E 36
Balanegra 86 V 21
Balazote 67 P 23
Balbacil 41 I 23
Balbarda 38 K 15
Balbases (Los) 25 F 17
Balboa 8 D 9
Balcarca 30 G 30
Balces 16 F 29
Balconchán 42 I 25
Balcón de los
  Alcores (El) 83 T 12
Balcón
  de Madrid (El) 40 J 19
Balcones (Los)
  (Alicante) 79 S 27
Balcones (Los)
  (Granada) 86 T 21
Balconete 40 K 21
Baldairan (Pico de) 16 D 29
Baldellou 31 G 31
Baldio 50 M 13
Baldios (Los) 93 K 7
Baldomar 31 G 33
Baldovar 55 M 26
Baldrei 21 F 7
Baldriz 21 F 7
Baleira 4 C 8
Balerma (Almería) 85 V 21
Balerma (Córdoba) 85 U 17
Balerma (Granada) 85 U 17
Baliera 17 E 31
Balis (Puerto El) 33 H 37
Balisa 39 I 16

Balitres
  (Puerto d'Els) 19 E 39
Ballabriga 17 E 31
Ballabriga
  (Sierra de) 17 E 31
Ballena (Punta de
  la) 93 T 5
Ballerías 30 G 29
Ballestar (El) 44 K 30
Ballestero (El) 66 P 22
Ballesteros
  (Ciudad Real) 64 O 18
Ballesteros
  (Cuenca) 54 M 23
Ballesteros (Toledo) 64 N 18
Ballesteros
  de Calatrava 64 P 18
Ballobar 30 H 30
Ballota 5 B 11
Balluncar 41 H 22
Balma (La) 44 J 29
Balmaseda 13 C 20
Balmonte (Asturias) 4 B 9
Balmonte (Lugo) 3 C 7
Balmori 11 B 15
Balneario de
  Fortuna 79 R 26
Balneario de
  Jabalcuz 75 S 18
Balneario
  de Panticosa 16 D 29
Balneario de
  Raposo 73 Q 11
Baloira 6 D 4

Balones 69 P 28
Balouta 9 D 9
Balsa 3 B 7
Balsa de Ves 68 O 26
Balsaín 77 S 23
Balsa Pintada 79 S 26
Balsareny 32 G 35
Balsares 79 R 28
Balsicas 79 S 27
Baltanás 25 G 17
Baltar (cerca de
  Arzúa) 7 D 5
Baltar (cerca de
  Ferrol) 3 B 5
Baltar (Lugo) 3 C 7
Baltar (Orense) 21 G 6
Balzaín 85 U 19
Baltasana
  (Tossal de la) 45 I 33
Bama 7 D 4
Bamba 23 H 13
Bamio 6 E 3
Banaguás 16 E 28
Banariés 29 F 28
Banastás 29 F 28
Bandaliés 16 F 28
Bandama (Caldera
  de) 94 P 9
Bandama
  (Pico de) 94 P 9
Bande 21 F 6
Bandeira 7 D 5
Bandereta (La) 57 L 29
Banderillas (Las) 76 R 21

Banecidas 11 E 14
Bangueses 20 F 5
Baniel 77 H 22
Banos de la Peña 11 D 15
Banuncias 10 E 13
Banya (Faro de la) 45 K 31
Banyalbufar 90 M 37
Banyeres
  del Penedès 32 I 34
Banyoles 19 F 38
Banyoles
  (Laguna de) 19 F 38
Banyuls (Collado
  de) 19 E 39
Baña (A) 6 D 3
Baña (La) 22 F 9
Bañaderos 94 O 9
Bañares 26 E 21
Bañeres 68 P 28
Bañeza (La) 23 F 12
Bañistas 65 P 19
Baño 79 R 26
Bañobárez 36 J 10
Bañón 42 J 26
Bañon (Puerto de) 42 J 26
Baños (Los) 61 Q 9
Baños (Punta de
  los) 86 V 21
Baños de Alcantud
  (Los) 41 K 23
Baños de Alicún de
  las Torres 76 T 20
Baños de
  Arenosillo 75 R 16

Baños de
  Benasque 17 E 31
Baños de Cerrato 25 G 16
Baños de Ebro 13 E 21
Baños de Fitero 28 F 24
Baños
  de Fuente
  Podrida 67 N 25
Baños de Gigonza 88 W 12
Baños de la Encina 75 R 18
Baños
  de la Fuensanta 78 S 24
Baños de los
  Remedios 62 Q 11
Baños del
  Robledillo 52 N 16
Baños de Martos 75 S 18
Baños de Molgas 21 F 6
Baños
  de Montemayor 50 L 12
Baños de Mula 78 R 25
Baños de Rioja 13 E 21
Baños de Río Tobía 27 F 21
Baños de
  Santa Alhamilla 87 V 22
Baños de Tajo 42 J 24
Baños de Tredos 17 E 32
Baños
  de Valdearados 26 G 19
Baños de
  Valdeganga (Los) 54 M 23
Baños Gilico 78 R 25
Baños y Mendigo 79 S 26
Bañuela 75 Q 17

Bañuela Alta 51 M 15
Bañuelos
  (Guadalajara) 40 I 21
Bañuelos (Río) 26 G 19
Bañuelos de
  Bureba 13 E 20
Bañugues 5 B 12
Bao (Embalse de) 21 F 8
Baquedano 14 D 23
Baqueira 17 D 32
Baquerín de
  Campos 24 F 15
Barà
  (Arco romano de) 32 I 34
Baracán 92 G 8
Baradal 4 C 10
Bárago 11 C 16
Baraguás 16 E 28
Barahona 41 H 22
Baraibar 14 D 24
Barajas (Ávila) 51 K 14
Barajas (Madrid) 40 K 19
Barajas de Melo 54 L 21
Barakaldo 13 C 20
Baralla 8 D 8
Barambio 13 C 21
Baranda 12 C 19
Baraona 41 I 22
Barásoain 15 E 25
Barasona
  (Embalse de) 17 F 31
Barazar (Alto de) 13 C 21
Barbadás 21 F 6

Barbadillo 37 J 12
Barbadillo
  de Herreros 26 F 20
Barbadillo
  del Mercado 26 F 19
Barbadillo del Pez 26 F 20
Barbalimpia 54 M 22
Barbalos 37 J 12
Barbantes 7 E 5
Barbantiño 7 E 5
Barbanza (Sierra
  de) 6 D 3
Barbaño 61 P 10
Barbaría (Cap de) 91 Q 34
Barbarroja 79 R 27
Barbaruéns 17 E 31
Bárbastro 16 F 30
Barbate 88 X 12
Barbate
  (Embalse de) 88 W 12
Barbate
  (Ensenada de) 88 X 12
Barbate
  (Marismas de) 88 X 12
Barbate (Río) 88 W 12
Barbatona 41 I 22
Barbeira 6 D 3
Barbeitos 4 C 8
Barbens 31 G 33
Barberà 32 H 36
Barberà de la
  Conca 31 H 33
Barbero 76 R 21
Bárboles 28 G 26

BARCELONA

Capútxins
  (Rambla dels) . . . . MY 35
Catalunya (Pl. de) LV
Estudis (Rambla dels) LX
Sant Josep (Rambla de) . . . LX 168
Santa Mònica
  (Rambla de) . . . . MY

Bacardi (Pas.) . . . . MY 4
Banys Nou . . . . MX 7
Bergara . . . . LV 10
Bisbe Irurita . . . . MX 15
Bòria . . . . MV 18
Bom (Pas. del) . . . . NX 20
Boters . . . . MX 23
Canaletes (Rambla de) . . . LV 28
Canonge Colom (Pl.) . . . . . LY 28
Canvis Vells . . . . NX 32
Cardenal Casañas . . . . LX 36
Catedral (Av.) . . . . MV 40
Ciutat . . . . MX 43
Comercial (Pl.) . . . . NX 45
Cucurella . . . . LX 55
Doctor Joaquim Pou . . . . . MV 61
Francesc Cambó
  (Av.) . . . . MV 79
Garriga i Bach . . . . MX 81
Isabel II (Pas. d') . . . . NX 98
Montcada . . . . NX 121
Montjuïc del Bisbe . . . . . . MX 123
Nou de Sant Francesc . . . . MY 126
Nova (Pl.) . . . . MX 128
Paradis . . . . MX 137
Pi (Pl. del) . . . . LX 137
Pintor Fortuny . . . . LX 140
Portal de Santa
  Madrona . . . . MY 142
Ramon Berenguer
  el Gran (Pl.) . . . . MX 147
Rei (Plaça del) . . . . MX 149
Sant Felip Neri (Pl.) . . . . . MX 163
Sant Josep Oriol . . . . LX 167
Sant Lu (Pl. de) . . . . MX 170
Sant Miquel (Pl. de) . . . . . MX 173
Sant Sever . . . . MX 181
Santa Anna . . . . LV 182
Santa Maria (Pl.) . . . . NX 189
Seu (Pl. de la) . . . . MX 192
Tapineria . . . . MX 193
Universitat
  (Ronda de la) . . . . LV 199

▼ PALAU DE LA MÚSICA
  CATALANA

104
Bar – Ber

Barbolla 39 I 18
Barbolla (La) 41 I 21
Barbudo 6 E 4
Barbués 29 G 28
Barbuñales 16 F 29
Barca 41 H 22
Barca (Embalse de la) 5 C 11
Barca (Punta de la) 2 C 2
Bárcabo 16 F 30
Barca de la Florida (La) 88 W 12
Barcala 6 D 4
Barcarrota 61 Q 9
Barcebal 26 H 20
Barcebalejo 26 H 20
Barceino 36 I 10
Barcelona 32 H 36
Barcena (Embalse de) 9 E 10
Bárcena de Bureba 12 E 19
Bárcena de Campos 11 E 16
Bárcena de Ebro 12 D 17
Bárcena de la Abadia 9 D 10
Bárcena del Monasterio 4 B 10
Bárcena de Pié de Concha 12 C 17
Bárcena Mayor 12 C 17
Bárcena Mayor (Sierra de) 12 C 17
Bárcenas 12 C 19
Barceo 36 I 10
Barchell 69 P 28
Barchín del Hoyo 54 N 23
Barcia 4 B 10
Barciademera 20 F 4
Barcial de la Loma 24 G 14
Barcial del Barco 23 G 13
Barcience 52 M 17
Barcina 13 D 20
Barco (Laguna del) 50 L 12
Barco (O) 8 E 9
Barco de Ávila (El) 50 K 13
Barcones 41 I 21
Bardallur 28 G 26
Bardaos 2 C 4
Bárdena del Caudillo 28 F 26
Bardenas (Canal de las) 15 E 26
Bardenas Reales (Las) 28 F 25
Bardullas 2 C 2
Baredo 20 F 3
Bareyo 12 B 19
Bargas 52 M 17
Bargota 14 E 23
Bariáin 15 E 25
Barillas 28 G 25
Barinaga 14 C 22
Barinas 79 R 26
Bariones de la Vega 23 F 13
Barizo 2 C 3
Barjacoba 22 F 9
Barjas 8 E 9
Barjas (Río) 9 E 9
Barjis 86 V 20
Barlovento 95 C 5
Barlovento (Punta de) 93 R 9
Barluenga 29 F 28
Barniedo de la Reina 11 D 15
Baro 17 E 33
Baroja 13 E 21
Barona (La) 57 L 29
Baroña 6 D 2
Barqueira (A) 3 B 6
Barqueiro (Ría del) 3 A 6
Barqueros 78 S 25
Barquilla 36 J 9
Barquilla de Pinares 50 L 13
Barra (La) 45 J 32
Barra (Punta de la) 19 F 39
Barraca d'Aigüesvives 69 O 28
Barracas 56 L 27
Barrachina 43 J 26
Barrachinas (Las) 56 L 27
Barraco 38 K 16
Barra de Miño 7 E 6
Barrado 50 L 12
Barragana Baja 84 T 16
Barraix 56 M 28
Barral 20 F 5
Barranca (La) 39 J 18
Barrancazo (Puerto del) 66 Q 22
Barranco Grande 93 K 7
Barranco Hondo 93 J 7
Barranco Hondo (Punta de) 93 J 7
Barrancos Blancos (Los) 84 U 14
Barrancos Blancos (Puerto de los) 84 U 14
Barranda 78 R 24
Barranquera (La) 92 J 6
Barranquera (Punta de la) 92 J 6
Barranquete 87 V 23
Barrax 66 O 23
Barreda 12 B 17
Barreiros 4 B 8
Barrela (La) 7 E 6
Barreras 36 I 10
Barreros (Los) 66 P 22
Barres 4 B 9
Barriada de Alcora (La) 86 V 21
Barriada de Jarana 88 W 11
Barrida (Garganta de) 89 W 13
Barrié de la Maza (Embalse) 6 D 3
Barrientas (Las) 13 C 20
Barrika 13 B 21
Barril 78 R 25
Barrillos 10 D 13
Barrillos de las Arrimadas 10 D 14
Barrina 69 Q 29
Barrio (Álava) 13 D 20
Barrio (Cantabria) 11 C 15
Barrio (León) 8 D 9
Barrio (Orense) 8 E 8
Barriobusto 14 E 22
Barrio de Abajo 66 O 23
Barrio de Enmedio 84 U 16
Barrio de la Estación (Cáceres) 48 N 7
Barrio de la Estación (Jaén) 76 R 19
Barrio de la Estación (Madrid) 39 K 18
Barrio de la Puente 10 D 11
Barrio del Centro 42 J 25
Barrio del Hospital 42 J 25
Barrio de Lomba 22 F 10
Barrio de los Pajares 62 P 12
Barrio de Nuestra Señora 10 D 13
Barriomartín 27 G 22
Barrio-Panizares 12 D 18
Barriopedro 41 J 21
Barrios (Los) (Cádiz) 89 X 13
Barrios (Los) (Jaén) 75 R 17
Barrios de Bureba (Los) 12 E 19
Barrios de Colina 26 E 19
Barrios de Gordón (Los) 10 D 12
Barrios de Luna (Embalse de los) 10 D 12
Barrios de Luna (Los) 10 D 12
Barrios de Villadiego 12 E 17
Barriosuso 11 E 16
Barro (Asturias) 11 B 15
Barro (Pontevedra) 6 E 4
Barromán 38 I 15
Barros (Asturias) 5 C 12
Barros (Cantabria) 12 C 17
Barros (Sevilla) 83 U 13
Barros (Tierra de) 61 Q 10
Barrosa (La) 88 W 11
Barruecopardo 36 I 10
Barruelo (Burgos) 12 D 19
Barruelo (Valladolid) 24 G 14
Barruelo de Santullán 12 D 17
Barruera 17 E 32
Barrundia 14 D 22
Barx 69 O 29
Barxa (A) 21 G 8
Barxeta 69 O 28
Bárzana 5 C 12
Basa 16 E 29
Basabe 13 D 20
Basadre 7 D 6
Basal (El) 30 H 30
Basáran 16 E 29
Basardilla 39 I 17
Basauri 13 C 21
Bàscara 19 F 38
Basconcillos del Tozo 12 D 18
Báscones 12 D 17
Báscones de Ojeda 11 D 16
Bascuñana (Sierra de) 54 L 23
Bascuñana de San Pedro 54 L 23
Baserca (Embalse de) 17 E 32
Baseta (Collado de la) 17 E 33
Basquiñuelas 13 D 21
Bassacs (Els) 18 F 35
Bassegoda 19 F 37
Bastaras 16 F 29
Bastiana (La) 73 S 11
Bastida (La) 37 K 11
Bastiments (Pic de) 18 E 36
Batalla 41 J 21
Batalla (Sierra de la) 56 L 28
Batán 66 P 23
Batán (El) 49 M 10
Batán del Puerto 66 Q 23
Batán de San Pedro 54 M 21
Batea 44 I 30
Baterna 38 K 15
Baterno 63 P 15
Batet 19 F 37
Batllòria (La) 33 G 37
Batoua (Pic de) 17 D 30
Batres 52 L 18
Batuecas (Monasterio Las) 37 K 11
Batuecas (Reserva nacional de las) 37 K 11
Baúl (El) 86 T 21
Baul (Rambla del) 86 T 21
Bausen 17 D 32
Bayárcal 86 U 21
Bayarque 87 U 22
Bayas 13 D 21
Bayas (Las) 79 R 28
Bayo 5 B 11
Bayo (El) 28 F 26
Bayona (La) 52 M 16
Bayos (Los) 10 D 11
Bayubas de Abajo 26 H 21
Bayubas de Arriba 26 H 21
Baza 77 T 21
Baza (Coll de la) 57 L 29
Baza (Hoya de) 77 T 21
Baza (Sierra de) 86 T 21
Bazagona (Estación de la) 50 M 12
Bazán 65 Q 19
Bazana (La) 72 R 9
Bazar (cerca de Castro) 3 C 7
Bazar (cerca de Lugo) 8 D 7
Bazar (La Coruña) 2 C 3
Baztan 15 C 25
Baztan (El) 15 C 25
Bea 43 I 26
Beade (Orense) 7 E 5
Beade (Pontevedra) 20 F 3
Beamud 55 L 24
Bearin 14 D 23
Beariz 7 E 5
Beas (Embalse de) 72 T 9
Beas (Huelva) 82 T 9
Beas (Jaén) 76 R 21
Beasain 14 C 23
Beas de Granada 86 U 19
Beas de Guadix 86 U 20
Beas de Segura 76 R 21
Beata (La) 84 U 14
Beatas (Las) (Albacete) 66 O 22
Beatas (Las) (Córdoba) 74 T 16
Beba 6 D 2
Bebares 4 C 10
Beca (Punta) 90 M 38
Becedas 50 K 13
Becedillas 38 K 14
Beceite 44 J 30
Becejate 66 N 21
Becerra 52 N 17
Becerreá 8 D 8
Becerrero (Sierra de) 84 U 15
Becerril (Monte) 9 E 10
Becerril (Segovia) 40 I 19
Becerril de Campos 24 F 16
Becerril de la Sierra 39 J 18
Becerril del Carpio 12 D 17
Becerro (Punta del) 95 E 9
Becilla de Valderaduey 24 F 14
Bédar 87 U 24
Bédar (Sierra de) 87 U 24
Bedarona 14 B 22
Bedayo 14 C 23
Bedia 13 C 21
Bedmar 76 S 19
Bedón 12 C 19
Bedriñana 5 B 13
Beget 19 F 37
Begíjar 76 S 19
Begonte 3 C 6
Begudà 19 F 37
Begues 32 I 35
Begur 33 G 39
Begur (Cabo de) 33 G 39
Behobia 14 B 24
Beigondo 7 D 5
Beintza-Labaien 14 C 24
Beire 28 E 25
Beires 86 U 21
Beizama 14 C 23
Béjar 50 K 12
Bejarín (El) 86 T 20
Bejís 56 M 27
Bel 44 K 30
Belabia 14 D 22
Belalcázar 63 Q 14
Belalcázar (Estación de) 63 P 14
Belante 8 D 7
Belarra 16 E 28
Belascoáin 14 D 24
Belauntza 14 C 23
Belbimbre 25 F 17
Belchite 43 I 27
Belén (Asturias) 4 B 10
Belén (Cáceres) 50 N 12
Belén (Ermita de) 63 P 14
Belén (Lugo) 3 B 7
Belén (Murcia) 78 S 26
Beleña 37 J 13
Beleña (Embalse de) 40 J 20
Beleña de Sorbe 40 J 20
Beleño 11 C 14
Belerda (Asturias) 5 C 14
Belerda (Jaén) 76 S 20
Belerda de Guadix 86 T 20
Belesar (Embalse de) 8 D 7
Belesar (Lugo) 7 E 6
Belesar (Pontevedra) 20 F 3
Bèlgida 69 P 28
Belianes 31 H 33
Belicena 85 U 18
Belinchón 53 L 20
Bellaescasa (Ermita de) 53 L 20
Bellaguarda 31 H 32
Bellavista 83 U 12
Bellavista (Huelva) 82 U 8
Bellavista (Sevilla) 83 U 12
Bellcaire d'Empordà 19 F 39
Bellcaire d'Urgell 31 G 32
Bellestar (cerca de Grau) 17 F 31
Bellestar (cerca de Huesca) 29 F 28
Bell-lloc d'Urgell 31 H 32
Bellmunt (cerca de Bellcaire d'Urgell) 31 G 32
Bellmunt (cerca de Sta Coloma de Queralt) 32 H 34
Bellmunt del Priorat 45 I 32
Bello (Asturias) 5 C 13
Bello (Teruel) 42 J 25
Bellostas (Las) 16 E 29
Bellprat 32 H 34
Bellpuig 31 H 33
Bellreguard 69 P 29
Belltall 31 H 33
Bellús 69 P 28
Bellús (Embalse de) 69 P 28
Bellvei 32 I 34
Bellver 90 N 37
Bellver de Cerdanya 18 E 35
Bellvís 31 G 32
Belmaco (Cueva de) 95 C 6
Bélmez (Córdoba) 74 R 14
Bélmez (Jaén) 76 S 19
Bélmez de la Moraleda 76 S 19
Belmonte (Asturias) 11 B 15
Belmonte (Cuenca) 54 N 21
Belmonte de Gracian 42 I 25
Belmonte de Tajo 53 L 19
Belmonte (Estación de) 72 T 9
Belmonte de Campos 24 G 15
Belmonte de Mezquín 44 J 29
Belmonte de Miranda 5 C 11
Belmontejo 54 M 22
Belones (Los) 79 T 27
Belorado 26 E 20
Belsué 29 F 28
Beltejar 41 I 22
Beltrana (Puerto) 72 R 9
Beluso 20 F 3
Belver 30 G 30
Belver de los Montes 23 G 13
Belvis de Jarama 40 K 19
Belvís de la Jara 51 M 15
Belvís de Monroy 50 M 13
Bembézar 74 R 13
Bembézar (Embalse de) 74 S 14
Bembézar del Caudillo 74 S 14
Bembibre (La Coruña) 2 C 4
Bembibre (León) 9 E 10
Bemil 6 E 4
Benabarre 17 F 31
Benablón 78 R 24
Benacazón 83 T 11
Benadalid 89 W 14
Benafarces 24 H 14
Benafer 56 M 28
Benafigos 57 L 29
Benagalbón 85 V 17
Benagéber 55 M 26
Benaguasil 56 N 28
Benahadux 87 V 22
Benahavís 89 W 14
Benajarafe 85 V 17
Benalauría 89 W 14
Benalija (Rivera de) 73 R 12
Benalmádena 84 W 16
Benalmádena Costa 84 W 16
Benalúa de Guadix 86 T 20
Benalúa de las Villas 85 T 18
Benalup de Sidonia 88 W 12
Benamahoma 84 V 13
Benamargosa 85 V 17
Benamariel 23 E 13
Benamaurel 77 T 21
Benamejí 84 U 16
Benamira 41 I 22
Benamocarra 85 V 17
Benamor 78 R 24
Benaocaz 84 V 13
Benaoján 84 V 14
Benaque 85 V 17
Benarrabá 89 W 14
Benasal 57 K 29
Benasau 69 P 28
Benasque 17 E 31
Benasque (Reserva nacional de) 17 D 31
Benasque (Valle de) 17 E 31
Benatae 77 Q 22
Benavent 17 F 33
Benavent de Segrià 31 G 31
Benavente (Badajoz) 60 O 8
Benavente (Ciudad Real) 64 O 17
Benavente (Huesca) 17 F 31
Benavente (Zamora) 23 F 12
Benavides 10 E 12
Benavites 56 M 29
Benazolve 23 E 13
Benchijigua 95 E 9
Bendinat 90 N 37
Bendón 4 C 9
Benecid 86 V 21
Benegiles 23 H 13
Benejama 68 P 27
Benejúzar 79 R 27
Benés 17 E 32
Benetússer 56 N 28
Benferri 79 R 27
Benia 11 B 15
Beniaia 69 P 29
Beniaján 79 S 26
Benialfaquí 69 P 28
Beniarbeig 69 P 29
Beniardá 69 P 29
Beniarjó 69 P 29
Beniarrés 69 P 28
Beniarrés (Embassament de) 69 P 28
Beniatjar 69 P 28
Benicadell (Serra de) 69 P 28
Benicarló 45 K 31
Benicasim / Benicàssim 57 L 30
Benicàssim / Benicasim 57 L 30
Benichembla 69 P 29
Benicolet 69 P 28
Benidoleig 69 P 29
Benidorm 69 Q 29
Beniel 79 R 26
Benifaió 69 O 28
Benifairó de les Valls 56 M 29
Benifallet 45 J 31
Benifallim 69 Q 28
Benifasar (Convento de) 44 J 30
Benifato 69 P 29
Benigánim 69 P 28
Benijo 93 K 6
Benijófar 79 R 27
Benilloba 69 P 28
Benillup 69 P 28
Benimantell 69 P 29
Benimarco 69 P 30
Benimarfull 69 P 28
Benimasot 69 P 29
Benimaurell 69 P 29
Benimodo 69 O 28
Benimuslem 69 O 28
Beninar (Embalse de) 86 V 20
Beniparrell 56 N 28
Benirrama 69 P 29
Benisanó 56 N 28
Benissa 69 P 30
Benissanet 45 I 31
Benitachell 69 P 30
Benitagla 87 U 23
Benitorafe 87 U 23
Benitos 38 J 15
Benizalón 87 U 23
Benizar 78 R 24
Benlloch 57 L 30
Benquerencia (Arroyo de) 62 Q 13
Benquerencia (Cáceres) 62 O 11
Benquerencia (Lugo) 4 B 8
Benquerencia de la Serena 62 P 13
Bentaiga (Roque) 94 O 10
Bentarique 86 V 22
Bentraces 21 F 6
Bentué de Rasal 16 E 28
Benuza 9 E 9
Benyamina 84 W 16
Benza 2 C 4
Beo 2 C 3
Beortegui 15 D 25
Bera 15 C 24
Berambio 13 C 21
Beranga 12 B 19
Berango 13 B 21
Berantevilla 13 D 21
Beranúy 17 E 31
Berastegi 14 C 24
Beratón 28 G 24
Berbe Bajo 85 U 18
Berbegal 30 G 29
Berberana 13 D 20
Berbes 11 B 14
Berbinzana 14 E 24
Berbucido 7 E 4
Bercedo 12 C 19
Berceo 27 E 21
Bercero 24 H 14
Berceruelo 24 H 14
Bérchules 86 V 20
Bercial 39 J 16
Bercial (El) 51 M 14
Bercial de San Rafael (El) 51 M 14
Bercial de Zapardiel 38 I 15
Bercianos de Aliste 23 G 11
Bercianos del Páramo 23 E 12
Bercianos del Real Camino 24 E 14
Bercianos de Valverde 23 G 12
Bercianos de Vidriales 23 F 12
Bercimuel 40 H 19
Bercimuelle 37 K 13
Berdejo 28 H 24
Berdeogas 2 C 2
Berdía 6 D 4
Berdillo 2 C 4
Berdoias 2 C 2
Berducedo 4 C 9
Berdún 15 E 27
Berengueles (Los) 85 V 18
Beret 17 D 32
Beret (Puerto de) 17 D 32
Berga 18 F 35
Berganciano 37 I 11
Berganúy 17 F 32
Berganza 13 C 21
Berganzo 13 E 21
Bergara 14 C 22
Bergasa 27 F 23
Bergasillas Bajeras 27 F 23
Bergasillas Somera 27 F 23
Berge 43 J 28
Bergondo 3 C 5
Bergüenda 13 D 20
Beriain 15 D 25
Beriaín (Monte) 14 D 24
Berja 86 V 21
Berjada 76 Q 21
Berlanas (Las) 38 J 15
Berlanga 73 R 12
Berlanga de Duero 41 H 21
Berlanga del Bierzo 9 D 10
Berlangas de Roa 25 G 18
Bermeja (Sierra) (Badajoz) 62 O 11
Bermeja (Sierra) (Málaga) 89 W 14
Bermejales (Embalse de los) 85 V 18
Bermejo 50 M 13
Bermejo (Roque) 93 L 6
Bermellar 36 J 9
Bermeo 13 B 21
Bermés 7 D 5
Bermiego 5 C 12
Bermillo de Alba 23 H 11
Bermillo de Sayago 37 H 11
Bermún 6 D 2
Bernadilla (La) 85 V 19
Bernagoitia 13 C 21
Bernales 13 C 19
Bernardo (El) 66 O 21
Bernardos 39 I 16
Bernedo 14 E 22
Bernia 69 Q 29
Berninches 41 K 21

Bernués	16	E 28
Bernui	17	E 33
Bernuy	52	M 16
Bernúy de Porreros	39	I 17
Bernúy-Salinero	38	J 16
Bernúy-Zapardiel	38	J 15
Berrazales (Los)	94	O 9
Berriatúa	14	C 22
Berrioplano	15	D 24
Berriozar	15	D 24
Berriz	14	C 22
Berrizaun	15	C 24
Berro	67	P 23
Berrobi	14	C 23
Berrocal	72	T 10
Berrocal (El)	73	S 11
Berrocal de Huebra	37	J 12
Berrocal de Salvatierra	37	K 12
Berrocalejo	50	M 13
Berrocalejo de Aragona	38	J 16
Berrocales del Jarama (Los)	40	K 19
Berroeta	15	C 25
Berrón (El)	5	B 12
Berrosteguieta	13	D 21
Berrueces	24	G 14
Berrueco	42	J 25
Berrueco (El) (Jaén)	75	S 18
Berrueco (El) (Madrid)	40	J 19
Berrueco (Peñón del)	89	W 13
Berrús (Ermita de)	44	I 31
Berrús (Sierra de)	44	I 31
Bertamiráns	6	D 4
Beruete	14	C 24
Berzalejo	50	M 12
Berzocana	50	N 13
Berzocana (Puerto de)	62	N 13
Berzocana (Río)	50	N 13
Berzosa (Ciudad Real)	65	P 19
Berzosa (Soria)	26	H 20
Berzosa de Bureba	13	E 20
Berzosa del Lozoya	40	J 19
Berzosa de los Hidalgos	11	D 16
Berzosilla	12	D 17
Besalú	19	F 38
Besande	11	D 15
Besaya	12	C 17
Bescanó	33	G 38
Bescaran	18	E 34
Beseit (Puertos de)	44	J 30
Bespén	16	F 29
Besteiros	7	E 6
Bestracà (Sierra del)	19	F 37
Bestué	16	E 30
Besullo	4	C 10
Betancuria	93	T 7
Betanzos	3	C 5
Betanzos (Ría de)	3	B 5
Betelu	14	C 24
Bétera	56	N 28
Betés	16	E 28
Beteta	41	K 23
Betlem	91	M 39
Betlem (Ermita de)	91	M 39
Betolaza	13	D 21
Betorz	16	F 30
Betrén	17	D 32
Betxí	57	M 29
Beuda	19	F 38
Beunza	14	D 24
Beyos (Desfiladero de los)	11	C 16
Bezana	12	D 18
Bezanes	5	C 14
Bezares	27	E 21
Bezas	55	K 26
Béznar	85	V 19
Béznar (Embalse de)	85	V 19
Biandiz	14	C 24
Biar	68	Q 27
Bibéi	21	F 8
Bibey	22	F 9
Bicorp	68	O 27
Bicuerca (Serra de la)	55	N 25

Bidasoa	15	C 25
Bidasoa (Montes de)	15	C 24
Biduedo	7	E 6
Biduido	6	D 4
Bielba	11	C 16
Biel-Fuencalderas	29	E 27
Bielsa	16	E 30
Bielsa (Túnel de)	16	D 30
Bien Aparecida (La)	12	C 19
Bienservida	66	Q 22
Bienvenida (Badajoz)	73	R 11
Bienvenida (Ciudad Real)	64	O 16
Bienvenida (Ermita de)	51	M 14
Bienvenida (Monte)	73	R 11
Bierge	16	F 29
Biescas	16	E 29
Bigastro	79	R 27
Bigornia (Puerto)	28	H 24
Bigotera (Sierra de la)	64	O 17
Bigues	32	G 36
Bigüezal	15	D 26
Bijuesca	28	H 24
Bilbao / Bilbo	13	C 21
Bilbo / Bilbao	13	C 21
Billabaso	13	B 21
Bimeda	4	C 10
Bimenes	5	C 13
Bimón	12	D 18
Binaced	30	G 30
Binacua	15	E 27
Binéfar	30	G 30
Biniali	90	N 38
Biniaraix	90	M 38
Binibèquer	91	M 42
Binidali	91	M 42
Biniés	15	E 27
Biniés (Hoz de)	15	E 27
Binifabini	91	M 42
Binissalem	90	M 38
Biosca	32	G 34
Biota	28	F 26
Bisaurri	17	E 31
Bisbal de Falset (La)	45	I 32
Bisbal del Penedès (La)	32	I 34
Bisbal d'Empordà (La)	33	G 39
Biscarrués	29	F 27
Bisimbre	28	G 25
Bisjueces	12	D 19

Bitem	45	J 31
Biure	19	E 38
Biurrun	15	D 24
Blacos	27	G 21
Blanc (Cap)	90	N 38
Blanc (Mas)	57	L 29
Blanca	78	R 25
Blanca (Estación de)	78	R 26
Blanca (Laguna)	66	P 21
Blanca (Montañas de la)	93	U 6
Blanca (Sierra)	89	W 15
Blanca de Solanillos	41	J 23
Blancafort	31	H 33
Blancares Nuevos	67	O 23
Blancares Viejos	67	O 23
Blancas	42	J 25
Blanco	84	T 14
Blancos	21	G 6
Blanes	33	G 38
Blanquilla (Sierra)	88	X 12
Blanquillas (Sierras)	64	O 16
Blanquillo	76	R 21
Blanquitos (Los)	92	I 9
Bláquez (Los)	74	Q 13
Blascoeles	39	I 16
Blascomillán	38	J 14
Blasconuño de Matacabras	38	I 15
Blascosancho	38	J 16
Blecua	16	F 29
Bleda Plana (Illa)	91	P 33
Bledes (Illes)	91	L 42
Blesa	43	I 27
Bliecos	27	H 23
Blimea	5	C 13
Blocona	41	I 22
Boa	6	D 3
Boada	36	J 11
Boada de Campos	24	G 15
Boada de Roa	25	G 18
Boadella (Embalse de)	19	E 38
Boadella d'Empordà	19	F 38
Boadilla	37	J 11
Boadilla del Camino	25	F 16
Boadilla del Monte	52	K 18
Boadilla de Rioseco	24	F 15
Boal	4	B 9
Boalo	39	J 18
Boaño	2	C 2
Bobadilla (Jaén)	85	T 17

Bobadilla (La Rioja)	27	F 21
Bobadilla (Málaga)	84	U 15
Bobadilla del Campo	38	I 14
Bobadilla Estación	84	U 15
Bobastro	84	V 15
Bobia	4	B 9
Boborás	7	E 5
Bocacara	36	J 10
Boca Chanza	71	T 7
Boca de Huérgano	11	D 15
Boca de Tauce	92	H 8
Bocairent	68	P 28
Boceguillas	40	H 19
Bocelo (Montes del)	7	D 5
Boche	77	Q 23
Bochones	41	I 21
Bocigas	38	I 15
Bocigas de Perales	26	H 19
Bocinegro (Punta del)	92	I 9
Bocos (Burgos)	12	D 19
Bocos (Valladolid)	25	H 17
Bodaño	7	D 5
Bodegas	56	M 27
Bodegas de Pardanchinos	56	M 27
Bodegones (Los)	82	U 9
Bodera (La)	41	I 21
Bodera (Sierra de La)	41	I 21
Bodión	72	R 10
Bodión (Arroyo)	72	R 10
Bodón (El)	36	K 10
Bodonal de la Sierra	72	R 10
Boecillo	24	H 15
Boedes	7	E 5
Boedo	11	D 16
Boedo (Río)	11	D 16
Boente	7	D 5
Boeza	9	D 11
Bogajo	36	J 10
Bogarra	66	Q 23
Bogarra (Río de)	67	Q 23
Bogarre	86	T 19
Bogarre (Monte)	85	T 19
Bohodón (El)	38	J 15
Bohonal	63	O 15
Bohonal de Ibor	50	M 13
Bohoyo	50	L 13
Boí	17	E 32
Boimente	3	B 7
Boimorto	7	D 5
Boiro (Asturias)	9	D 9
Boiro (La Coruña)	6	E 3

Boix	31	G 33
Boix (Sierra del)	45	J 31
Boixar (El)	44	J 30
Bóixols	17	F 33
Bóixols (Collado de)	17	F 33
Bojadillas (Las)	77	R 23
Bola (A)	21	F 6
Bolaño	4	C 8
Bolaños	88	W 11
Bolaños de Calatrava	65	P 19
Bolaños de Campos	24	F 14
Bolarque (Embalse de)	53	K 21
Bolbaite	68	O 27
Bolea	29	F 28
Bolera (Embalse la)	76	S 21
Boliches (Los)	84	W 16
Bolla	49	K 10
Bólliga	54	L 22
Bollón	28	G 25
Bollullos de la Mitación	83	T 11
Bollullos del Condado	82	T 10
Bolmir	12	D 17
Bolnuevo	79	T 26
Bolo (O)	21	F 8
Bolón	68	Q 27
Bolonia (Ensenada de)	88	X 12
Bolos	65	P 20
Boltaña	16	E 30
Bolvir (Lérida)	18	E 35
Bombarda (Punta)	69	Q 29
Bonaigua (Puerto de la)	17	E 32
Bonal (El)	64	O 17
Bonales (Sierra de los)	63	Q 15
Bonansa	17	E 32
Bonanza (Cádiz)	82	V 10
Bonanza (Madrid)	52	K 18
Bonanza (Punta de la)	93	B 11
Bonares	82	U 9
Bonastre	32	I 34
Bonete	67	P 25
Bonete (Estación de)	67	P 25
Bonge	3	C 7
Bonhabal (Arroyo de)	61	Q 10
Boniches	55	M 25
Bonielles	5	B 12

Bonilla	54	L 22
Bonilla de la Sierra	38	K 14
Bonillo (El)	66	P 22
Bon Jesus de Trandeiras (Monasterio)	21	F 7
Bonmatí	33	G 37
Bono	17	E 32
Boñar	10	D 14
Bóo	5	C 12
Boo de Guarnizo	12	B 18
Boós	27	H 21
Boqueixón	7	D 4
Boquerón	78	R 26
Boquerón (Puerto del)	38	K 16
Boquerón (Sierra del)	68	O 26
Boquiñeni	28	G 26
Borau	16	E 28
Borbollón (Embalse de)	49	L 10
Bordalba	41	H 23
Bordecorex	41	H 21
Bordejé	41	H 22
Bórdes (Es)	17	D 32
Bordils	19	F 38
Bordón	44	J 29
Bordón (Río)	43	J 28
Borge (El)	85	V 17
Borges Blanques (Les)	31	H 32
Borges del Camp (Les)	45	I 33
Borgonyà	18	F 36
Borja	28	G 25
Borjabad	27	H 22
Borleña	12	C 18
Bormate	67	O 25
Bormujos	83	T 11
Borneiro	2	C 3
Bornos	83	V 12
Bornos (Embalse de)	83	V 12
Bornova	41	I 21
Borobia	28	H 24
Borox	52	L 18
Borrachina	60	Q 8
Borrassà	19	F 38
Borredà	18	F 35
Borreguero (El)	62	P 12
Borreguilla (Finca)	65	Q 20
Borrenes	9	E 9
Borres (Asturias)	4	B 10
Borrés (Huesca)	16	E 28

Borriol	57	L 29
Borriquillas (Punta de las)	93	U 8
Bosque	2	C 3
Bosque (El) (Madrid)	52	K 18
Bosque (El) (Toledo)	52	M 16
Bosque (El) (Almería)	77	T 22
Bosque (El) (Cádiz)	84	V 13
Bosque Alto	29	H 27
Bosques (Serra de los)	56	N 27
Bossòst	17	D 32
Bot	45	I 31
Botarell	45	I 32
Botaya	16	E 28
Boticario	64	N 18
Botija	62	N 11
Bótoa	61	O 9
Bótoa (Ermita de)	61	O 9
Botorrita	29	H 26
Botoz (Arroyo de)	62	Q 11
Boumort	17	F 33
Boumort (Sierra de)	17	F 33
Bousés	21	G 7
Boutra (Cabo de la)	2	C 2
Bouza	7	E 5
Bouza (La)	36	J 9
Bouzas (León)	9	E 10
Bouzas (Pontevedra)	20	F 3
Bóveda (cerca de Monforte)	8	E 7
Bóveda (Monte)	62	P 12
Bóveda (Álava)	13	D 20
Bóveda de la Ribera	13	D 19
Bóveda del Río Almar	38	J 14
Bóveda de Toro (La)	38	H 13
Bovera	45	I 31
Boya	22	G 10
Boyar (Puerto del)	84	V 13
Bozoo	13	D 20
Brabos	38	J 15
Brácana (Córdoba)	85	T 17
Brácana (Granada)	85	U 18
Bràfim	32	I 34
Braguia (Puerto de)	12	C 18
Brahojos de Medina	38	I 14
Bramadero	72	S 8
Bramadoras	56	K 28
Brandeso	7	D 5
Brandilanes	23	H 11
Brandomil	2	C 3
Brandoñas	2	C 3

BILBO/BILBAO

Bidebarreta	DZ 5
Correo	DZ
Gran Vía de López de Haro	BCYZ
Amézola (Plaza)	CZ 2
Arenal (Puente del)	DZ 3
Ayuntamiento (Puente del)	DYZ 4
Bilbao la Vieja	DZ 6
Bombero Echániz (Pl.)	CZ 7
Buenos Aires	DZ 8
Cruz	DZ 9
Deusto (Puente de)	BCY 10
Emilio Campuzano (Plaza)	CZ 12
Ernesto Erkoreka (Pl.)	DY 15
Espainia (Plaza de)	CZ 16
Federico Moyúa (Plaza de)	CZ 19
Gardoqui	CZ 20
Huertas de la Villa	DY 24
Iparraguirre	CYZ 25
Juan de Garay	CZ 27
Lehendakari Aguirre (Av.)	BY 28
Múgica y Butrón	DY 31
Navarra	DZ 32
Pío Baroja (Pl. de)	DY 35
Rodríguez Arias	BCYZ 36
San Antón (Puente del)	DZ 37
San José (Plaza)	CY 38
San Mamés (Alameda de)	CZ 39
Viuda de Epalza	DZ 42
Zabálburu (Plaza de)	CZ 45
Zumalacárregui (Av.)	DY 46

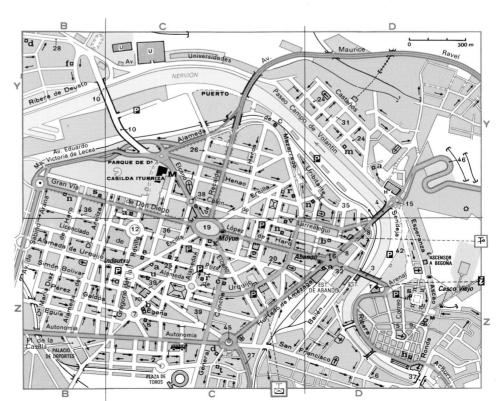

Braña (Cabeza de la)	39	J 18
Braña (La) (Asturias)	4	B 9
Braña (La) (León)	8	D 9
Braña Caballo	5	C 13
Brañalonga	4	B 10
Braña Vieja	11	C 16
Brañes	5	B 12
Brañosera	12	D 17
Brañuás	4	B 10
Brañuelas	10	E 11
Braojos	40	I 19
Brava (Sierra)	61	O 9
Bravatas	77	S 22
Bravo (El)	72	R 9
Bravos	3	B 7
Brazacorta	26	G 19
Brazato (Embalse de)	16	D 29
Brazatortas	64	Q 17
Brazo de la Torre	83	U 11
Brazomar	13	B 20
Brazuelo	10	E 11
Brea	28	H 25
Brea de Tajo	53	L 20
Breda	33	G 37
Brence	8	E 7
Brenes	73	T 12
Breña (Embalse de la)	74	S 14
Breña (La)	94	P 10
Breña Alta	95	C 6
Breña Baja	95	C 6
Breñas (Las)	95	V 4
Bres	4	B 8
Bretó	23	G 12
Bretocino	23	G 12
Bretoña	4	B 8
Bretún	27	F 22
Brezo (Sierra del)	11	D 15
Brias	40	H 21
Bricia	12	D 18
Brieva	39	I 17
Brieva de Cameros	27	F 21
Brieva de Juarros	26	F 19
Brieves	4	B 10
Brihuega	40	J 21
Brimeda	10	E 11
Brime de Sog	23	F 11
Brime de Urz	23	F 12
Brincones	36	I 10
Briñas	13	E 21
Briones	13	E 21
Briongos	26	G 19
Brisas (Las)	41	K 21
Brisos (Puerto de los)	61	O 9
Briviesca	13	E 20
Brizuela	12	D 19
Brocos	7	D 5
Bronco (El)	49	L 11
Bronco (Rivera del)	49	L 11
Brosquil (El)	69	O 29
Broto	16	E 29
Brovales	72	Q 9
Brovales (Arroyo)	61	Q 9
Brovales (Embalse de)	61	Q 9
Broza	8	E 7
Brozas	49	N 9
Bruc (El)	32	H 35
Brués	7	E 5
Brugent (Gerona)	19	F 37
Brugent (Tarragona)	45	I 33
Bruguera	18	F 36
Bruis	16	F 30
Brujas (Cuevas de)	15	C 25
Brújula (Puerto de la)	26	E 19
Brull (El)	33	G 36
Brullés (Río)	12	E 17
Brullés	12	E 18
Brunales (Los)	68	P 27
Brunete	52	K 18
Brunyola	33	G 38
Búbal	16	D 29
Búbal (Embalse de)	16	D 29
Buberos	27	H 23
Bubierca	42	I 24
Bubión	86	V 19
Bucher	51	L 14
Buciegas	54	K 22
Búcor	85	U 18
Buda (Faro de)	45	J 32
Buda (Isla de)	45	J 32
Budia	41	K 21
Budián	3	B 7
Budiño (La Coruña)	7	D 4
Budiño (Pontevedra)	20	F 4
Buelna	11	B 16
Buenache de Alarcón	54	N 23
Buenache de la Sierra	54	L 24
Buenafuente (Monasterio de)	41	J 23
Buena Leche	55	M 26
Buenamadre	37	J 11
Buenamesón	53	L 20
Buen Amor	37	I 12
Buenasbodas	51	N 15
Buenas Noches	89	W 14
Buenaventura	51	L 15
Buena Vista	69	P 30
Buenavista (Alicante)	68	Q 26
Buenavista (Granada)	85	U 18
Buenavista (Monte)	67	O 24
Buenavista (Salamanca)	37	J 13
Buenavista del Norte	92	G 7
Buenavista de Valdavia	11	E 16
Buendía	54	K 21
Buendía (Embalse de)	54	K 21
Buenlugar	94	O 9
Bueno (El)	92	J 8
Buen Paso	92	H 7
Buen Retiro	66	O 21
Bueña	42	J 26
Buera	16	F 30
Buerba	16	E 30
Bueres	5	C 13
Buesa	16	E 29
Bueu	20	F 3
Buey	52	M 18
Buey (Puerto El)	8	E 8
Buey (Sierra del)	68	Q 26
Bufadero	93	K 7
Bufalí	69	P 28
Bugallido	6	D 4
Bugarra	56	N 27
Bugedo	13	E 20
Búger	90	M 38
Búhos (Sierra de los)	67	Q 24
Buitrago	6	G 22
Buitrago del Lozoya	40	J 19
Buitre (Almería)	86	U 21
Buitre (Monte)	56	L 26
Buitre (Murcia)	78	R 24
Buitrera	40	I 19
Buitrón (El)	72	T 9
Buitrón (El) (Monte)	72	S 8
Buiza	10	D 12
Bujalance	75	S 16
Bujalaro	41	J 21
Bujalcayado	41	I 21
Buján	6	D 2
Bujaraiza	76	R 21
Bujaraloz	30	H 29
Bujarda (La)	72	S 8
Bujardo	72	Q 9
Bujarrabal	41	I 22
Bujaruelo	16	D 29
Bujeda (Embalse de la)	54	L 21
Bujeda (La)	54	L 21
Bujeo (El)	89	X 13
Bujeo (Puerto del)	89	X 13
Bujo	73	R 11
Bularros	38	J 15
Bulbuente	28	G 25
Bullaque (Río)	64	O 17
Bullaque (El)	64	O 17
Bullas	78	R 24
Bullones	42	J 24
Bulnes	11	C 15
Buniel	25	F 18
Bunyola	90	M 38
Buñales	29	F 28
Buñuel	28	G 25
Buño	2	C 3
Buñol	56	N 27
Burbáguena	42	I 25
Burbia	9	D 9
Burbia (Río)	9	D 9
Burceat	16	F 30
Burceña	13	C 19
Burdalo	62	O 11
Burela	3	B 7
Burela (Cabo)	3	A 7
Burés	6	D 3
Bureta	28	G 25
Burete	78	R 24
Burgal (El)	56	N 27
Burganes de Valverde	23	G 12
Burgo (El)	84	V 15
Burgo (O)	3	C 4
Burgo de Ebro (El)	29	H 27
Burgo de Osma (El)	26	H 20
Burgohondo	51	K 15
Burgomillodo	39	H 18
Burgo Ranero (El)	24	E 14
Burgos	25	E 18
Burgueira	20	F 3
Burgui	15	D 26
Burguilla	51	M 14
Burguillo (Embalse de)	51	K 16
Burguillos	73	T 12
Burguillos del Cerro	72	Q 10
Burguillos de Toledo	52	M 18
Buriz	3	C 6
Burjassot	56	N 28
Burlada	15	D 25
Burón	11	C 14
Burras	78	S 24
Burrero (El)	94	O 9
Burres	7	D 5
Burriana	57	M 29
Burrillas (Las)	94	N 10
Burro (Collado del)	63	O 15
Burrueco	67	P 23
Buruaga	13	D 21
Burujón	52	M 17
Burunchel	76	S 21
Burunda	14	D 23
Busante	9	D 9
Busdongo	10	D 12
Buseo (Embassament de)	56	N 27
Busloñe (Asturias)	5	C 12
Busmente	4	B 9
Busot	69	Q 28
Busquil	14	E 24
Busquístar	86	V 20
Bustablado	12	C 19
Bustamante	12	C 17
Bustantigo	4	B 9
Bustares	40	I 20
Bustarviejo	39	J 18
Bustasur	12	D 17
Buste (Balcón de El)	28	G 25
Buste (El)	28	G 25
Bustidoño	12	D 18
Bustillo de Cea	11	E 14
Bustillo de Chaves	24	F 14
Bustillo de la Vega	24	E 15
Bustillo del Monte	12	D 17
Bustillo del Oro	23	G 13
Bustillo del Páramo	23	E 12
Bustillo del Páramo de Carrión	24	E 15
Bustillo o Ahogaborricos	23	G 13
Busto (Cabo)	4	B 10
Busto (cerca de Luarca)	4	B 10
Busto (cerca de Villaviciosa)	5	B 13
Busto (El)	14	E 23
Bustoburniego	4	B 10
Busto de Bureba	13	E 20
Bustriguado	11	C 16
Busturia	13	B 21
Butihondo	93	S 9
Butrera	72	R 10
Butrón	13	B 21
Buxán (cerca de Rois)	6	D 3
Buxán (cerca de Val do Dubra)	2	C 4
Buxantes (Monte de)	6	D 2
Buxu (Cueva del)	11	B 14
Buzanada	92	I 9

C

Caamaño	6	E 2
Caaveiro	3	B 5
Cabaco (El)	37	K 11
Cabaleiros	2	C 4
Caballa (Sierra de la)	67	O 25
Caballar	39	I 18
Caballera	29	F 28
Caballero (Sierra del)	42	H 24
Caballeros	76	Q 18
Caballo (Cerro del)	85	U 19
Caballo (Granada)	85	U 19
Caballo (Monte)	49	M 9
Caballó (Serra El)	68	O 27
Caballón	72	T 9
Caballos (Sierra de los)	84	U 15
Cabalos (Sierra de los)	8	E 8
Cabana	2	C 3
Cabanabona	31	G 33
Cabanamoura	6	D 3
Cabanas (Lugo)	3	B 6
Cabanelas	7	E 5
Cabanelles	19	F 38
Cabanes (Barranco de)	57	L 29
Cabanes (Castellón de la Plana)	57	L 30
Cabanes (Gerona)	19	F 38
Cabanette (Pic de	18	E 35
Cabanillas (Navarra)	28	F 25
Cabanillas (Soria)	41	H 22
Cabanillas de la Sierra	40	J 19
Cabanillas del Campo	40	K 20
Cabanyes (Les)	32	H 35
Cabañaquinta	38	J 15
Cabañas (La Coruña)	3	B 5
Cabañas (León)	23	F 13
Cabañas (Monte)	76	S 21
Cabañas (Puerto)	84	V 11
Cabañas (Zaragoza)	28	G 26
Cabañas de Castilla (Las)	25	E 16
Cabañas de la Dordilla	9	E 10
Cabañas de la Sagra	52	L 18
Cabañas del Castillo	50	N 13
Cabañas de Polendos	39	I 17
Cabañas de Sayago	37	I 12
Cabañas de Yepes	53	M 19
Cabañas Raras	9	E 9
Cabañeros (Ciudad Real)	64	N 16
Cabañeros (León)	23	F 13
Cabañes de Esgueva	25	G 18
Cabarceno (Parque de)	12	B 18
Cabarga (Peña)	12	B 18
Cabassers	45	I 32
Cabdella	17	E 32
Cabe	8	E 7
Cabeza (La)	77	R 23
Cabezabellosa	50	L 12
Cabezabellosa de la Calzada	37	I 13
Cabezadas (Las)	40	I 20
Cabeza de Béjar (La)	37	K 13
Cabeza de Buey	65	Q 20
Cabeza de Campo	8	E 9
Cabeza de Diego Gómez	37	J 11
Cabeza del Asno	78	R 25
Cabeza de la Viña (Isla)	77	R 21
Cabeza del Buey	63	P 14
Cabeza del Caballo	36	I 10
Cabeza de Toro (Montaña)	92	J 7
Cabeza Gorda	43	I 28
Cabeza Herrera	26	F 21
Cabeza la Vaca	73	R 10
Cabeza Llana (Sierra de la) (Albacete)	67	Q 25
Cabezarados	64	P 17
Cabezarrubias	64	Q 17
Cabezas de Alambre	38	J 15
Cabezas de Bonilla	38	K 14
Cabezas del Pasto	71	T 7
Cabezas del Pozo	38	I 15
Cabezas del Villar	38	J 14
Cabezas de San Juan (Las)	83	V 12
Cabezas Rubias	72	S 8
Cabezas Rubias (Embalse de)	72	S 8
Cabezo (Cáceres)	37	K 11
Cabezo de Oro (Serra de)	69	Q 28
Cabezo (Monte)	55	L 26
Cabezo Alto	56	K 27
Cabezo de la Plata	79	S 27
Cabezo de Torres	79	R 26
Cabezo Grande (El)	92	H 9
Cabezo Jara	78	T 24
Cabezón de Cameros	27	F 22
Cabezón de la Sal	12	C 17
Cabezón de la Sierra	26	G 20
Cabezón de Liébana	11	C 16
Cabezón de Valderaduey	24	F 14
Cabezudos (Los)	82	U 10
Cabezuela	39	I 18
Cabezuela (La)	68	O 26
Cabezuela del Valle	50	L 12
Cabezuelos (Los)	41	K 22
Cabia	25	F 18
Cabigordo (Puerto de)	43	K 22
Cabi Monteros	27	G 23
Cabizuela	38	J 15
Cable (Mirador del)	11	C 15
Cabó	17	F 33
Cabo de Gato-Níjar (Parque natural de)	87	V 23
Cabo (El)	95	E 9
Caboalles de Abajo	9	D 10
Caboalles de Arriba	9	D 10
Cabo Blanco	92	H 9
Cabo de Gata	87	V 23
Cabo de Gata (Sierra del)	87	V 23
Cabo de Palos	79	T 27
Cabolafuente	41	I 23
Cabornera	10	D 12
Caborno	4	B 10
Caborredondo (Burgos)	12	E 19
Cabra	85	T 16
Cabra (Cinto)	68	O 27
Cabra (Río)	84	T 15
Cabra (Sierra de la)	4	C 10
Cabra del Camp	31	H 33
Cabra del Santo Cristo	76	S 20
Cabra de Mora	56	L 27
Cabrahígos	88	X 12
Cabrales	11	C 15
Cabranes	5	B 13
Cabras (Córdoba)	85	U 17
Cabras (Las)	77	S 24
Cabras (Monte)	51	N 14
Cabras (Pico de)	92	I 8
Cabras (Sierra de las) (Murcia)	67	Q 25
Cabras (Sierra de las) (Cádiz)	88	W 12
Cabras (Sierra de las) (Málaga)	84	V 16
Cabredo	14	E 22
Cabreiroá	21	G 7
Cabreiros	3	B 6
Cabrejas	54	L 22
Cabrejas (Altos de)	54	L 22
Cabrejas (Puerto de)	54	L 23
Cabrejas (Sierra de)	26	G 20
Cabrejas del Campo	27	G 23
Cabrejas del Pinar	27	G 21
Cabrera (Badajoz)	73	R 11
Cabrera (Illa de)	90	O 38
Cabrera (La) (Guadalajara)	41	I 22
Cabrera (La) (Madrid)	40	J 19
Cabrera (La) (Valencia)	56	N 23
Cabrera (Monte)	28	H 24
Cabrera (Río de la)	75	R 17
Cabrera (Río)	9	E 9
Cabrera (Sierra)	87	U 24
Cabrera (Sierra de la)	22	F 9
Cabrera de Mar	33	H 37
Cabrerizos	37	J 13
Cabrero	50	L 12
Cabreros del Monte	24	G 13
Cabreros del Río	23	E 13
Cabretón	28	G 24
Cabriel (Río)	68	O 26
Cabril (El)	74	R 13
Cabrilla (La)	74	S 14
Cabrilla (Sierra de la)	76	S 21
Cabrillanes	10	D 11
Cabrillas (Puerto de las)	44	K 23
Cabrillas (Río)	42	K 24
Cabrillas (Salamanca)	37	J 11

BURGOS

Mayor (Plaza)	AB	18
Santo Domingo (Pl. de)	B	28
Vitoria	B	
Almirante Bonifaz	B	2
Alonso Martínez (Pl. de)	B	3
Aparicio y Ruiz	A	5
Cid Campeador (Av. del)	B	8
Conde de Guadalhorce (Av. del)	A	9
Eduardo Martínez del Campo	A	10
España (Pl.)	B	12
Gen. Sanjurjo (Av. del)	B	14
Gen. Santocildes (Pl. del)	B	15
Libertad (Pl.)	B	17
Miguel Primo de Rivera (Pl.)	B	19
Miranda	B	20
Monasterio de las Huelgas (Av. del)	A	21
Nuño Rasura	A	23
Paloma	A	24
Reyes Católicos (Av. de los)	B	26
Rey San Fernando	A	27

B ARCO DE STA MARÍA
M¹ MUSEO DE BURGOS

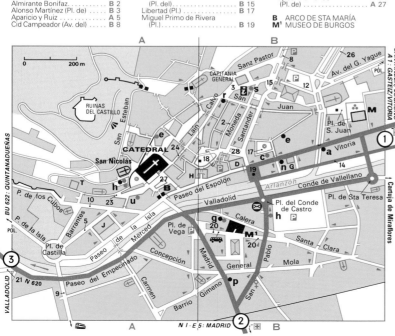

CÁCERES

Mayor (Pl.) .... **BY**
Pintores .... **BY** 36
San Antón .... **AZ** 47
San Pedro .... **BZ** 53

America (Pl. de) .... **AZ** 2
Amor de Dios .... **BZ** 3
Ancha .... **BZ** 4
Antonio Reyes Huertas ... **BZ** 6
Arturo Aranguren .... **AZ** 7
Ceres .... **BY** 9
Colón .... **BZ** 10
Compañia (Cuesta de la) .. **BY** 12

Diego Maria Crehuet...... **BZ** 14
Fuente Nueva .... **BZ** 15
Gabino Muriel .... **AZ** 17
Gen. Primo
de Rivera (Av. del) .... **AZ** 22
Isabel
de Moctezuma (Av.) .... **AZ** 24
José L. Cotallo .... **AY** 25
Juan XXIII .... **AZ** 26
Lope de Vega .... **BY** 28
Marqués (Cuesta del) .... **BZ** 30
Medico Sorapán .... **BZ** 31
Millan Astray (Av.) ...... **BZ** 32
Mono .... **BY** 33
Perreros .... **BZ** 35
Portugal (Av. de) .... **AZ** 37

Profesor Hdez Pacheco .... **BZ** 39
Quijotes (Av. de los) .... **BY** 40
Ramón y Cajal
(Paseo de) .... **AY** 42
Reyes Católicos .... **AY** 43
San Blas (Av. de) ...... **AY** 45
San Jorge .... **AY** 49
San Juan (Pl. de) ...... **BY** 51
S. Pedro de Alcántara (Av.) .. **AZ** 54
San Roque .... **BZ** 56
Tiendas .... **BY** 58
Trabajo .... **BZ** 59
Viena .... **AZ** 60

D PALACIO DE LOS GOLFINES
DE ABAJO

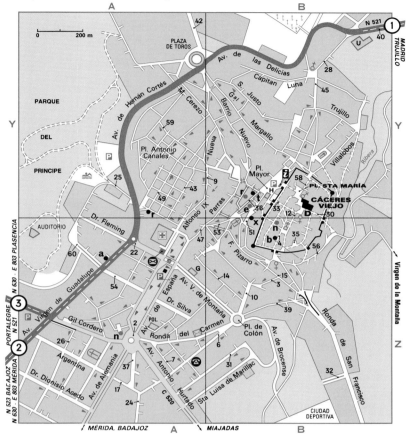

Calahonda
(Granada) 86 V 19
Calahonda
(Málaga) 89 W 15
Calahorra 28 F 24
Calahorra 86 U 20
Calahorra
(Estación de) 86 U 20
Calahorra de
Boedo 11 E 16
Calalberche 52 L 17
Cala Llonga
(Ibiza) 91 P 34
Cala Llonga
(Menorca) 91 M 42
Calama 50 K 11
Cala Mesquida
(Mallorca) 91 M 40
Cala Mesquida
(Menorca) 91 M 42
Cala Millor 91 N 40
Calamocha 42 J 26
Calamonte 9 P 10
Cala Mondragó 90 N 39
Cala Montjoi 19 F 39
Cala Morell 91 L 41
Cala Murada 91 N 39
Calanda 44 J 29
Calanda (Embalse
de) 44 J 29
Calañas 72 T 9
Cala Pi 90 N 38
Cala Pregonda 91 L 42
Cala Puntal 45 K 31
Calar Alto 87 U 22
Calar de la Santa 77 R 23
Calar del Mundo 66 Q 22
Calares (Los)
(Ciudad Real) 66 Q 21
Calares (Los)
(Monte) 77 R 23
Cala Sahona 91 P 34
Cala Santa Galdana 91 M 41
Cala Santandria 91 M 41
Cala Santanyí 90 O 39
Calasanz 17 F 31
Calasparra 78 R 24
Calasparra
(Estación de) 78 R 24
Calatañazor 27 G 21
Cala Tarida 91 P 33
Calatayud 42 H 25
Calatorao 28 H 25
Calatrava
(Campo de) 64 P 18

Calatrava
(Convento de) 64 P 18
Calatrava
(Puerto de) 64 P 18
Calatrava
(Sierra de) 64 P 18
Calatraveño
(Puerto) 74 R 15
Calaveruela 74 R 13
Calcena 28 H 24
Caldas (Las) 5 C 12
Caldas de Besayas
(Las) 12 C 17
Caldas de Luna 10 D 12
Caldas de Reis 6 E 4
Calde 8 D 7
Caldearenas 16 E 28
Caldebarcos 6 D 2
Caldebarcos
(Punta de) 6 D 2
Caldelas 20 F 4
Caldera 85 T 17
Caldereros
(Sierra de) 42 J 24
Caldereta 93 U 6
Calderín (El) 64 O 18
Calderina (Sierra
de la) 65 O 18
Calderón (Sierra
de) 77 Q 22
Calderones (Los) 78 S 25
Calders 32 G 35
Calders (Río) 32 G 35
Calderuela 27 G 23
Caldés (Riu) 44 K 29
Caldes de Boí 17 E 32
Caldes de
Malavella 33 G 38
Caldes
de Montbui 32 H 36
Caldes d'Estrac 33 H 37
Caldones 5 B 13
Caldueño 11 B 15
Caleao 5 C 13
Calella 33 H 37
Calella
de Palafrugell 33 G 39
Calera 95 D 9
Calera (Collado de
la) 55 N 26
Calera (La)
(Badajoz) 61 P 10
Calera (La)
(Cantabria) 12 C 19

Calera (La)
(Cáceres) 51 N 14
Calera (La) (Ciudad
Real) 65 P 20
Calera (La) (Huelva) 82 U 10
Calera de León 73 R 11
Calera y Chozas 51 M 15
Caleruega 26 G 19
Caleruela
(cerca de Los
Yébenes) 52 N 18
Caleruela (La) 76 R 18
Caleruela (Toledo) 51 M 14
Cales de Mallorca 91 N 39
Caleta (La) 93 B 11
Caleta (La) 85 V 19
Caleta (La) 95 W 3
Caleta (La)
(Cerca de Adeje) 92 H 7
Caleta (La)
(Cerca de
Garachico) 92 H 7
Caleta
(Punta de la) 94 N 9
Caleta del Sebo 95 W 2
Caleta de Vélez (La) 85 V 17
Caletas (Las) 95 C 7
Caletillas (Las) 93 J 7
Caletón (El) 92 J 7
Caleyos (Los) 5 C 13
Calicasas 85 U 19
Cálig 44 K 31
Callao de Alcabú
(Punta del) 92 G 7
Callao Salvaje 92 H 9
Calldetenes 32 G 36
Callejas 55 N 24
Callejones 95 C 6
Callejos (Los) 11 B 15
Callén 29 G 28
Calleras 4 B 10
Calles 56 M 27
Callezuela 5 B 12
Callobre (La Coruña) 3 C 5
Callobre
(Pontevedra) 7 D 4
Callosa d'En Sarrià 69 Q 29
Callosa de Segura 79 R 27
Callús 32 G 35
Cal Marcal 32 G 35
Calmarza 42 I 24
Calnegre 78 T 25
Calnegre (Punta
de) 78 T 25
Calo 2 C 2
Caló de Sant Agustí 91 P 34

Cabrillas
(Serra de las) 55 N 26
Cabrils 33 H 37
Cabris (Collado de) 18 E 34
Cabrito (Alto El) 89 X 13
Cabruñana 5 B 11
Cabuerniga 12 C 17
Cacabelos 9 E 9
Cáceres 49 N 10
Cáceres
(Embalse de) 49 N 11
Caceruela 64 O 16
Cachafeiro 7 E 4
Cachaza 49 L 9
Cacheiras 6 D 4
Cachorrilla 49 M 9
Cacín 85 U 18
Cacín (Canal del) 85 U 18
Cacín (Río) 85 V 18
Cadabedo 3 B 7
Cádabo (O) 4 C 8
Cadafresnas 8 E 9
Cadagua 13 C 19
Cadagua (Río) 13 C 20
Cadalso 49 L 10
Cadalso
de los Vidrios 52 L 16
Cadaqués 19 F 39
Cadavedo 4 B 10
Cádavos 21 G 8
Cadena
(Puerto de la) 79 S 26
Cabezamesada 53 M 20
Cadí 18 F 34
Cadí (Reserva
nacional de) 18 F 34
Cadí
(Sierra del) 18 F 34
Cadí (Túnel del) 18 F 35
Cádiar 86 V 20

Cadiñanos 13 D 19
Cadiretes 33 G 38
Cádiz 88 W 11
Cádiz (Bahía de) 88 W 11
Cadreita 28 F 24
Cadrete 29 H 27
Caicedo Yuso 13 D 21
Caidero de la Niña
(Embalse) 94 N 10
Caideros 94 O 9
Cailes 28 G 24
Caillo (Sierra del) 84 V 13
Caimari 90 M 38
Caimodorro 42 K 24
Caín 11 C 15
Caión 2 C 4
Cajigar 17 F 31
Cajigar (Río) 17 F 31
Cajiz 85 V 17
Cala 73 S 11
Cala (Embalse de) 73 S 11
Cala en Blanes 91 L 41
Cala en Bosc 91 M 41
Cala en Porter 91 M 42
Cala Figuera
(Cap el) 90 N 37
Cala Finestrat (La) 69 Q 29
Cala Fonduco 91 M 42
Cala Rajada 91 M 40
Cala (Río) 73 S 11
Cala (Rivera de) 73 S 11
Cala Sant Antoni 91 P 33
Cala Sant Vicenç 90 M 39
Cala Sant Vicent 91 O 34
Cala Savina 91 P 34
Cala Vallgornera 90 N 38
Cala Vedella 91 P 33
Cala Vinyes 90 N 37
Cala Agulla 91 M 40
Calabardina 78 T 25

Cala Bassa 91 P 33
Calabazar
(Embalse del) 72 T 9
Calabazares 72 S 9
Calabazas (Sagovia) 39 H 17
Calabazas
(Valladolid) 38 H 15
Cala Blanca
(Alicante) 69 P 30
Cala Blanca
(Menorca) 91 M 41
Cala Blava 90 N 38
Cala Bona 91 N 40
Calabor 22 G 9
Calaburra (Punta
de) 84 W 16
Calaceite 44 I 30
Cala de Algayaréns 91 L 41
Cala Deià 90 M 37
Cala del Moral
(cerca de
Fuengirola) 89 W 15
Cala del Moral
(cerca de Rincón
de la V.) 85 V 17
Cala de Portinatx 91 O 34
Cala de Portlligat 19 F 39
Cala de Sa Calobra 90 M 38
Cala de Salións 33 G 38
Cala de
Valldemossa 90 M 37
Cala d'Or 90 N 39
Caladrones 17 F 31
Calaf 32 G 34
Calafell 32 I 34
Calafell Platja 32 I 34
Cala Ferrera 90 N 39
Cala Figuera 90 O 39
Cala Fornells 90 N 37
Cala Gració 91 P 33

CÁDIZ

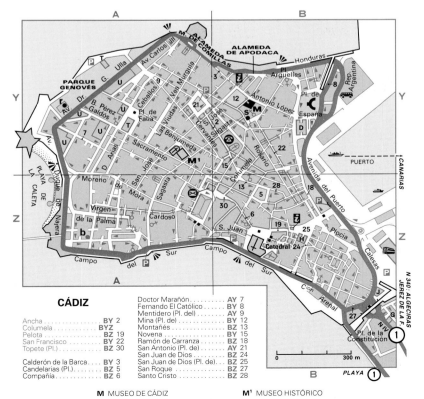

Ancha .... **BY** 2
Columela .... **BYZ**
Pelota .... **BZ** 19
San Francisco .... **BY** 22
Topete (Pl.) .... **BZ** 30

Calderón de la Barca ... **BY** 3
Candelarias (Pl.) ...... **BZ** 5
Compañia .... **BZ** 6

Doctor Marañón .... **AY** 7
Fernando El Católico ... **BY** 8
Mentidero (Pl. del) .... **AY** 9
Mina (Pl. del) ...... **BY** 12
Montañés .... **BZ** 13
Novena .... **BZ** 15
Ramón de Carranza .... **BZ** 18
San Antonio (Pl. de) ... **AY** 21
San Juan de Dios .... **BZ** 24
San Juan de Dios (Pl. de) .. **BZ** 27
San Roque .... **BZ** 27
Santo Cristo .... **BZ** 28

M MUSEO DE CÁDIZ   **M¹** MUSEO HISTÓRICO

Calomarde 55 K 25
Calonge (El) 74 T 13
Calonge (Gerona) 33 G 39
Calonge (Mallorca) 90 N 39
Calonge de Segarra 32 G 34
Calp 69 Q 30
Calpes (Los) 56 L 28
Caltojar 41 H 21
Calvario (Sierra del) 83 V 12
Calvarrasa de Abajo 37 J 13
Calvarrasa de Arriba 37 J 13
Calvera 17 E 31
Calvera (Monte) 17 F 31
Calvestra 55 N 26
Calvià 90 N 37
Calvín Bajo 52 M 17
Calvo 62 Q 11
Calvos de Randín 21 G 6
Calypo 52 L 17
Calzada (Atayala de la) 64 Q 18
Calzada de Béjar (La) 50 K 12
Calzada de Bureba 13 E 20
Calzada de Calatrava 65 P 18
Calzada de Oropesa (La) 51 M 14
Calzada del Coto 11 E 14
Calzada de los Molinos 24 F 16
Calzada de Valdunciel 37 I 12
Calzada de Vergara 67 O 25
Calzadilla 49 L 10
Calzadilla de la Cueza 24 F 15
Calzadilla del Campo 37 I 11
Calzadilla de los Barros 73 R 11
Calzadilla de los Hermanillos 24 E 14
Calzadilla de Tera 23 G 11
Camaces 36 J 9
Camacho 69 P 29
Camacho (Puerto) 86 V 19
Camaleño 11 C 15
Camallera 19 F 38
Camañas 43 K 26
Cámaras 42 I 26
Camarasa 31 G 32
Camarasa (Embalse de) 31 G 32
Camarena (Río de) 55 L 26
Camarena (Sierra de) 56 L 27
Camarena (Toledo) 52 L 17
Camarena de la Sierra 56 L 26
Camarenilla 52 L 17
Camarillas 43 K 27
Camarillas (Embalse de) 78 Q 25
Camarinal 88 X 12
Camarinal (Punta) 88 X 12
Camariñas 2 C 2
Camariñas (Ría de) 2 C 2
Camarles 45 J 32
Camarma de Esteruelas 40 K 19
Camarmeña 11 C 15
Camarna del Caño 40 K 19
Camarzana de Tera 23 G 11
Camás (Asturias) 5 B 13
Camas (Sevilla) 83 T 11
Camasobres 11 C 16
Camba 21 F 8
Cambados 6 E 3
Cambalud 94 O 9
Cambás 3 C 6
Cambela 8 F 8
Cambeo 7 E 6
Cambil 76 S 19
Cambre (cerca de Malpica) 2 C 3
Cambre (La Coruña) 3 C 4
Cambrils 18 F 34
Cambrils de Mar 45 I 33
Cambrón 65 Q 20
Cambrón (Peña) 76 S 20
Cambrón (Sierra) 78 S 24
Cambrón (Sierra del) 62 Q 13
Cambrones 78 R 24
Camella (La) 92 H 9
Camelle 2 C 2
Camello (Punta del) 92 J 9
Camello (Punta del) 94 O 9
Cameno 13 E 20
Camero Nuevo (Sierra de) 27 F 21
Cameros (Reserva nacional de) 27 F 21
Camero Viejo (Sierra de) 27 F 22
Camino 12 C 17
Camino de Chasna (El) 92 I 7
Camino de Villafranca (Laguna del) 65 N 20
Caminomorisco 49 L 11
Caminreal 42 J 26
Camocho 50 L 12
Camorro Alto 84 V 16
Camós 19 F 38
Camp d'Abaix 56 M 26
Camp d'Arcís 55 N 26
Camp de Mar (es) 90 N 37
Camp-redo 45 J 31
Campalbo 55 M 26
Campamento 52 K 18
Campamento (El) 89 X 13
Campamento Matallana 73 T 13
Campana (La) (Alicante) 67 Q 25
Campana (La) (Ciudad Real) 65 P 20
Campana (La) (Sevilla) 74 T 13
Campana (Monte) 69 Q 29
Campana (Río de) 75 R 18
Campanario 62 P 13
Campanario (Embalse de) 72 T 9
Campanario (Sierra del) 85 T 19
Campanas 15 D 25
Campanet 90 M 38
Campanet (Coves de) 90 M 38
Campanillas 84 V 16
Campanillas (Río) 84 V 16
Campano 88 W 11
Camparañón 27 G 22
Campaspero 25 H 17
Campazas 23 F 13
Campdevànol 18 F 36
Campelles 18 F 36
Campello (El) 69 Q 28
Campico de los López 78 T 25
Campíllejo 40 I 20
Campillo (Ciudad Real) 64 P 16
Campillo (Casa Forestal del) 77 R 22
Campillo (El) (Cáceres) 61 O 10
Campillo (El) (Valladolid) 38 I 14
Campillo (El) (Zamora) 23 H 12
Campillo (El) (Huelva) 72 S 10
Campillo (El) (Jaén) 76 R 20
Campillo (El) (Sevilla) 74 T 14
Campillo (Teruel) 55 L 26
Campillo de Altobuey 55 N 24
Campillo de Aragón 42 I 24
Campillo de Aranda 25 H 18
Campillo de Arenas 76 T 19
Campillo de Azaba 36 K 9
Campillo de Deleitosa 50 M 13
Campillo de Dueñas 42 J 24
Campillo de la Jara (El) 51 N 14
Campillo de las Doblas 67 P 24
Campillo de la Virgen 67 P 24
Campillo de Llerena 62 Q 12
Campillo del Negro (El) 67 P 24
Campillo del Río 76 S 19
Campillo de Ranas 40 I 20
Campillo de Salvatierra 37 K 12
Campillos (Málaga) 84 U 15
Campillos (Río) 55 L 24
Campillos Paravientos 55 M 25
Campillos Sierra 55 L 24
Campino 12 D 18
Campins 33 G 37
Campiña 26 F 20
Campirme 17 E 33
Campisábalos 40 I 20
Campitos (Embalse de los) 93 K 7
Campllong 33 G 38
Camplongo 10 D 12
Campo (Cantabria) 12 D 18
Campo (El) 55 L 26
Campo (El) (Teruel) 77 S 22
Campo (Huesca) 17 E 31
Campo (La Coruña) 2 C 3
Campo (León) 10 D 13
Campo (Los) 27 G 22
Campo (O) 7 D 5
Campoalbillo 67 O 25
Campobecerros 21 F 8
Campocámara 76 S 21
Campo Cebas 76 S 21
Campocerrado 36 J 11
Campo de Arbol (Puerto) 8 D 8
Campo de Arriba 55 M 26
Campo de Caso 5 C 13
Campo de Criptana 53 N 20
Campo de Cuéllar 39 I 16
Campo del Agua 9 D 9
Campo de la Lomba 10 D 12
Campo del Cartagena (Canal) 79 S 27
Campo de Ledesma (El) 37 I 11
Campo del Hospital 3 B 6
Campo de Melchor (El) 55 M 26
Campo de Mirra 68 P 27
Campo de Peñaranda (El) 38 J 14
Campo de San Pedro 40 H 19
Campo de Villavidel 23 E 13
Campodón 52 K 18
Campofrío 72 S 10
Campogrande de Aliste 23 G 11
Campohermoso 87 V 23
Campo Lameiro 6 E 4
Campolar 10 E 13
Campolara 26 F 19
Campollo 11 C 16
Campolongo 3 B 5
Campo Lugar 62 O 12
Campomanes 5 C 12
Campomojado 64 O 18
Camponaraya 9 E 9
Campóo (Alto) 11 C 16
Campo Real 53 K 19
Campo Real (Estación de) 84 T 15
Camporredondo (Embalse de) 11 D 15
Camporredondo (Jaén) 76 R 20
Camporredondo (Valladolid) 25 H 16
Camporredondo de Alba 11 D 15
Camporrélls 31 G 31
Camporrobles 55 N 25
Campos 43 J 27
Campos 90 N 39
Campos (Canal de) 24 F 15
Campos (Los) 5 B 12
Camposancos 20 G 3
Campos del Río 78 R 25
Camposo 8 D 7
Campotéjar (Granada) 85 T 19
Campotéjar (Murcia) 78 R 26
Campo Xestada 2 C 4
Camprodon 19 F 37
Camprovín 27 E 21
Camp Vey 91 O 34
Camuñas 53 N 19
Can Misses 91 P 34
Can Pastilla 90 N 38
Can Picafort 90 M 39
Cana 45 I 31
Canabal 8 E 7
Canajela 61 O 10
Canal (La) (Cantabria) 12 C 18
Canal (La) (Ibiza) 91 P 34
Canaleja 66 P 22
Canaleja (La) 74 R 15
Canalejas 11 D 15
Canalejas del Arroyo 54 K 22
Canalejas de Peñafiel 25 H 17
Canales (Castellón de la Plana) 56 M 27
Canales (Embalse) 85 U 19
Canales (León) 10 D 12
Canales (La Rioja) 26 F 20
Canales (Mirador de) 86 U 19
Canales (Ávila) 38 I 15
Canales del Ducado 41 J 22
Canales de Molina 42 J 24
Canaletes 32 H 35
Canalizos (Sierra de los) 64 P 16
Canalobre (Cuevas de) 69 Q 28
Canalosa (La) 79 R 27
Canals 68 P 28
Can Amat 32 H 35
Canar (es) 91 O 34
Canara 78 R 24
Can-Boix 17 F 33
Can Bondia 18 F 36
Cancarix 67 Q 25
Cancelada (Lugo) 8 D 8
Cancelada (Málaga) 89 W 14
Cances 2 C 3
Canchera 36 K 10
Canchera (Sierra de la) 36 K 10
Cancho del Fresno (Embalse de) 62 N 13
Cancías 16 E 29
Canda (Portilla de la) 22 F 9
Candado (El) 85 V 16
Candai 3 C 6
Candamil 3 B 6
Candamo 5 B 11
Candán (Alto de) 7 E 5
Cándana de Curueño (La) 10 D 13
Candanal 5 B 13
Candanchú 16 D 28
Candanedo de Fenar 10 D 13
Candanosa 4 C 9
Candás 5 B 12
Candasnos 30 H 30
Candela 9 E 9
Candelaria 93 J 7
Candelaria (Punta) 3 A 5
Candelario 50 K 12
Candelario (Sierra de) 50 L 12
Candeleda 51 L 14
Candil 67 Q 25
Candilichera 27 G 23
Candín 9 D 9
Cando (Sierra del) 7 E 4
Candolias 12 C 18
Candón 82 T 9
Candón (Arroyo) 72 T 9
Candoncillo (Embalse de) 72 T 9
Candor (Punta) 88 W 10
Cánduas 2 C 3
Canedo (La Coruña) 3 C 5
Canedo (Lugo) 8 E 7
Caneja 78 R 24
Canejàn 17 D 32
Canelles (Embalse de) 30 G 31
Canena 76 R 19
Canencia 39 J 18
Canencia (Puerto de) 39 J 18
Canero 4 B 10
Canet d'En Berenguer 57 M 29
Canet d'Adri 19 F 38
Canet de Mar 33 H 37
Canet lo Roig 44 K 30
Can Ferrer 32 I 34
Canfranc 16 D 28
Canfranc-Estación 16 D 28
Cangas (cerca de Burela) 3 B 7
Cangas (cerca de Pontón) 8 E 7
Cangas (cerca de Vigo) 20 F 3
Cangas del Narcea 4 C 10
Cangas de Onis 11 B 14
Cangrejo (Punta del) 92 H 9
Canicosa de la Sierra 26 G 20
Canido 20 F 3
Caniellas 4 C 10
Caniles 86 T 21
Caniles (Estación de) 86 T 21
Canillas 52 M 17
Canillas de Abajo 37 J 12
Canillas de Albaida 85 V 18
Canillas de Esgueva 25 G 17
Canillo 18 E 34
Canizo (Alto do) 21 F 8
Canizo (O) 21 F 8
Canizo (Sierra do) 21 F 8
Canjáyar 86 U 21
Cano 76 S 19
Canós (El) 31 G 33
Cánovas (Las) 78 S 26
Cànoves 33 G 37
Canredondo 41 J 22
Canseco 10 D 13
Cansinos (Estación de los) 75 S 16
Cantabán (Riu) 68 O 26
Cantabria (Provincia) 12 C 17
Cantabria (Sierra de) 14 E 22
Cantábrica (Cordillera) 14 C 12
Cantacucos 66 P 22
Cantadal 93 B 11
Cantagallo (Madrid) 39 J 18
Cantagallo (Salamanca) 50 K 12
Cantal (El) (Almería) 77 T 23
Cantal (El) (Murcia) 78 T 25
Cantal (Punta del) 87 U 24
Cantalapiedra 38 I 14
Cantalar (El) 76 S 21
Cantalejo 39 I 18
Cantalgallo 73 R 11
Cantallops 19 E 38
Cantalobos 29 G 28
Cantalojas 40 I 20
Cantalpino 38 I 14
Cantalucía 26 G 21
Cantaracillo 38 J 14
Cantareros (Los) 78 S 25
Cantarranas 36 K 10
Cantavieja (Riu) 44 K 29
Cantavieja (Teruel) 43 K 28
Cantera (La) 73 S 12
Cantera Blanca 85 T 18
Canteras (Estación de) 79 S 27
Canteras (Granada) 77 S 23
Canteras (Las) 93 K 6
Canteras (Monte) 54 N 22
Canteras (Murcia) 79 T 26
Cantillana 73 T 12
Cantimpalos 39 I 17
Cantiveros 38 J 15
Cantó (Collado del) 17 E 33
Cantoblanco 68 O 26
Canton 79 R 27
Cantón (Sierra del) 79 R 26
Cantona (Monte) 87 U 23
Cantonigròs 19 F 37
Cantoña (Orense) 21 F 6
Cantoral 11 D 16
Canto Redondo 52 K 16
Cantoria 87 T 23
Canya (La) 19 F 37
Canyamars 33 H 37
Canyamel 91 N 40
Canyelles 32 I 35
Cañigral (El) 55 L 25
Cañada (Arroyo de la) (Granada) 77 S 22
Cañada (Arroyo de la) (Huelva) 82 U 10
Cañada (cerca de San Vicente) 69 Q 28
Cañada (cerca de Villena) 68 P 27
Cañada (La) (Almería) 87 V 22
Cañada (la) (Cuenca) 55 N 25
Cañada (La) (Valencia) 56 N 28
Cañada (La) (Monte) 68 O 27
Cañada (Puerto) 73 R 11
Cañada Catena 77 R 21
Cañada de Agra 67 Q 24
Cañada de Benatanduz 43 K 28
Cañada de Caballeros 74 S 14
Cañada de Calatrava 64 P 17
Cañada de Cañepla (La) 77 S 23
Cañada de Herradón (La) 39 K 16
Cañada de la Cruz 77 R 23
Cañada de la Madera 76 R 21
Cañada del Gamo 74 R 13
Cañada del Hoyo 55 M 24
Cañada del Provencio 66 Q 22
Cañada del Rabadán 74 T 14
Cañada del Trillo 79 Q 26
Cañada de Verich (La) 44 J 29
Cañadajuncosa 54 N 23
Cañada Juncosa 67 P 23
Cañada Mayor (Arroyo de) 82 U 10
Cañada Morales 77 R 21
Cañada Rosal 74 T 14
Cañadas (Las) 92 I 8
Cañadas (Las) 72 T 10
Cañadas de Haches de Abajo 66 Q 23
Cañadas de Haches de Arriba 67 Q 23
Cañadas del Romero 73 S 12
Cañadas del Teide (Las) 92 I 8
Cañadas del Teide (Parador de las) 92 I 8
Cañada Vellida 43 J 27
Cañadilla (La) 43 J 28
Cañadillas 84 T 16
Cañadillas (Monte) 86 U 19
Cañamaque 41 H 23
Cañamares (Ciudad Real) 66 P 21
Cañamares (Cuenca) 41 K 23
Cañamares (Guadalajara) 40 I 21
Cañamares (Río) 66 P 21
Cañamares (Río de) (Guadalajara) 41 I 21
Cañamero 63 N 13
Cañar 86 V 19
Cañares (Embalse de) 52 M 16
Cañas 27 E 21
Cañavate (El) 54 N 23
Cañaveral 49 M 10
Cañaveral de León 72 R 10
Cañaveralejo 84 U 15
Cañaveras 54 K 22
Cañaveroso (Arroyo) 72 T 10
Cañaveruelas 54 K 22
Cañeda 12 C 17
Cañete 55 L 25
Cañete de las Torres 75 S 17
Cañetejo (Arroyo del) 75 S 17
Cañete la Real 84 V 14
Cañicera 40 H 20
Cañicosa 39 I 18
Cañijal (Sierra de) 72 Q 10
Cañiza (A) 20 F 5
Cañizal 37 I 13
Cañizar 40 J 20
Cañizar (Collado de) 43 J 27
Cañizar (El) 55 M 24
Cañizar de Argaño 25 E 18
Cañizar del Olivar 43 J 28
Cañizares (Cuenca) 41 K 23
Cañizares (Guadalajara) 42 J 24
Cañizo 23 G 13
Cañoles (Riu) 69 P 28
Cañon del Río Lobos (Parque natural) 26 G 20
Caños de Meca (Los) 88 X 12
Cañuelo (El) (Córdoba) 85 T 17
Cañuelo (El) (Sevilla) 73 T 11
Cap Roig 79 S 27
Capafonts 45 I 33
Capallón 76 T 21
Caparacena 85 U 18
Caparra (Ruinas de) 49 L 11
Caparroso 28 E 25
Caparroso (Estación de) 28 E 25
Capçanes 45 I 32
Capdellà (es) 90 N 37
Cap d'en Font 91 M 42
Capdepera 91 M 40
Capdepera (Punta de) 91 M 40
Capdesaso 30 G 29
Capela 3 B 5
Capelada (Sierra de la) 3 A 6
Capella 17 F 31
Capellades 32 H 35
Capellanes (Laguna de los) 54 N 22
Capeza de Framontanos 36 I 10
Capileira 86 V 19
Capilla 63 P 14
Capilla (La) 68 Q 26
Capillas 24 F 15
Capitán 76 R 21
Capitán (El) (Albacete) 66 O 22
Capitán (El) (Málaga) 85 V 17
Capmany 19 E 38
Capocorp 90 N 38
Capolat 18 F 35
Capones 76 R 19
Cap Ras (Punta de) 19 E 39
Caprés 79 R 26
Capricho (El) 85 V 18
Capricorp 57 L 30
Capricorp (Punta) 57 L 30
Capsacosta (Collado de) 19 F 37
Capsec 19 F 37
Carabanchel 52 K 18
Carabantes 28 H 24
Carabanzo 5 C 12
Carabaña 53 L 20
Carabias (Guadalajara) 41 I 21
Carabias (Segovia) 40 H 19
Caracena de Valle 54 L 22
Caracenilla 54 L 22
Caracollera (Estación de) 64 P 16
Caracuel (Laguna de) 64 P 17
Caracuel de Calatrava 64 P 17

Caramel 77 S 23
Caranca 13 D 20
Caranga de Abajo 5 C 11
Carantoña 2 C 2
Caraño 4 C 8
Caraquiz 40 J 19
Carasa 12 B 19
Carataunas 86 V 19
Caravaca de la Cruz 78 R 24
Caravia 11 B 14
Carazo 26 G 19
Carazo (Sierra del) 36 K 10
Carba (Sierra de la) 3 B 7
Carbajal de Rueda 10 D 14
Carbajales de Alba 23 H 12
Carbajalinos 22 F 10
Carbajo 48 N 8
Carbajosa 23 H 11
Carbajosa de Armuña 37 I 13
Carbajosa de la Sagrada 37 J 13
Carballal 7 D 6
Carballeda 7 E 5
Carballeda de Avia 20 F 5
Carballedo (Lugo) 7 E 6
Carballedo (Pontevedra) 6 E 4
Carballido (cerca de Lugo) 3 C 7
Carballido (cerca de Villalba) 3 C 7
Carballiño 7 E 5
Carballo (Asturias) 4 C 10
Carballo (La Coruña) 2 C 3
Carballo (Lugo) 3 C 6
Carballo (Orense) 21 F 6
Carbasí 32 H 34
Carbayín 5 B 13
Carbayo (El) 5 C 12
Carbellino 37 I 11
Carbes 11 C 14
Carbia 7 D 5
Carboeiro 7 D 5
Carbón 93 T 8
Carbonera (Monte) 55 K 25
Carbonera (Palencia) 11 E 15
Carbonera de Frentes 27 G 22
Carboneras (Almería) 87 V 24
Carboneras (Huelva) 72 S 10
Carboneras (Las) 93 K 6
Carboneras (Las) 61 P 9
Carboneras de Guadazaón 55 M 24
Carbonero Ahusín 39 I 17
Carbonero el Mayor 39 I 17
Carboneros 76 R 19
Carcabada 5 B 13
Carcabal 86 U 20
Carcaboso 49 L 11
Carcabuey 85 T 17
Carcaixent / Carcagente 69 O 28
Cárcar 28 E 24
Carcastillo 28 E 25
Carcedo (cerca de Luarca) 4 B 10
Carcedo (cerca de Soto del Barco) 5 B 11
Carcedo (Sierra de) 11 C 14
Carcedo de Bureba 12 E 19
Carcedo de Burgos 26 F 19
Carcelén 68 O 26
Cárcer 69 O 28
Carche (El) 68 Q 26
Carche (Sierra del) 68 Q 26
Cárchel 76 T 19
Carchelejo 76 T 19
Carchuna 86 V 19
Carchuna o del Llano (Punta) 86 V 19
Cardaño de Abajo 11 D 15
Cardaño de Arriba 11 D 15
Cardedeu 33 H 37
Cardejón 27 H 23
Cárdenas (La Rioja) 27 E 21
Cárdenas (Río) 27 F 21
Cardenchosa (La) (Badajoz) 73 R 13
Cardenchosa (La) (Córdoba) 74 R 13

Cardenete 55 M 24
Cardeña 75 R 17
Cardeñadijo 26 F 19
Cardeñajimeno 26 F 19
Cardeñas (Huelva) 82 U 9
Cardeñosa 38 J 15
Cardeñosa de Volpejera 24 F 15
Cardiel (Sierra de) 17 E 32
Cardiel de los Montes 52 L 16
Cardó 45 J 31
Cardó (Sierra de) 45 J 31
Cardón 93 T 8
Cardona 32 G 35
Cardonal (Punta del) 94 N 9
Cardones 94 O 9
Cardós (Vall de) 17 E 33
Cardosa (Balcón de la) 12 C 17
Cardoso de la Sierra (El) 40 I 19
Caregue 17 E 33
Carenas 42 I 24
Careñes 5 B 13
Careón (Sierra del) 7 D 6
Cares 11 C 15
Cargadero (El Cerro del) 27 G 21
Cariatiz 87 U 23
Caridad (La) (Asturias) 4 B 9
Caridad (La) (Ciudad Real) 65 P 18
Carija 61 P 10
Cariñena 42 H 26
Cariño 3 A 6
Cariseda 9 D 10
Caritel 6 E 4
Carivete 78 S 25
Carla Alto (Observatorio del) 87 U 22
Carlet 69 O 28
Carlos V (Parador) (Jarandilla de la Vera) 50 L 13
Carlota (La) 74 S 15
Carme 32 H 34
Carmen (Convento del) 53 K 21
Carmen (Ermita del) (Sevilla) 73 S 12
Carmen (Ermita del) (cerca de Cantavieja) 43 K 28
Carmen (Ermita del) (cerca de Monreal del Campo) 42 J 25
Carmen (Museo El) 56 M 29
Carmena 52 M 16
Cármenes 10 D 13
Carmolí (El) 79 S 27
Carmona (Cantabria) 11 C 16
Carmona (Sevilla) 73 T 13
Carmonita 61 O 10
Carne (Pico de la) 85 U 19
Carnero (Punta del) 89 X 13
Carneros (Puerto de los) 63 O 14
Carnés 2 C 2
Carnoedo 3 B 5
Carnota 6 D 2
Caro 44 J 31
Caro (Refugio) 44 J 31
Caroch 68 O 27
Caroi 7 E 4
Carolina (La) (Jaén) 76 R 19
Carolina (La) (Salamanca) 38 I 14
Carollo 7 D 4
Carondio (Sierra de) 4 C 9
Carpio (El) 38 I 14
Carpio (El) (Córdoba) 75 S 16
Carpio (El) (Huelva) 72 S 9
Carpio (Embalse de El) (Córdoba) 75 S 16
Carpio (Embalse de El) (Toledo) 52 M 16
Carpio de Azaba 36 K 10

Carpio de Tajo (El) 52 M 16
Carraca (La) 88 W 11
Carracedelo 9 E 9
Carracedo (León) 9 E 9
Carracedo (Orense) 20 F 5
Carracedo (Pontevedra) 6 E 4
Carral 2 C 4
Carrales (Casa Forestal de) 76 R 21
Carrales (Puerto de) 12 D 18
Carramaiza 76 T 21
Carrandi 5 B 14
Carranque 52 L 18
Carrasca (La) 75 T 18
Carrascal (El) 44 J 31
Carrascal (Puerto de) 15 E 25
Carrascal (Segovia) 39 I 18
Carrascal (Zamora) 23 H 12
Carrascal de Barregas 37 J 12
Carrascal del Obispo 37 J 12
Carrascal del Río 39 H 18
Carrascalejo 51 N 14
Carrascalejo (El) 61 O 10
Carrascalejo (Estación de El) 61 O 10
Carrascalejo de Huebra 37 J 11
Carrasco (Sierra de) 87 U 22
Carrascosa (Cuenca) 41 K 23
Carrascosa (Soria) 27 G 23
Carrascosa (Sierra) 43 K 28
Carrascosa de Abajo 40 H 20
Carrascosa de Haro 54 N 22
Carrascosa de Henares 40 J 20
Carrascosa del Campo 54 L 21
Carrascosa de Tajo 41 J 22
Carrascosilla 54 L 22
Carrascoy 78 S 26
Carrascoy (Sierra de) 78 S 26
Carrasqueta (Port de la) 69 Q 28
Carrasquilla (Collado de la) 54 L 22
Carrasquilla (La) 67 Q 24
Carrasquilla (Sierra de la) 78 T 24
Carratraca 84 V 15
Carrea 5 C 11
Carreira (cerca de Ribeira) 6 E 2
Carreira (cerca de Zás) 2 C 3
Carreiro (Punta) 6 D 2
Carrenza 13 C 19
Carreña 11 C 15
Carreño 5 B 12
Carrera (La) 50 K 13
Carrer del Mar 69 Q 28
Carreros 37 J 12
Carretero (Puerto del) 76 T 19
Carreu 17 F 33
Carrias 26 E 20
Carriches 52 M 16
Carrícola 69 P 28
Carril 6 E 3
Carriles (Los) 11 B 15
Carrió (Bergondo) 3 C 5
Carrión 11 D 16
Carrión (Ermita de) 60 O 8
Carrión de Calatrava 64 O 18
Carrión de los Céspedes 82 T 11
Carrión de los Condes 25 E 16
Carriones (Los) 77 S 21
Carrizal 94 P 10
Carrizal (cerca de Cistierna) 11 D 15
Carrizal (cerca de Soto y Amío) 10 D 12
Carrizal (El) 94 N 10
Carrizales (Los) 92 G 8

Carrizo 10 E 12
Carrizos (Los) 73 S 12
Carrizosa 66 P 21
Carrizosa (La) 84 T 15
Carro (Albacete) 66 O 22
Carro (Monte) 77 S 23
Carrodilla (Sierra de) 17 F 30
Carroja 69 P 29
Carrova (La) 45 J 31
Cartagena 79 T 27
Cartajima 89 W 14
Cártama 84 V 16
Cartaojal 84 U 16
Cartavio 4 B 9
Cartaya 82 U 8
Cartelle (Orense) 21 F 5
Cartelle (Outomuro) 20 F 5
Cartes 12 C 17
Cartirana 16 E 28
Cartuja (Monasterio de la) 88 W 11
Cartuja de Monegros (La) 30 G 29
Carucedo 9 E 9
Carvajal 84 W 16
Carvajales (Los) 84 U 15
Cas Concos 90 N 39
Casa Ayala 94 P 9
Casabermeja 85 V 16
Casa Blanca (Albacete) 67 Q 24
Casablanca (Almería) 77 S 23
Casablanca (Cádiz) 83 V 11
Casa Blanca (Ciudad Real) 64 O 16
Casa Blanca (Cuenca) 54 N 22
Casablanca (Lugo) 3 C 7
Casablanca (Murcia) 78 R 26
Casa Blanca (Punta) 94 P 9
Casa de Campo 52 K 18
Casa de Carta 92 J 6
Casa de la Sierra 26 F 20
Casa del Barón (Parador) (Pontevedra) 6 E 4

Casa del Corregidor (Parador) (Arcos de la F.) 83 V 12
Casa de Navamarin 66 P 22
Casa del Egidillo 54 M 23
Casa de Uceda 40 J 19
Casa de Valverde (Rivera de) 72 T 10
Casado (Punta del) 92 H 7
Casa Establo 15 C 25
Casafranca 37 K 12
Casa Grande (Albacete) 67 O 24
Casa Grande (Palencia) 24 G 16
Casaio 9 E 9
Casa la Carriza 66 O 21
Casalarreina 13 E 21
Casalgordo 52 N 18
Casalobos (Sierra de) 64 O 17
Casalonga 6 D 4
Casa Longa 54 N 22
Casa Meca 78 T 24
Casa Mula 77 S 23
Casanova (Burgos) 26 G 19
Casanova (La Coruña) 7 D 4
Casa Nueva 52 M 17
Casa Nueva 85 U 18
Casa Nueva de la Torrecilla 76 Q 20
Casaño 11 C 15
Casar 12 B 17
Casarabonela 84 V 15
Casar de Cáceres 49 N 10
Casar de Cáceres (Estación de) 49 N 10
Casar Fernando Alonso 66 N 23
Casar de Escalona (El) 52 L 16
Casar de Miajadas 62 O 12
Casar de Palomero 49 L 11
Casar de Talamanca (El) 40 J 19
Casarejo 26 F 19
Casarejo (El) 64 O 16
Casarejos 26 G 20
Casares 89 W 14
Casares (Cueva de los) 41 J 23
Casares de Arbás 10 D 12
Casares de las Hurdes 36 K 11
Casariche 84 U 15
Casariego 4 B 9

Casarrubios del Monte 52 L 17
Casarrubuelos 52 L 18
Casas de Benalí (Las) 68 O 27
Casas de Penen 68 N 26
Casas de Sitjar 57 L 29
Casas del Campillo 68 P 26
Casas (Las) 27 G 22
Casas (Las) 64 O 18
Casas (Las) (Cerca de Arguineguin) 94 O 11
Casas Altas 55 L 26
Casas Bajas 55 L 26
Casas Blancas 66 P 21
Casasbuenas 52 M 17
Casas de Belvis 50 M 13
Casas de Benítez 67 N 23
Casas de Búcar 55 K 24
Casas de Don Antonio 62 O 11
Casas de Don Gómez 49 L 10
Casas de Don Juan 77 S 22
Casas de Don Pedro (Albacete) 67 O 24
Casas de Don Pedro (Badajoz) 63 O 14
Casas de Esper 29 F 27
Casas de Eufemia 55 N 26
Casas de Felipe 49 L 9
Casas de Garcimolina 55 M 25
Casas de Guijarro 67 N 23
Casas de Haches (Las) 66 Q 23
Casas de Haro 66 O 23
Casas de Ibáñez 68 O 26
Casas de Juan Fernández 67 N 24
Casas de Juan Gil 68 O 26
Casas de Juan Núñez 67 O 25
Casas de la Alcudilla 85 U 17
Casas de la Higuera 67 Q 24
Casas de la Peña 66 O 22
Casas de Lázaro 66 P 23

Casas del Castañar 50 L 12
Casas del Cerro 67 O 25
Casas del Collado 77 Q 23
Casas del Conde (Las) 37 K 11
Casas del Embalse de Alarcón 54 N 23
Casas del Matado (Cáceres) 50 L 12
Casas del Monte (Ciudad Real) 65 Q 20
Casas del Monte (Toledo) 53 M 19
Casas del Olmo 67 O 24
Casas de los Hierros 88 X 12
Casas de los Pinos 66 N 22
Casas de los Puercos 66 O 22
Casas del Pino 77 Q 23
Casas del Puerto 67 P 23
Casas del Puerto (Alicante) 68 Q 23
Casas del Puerto de Villatoro 38 K 14
Casas del Rey 55 N 26
Casas del Río 68 O 26
Casas del Señor 68 Q 27
Casas de Luján 54 M 21
Casas de Medina 55 N 26
Casas de Millán 49 M 11
Casas de Miravete 50 M 12
Casas de Moya 55 N 25
Casas de Orán 67 P 24
Casas de Pradas 55 N 25
Casas de Reina 73 R 12
Casas de Roldán 66 O 22
Casas de San Galindo 40 J 21
Casas de Santa Cruz 67 N 24
Casas de Soto 68 O 26
Casas de Ves 67 O 25
Casas de Villalobillos 74 S 15
Casas de Villava Perea 54 M 21
Casaseca de Campeán 37 H 12
Casaseca de las Chanas 23 H 12
Casas El Pozo 56 M 27
Casas Ibáñez 67 O 25
Casasnovas 30 G 30
Casas Nuevas (Cuenca) 55 L 25

CARTAGENA

Cuatro Santos ... A
Mayor ... A
San Fernando ... A
Santa Florentina ... A

Almirante Bastarreche (Pl.) ... B 3
América (Av. de) ... B 4
Duque ... B 6
Isaac Peral ... B 7
Jacinto Benavente ... B 8
Juan Fernández ... A 10
Juan Muñoz Delgado ... B 12

Méndez Pelayo ... A 13
Parque ... A 15
Puerta de Murcia ... A 16
Ronda ... A 18
San Francisco (Pl.) ... A 19
Serreta ... A 22
Universidad (Pl. de la) ... B 24

0   200 m

ESCOMBRERAS

Name	Pg	Ref
Casas Nuevas (cerca de Librilla)	78	S 25
Casas Nuevas (cerca de Lorca)	78	S 24
Casas Nuevas (cerca de Pliego)	78	S 25
Casasoá	21	F 6
Casasola	38	J 15
Casa Sola	67	Q 23
Casasola (Embalse)	84	V 16
Casasola de Arión	24	H 14
Casasuertes	11	C 15
Casas Viejas	67	P 24
Casatejada	50	M 12
Casavegas	11	C 16
Casavieja	51	L 15
Casbas de Huesca	16	F 29
Cascaire	87	T 22
Cascajares	89	W 14
Cascajares de Bureba	13	D 20
Cascajares de la Sierra	26	F 19
Cascajosa	27	H 21
Cascante	28	G 24
Cascante del Río	55	L 26
Cascantes	10	D 13
Cascón de la Nava	24	F 16
Cáseda	15	E 25
Caseiro	7	E 5
Caseres	44	I 30
Caserío de Don Domingo	77	R 22
Caserío de Embid	54	L 23
Caserío de la Magdalena	66	P 21
Caserío del Puente	23	G 13
Caserío de Torrubia	76	R 19
Caserío los Molinares	55	L 25
Caserío San José	25	H 18
Caserres	18	F 35
Cases d'Alcanar (Les)	45	K 31
Caseta del Frare	44	J 30
Casetas	29	G 26
Casica del Madroño	67	P 23
Casicas del Río Segura	77	R 22
Casilla de Moya	55	N 25
Casillas de Velasco	75	R 16
Casillas (Embalse de)	50	N 12
Casillas (Guadalajara)	41	I 21
Casillas (Las) (Islas Canarias)	94	N 10
Casillas (Las) (Guadalajara)	41	J 23
Casillas (Las) (Huelva)	82	U 10
Casillas (Las) (Jaén)	85	T 17
Casillas (Puerto de)	51	K 16
Casillas (Río)	49	N 10
Casillas (Àvila)	52	L 16
Casillas de Berlanga	41	H 21
Casillas de Coria	49	M 10
Casillas de Flores	49	K 9
Casillas del Angel	93	U 7
Casillas de Marín de Abajo	68	P 26
Casillas de Marín de Arriba	67	P 25
Casillas de Ranera	55	M 26
Casinos	56	M 27
Casiñas (Las)	60	N 8
Casitas (Las)	93	T 8
Casla	40	I 19
Caso	5	C 13
Casoio	8	E 9
Casomera	5	C 13
Caspe	44	I 29
Caspe (Embalse de)	44	I 29
Caspe (Sierra de)	44	I 30
Caspueñas	40	J 21
Cassà de la Selva	33	G 38
Castadón	7	E 6
Castala	86	V 21
Castalla	68	Q 27
Castanesa	17	E 31
Castaneta	14	C 22
Castanyet	33	G 37
Castañar (El)	52	N 17
Castañar (Convento de El)	52	N 17
Castañar (Sierra del)	52	N 17
Castañar de Ibor	50	N 13
Castañares	26	E 19
Castañares de Rioja	13	E 21
Castañeda (Cantabria)	12	C 18
Castañeda (La Coruña)	7	D 5
Castaño	12	B 18
Castaño (El)	88	X 13
Castaño del Robledo	72	S 9
Castaños (Los)	87	U 23
Castaños (Puerto de los)	49	M 10
Castañuelo	72	S 10
Cástaras	86	V 20
Castejón (Cuenca)	54	K 22
Castejón (Montes de)	29	G 26
Castejón (Navarra)	28	F 24
Castejón (Soria)	27	G 23
Castejón (Sierra de)	27	F 21
Castejón de Alarba	42	I 25
Castejón de Arbaniés	16	F 29
Castejón de Henares	41	J 21
Castejón de las Armas	42	I 24
Castejón del Puente	30	G 30
Castejón de Monegros	30	H 29
Castejón de Sobrarbe	16	F 30
Castejón de Sos	17	E 31
Castejón de Tornos	42	J 25
Castejón de Valdejasa	29	G 27
Castel de Cabra	43	J 27
Castelflorite	30	G 29
Castelfrío	43	K 27
Castell d'Aro	33	G 39
Castell (El)	44	K 31
Castell (es)	91	M 42
Castelladral	32	G 35
Castellana	3	C 5
Castellano	56	M 27
Castellanos (Ciudad Real)	65	P 19
Castellanos (León)	11	E 14
Castellanos (Montes)	66	Q 21
Castellanos de Castro	25	F 17
Castellanos de Moriscos	37	I 13
Castellanos de Villiquera	37	I 12
Castellanos de Zapardiel	38	I 15
Castellar (El) (Córdoba)	85	T 17
Castellar (El) (Teruel)	56	K 27
Castellar (Monte)	78	R 24
Castellar (Toledo)	53	L 19
Castellar de la Frontera	89	X 13
Castellar de la Muela	42	J 24
Castellar de la Ribera	18	F 34
Castellar del Riu	18	F 35
Castellar del Vallès	32	H 36
Castellar de N'Hug	18	F 36
Castellar de Santiago	65	Q 20
Castellar de Santisteban	76	R 20
Castellbell	32	H 35
Castellbisbal	32	H 35
Castellbó	18	E 34
Castellcir	32	G 36
Castellciutat	18	E 34
Castelldans	31	H 32
Castell de Cabres	44	K 30
Castell de Castells	69	P 29
Castelldefels	32	I 35
Castell de Ferro	86	V 19
Castell de l'Areny	18	F 35
Castellet	32	I 34
Castellfollit de la Roca	19	F 37
Castellfollit del Boix	32	G 35
Castellfollit de Riubregós	32	G 34
Castellfort	44	K 29
Castellgalí	32	G 35
Castellnou de Bages	32	G 35
Castellnou de Montsec	17	F 32
Castellnou de Seana	31	H 32
Castellnovo	56	M 28
Castelló de Farfanya	31	G 32
Castelló de la Plana / Castellón de la Plana	57	M 29
Castelló d'Empúries	19	F 39
Castellolí	32	H 35
Castellón de la Plana / Castelló de la Plana	57	M 29
Castellón de Rugat	69	P 28
Castellote	44	J 29
Castells	17	F 33
Castellserà	31	G 32
Castelltallat (Sierra de)	32	G 34
Castellterçol	32	G 36
Castellví de la Marca	32	H 34
Castellví de Rosanes	32	H 35
Castelnóu	43	I 28
Castelo (cerca de Cervo)	3	B 7
Castelo (cerca de Taboada)	7	D 6
Castelserás	44	J 29
Castelvispal	56	L 28
Castielfabib	55	L 26
Castiello de Jaca	16	E 28
Castigaleu	17	F 31
Castilblanco	63	O 14
Castilblanco de los Arroyos	73	S 12
Castil de Campos	85	T 17
Castil de Carrias	26	E 20
Castil de Lences	12	E 19
Castildelgado	26	E 20
Castil de Peones	13	E 19
Castil de Tierra	27	H 23
Castil de Vela	24	G 15
Castilfalé	23	F 13
Castilforte	41	K 22
Castilfrío de la Sierra	27	G 23
Castiliscar	28	E 26
Castilla (Canal de)	24	G 15
Castilla (Mar de)	41	K 21
Castillazuelo	16	F 30
Castilleja de la Cuesta	83	T 11
Castilleja del Campo	82	T 11
Castilléjar	77	S 22
Castillejo-Añover (Estación de)	52	M 18
Castillejo de Azaba	36	K 9
Castillejo de Dos Casas	36	J 9
Castillejo de Iniesta	55	N 24
Castillejo del Romeral	54	L 22
Castillejo de Martín Viejo	36	J 10
Castillejo de Mesleón	40	I 19
Castillejo de Robledo	26	H 19
Castillejos	89	W 15
Castillejo Sierra	54	K 23
Castillete (Punta del)	94	N 11
Castillo (Cáceres)	49	K 10
Castillo (cerca de Garbayuela)	63	O 15
Castillo (cerca de Monesterio)	73	R 11
Castillo (Cueva del)	12	C 18
Castillo (Puerto del)	75	T 18
Castillo Albaráñez	54	L 22
Castillo de Alba (El)	23	H 11
Castillo de Bayuela	51	L 15
Castillo de Don Juan	79	S 27
Castillo de Duero	25	H 17
Castillo de Escalona	52	L 16
Castillo de Garcimuñoz	54	N 22
Castillo de Huarea (El)	86	V 20
Castillo de la Mezquita	29	F 28
Castillo de las Guardas (El)	73	S 11
Castillo de la Zuda (Parador) (Tortosa)	45	J 31
Castillo de Leres	16	E 28
Castillo de Locubín	7	T 18
Castillo del Plá	17	F 31
Castillo del Romeral	94	P 11
Castillo de Lugares (Sierra del)	17	F 31
Castillo de Tajarja	85	U 18
Castillo de Tajo	53	L 20
Castillo de Villamalefa	56	L 28
Castillón	8	E 7
Castillonroy	30	G 31
Castillo-Nuevo	15	D 26
Castillo-Pedroso	12	C 18
Castillo y Elejabeitia	13	C 21
Castilmimbre	41	J 21
Castilnuevo	42	J 24
Castilruiz	27	G 23
Castilsabás	16	F 29
Castilseco	13	E 21
Castiltierra	40	H 19
Castiñeira	21	F 8
Castiñeiras	6	E 3
Castiñeiros	3	B 6
Castralvo	55	L 26
Castraz	36	J 10
Castrecias	12	D 17
Castrejón (Embalse de)	52	M 17
Castrejón (Toledo)	52	M 16
Castrejón (Valladolid)	38	I 14
Castrejón de la Peña	11	D 16
Castrelo de Abajo	21	G 8
Castrelo (Estación de)	21	F 8
Castrelo de Miño	20	F 5
Castrelo do Val	21	G 7
Castrelos (Pontevedra)	20	F 3
Castrelos (Zamora)	22	G 9
Castril	77	S 21
Castril (Sierra de)	76	S 21
Castrillo (Burgos)	26	G 19
Castrillo (Cantabria)	12	D 17
Castrillo de Cabrera	9	E 10
Castrillo de Cepeda	10	E 11
Castrillo de Don Juan	25	G 17
Castrillo de la Guareña	38	I 14
Castrillo de la Reina	26	G 20
Castrillo de la Ribera	10	E 13
Castrillo de la Valduerna	23	F 11
Castrillo de la Vega	25	H 18
Castrillo del Haya	12	D 17
Castrillo de los Polvazares	10	E 11
Castrillo del Val	26	F 19
Castrillo de Matajudios	25	F 17
Castrillo de Murcia	25	E 17
Castrillo de Onielo	25	G 17
Castrillo de Porma	10	E 13
Castrillo de Riopisuerga	12	E 17
Castrillo de Rucios	12	E 18
Castrillo de Sepúlveda	39	H 18
Castrillo de Villavega	25	E 16
Castrillón	5	B 12
Castrillo-Tejeriego	25	G 16
Castriz	2	C 3
Castro (Carballedo)	7	E 6
Castro (cerca de Lugo)	3	C 7
Castro (Dozón)	7	E 5
Castro (El)	8	D 8
Castro (Embalse de)	23	H 11
Castro (Embalse de El)	52	M 18
Castro (La Coruña)	3	B 5
Castro (Orense)	21	F 5
Castro (Pantón)	8	E 7
Castro (Río)	2	C 2
Castrobarto	13	C 19
Castrobol	24	F 14
Castrocalbón	23	F 12
Castro Caldelas	8	E 7
Castroncán	8	D 7
Castrocontrigo	23	F 11
Castro de Amarante	7	D 6
Castro de Filabres	87	U 22
Castro de Fuentidueña	39	H 18
Castro del Río	75	S 16
Castro de Ouro	3	B 7
Castro de Rei	3	C 7
Castrodeza	24	H 15
Castrofuerte	23	F 13
Castrogonzalo	23	G 13
Castrojeriz	25	F 17
Castrojimeno	39	H 18
Castromaior	3	B 7
Castromao	21	F 8
Castromembibre	24	G 14
Castromil	22	F 9
Castromocho	24	F 15
Castromonte	24	G 14
Castromudarra	11	E 14
Castrón	23	G 11
Castronuevo	23	G 13
Castronuevo de Esgueva	24	G 16
Castronuño	38	H 14
Castropepe	23	G 13
Castropodame	9	E 10
Castropol	4	B 8
Castroponce	24	F 14
Castroquilame	9	E 9
Castroserna de Abajo	39	I 18
Castroserracín	39	H 18
Castrotierra (Estación de)	21	F 8
Castrotierra (cerca de la Bañeza)	23	F 12
Castrotierra (cerca de Sahagún)	24	E 14
Castro-Urdiales	13	B 20
Castrovaselle	4	B 9
Castrove	6	E 3
Castrovega de Valmadrigal	24	F 14
Castroverde	4	C 8
Castroverde de Campos	24	G 14
Castroverde de Cerrato	25	G 17
Castrovido	27	F 20
Castroviejo	27	F 22
Castuera	62	P 13
Castuera (Puerto de)	62	Q 13
Catadau	68	O 28
Catalunya (Cap de)	90	M 39
Catarroja	56	N 28
Cataveral (Embalse de)	73	S 11
Catí	44	K 30
Catllar (El)	45	I 33
Catoira	6	E 3
Catoute	9	D 11
Catral	79	R 27
Cauche	84	V 16
Caudal (El)	73	T 12
Caudé	55	K 26
Caudete	68	P 27
Caudete de las Fuentes	55	N 26
Caudiel	56	M 28
Caudilla	52	L 17
Caunedo	5	C 11
Cauro	85	T 18
Cautivos (Los)	78	S 24
Cava	18	F 34
Cava (La)	45	J 32
Cavada (La)	12	B 18
Cavallera (Sierra)	18	F 36
Cavalleria (Cap de)	91	L 42
Cavalls (Sierra de)	45	I 31
Caxado	3	B 6
Cayes	5	B 12
Cayuela	25	F 18
Caza de Sonsaz (Reserva nacional de)	40	I 19
Cazadores	94	O 10
Cazalegas	51	L 15
Cazalegas (Embalse de)	51	L 15
Cazalilla	75	S 18
Cazalla de la Sierra	73	S 12
Cazalla y Constantina (Estación de)	73	S 12
Cazanuecos	23	F 12
Cazás	3	C 6
Cazo	5	C 14
Cazorla	76	S 21
Cazorla (Coto nacional de)	76	R 21
Cazorla (Sierra de)	76	S 21
Cazurra	23	H 12
Cea (León)	11	E 14
Cea (Orense)	7	E 6
Cea (Pontevedra)	6	E 3
Cea (Río)	23	F 13
Ceadea	23	G 11
Ceal	76	S 20
Ceanuri	13	C 21
Cebanico	11	D 14
Cebes (Cabo)	4	B 9
Cebolla	52	M 16
Cebollar	82	T 8
Cebollera (Sierra)	27	G 21
Cebolleros	12	D 19
Cebrecos	26	G 19
Cebreiro (Lugo)	8	D 8
Cebreiro (Orense)	21	G 6
Cebreros	39	K 16
Cebrón	73	T 12
Cebrones del Río	23	F 12
Cecebre	3	C 5
Ceceda	5	B 13
Ceclavín	49	M 9
Cecos	4	C 9
Cedeira (cerca de Laracha)	2	C 4
Cedeira (La Coruña)	3	B 5
Cedeira (Ría de)	3	A 5
Cedemonio	4	B 9
Cedena	52	M 16
Cedillo	48	N 7
Cedillo (Embalse de)	48	N 8
Cedillo de la Torre	40	H 19
Cedillo del Condado	52	L 18
Cedofeita	4	B 9
Cedramán	56	L 28
Cedrillas	43	K 27
Cedrón (Arroyo)	53	M 19
Cée	6	D 2
Cefiñas (Las)	72	S 9
Cega	39	I 18
Cegarrón (Sierra El)	68	P 26
Cegoñal	11	D 15
Ceguilla	39	I 18
Cehegín	78	R 24
Ceinos	24	F 14
Ceja del Palancar (La)	55	L 24
Cejancas	12	D 18
Cejo	72	T 10
Cejo (El)	86	U 20
Cejo Cortado	78	R 25
Cela (cerca de Becerreá)	8	D 9
Cela (cerca de Sarria)	8	D 7
Cela (León)	9	D 9
Celada	12	D 17
Celada	23	E 11
Celada (La)	85	U 17
Celada de Cea	24	E 15
Celada de la Torre	26	E 19
Celada del Camino	25	F 18
Celada de Roblecedo	11	D 16
Celadas	43	K 26
Celadas (Las)	12	E 18
Celadilla	10	E 12
Celadilla del Río	11	E 15
Celanova	21	F 6
Celas	2	C 4
Celemín (Embalse del)	88	X 13
Celis	11	C 16
Cella	42	K 26
Cella (Puerto de)	42	K 26
Celladilla-Sotobrín	25	E 18
Cellera de Ter (La)	33	G 37
Cellers	17	F 32
Cellórigo	13	E 20
Celorio	11	B 15
Celrà	19	F 38
Celtigos	8	D 7
Cembranos	10	E 13
Cenajo	78	Q 24
Cenajo (Embalse del)	78	Q 24
Cenegro	26	H 19
Cenes de la Vega	85	U 19
Cenicero	14	E 22
Cenicientos	52	L 16
Cenizas	79	T 27
Cenizate	67	O 25
Cenlle	7	E 5
Cenobio de Valerón	94	O 9
Centcelles (Mausoleo de)	45	I 33
Centelles	32	G 36
Centenales	4	C 9
Centenera (Guadalajara)	40	K 20
Centenera (Huesca)	17	F 31
Centenera de Andaluz	27	H 21
Centenera del Campo	41	H 22
Centenero	16	E 28
Centenillo (El)	76	Q 18
Centinela (Mirador de la)	92	I 9
Cepeda (Pontevedra)	20	F 4
Cepeda (Salamanca)	37	K 11
Cepeda la Mora	38	K 14
Cepero (El)	64	O 17
Cepillo (El)	66	P 22
Cequeril	6	E 4
Cera	4	C 10
Cerbi	17	E 33
Cerbón	27	G 23
Cerdà	69	P 28
Cerdanya	18	E 35
Cerdanya (Reserva nacional de)	18	E 34
Cerdanyola	32	H 36
Cerdedelo	21	F 7
Cerdedo	7	E 4
Cerdeira (La Coruña)	2	C 4
Cerdeira (Orense)	21	F 6
Cerdeira (Puerto de)	8	E 8

Cerdido	3 B 6	Cervelló	32 H 35	Charco del Pino	92 I 9	Chorrera (Embalse de la)	42 K 24	Cidones	27 G 22

Cerdido — 3 B 6
Cerdido (Estación de) — 3 B 6
Cerdigo — 13 B 20
Cereales de Abajo (Los) — 92 I 9
Cereceda (Asturias) — 5 B 14
Cereceda (Burgos) — 12 D 19
Cereceda (Cantabria) — 12 C 19
Cereceda (Guadalajara) — 41 K 22
Cereceda de la Sierra — 37 K 11
Cerecedo — 10 D 14
Cerecinos de Campos — 23 G 13
Cerecinos del Carrizal — 23 G 13
Cereixal — 8 D 8
Cereixedo — 8 D 9
Cerengo — 8 E 8
Cereo — 2 C 3
Cerésola — 16 E 29
Cerezal de Alba — 23 H 11
Cerezales del Contado — 10 D 13
Cerezo — 49 L 11
Cerezo (Monte) — 77 R 23
Cerezo (Sierra del) — 78 R 24
Cerezo de Abajo — 40 I 19
Cerezo de Arriba — 40 I 19
Cerezo de Mohernando — 40 J 20
Cerezo de Riotirón — 13 E 20
Cerezos (Los) — 56 L 27
Cerillar (El) — 84 V 13
Cerler — 17 E 31
Cerler (Pico de) — 17 E 31
Cermoño — 5 B 11
Cernadilla — 22 F 10
Cernadilla (Embalse de) — 22 G 10
Cernégula — 12 E 19
Cerollera — 44 J 29
Cerponzons — 6 E 4
Cerqueda — 2 C 3
Cerrada — 8 E 7
Cerrado de Calderon — 85 V 16
Cerradura (La) — 76 S 19
Cerrajos — 67 Q 25
Cerralba — 84 V 15
Cerralbo — 36 J 10
Cerralbos (Los) — 52 M 16
Cerrata — 63 P 15
Cerratón de Juarros — 26 E 19
Cerrazo — 12 B 17
Cerrazo — 12 B 17
Cerredo — 9 D 10
Cerredo (Alto de) — 4 C 8
Cerredo (Puerto de) — 9 D 10
Cerricos (Los) — 87 T 23
Cerrillo (El) — 76 S 20
Cerrillo (Punta del) — 94 N 10
Cerro (El) (Burgos) — 26 G 20
Cerro (El) (Salamanca) — 50 L 12
Cerro (El) (Teruel) — 43 J 26
Cerro (Granada) — 76 T 20
Cerro (Monte) — 41 K 22
Cerro Alarcón — 39 K 17
Cerro Alberche — 52 L 16
Cerro Andévalo (Estación de El) — 72 S 9
Cerroblanco — 66 P 22
Cerro de Andévalo (El) — 72 S 9
Cerro del Hierro — 73 S 13
Cerro Grande — 86 U 21
Cerrolobo — 67 P 24
Cerro Muriano — 74 R 15
Cerrón — 86 V 20
Cerro Perea — 74 T 15
Cerroso (Pico) — 17 D 33
Certascan (Pico de) — 17 D 33
Certers — 18 E 34
Cervales — 50 N 14
Cervantes (Ciudad Real) — 65 Q 19
Cervantes (Lugo) — 8 D 8
Cervatos — 12 D 17
Cervatos de la Cueza — 24 F 15
Cervela — 8 D 7

Cervelló — 32 H 35
Cervera — 31 G 33
Cervera (La) — 56 M 27
Cervera (Peñas de) — 26 G 19
Cervera (Rambla de) — 44 K 30
Cervera de Buitrago — 40 J 19
Cervera de la Cañada — 42 H 24
Cervera del Llano — 54 M 22
Cervera del Maestre — 44 K 30
Cervera de los Montes — 51 L 15
Cervera del Rincón — 43 J 27
Cervera del Río Alhama — 28 F 24
Cervera de Pisuerga — 11 D 16
Cervero — 4 C 9
Cerveruela — 42 I 26
Cervià — 19 F 38
Cervià de les Garrigues — 31 H 32
Cervillego de la Cruz — 38 I 15
Cerviñuelo (Casa Forestal del) — 3 A 7
Cervo — 3 A 7
Cérvol (Riu) — 44 K 30
Cesantes — 20 F 4
César Manrique (Fundación) — 95 W 3
Céspedes (Burgos) — 12 D 19
Céspedes (Córdoba) — 74 S 14
Cespedosa — 37 K 13
Cespedosa de Agadones — 36 K 10
Cespón — 6 D 3
Cesuras — 3 C 5
Cetina — 42 I 24
Ceutí — 78 R 26
Cevico de la Torre — 25 G 16
Cevico Navero — 25 G 17
Cezeral de Peñahorcada — 36 I 10
Cezura — 12 D 17
Chacín — 6 D 3
Chacón — 73 S 12
Chacona (La) — 88 W 11
Chacones (Los) — 87 T 23
Chagarcía Medianero — 37 K 13
Chaguazoso — 21 F 8
Chaherrero — 38 J 15
Chalamera — 30 G 30
Chamartín — 38 J 15
Chamorga — 93 L 6
Chamorro — 63 O 14
Champarra — 3 A 5
Chan (A) — 6 E 4
Chana — 9 E 10
Chanca (La) — 72 Q 9
Chandávila (Ermita de) — 60 O 8
Chandrexa — 21 F 7
Chandrexa (Embalse de) — 21 F 7
Chano — 9 D 9
Chantada — 7 E 6
Chanteiro — 3 B 5
Chanza (Embalse del) — 71 T 7
Chanza (Rivera de) — 72 S 8
Chanzas (Sierra de) — 85 U 17
Chañe — 39 H 16
Chaorna — 41 I 23
Chapa — 7 D 5
Chaparral — 85 U 19
Chaparral (El) (Madrid) — 40 J 19
Chaparral (El) (Cádiz) — 88 X 12
Chaparral (El) (Málaga) — 84 W 16
Chaparral (Sierra del) — 85 V 18
Chapatales — 83 U 12
Chapela — 20 F 3
Chapinería — 52 K 17
Chapiteles (Los) — 25 F 17
Charca (La) — 64 O 18
Charches — 86 U 21
Charco (El) — 95 B 6
Charco de los Hurones — 88 W 13

Charco del Pino — 92 I 9
Charcofrio — 72 T 10
Charco Redondo o Palmones (Embalse de) — 88 X 13
Charilla — 85 T 18
Charpona — 52 L 16
Chasogo (Montaña) — 92 H 8
Chatún — 39 I 16
Chauchina — 85 U 18
Chavaga — 8 E 7
Chavaler — 27 G 22
Chave — 8 D 7
Chavín — 3 B 7
Chayofa — 92 H 9
Checa — 42 K 24
Cheles — 60 Q 8
Chella — 68 O 28
Chelva — 56 M 27
Chenlo — 20 F 3
Chequilla — 42 K 24
Chera (Guadalajara) — 42 J 24
Chera (Valencia) — 56 N 27
Cherbo — 87 U 22
Chércoles — 41 H 23
Chercos — 87 U 23
Chercos Viejo — 87 U 23
Cherín — 86 V 20
Chert — 44 K 30
Cheste — 56 N 27
Chía — 17 E 31
Chica (Laguna) — 65 N 19
Chica Carlota (La) — 74 S 15
Chícamo — 79 R 26
Chiclana de la Frontera — 88 W 11
Chiclana de Segura — 76 R 20
Chiguergue — 92 H 8
Chilches (Castellón de la Plana) — 57 M 29
Chilches (Málaga) — 85 V 17
Chilladeras (Las) — 72 T 9
Chillarón de Cuenca — 54 L 23
Chillarón del Rey — 41 K 21
Chillizarrias — 26 F 21
Chillón — 63 P 15
Chilluevar — 76 R 20
Chiloeches — 40 K 20
Chimenea (Sierra de) — 84 V 16
Chimenea (Sierra de la) — 63 O 14
Chimeneas — 85 U 18
Chimeneas (Las) — 65 O 20
Chimiche — 92 I 9
Chimillas — 29 F 28
Chimorra — 74 R 15
Chimparra — 3 A 5
Chinar — 68 P 26
Chinas (Las) — 72 S 9
Chinchilla de Monte Aragón — 67 P 24
Chinchón — 53 L 19
Chindoqui (Pico) — 14 C 23
Chinobre — 93 K 6
Chinyero (Montaña de) — 92 H 8
Chío — 92 H 8
Chipeque — 92 J 7
Chipiona — 82 V 10
Chiprana — 44 I 29
Chipude — 95 E 9
Chiqueras — 92 I 8
Chiquero (El) — 64 O 16
Chira (Embalse de) — 94 O 10
Chirán — 86 V 21
Chirche — 92 H 8
Chirigota (La) — 83 V 12
Chirivel — 77 T 23
Chirivel (Rambla de) — 87 T 23
Chirlateira (Punta) — 3 B 5
Chispones (Los) — 86 U 21
Chite — 85 V 19
Chiva — 56 N 27
Chivana (La) — 69 O 28
Chive (El) — 87 U 23
Chivert (Castillo de) — 57 L 30
Chodes — 28 H 25
Chodos — 56 L 29
Chopillo (El) — 78 R 24
Chorillo (El) — 56 L 28
Chorito (Sierra del) — 64 N 16
Chorlo — 61 O 9

Chorrera (Embalse de la) — 42 K 24
Chorreras — 64 Q 16
Chorro (El) (Jaén) — 76 S 20
Chorro (El) (Málaga) — 84 V 15
Chorro (Garganta del) — 84 V 15
Chortal (Sierra del) — 67 P 24
Chospes (Los) — 66 P 22
Chóvar — 56 M 29
Chozas (Lomo de las) — 95 B 5
Chozas de Abajo — 10 E 12
Chozas de Canales — 52 L 17
Chucena — 82 T 10
Chucho Alto — 15 E 25
Chuchurumbache — 92 I 9
Chueca — 52 M 18
Chulilla — 56 N 27
Chulilla (Baños de) — 56 N 27
Chullera (Punta de la) — 89 X 14
Chullo — 86 U 20
Chumillas — 54 M 23
Churriana — 84 V 16
Churriana de la Vega — 85 U 19
Ciadoncha — 25 F 18
Ciaño — 5 C 12
Ciaurriz — 15 D 25
Cibanal — 37 I 11
Cibea — 4 C 10
Cibuyo — 4 C 10
Cicero — 12 B 19
Cicujano — 14 D 22
Cid — 68 Q 27
Cidacos (Rio) — 27 F 23
Cidad de Ebro — 12 D 18

Cidones — 27 G 22
Cielo — 85 V 18
Ciempozuelos — 53 L 19
Cienfuegos — 9 D 9
Cienfuegos (Puerto de) — 9 D 9
Cierva — 84 V 15
Cierva (Embalse de la) — 78 R 25
Cierva (La) (Cuenca) — 55 L 24
Cierva (La) (Sevilla) — 83 T 12
Ciérvana — 13 B 20
Cies (Islas) — 20 F 3
Cieza (Cantabria) — 12 C 17
Cieza (Murcia) — 78 R 25
Cifuentes (Guadalajara) — 41 J 22
Cifuentes (León) — 10 E 14
Cigales — 24 G 15
Cigudosa — 27 G 23
Cigüela — 65 O 19
Cigüenza — 12 D 19
Ciguñuela — 24 H 15
Cihuela — 42 H 24
Cijara — 63 N 14
Cijara — 63 O 14
Cijara (Embalse de) — 63 N 15
Cijara (Reserva national de) — 63 O 15
Cijuela — 85 U 18
Cildoz — 15 D 24
Cillamayor — 12 D 17
Cillán — 38 J 15
Cillaperlata — 13 D 19
Cillas — 42 J 24
Cillero — 12 C 18
Cilleros — 49 L 9
Cilleros de la Bastida — 37 K 11
Cilleros el Hondo — 37 J 12

Cilleruelo — 66 P 22
Cilleruelo de Abajo — 25 G 18
Cilleruelo de Arriba — 26 G 19
Cilleruelo de Bezana — 12 D 18
Cilleruelo de San Mamés — 40 H 19
Cillorigo-Castro — 11 C 16
Cimada (La) — 84 V 14
Cimanes de la Vega — 23 F 13
Cimanes del Tejar — 10 E 12
Cimballa — 42 I 24
Cimbre — 78 T 24
Cinca (Río) — 16 E 30
Cinca (Canal del) — 29 F 28
Cinco (Acequia de las) — 28 F 25
Cinco Casas — 65 O 20
Cinco Casas (Colonia de) — 65 O 19
Cinco Esquinas (Castillo) — 76 S 20
Cinco Lindes — 72 R 9
Cinco Olivas — 43 H 28
Cincovillas — 41 I 21
Cinco Villas — 40 J 19
Cinco Villas (Las) — 29 F 26
Cinctorres — 44 K 29
Cinqueta — 17 E 31
Cintruénigo — 28 F 24
Ciña — 10 D 13
Cional — 22 G 10
Ciórraga — 13 C 21
Cipérez — 37 J 11
Cirat — 56 L 28
Cirauqui — 14 D 24

Cirbanal — 10 D 12
Circos (Reserva nacional de los) — 16 D 30
Cirera — 18 F 34
Ciria — 28 H 24
Cirio — 3 C 7
Ciriza — 14 D 24
Ciruela (Ciudad Real) — 64 P 18
Ciruela (Soria) — 41 H 21
Ciruelas — 40 J 20
Ciruelos (Segovia) — 39 H 18
Ciruelos (Toledo) — 53 M 19
Ciruelos de Cervera — 26 G 19
Ciruelos de Coca — 38 I 16
Ciruelos del Pinar — 41 I 23
Cirueña (Jaén) — 76 S 19
Cirueña (La Rioja) — 27 E 21
Cirugeda — 43 J 27
Cirujales — 10 D 11
Ciscar — 17 F 31
Cisla — 38 J 14
Cisnera (La) — 92 I 9
Cisneros — 24 F 15
Cistella — 19 F 38
Cistérniga — 24 H 15
Cistierna — 11 D 14
Citolero (El) — 64 O 17
Citores — 24 E 18
Ciudad — 7 E 5
Ciudad de Osma — 26 H 20
Ciudad de Valdeporres — 12 C 18
Ciudad Ducal — 39 K 16
Ciudadeja (Ribera de) — 74 S 13

CIUDAD REAL

Alarcos — Z
Bernardo Mulleras — Z 6
Calatrava — YZ
General Aguileras — Z 21
Mayor (Plaza) — Z
Vazquez — Z 42

Alcántara — Z 2

Antonio Blazquez — Z 3
Azucena — YZ 5
Caballeros — YZ 8
Camarín — YZ 10
Cañas — YZ 12
Cardenal Monescillo — Z 13
Corazón de María — YZ 15
Cruz — Z
Elisa Cendreros — Y 18
General Rey — Z 23
Infantes — Y 24

Inmaculada Concepción — Y 26
Lanza — YZ 29
Lirio — YZ 29
Norte — Y 31
Olivo — Z 32
Ramón y Cajal — Z 34
Refugio — YZ 35
Reyes — YZ 37
Rosa — Z 38
Sancho Rey (Cam.) — Y 39
Tinte — Z 41

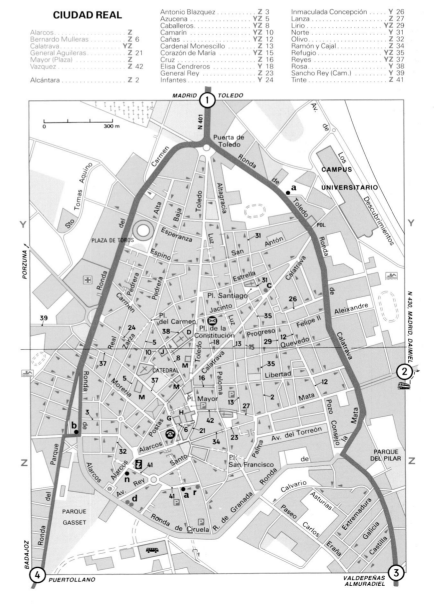

Ciudad Encantada (La) 54 L 23
Ciudad Real 64 P 18
Ciudad Rodrigo 36 K 10
Ciudad Santo Domingo 40 K 19
Ciudalcampo 40 K 19
Ciutadella de Menorca 91 M 41
Ciutadilla 31 H 33
Cívica 41 J 21
Civís 18 E 34
Cizur Mayor 15 D 24
Cizur Menor 15 D 24
Clamor (Arroyo de la) 31 H 31
Clamor (Barranco de la) 16 F 30
Clamor Vieja (Barranco de la) 30 G 30
Claras (Albacete) 77 R 23
Claraváls (Huesca) 17 F 32
Claraváls (Lérida) 31 G 33
Clares 41 I 23
Clarés de Ribota 28 H 24
Clariana (Barcelona) 32 H 34
Clariana (Lérida) 32 G 34
Clariano (Riu) 69 P 28
Claveles (Los) 83 T 12
Clavería 48 N 8
Claverol 17 F 32
Clavijo 27 E 22
Clavín (El) 40 K 20
Clavín (Puerto del) 61 O 10
Clotes (Les) 44 J 30
Clunia 26 G 19
Coalla 5 B 11
Coaña 4 B 9
Coba (Lugo) 3 C 6
Coba (Orense) 21 F 8
Coba da Serpe (Sierra de) 3 C 6
Coballes 5 C 13
Cobas 7 E 6
Cobatillas (Albacete) 43 J 27
Cobatillas (Albacete) 67 Q 24
Cobatillas (Las) (Almería) 77 S 23
Cobatillas (Las) (Cádiz) 88 W 12
Cóbdar 87 U 23
Cobeja 52 L 18
Cobeña 40 K 19
Cobertelada 41 H 22
Cobeta 41 J 23
Cobica (Rivera de la) 72 T 8
Cobisa 52 M 17
Cobón (Ensenada del) 92 J 9
Cobos de Cerrato 25 F 17
Cobos de Fuentidueña 39 H 18
Cobos de Segovia 39 J 16
Cóbreces 12 B 17
Cobreros 22 F 9
Cobres 20 F 4
Cobujón (El) 72 T 9
Coca 39 I 16
Coca de Alba 37 J 13
Cocentaina 69 P 28
Cocoll 69 P 29
Cocón (El) 78 T 24
Cocosa (La) 60 P 9
Coculina 12 E 18
Codes (Guadalajara) 41 I 23
Codés (Navarra) 14 E 22
Codesal 22 G 10
Codeseda 7 E 4
Codeso 7 D 4
Codo 43 H 27
Codolar (Punta) 91 L 42
Codoñera (La) 44 J 29
Codornillos 24 E 14
Codorniz 38 I 16
Codos 42 I 25
Codosera (La) 60 O 8
Coedo 21 F 6
Coelleira (Isla) 3 A 7
Coeo 8 D 7
Coeses 8 D 7
Cofete 93 E 9
Cofiñal 5 C 14
Cofio 39 K 17

Cofita 30 G 30
Cofrentes 68 O 26
Cofrentes (Embalse de) 68 O 26
Cogeces de Iscar 39 H 16
Cogeces del Monte 25 H 17
Cogollor 41 J 21
Cogollos 25 F 18
Cogollos (Río) 25 F 18
Cogollos (Sierra de) 86 U 19
Cogollos de Guadix 86 U 20
Cogollos Vega 85 U 19
Cogolludo 40 J 20
Cogorderos 10 E 11
Cogul (El) 31 H 32
Cogullada 69 O 28
Coín 89 W 15
Coiro 20 F 3
Coirós 3 C 5
Coitelada (Punta) 3 B 5
Cojáyar 86 V 20
Cojóbar 26 F 19
Colarons 18 F 34
Colativí 87 V 23
Colera 19 E 39
Cólera (La) 89 W 13
Colgada (Laguna de la) 66 P 21
Colgadizos 40 I 19
Colilla (La) 38 K 15
Colinas 83 U 11
Colinas (Las) 52 L 18
Colinas de Trasmonte 23 F 12
Colindres 12 B 19
Colio 11 C 16
Coll d'en Rabassa (es) 90 N 38
Collada 5 B 13
Colladico (El) 43 I 26
Collado (Cantabria) 12 C 17
Collado (Cáceres) 50 L 12
Collado (El) (Albacete) 77 R 22
Collado (El) (Soria) 27 G 23
Collado (El) (Valencia) 56 M 26
Collado de Contreras 38 J 15
Collado de las Carrascas 77 Q 22
Collado del Mirón 37 K 13
Collado Hermoso 39 I 18
Collado-Mediano 39 J 17
Collado (La) 5 C 13
Collado Royo y Poviles 56 L 27
Collados (Cuenca) 54 L 23
Collados (Los) 66 Q 23
Collados (Teruel) 43 J 26
Collado-Villalba 39 K 18
Collanzo 5 C 13
Collarada 16 D 28
Collbató 32 H 35
Colldejou 45 I 32
Colldelrat 31 G 33
Coll de Nargó 18 F 33
Collegats (Desfiladero de) 17 F 33
Collera 11 B 14
Collformic 33 G 37
Collfred 31 G 33
Collía 11 B 14
Colliga 54 L 23
Colliguilla 54 L 23
Colloto 5 B 12
Collsuspina 32 G 36
Colmenar 84 V 16
Colmenar (El) 89 W 13
Colmenar del Arroyo 52 K 17
Colmenar de la Sierra 40 I 19
Colmenar de Montemayor 50 K 12
Colmenar de Oreja 53 L 19
Colmenarejo 39 K 17
Colmenares 11 D 16
Colmenar Viejo 39 K 18
Colmenas 92 I 8
Colodro 75 R 17
Colom (Illa) 91 M 42
Colombres 11 B 16
Colomer (Mirador des) 90 M 39

Colomera 85 T 18
Colomera (Embalse de) 85 T 18
Colomera (Río) 85 T 18
Colomers 19 F 38
Colón (Monumento a) 82 U 9
Colònia de Sant Jordi 90 O 38
Colònia de Sant Pere 90 M 39
Colonia (La) (Madrid) 39 K 18
Colonia (La) (Murcia) 78 R 25
Colonia Cinto de los Abates 68 N 27
Colonia de la Estación 36 K 9
Colonia de Santa Ana 84 U 15
Colònia Rosal 18 F 35
Colònia Vidal 32 G 35
Coloradas 92 I 9
Coloradas (Las) 94 P 9
Coloradas (Las) 95 V 4
Coloradas (Punta de las) 94 O 9
Colorado (Badajoz) 63 P 13
Colorado (El) 88 W 11
Colorado (Murcia) 78 T 24
Colorado (Monte) (Córdoba) 75 R 16
Colorado (Monte) (Málaga) 84 V 14
Colsa 12 C 17
Columbrianos 9 E 10
Colunga 5 B 14
Colungo 16 F 30
Coma (La) (Castellón de la Plana) 57 L 29
Coma (La) (Lérida) 18 F 34
Comabona 18 F 35
Comanegra 19 F 37
Coma Pedrosa 18 E 34
Comares 85 V 17
Coma-ruga 32 I 34
Combarro 6 E 3
Combarros 10 E 11
Comendador (El) 68 P 27
Comillas 12 B 17
Comolo Forno I 17 E 32
Compañía (La) 83 U 11
Comparada 6 D 3
Cómpeta 85 V 18
Compuerto (Embalse de) 11 D 15
Comtat de Sant Jordi 33 G 39
Con 11 C 14
Concabella 31 G 33
Concejera 25 F 17
La Concepción 87 U 24
Concepción (Embalse de la) 89 W 15
Concepción (Ermita de la) 42 J 24
Concepción (Finca de la) 84 V 16
Concepción (La) 95 C 5
Concepción (La) 92 H 9
Concepción (La) (Córdoba) 85 T 17
Concepción (La) (Soria) 27 H 22
Concha (Cantabria) 13 C 19
Concha (Guadalajara) 42 I 24
Concha (La) (cerca de El Astillero) 12 B 18
Concha (La) (cerca de San Roque de Riomera) 12 C 18
Cónchar 85 V 19
Conchas (Embalse de las) 21 G 6
Conchel 30 G 30
Concilio 29 F 27
Concud 43 K 26
Condado 12 D 19
Condado (El) 5 C 13
Condado de Castilnovo 39 I 18

Conde 92 H 9
Conde (Casas del) 68 O 26
Conde (Sierra de) 62 P 11
Conde de Gondomar (Parador) (Baiona) 20 F 3
Conde de Guadalhorce (Embalse del) 84 V 15
Conde de Guadiana 76 S 20
Conde de la Gomera (Parador) (San Sebastián de la Gomera) 95 F 9
Conde de Orgaz (Parador) (Toledo) 52 M 17
Condemios de Abajo 40 I 20
Condemios de Arriba 40 I 20
Condesa (La) 75 R 18
Condes de Alba y Aliste (Parador) (Zamora) 23 H 12
Condes de Villalba (Parador) (Villalba) 3 C 6

Condestable Dávalos (Parador) (Úbeda) 76 R 19
Conejera 36 K 10
Conejera (Illa) (Ibiza) 91 P 33
Conejera (Illa) (Mallorca) 90 O 38
Conejeros 52 L 16
Conejeros (Puerto de los) 61 O 9
Conejo (El) 86 T 20
Conesa 31 H 33
Confital (Bahía del) 94 P 9
Confital (Punta del) 94 P 9
Conforto 4 B 8
Confrentes 61 Q 9
Confrides 69 P 29
Congost 32 G 36
Congosta 23 F 11
Congosto (Burgos) 12 E 17
Congosto (El) 54 M 22
Congosto (Léon) 9 E 10
Congosto (Monte) 27 G 21
Congosto de Valdavia 11 D 16
Congostrina 40 I 21
Conil 95 W 4

Conil de la Frontera 88 X 11
Conill 32 G 34
Connio (Puerto del) 4 C 9
Conques 17 F 33
Conquezuela 41 I 22
Conquista 75 Q 16
Conquista de la Sierra 62 N 12
Conquista del Guadiana 62 O 11
Consell 90 M 38
Conso 21 F 8
Consolación (Ermita de la) 44 J 29
Consolación (Ermita de la) 65 P 19
Consolación (Santuario) 76 R 20
Consolación (Santuario de la) 82 U 8
Constantí 45 I 33
Constantina 73 S 13
Constanzana 38 J 15
Consuegra 53 N 19
Contador (Coto nacional de) 76 Q 18
Contador (El) 77 T 22
Contamina 41 I 23
Contar (Sierra del) 78 T 25

Contienda (La) 72 R 9
Contiendas (Sierra de las) 72 R 9
Contrasta 14 D 23
Contraviesa (Sierra de la) 86 V 20
Contreras (Burgos) 26 F 19
Contreras (Embalse de) 55 N 25
Contreras (Jaén) 75 S 18
Contreras (Venta de) 55 N 25
Convoy (El) 87 T 24
Coo 12 C 17
Coomonte 23 F 12
Copa (La) 78 R 25
Cope 78 T 25
Cope (Cabo) 78 T 25
Copernal 40 J 20
Copons 32 H 34
Corao 11 B 14
Coratxà 44 J 30
Corb 31 H 33
Corbalán 56 K 27
Corbatón 43 J 26
Corbelle (Lugo) 8 D 7
Corbelle (Orense) 21 F 5
Corbera 69 O 28
Corbera (Punta de la) 4 B 8

CÓRDOBA

Conde de Gondomar .... AY 20
Cruz Conde .... ABY

Amador de los Ríos .... ABZ 4

Angel Saavedra .... BZ 6
Blanco Belmonte .... BZ 8
Buen Pastor .... AZ 12
Calvo Sotelo .... BY 13
Cardenal González .... BZ 15
Coronel Cascajo .... BZ 24
Diario de Córdoba .... BY 31

Enrique Redel .... BY 32
M. González Francés .... ABZ 46
Torrijos .... ABZ 68
Valladares .... AZ 70

M² MUSEO ARQUEOLÓGICO

Corbera d'Ebre	44	I 31				
Corbera de Dalt	32	H 35				
Corbera de Llobregat	32	H 35				
Corbillos de los Oteros	23	E 13				
Corbins	31	G 32				
Corboeira	3	B 7				
Corbones	84	V 14				
Corça (Gerona)	33	G 39				
Corçà (Lérida)	17	F 32				
Corcho	62	Q 12				
Corchuela (Badajoz)	60	P 8				
Corchuela (La)	83	U 12				
Corchuela (Toledo)	51	M 14				
Corchuela (Monte)	50	M 12				
Corchuelo (El)	82	U 9				
Corcoesto	2	C 3				
Córcoles	41	K 22				
Córcoles (Río) (Albacete)	66	O 21				
Corcoles (Río) (Cuenca)	54	N 23				
Corcolilla	56	M 26				
Corconte	12	C 18				
Corcos	24	G 15				
Corcoya	84	U 15				
Corcubión	6	D 2				
Cordel (Sierra del)	11	C 16				
Cordido	3	B 7				
Cordillera Cantábrica	8	E 8				
Cordiñanes	11	C 15				
Córdoba	74	S 15				
Cordobilla	84	T 15				
Cordobilla (Embalse de)	84	U 15				
Cordobilla de Lácara	61	O 10				
Cordovilla (Albacete)	67	Q 25				
Cordovilla (Palencia)	12	D 17				
Cordovilla (Salamanca)	37	J 13				
Cordovilla la Real	25	F 17				
Corduente	42	J 24				
Corella	28	F 24				
Corepo	40	J 19				
Corera	27	E 23				

Cores	2	C 3
Coreses	23	H 13
Corgo	8	D 7
Coria	49	M 10
Coria (Sierra de)	49	L 10
Coria del Río	83	U 11
Corias (cerca de Cangas de Narcea)	4	C 10
Corias (cerca de Pravia)	5	B 11
Coripe	84	V 13
Coriscao	11	C 15
Coristanco	2	C 3
Corme Aldea	2	C 3
Corme-Porto	2	C 3
Corme y Laxe (Ría de)	2	C 3
Corna	7	E 5
Cornadelo (Pico de)	17	E 32
Cornago	27	F 23
Cornalvo (Embalse de)	62	P 11
Cornanda	6	D 3
Corneda	7	D 5
Corneira	6	D 3
Corneira (Peña)	7	E 5
Cornejo	12	C 19
Cornellà de Terri	19	F 38
Cornellana	5	B 11
Corniero	10	D 14
Cornollo	4	C 9
Cornón (Monte)	4	C 11
Cornón (Palencia)	11	D 15
Cornoncillo	11	D 15
Cornudella de Montsant	45	I 32
Cornudilla	12	D 19
Coronada (La) (Badajoz)	62	P 12
Coronada (La) (Córdoba)	74	R 13
Corona de la Reina	29	G 28
Coronas (Badajoz)	61	P 10
Coronas (Puerto Las)	15	D 26
Coronela (La)	84	U 14
Coroneles (Casa de los)	93	U 6
Coronil (El)	83	U 13
Corpa	53	K 20

Corporales (La Rioja)	26	E 21
Corporales (León)	26	E 21
Corral de Almaguer	53	M 20
Corral de Ayllón	40	H 19
Corral de Calatrava	64	P 17
Corral de Cantos	52	N 16
Corralejo	93	U 5
Corralejo (El)	53	M 19
Corrales	82	U 9
Corrales (Los) (Sevilla)	84	U 15
Corrales (Monte)	86	V 20
Corrales de Buelna (Los)	12	C 17
Corrales de Duero	25	G 17
Corrales del Vino	37	H 12
Corralillos (Los)	94	P 10
Corralín	9	D 9
Corral Rubio	67	P 25
Corrals (Els)	69	O 28
Correderas (Las)	76	Q 19
Corredoira	7	E 4
Corredoiras	3	C 5
Corredor (El)	33	H 37
Correpoco	12	C 17
Corres	14	D 22
Corrocera	10	D 12
Corrochana	51	M 14
Corrubedo	6	E 2
Corrubedo (Cabo de)	6	E 2
Corte (La)	72	S 9
Corteconcepción	72	S 10
Corte de Peleas	61	P 9
Cortegada (cerca de Ribadavia)	20	F 5
Cortegada (cerca de Xinzo de Limia)	21	F 7
Cortegada (Pontevedra)	7	E 5
Cortegana (Badajoz)	61	P 10
Cortegana (Huelva)	72	S 9
Corteguero (Sierra de)	5	C 13
Cortelazor	72	S 10
Corterrangel	72	S 10
Cortes (Albacete)	66	P 22

Cortes de Aragón	43	J 27
Cortes de Arenoso	56	L 28
Cortes de Baza	86	T 21
Cortes de la Frontera	89	W 13
Cortes de la Frontera (Reserva nacional de)	89	W 13
Cortes de Pallás	68	O 27
Cortes de Tajuña	41	J 22
Cortes (Navarra)	28	G 25
Cortés (Valencia)	55	M 26
Cortes y Graena	86	U 20
Cortes (La)	67	P 24
Cortézubi	14	B 22
Cortijillo (El)	65	O 18
Cortijo (El)	14	E 22
Cortijo (El)	95	W 1
Cortijo (Embalse del)	14	E 22
Cortijo de la Herrera	49	M 11
Cortijo de la Juliana	66	Q 23
Cortijo Grande	87	U 24
Cortijo Nuevo (Cádiz)	83	V 12
Cortijo Nuevo (Huelva)	83	V 12
Cortijo Nuevo (Jaén)	76	T 20
Cortijos (Los)	55	L 25
Cortijos de Abajo (Los)	64	O 17
Cortijos de Arriba (Los)	64	O 17
Cortijos Nuevos	77	R 21
Cortijos Nuevos de la Sierra	77	S 22
Cortijuelos (Los) (cerca de Andújar)	75	R 18
Cortijuelos (Los) (cerca de Martos)	75	S 17
Cortinada (La)	18	E 34
Cortos (Ávila)	38	J 16
Cortos (Soria)	27	G 23
Cortos de la Sierra	37	J 12
Corullón	9	E 9
Corumbel	72	T 10
Corumbela	85	V 17

Coruña (A) / La Coruña	2	B 4
Coruña (Ría de La)	2	B 4
Coruña del Conde	26	G 19
Coruxou	3	C 5
Corvelle	3	B 7
Corvera	79	S 26
Corvera de Asturias	5	B 12
Corvera de Toranzo	12	C 18
Corvillón	21	F 6
Corvio	12	D 17
Corvite	3	C 7
Corzos	21	F 8
Cosa	43	J 26
Coscó	31	G 33
Coscojuela	16	E 30
Coscojuela de Fantova	16	F 30
Coscollet	17	F 33
Coscullano	16	F 29
Coscurita	41	H 22
Cosgaya	11	C 15
Cosio	11	C 16
Coslada	53	K 19
Cospedal	10	D 11
Cospeito	3	C 7
Cospindo	2	C 3
Costa	90	O 39
Costa Blanca	79	R 29
Costa Brava	33	H 39
Costa Brava (Parador de la)	33	G 39
Costa Calma	93	S 9
Costa de Sa Calma	90	N 37
Costa del Montseny (La)	33	G 37
Costa Dorada / Costa Daurada	45	J 33
Costa (La)	33	G 37
Costa Blanca (Parador) (Jávea)	69	P 30
Costabona	19	E 37
Costacabana	87	V 22
Costa Daurada / Costa Dorada	45	J 33
Costa de Almería	86	V 21
Costa de Cantabria	12	B 17
Costa de Canyamel	91	N 40
Costa de Fora	45	K 31
Costa de la Luz	82	U 8
Costa de la Luz (Parador)	81	U 7
Costa del Azahar	57	M 30
Costa del Azahar (Parador) (Benicarló)	45	K 31
Costa de los Pinos	91	N 40
Costa del Silencio	92	I 9
Costa del Sol	89	X 14
Costa de Madrid	52	K 16
Costado (El)	92	G 8
Costalinero	73	S 11
Costana (La)	12	C 17
Costanazo	27	H 23
Costas de Garraf	32	I 35
Costa Teguise	95	X 4
Costa Vasca	14	B 22
Costa Verde	4	B 10
Costeán	16	F 30
Costitx	90	N 38
Costur	57	L 29
Cosuenda	42	H 26
Cota	3	C 6
Cotanes	24	G 14
Cotefablo (Puerto de)	16	E 29
Cotelas	7	E 6
Cotiella	17	E 30
Cotilfar Baja	76	T 19
Cotillas (Albacete)	66	Q 22
Cotillas (Cuenca)	55	L 24
Cotillo	12	C 17
Cotillo	93	T 5
Coto	5	C 11
Coto (Sierra del)	9	D 11
Cotobade	7	E 4
Coto de Bornos	83	V 12
Coto de Buzalén	62	Q 11
Coto de Puentevieja	38	J 16
Coto Redondo	6	E 3
Cotorillo	79	S 27

Cotorios	76	R 21
Cotorredondo	52	L 18
Cotos (Puerto de los)	39	J 18
Cotos de Monterrey (Los)	40	J 19
Coubet (Collado de)	19	F 37
Courel (Sierra del)	8	E 8
Couso (Alto del)	21	F 6
Couso (Punta de)	20	F 3
Couto (Lugo)	7	D 6
Couto (Pontevedra)	21	F 6
Couzadoiro	3	B 6
Couzo (Punta de)	6	E 2
Cova Santa (La)	56	M 28
Covacha	61	N 9
Covacha (Puerto de la)	61	O 10
Covadonga	11	C 14
Covadonga (Sierra de)	11	C 14
Covalanas (Cuevas de)	12	C 19
Covaleda	27	G 21
Covarrubias (Burgos)	26	F 19
Covarrubias (Soria)	41	H 22
Covas (cerca de Carucedo)	9	E 9
Covas (cerca de Pereiro)	7	E 6
Covas (cerca de Vivero)	3	A 7
Covas (cerca de Xinzo)	21	G 6
Covas (As)	6	E 3
Covas (Punta de las)	32	I 35
Covelo	20	F 4
Covelo (Alto de)	21	F 8
Covet	17	F 33
Coveta Fumá (La)	69	Q 28
Cox	79	R 27
Coy	78	S 24
Cózar	65	Q 20
Cozcurrita	23	H 11
Cozuelos de Fuentidueña	39	H 17
Cozuelos de Ojeda	11	D 16
Cozvíjar	85	V 19
Crecente	20	F 5
Cregenzán	16	F 30
Creixell	32	I 34
Crémenes	11	D 14
Crende	4	C 8
Crendes	3	C 5
Crespos	38	J 15
Crestellina (Sierra)	89	W 14
Cretas	44	J 30
Creu (Serra de la) (Castellón de la Plana)	57	L 29
Creu (Serra de la)	45	I 32
Creu de Codo	18	F 34
Creus (Cabo de)	19	F 39
Crevillente	79	R 27
Crevillente (Serra de)	79	R 27
Criaderas (Las)	73	T 11
Criales	13	D 20
Cripán	14	E 22
Criptana (Ermita de)	65	N 20
Crispinejo	73	T 11
Cristal	18	F 34
Cristales (Los)	72	T 9
Cristiano	85	V 18
Cristianos (Los)	92	H 9
Cristina	62	P 11
Cristinade	20	F 4
Cristo	65	P 20
Cristo (Ermita del)	53	L 20
Cristóbal	37	K 12
Cristóbal Colón (Parador)	82	U 9
Cristo de la Laguna	37	J 11
Cristo del Espíritu Santo	64	O 17
Cristo de Villajos (Ermita del)	65	N 20
Crivillén	43	J 28
Crivillén (Mases de)	43	J 28

Cruce de Sardina	94	P 10
Cruceiro	7	E 5
Cruceras (Las)	51	K 16
Crucero (El)	8	B 10
Crucero de Róo	6	D 3
Cruces (Albacete)	67	Q 24
Cruces (Córdoba)	74	R 15
Cruces (Casa de las)	66	O 21
Cruces (Cuevas de las)	94	N 9
Cruces (Ermita de las)	62	P 12
Cruces (La Coruña)	3	C 5
Cruces (Las)	5	B 12
Cruces (Monte)	56	L 28
Cruceta (Puerto de)	14	C 22
Crucetillas (Puerto de las)	66	Q 22
Crucita (La)	92	J 7
Cruïlles	33	G 39
Cruz (cerca de Puebla de Almenara)	54	M 21
Cruz (cerca de Villar de Humo)	55	M 25
Cruz (Cerro de la)	85	V 16
Cruz de Incio	8	E 7
Cruz (Ermita de la)	64	O 17
Cruz (La) (Asturias)	5	B 13
Cruz (La) (Ciudad Real)	64	P 17
Cruz (La) (Córdoba)	75	S 16
Cruz (La) (Granada)	85	T 18
Cruz (La) (Jaén)	76	R 19
Cruz (Murcia)	78	R 24
Cruz (Pico de la)	95	B 5
Cruz (Puerto de la)	6	D 4
Cruz (Sierra de la) (Jaén)	76	S 19
Cruz de Alpera	68	P 26
Cruz de Cancela (Puerto)	4	B 8
Cruz de Cofrentes (Puerto de)	68	N 26
Cruz de Hierro (Puerto)	39	J 16
Cruz del Carmen (Mirador)	93	K 6
Cruz del Roque	92	J 8
Cruz de Piedra	64	O 18
Cruz de Tea	92	I 9
Cruz de Tejeda	94	O 9
Cruz Grande	92	H 7
Cruz Grande (Puerto de)	94	O 10
Cruz Santa	92	I 7
Cruz Uzano	12	C 19
Cua	9	D 9
Cuacos de Yuste	50	L 12
Cuadradillo	75	S 16
Cuadrado (Cerro)	67	P 25
Cuadramón	3	B 7
Cuadrón (El)	40	J 19
Cuadros (Jaén)	85	S 19
Cuadros (León)	10	D 13
Cualedro	21	G 7
Cuarenta (Las)	83	T 13
Cuarte	29	F 28
Cuarte de Huerva	29	H 27
Cuartico (El)	67	P 23
Cuartillejo	52	M 18
Cuartón (El)	88	X 13
Cuarto Pelado (Puerto de)	43	K 28
Quatretondeta	69	P 29
Cuatro Calzadas	37	J 13
Cuatrocorz	30	G 31
Cuatro Puertas	94	P 10
Cuatro Vientos	52	K 18
Cuatrovitas (Santuario de)	83	U 11
Cuba (La)	44	K 29
Cuba (Río de la)	44	K 29
Cubas (Albacete)	67	O 25
Cubas (Córdoba)	75	S 16
Cubas (Madrid)	52	L 18
Cubel	42	I 25
Cubells	31	G 32
Cubells (es)	91	P 33
Cúber (Embalse de)	90	M 38
Cubia	5	C 11
Cubilar	62	O 13

A CORUÑA / LA CORUÑA

Cantón Grande	AZ	7
Cantón Pequeño	AZ	8
Real	AY	
San Andrés	AYZ	
Compostela	AZ	13

Damas	BY	14
Ferrol	AZ	18
Finisterre (Av. de)	AZ	19
Gómez Zamalloa	AZ	20
Herrerías	BY	23
Juan Canalejo	AV	24
Juan de Vega (Av.)	AZ	26
Maestranza	BY	27
María Pita (Pl. de)	BY	28
Padre Feijóo	AZ	32

Payo Gómez	AZ	36
Picavia	AZ	37
Pontevedra (Pl. de)	AZ	40
Riego del Agua	BY	42
Rubine (Av. de)	AZ	45
San Agustín	BY	46
San Agustín (Cuesta de)	BY	47
Sánchez Bregua	AZ	50
Santa María	BY	51
Santa Catalina	AZ	52
Teresa Herrera	AZ	55

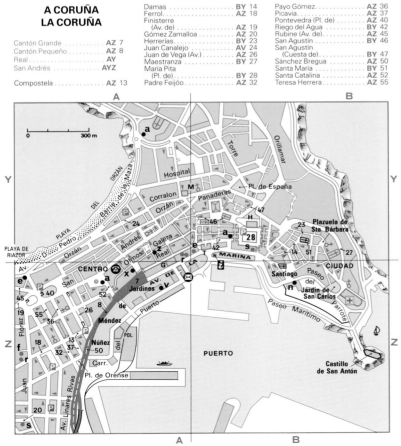

Cubilla (Puerto de la) 10 D 12
Cubilla (Soria) 26 G 21
Cubilla (Burgos) 13 D 20
Cubillas (Embalse del) 85 U 18
Cubillas (Guadalajara) 41 I 22
Cubillas (Parque del) 85 U 19
Cubillas de Cerrato 25 G 16
Cubillas de los Oteros 23 E 13
Cubillas de Rueda 11 E 14
Cubillas de Santa Marta 24 G 16
Cubillejo de la Sierra 42 J 24
Cubillejo del Sitio 42 J 24
Cubillo (El) (Albacete) 66 P 22
Cubillo (El) (Cuenca) 55 L 25
Cubillo (Palencia) 11 D 16
Cubillo (Puerto de El) 55 K 24
Cubillo (Río) 25 F 18
Cubillo (Segovia) 39 I 18
Cubillo del Campo 26 F 19
Cubillo de Uceda (El) 40 J 19
Cubillos (Burgos) 12 C 19
Cubillos (Zamora) 23 H 12
Cubillos del Rojo 12 D 18
Cubillos del Sil 9 E 10
Cubla 55 L 26
Cubo 77 S 21
Cubo de Benavente 23 F 11
Cubo de Bureba 13 E 20
Cubo de Don Sancho (El) 37 J 11
Cubo de Hogueras 27 G 22
Cubo de la Sierra 27 G 22
Cubo de la Solana 27 H 22
Cubo de Tierra del Vino (El) 37 I 12
Cucalón 42 I 26
Cucalón (Sierra de) 43 J 26
Cucayo 11 C 16
Cucharal 66 P 23
Cucharas (Laguna de) 64 P 17
Cucharón 67 Q 25
Cuchía 12 B 17
Cuchillo (El) 95 W 3
Cucho 13 D 21
Cucos (Los) 78 T 25
Cucuta 28 H 24
Cucutas 43 I 27
Cudillero 5 B 11
Cué 11 B 15
Cuelgamures 37 I 13
Cuéllar 39 H 17
Cuénabres 11 C 15
Cuenca (Cuenca) 54 L 23
Cuenca (Córdoba) 74 R 13
Cuenca (La) 27 G 21
Cuenca Alta del Manzanares (Parque Regional) 39 K 18
Cuencabuena 42 I 26
Cuenca de Campos 24 F 14
Cuera (Sierra de) 11 B 15
Cuerda del Pozo (Embalse de la) 27 G 21
Cuerdas (Sierra de las) 55 M 25
Cuerlas (Las) 42 J 25
Cuerpo de Hombre (Río) 50 K 12
Cuerva 52 N 17
Cuervo (Ciudad Real) 65 Q 19
Cuervo (Cuenca) 41 K 23
Cuervo (El) (Sevilla) 83 V 11
Cuervo (El) (Teruel) 55 L 26
Cuervo (Nacimiento del) 42 K 24
Cuesta 3 B 7
Cuesta (La) 93 K 7
Cuesta (La) (Málaga) 84 U 15
Cuesta (La) (Segovia) 39 I 18
Cuesta (La) (Soria) 27 F 23
Cuesta Blanca 79 T 26

Cuesta de la Villa (La) 92 I 7
Cueta (La) 5 C 11
Cueto 13 C 20
Cueto Negro 10 D 12
Cueva (Almería) 77 S 23
Cueva (Burgos) 12 C 19
Cueva (La) 42 K 24
Cueva (Punta de la) 94 P 10
Cueva de Ágreda 28 G 24
Cueva de Agua 95 B 5
Cueva de Juarros 26 F 19
Cueva de la Mora 72 S 9
Cueva de la Mora (Embalse) 72 S 9
Cueva del Beato (Ermita de la) 41 J 22
Cueva del Fraile 54 L 23
Cueva del Hierro 41 K 23
Cueva del Pájaro (La) 87 U 24
Cueva de Roa (La) 25 G 18
Cueva Foradada (Embalse de) 43 J 27
Cueva Grande 94 O 10
Cuevarruz (La) 56 M 27
Cuevas (Asturias) 4 C 11
Cuevas (Las) 79 Q 27
Cuevas (Soria) 40 H 20
Cuevas Bajas 84 U 16
Cuevas de Aguaite (Las) 93 K 7
Cuevas de Almudén 43 J 27
Cuevas de Amaya 12 E 17
Cuevas de Ambrosio 76 R 21
Cuevas de Cañart (Las) 43 J 28
Cuevas de Gabelas 94 O 9
Cuevas del Almanzora 87 U 24
Cuevas del Almanzora (Embalse de) 87 U 24
Cuevas del Becerro 84 V 14
Cuevas del Campo 76 T 21
Cuevas de los Medinas (Las) 87 V 23
Cuevas de los Úbedas 87 V 23
Cuevas del Sil 9 D 10
Cuevas del Valle 51 L 14
Cuevas de Moreno (Las) 77 S 23
Cuevas de Portalrubio 43 J 27
Cuevas de Provanco 25 H 18
Cuevas de Reillo 78 S 26
Cuevas de San Clemente 26 F 19
Cuevas de San Marcos 85 U 16
Cuevas de Soria (Las) 27 G 22
Cuevas de Velasco 54 L 22
Cuevas de Vinromá 57 L 30
Cuevas Labradas (Guadalajara) 41 J 23
Cuevas Labradas (Teruel) 43 K 26
Cuevas Minidas 41 J 23
Cuevecitas (Las) 92 J 7
Cueza 24 F 15
Cuiña (La Coruña) 3 A 6
Cuiña (Lugo) 3 A 7
Cujón (Sierra del) 66 Q 22
Culata (La) 94 O 10
Culebra (Reserva nacional de la Sierra de la) 23 G 11
Culebra (Sierra de la) 23 G 11
Culebras 54 L 22
Culebrón 68 Q 27
Culebros 10 E 11
Culla 57 K 29
Cullar 86 T 21
Cúllar Baza 77 T 22
Cúllar Vega 85 U 18
Cullera 69 O 29
Cullera (Far de) 69 O 29
Culleredo 2 C 4
Cumbre (La) 62 N 12

Cumbre Alta 51 N 15
Cumbrecita (La) 95 B 5
Cumbre del Sol 69 P 30
Cumbres (Las) 95 C 6
Cumbres de Calicanto 56 N 28
Cumbres de En Medio 72 R 9
Cumbres de San Bartolomé 72 R 9
Cumbres de Valencia 68 P 27
Cumbres Mayores 72 R 10
Cumbrilla (La) 93 K 6
Cumplida (Punta) 95 C 4
Cuna (Peñón de la) 75 R 17
Cunas (León) 23 F 10
Cunchillos 28 G 24
Cuncos (Arroyo de) 60 Q 8
Cundins 2 C 3
Cunit 32 I 34
Cuntis 6 E 4
Cuñas (Orense) 7 E 5
Cura (El) (Ciudad Real) 64 P 18
Cura (El) (Granada) 77 S 22
Cura (Monasterio de) 90 N 38
Curavacas 11 D 14
Curbe 30 G 29
Cures 6 D 3
Curiel 25 H 17
Curillas 23 E 11
Curota (Mirador de la) 6 E 3
Currás 6 E 4
Currelos 8 D 7
Curtis (La Coruña) 3 C 5
Curtis (Teixeiro) 3 C 5
Curueño 10 D 13
Cusanca 7 E 5
Cutamilla (Estación de) 41 I 21
Cutanda 42 J 26
Cútar 85 V 17
Cuzcurrita 26 G 19
Cuzcurrita de Río Tirón 13 E 21
Cuzna 74 R 15

D

Dacón 7 E 5
Dadín 7 E 5
Daganzo de Arriba 40 K 19
Dagas (Los) 86 V 20
Daimalos 85 V 17
Daimiel 65 O 19
Daimús 69 P 29
Dalías 86 V 21
Dalias (Campo de) 86 V 21
Dallo 14 D 22
Dalt (Talatí de) 91 M 42
Dama (La) 95 E 9
Damas (Las) 39 K 17
Damil 3 C 7
Dantxarinea 15 C 25
Dañador 65 Q 20
Dañador (Embalse del) 65 Q 20
Darnius 19 E 38
Daró 19 F 39
Daroca 42 I 25
Daroca de Rioja 27 E 22
Darrícal 86 V 20
Darro 86 T 20
Dársena Pesquera 93 K 7
Das 18 E 35
Daya Nueva 79 R 27
Deba 14 C 22
Degaña 9 D 10
Degaña (Reserva nacional de) 9 D 10
Degollada (La) 92 J 8
Degollados (Puerto Los) 28 F 24
Degrada 8 D 9
Dehesa 62 P 12
Dehesa de Campoamor 79 S 27
Dehesa (La) 93 A 11
Dehesa (La) (cerca de Casa del Pino) 67 Q 23

Dehesa (La) (cerca de El Griego) 77 Q 23
Dehesa (La) (Ciudad Real) 65 P 19
Dehesa (La) (Huelva) 72 S 10
Dehesa (Punta de la) 93 A 11
Dehesa del Horcajo 51 M 14
Dehesa del Moncayo (Parque natural de la) 28 G 24
Dehesa de Montejo 11 D 16
Dehesa de Romanos 11 E 16
Dehesa Mayor 39 H 17
Dehesa Media Matilla 61 Q 9
Dehesa Nueva 51 M 14
Dehesas 9 E 9
Dehesas de Guadix 76 T 20
Dehesas Viejas 85 T 19
Dehesilla 54 K 22
Dehesilla (La) 53 M 20
Dehesón (El) 51 L 15
Deià 90 M 37
Deià (Punta de) 90 M 37
Deifontes 85 U 19
Deleitosa 50 N 13
Delgada (Punta) 95 X 1
Delgadas (Las) 72 T 10
Delgadillo 86 T 20
Delgollados (Sierra de) 54 L 21
Délica 13 D 21
Delta del Ebro (Coto nacional) 45 K 32
Deltebre 45 J 32
Demanda (Reserva nacional de la Sierra de la) 26 F 20
Demanda (Sierra de la) 26 F 20
Demúes 11 C 15
Dena 6 E 3
Denia 69 P 30
Dentro (Roque de) 93 L 6
Denúy 17 E 31
Derio 13 C 21
Derramadero 67 Q 23
Derramador 55 N 26
Derrasa (La) 21 F 6
Desamparados (Los) 66 P 21
Descarga (Puerto de) 14 C 22
Descargamaría 49 L 10
Desesperada 76 Q 19
Desierto (El) 92 I 9
Desojo 14 E 23
Despeñaperros (Desfiladero de) 76 Q 19
Despeñaperros (Parque natural de) 76 Q 19
Destriana 23 F 11
Deva (Río) (Asturias) 11 C 16
Deva (Orense) 20 F 5
Deva (Pontevedra) 20 F 5
Deva (Río) 14 C 22
Devánabos 28 G 24
Devesa (Lugo) 4 B 8
Devesa (Orense) 7 E 5
Deveso 3 B 6
Devotas (Desfiladero de las) 16 E 30
Deza (Río) 7 D 5
Deza (Soria) 27 H 23
Diablillo (El) 92 J 7
Diamondi 7 E 6
Dichoso (Punta del) 12 B 17
Diego Alvaro 38 J 14
Diego del Carpio 38 J 14
Diezma 86 U 20
Diezmo (Peña del) 39 J 18
Dílar 85 U 19
Dílar (Río) 85 U 19
Dima 13 C 21
Dios le Guarde 37 K 11
Dique (El) 44 I 29
Discatillo 14 E 23

Distriz 3 C 6
Diustes 27 F 22
Divisa 31 H 32
Doade (Lugo) 8 E 7
Doade (Orense) 7 E 5
Doade (Pontevedra) 7 E 5
Dobla (La) 85 T 19
Dobro 12 D 19
Doctor (Casas del) 68 N 26
Doctor (El) 65 P 19
Doctoral (El) 94 P 11
Dodro 6 D 3
Doiras (Asturias) 4 B 9
Doiras (Embalse de) 4 B 9
Doiras (Lugo) 8 D 9
Dólar 86 U 21
Dolores (Alicante) 79 R 27
Dolores (Murcia) 79 S 27
Dolores (Los) 79 T 26
Domaio 20 F 3
Domeño (Navarra) 15 D 26
Domeño (Valencia) 56 M 27
Dómez 23 G 11
Domingo García 39 I 16
Domingo Pérez 52 M 16
Domingo Pérez 85 T 19
Domingos (es) 91 N 39
Donadío 76 S 19
Donado 22 F 10
Donalbai 3 C 6
Don Álvaro 62 P 11
Donamaria 14 C 24
Donar (La) 77 R 22
Donarque (Puerto de) 42 K 25
Donas 20 F 3
Don Benito 62 P 12
Donceles (Sierra de los) 67 Q 24
Doncos 8 D 8
Don Diego 86 U 21
Doney de la Requejada 22 F 10
Don Gaspar de Portolá (Parador de) (Artíes) 17 D 32
Don Gonzalo 78 S 24
Donhierro 38 I 15
Doniños 3 B 5
Donis 8 D 9
Don Jaime (Ermita de) 69 Q 28
Don Jerónimo 65 O 20
Don Jerónimo Tapia (Casa de) 65 N 18
Donjimeno 38 J 15
Don Juan (Albacete) 67 P 23
Don Juan (Ciudad Real) 65 O 19
Don Juan (Cueva de) 68 O 26
Don Martin (Mirador de) 92 J 8
Donón 20 F 3
Donostia / San Sebastián 14 C 24
Don Pedro (Cabeza de) 55 L 24
Don Pedro (Casas de) 67 O 24
Donramiro 7 E 5
Don Rodrigo (Estación de) 83 U 12
Donvidas 38 I 15
Donzell 31 G 33
Doña Aldonza (Embalse de) 76 S 20
Doña Ana (Granada) 77 S 22
Doña Ana (Jaén) 77 R 21
Doña Blanca 88 W 11
Doña Blanca de Navarra (Castillo de) 28 F 25
Doña Inés 78 S 24
Doña Justa 63 P 15
Doña María 60 P 8
Doña María Cristina (Canal de) 67 O 24
Doña María Ocaña 86 U 21
Doña Marina 76 T 20
Doña Mencía 74 T 16

Doñana 84 V 16
Doñana (Parque Nacional de) 82 V 10
Doña Rama 74 R 14
Doña Santos 26 G 19
Doñinos de Ledesma 37 I 11
Doñinos de Salamanca 37 J 12
Dóriga 5 B 11
Dormea 7 D 5
Dornillas 22 F 10
Doroño 13 D 21
Dorrao 14 D 23
Dòrria 18 E 36
Dos Aguas 68 O 27
Dosante 12 C 18
Dosbarrios 53 M 19
Dos Hermanas 83 U 12
Dos Mares 79 T 27
Dos Picos 86 U 21
Dosrius 33 H 37
Dos Torres 63 Q 15
Dos Torres de Mercader 43 J 28
Dozón 7 E 5
Drach (Coves del) 90 N 39
Drago (Tacoronte) 92 J 7
Drago Milenario (Icod de los Vinos) 92 H 7
Dragonera (Illa sa) 90 N 36
Dragonte 8 E 9
Draguillo (El) 93 K 6
Driebes 53 L 20
Drova 69 O 29
Duañez 27 G 23
Dúas Igréxas 7 E 4
Ducs (Els) 55 N 26
Duda (Sierra de) 77 S 21
Dúdar 86 U 19
Dueña Baja (La) 84 U 14
Dueñas 24 G 16
Dueñas (Las) 55 L 26
Duerna 23 F 11
Duero (Canal de) 24 H 15
Duero (Río) 36 I 9
Duesaigües 45 I 32
Dueso 12 B 19
Dulce 41 J 21
Dulce (Laguna) 84 U 15
Dumbría 2 C 2
Dunas de Guardamar 79 R 28
Duquesa (La) 65 O 19
Duquesa (La) 89 W 14
Duquesa (La) 65 O 18
Duques de Cardona (Parador de) (Cardona) 32 G 35
Durana 14 D 22
Duranes 64 P 16
Durango 14 C 22
Duratón 39 I 18
Duratón (Río) 40 I 19
Durazno (El) 92 I 7
Dúrcal 85 V 19
Durón 41 K 21
Durro 17 E 32
Dureulo (Soria) 26 G 21
Duxame 7 D 5

E

Ea 14 B 22
Ebre (Riu) / Ebro (Río) 45 J 31
Ebrillos 27 G 21
Ebro (Río) 12 D 17
Ebro (Delta del) 45 J 32
Ebro (Embalse del) 12 C 18
Ebro (Riu) / Ebro (Río) 45 J 31
Ebrón 55 L 26
Echagüe 15 E 25
Echálaz 15 D 25
Echano 13 C 21
Echarren (cerca de Puente la Reina) 14 D 24
Echauri 14 D 24
Echávarri Viña 13 D 21
Echedo 93 B 11
Écija 74 T 14
Edrada 21 F 7

Ega 14 D 22
Egea 17 E 31
Egozkue 15 D 25
Eguaras 15 D 24
Egüés 15 D 25
Eguilaz 14 D 23
Eguileor 14 D 22
Eguileta 14 D 22
Eguino 14 D 23
Eibar 14 C 22
Eidos 20 F 4
Eiras 7 E 5
Eiras (Embalse de) 20 E 4
Eiré 8 E 7
Eirón 6 D 3
Eivissa / Ibiza 91 P 34
Eixe (Sierra del) 22 F 9
Ejea de los Caballeros 29 F 26
Ejeme 37 J 13
Ejep 17 F 30
Ejido (El) (Almería) 86 V 21
Ejido (El) (Toledo) 51 M 14
Ejulve 43 J 28
Ekain 14 C 23
Elantxobe 14 B 22
Elbete 15 C 25
Elburgo 14 D 22
Elche / Elx 79 R 27
Elche de la Sierra 67 Q 23
Elciego 14 E 22
Elcóaz 15 D 26
Elda 68 Q 27
Elduain 14 C 24
Elgeta 14 C 22
Elgoibar 14 C 22
Elgorriaga 15 C 24
Eliana (L') 56 N 28
Elice (Puerto) 49 N 9
Elizondo 15 C 25
Eljas 48 L 8
Eller 18 E 35
Elorrieta 86 U 19
Elorrio 14 C 22
Elorz 15 D 25
Elosu 13 D 21
Elosua 14 C 22
Eltzaburu 15 C 24
Elvillar 14 E 22
Elvira (Sierra) 85 U 18
Elviria 89 W 15
Elx / Elche 79 R 27
Embalse de Almansa 68 P 26
Embarcaderos (Embassament de Los) 68 O 26
Embid 42 J 24
Embid de Ariza 41 H 24
Embid de la Ribera 42 H 25
Embún 15 E 27
Empalme (El) 81 U 8
Emperador (El) 64 O 18
Emperador (Parador El) (Fuenterrabia) 14 B 24
Empuriabrava 19 F 39
Ena 15 E 27
Ena (Río) 16 E 30
Enamorados 84 U 16
Encamp 18 E 34
Encanadé 44 J 30
Encantada (Embalse de) 74 S 15
Encarnación (Ermita de La) 78 R 24
Encarnación (La) 64 O 18
Encebras 68 Q 27
Encima-Angulo 13 C 20
Encina (La) (Salamanca) 36 K 10
Encina (Sierra de la) 8 E 8
Encinacaida 51 N 15
Encinacorba 42 I 26
Encina de San Silvestre 37 I 11
Encinar (El) 40 K 19
Encinar (Ermita del) 49 M 13
Encinar del Alberche (El) 52 L 16
Encinarejo 74 S 15
Encinarejo (El) 75 R 18
Encinarejo (Embalse del) 75 R 18

ELX
ELCHE

Corredora .... Z
Reina Victoria .... Z

Alfonso XII .... Z 3
Almórida .... Z 4
Antonio Machado (Av. d') ... Z 6
Baix (Pl. de) .... Z 7
Balsa dels Moros (Cami) .... Y 8
Camino del Gato .... Z 12

Camino de la Almazara ..... Z 13
Canalejas (Puente de) ..... Z 15
Conrado del Campo .... Z 16
Diagonal del Palau .... Y 17
Eres de Santa Llucia ...... Y 19
Escultor Capuz .... Y 20
Estació (Pas. de l') ...... Y 21
Federico García Lorca ..... Z 23
Fernanda Santamaria .... Z 26
Jiménez Díaz (Doctor) ..... Y 28
Jorge Juan .... YZ 29
José María Pemán .... Z 31
Juan Ramón Jiménez .... Z 32
Luis Gonzaga Llorente ..... Y 33

Maestro Albéniz .... Y 35
Major de la Vila .... Y 36
Marqués de Asprella .... Y 37
Ntra Sra de la Cabeza ..... Y 39
Pont dels Ortissos .... Y 40
Porta d'Alacant .... Z 41
Rector .... Z 43
Sant Joan (Pl. de) .... Z 44
Santa Anna .... Z 45
Santa Teresa (Puente) ..... Z 47
Santa Pola (Av. de) .... Y 48
Vicente Amorós Candela .... Y 49
Vicente Blasco Ibáñez ..... Y 51
Xop II. Licità .... Z 52

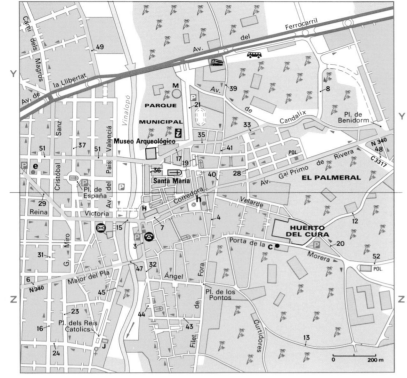

Encinares	50 K 13	Enmedio (Sierra		Épila	28 H 26	Errea	15 D 25
Encinares		de) (Albacete)	67 Q 25	Epina	95 E 9	Errenteria /	
de Sanlúcar		Enmedio (Toledo)	64 N 18	Eras (Las)	92 J 8	Renteria	14 C 24
la Mayor (Los)	73 T 11	Enmedio (Valencia)	55 M 26	Eras (Las)		Errigoiti	13 C 21
Encinas (Embalse		Enol (Lago de)	11 C 15	(Albacete)	67 O 25	Erro	15 D 25
de)	25 G 17	Ènova (L')	69 O 28	Eras (Las) (Teruel)	55 L 26	Erro (Río)	15 D 25
Encinas (Las)	83 T 12	Enrique II (Parador)		Eratsun	14 C 24	Errotz	14 D 24
Encinas (Monte)	64 Q 18	(Ciudad Rodrigo)	36 K 10	Eraul	14 D 23	Erts	18 E 34
Encinas (Segovia)	40 H 19	Entallada (La)	93 U 8	Erbecedo	2 C 3	Erustes	52 M 16
Encinas de Abajo	37 J 13	Entallada (Punta de		Erbedeiro	7 E 6	Esanos	11 C 16
Encinas de Arriba	37 J 13	la)	93 U 8	Ercina (La)	10 D 14	Esblada	32 H 34
Encinas de		Enterrias	11 C 15	Ercina (Lago de la)	11 C 15	Esca	15 D 27
Esgueva	25 G 17	Entinas (Punta)	86 V 21	Erdoizta	14 C 23	Escabas (Río)	54 K 23
Encinasola	72 R 9	Entis	6 D 3	Ereño	14 B 22	Escacena del	
Encinasola de los		Entrago	5 C 11	Ereñozu	14 C 24	Campo	82 T 10
Comendadores	36 I 10	Entrala	37 H 12	Eresma	39 J 17	La Escala /	
Encinas Reales	84 U 16	Entrambasaguas	12 B 18	Ergoyen	13 C 21	Escala (L')	19 F 39
Encinedo	22 F 10	Entrambasmestas	12 C 18	Ería	23 F 12	Escala (L') /	
Encinetas	89 W 14	Entrecinsa	21 F 8	Erias	49 K 10	La Escala	19 F 39
Encinilla (La)	83 V 12	Entrecruces	2 C 3	Erice (cerca de		Escalada	12 D 18
Encinillas	39 I 17	Entredicho (El)	67 Q 23	Eguaras)	14 D 24	Escalante	12 B 19
Encío	13 E 20	Entredicho (El)		Erice (Navarra)	15 D 24	Escalar	
Enciso	27 F 23	(Córdoba)	74 R 14	Erillas	74 R 14	(Garganta del)	16 D 29
Encomienda (La)		Entredicho		Erill la Vall	17 E 32	Escalate	85 V 19
(cerca de Badajoz)	60 P 8	(Embalse de)	63 P 15	Erinyà	17 F 32	Escaldes (Les)	18 E 34
Encomienda (La)	62 O 12	Entredichos	54 M 22	Eripol	16 F 30	Escalera	41 J 23
Enderrocat (Cap)	90 N 38	Entrego (El)	5 C 13	Eripol (Collado de)	16 F 30	Escalerilla	29 G 26
Endrinal	37 K 12	Entremont		Eriste	17 E 31	Escales (Embalse	
Endrinales (Los)	39 J 18	(Desfiladero del)	16 F 30	Erjas	49 L 9	de)	17 E 32
Enériz	14 D 24	Entrena	27 E 22	Erjos	92 H 8	Escaleta	
Enfesta	7 D 4	Entrepeñas		Erjos (Puerto de)	92 H 8	(Punta de l')	69 Q 29
Engarcerán		(Embalse de)	41 K 21	Erla	29 F 27	Escaló	17 E 33
(Serra de)	57 L 29	Entrepinos	52 L 16	Erla (Sierra de)	29 F 26	Escalona (Huesca)	16 E 30
Enguera	68 P 27	Entrerrios	62 P 12	Erloz	15 D 25	Escalona (La)	92 I 9
Enguera (Serra de)	68 P 27	Entrimo	20 G 5	Ermida	8 E 8	Escalona (Sierra	
Enguídanos	55 M 25	Entrín	61 P 9	Ermida (A)	7 E 5	de)	79 S 27
Enguídanos		Entrín (Arroyo del)	61 Q 9	Ermita	44 J 31	Escalona (Toledo)	52 L 16
(Estación de)	55 M 25	Entrines (Los)	61 Q 9	Ermita de Santa		Escalona del Prado	39 I 17
Enillas (Las)	37 H 12	Envalira (Port d')	18 E 35	Cristina	33 G 38	Escalonilla	52 M 16
Enix	87 V 22	Enveja (L')	45 J 32	Ermita (La)	87 T 22	Escambrón I	44 I 31
Enjambre (La)	51 N 15	Envernallas	8 D 9	Ermita Nueva	85 T 18	Escamilla	41 K 22
Enmedio (Cantabria)	12 D 17	Envía		Ermitas (Las)	74 S 15	Escamplero	5 B 12
Enmedio (Sierra		(Ermita de la)	54 K 22	Ermua	14 C 22	Escandón	
de)	68 Q 26	Enviny	17 E 33	Eroles	17 F 32	(Puerto de)	56 L 27
Enmedio (Sierra		Eo	4 B 8	Erratzu	15 C 25	Escañuela	75 S 17
de)	78 T 24	Epároz	15 D 26	Errazkin	14 C 24	Escarabajosa	

Escarabajosa		Esparragal		Esplegares	41 J 22	
de Cabezas	39 I 17	(Embalse del)	73 T 11	Espluga	17 E 31	
Escarabote	6 E 3	Esparragalejo	61 P 10	Espluga Calba (L')	31 H 33	
Escariche	53 K 20	Esparragosa		Espluga de Francolí		
Escarihuela (La)	78 T 24	de Lares	63 P 14	(L')	31 H 33	
Escaro	11 C 14	Esparragosa		Espluga de Serra	17 F 32	
Escároz	15 D 26	de la Serena	62 Q 13	Esplús	30 G 30	
Escarra		Esparraguera	57 L 29	Espolla	19 E 39	
(Embalse del)	16 D 28	Esparreguera	32 H 35	Esponellà	19 F 38	
Escarrilla	16 D 29	Espart (Illa de s')	91 P 33	Esporles	90 M 37	
Escaruela (La)	56 L 27	Espartal (El)	40 J 19	Esposa	16 E 28	
Escatrón	44 I 29	Esparteros	83 U 13	Espot	17 E 33	
Escatrón (Estación		Espartinas	83 T 11	Espot (Puerto d')	17 E 32	
de)	30 I 29	Espartosa (La)	78 R 26	Espoz	15 D 25	
Esclavitud	6 D 4	Esparza (cerca de		Espronceda	14 E 23	
Escó	15 E 26	Ochagavia)	15 D 26	Espuéndolas	16 E 28	
Escobar	83 U 11	Esparza (Navarra)	15 D 24	Espui	17 E 32	
Escobar (El)	79 S 26	Espasante	3 A 6	Espunyola (L')	18 F 35	
Escobar de		Espeja	36 K 9	Espuña (Sierra de)	78 S 25	
Campos	24 F 15	Espeja		Esquedas	29 F 28	
Escobar de		de San Marcelino	26 G 20	Esquinazo		
Polendos	39 I 17	Espejo (Álava)	13 D 20	(Puerto del)	43 J 27	
Escobedo	12 B 18	Espejo (Córdoba)	75 S 16	Esquirol (l')	19 F 37	
Escober	23 G 12	Espejón	26 G 20	Esquivel	73 T 12	
Escobonal (El)	92 J 8	Espelt (L')	32 H 34	Esquivias	52 L 18	
Escobosa	27 H 22	Espelúy	75 R 18	Establés	41 I 23	
Escombreras	79 T 27	Espera	83 V 12	Establiments	90 N 37	
Escopete	53 K 20	Esperante	6 D 3	Estaca de Bares		
Escorca	90 M 38	Esperanza		(Punta de la)	3 A 6	
Escorial (El)	39 K 17	(Bosque de la)	92 J 7	Estacas (cerca de		
Escorial		Esperanza		Cuntis)	6 E 4	
(Monasterio de		(Ermita de la)	74 T 16	Estacas		
El)	39 K 17	Esperanza (La)	93 J 7	(cerca de		
Escoriales (Los)	75 R 18	Esperanza (La)		Ponte-Caldelas)	7 E 4	
Escorihuela	43 K 27	(Málaga)	84 V 16	Estacas de Trueba		
Escornabois	21 F 7	Esperanza (La)		(Puerto de las)	12 C 18	
Escóznar	85 U 18	(Sevilla)	84 U 14	Estacio (Faro del)	79 S 27	
Escriche	56 K 27	Esperó (Punta)	91 M 42	Estación de la		
Escrita (La)	13 C 20	Espés	17 E 31	Encina	68 P 27	
Escuadro de		Espiel	74 R 14	Estación (La)		
Sayago	37 I 11	Espiel (Puerto de)	74 R 14	(Sevilla)	73 T 12	
Escuaín	16 E 30	Espierba	16 E 30	Estación (La)		
Escucha	43 J 27	Espigüete	11 D 15	(cerca de Arévalo)	38 I 15	
Escudero	68 P 27	Espín	16 E 29	Estación (La)		
Escudo	44 J 31	Espina		(cerca de		
(Puerto del)	12 C 18	Espina		Sanchidrián)	38 J 16	
Escudo (Sierra del)	12 C 18	(Collado de)	17 E 31	Estación (La)		
Escudo		Espina (La)		(Madrid)	39 K 17	
de Cabuérniga		(Asturias)	4 B 10	Estación Cártama	84 V 16	
(Sierra del)	11 C 16	Espina (La) (León)	11 D 15	Estación de		
Escuela de Sección		Espina de Tremor	10 D 11	Agramón	78 Q 25	
Escuelas (Las)	76 S 19	Espinama	11 C 15	Estación de		
Escuernavacas	36 J 10	Espinar (El)	39 J 17	Algodor	52 M 18	
Escullar	86 U 21	Espinardo	79 R 26	Estación		
Escullos (Los)	87 V 23	Espinaredo		de Archidona	85 U 16	
Esculqueira	21 G 8	(Asturias)	5 C 13	Estación de Baeza	76 R 19	
Escunhau	17 D 32	Espinavell	19 E 37	Estación de Cabra		
Escuredo	10 D 12	Espíndola	95 C 5	del Santo Cristo y		
Escuredo	22 F 10	Espinelves	33 G 37	Alicún	76 T 20	
Escurial	62 O 12	Espinilla	12 C 17	Estación		
Escurial de la		Espinillo (El)	94 O 10	de Chinchilla	67 P 24	
Sierra	37 K 12	Espino		Estación de		
Escuriza	43 J 28	(Cuesta del)	74 S 15	Huelma	76 T 20	
Escusa	6 E 3	Espino (El)	9 D 10	Estación de la		
Escúzar	85 U 18	Espino de la		Puebla de Híjar	43 I 28	
Esdolomada	17 F 31	Orbada	37 I 13	Estación		
Esera	17 E 31	Espino		de Las Mellizas	84 V 15	
Esgos	21 F 6	de los Doctores	37 I 12	Estación		
Esguevillas		Espinos (Los)	94 N 10	de las Minas	78 R 25	
de Esgueva	25 G 16	Espinosa de Bricia	12 D 18	Estación		
Eskoriatza	14 C 22	Espinosa de		de los Molinos	39 J 17	
Esla (Canal del)	23 F 13	Cerrato	25 G 18	Estación de		
Esla (Río)	11 C 14	Espinosa de		Matallana	10 D 13	
Esla O Ricobayo		Cervera	26 G 19	Estación de Mora		
(Embalse del)	23 G 12	Espinosa de		de Rubielos	56 L 27	
Eslava	15 E 25	Henares	40 J 20	Estación		
Esles	12 C 18	Espinosa		de Novelda Aspe	68 Q 27	
Eslida	56 M 29	de la Ribera	10 D 14	Estación de Obejo	74 R 15	
Eslida (Puerto de)	56 M 29	Espinosa del		Estación de Ordes	2 C 4	
Esmerode	2 C 3	Camino	26 E 20	Estación de		
Esnotz	15 D 25	Espinosa del		Páramo	9 D 10	
Espà (L')	18 F 35	Monte	26 E 20	Estación de Salinas	85 U 17	
Espada (Punta)	79 T 27	Espinosa		Estación		
Espadán (Serra)	56 M 28	de los Caballeros	38 I 16	de San Roque	89 X 13	
Espadáñedo	22 F 10	Espinosa		Estación		
Espadaña	37 I 11	de los Monteros	12 C 19	de Villagordo	75 S 18	
Espadilla	56 L 28	Espinosa		Estación de		
Espaén	17 F 33	de Villagonzalo	11 D 15	Yanguas		
España		Espinoso de		de Eresma (La)	39 I 17	
(Ensenada de)	5 B 13	Compludo	9 E 10	Estada	16 F 30	
Espardell (Illa)	91 P 34	Espinoso del Rey	51 N 15	Estadilla	16 F 30	
Espantaperros	83 U 12	Espiñaredo (La		Estallo	16 E 28	
Espardàn (Serra)	56 M 28	Coruña)	3 B 6	Estamariu	18 E 34	
Esparra (L')	33 G 37	Espirdo	39 J 17	Estana (Lérida)	18 F 34	
		Espíritu Santo		Estanca		
		(Ermita del)	5 B 11	(Embalse de la)	44 I 29	

Estancias (Sierra de las) 77 S 22
Estancias (Sierra de las) 77 T 23
Estangento (Embalse de) 17 E 33
Estanillo 13 D 21
Estany (Barranco del) 45 J 32
Estany (L') 32 G 36
Estanyó (Pic de l') 18 E 34
Estaña (Huesca) 17 E 31
Estaon 17 E 33
Estaràs 32 G 34
Estartit (L') 19 F 39
Estasen (L') 18 F 35
Estats (Pico d') 18 E 34
Este (Dique del) 93 K 7
Este (Roque del) 95 X 2
Esteban 29 G 27
Estebanvela 40 H 20
Esteiro (cerca de Cedeira) 3 B 5
Esteiro (cerca de Muros) 6 D 3
Estelas (As) 20 F 3
Estella / Lizarra 14 D 23
Estella del Marqués 83 V 11
Estellencs 90 N 37
Estena (Cáceres) 61 O 10
Estena (Río) (Ciudad Real) 63 N 16
Estepa 84 U 15
Estepa de San Juan 27 G 23
Estépar 25 F 18
Estepas (Los) 74 S 15
Estepona 89 W 14
Esteras (Puerto) 41 I 22
Esteras (Río) 63 P 15
Esteras (Soria) 27 G 23
Esteras de Medinaceli 41 I 22
Estercuel 43 J 28
Esteribar 15 D 25
Esteros (Los) 66 P 22
Esterri d'Àneu 17 E 33
Esterri de Cardós 17 E 33
Estévez (Las) 61 P 10
Estíbaliz Argandoña 14 D 22
Estiche 30 G 30
Estivadas 21 F 7
Estivadas (Alto de) 21 F 7
Estivella 56 M 28
Estiviel 52 M 17
Esto 2 C 3
Estollo 27 F 21
Estopiñán 31 G 31
Estopiñán del Castillo 31 G 31
Estorninos 48 M 9
Estrada (A) 6 D 4
Estrecho (El) (Almería) 77 S 23
Estrecho (El) (cerca de Lobosillo) 79 S 26
Estrecho (El) (cerca de Llano del Beal) 79 T 27
Estrecho (Mirador El) 88 X 13
Estrella 76 M 4
Estrella (Castillo de la) 84 V 15
Estrella (La) 51 M 14
Estrella (La) 94 P 9
Estremera 53 L 20
Estremera (Canal de) 53 L 20
Estremera (Embalse de) 53 L 21
Estriégana 41 I 22
Estubeny 69 O 28
Etayo 14 E 23
Eterna 26 E 20
Etreros 39 J 16
Etsain 15 D 25
Etxalar 15 C 25
Etxaleku 14 D 24
Etxarren 14 D 24
Etxarri-Aranatz 14 D 23
Etxebarri 13 C 21
Etxebarria 14 C 22
Etxegarate (Puerto de) 14 D 23

Eugenio (Casa de) 66 O 21
Eugi 15 D 25
Eugi (Embalse de) 15 D 25
Eulalia 68 Q 27
Eulate 14 D 23
Eume 3 B 5
Eume (Embalse de) 3 B 6
Eume (Río) 3 B 5
Eunate (Ermita de) 14 D 24
Europa (Picos de) 11 C 15
Europa (Reserva nacional de los Picos de) 11 C 15
Eurovillas 53 K 20
Exfiliana 86 U 20
Extramiana 13 D 20
Ézaro 6 D 2
Ezcaray 26 F 20
Ezcaray (Coto nacional de) 26 F 20
Ezkio 14 C 23
Ezkurra 14 C 24
Ezperun 15 D 25
Ezprogui 15 E 25

F

Faba (La) 8 D 8
Fabara 44 I 30
Fabara (Estación de) 44 I 30
Fabares 5 B 13
Fabero 9 D 10
Fabiolet (Punta d'es) 90 N 37
Fábrica del Pedroso 73 S 12
Fábricas (Las) 43 J 28
Fábricas de Riópar 66 Q 22
Facheca 69 P 29
Facinas 88 X 12
Fadas (Collado de) 17 E 31
Fado 52 L 17
Fadón 37 H 11
Faedo 5 B 11
Faeira 3 B 6
Fago 15 D 27
Faidella (Collado de) 17 F 33
Faido 14 D 22
Fajana (La) 94 N 9
Fajana (Punta) 93 K 6
Fajana (Punta de la) 92 H 7
Faladoira (Sierra de) 3 B 6
Falces 28 E 24
Falconera 91 L 41
Falconera (Punta) 19 F 39
Falcones (Punta) 95 X 4
Falgons 19 F 37
Falset 45 I 32
Famara 95 W 3
Fangar (El) 45 J 32
Fanlo 16 E 29
Fanzara 56 L 29
Fañabé 92 H 9
Fañanás 16 F 29
Fao 7 D 5
Faraján 89 W 14
Farallós (Isla Os) 3 A 7
Faramontanos de Tábara 23 G 12
Faramontaos 7 E 6
Farasdués 29 F 26
Fardes 86 U 20
Farelo 7 D 6
Farena 45 I 33
Farfanya 31 G 32
Fargue (El) 85 U 19
Fariones (Punta) 95 X 2
Fariza 23 H 11
Farlete 29 G 28
Faro (Lugo) 3 A 7
Faro (Pontevedra) 7 E 6
Faro (Puerto El) 7 E 6
Faro (Sierra del) 7 E 6
Farrera 17 E 33
Fasgar 10 D 11
Fasnia 92 J 8
Fastias 4 B 10
Fataga 94 O 10

Fataga (Barranco de) 94 O 11
Fatarella (La) 45 I 31
Fatarella (Sierra de la) 44 I 31
Fates (Sierra de) 88 X 12
Fátima 77 S 21
Fátima (Castillo de) 84 V 13
Faustino 73 S 12
Favara 69 O 29
Favàritx (Cap de) 91 M 42
Faxilda (Punta) 6 E 3
Fayón 44 I 31
Fayón-Pobla de Massaluca (Estación) 44 I 31
Fayos (Los) 28 G 24
Fazay 3 C 7
Fazouro 4 B 8
Féa 21 F 6
Feáns 2 C 4
Feás (La Coruña) 3 A 6
Feás (Orense) 7 E 5
Febró (La) 45 I 32
Feixa 17 E 33
Felanitx 90 N 39
Felechares 23 F 11
Felechas 10 D 14
Felechosa 5 C 13
Felguera (La) 5 C 13
Felgueras 5 C 12
Felipa (La) 67 O 24
Felipes (Los) 55 M 26
Felix 86 V 22
Félix Méndez 86 U 19
Felmín 10 D 13
Femés 95 V 4
Fenazar 79 R 26
Fene 3 B 5
Férez 77 Q 23
Feria 61 Q 10
Feria do Monte 3 C 7
El Ferial (Embalse de) 28 F 25
Fermoselle 36 I 10
Fernancaballero 64 O 18
Fernandina 76 R 19
Fernandina (Embalse de la) 76 R 19
Fernando de Aragón (Parador) (Sos del Rey Católico) 15 E 26
Fernán Núñez 74 S 15
Fernán Núñez (Estación de) 75 S 16
Fernán Pérez 87 V 23
Ferral del Bernesga 10 E 13
Ferreira (Granada) 86 U 20
Ferreira (Lugo) 7 D 6
Ferreira (Río) 8 D 7
Ferreira (Valadouro) 3 B 7
Ferreiras 8 D 8
Ferreiravella 4 C 8
Ferreiro 7 D 5
Ferreiros (cerca de Baralla) 8 D 8
Ferreiros (cerca de Puebla de Brollón) 8 E 7
Ferrera (Sierra) 16 E 30
Ferreras (Río) 23 E 12
Ferreras de Abajo 23 G 11
Ferreras de Arriba 23 G 11
Ferreres (Acueducto de les) 45 I 33
Ferreries 91 M 42
Ferreruela 23 G 11
Ferreruela de Huerva 42 I 26
Ferro (Monte) 20 F 3
Ferrol 3 B 5
Ferrol (Ría de) 3 B 5
Ferrosa (Punta) 32 I 35
Ferrutx 90 M 39
Ferrutx (Cap) 91 M 40
Fervenza (Embalse de) 6 D 3
Fesnedo 5 C 11
Figal (La) 4 B 10
Figaredo 5 C 12
Figaró (El) 33 G 36
Figarol 28 E 25
Fígols (Barcelona) 18 F 35

Fígols (Lérida) 17 F 32
Fígols d'Organyà 18 F 34
Figueirido 6 E 4
Figuera (La) 45 I 32
Figuera (Punta de la) 19 F 39
Figueral (es) 91 O 34
Figueras 4 B 8
Figueras / Figueres 19 F 38
Figueres / Figueras 19 F 38
Figuerola del Camp 31 H 33
Figuerola d'Orcau 17 F 32
Figueroles 56 L 29
Figuerosa (La) 31 G 33
Figueruela de Arriba 22 G 10
Figueruela de Sayago 37 I 12
Figueruelas 28 G 26
Filabres (Sierra de los) 87 U 22
Filera (Sierra de la) 10 D 12
Filgueira (Lugo) 7 D 6
Filgueira (Pontevedra) 20 F 5
Filgueiras 3 B 5
Filiel 23 E 11
Filipinas (Las) 79 S 27
Finca la Bobadilla 85 U 17
Finca la Dehesilla y Carazo 60 Q 8
Finca Villalpardillo 66 O 23
Fines 87 T 23
Finestrat 69 Q 29
Finestrelles (Pico de) 18 E 36
Finisterre (Cabo) / Fisterra (Cabo) 6 D 2
Finisterre (Embalse de) 53 N 19
Finolledo 9 E 10
Fiñana 86 U 21
Fiolleda 8 E 7
Fión 8 E 7
Fios 5 B 14
Firgas 94 O 9
Fiscal 16 E 29
Fisterra 6 D 2
Fisterra (Cabo) / Finisterre (Cabo) 6 D 2
Fistéus 8 E 8
Fitero 28 F 24
Fito (Mirador del) 11 B 14
Fitoiro 21 F 7
Flaçà 19 F 38
Flamenca (La) 53 L 19
Flamicell 17 F 32
Flariz 21 G 7
Flix 45 I 31
Flix (Embalse de) 45 I 31
Florderrei 21 G 8
Florejacs 31 G 33
Flores de Ávila 38 J 14
Floresta (La) 31 H 32
Florida (La) (Asturias) 4 C 10
Florida (La) (Huelva) 72 T 9
Florida de Liébana 37 I 12
Flumen 29 F 28
Flumen (Canal del) 30 G 29
Fluvià 19 F 37
Fofe 20 F 4
Fogars 33 G 38
Fogars de Montclús 33 G 37
Foix (Río) 31 H 34
Foixà 19 F 38
Folc 18 E 35
Foldada 11 D 16
Folgosa 8 D 8
Folgoso 7 E 4
Folgoso de la Ribera 9 E 11
Folgoso do Courel 8 E 8
Folgueiras 4 B 8
Folgueiro 3 A 7
Folgueroles 32 G 36
Folladela 7 D 5
Folledo 10 D 12
Fombellida 25 G 17
Fombellida (Cantabria) 12 D 17
Fombuena 42 I 26
Fompedraza 25 H 17

Foncastín 38 H 14
Foncea 13 E 20
Foncebadón 9 E 10
Fondarella 31 H 32
Fondevila 20 G 5
Fondón 86 V 21
Fondos de Vega 9 D 10
Fonelas 86 T 20
Fonfria 43 J 26
Fonfría (cerca de Fonsagrada) 4 C 9
Fonfría (cerca de Triacastela) 8 D 8
Fonfría (Puerto de) 43 J 26
Fonollosa 32 G 35
Fonsagrada 4 C 8
Font de la Figuera (Estación de la) 68 P 27
Font de la Figuera (La) 68 P 27
Font d'En Carròs 69 P 29
Fontán 3 B 5
Fontanales 94 O 9
Fontanar (Córdoba) 74 T 15
Fontanar (Jaén) 76 S 21
Fontanarejo 64 O 16
Fontanes 68 P 27
Fontaneda 18 E 34
Fontaneira 4 C 8
Fontanella (Serra de la) 68 P 27
Fontañera (La) 48 N 8
Fontanil de los Oteros 23 E 13
Fontanillas de Castro 23 G 12
Fontanilles 19 F 39
Fontanosas 64 P 16
Font Calders 18 F 35
Fontcoberta 19 F 38
Fontdepou 31 G 32
Fontecha (Álava) 13 D 20
Fontecha (Cantabria) 12 C 17
Fontecha (León) 10 E 12
Fontecha (Palencia) 11 D 15
Fonte da Cova 22 F 9
Fontefría 21 F 7
Fontellas 28 F 25
Fontelles 32 G 34
Fonteo 4 C 8
Fontibre 12 C 17
Fontihoyuelo 24 F 14
Fontioso 25 G 18
Fontiveros 38 J 15
Fontllonga 31 G 32
Fontoria 9 D 10
Fontoria de Cepeda 10 E 11
Font-rubí 32 H 34
Fontscaldes 45 I 33
Fonz 17 F 30
Fonzaleche 13 E 20
Foradada (Collado de) 17 E 31
Foradada (Lleida) 31 G 33
Foradada (Mallorca) 90 M 37
Foradada (Roca) 19 F 39
Foradada de Toscar 17 E 31
Forata (Embassament de) 56 N 27
Forca 15 D 27
Forcadas (Embalse de) 3 B 5
Forcadela 20 G 3
Forcall 44 K 29
Forcarei 7 E 4
Forcat 17 E 32
Forcayao (Alto de) 4 B 10
Forès 31 H 33
Forfoleda 37 I 12
Formariz 37 H 11
Formentera del Segura 79 R 27
Formentor (Cap de) 90 N 39
Formiche Alto 56 L 27
Formiche Bajo 56 L 27
Formiga 16 F 29
Formigal (El) 16 D 28
Formigales 17 E 30
Formigones 10 D 12

Formigueiro 21 F 8
Forna (Alicante) 69 P 29
Forna (León) 22 F 10
Fornalutx 90 M 38
Fornelas 8 E 7
Fornells (Badía de) 91 L 42
Fornells (cerca de Gerona) 33 G 38
Fornells (cerca de Ribes) 18 F 36
Fornells (Menorca) 91 L 42
Fornells de Mar 33 G 39
Fornelos (cerca de Triacastela) 8 D 8
Fornelos (cerca de A Garda) 20 G 3
Fornelos (cerca de Ponteareas) 20 F 4
Fornelos (La Coruña) 2 C 3
Fornelos de Montes 6 E 4
Fornes 85 V 18
Fornillos 30 G 30
Fornillos de Alba 23 H 11
Fornillos de Fermoselle 36 H 11
Fornis 6 D 2
Fórnoles 44 J 30
Fórnols 18 F 34
Foronda 13 D 21
Forriolo (Alto de) 21 F 6
Fortaleny 69 O 29
Fortaleza (La) 92 I 8
Fortanete 43 K 28
Fortià 19 F 39
Fortuna 79 R 26
Forua 13 C 21
Fosado 16 E 30
Foxo 7 D 4
Foya (La) 57 L 29
Foz 4 B 8
Foz Calanda 44 J 29
Foz de Mieres (La) 5 C 12
Fradellos 23 G 11
Frades (La Coruña) 3 C 5
Frades (Lugo) 8 D 7
Frades de la Sierra 37 K 12
Fraella 30 G 29
Fraga 30 H 31
Frage (El) 85 T 19
Fragén 16 E 29
Frago (El) 29 F 27
Fragosa 49 K 11
Fraguas (Las) (Cantabria) 12 C 17
Fraguas (Las) (Soria) 27 G 21
Fraile (Peña del) 12 B 19
Fraile (Rivera del) 60 O 8
Fraile (Rocas del) 92 G 7
Frailes 85 T 18
Frailes (Los) (Ciudad Real) 65 O 19
Frailes (Río) 85 T 18
Frailes (Río de los) (Sevilla) 73 T 11
Frairia 4 C 8
Fraja 88 W 12
Frameán 7 D 6
Franca (La) 11 B 16
Francas (Las) 73 S 13
Francelos 20 F 5
Franceses 95 B 5
Francho 28 F 25
Franco 25 F 18
Franco (El) 4 B 9
Francolí 31 H 33
Francos (Lugo) 8 D 8
Francos (Segovia) 40 H 19
Frandoviñez 25 F 18
Franqueira (A) 20 F 4
Franza 3 B 5
Frasno (El) 42 H 25
Fraussa (Roc de) 19 E 38
Frayás 3 B 7
Frecha (La) 5 C 12
Frechilla (Palencia) 24 F 15
Frechilla (Soria) 41 H 22
Fredes 44 J 30
Fregenal de la Sierra 72 R 10
Fregeneda (La) 36 J 9

Freginals 45 J 31
Freigamuñoz (Arroyo) 60 Q 8
Freila 76 T 21
Freixeiro 2 C 3
Freixeiro 8 E 7
Freixial 60 P 8
Freixido 8 E 8
Freixo (La Coruña) 3 B 6
Freixo (Lugo) 8 D 8
Freixo (Orense) 21 F 6
Frequela (Sierra de) 27 F 21
Fréscano 28 G 25
Freser 18 F 36
Freser i Setcases (Reserva nacional de) 18 E 36
Fresnadillo 37 H 11
Fresneda (Álava) 13 D 20
Fresneda (Burgos) 26 F 20
Fresneda (Ciudad Real) 65 Q 19
Fresneda (Embalse de) 65 Q 19
Fresneda (La) (Toledo) 51 M 15
Fresneda (Río) 64 Q 18
Fresneda de Altarejos 54 M 23
Fresneda de Cuéllar 39 I 16
Fresneda de la Sierra 54 K 23
Fresneda (La) (Zaragoza) 44 J 30
Fresnedelo 9 D 10
Fresnedilla 52 L 16
Fresnedilla (Casa Forestal La) 77 R 21
Fresnedilla (La) 77 R 21
Fresnedillas 39 K 17
Fresnedo (Cantabria) 12 C 19
Fresnedo (León) 9 D 10
Fresnedo de Valdellorma 10 D 14
Fresnedosa (Rivera de) 49 M 10
Fresnedoso 37 K 12
Fresnedoso de Ibor 50 M 13
Fresneña 26 E 20
Fresnillo de las Dueñas 26 H 19
Fresno (El) (Ávila) 38 K 15
Fresno (El) (Cáceres) 49 L 10
Fresno (El) (Ciudad Real) 64 P 16
Fresno de Cantespino 40 H 19
Fresno de Caracena 40 H 20
Fresno de la Fuente 40 H 19
Fresno de la Polvorosa 23 F 12
Fresno de la Ribera 23 H 13
Fresno de la Vega 23 E 13
Fresno del Río 11 D 15
Fresno de Riotirón 26 E 20
Fresno de Rodilla 26 E 19
Fresno de Sayago 37 I 12
Fresno de Torote 40 K 19
Fresno el Viejo 38 I 14
Freu (Cap des) 91 M 40
Frexulfe 3 B 7
Frías 13 D 20
Frías de Albarracín 55 K 25
Friera 9 E 9
Friera de Valverde 23 G 12
Frigiliana 85 V 18
Friol 3 C 6
Frixe 2 C 2
Frollais 8 D 7
Frómista 25 F 16
Fronfría 23 H 11
Frontera 93 A 11
Frontera (La) 54 K 23
Frontón 8 E 7
Frontón 94 O 9

Frontón
  de San Miguel 92 I 9
Frouxeira (Punta) 3 B 5
Frula 29 G 28
Frumales 39 H 17
Fruniz 13 C 21
Fuego 95 V 4
Fuego (Montañas
  del) 95 V 3
Fuejo 5 B 12
Fuembellida 42 J 24
Fuen-Vich 68 N 26
Fuencalderas 29 E 27
Fuencalenteja 12 E 17
Fuencaliente
  (cerca de Las
  Peralosas) 64 O 17
Fuencaliente
  (cerca de Bañuela) 75 Q 17
Fuencaliente
  (Granada) 77 S 22
Fuencaliente
  (Punta de) 95 B 7
Fuencaliente (Soria) 26 G 20
Fuencaliente de la
  Palma 95 B 7
Fuencaliente
  de Lucio 12 D 17
Fuencarral 40 K 19
Fuencemillán 40 J 20
Fuencubierta 74 S 15
Fuendecampo 16 E 30
Fuendejalón 28 G 25
Fuendelada (La) 56 K 27
Fuen del Cepo 56 L 27
Fuendetodos 43 H 27
Fuenferrada 43 J 26
Fuenfría (Puerto
  de) 39 J 17
Fuengirola 84 W 16
Fuenlabrada
  (Albacete) 67 Q 23
Fuenlabrada
  (Madrid) 52 L 18
Fuenlabrada
  de los Montes 63 O 15
Fuenllana 66 P 21
Fuenmayor 27 E 22
Fuensaldaña 24 G 15
Fuensalida 52 L 17
Fuensanta
  (Albacete) 67 Q 23
Fuensanta
  (Asturias) 5 B 13
Fuensanta
  (Embalse de la) 77 Q 23
Fuensanta
  (Ermita de la)
  (Jaén) 76 S 19
Fuensanta
  (Ermita de la)
  (Sevilla) 84 U 15
Fuensanta
  (Granada) 85 U 18
Fuensanta (La) 67 P 23
Fuensanta
  (Santuario de la) 79 S 26
Fuensanta de
  Martos 75 T 18
Fuensaúco 27 G 22
Fuensaviñán (La) 41 J 22
Fuenta Roja
  (Santuario) 69 Q 28
Fuente 72 T 10
Fuente del Ebro 12 C 17
Fuente (La) 87 T 24
Fuente Álamo
  (Albacete) 67 P 25
Fuente Alamo
  (Jaén) 85 S 17
Fuente Álamo
  (Murcia) 79 S 26
Fuentealbilla 67 O 25
Fuente Alhama 85 T 17
Fuente Amarga
  (Almería) 78 T 24
Fuente Amarga
  (Cádiz) 88 W 11
Fuente Arcada
  (Ermita de) 49 L 9
Fuentearmegil 26 G 20
Fuente Blanca 79 R 26
Fuente Blanca
  (Sierra de) 52 N 18
Fuentebravía 88 W 11
Fuente Caldera 76 T 20

Fuente Camacho 85 U 17
Fuentecambrón 26 H 20
Fuentecantales 26 G 21
Fuentecantos 27 G 22
Fuente Carreteros 74 S 14
Fuentecén 25 H 18
Fuente Dé 11 C 15
Fuente de Cantos 73 R 11
Fuente de la
  Corcha 72 T 9
Fuente del Arco 73 R 12
Fuente de la Torre 76 R 20
Fuente del Fresno 40 K 19
Fuente del Gallo 88 X 11
Fuente del Maestre 61 Q 10
Fuente del Omet 69 N 28
Fuente del Pino 68 Q 26
Fuente del Villar 55 M 24
Fuente de Pedro
  Naharro 53 M 20
Fuente de Piedra 84 U 15
Fuente de Piedra
  (Laguna de la) 84 U 15
Fuente de
  San Esteban (La) 36 J 11
Fuente de Santa
  Cruz 38 I 16
Fuente de Taif 67 Q 23
Fuente El Carnero 37 I 12
Fuente el Fresno 65 O 18
Fuente el Olmo
  de Fuentidueña 39 H 18
Fuente el Olmo
  de Iscar 39 I 16
Fuente el Sauz 38 J 15
Fuente el Saz
  de Jarama 40 K 19
Fuente el Sol 38 I 15
Fuente Encalada 23 F 12
Fuente En Segures 57 K 29
Fuentefría
  (Puerto de) 20 F 5
Fuentegelmes 41 H 22
Fuente Grande 85 U 19
Fuenteguinaldo 36 K 9
Fuenteheridos 72 S 10
Fuente Higuera 66 Q 23
Fuentelahiguera
  de Albatages 40 J 20
Fuente la Lancha 74 Q 14
Fuentelapeña 37 I 13
Fuentelárbol 27 H 21
Fuente la Reina 56 L 28
Fuentelcarro 27 H 22
Fuentelcésped 26 H 19
Fuentelencina 41 K 21
Fuentelespino
  de Haro 54 M 21
Fuentelespino
  de Moya 55 M 25
Fuenteliante 36 J 10
Fuente Librilla 78 S 25
Fuentelmonge 41 H 23
Fuentelsaz
  (Guadalajara) 42 I 24
Fuentelsaz (Soria) 27 G 22
Fuentelviejo 40 K 21
Fuentemilanos 39 J 17
Fuentemizarra 40 H 19
Fuentemolinos 25 H 18
Fuentenebro 25 H 18
Fuentenovilla 53 K 20
Fuente Obejuna 74 R 13
Fuente Olmedo 38 I 16
Fuente Palmera 74 S 14
Fuente Pardiñas
  (Balneario de) 3 C 6
Fuentepelayo 39 I 17
Fuentepinilla 27 H 21
Fuente Pinilla 76 R 21
Fuentepiñel 39 H 17
Fuente Rey 88 W 12
Fuenterrabía /
  Hondarribia 14 B 24
Fuenterrabiosa 12 C 19
Fuenterrebollo 39 I 18
Fuenterroble
  de Salvatierra 37 K 12
Fuenterrobles 55 N 25
Fuentes (Cuenca) 54 M 23
Fuentes (Las) 92 H 8
Fuentes (Las)
  (Albacete) 68 O 26
Fuentes (Las)
  (Castellón de la
  Plana) 57 L 30

Fuentes (Las)
  (Ciudad Real) 65 Q 19
Fuentes
  (Puerto de las) 38 K 14
Fuentes (Toledo) 51 M 14
Fuentesanta
  (Ermita de la) 62 O 12
Fuente Santa
  (Estación de) 87 U 22
Fuentesaúco 37 I 13
Fuentesaúco
  de Fuentidueña 39 H 17
Fuentesbuenas 54 L 22
Fuentes Calientes 43 J 27
Fuentes Carrionas 11 D 16
Fuentes Carrionas
  (Parador de)
  (Cervera de
  Pisuerga) 11 D 16
Fuentes Carrionas
  (Reserva
  nacional) 11 D 15
Fuentes Claras 43 J 26
Fuentesclaras 54 L 23
Fuentes
  de Andalucía 74 T 13
Fuentes de Año 38 I 15
Fuentes de Ayódar 56 L 28
Fuentes de Béjar 37 K 12
Fuentes de
  Carbajal 23 F 13
Fuentes de Cesna 85 U 17
Fuentes de Cuéllar 39 H 17
Fuentes de Ebro 29 H 28
Fuentes de
  Invierno
  (Sierra de las) 5 C 13
Fuentes de Jiloca 42 I 25
Fuentes de Léon 72 R 10
Fuentes
  de los Oteros 23 E 13
Fuentes de Nava 24 F 15
Fuentes de Oñoro 36 K 9
Fuentes de Piedralá 64 O 17
Fuentes de Ropel 23 F 13
Fuentes de
  Rubielos 56 L 28
Fuentes de
  Valdepero 25 F 16
Fuentesecas 23 H 13
Fuente Segura 77 R 21
Fuentesoto 39 H 18
Fuentespalda 44 J 30
Fuentespina 25 H 18
Fuentespreadas 37 I 13
Fuentestrún 27 G 23
Fuentetecha 27 G 23
Fuentetoba 27 G 22
Fuente Tójar 85 T 17
Fuentetovar 27 H 21
Fuente-Urbel 12 E 18
Fuente Vaqueros 85 U 18
Fuente Victoria 86 V 17
Fuentidueña
  (Córdoba) 75 S 17
Fuentidueña
  (Segovia) 39 H 18
Fuentidueña de
  Tajo 53 L 20
Fuera (Roque de) 93 L 6
Fuerte del Rey 75 S 18
Fuertescusa 41 K 23
Fuerteventura
  (Parador de) 93 U 7
Fuevas (Las) 16 E 30
Fuliola (La) 31 G 33
Fulleda 31 H 33
Fumaces (Alto de) 21 G 7
Funes 28 F 24
Furco 7 E 6
Furnás 91 O 34
Fustes 93 U 7
Fustiñana 28 F 25

G

Gabaldón 55 N 24
Gabar 77 S 23
Gabardiella 16 F 29
Gabás 17 E 31
Gabasa 17 F 31
Gabía la Chica 85 U 19
Gabia la Grande 85 U 18
Gabica 14 B 22

Gabiria 14 C 23
Gabriel Y Galán
  (Embalse de) 49 L 11
Gaceo 14 D 22
Gache (Punta) 93 J 8
Gádor 87 V 22
Gádor (Sierra de) 86 V 21
Gaena 85 T 16
Gafarillos 87 U 23
Gaià (Barcelona) 32 G 35
Gaià (Río) 32 H 34
Gaianes 69 P 28
Gaibiel 56 M 28
Gainza (Guipúzcoa) 14 C 23
Gainzta (Navarra) 14 C 23
Gaioso 3 C 6
Gaitanejo 87 U 23
Gaitanes
  (Desfiladero
  de los) 84 V 15
Gajanejos 41 J 21
Gajates 37 J 13
Galachar 87 V 22
Galapagar (Jaén) 76 S 18
Galapagar (Madrid) 39 K 17
Galapagares 40 H 21
Galápagos 40 J 19
Galarde 26 E 19
Galaroza 72 S 9
Galatzó 90 N 37
Galbarra 14 D 23
Galbarros 12 E 19
Galbárruli 13 E 21
Galdakao 13 C 21
Galdames 13 C 20
Gáldar 94 O 9
Gáldar (Punta de) 94 N 8
Galende 22 F 10
Galera 77 S 22
Galera
  (Barranco de la) 45 J 31
Galera (La) 44 J 31
Galeras 87 T 23
Galga (La) 95 C 5
Galho (Cresta del) 79 S 26
Galilea (La Rioja) 27 E 23
Galilea (Mallorca) 90 N 37
Galinduste 37 K 13
Galiñeiro 20 F 3
Galisancho 37 J 13
Galisteo 49 M 11

Galiz (Puerto de) 88 W 13
Galizano 12 B 18
Galizuela 63 P 14
Gallardo 66 P 22
Gallardos
  (Cuesta los) 76 T 19
Gallardos (Los) 87 U 24
Gallartu 13 C 21
Gallega (La) 26 G 20
Gallega (Marisma) 83 U 11
Gallego (Río)
  (Granada) 86 T 21
Gállego (Río)
  (Huesca) 16 E 29
Gallego (Sierra del) 64 O 17
Gallegos 95 B 5
Gallegos 39 I 18
Gallegos
  (Embalse de) 84 V 15
Gallegos
  de Altamiros 38 J 15
Gallegos de
  Argañán 36 K 9
Gallegos de
  Hornija 24 H 14
Gallegos del
  Campo 22 G 10
Gallegos del Pan 23 H 13
Gallegos del Río 23 G 11
Gallegos
  de San Vicente 38 J 14
Gallegos
  de Sobrinos 38 J 14
Gallegos de
  Solmirón 37 K 13
Galleguillos 37 J 13
Galleguillos de
  Campos 24 F 14
Galleiro 20 F 4
Gallejones 12 D 18
Galletas (Las) 92 I 9
Gallifa 32 G 36
Gallina (Cerro de
  la) 85 U 17
Gallina Pelada 18 F 35
Gallinera (Serra de) 69 P 29
Gallinero (Albacete) 68 P 26
Gallinero (Soria) 27 G 22
Gallinero de
  Cameros 27 F 22
Gallinero de Rioja 26 E 21
Galliners 19 F 38
Gallipienzo 15 E 25
Gallipuén
  (Embalse de) 43 J 28

Gallo 41 J 23
Gallo (El) 84 T 15
Gallocanta 42 J 25
Gallocanta
  (Laguna de) 42 J 25
Gallos (Los) 88 W 11
Gallués 15 D 26
Gallur 28 G 26
Galve 43 K 27
Galve de Sorbe 40 I 20
Gálvez 52 M 17
Gama 12 B 19
Gamarra 14 D 22
Gamaza 83 V 12
Gamero 52 N 17
Gamiz-Fika 13 C 21
Gamo 38 J 14
Gamonal (Ávila) 38 J 14
Gamonal (Burgos) 25 E 18
Gamonal (Cantabria) 12 C 18
Gamonal (Toledo) 51 M 15
Gamonero 63 N 15
Gamones 23 H 11
Gamoniteiro 5 C 12
Ganadera 51 L 15
Gáname 37 H 11
Ganchoza (La) 73 S 12
Gándara (Río) 12 C 19
Gándara (Boimorto) 3 C 5
Gándara (Narón) 3 B 5
Gandarela 20 F 5
Gandarilla 11 B 16
Gandesa 44 I 31
Gandía 69 P 29
Gando (Bahía de) 94 P 10
Gando (Punta de) 94 P 10
Gandul 83 T 12
Gandullas 40 I 19
Gangarro
  (Montaña) 92 H 8
Gangueras
  (Estación de) 66 O 21
Ganillas de
  Aceituno 85 V 17
Ganso (El) 10 E 11
Ganuza 14 D 23
Gañidoira (Puerto
  de) 3 B 6
Gañinas 11 E 15
Gañuelas
  (cerca de Alhama
  de Murcia) 78 S 25
Gañuelas (cerca de
  La Majada) 78 T 25

Garaballa 55 M 25
Garabanja 2 C 5
Garabás 7 E 5
Garabato (El) 74 S 13
Garachico 95 C 5
Garachico 92 H 7
Garachico
  (Roque de) 92 H 7
Garafía 95 B 5
Garaioa 13 D 26
Garajonay 95 C 5
Garajonay
  (Parque
  nacional de) 95 E 9
Garañona
  (Bahía de la) 92 J 7
Garapacha (La) 79 R 26
Garapinillos 29 G 26
Garay 14 C 22
Garbayuela 63 O 15
Garcia 45 I 31
García (Collado) 87 U 23
García de Sola
  (Embalse de) 63 O 14
Garciaz 50 N 13
Garciaz (Río) 50 N 13
Garcibuey 37 K 12
Garciez (cerca de
  Jaén) 75 S 18
Garciez (cerca de
  Jódar) 76 S 19
Garciez Jimena
  (Estación de) 76 S 19
Garcihernández 37 J 13
Garcillán 39 J 17
Garcinarro 54 L 21
Garciotún 52 L 16
Garcipollera (Coto
  nacional de la) 16 E 28
Garcipollera (La) 16 E 28
Garcirrey 37 J 11
Garcisobaco 88 W 13
Garda (A) 20 G 3
Garde 15 D 27
Garfín 10 D 14
Gargaligas 62 O 13
Gargáligas (Río) 63 O 13
Gargallá 32 G 35
Gargallo 43 J 28
Garganchón 26 F 20
Garganta 54 L 24
Garganta 63 P 15
Garganta (La)
  (Cáceres) 50 L 12

GIJÓN

Constitución (Av. de la) . . . AZ 10
Corrida . . . . AY 10
Menéndez Valdés . . . . . . AY 32
Moros . . . . AY 33
San Bernardo . . . . AYZ

Alfredo Truan . . . . AZ 2
Álvarez Garaya . . . . AY 3
Asturias . . . . AY 4
Begoña . . . . AYZ 5
Campinos de Begoña
  (Pl. de los) . . . . AZ 6
Campo Valdés . . . . AX 7
Carmen (Pl. del) . . . . AY 8
Claudio Alvar González . . AY 9
Covadonga . . . . ABYZ 13
Fernández Vallin . . . . AY 17
García Bernardo (Av.) . . . CY 18

Instituto . . . . AXY 20
Instituto (Pl. del) . . . . AY 21
José las Clotas . . . . AZ 23
Jovellanos . . . . AY 24
Jovellanos (Pl. de) . . . . . AX 25
Libertad . . . . AY 28
Marqués de San Esteban . AY 29
Mayor (Pl.) . . . . AX 30
Menéndez Pelavo . . . . . . BYZ 31
Molinón (Av. del) . . . . . . CYZ 32
Munuza . . . . AY 34
Muro de San Lorenzo
  (Pas. de) . . . . AY 35
Oscar Olavarría . . . . AX 36
Salle (Av. de la) . . . . AX 38
San José (Pas. de) . . . . . AZ 40
Santa Doradia . . . . BZ 41
Santa Lucía . . . . AY 42
Subida al Cerro . . . . AX 43
Villaviciosa (Carret.) . . . . CZ 46
6 de Agosto (Pl. del) . . . . AYZ 46

Garganta (La) (Ciudad Real)	64	Q 16
Garganta (Puerto de la)	4	B 8
Garganta (Sierra de la)	75	Q 16
Garganta de la Yecla	26	G 19
Garganta de los Montes	39	J 18
Garganta del Villar	38	K 14
Garganta Fría (Arroyo de la)	73	S 11
Garganta la Olla	50	L 12
Gargantiel	63	P 15
Gargantilla (Cáceres)	50	L 12
Gargantilla (Toledo)	51	N 15
Gargantilla del Lozoya	39	J 18
Gargantón (El)	64	O 17
Gárgoles de Abajo	41	J 22
Gargüera	50	L 12
Gargüera (Embalse de)	50	M 12
Garidells (Els)	45	I 33
Garínoain	15	E 25
Garisoain	14	D 24
Garlitos	63	P 14
Garnatilla (La)	86	V 19
Garona de Ruda (Río)	17	E 32
Garona (Río)	16	E 28
Garos	17	D 32
Garraf	32	I 35
Garraf (Parc natural de)	32	I 35
Garrafe de Torío	10	D 13
Garralda	15	D 26
Garrapata (Sierra de la)	49	M 9
Garray	27	G 22
Garriga (La)	33	G 36
Garrigàs	19	F 38
Garrigoles	19	F 39
Garriguella	19	E 39
Garrobillo	73	T 25
Garrobo (El)	73	T 11
Garrofa (La)	87	V 22
Garrotxa (Parc natural de la)	19	F 37
Garrovilla (La)	61	P 10
Garrovillas	49	M 10
Garrucha	87	U 24
Garsola	31	G 33
Garvín	50	M 13
Garza (Embalse de la)	62	P 11
Garza (La)	62	P 11
Gasco (El)	49	K 11
Gascones	40	I 19
Gasconilla (Ermita de)	56	L 27
Gascueña	54	L 22
Gascueña de Bornova	40	I 20
Gasset (Embalse de)	64	O 18
Gasteiz / Vitoria	13	D 21
Gastiáin	14	D 23
Gastor (El)	84	V 14
Gasulla (Barranco de)	44	K 29
Gata	49	L 10
Gata (Cabo de)	87	V 23
Gata (Faro de)	87	V 23
Gata (Rivera de)	49	L 9
Gata (Sierra de)	49	L 10
Gata de Gorgos	69	P 30
Gatica	13	B 21
Gato (Córdoba)	74	R 15
Gato (Granada)	77	S 23
Gatón de Campos	24	F 15
Gatos	72	T 10
Gátova	56	M 28
Gaucín	89	W 14
Gauna	14	D 22
Gauteguiz de Arteaga	14	B 22
Gavà	32	I 36
Gavarda	69	O 28
Gavarra	17	F 33
Gavarres (Sierra de les)	33	G 38
Gavarresa (Riera)	32	G 35
Gavàs	17	E 33
Gavet	17	F 32
Gavilán (Collado de El)	56	L 26
Gavilán (Sierra de)	78	R 24
Gavilanes (Ávila)	51	L 15
Gavilanes (Río)	36	J 10
Gavilanes (Sierra de los)	68	Q 26
Gavín	16	E 29
Gavina (Punta)	91	P 34
Gaviota (Punta)	95	E 9
Gaviota (Punta)	94	P 10
Gaviota (Punta de la)	92	G 7
Gaviotas (Las)	54	K 21
Gaviotas (Punta de las)	92	H 9
Gayangos	12	C 19
Gázquez (Los)	78	T 24
Gea de Albarracín	42	K 25
Gébalo	51	M 15
Geira	20	G 5
Gejo de Diego Gómez	37	J 11
Gejo de los Reyes (El)	37	I 11
Gejuelo del Barro	37	I 11
Geldo	56	M 28
Gelgaiz	3	B 6
Gelida	32	H 35
Gelsa	29	H 28
Gelves	83	T 11
Gema	38	H 13
Gemuño	38	K 15
Genal	89	W 14
Genalguacil	89	W 14
Génave	77	Q 21
Generalísimo (Canal Principal del Embassament del)	56	M 27
Generalísimo (Embassament del)	55	M 26
Genestacio	23	F 12
Genestosa	5	C 11
Genestoso	4	C 10
Genevilla	14	E 22
Genicera	10	D 13
Genil (Río)	85	U 17
Génova (Coves de)	90	N 37
Genovés	69	P 28
Ger	18	E 35
Gerb	31	G 32
Gerbe	16	E 30
Gerena	73	T 11
Gérgal	87	U 22
Gergal (El)	73	T 11
Gergal (Embalse de)	73	T 11
Geria	24	H 15
Geria (La)	95	V 4
Gerindote	52	M 17
Gernika (Ría de)	13	C 21
Gernika-Lumo	13	C 21
Gerona / Girona	33	G 38
Gerri de la Sal	17	F 33
Gertusa	43	I 28
Ges (El)	18	F 34
Gésera	16	E 29
Gessa	17	D 32
Gestalgar	56	N 27
Getafe	52	L 18
Getaria	14	C 23
Gete	26	G 20
Getxo	13	B 21
Gevar	78	S 25
Gévora	60	O 8
Gibaja	12	C 19
Gibalbín	83	V 12
Gibalto (Sierra de)	85	U 17
Gibarrayo	73	S 13
Giblaniella (Sierra de)	5	C 13
Gibraleón	82	T 9
Gibralfaro (Parador de) (Málaga)	84	V 14
Gibralgalia	84	V 15
Gibraltar (Estrecho de)	89	X 13
Gibraltar (Great Britain)	89	X 13
Gibraltar (Monte)	71	S 7
Gigante	78	S 24
Gigante (Sierra)	77	S 23
Gigantes (Acantilado de los)	92	G 8
Gigantes (Los)	92	G 8
Gigonza	73	R 10
Gijano	13	C 20
Gijón	5	B 13
Gil	17	D 33
Gila (La) (Albacete)	67	O 25
Gila (La) (Toledo)	51	N 15
Gil Blas (Parador) (Santillana del Mar)	12	B 17
Gilbuena	50	K 13
Gilena	84	U 15
Giles (Los)	87	U 24
Gilet	56	M 29
Gil-García	50	L 13
Gil Márquez	72	S 9
Gimenado	79	S 26

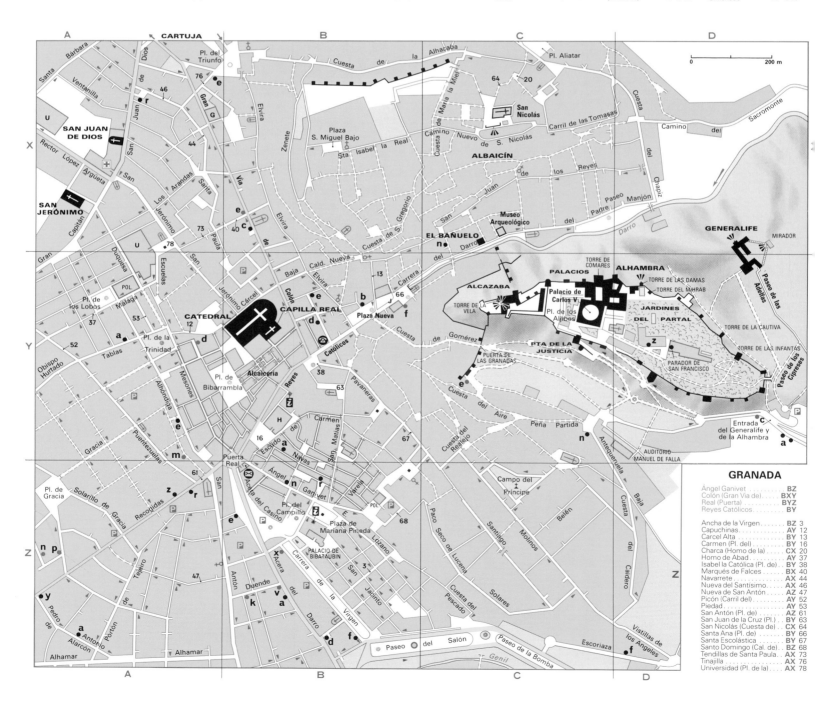

Gimenells 30 H 31
Gimialcón 38 J 14
Ginebrosa (La) 44 J 29
Ginel 29 H 28
Ginés 83 T 11
Ginés (Punta) 95 U 4
Ginesta (La) 32 I 35
Ginesta (La) 19 I 35
Ginestar 45 I 31
Gineta (La) 67 O 23
Ginete (El) 67 Q 23
Giniginamar 93 T 8
Gío 4 B 9
Giraba 56 L 28
Giralda 85 V 19
Giribaile (Embalse de) 76 R 19
Girona / Gerona 33 G 38
Girona (Riu) 69 P 29
Gironda (La) 83 U 13
Gironella 18 F 35
Gisclareny 18 F 35
Gistaín 17 E 30
Gistreo (Sierra de) 9 D 10
Gitano (Collado del) 26 F 21
Gloria (La) 83 T 13
Gobantes 15 D 19
Gobantes (Estación de) 84 V 15
Gobernador 86 T 20
Gobiendes 5 B 14
Godall 45 K 31
Godán 5 B 11
Godelleta 56 N 27
Godojos 42 I 24
Godolid 72 R 8
Godóns 20 F 5
Godos 43 J 26
Goente 3 B 6
Goián (Lugo) 8 D 7
Goián (Pontevedra) 20 G 3
Goiás 7 D 5
Goiriz 3 C 7
Goiuria 14 C 22
Goizueta 14 C 24
Gójar 85 U 19
Gola de Perelló 69 O 29
Golada 7 D 5
Gola del Nord 45 J 32
Gola del Sud 45 J 32
Golán 7 D 5
Golf (Parador del) 84 W 16
Golfo (El) 93 A 11
Golfo (El) 95 U 4
Golfo (El) 95 V 4
Golilla 61 O 9
Gollino 53 M 20
Golmayo 27 G 22
Golmés 31 H 32
Golondrinas (Las) 62 N 11
Golopón 86 T 21
Golosalvo 67 O 25
Goloso (El) 39 K 18
Golpejas 37 I 12
Gómara 27 H 23
Gombrèn 18 F 36
Gomeán 8 D 7
Gomecello 37 I 13
Gomeciego 36 I 11
Gomesende 20 F 5
Gómeznarro (Segovia) 40 I 19
Gómeznarro (Valladolid) 38 I 15
Gomezserracín 39 I 17
Gómez Yáñez 67 P 25
Gonce 3 C 6
Gondar (Lugo) 3 C 7
Gondar (Pontevedra) 6 E 3
Gondomar 20 F 3
Gondrame 8 D 7
Gondulfes 21 G 7
Góngora (Punta de) 94 N 9
Gontán 3 B 7
Gonte 2 D 3
Gonzar 7 D 6
Góñar 78 T 24
Goñi 14 D 24
Gopegui 13 D 21
Gor 86 T 21
Gorafe 86 T 20
Gorafe (Estación de) 86 T 21
Gorbea (Peña) 13 C 21
Gorbea (Sierra de) 13 C 21
Gorda (Punta) 95 A 5
Gorda (Punta) 95 W 2
Gorda (Sierra) (Granada) 85 U 17
Gorda (Sierra) (Guadalajara) 40 I 20
Gorda (Sierra) (Toledo) 52 N 18
Gordaliza de la Loma 24 F 14
Gordaliza del Pino 24 E 14
Gordelliz 13 C 20
Gordexola 13 C 20
Gordo 77 S 23
Gordo (Cabezo) 72 S 8
Gordo (El) 50 M 13
Gordo (Monte) 71 T 7
Gordoa 14 D 22
Gordoncillo 23 F 13
Gorga 69 P 28
Gorg Blau (Embalse del) 90 M 38
Gorgos (Riu) 69 P 30
Gorgullos Tordoia (Estación de) 2 C 4
Gorliz 13 B 21
Gormaz 26 H 20
Gornal (La) 32 I 34
Gorocica 13 C 21
Goronaeta 14 C 22
Gorramakil (Pico) 15 C 25
Gorraptes (Sierra de) 45 I 31
Gorriti 14 C 24
Gósol 18 F 34
Gossan (Embalse de) 72 S 10
Gost (Punta del) 91 O 34
Gotarrendura 38 J 15
Gotera (Punta) 93 J 6
Gotor 28 H 25
Gozón 5 B 12
Gozón de Ucieza 24 E 16
Gózquez de Abajo 53 L 19
Gózquez de Arriba 53 L 19
Graba 7 D 5
Graceas (Las) 66 Q 21
Gracia (Cabo de) 88 X 12
Graciosa (Isla) 95 W 2
Gradefes 10 E 14
Graderas (Cueva de las) 43 J 28
Grado 5 B 11
Grado (El) 16 F 30
Grado (Embalse de El) 16 F 30
Grado del Pico 40 I 20
Graja (Cueva de la) 76 S 19
Graja (La) 74 S 14
Graja de Campalbo 55 M 26
Graja de Iniesta 55 N 24
Grajal 23 F 12
Grajal de Campos 24 F 14
Grajalejo de las Matas 23 E 13
Grajales 76 S 18
Grajera 40 H 19
Grajera (Embalse de la) 14 E 22
Grajo 84 V 15
Grajuela (La) 67 O 24
Gramedo 11 D 16
Gramuntell 31 H 33
Grana (La Casa de la) 67 O 25
Grana (Serra de la) (Alicante) 69 Q 28
Grana (Sierra de la) (Córdoba) 62 Q 13
Grana (Sierra de la) (Jaén) 75 S 18
Granada (Almería) 86 U 21
Granada (Granada) 85 U 19
Granada (La) 32 H 35
Granada (Vega de) 85 U 17
Granada de Riotinto (La) 72 S 10
Granadella (La) (Alicante) 69 P 30
Granadella (La) (Lleida) 31 H 31
Granadilla de Abona 92 I 9
Granado 71 T 7
Granado (Canal de El) 71 T 7
Granado (El) 71 T 7
Gran Alacant 79 R 28
Granátula de Calatrava 65 P 18
Gran Canaria (Aeropuerto de) 94 P 10
Grandas de Salime 4 C 9
Grande 2 C 2
Grande (Embalse) 72 T 8
Grande (Laguna) (Málaga) 85 U 17
Grande (Laguna) (Toledo) 53 N 19
Grande (Puerto) 63 P 15
Grande (Río) (Jaén) 64 Q 18
Grande (Río) (Málaga) 84 V 15
Grande (Sierra) (Badajoz) 62 Q 11
Grande (Sierra) (Cáceres) 49 M 10
Grande de Europa (Punta) (Great Britain) 89 X 14
Grande de Gredos (Laguna) 51 L 14
Grande Fache 16 D 29
Grandes 37 J 11
Grandes 38 J 15
Grandiella 5 C 12
Grandoso 10 D 14
Granera 32 G 36
Granja (La) (Cantabria) 13 B 20
Granja (La) (Cáceres) 50 L 12
Granja (La) (Mallorca) 90 N 37
Granja (Puerto de la) 72 R 10
Granja Asumesa 83 U 12
Granja de Moreruela 23 G 12
Granja de Rocamora 79 R 27
Granja d'Escarp (La) 30 H 31
Granja de Torrehermosa 73 R 13
Granja Muedra 24 G 16
Granjas (Las) 42 K 26
Granjuela (La) 74 Q 13
Gran Montaña 93 T 7
Granollers 32 H 36
Granón 26 E 20
Gran Tarajal 93 T 8
Granucillo 23 F 12
Granyanella 31 H 33
Granyena de les Garrigues 31 H 31
Granyena de Segarra 31 H 33
Graña (A) 20 F 5
Grañas 3 B 6
Grañén 29 G 28
Grañena (Estación de) 75 S 18
Grañeras 24 E 14
Grao de Almassora (El) 57 M 29
Grao de Castelló de la Plana 57 M 30
Grao de Valencia 57 N 29
Grao de Burriana (El) 57 M 29
Grao de Gandía 69 P 29
Grao de Moncófar (El) 57 M 29
Gratallops 45 I 32
Gratal Peña 29 F 28
Grau (es) (Menorca) 91 M 42
Grau de la Granta 18 F 33
Graus 17 F 31
Grávalos 28 F 24
Graya (La) 77 R 22
Grazalema 82 V 13
Greda 25 G 17
Gredilla 12 D 18
Gredos (Parador de) 51 K 14
Gredos (Reserva nacional de) 51 L 14
Gredos (Sierra de) 51 L 14
Gregorio (Córdoba) 63 P 15
Gregorio (Pontevedra) 20 F 5
Gréixer 18 F 35
Gresande 7 E 5
Griego (El) 67 Q 23
Griegos 42 K 24
Grieta (Roque de la) 92 I 8
Grijalba 25 E 17
Grijona (Sierra) 72 T 9
Grijota 24 F 16
Grimaldo 49 M 10
Griñón 52 L 18
Grío 42 H 25
Grisel 28 G 24
Grisén 28 G 26
Grisuela 23 G 11
Grisuela del Páramo 23 E 12
Gritos 54 M 23
Griu (Alt del) 18 E 34
Grivalleras 32 H 34
Grixoa 2 C 3
Groba 20 F 3
Grocin 14 D 24
Grolos 8 D 7
Gromejón 26 G 19
Gros (Cabo) (Gerona) 19 E 39
Gros (Cap) (Mallorca) 90 M 38
Gros (Puig) 91 P 34
Grosa (Sierra) 31 H 31
Grossa (Punta) (Cerca de Cala Sant Vicent) 91 O 34
Grossa (Punta) (Cerca de Ibiza) 91 P 34
Grossa (Punta) (Girona) 19 F 39
Grossa (Serra) (Valencia) 68 P 27
Grossa (Sierra) (Tarragona) 45 K 31
Grovas 7 E 5
Grove (O) 6 E 3
Grulla (La) 60 Q 8
Grullos 5 B 11
Gúa 5 C 11
Guadahortuna 86 T 19
Guadahortuna (Río) 86 T 20
Guadaira 83 U 13
Guadairilla (Arroyo de) 83 U 12
Guadajira 61 P 9
Guadajira (Embalse de) 61 Q 10
Guadajira (Río) 61 P 10
Guadajoz 83 T 13
Guadajoz (Río) 85 T 17
Guadalajara 40 K 20
Guadalaviar 55 K 24
Guadalaviar (Río) 55 K 25
Guadalbarbo 74 R 15
Guadalbullón 85 T 19
Guadalcacín 83 V 11
Guadalcacín (Canal del) 83 W 11
Guadalcacín (Embalse de) 83 W 12
Guadalcanal 73 R 12
Guadalcanal (Sierra de) 73 R 12
Guadalcázar 74 S 15
Guadalefra (Arroyo de) 62 P 13
Guadalemar 63 O 14
Guadalén (Embalse de) 76 R 19
Guadalén (Río) (Ciudad Real) 65 Q 20
Guadalén (Río) (Jaén) 76 R 19
Guadalena de los Quinteros 83 U 12
Guadalén del Caudillo 76 R 19
Guadalentín (Río) (Jaén) 76 S 21
Guadalentín (Río) (Murcia) 78 S 25
Guadalerzas (Castillo de) 52 N 18
Guadalerzas (Las) 64 N 17
Guadalest 69 P 29
Guadalest (Riu) 69 Q 29
Guadalete 83 V 13
Guadalevin 84 V 14
Guadalfeo (Río) 86 V 19
Guadalhorce (Río) 84 U 16
Guadalimar 76 R 19
Guadalimar (Río) 66 Q 22
Guadalix 40 J 19
Guadalix de la Sierra 39 J 18
Guadalmansa 89 W 14
Guadalmedina 84 V 16
Guadalmellato (Canal del) 74 S 15
Guadalmellato (Embalse del) 75 R 16
Guadalmena 66 Q 21
Guadalmena (Embalse de) 66 Q 21
Guadalmez (Río) 63 P 14
Guadalmez (Río) (Ciudad Real) 63 P 15
Guadalmez (Río) (Córdoba) 63 Q 15
Guadalmez-Los Predroches 63 P 15
Guadalmina 89 W 15
Guadalope 43 K 27
Guadalopillo 43 J 28
Guadalperales (Los) 62 O 13
Guadalporcún 83 V 13
Guadalquivir (Río) 76 R 21
Guadalquivir (Garganta) 76 R 21
Guadalquivir (Marismas del) 82 U 10
Guadalteba 84 V 15
Guadalteba-Guadalhorce (Embalse del) 84 V 15
Guadalupe (Cáceres) 51 N 14
Guadalupe (Granada) 77 S 23
Guadalupe (Monasterio de) 63 N 14
Guadalupe (Santuario de) 76 R 19
Guadalupe (Sierra de) 50 N 13
Guadalupejo (Río) 63 N 14
Guadamajud 54 L 22
Guadamatilla 63 Q 14
Guadamez 62 P 12
Guadamojete (Punta de) 93 K 7
Guadamonte 52 K 18
Guadamur 52 M 17
Guadapero 36 K 10
Guadarrama 39 J 17
Guadarrama (Puerto de) 39 J 17
Guadarrama (Río) 52 K 18
Guadarrama (Sierra de) 39 K 17
Guadarranque (Cádiz) 89 X 13
Guadarranque (Embalse del) 89 X 13
Guadarranque (Río) (Cáceres) 51 N 14
Guadassuar 69 O 28
Guadazaón 55 M 24
Guadiamar 73 T 11
Guadiamar (Caño de) 83 U 11
Guadiana (Canal del) 65 O 20
Guadiana (Río) 81 U 7
Guadiana del Caudillo 61 P 9
Guadiana Menor 86 T 21
Guadianeja (La) 65 Q 20
Guadiaro 89 X 14
Guadiaro (Río) 84 V 14
Guadiato 74 R 14
Guadiel 75 R 18
Guadiela 41 K 22
Guadilla de Villamar 12 E 17
Guadiloba 49 N 11
Guadix 86 U 20
Guadix (Hoya de) 86 T 20
Guadramiro 36 I 10
Guadyerbas 51 L 15
Guainos Bajos 86 V 20
Guajara 92 I 8
Guajara (Cerca de La Laguna) 93 K 7
Guájar Alto 85 V 19
Guájaras (Sierra de las) 85 V 19
Guajaraz (Embalse de) 52 M 17
Guajardo y Malhincada 49 L 10
Guájar Faragüit 85 V 19
Guájar Fondón 85 V 19
Gualba 33 G 37
Gualchos 86 V 19
Gualda 41 J 21
Gualija 50 M 13
Gualta 19 F 39
Gualter 31 G 33
Guamasa 93 J 7
Guanapay 95 W 3
Guanarteme (Punta de) 94 O 8
Guancha (La) 92 I 7
Guancha (Necrópolis de la) 94 O 9
Guanchia 94 O 9
Guara 16 F 29
Guara (Sierra de) 16 F 29
Guarazoca 93 B 11
Guarbes (Sierra de) 17 D 32
Guarda (La) 62 P 12
Guarda de la Alameda (Casas del) 76 Q 20
Guarda Forestal (Mirador del) 84 V 15
Guardal 77 S 22
Guardamar 69 P 29
Guardamar del Segura 79 R 28
Guàrdia (La) (Lleida) 31 G 33
Guardia (La) (Toledo) 53 M 19
Guàrdia d'Ares (La) 17 F 33
Guardia de Jaén (La) 75 S 18
Guàrdia dels Prats (La) 31 H 33
Guárdia de Noguera 17 F 32
Guàrdia Lada (La) 31 H 33
Guardias Viejas 86 V 21
Guardilama 95 V 4
Guardiola (Lleida) 18 F 34
Guardiola (Murcia) 68 Q 26
Guardiola de Berguedà 18 F 35
Guardiola de Font-rubí 32 H 34
Guardo 11 D 15
Guareña (Badadoz) 62 P 11
Guareña (Río) 23 H 13
Guareña (Ávila) 38 K 15
Guarga 16 E 29
Guaro 89 W 15
Guarrate 37 I 13
Guarrizas 76 R 19
Guarromán 75 R 18
Guasa 16 E 28
Guaso 16 E 30
Guatiza 95 X 3
Guatizalema 30 G 29
Guayente 17 E 31
Guaza 92 H 9
Guaza (Montaña de) 92 H 9
Guaza de Campos 24 F 15
Guazamara 87 T 24
Gúdar 43 K 27
Gúdar (Puerto de) 43 K 27
Gúdar (Sierra de) 43 K 27
Gudillos 39 J 17
Gudín 37 J 13
Gudiña (A) 21 F 8
Guéa (La) 55 K 26
Güéjar Sierra 86 U 19
Güeñes 13 C 20
Gueral 7 E 6
Guerechal (El) 62 P 12
Guereñu 14 D 22
Guerra (Ciudad Real) 65 O 20
Guerrero 61 O 9
Güesa 15 D 26
Guevara 14 D 22
Güevéjar 85 U 19
Guía de Isora 92 H 8
Guiamets (Els) 45 I 32
Guiana 9 E 10
Guiar 4 B 8
Guiaros (Los) 87 T 24
Guijar (El) 39 I 18
Guijarral 66 P 23
Guijarro (Collado del) 62 N 12
Guijarrosa (La) 74 T 15
Guijasalbas 39 J 17
Guijo 41 J 23
Guijo (El) 63 Q 15
Guijo de Ávila 37 K 13
Guijo de Coria 49 L 10
Guijo de Galisteo 49 L 10
Guijo de Granadilla 49 L 11
Guijo de Santa Bárbara 50 L 13
Guijosa (Guadalajara) 41 I 22
Guijosa (Soria) 26 G 20
Guijoso 26 G 20
Guijoso (El) 66 P 21
Guijuelo 37 K 12
Guilfrei 8 D 8
Guillade 20 F 4
Guillar 7 D 6
Guillarei 20 F 4
Guillena 73 T 11
Guillena (Embalse de) 73 T 11
Guillerna 13 D 21
Guils 17 E 33
Guils de Cerdanya 18 E 35
Guilué 16 E 29
Güímar 92 J 8
Güímar (Ladera de) 92 J 8
Güímar (Punta de) 93 J 8
Güímar (Volcán de) 93 J 8
Guimara 9 D 9
Guimarei 7 D 6
Guimerà 31 H 33
Guincho (El) (Cerca del Aeropuerto) 92 I 9
Guincho (El) (Cerca de Garachico) 92 H 7
Guindos (Los) 75 R 18
Guindos (Sierra de los) 64 O 16
Guinea 13 D 20
Guingueta (La) 17 E 33
Guinicio 13 D 20
Guipúzcoa (Provincia) 14 C 23
Guirguillano 14 D 24
Guisando 51 L 14
Guisatecha 10 D 11
Guisguey 93 U 6
Guissona 31 G 33
Guistolas (Embalse de) 8 E 7
Guitiriz 3 C 6
Guixaró (El) 32 G 35
Guixers 18 F 34
Guizaburruaga 14 C 22
Guizán 20 F 4
Guláns 20 F 4
Gumiel de Hizán 25 G 18
Gumiel de Mercado 25 G 18
Guntín de Pallares 7 D 6
Gurb 32 G 36
Guriezo 13 B 20
Gurp 17 F 32
Gurrea de Gállego 29 F 27
Gurri 32 G 36
Gurugu (El) 53 K 19
Gusendos de los Oteros 23 E 13
Guspí 32 G 34

Name	Page	Grid	
Gustei	7	E	6
Gutar	76	R	21
Gutierre Muñoz	38	J	16
Gutur	28	G	24
Guxinde	20	G	5
Guzmán	25	G	18
Güime	95	W	4

H

Name	Page	Grid	
Haba (La)	62	P	12
Habas (Las)	88	X	12
Hacho	84	V	15
Hacho (Sierra del)	84	V	15
Hachueta	14	D	24
Hacinas	26	G	20
Haedillo	26	F	20
Haedo	12	C	18
Haedo de Linares	12	C	19
Hamapega	73	R	12
Hams (Coves dels)	90	N	38
Haría	95	X	3
Harinas (Sierra de las)	84	V	14
Harinosa (La)	83	V	12
Haro	13	E	21
Hatoqueo	61	O	10
Hato Verde	73	T	11
Haya (Peñas de)	14	C	24
Haza	25	H	18
Haza del Trigo	86	V	20
Haza Alta	76	Q	21
Haza de Lino	86	V	20
Hazas de Cesto	12	B	19
Hazuelas (Las)	75	S	16
Hecho	15	D	27
Hecho (Valle de)	15	D	27
Hedradas (Las)	22	F	9
Hedroso	22	F	9
Helada (Sierra)	69	Q	29
Helado (El)	64	P	18
Helechal	62	P	13
Helechosa	63	O	15
Helgueras	12	B	19
Hellín	67	Q	24
Henar (Río) (Burgos)	25	G	18
Henar (Río) (Soria)	27	H	23
Henar (Río) (Zaragoza)	28	H	24
Henajeros	55	M	25
Henares (Cuenca)	55	M	25
Henares (Murcia)	78	T	24
Henares (Río)	40	K	20
Henche	41	J	21
Herada	12	C	19
Heras (Guadalajara)	40	J	20
Heras (Las)	11	D	15
Herbés	44	J	29
Herbeset	44	K	29
Herbogo	6	D	3
Herbón	6	D	4
Herbosa	12	D	18
Herce	27	F	23
Hércules (Torre de)	2	B	4
Herdadiña	20	G	5
Heredia	14	D	22
Herencia	65	N	19
Herencias (Las)	51	M	15
Hereña	13	D	21
Herguijuela	62	N	12
Herguijuela (La)	51	K	14
Herguijuela de Ciudad Rodrigo	36	K	10
Herguijuela de la Sierra	37	K	11
Herguijuela del Campo	37	K	12
Herguijuelas	61	N	10
Hermanas (Dos)	60	O	8
Hermanas (Las)	67	Q	25
Hérmedes de Cerrato	25	G	17
Hermida (Desfiladero de la)	11	C	16
Hermida (La)	11	C	16
Hermigua	95	E	9
Hermigua (Valle de)	95	E	9
Hermisende	22	G	9
Hermo (Monasterio de)	9	D	10
Hermosilla	12	E	19
Hernán Cortés	62	O	12

Name	Page	Grid	
Hernán Cortés (Parador) (Zafra)	61	Q	10
Hernani	14	C	24
Hernán Pérez	49	L	10
Hernansancho	38	J	15
Hernán Valle	86	T	20
Hernialde	14	C	23
Hernio	14	C	23
Herradón (El)	38	K	16
Herradura (La) (Granada)	85	V	18
Herradura (La) (Toledo)	65	O	18
Herradura (Punta de la)	93	T	7
Herramélluri	13	E	21
Herraña	78	S	25
Herrera (Zaragoza)	43	I	26
Herrera (cerca de El Coronil)	83	U	12
Herrera (cerca de Estepa)	84	T	15
Herrera (Jaén)	76	R	20
Herrera (La)	67	P	23
Herrera (Puerto de)	14	E	22
Herrera de Alcántara	48	N	7
Herrera de Duero	25	H	16
Herrera de la Mancha	65	O	20
Herrera del Duque	63	O	14
Herrera de los Navarros	43	I	26
Herrera de Pisuerga	12	E	17
Herrera de Soria	26	G	20
Herrera de Valdecañas	25	F	17
Herrería (Guadalajara)	42	J	24
Herrería (Lugo)	8	E	8
Herrería (La) (Albacete)	67	Q	23
Herrería (La) (Córdoba)	74	S	14
Herrerías	11	C	16
Herrerías (Las) (Almería)	87	U	24
Herrerías (Las) (Huelva)	72	T	8
Herrerías (Las) (Jaén)	77	R	22
Herrero	85	V	18
Herreros (Los)	68	O	27
Herreros (Río)	66	Q	21
Herreros (Soria)	27	G	21
Herreros de Jamuz	23	F	12
Herreros de Rueda	10	E	14
Herreros de Suso	38	J	14
Herreruela	48	N	9
Herreruela (Estación de)	49	N	9
Herreruela de Castillería	11	D	16
Herreruela de Oropesa	51	M	14
Herrín de Campos	24	F	15
Herriza (La)	84	U	15
Herruzo (Sierra del)	76	Q	18
Hervás	50	L	12
Herves	2	C	4
Hervías	26	E	21
Hervideros (Los)	68	O	26
Hervideros (Los)	95	V	4
Hez (Sierra de la)	27	F	23
Hidalga (La)	93	J	8
Hidalgo (Punta del)	93	K	6
Hiedras (Las)	92	H	8
Hiendelaencina	40	I	20
Hierro	12	D	19
Hierro (Cabeza de)	39	J	18
Hierro (Parador de El)	93	B	11
Hierro (Puerto del)	26	G	21
Higa	15	D	25
Higuer (Cabo)	14	B	24
Higuera (La) (Albacete)	67	P	25
Higuera (La) (Segovia)	39	I	17
Higuera (Sierra de la)	52	N	17
Higuera de Albalar	50	M	13
Higuera de Arjona	75	S	18

Name	Page	Grid	
Higuera de Calatrava	75	S	17
Higuera de las Dueñas	52	L	16
Higuera de la Serena	62	Q	12
Higuera de la Sierra	72	S	10
Higuera de Llerena	73	Q	11
Higuera de Vargas	60	Q	9
Higueral	87	T	22
Higueral (El)	85	U	17
Higuera la Real	72	R	9
Higueras	56	M	28
Higueras (Las)	85	T	17
Higuerita (La)	93	K	7
Higuerón	85	V	18
Higuerón (El)	74	S	15
Higuerón (Puerto del)	89	X	13
Higüeros	87	V	22
Higueruela	67	P	25
Higueruela (La) (cerca de Belvis de la Jara)	51	M	15
Higueruela (La) (cerca de Toledo)	52	M	17
Higueruelas	56	M	27
Hija de Dios (La)	38	K	15
Híjar (Albacete)	67	Q	23
Híjar (Teruel)	43	I	28
Hijate (El)	87	T	22
Hijes	40	I	21
Hijosa	12	E	17
Hilario (Islote de)	95	V	3
Hincado (Puerto)	27	F	21
Hinestrosa	25	F	17
Hiniesta (La)	23	H	12
Hinodejo	27	G	21
Hinojal	49	M	10
Hinojales	72	R	10
Hinojales (Sierra)	72	S	10
Hinojar (Ciudad Real)	64	Q	17
Hinojar (Murcia)	78	S	25
Hinojar del Rey	26	G	20
Hinojares	76	S	20
Hinojedo	12	B	17
Hinojora	87	T	22
Hinojos	82	U	10
Hinojos (Marisma de)	82	U	10
Hinojosa	42	I	24
Hinojosa (La) (Cuenca)	54	M	22
Hinojosa (La) (Soria)	26	G	20
Hinojosa de Duero	36	J	9
Hinojosa de Jarque	43	J	27
Hinojosa de la Sierra	27	G	22
Hinojosa del Campo	27	G	23
Hinojosa del Cerro	39	H	18
Hinojosa del Duque	63	O	14
Hinojosa del Valle	62	Q	11
Hinojosa de San Vicente	51	L	15
Hinojosas de Calatrava	64	Q	17
Hinojosos (Los)	54	N	21
Hio	20	F	3
Hiriberri	15	D	26
Hirmes	86	V	21
Hiruela (La)	40	I	19
Hita	40	J	20
Hito (El)	54	M	21
Hito (Laguna de El)	54	M	21
Hitos (Estación de Los)	67	P	24
Hoces (Desfiladero Las)	10	D	13
Hoces de Bárcena	12	C	17
Hoja (Embalse de la)	72	T	9
Holguera	49	M	10
Hombrados	42	J	24
Hombreiro	3	C	7
Home (Cabo de)	20	F	3
Homino	12	E	19
Honcalada	00	I	15
Hondarribia / Fuenterrabía	14	B	24
Hondón de las Nieves	79	R	27
Hondón de los Frailes	79	R	27

Name	Page	Grid	
Honduras	37	K	12
Honduras (Acantilado de la)	92	J	8
Honduras (Puerto de)	50	L	12
Honduras (Punta de)	92	J	8
Honquilana	38	I	15
Honrubia	54	N	23
Honrubia de la Cuesta	25	H	18
Hontalbilla	39	H	17
Hontana (El)	56	M	26
Hontanar (Collado de)	75	Q	17
Hontanar (El) (cerca de La Hunde)	68	O	26
Hontanar (Toledo)	52	N	16
Hontanar (Valencia)	55	L	25
Hontanares (Guadalajara)	41	J	21
Hontanares (Ávila)	51	L	15
Hontanares de Eresma	39	J	17
Hontanas	25	F	17
Hontanaya	54	M	21
Hontangas	25	H	18
Hontecillas	54	M	23
Hontoba	40	K	20
Hontomín	12	E	19
Hontoria (Asturias)	11	B	15
Hontoria (Segovia)	39	J	17
Hontoria de Cerrato	25	G	16
Hontoria de la Cantera	26	F	19
Hontoria del Pinar	26	G	20
Hontoria de Valdearados	26	G	19
Horca (La)	67	Q	25
Horcajada (La)	37	K	13
Horcajada de la Torre	54	L	22
Horcajo (Cáceres)	49	K	10
Horcajo (Ciudad Real)	64	Q	16
Horcajo (El)	66	P	22
Horcajo de la Ribera	50	K	13
Horcajo de la Sierra	40	I	19
Horcajo de las Torres	38	I	14
Horcajo de los Montes	64	O	16
Horcajo de Montemayor	50	K	12
Horcajo de Santiago	53	M	21
Horcajo Medianero	37	K	13
Horcajuelo de la Sierra	40	I	19
Horche	40	K	20
Horcón	63	Q	15
Horconera (Sierra de la)	85	T	17
Hormazas (Las)	12	E	18
Hormazas (Sierra de las)	27	F	21
Hormazuela	12	E	18
Hormigos	51	L	16
Hormilla	27	E	21
Hormilleja	27	E	21
Horna (Albacete)	67	P	25
Horna (Burgos)	12	D	19
Horna (Guadalajara)	41	I	22
Hornachos	62	Q	11
Hornachuelos	74	S	14
Hornachuelos (Estación de)	74	S	14
Hornajos (Los)	86	V	21
Hornias Bajas	64	O	17
Hornico (El)	77	R	23
Hornija (León)	8	E	9
Hornija (Río)	24	H	15
Hornijo (Sierra del)	12	C	19
Hornillatorre	12	D	18
Hornillayuso	12	C	19
Hornillo (El) (Murcia)	78	T	25
Hornillo (El) (Ávila)	51	L	14
Hornillos	38	H	15
Hornillos de Cameros	27	F	22
Hornillos de Cerrato	25	G	17

Name	Page	Grid	
Hornillos del Camino	25	E	18
Hornos	77	R	21
Hornos de la Mata	12	C	17
Hornos de Peal	76	S	20
Horra (La)	25	G	18
Horsavinyà	33	G	37
Horta de Sant Joan	44	J	30
Hortas	7	D	5
Hortells	44	J	29
Hortezuela	27	H	21
Hortezuela de Océn (La)	41	J	22
Hortezuelas	26	G	19
Hortichuela (La)	85	T	18
Hortigüela	26	F	19
Hortizuela	54	L	23
Hortoneda	17	F	33
Hortons (Riera de	32	G	35
Hortunas de Arriba	68	N	26
Hospital (cerca de Fonsagrada)	4	C	8
Hospital (cerca de Linares)	8	D	8
Hospital (Collado del)	51	N	14
Hospital de Órbigo	10	E	12
Hospitalet (L')	32	H	36
Hospitalet de l'Infant (L')	45	J	32
Hosquillo (El)	55	K	24
Hostal de Ipiés	16	E	28
Hostalets (Els) (Barcelona)	32	G	36
Hostalets (Els) (cerca de Esparreguera)	32	H	35
Hostalets (Els) (Lérida)	18	F	34
Hostalets d'En Bas (Els)	19	F	37
Hostalric	33	G	37
Hoya (La)	95	V	4
Hoya (La) (Madrid)	39	K	17
Hoya (La) (Málaga)	84	V	16
Hoya (La) (Salamanca)	50	K	12
Hoya (La) (Alicante)	79	R	27
Hoya (La) (Murcia)	78	S	25
Hoya de Farrais	92	I	7
Hoya de la Carrasca	55	L	26
Hoya del Campo	78	R	25
Hoya del Espino (La)	77	R	22
Hoya del Espino (Sierra de la)	77	R	22
Hoya del Peral	55	L	25
Hoya Fria	93	K	7
Hoya Gonzalo	67	P	25
Hoya Grande	92	H	9
Hoyales de Roa	25	H	18
Hoyas (Altura las)	95	B	4
Hoyas (Las)	87	U	22
Hoya Santa Ana	67	P	25
Hoyo (El) (Ciudad real)	76	Q	18
Hoyo (El) (Córdoba)	74	R	14
Hoyo (Sierra del)	39	K	18
Hoyocasero	51	K	15
Hoyo de Manzanares	39	K	18
Hoyo de Pinares (El)	39	K	16
Hoyorredondo	37	K	13
Hoyos	49	L	9
Hoyos del Collado	51	K	14
Hoyos del Espino	51	K	14
Hoyos de Miguel Muñoz	51	K	14
Hoyuelos	39	I	16
Hoyuelos (Los)	66	P	21
Hoz (Collado de)	11	C	16
Hoz (Cueva de la)	41	J	23
Hoz (La) (Albacete)	66	P	22
Hoz (La) (Córdoba)	85	U	16
Hozabejas	12	D	19
Hoz de Abajo	40	H	20
Hoz de Anero	12	B	19
Hoz de Arreba	12	D	18
Hoz de Arriba	40	H	20
Hoz de Barbastro	16	F	30
Hoz de Beteta (Desfiladero)	41	K	23
Hoz de Jaca	16	D	29

Name	Page	Grid	
Hoz de la Vieja (La)	43	J	27
Hoz de Valdiviesco	12	D	19
Hozgarganta	89	W	13
Hoznayo	12	B	18
Hoz Seca	42	K	24
Huarte	15	D	25
Huebra	36	I	10
Huebro	87	V	23
Huécar (Río)	54	L	24
Huecas	52	L	17
Huecha	28	G	24
Huechaseca	28	G	25
Huécija	87	V	22
Huéfor Tájar	85	U	17
Huegas	30	H	30
Huélaga	49	L	10
Huélago	86	T	20
Huélamo	55	L	24
Huelga (La)	87	U	23
Huelgas Reales (Las)	25	F	18
Huelgueras	11	B	16
Huelma	76	T	19
Huelva	82	U	9
Huelva (Rivera de)	72	S	10
Huelves	54	L	21
Huéneja	86	U	21
Huéneja (Estación de)	86	U	21
Huércal de Almería	87	V	22
Huércal Overa	87	T	24
Huércanos	27	E	21
Huerce (La)	40	I	20
Huércemes	55	M	24
Huerces	5	B	12
Huerga de Frailes	23	E	12
Huergas	10	D	11
Huérguina	55	L	25
Huérmeces	12	E	18
Huérmeces del Cerro	41	I	21
Huérmeda	42	H	25
Hueros (Los)	53	K	19
Huerrios	29	F	28
Huerta (La)	87	U	24
Huerta (Segovia)	39	I	18
Huerta (Salamanca)	37	J	13
Huerta (Sierra de)	67	Q	25
Huerta de Abajo	26	F	20
Huerta de Arriba	26	F	20
Huerta de Cuarto Holgado	49	L	11
Huerta de la Obispalía	54	M	22
Huerta del Marquesado	55	L	24
Huerta del Rey	26	G	19
Huerta de Valdecarábanos	53	M	19
Huerta de Vero	16	F	30
Huertahernando	41	J	23
Huertapelayo	41	J	23
Huertas (Cabo de)	79	Q	28
Huertas (Ermita Las)	78	S	25
Huertas (Las)	60	N	8
Huertas Bocas del Salado	74	T	15
Huertas de Ánimas	50	N	12
Huérteles	27	F	23
Huertezuelas	64	Q	18
Huerto	29	G	29
Huerto La Rabasa	68	N	28
Huertos (Los)	39	I	17
Huerva	42	I	26
Huesa (Estación de)	76	S	20
Huesa del Común	43	I	27
Huesas (Las)	64	Q	18
Huesca	29	F	28
Huéscar	77	S	22
Huescar (Río)	55	L	24
Huesna (Embalse de)	73	S	12
Huéspeda	12	D	19
Huete	54	L	21
Hueto Arriba	13	D	21
Huétor-Vega	85	U	19
Huétor Santillán	85	U	19
Huétor Tájar	85	U	17
Huetos	41	J	22
Hueva	40	K	21

Name	Page	Grid	
Huévar	83	T	11
Huéznar (Rivera de)	73	S	12
Huma	84	V	15
Humada	12	D	17
Humanes	40	J	20
Humanes de Madrid	52	L	18
Humboldt (Mirador de)	92	I	7
Húmera	52	K	18
Humilladero	84	U	15
Humilladero (Ermita del)	50	N	13
Humilladero (Sierra del)	84	U	15
Humo de Muro (El)	16	E	28
Humosa (La)	67	P	24
Hunde (La)	68	O	26
Hurchillo	79	R	27
Hurdano (Río)	49	K	11
Hurdes (Las)	49	K	11
Hurones	26	E	19
Hurones (Embalse de los)	83	V	13
Hurtado	65	O	19
Hurtumpascual	38	J	14
Husillos	25	F	16
Huso	51	N	14

I

Name	Page	Grid	
Ibahernando	62	O	12
Ibañeta (Puerto)	15	C	26
Ibardín	15	C	24
Ibarra (Álava)	14	C	22
Ibarra (Guipúzcoa)	14	C	23
Ibarra (Vizcaya)	13	C	21
Ibarranguelua	14	B	22
Ibárruri	13	C	21
Ibdes	42	I	24
Ibeas de Juarros	26	F	19
Ibi	69	Q	28
Ibias	4	C	9
Ibias (Río)	9	D	9
Ibieca	16	F	29
Ibisate	14	D	22
Ibiza / Eivissa	91	P	34
Ibor	50	M	13
Ibrillos	26	E	20
Ibros	76	R	19
Icazteguieta	14	C	23
Iciar	14	C	23
Icod de los Vinos	92	H	7
Icod el Alto	92	I	7
Icor	92	J	8
Idafe (Roque de)	95	B	5
Idiazabal	14	C	23
Idocín	15	D	25
Ifach (Peñón de)	69	Q	30
Ifonche	92	H	7
Igal	15	D	26
Igantzi	15	C	24
Igea	27	F	23
Iglesiarrubia	25	G	18
Iglesias	25	F	18
Iglesuela (La)	51	L	15
Iglesuela del Cid (La)	44	K	29
Igorre	13	C	21
Igrexafeita	3	B	5
Igriés	29	F	28
Igualada	32	H	34
Igualeja	89	W	14
Igualero	95	E	9
Igueldo	14	C	23
Igueldo (Monte)	14	C	23
Igüeña	9	D	11
Igueste (Cerca de Las Caletillas)	93	J	7
Igueste (Cerca de San Andrés)	93	L	6
Igúzquiza	14	E	23
Ihabar	14	D	24
Ilche	30	G	30
Illa	20	G	5
Illa (L')	31	H	33
Illa de Arousa	6	E	3
Illana	54	L	21
Illán de Vacas	52	M	16
Illano	4	C	9
Illar	86	V	22
Illas	5	B	12
Illaso	4	B	9

Illescas	52	L 18
Illón (Sierra de)	15	D 26
Illora	85	U 16
Illueca	28	H 25
Ilurdotz	15	D 25
Imaña (Val)	43	I 28
Imón	41	I 21
Ina (La)	88	W 11
Inagua	94	N 10
Inazares	00	R 23
Inca	90	M 38
Incinillas	12	D 19
Incio	8	E 8
Incio (O)	8	E 7
Indiana (Estación de la)	84	V 14
Indiano (El)	73	T 11
Indias (Las)	95	B 6
Induráin	15	D 25
Ines	26	H 20
Inestrillas	28	G 24
Infantas (Las)	52	L 18
Infierno (Barranco del)	92	H 9
Infierno (Picos del)	16	D 29
Infiernos (Los)	85	U 17
Infiesto	5	B 13
Ingenio	94	P 10
Ingenio (Cerca de Santa Lucía)	94	O 10
Inglés (El)	94	N 10
Iniesta	55	N 24
Iniéstola	41	J 22
Inogés	42	H 25
Inoso	13	C 21
Instinción	86	V 22
Insúa (cerca de Taboada)	7	D 6
Insúa (cerca de Villalba)	3	C 6
Insúa (La Coruña)	3	B 6
Insúa (Punta)	2	C 2
Intza	14	C 24
Inviernas (Las)	41	J 21

Iñigo	37	K 12
Ip (Embalse de)	16	D 28
Irabiako (Embalse de)	15	D 26
Irache (Monasterio de)	14	E 23
Iragi	15	D 25
Iranzu (Monasterio de)	14	D 23
Irañeta	14	D 24
Irati	15	D 26
Irati (Bosque de)	15	D 25
Irati (Valle del)	15	D 25
Ircio	13	E 21
Irede	10	D 12
Iregua	27	F 21
Iregua (Valle de)	27	F 22
Iribas	14	D 24
Iriépal	40	K 20
Irixo	7	E 5
Irixoa	3	C 5
Irta (Cap d')	57	L 31
Irta (Serra de)	57	L 30
Iruecha	41	I 23
Iruela	22	F 10
Iruela (La)	76	S 21
Iruelos	36	I 11
Irueste	41	K 21
Irumugarrieta	14	C 23
Irun	14	B 24
Iruña de Oca	13	D 21
Iruñea / Pamplona	15	D 25
Iruñela	14	D 23
Irura	14	C 23
Irurita	15	C 25
Irurozqui	15	D 26
Irurtzun	14	D 24
Irús	13	C 19
Iruz	12	C 18
Iruzubi	14	C 22
Isaba	15	D 27
Isabel (La)	71	T 7
Isabela	76	R 19
Isábena	17	E 31
Isar	25	E 18

Isarrais (Punta)	14	C 23
Isbert (Embalse de)	69	P 29
Iscar	39	H 16
Isidro	72	R 9
Isidros (Los)	55	N 26
Isin	16	E 28
Isla	15	D 25
Isla (La)	5	B 14
Isla Canela	81	U 7
Isla Cristina	81	U 8
Isla de Luna	84	T 15
Isla del Vicario	74	T 14
Isla Plana	79	T 26
Isla Ravenna	90	M 33
Isla Redonda	84	T 15
Islares	13	B 20
Islas Menores	79	T 27
Isla Verde	88	W 12
Isleta (Las Palmas)	94	P 9
Isleta (La)	94	P 8
Isleta (La)	87	V 23
Islote (El)	93	R 9
Iso (Puerto)	15	D 26
Isoba	5	C 14
Isona	17	F 33
Isora	93	B 11
Isóvol	18	E 35
Ispater	14	C 23
Isso	67	Q 24
Istán	89	W 15
Isuela	29	F 28
Isuerre	15	E 26
Itálica (Ruinas de)	73	T 11
Itero de la Vega	25	F 17
Itero del Castillo	25	F 17
Itoiz (Embalse de)	15	D 26
Itrabo	85	V 19
Itrabo (Cerro de)	85	V 19
Itsaso	14	C 23
Itsasondo	14	C 23
Ituero (Albacete)	66	P 23
Ituero (Soria)	27	H 22
Ituero de Azaba	36	K 9

Ituero y Lama	39	J 16
Ituren	14	C 24
Iturgoyen	14	D 24
Iturmendi	14	D 23
Iturreta	14	C 22
Iturria	13	C 22
Iurreta	14	C 22
Ivars de Noguera	31	G 31
Ivars d'Urgell	31	G 32
Ivarsos (Els)	57	L 29
Ivernalo	14	E 23
Ivorra	32	G 34
Izade	13	C 20
Izaga	14	D 25
Izagre	24	F 14
Izal	15	D 26
Izalzu	15	D 26
Izana	27	G 22
Izaña	92	I 8
Izaña (Observatorio Meteorológico de)	92	J 8
Izaña (Puerto de)	92	J 8
Izarra	13	D 21
Izarraitz (Monte)	14	C 23
Ízbor	85	V 19
Izcar	75	S 16
Izco	15	E 25
Izco (Sierra de)	15	E 25
Iznájar	85	U 17
Iznalloz	85	T 19
Iznate	85	V 19
Iznatoraf	76	R 20
Izpegui (Puerto de)	15	C 25
Izurza	14	C 22

J

Jábaga	54	L 23
Jabalcón	76	T 21
Jabalcuz	75	S 18
Jabalera	54	L 21
Jabalón	64	P 17
Jabaloyas	55	L 25

Jabalquinto	75	R 18
Jabarrella	16	E 28
Jabarrella (Embalse de)	16	E 28
Jabarriega	61	O 9
Jabata	73	S 10
Jable (El)	95	W 3
Jable del Moro	93	U 5
Jabugo	72	S 9
Jabuguillo	72	S 10
Jaca (Huesca)	16	E 28
Jaca (Jaén)	75	T 18
Jacarilla	79	R 27
Jacintos	72	R 10
Jadraque	40	J 21
Jaén	75	S 18
Jafre	19	F 39
Jaganta	44	J 29
Jaizkibel (Monte)	14	B 24
Jalama	49	L 9
Jalance	68	O 26
Jalón	69	P 29
Jalón (Río)	41	I 23
Jalón de Cameros	27	F 22
Jalvegada	76	Q 18
Jama	92	I 9
Jamara	53	L 19
Jamara (Canal del)	52	L 18
Jambrina	38	H 13
Jameos del Agua	95	X 3
Jamilena	75	S 18
Jamuz	23	F 12
Jana (La)	44	K 30
Jandía	93	R 9
Jandía (Península de)	93	R 9
Jandía (Punta de)	93	Q 9
Jandilla	88	X 12
Jándula	64	Q 18
Jándula (Embalse del)	75	R 18
Jandulilla	76	S 20
Janubio (Salinas de)	95	V 4
Jara (La) (Cádiz)	82	V 10
Jara (La) (Toledo)	51	M 14
Jaraba	42	I 24
Jarabeltran	39	K 17
Jarafuel	68	O 26
Jaraguas	55	N 25
Jaraicejo	50	N 12
Jaraiz de la Vera	50	L 12
Jaral (El)	92	H 8
Jarales	93	B 11
Jarama (Circuito del)	40	K 19
Jarama (Río)	40	I 19
Jaramillo de la Fuente	26	F 20
Jaramillo Quemado	26	F 19
Jarandilla de la Vera	50	L 13
Jaras (Las)	74	S 15
Jarastepar	84	V 14
Jaray	27	G 23
Jarceley	4	C 10
Jarda (La)	88	W 13
Jardín de Aclimatación (Puerto de la Cruz)	92	I 7
Jardín (El)	66	P 23
Jardín (Río del)	66	P 23
Jardín Canario	94	P 9
Jardines (Puerto de los)	76	Q 19
Jardines de Aranjuez	53	L 19
Jarilla	49	L 11
Jarilla (La)	73	T 12
Jarillas (Las)	73	S 12
Jarlata	16	E 28
Jarosa	77	S 23
Jarosa (Embalse de la)	39	J 17
Jarosa (La)	65	P 20
Jarque	28	H 24
Jarque de la Val	43	J 27
Jarrio	4	B 9
Jártos	77	Q 23
Jasa	16	D 28
Jata	77	S 22
Játar	85	V 18
Jatiel	43	I 28
Játiva / Xàtiva	69	P 28

Jau (El)	85	U 18
Jauja	84	U 16
Jaulin	29	H 27
Jauntsarast	14	C 24
Jaurrieta	15	D 26
Jautor (El)	88	W 13
Javalambre	56	L 26
Javalambre (Sierra de)	56	L 27
Javalón	55	L 25
Javana (Punta)	87	V 24
Jávea / Xàbia	69	P 30
Javier	15	E 26
Javierre	16	E 29
Javierre del Obispo	16	E 29
Javierregay	15	E 27
Javierrelatre	16	E 28
Javierrelatre (Embalse de)	16	E 28
Jayena	85	V 18
Jayón	87	V 23
Jédula	83	V 12
Jemenuño	39	J 16
Jerea	13	C 20
Jeres del Marquesado	86	U 20
Jerez de la Frontera	83	V 11
Jerez de los Caballeros	72	R 9
Jérica	56	M 28
Jerte	50	L 12
Jerte (Río)	49	L 11
Jesús (Iglesia)	91	P 34
Jesús i María	45	J 32
Jesús Pobre	69	P 30
Jete	85	V 19
Jiloca	42	I 25
Jimena	76	S 19
Jimena de la Frontera	89	W 13
Jiménez de Jamuz	23	F 12
Jimera de Líbar (La)	89	W 14
Jinama	93	B 11
Jinamar	94	P 9
Jinetes (Los)	73	T 12
Jistredo (Sierra de)	10	D 11
Joanetes	19	F 37
Joanín	7	E 6
Joara	24	E 15
Joarilla de las Matas	24	F 14
Jócano	13	D 21
Jódar	76	S 19
Jola	60	O 8
Jolúcar	85	V 19
Joncosa de Montmell (la)	32	I 34
Jonquera (La)	19	E 38
Jorairátar	86	V 20
Jorba	32	H 34
Jorcas	43	K 27
Jordra de Cardos	41	I 28
Jorquera	67	O 25
Josa	43	J 27
Josa del Cadí	18	F 34
José Antonio	83	V 12
José Antonio Elola	51	L 14
José Díez	72	R 10
Jose Toran (Embalse de)	74	S 13
Jou	17	E 33
Jou (Collado de)	18	F 34
Joya (La) (Huelva)	72	S 8
Joya (La) (Ibiza)	91	O 34
Joyosa (La)	29	G 26
Juan Antón	53	L 19
Juanar (Refugio de)	89	W 15
Juan Centellas (Punta de)	92	H 7
Juan Gallego	72	T 10
Juan Grande	94	P 11
Juan Martín	75	S 16
Juan Navarro	55	N 26
Juanorros (Los)	87	V 23
Juan Quílez	77	Q 23
Juán Rico (Casas de)	68	Q 27
Juarros de Riomoros	39	J 17
Juarros de Voltoya	39	I 16
Jubera (Jaén)	75	S 18
Jubera (La Rioja)	27	F 23
Jubera (Soria)	41	I 22

Juberri	18	E 34
Jubiley (Puerto)	86	V 19
Jubrique	89	W 14
Júcar (Garganta)	55	L 24
Judes	41	I 23
Judio	64	Q 16
Julán (El)	93	A 11
Jumadiel (Arroyo de)	49	N 9
Jumilla	68	Q 26
Jumilla (Puerto de)	68	Q 26
Juncalillo	94	O 9
Juncar (El)	56	L 29
Junceda	20	G 5
Junciana	50	K 13
Juncosa	31	H 32
Juneda	31	H 32
Junquera (La) (Murcia)	77	S 23
Junquera (La) (Sevilla)	83	V 11
Junquera de Tera	23	F 11
Junquillo	75	R 17
Juntas	85	T 18
Juntas de Arriba (Las)	77	S 23
Junzano	16	F 29
Jurado	75	R 16
Jurado (El)	92	G 8
Jurados (Los)	83	U 12
Jureña (Sierra de)	77	S 22
Juseu	17	F 31
Juslibol	29	G 27
Justel	23	F 11
Juviles	86	V 20
Juzbado	37	I 12
Júzcar	89	W 14

K

Kanala	13	B 21
Kanpazar (Puerto de)	14	C 22
Kexaa	13	C 20
Kintoa Real (Coto nacional de)	15	C 25

L

Labacengos	3	B 6
Labacolla	7	D 4
Labajos	39	J 16
Labarces	11	C 16
Labastida	13	E 21
Labata	16	F 29
Labia (Sierra de)	15	D 25
Labiano	15	D 25
Laborcillas	86	T 20
Labor de Acequión	67	O 23
Labores (Las)	65	O 19
Labra	11	B 14
Labrada (cerca de Abadín)	3	B 7
Labrada (cerca de Germade)	3	C 6
Labraza	14	E 22
Labros	42	I 24
Labuerda	16	E 30
Lácara	61	P 10
Lácara (Rivera de)	61	P 10
Lacervilla	13	D 21
Láchar	85	U 18
Lacorvilla	29	F 27
Lada	5	C 12
Ladines	5	C 13
Ladrillar	37	K 11
Ladronera	75	R 16
Ladrones	67	P 25
Ladrones (Punta)	89	W 15
Ladruñán	43	J 28
Lafortunada	16	E 30
Lafuente	11	C 16
Lagar de San Antonio	84	T 15
Lagarejos	22	F 10
Lagarín	84	V 14
Lagartera	51	M 14
Lagartos	24	E 15
Lagata	43	I 27
Lago (Asturias)	4	C 9
Lago (Lugo)	3	A 7
Lagoa (A)	6	E 4
Lago Edén	94	P 10

JEREZ DE LA FRONTERA

Algarve	BZ	2
Doña Blanca	BZ	31
Larga	BZ	47
Angustias (Pl. de las)	BZ	5
Arenal (Pl. del)	BZ	8
Armas	ABZ	10
Arroyo (Pl. del)	AZ	12
Asunción (Pl.)	BZ	13
Beato Juan Grande	BY	15
Cabezas	AYZ	18
Conde de Bayona	BZ	21
Consistorio	BZ	23
Cordobeses	AY	26
Cristina (Alameda)	BY	28
Cruces	AZ	30
Duque de Abrantes (Av.)	BY	32
Eguilaz	BYZ	33
Encarnación (Pl. de la)	AZ	35
Gaspar Fernández	BYZ	40
José Luis Díez	AZ	42
Lancería	BZ	45
Letrados	ABZ	50
Luis de Isasy	AYZ	52
Manuel María González	AZ	55
Monti (Pl.)	BZ	57
Nuño de Cañas	BY	60
Pedro Alonso	BZ	62
Peones (Pl.)	AZ	65
Plateros	BZ	67
Pozuelo	ABZ	70
Rafael Rivero (Pl.)	BY	72
San Agustín	BZ	75
San Fernando	AZ	77
San Lucas (Pl.)	AYZ	80
Tornería	BY	82
Vieja (Alameda)	AZ	84

Map of Jerez de la Frontera

Name	Pg	Grid
Lago Menor	90	M 39
Lagos	85	V 17
Lagrán	14	E 22
Laguardia	14	E 22
Laguarres	17	F 31
Laguarta	16	E 29
Lagueruela	42	I 26
Laguna (La)	93	K 7
Laguna (La) (Islas Canarias)	95	B 6
Laguna (La) (Ciudad Real)	64	P 18
Laguna (La) (Huesca)	30	G 29
Laguna (La) (Granada)	85	U 17
Laguna (La) (Jaén)	76	S 19
Laguna Dalga	23	F 12
Laguna de Cameros	27	F 22
Laguna de Contreras	25	H 17
Laguna de Duero	24	H 15
Laguna del Marquesado	55	L 24
Laguna de Negrillos	23	F 13
Laguna de Somoza	23	E 11
Laguna Grande	54	N 21
Laguna Negra de Neila	26	F 20
Laguna Negra de Urbión	27	F 21
Laguna Rodrigo	39	J 16
Lagunarrota	30	G 29
Lagunas de Ruidera (Parque natural)	66	P 21
Lagunaseca	41	K 23
Lagunazo	72	T 8
Lagunazo (Embalse de)	72	T 8
Lagunetas (Las)	94	O 9
Lagunica (La)	42	J 25
Lagunilla	50	L 12
Lagunilla (La)	64	O 16
Lagunilla del Jubera	27	E 23
Lagunillas (Las)	85	T 17
Laida	14	B 21
Laíño	6	D 3
Laiosa	8	E 7
Laiquez (Minas de)	87	V 23
Laja del Risco (La)	94	N 9
Lajares	93	U 5
Lajita (La)	93	T 8
Lakuntza	14	D 23
Lalastra	13	D 20
Lalín	7	E 5
Laluenga	16	F 29
Lalueza	30	G 29
Lama	7	E 4
Lamalonga	22	F 9
Lamas (As)	21	F 6
Lamas (cerca de Sadurniño)	3	B 5
Lamas (cerca de Zás)	2	C 3
Lamas (Las)	8	D 9
Lamas (Lugo)	3	C 6
Lamas (Orense)	7	E 6
Lamas de Moreira	4	C 8
Lamasón	11	C 16
Lamata	16	F 30
Lamosa	20	F 4
Lana	14	D 23
Lanaja	30	G 29
Lanaja (Sierra de)	29	G 28
Lanave	16	E 28
Láncara (Lugo)	8	D 7
Láncara (Puebla de San Julián)	8	D 7
Lancha (La)	75	R 18
Lancha (Puerto de la)	39	K 16
Lanchares	12	C 16
Lanciego	14	E 22
Lanchar	77	R 23
Landete	55	M 25
Landrove	3	B 7
Landrove (Río)	3	B 7
Lanestosa	12	C 19
Langa	38	I 15
Langa (La)	54	L 22
Langa de Duero	26	H 19
Langa del Castillo	42	I 25
Langayo	25	H 17
Langosto	27	G 22
Langre	9	D 10
Langreo	5	C 13
Languilla	40	H 19
Lanjarón	86	V 19
Lanseros	22	F 10
Lantadilla	25	E 17
Lantaño	6	E 3
Lantéira	86	U 20
Lantejuela (La)	84	T 14
Lantz	15	D 25
Lanuza (Embalse de)	16	D 29
Lanza	3	C 5
Lanzahita	51	L 15
Lanzarote	94	O 9
Lanzas Agudas	13	C 19
Lanzós	3	B 7
Lanzuela	42	I 26
Laño	14	E 22
Lapa (La) (Badajoz)	61	Q 10
Lapa (La) (Sevilla)	73	T 11
Lapa (Sierra de la)	62	P 12
Lapela	20	F 5
Laperdiguera	30	G 29
Lapoblación	14	E 22
Lapones	48	N 8
Lara (Burgos)	26	F 19
Lara (Ciudad Real)	64	O 18
Laracha	2	C 4
Laranueva	41	J 22
Laraxe	3	B 5
Lardero	27	E 22
Laredo	13	B 19
Larga (Laguna)	53	N 20
Larga (Sierra) (Almería)	77	S 23
Larga (Sierra) (Murcia)	78	Q 25
Largas	53	N 19
Largentes	8	D 9
Largo (El)	87	T 24
Lariño	6	D 2
Lario	11	C 14
Laro	7	E 5
Laroá	21	F 6
Laroche	79	R 26
Laroles	86	U 20
Larón	9	D 10
Larouco	8	E 7
Laroya	87	U 23
Larrabasterra	13	B 21
Larrabetzu	13	C 21
Larraga	14	E 24
Larraintzar	15	D 24
Larraitz (Ermita de)	14	C 23
Larraona	14	D 23
Larrau (Puerto de)	15	D 27
Larraul	14	C 23
Larráun	14	D 24
Lárrede	16	E 29
Larrés	16	E 28
Larrión	14	D 23
Larrodrigo	37	J 13
Larruscain	14	C 22
Larués	15	E 27
Larumbe	14	D 24
Larva	76	S 20
Larva (Estación de)	76	S 20
Lasao	14	C 23
Lasaosa	16	E 29
Lasarte	14	C 23
Lascasas	29	F 28
Lascellas	16	F 29
Lascuarre	17	F 31
Lasieso	16	E 28
Laspaúles	17	E 31
Laspuña	16	E 30
Laspuña (Embalse de)	16	E 30
Lastanosa	30	G 29
Lastra (A)	4	C 8
Lastra (La)	11	C 16
Lastra (La) (Palencia)	11	D 16
Lastra (Sierra de la)	43	K 28
Lastra del Cano (La)	50	K 13
Lastras	12	C 19
Lastras de Cuéllar	39	I 17
Lastras de las Eras	12	C 19
Lastras de la Torre	13	C 20
Lastras del Pozo	39	J 16
Lastres	5	B 14
Lastres (Cabo)	5	B 14
Lastrilla (La)	39	J 17
Latasa (cerca de Lecumberri)	14	D 24
Latasa (cerca de Lizaso)	15	D 25
Latedo	22	G 10
Latorrecilla	16	E 30
Latre	16	E 28
Laudio / Llodio	13	C 21
Laujar de Andarax	86	V 21
Laukiz	13	B 21
Lavaderos	43	J 27
Lavadores	20	F 3
Lavandeira	3	B 5
Lavern	32	H 35
Laviana	5	C 13
Lavid de Ojeda	11	E 16
Lavio	4	B 10
Laxe (La Coruña)	2	C 2
Laxe (Lugo)	7	E 6
Laxosa	8	D 7
Layana	28	F 26
Layna	41	I 23
Layón	87	U 22
Layos	52	M 17
Laza	14	F 7
Laza (Alto)	15	D 27
Lazagurría	14	E 23
Lázaro	55	M 24
Lázaros (Picacho de los)	93	J 6
Lazkao	14	C 23
Lea	3	C 7
Leache	15	E 25
Lebanza	11	D 16
Lebeña	11	C 16
Leboreiro (La Coruña)	7	D 6
Leboreiro (Orense)	21	F 7
Lebozán (Orense)	7	E 5
Lebozán (Pontevedra)	7	E 5
Lebrancón	41	J 23
Lebredo	4	B 9
Lebrija	83	V 11
Lécera	43	I 27
Leces	11	B 14
Lechago	42	J 26
Lechina	66	O 22
Lechón	42	I 26
Lecina	16	F 30
Leciñena	29	G 28
Lecrín	85	V 19
Lecrín (Valle de)	85	V 19
Ledanca	41	J 21
Ledaña	67	N 24
Ledesma	37	I 11
Ledesma de la Cogolla	27	F 21
Ledesma de Soria	27	H 23
Ledigos	24	E 15
Ledrada	37	K 12
Leganés	52	L 18
Leganiel	53	L 21
Legarda	14	D 24
Legazpi	14	C 22
Legorreta	14	C 23
Legutiano / Villarreal	14	D 22
Leiloio	2	C 3
Leintz-Gatzaga	14	D 22
Leioa	13	C 21
Leira	2	C 4
Leirado	20	F 4
Leiro (La Coruña)	3	B 5
Leiro (Orense)	7	E 5
Leis	2	C 2
Leitariegos de Villalobos	9	D 10
Leitariegos (Puerto de)	9	D 10
Leitza	14	C 24
Leiva	13	E 20
Leizarán	14	C 24
Lekeitio	14	B 22
Lekunberri	14	C 24
Lemoa	13	C 21
Lemoiz	13	B 21
Lena	5	C 12
Lences	12	E 19
Lendínez	75	S 17
Lengua (Sierra)	68	P 26
Lens	6	D 3
Lentejí	85	V 18
Lentellais	21	F 8
Lentiscal (El)	88	X 12
León	10	E 13
León (Isla de)	88	W 11
León (Montes de)	9	E 10
León (Puerto del)	85	V 16
Leones (Los)	74	T 16
Leones (Puerto de los)	39	J 17
Leoz	15	E 25
Lepe	82	U 8
Leranotz	15	D 25
Lérez	6	E 4
Lerga	15	E 25
Lerga (Alto)	15	E 25
Lérida / Lleida	31	H 31
Lerín	14	E 24
Lerma	25	F 18
Lermanda	13	D 21
Lermilla	12	E 19
Lerones	11	C 16
Les	17	D 32
Lesaka	15	C 24
Lesón	6	E 3
Letreros (Cuevas de los)	77	S 23
Letreros (Lomo de los)	94	P 10
Letur	77	Q 23
Letux	43	I 27
Levante (Peñas de)	49	L 10
Levante (Salinas de)	90	N 39
Levinco	5	C 13
Leyre (Monasterio de)	15	E 26
Leyre (Sierra de)	15	E 26
Leza	14	E 22
Leza (Río)	27	F 22
Leza de Río Leza	27	F 22
Lezama (Álava)	13	C 21
Lezama (Vizcaya)	13	C 21
Lezaun	14	D 24
Lezna (La)	28	H 25
Lezo	14	C 24
Lezuza	66	P 22
Lezuza (Río de)	66	P 23
Liandres	12	B 17
Libardón	5	B 14
Liber	8	D 8
Librán	9	D 10
Libreros	88	X 12
Librilla	78	S 25
Libros	55	L 26
Liceras	40	H 20
Lidón	43	J 26
Lidón (Sierra de)	43	J 26
Liebres	61	O 9
Liédena	15	E 26
Liegos	11	C 14
Liencres	12	B 18
Liendo	13	B 19
Lieres	5	B 13
Liérganes	12	B 18
Lierta	29	F 28
Liesa	16	F 29
Liétor	67	Q 24
Ligos	40	H 20
Ligüerre de Ara	16	E 29
Ligüerzana	11	D 16
Líjar	87	U 23
Líjar (Sierra de)	84	V 13
Lillo	53	M 20
Lillo del Bierzo	9	D 10
Limaria	87	T 23
Limia	20	G 5
Limo (Punta del)	3	A 6
Limodre	3	B 5
Limones	85	T 18
Limonetes de Villalobos (Los)	61	P 9
Limpias	12	B 19
Linaio	6	D 3
Linarejos (Jaén)	76	R 19
Linarejos (Zamora)	22	G 10
Linares (Cantabria)	11	C 16
Linares (cerca de Cangas de Narcea)	4	C 10
Linares (cerca de Salas)	5	B 11
Linares (Jaén)	76	R 19
Linares (Lugo)	8	D 8
Linares (Puerto de)	56	L 28
Linares (Río)	27	F 23
Linares de Mora (Teruel)	56	L 28
Linares del Arroyo (Embalse de)	26	H 19
Linares de la Sierra	72	S 10
Linares de Mora (Teruel)	56	L 28
Linares de Riofrío	37	K 12
Linás de Broto	16	E 29
Linás de Marcuello	29	F 27
Linde (La)	4	C 10
Lindín	8	B 8
Línea de la Concepción (La)	89	X 13
Lintzoain	15	D 25
Linyola	31	G 32
Liñares (cerca de Beariz)	7	E 5
Liñares (cerca de Orense)	7	E 6
Lira	6	D 2
Lires	6	D 2
Liri	17	E 31
Liria / Llíria	56	N 28
Lisbona (Sierra)	87	U 24
Litago	28	G 24
Litera	17	F 31
Litos	23	G 11
Lituelo	42	I 26
Lituénigo	28	G 24
Lizarra / Estella	14	D 23
Lizarraga (cerca de Echarri Aranaz)	14	D 23
Lizarraga (cerca de Urroz)	15	D 25
Lizarraga (Puerto de)	14	D 23
Lizarrieta	15	C 25
Lizarrusti (Alto de)	14	D 23
Lizartza	14	C 23
Lizaso	15	D 24
Lizoáin	15	D 25
Lizuniaga	15	C 25
Llabería	45	I 32
Llacuna (La)	32	H 34
Lladó	19	F 38
Lladorre	17	E 33
Lladrós	17	E 33
Lladurs	18	F 34
Llafranc	33	G 39
Llagosta (La)	32	H 36
Llagostera (Girona)	33	G 38
Llagostera (Murcia)	79	T 25
Llagunes	17	E 33
Llamas	5	C 13
Llamas de Cabrera	9	E 10
Llamas de la Ribera	10	E 12
Llamas del Mouro	4	C 10
Llamas de Rueda	11	E 14
Llambilles	33	G 38
Llames	11	B 15
Llamo	5	C 12
Llamoso	5	C 11
Llamp (Cap des)	90	N 37
Llana (Punta)	95	F 9
Llana (Sierra de la) (Burgos)	13	D 19
Llana (Sierra) (Soria)	27	G 22
Llanars	19	F 37
Llanas (Las)	13	C 20
Llánaves de la Reina	11	C 15
Llançà	19	E 39
Llanelo	9	D 9
Llanera (Asturias)	5	B 12
Llanera (Río)	32	G 34
Llanera de Ranes	69	O 28
Llanes	11	B 15
Llanillo	12	D 17
Llano	12	D 18
Llano (El)	4	B 8
Llano (Puerto) (Badajoz)	62	Q 11
Llano (Puerto) (Cáceres)	63	N 14
Llano de Bureba	12	E 19
Llano de las Menorcas	30	H 34
Llano de la Torre	66	Q 23
Llano del Beal	79	T 27
Llano del Moro	93	J 7
Llano de Olmedo	38	I 16
Llano des Calderes	17	F 33
Llano de Ucanca	92	I 8
Llano Don Antonio	87	V 24
Llano Negro	95	B 5
Llanos (Los)	94	P 10
Llanos (Los)	67	P 24
Llanos de Antequera (Los)	84	U 16
Llanos de Aridane (Los)	95	B 6
Llanos de Arriba (Los)	77	Q 21
Llanos de Don Juan	85	T 16
Llanos de la Concepción	93	T 7
Llanos de la Plana	29	H 27
Llanos del Caudillo	65	O 19
Llanos del Valle	88	W 12
Llanos de Tormes (Los)	50	L 13
Llanteno	13	C 20
Llanuces	5	C 12
Lláraza	14	D 22

LEÓN

Generalísimo Franco .... B 20
Ordoño II .... A
Padre Isla (Av. del) .... AB
Rúa .... B

Alcalde Miguel Castaño .... B 2
Calvo Sotelo (Pl. de) .... A 5
Caño Badillo .... B 8

Espolon (Pl. de) .... B 12
Facultad (Paseo de la) .... A 15
General Sanjurjo (Av.) .... A 17
Guzmán el Bueno (Glorieta de) .... A 23
Independencia .... B 25
Mariano Andrés (Av. de) .... B 28
Murias de Paredes .... B 30
Papalaguinda (Paseo de) .... A 33
Puerta Obispo .... B 38

Quevedo (Av. de) .... A 40
Ramiro Valbuena .... A 45
Saez de Miera (Paseo de) .... A 47
San Francisco (Paseo) .... B 48
San Isidoro (Pl. de) .... B 50
San Marcelo (Pl.) .... B 52
San Marcos (Pl. de) .... A 55
Santo Domingo (Pl. de) .... B 58
Santo Martino (Pl. de) .... B 61

LOGROÑO

Portales . . . . **AB** 32

Alférez Provisional (Pl. del) . . . **A** 2
Autonomía
  (Av. de la) . . . . **B** 3
Bretón de los Herreros . . . . . . **A** 4
Capitán Gaona . . . . **B** 5
Carmen (Muro del) . . . . **B** 6
Cervantes (Muro de) . . . . **B** 7
Comandancia . . . . **A** 8

Daniel Trevijano . . . . **A** 9
Depositos . . . . **A** 10
Doce Ligero
  de Artillería (Av. del) . . . . **B** 12
Duquesa de la Victoria . . . . . . **B** 13
España (Av. de) . . . . **B** 14
Fausto Elhuyar . . . . **A** 15
Francisco de la Mata (Muro) . . **B** 16
Ingenieros Pino y Amorena . . . **B** 19
Juan XXIII (Av. de) . . . . **B** 22
Marqués de Murrieta . . . . **A** 23
Marqués de San Nicolás . . . . **AB** 25
Mercado (Pl. del) . . . . **B** 26

Miguel Villanueva . . . . **A** 27
Navarra (Av. de) . . . . **A** 28
Navarra (Carret. de) . . . . **B** 29
Once de Junio . . . . **A** 30
Pío XII (Av. de) . . . . **B** 31
Portugal (Av. de) . . . . **A** 33
Rioja (Av. de la) . . . . **B** 35
Rodríguez Paterna . . . . **B** 35
Sagasta . . . . **A** 36
San Francisco . . . . **B** 38
Teniente Coronel
  Santos Ascarza . . . . **B** 40
Viana (Av. de) . . . . **B** 42

Llardecans	31	H 31
Llares (Los)	12	C 17
Llaurí	69	O 29
Llauset (Sierra de)	17	E 31
Llavorsí	17	E 33
Llebeitx (Cap)	90	N 36
Llebeitx (Cap de)	90	O 38
Lledó	44	J 30
Lleida / Lérida	31	H 31
Llémena	19	F 37
Llén	37	J 12
Llena (Pico de)	17	E 32
Llena (Sierra la)	31	H 32
Llentrisca (Cap)	91	P 33
Llera	62	Q 11
Llerana	12	C 18
Llerandi	5	C 14
Llerena	73	R 11
Llers	19	F 38
Llert	17	E 31
Lles	18	E 35
Llesba
(Mirador de)	11	C 15
Llesp	17	E 32
Llessui	17	E 33
Llessui (Vall de)	17	E 33
Lliber	69	P 30
Llibrell (Cap)	91	P 34
Lliçà d'Amunt	32	H 36

Llierca	19	F 37
Llimiania	17	F 32
Llinars	18	F 34
Llinars
de l'Aigua d'Ora	18	F 35
Llinars del Vallès	33	H 37
Llíria / Liria	56	N 28
Llívia	18	E 35
Lloà	45	I 32
Llobera (cerca de
Organyà)	18	F 34
Llobera (cerca de
Solsona)	32	G 34
Llobregat (Gerona)	19	F 38
Llobregat (Río)	18	F 35
Llobregó	31	G 33
Llocnou de Sant
Jeroni	69	P 29
Llodio / Laudio	13	C 21
Llofriu	33	G 39
Lloma (La)	56	M 28
Llombai	68	O 28
Llombera	10	D 13
Llonín	11	B 16
Llor (El)	31	G 33
Llorac	31	H 33
Lloreda	12	C 18
Llorenç del
Penedès	32	I 34

Llorenç de Vallbona	31	H 33
Llorengoz	13	D 20
Lloret de Vistalegre	90	N 38
Lloret de Mar	33	G 38
Llorts	18	E 34
Llosa (La)	57	M 29
Llosa de Ranes	69	O 28
Lloseta	90	M 38
Llosses (Les)	18	F 36
Llovio	11	B 14
Llubí	90	M 39
Lluçà	18	F 36
Lluçars	31	G 33
Llucena (Riu)
(Castellon de la
Plana)	56	L 29
Llucmajor	90	N 38
Llumes	42	I 24
Llusias (Monte)	12	C 19
Llutxent	69	P 28

Lobeira Grande
(Isla)	6	D 2
Lobeiras	3	B 7
Lobera (Canal de
la)	67	P 23
Lobera de Onsella	15	E 26
Loberuela (La)	55	M 25
Lobillas
(Puerto de las)	73	S 11
Lobillo (El)	65	P 20
Lobios	20	G 5
Lobo (Pico del)	40	I 19
Lobo (Pilón del)	63	P 15
Lobo (Puerto)	85	U 19
Lobón	61	P 10
Lobón (Canal de)	61	P 10
Lobos (Granada)	77	S 22
Lobos (Isla de los)	93	V 5
Lobos (Los)	87	U 24
Lobos (Río)	26	G 20
Lobosillo	79	S 26
Lobras	86	V 20
Lobres	85	V 19
Lodares
(cerca de El Burgo
de Osma)	26	H 20
Lodares (cerca de
Medinaceli)	41	I 22
Lodares del Monte	41	H 22

Lodosa	27	E 23
Lodosa
(Canal de)	14	E 23
Lodoso	25	E 18
Loeches	53	K 19
Lo Ferro	79	S 27
Logroño	27	E 22
Logrosán	62	N 13
Loiba	3	A 6
Lois	11	D 14
Loiti (Puerto)	15	E 25
Loiu	13	C 21
Loja	85	U 17
Loja (Sierra de)	85	U 17
Lojilla	85	T 17
Loma (La)
(Guadalajara)	41	J 23
Loma (La) (Granada)	85	U 18
Loma (La) (Valencia)	56	N 28
Loma Bada	68	Q 27
Loma del Ucieza	25	E 16
Loma de Piqueras	66	Q 22
Loma Gerica	77	R 22
Loma Gorda	55	L 26
Lomana	13	D 20
Loma Negra	28	F 25
Loma Pelada
(Punta de)	87	V 23
Lomas	25	F 16
Lomas (Las)
(Murcia)	79	S 26
Lomas (Las) (Cádiz)	88	X 12
Lomas (Las)
(Málaga)	89	W 15
Lomas Altas	79	S 28
Lomaza	29	G 27
Lomba (La)	12	C 17
Lombards (es)	90	N 39
Lomeña	11	C 16
Lomero	72	S 9
Lominchar	52	L 18
Lomo de las
Bodegas	93	L 6
Lomo de Mena	92	J 3
Lomo Pelado	93	J 7
Lomo Román	93	J 7
Lomoviejo	38	I 15
Longa (Sierra)	15	D 27
Longares	42	H 26
Longás	15	E 27
Loña del Monte	7	E 6
Lope Amargo	75	S 16
Lopera	86	U 20
Lopera (Jaén)	75	S 17
Loporzano	16	F 29
Lor	8	E 7
Lora	84	V 14
Lora de Estepa	84	U 15
Lora del Río	73	T 13
Loranca del Campo	54	L 21
Loranca de Tajuña	53	K 20
Loranquillo	26	E 20
Lorbé	3	B 5
Lorca (Murcia)	78	S 24
Lorca (Navarra)	14	D 24
Loredo	12	B 18
Lorenzana	10	D 13
Lores	11	C 16
Loreto	85	U 18
Lorianilla (Arroyo)	61	P 9
Loriguilla	56	N 28

Loriguilla
(Embassament
de)	56	M 27
Loriguilla (Ruinas
del pueblo de)	56	M 27
Lorilla	12	D 18
Lorqui	78	R 26
Lorri	17	E 33
Losa	67	Q 24
Losa (La) (Granada)	77	S 22
Losa (La) (Segovia)	39	J 17
Losacino	23	G 11
Losacio	23	G 11
Losa del Obispo	56	M 27
Losadilla	22	F 10
Losana de Pirón	39	I 17
Losar (El)	50	K 13
Losar de la Vera	50	L 13
Losares	54	L 24
Loscorrales	29	F 28
Loscos	43	I 26
Losetares	77	S 23
Losilla	23	G 12
Losilla (La)
(Albacete)	67	P 24
Losilla (La) (Soria)	27	G 23
Losilla de Aras	55	M 26
Lougares	20	F 4
Loureda	7	D 4
Loureiro (Lugo)	8	D 7
Loureiro
(Pontevedra)	7	E 4
Lourenzá	4	B 8
Loureza	20	G 3
Louro	6	D 2
Louro (Río)	20	F 4
Lousa	8	D 7
Lousada	7	D 6
Lousadela	7	D 6
Lousado	20	F 3
Lousame (La
Coruña)	6	D 3
Lousame
(Portobravo)	6	D 3
Loyola (Santuario
de)	14	C 23
Loza	13	E 21
Lozoya	39	J 18
Lozoya (Río)	39	J 18
Lozoyuela	40	J 19
Luaces	3	C 7
Luanco	5	B 12
Luarca	4	B 10
Lubia	27	H 22
Lubia (Alto de)	27	H 22
Lubián	22	F 9
Lubrín	87	U 23
Lucainena	86	V 20
Lucainena
de las Torres	87	U 23
Lúcar	87	T 22
Lúcar (Sierra de)	87	T 22
Lucena (Sierra de)	76	T 19
Lucena de Jalón	28	H 26
Lucena del Cid	56	L 29
Lucena del Puerto	82	U 10
Lucencia	7	D 6
Luceni	28	G 26
Lucenza	21	G 7
Luces	5	B 14

Luchena	78	S 24
Luciana	64	P 17
Lucillo	23	E 11
Lucillos	52	M 16
Luco de Bordón	44	J 29
Luco de Jiloca	42	J 26
Ludiente	56	L 28
Ludrio	3	C 7
Luelmo	23	H 11
Luesia	29	E 26
Luesma	42	I 26
Lugán	10	D 13
Lugar	79	R 26
Lugareja (Ermita
La)	38	I 15
Lugar Nuevo
(Coto nacional
de)	75	R 17
Lugar Nuevo (El)	75	R 17
Lugar Nuevo
de Fenollet	69	O 28
Lugo	3	C 7
Lugo de Llanera	5	B 12
Lugones	5	B 12
Lugros	86	U 20
Lugueros	10	D 13
Luintra	7	E 6
Luiña	9	D 9
Luis Díaz	75	S 16
Luisiana (La)	74	T 14
Luis Vives
(Parador)	69	O 29
Luján	16	E 30
Lujar	86	V 19
Lújar (Sierra de)	86	V 19
Lumajo	10	D 11
Lumbier	15	E 26
Lumbier (Hoz de)	15	E 26
Lumbrales	36	J 9
Lumbreras	27	F 22
Lumbreras
(Estación de)	78	T 24
Lumbreras (Las)	79	R 26
Lumias	40	H 21
Lumpiaque	28	H 26
Luna (Monte)
(Cádiz)	88	X 13
Luna (Río)	10	D 12
Luna (Sierra de)	29	F 27
Luna (Zaragoza)	29	F 27
Lunada (Portillo de)	12	C 19
Luneda	20	F 5
Luou	6	D 4
Lupiana	40	K 20
Lupiñén	29	F 28
Lupiñén-Ortilla	29	F 28
Lupión	76	S 19
Luque	85	T 17
Luquiano	13	D 21
Luquin	14	E 23
Lurda (La)	37	J 13
Luriana	61	O 10
Luriana (Monte)	61	O 10
Luyando	13	C 21
Luyego	23	E 11
Luz	60	Q 8
Luz (La)	38	H 15
Luzaga	41	J 22
Luzás	17	F 31
Luzmela	12	C 17
Luzón	41	I 23

M

Mabegondo	3	C 5
Macael	87	U 23
Macalón	67	Q 23
Maçanet de Cabrenys / Massanet de Cabrenys	19	E 38
Maçanet de la Selva	33	G 38
Macarra	50	M 12
Macastre	68	N 27
Maceda (cerca de Corgo)	8	D 7
Maceda (cerca de Orense)	21	F 7
Maceda (cerca de Palas de Rei)	7	D 6
Maceira	20	F 4
Macetua (Estación de la)	78	R 25
Machacón	37	J 13
Machal (El)	61	O 10
Macharaviaya	85	V 17
Mácher	95	V 4

Machero	64	N 17
Machichaco (Cabo)	13	B 21
Machimala	17	D 31
Macías Picavea (Canal de)	24	G 14
Macisvenda	79	R 26
Macotera	38	J 14
Madarcos	40	I 19
Madariaga	14	C 22
Madera	77	R 22
Maderal (El)	37	I 13
Madero (Puerto del)	27	G 23
Madero (Sierra del)	27	G 23
Maderuelo	26	H 19
Madre de Fuentes (Arroyo)	84	T 14
Madre del Agua (La)	92	I 8
Madre de las Marismas del Rocío	82	U 10
Madremanya	33	G 38
Madrero (El)	51	N 15
Madres (Laguna de las)	82	U 9

Madres (Las)	94	O 9
Madrid	53	K 19
Madridanos	23	H 13
Madridejos	53	N 19
Madrideña (La)	65	P 19
Madrigal (Guadalajara)	41	I 21
Madrigal (Toledo)	52	M 16
Madrigal de las Altas Torres	38	I 15
Madrigal de la Vera	50	L 14
Madrigal del Monte	25	F 18
Madrigalejo	62	O 13
Madrigalejo del Monte	25	F 18
Madriguera	40	I 20
Madrigueras	67	O 24
Madrigueras (Estación de)	76	R 19
Madroa	20	F 3
Madrona	39	J 17
Madrona (Barranco de la)	31	G 33
Madroña (Sierra)	75	Q 17
Madroñal	37	K 11

Madroñal (Sierra del)	87	T 22
Madroñera (Badajoz)	61	Q 10
Madroñera (Cáceres)	50	N 12
Madroñera (Embalse de)	50	N 12
Madroñera (Sierra)	71	T 7
Madroño (Albacete)	67	Q 25
Madroño (El) (Albacete)	67	P 23
Madroño (El) (Sevilla)	72	T 10
Madroño (Murcia)	78	S 24
Madroños	77	S 23
Madruédano	40	H 20
Maella	44	I 30
Maello	39	J 16
Maestrazgo (El)	44	K 29
Maestre	84	U 14
Mafet	31	G 33
Magacela	62	P 12
Magallón	28	G 25
Magaluf	90	N 37
Magán	52	M 18

Magaña	27	G 23
Magasca	49	N 11
Magaz	25	G 16
Magaz de Abajo	9	E 9
Magaz de Cepeda	10	E 11
Magazos (Ávila)	38	I 15
Magazos (Lugo)	3	B 7
Magdalena (Ermita)	6	E 3
Magdalena (Ermita de la) (cerca de Aguaviva)	44	J 29
Magdalena (Ermita de la) (cerca de Mora de Rubielos)	56	L 27
Magdalena (La)	10	D 12
Magdalena (Puerto de la)	10	D 11
Magdalena (Sierra de la)	68	Q 26
Mágina	76	S 19
Magre (Riu)	55	N 26
Magrero	65	P 19
Máguez	95	X 3

Maguilla	73	Q 12
Magunas	14	C 22
Mahamud	25	F 18
Mahide	22	G 10
Mahón / Maó	91	M 42
Mahora	67	O 24
Mahoya	79	R 26
Maià de Montcal	19	F 38
Maials	30	H 31
Maians	32	H 35
Maicas	43	J 27
Maidevera (Embalse de)	28	H 24
Maigmó	68	Q 28
Maigmó (Serra del)	68	Q 27
Maíllo (El)	37	K 11
Maimón	87	U 23
Maimón (Sierra de)	77	T 23
Mainar	42	I 26
Mainar (Puerto de)	42	I 26
Maire de Castroponce	23	F 12
Mairena	86	U 20
Mairena del Alcor	83	T 12
Mairena del Aljarafe	83	T 11

Mairos	21	G 7
Maitena	85	U 19
Maito (Sierra de)	15	D 27
Majaceite (Río)	88	W 13
Majada (La)	78	T 25
Majada Blanca	93	U 7
Majada de la Peña	63	P 14
Majadahonda	39	K 18
Majada Madrid	89	W 14
Majada Ruiz	83	V 13
Majadas	50	M 12
Majadas (Las)	54	L 23
Majadas (Sierra de Las)	54	L 23
Majaelrayo	40	I 20
Majalinos (Puerto de)	43	J 28
Maján	27	H 23
Majanicho	93	U 5
Majano	67	O 24
Majazul	52	L 17
Majogazas	66	P 23
Majona (Punta)	95	F 9
Majones	15	E 27
Major (Puig)	90	M 38
Majúa (La)	10	D 11

MADRID

Andalucía (Av. de)	BM	7
Atocna (Ronda de)	BM	14
Ciudad de Barcelona (Av.)	BM	41
Costa Rica (Av. de)	BL	55
Delicias (Paseo de las)	BM	59
Embajadores	BM	72
Florida (Paseo de la)	BL	88
General Ricardos	AM	97
Infanta Isabel (Paseo)	BM	105
Manzanares (Av. del)	BM	122
Maria de Molina	BL	123
Raimundo Fernandez Villaverde	BL	162
Recoletos (Paseo de)	BL	164
Reina Cristina (Paseo de la)	BM	166
Reina Victoria (Av. de la)	BL	170
Reyes Católicos (Av. de los)	BL	173
San Francisco de Sales (Paseo)	BL	187
San Luis (Av. de)	CL	193
Santa Maria de la Cabeza (Paseo de)	BM	204
Toledo (Ronda de)	BM	213
Valladolid (Av. de)	AL	220

Majuges	36	I 10	Malgrat de Mar	33	H 38	Malpelo	67	O 24	Manantial (El)	94	N 10	Manganeses		
Mal Pas (es)	90	M 39	Maliaño	12	B 18	Malpica de Arba	29	F 26	Manantial (El)	88	W 11	de la Lampreana	23	G 12
Mala	95	X 3	Malillos (León)	23	E 13	Malpica			Manar (Sierra del)	85	U 19	Manteca (Peña)	4	C 11
Mala (Punta)	89	X 14	Malillos (Zamora)	37	H 12	de Bergantiños	2	C 3	Mancera de Abajo	38	J 14	Mantet (Portella		
Malacara (Serra de)	56	N 27	Malla	32	G 36	Malpica de España	60	P 8	Mancera de Arriba	38	J 14	de)	18	E 36
Malacuera	41	J 21	Mallá (La)	56	N 28	Malpica de Tajo	52	M 16	Mancha (La)	65	O 19	Mantiel	41	K 22
Maladeta	17	D 31	Mallabia	14	C 22	Malucas	39	I 16	Mancha			Mantinos	11	D 15
Maladeta			Mallas	6	D 2	Maluenda	42	I 25	(Parador de la)	67	P 24	Manubles	28	H 24
(Pico de la)	17	E 31	Mallén	28	G 25	Maluque	26	H 19	Mancha Real	76	S 19	Manuel	69	O 28
Málaga	85	V 16	Malleza	5	B 11	Malva	23	H 13	Manchas (Las)	92	H 8	Manuelas	75	R 16
Málaga			Mallo	10	D 12	Malvana			Manchego			Manurga	13	D 21
(Ensenada de)	84	W 16	Mallol (El)	19	F 37	(Sierra de la)	48	L 9	(Collado)	42	K 24	Manya	68	O 27
Málaga (Hoya de)	84	V 15	Mallón	2	C 3	Malvarrosa (La)	57	M 29	Manchica (A)	21	F 6	Manzalvos	21	G 8
Málaga (Montes			Mallorca	00	O 37	Malvas	20	F 3	Manchita	62	P 11	Manzanal		
de)	85	V 16	Mallos (Los)	29	E 27	Malvedo	5	C 12	Manchones	42	I 25	(Puerto de)	10	E 11
Málaga del Fresno	40	J 20	Malón	28	G 25	Malzaga	14	C 22	Manchoya	16	E 29	Manzanal del Barco	23	H 12
Malagón	64	O 18	Malpais	92	J 7	Mamblas	38	I 14	Manciles	25	E 18	Manzanal		
Malagón (Río)	71	S 7	Malpaíses	95	C 6	Mamblas			Mancor de la Vall	90	M 38	de los Infantes	22	F 10
Malagón (Sierra			Malpais Grande	93	T 8	(Sierra de las)	26	F 19	Mandaio	3	C 5	Manzanal del		
de)	39	K 16	Malpartida			Mambliga	13	D 20	Mandayona	41	J 21	Puerto	9	E 11
Malaguilla	40	J 20	de Cáceres	49	N 10	Mambrilla			Mandeo	3	C 5	Manzanares	65	O 19
Malanadar (Punta			Malpartida			de Castrejón	25	H 18	Mandiá	3	B 5	Manzanares		
de)	82	V 10	de Corneja	37	K 13	Mambrillas de Lara	26	F 19	Mandín	21	G 7	(Río)	39	K 18
Malanquilla	28	H 24	Malpartida			Mamillas	15	E 26	Mandoegui			Manzanares de		
Malatiá (La)	85	U 18	de la Serena	62	P 13	Mamola (La)	86	V 20	(Monte)	14	C 24	Rioja	26	E 21
Mal Burgo			Malpartida			Mamolar	26	G 19	Manelic	18	E 36	Manzanares el Real	39	J 18
(Rambla de)	43	K 28	de Plasencia	49	M 11	Mampodre	5	C 14	Maneta	68	Q 26	Manzaneda		
Malcocinado	73	R 12	Malpás	17	E 32	Mampodre			Manga (Cañada de			(Asturias)	5	C 12
Maldá	31	H 33	Malpasillo			(Reserva			la)	66	P 21	Manzaneda		
Malduenda	83	V 12	(Embalse de)	84	U 16	nacional de)	5	C 13	Manga del			(Cabeza de)	21	F 8
Malefatón	67	O 25	Malpaso	93	A 11	Manacor	90	N 39	Mar Menor (La)	79	T 27	Manzaneda		
Maleján	28	G 25	Manán	8	D 7	Manganese	23	F 12	Mansilla del			(cerca de Garrafe		
									Páramo	23	E 12	de Torio)	10	D 13
Malpica de Tajo			Manganeses			Mansilla Mayor	10	E 13	Manzaneda					
												(cerca de Truchas)	23	F 11
Màniga (Sierra de)	17	E 33							Manzaneda					
Manilla	78	S 25							(Orense)	21	F 8			
Manilva	89	W 14							Manzanedo	12	D 18			
Maniños	3	B 5							Manzaneque	52	N 18			
Manises	56	N 28							Manzanera	56	L 27			
Manjabálago	38	K 14							Manzaneruela	55	M 26			
Manjarín	9	E 10							Manzanilla	82	T 10			
Manjarrés	27	E 21							Manzanillo	25	H 16			
Manjavacas									Manzano	36	K 10			
(Ermita de)	54	N 21							Manzano (El)	36	I 11			
Manjavacas									Mañaria	14	C 22			
(Laguna de)	66	N 21							Mañeru	14	D 24			
Manjirón	40	J 19							Mañón	3	B 6			
Manlleu	18	F 36							Mao	21	F 7			
Manojar (El)	64	N 17							Maó / Mahón	91	M 42			
Manol	19	F 38							Maqueda	52	L 16			
Manquillo									Mara	42	I 25			
(Collado El)	26	F 20							Maracena	85	U 19			
Manquillos	25	F 16							Marachón					
Manresa	32	G 35							(Puerto de)	41	I 23			
Mansilla (Burgos)	25	E 18							Maragallo					
Mansilla (La Rioja)	26	F 21							(Punta)	93	K 7			
Mansilla (Segovia)	40	I 19							Maranchón	41	I 23			
Mansilla (Embalse									Maraña	5	C 14			
de)	27	F 21							Maraña (La)	78	R 25			
Mansilla									Marañón (Ciudad					
de las Mulas	10	E 13							Real)	65	O 20			
Mansilla del									Marañón (Navarra)	14	E 22			
Páramo	23	E 12							Marañosa (La)	53	L 19			
									Marauri	14	D 22			

MADRID

lcalá	LMXY	
renal	KY	
armen	LX	
uencarral	LV	
ran Vía	KLX	
ortaleza	LVX	
Mayor	KLY	
Mayor (Plaza)	KY	
ontera	LX	
reciados	LX	155
uerta del Sol (Pl.)	LY	
an Jerónimo		
(Carrera de)	LMY	191
lvarez Gato	LY	6
rrieta	KX	13
yala	NV	18
árbara de Braganza	NV	19
allao (Pl. de)	LX	22
ava Alta	KZ	35
ava Baja	KZ	36
ava de San Miguel	KY	39
iudad de Barcelona	NZ	41
olón (Pl. de)	NV	44
oncepción Jerónima	LY	48
onde de Romanones	LY	51
ortés (Pl. de las)	MY	53
uchilleros	KY	58
uque de Alba	LZ	65
chegaray	LY	66
spoz y Mina	LY	79
studios	KZ	82
ernando el Santo	NV	100
en. Vara de Rey (Pl.)	KZ	99
oya	NV	100
dependencia (Pl. de la)	NX	103
fanta Isabel (Pas.)	NZ	105
breros	KX	119
adrazo (los)	MY	121
ejía Lequerica	LMV	132
úñez de Arce	LY	140
uerta Cerrada (Pl.)	KY	159
uerta de Moros (Pl.)	KZ	161
ecoletos	NX	163
an Bernardino	LX	184
an Francisco (Carrera de)	KZ	186
an Justo	KY	192
an Millán	KZ	196
anta Engracia	MV	203
anto Domingo		
(Cuesta, Pl. de)	KX	205
evilla	LY	208
udescos	LX	216
alverde	LV	221
entura Rodríguez	KV	227
entura de la Vega	LY	227
ergara	KY	228
lla de París (Pl.)	NV	232
rgen de los Peligros	LX	233

² REAL ACADEMIA
DE BELLA ARTES
DE SAN FERNANDO
⁶ MUSEO THYSSEN-
BORNEMISZA

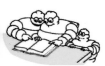

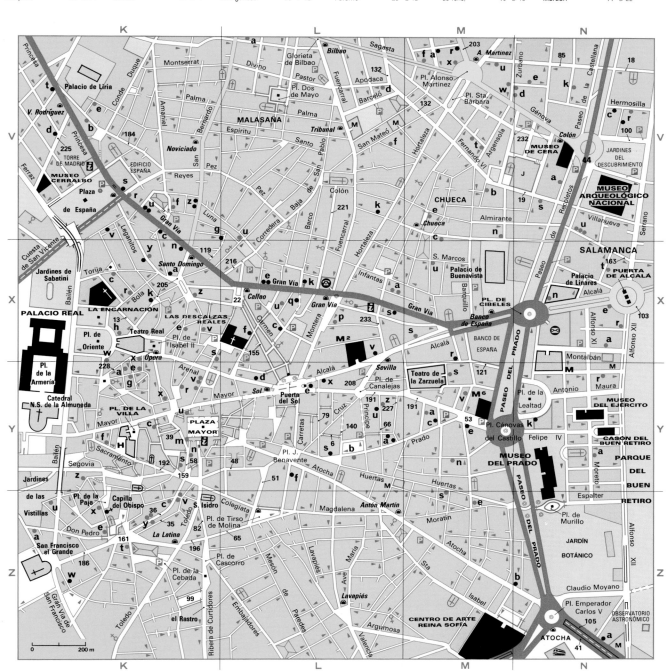

126 Mar – Mel

MÁLAGA

Constitución . . . CY 40
Granada . . . CDY
Marqués de Larios . . . CYZ 84
Nueva . . . CYZ
Santa Lucia . . . CY 123

Aduana (Pl. de la) . . . DY 2
Arriola (Pl. de la) . . . CZ 5
Atocha (Pasillo) . . . CZ 8
Calderería . . . CY 13
Cánovas del Castillo (Pas.) . . DZ 18
Cárcer . . . CY 27
Casapalma . . . CY 30
Colón (Alameda de) . . . CZ 32
Comandante Benitez (Av. del) . . . CZ 35
Compañía . . . CY 37
Cortina del Muelle . . . CZ 42
Especerías . . . CY 56
Frailes . . . CDY 61
Huerto del Conde . . . DY 67
Mariblanca . . . CY 77
Martínez . . . CZ 86
Molina Larios . . . CYZ 95
Postigo de los Abades . . . CDZ 106
Reding (Paseo de) . . . DY 110
Santa Isabel (Pasillo de) . . CYZ 120
Santa María . . . CY 125
Sebastián Souvirón . . . CZ 130
Strachan . . . CZ 133
Teatro (Pl. del) . . . CY 135
Tejón y Rodríguez . . . CY 138
Tetuán (Puente de) . . . CZ 140

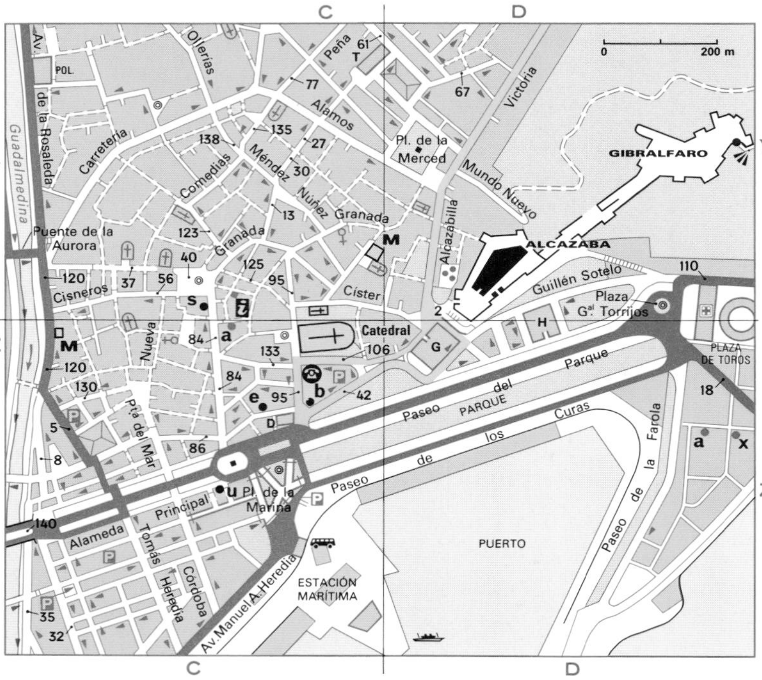
C
D
Y
Z
0
200 m
GIBRALFARO
ALCAZABA
Catedral
PUERTO
ESTACIÓN MARÍTIMA
PLAZA DE TOROS
Guadalmedina
Av. de la Rosaleda
Puente de la Aurora
Cisneros
Carretería
Comedias
Granada
Alamos
Olerías
Peña
Victoria
Pl. de la Merced
Mundo Nuevo
Alcazabilla
Císter
Guillén Sotelo
Plaza Gal Torrijos
Nueva
Méndez Núñez
Parque
Paseo del Parque
Curas
Paseo de los Curas
Paseo de la Farola
Principal
Alameda Principal
Pta. del Mar
Pl. de la Marina
Tomás Heredia
Córdoba
Av. Manuel A. Heredia
Paseo
POL.

Maravillas (Gruta de las) 72 S 10
Marazoleja 39 J 16
Marazovel 41 I 21
Marazuela 39 J 16
Marbella (Córdoba) 85 T 17
Marbella (Ensenada de) 89 W 15
Marbella (Málaga) 89 W 15
Marboré 16 D 30
Marçà 45 I 32
Marcaláin 15 D 24
Mar Cantabrico 13 B 20
Marce 7 E 6
Marcén 30 G 29
Marchagaz 49 L 11
Marchal 86 U 20
Marchal (El) 87 U 23
Marchal de Antón López (El) 86 V 22
Marchamalo 40 J 20
Marchena 83 U 13
Marchenilla 89 W 13
Marchenilla (Castillo) 83 U 12
Marcilla 28 F 24
Marcilla de Campos 25 F 16
Marco 7 D 6
Marco (El) 60 O 8
Marco (Puerto El) 7 D 6
Marco de Alvare (Puerto) 4 C 8
Marco Fabio Quintiliano (Parador) (Calahorra) 28 F 24
Marcón 6 E 4
Marcos (Los) 55 N 26
Marea (La) 5 C 13
Marentes 4 C 9
Mareny de Barraquetes 69 O 29
Mareny de San Lorenzo 69 O 29
Mareny de Vilches 69 O 29
Mareta (Punta de la) 95 W 1
Marey 8 D 7
Marfagones 79 T 26
Margalef 45 I 32
Marganell 32 H 35
Margañán 38 J 14
Margarida 69 P 29
Margarita (Sierra) 83 V 13
Margarita de Piedra 92 I 7
Margen (El) 77 T 22
Margen Derecha (Canal) 78 S 25
Margen Izquierda (Canal) 79 R 26
Margolles 11 B 14
María 77 S 23
María Cristina (Embassament de) 57 L 29
María (Puerto) 77 S 23
María (Sierra de) 77 T 23
María Andrés (Sierra de) 61 Q 9
María de Huerva 29 H 27
María de la Salud 90 M 39
Mariana 54 L 23
Marías (Las) 41 K 21
Maribáñez (Badajoz) 62 O 13
Maribáñez (Sevilla) 83 U 12
Maridos (Los) 66 Q 22
Marifranca 49 L 10
Marigenta 72 T 10
Marigutiérrez 66 O 22
Marimínguez 67 O 25
Marín 6 E 3
Marín 87 V 22
Marina del Pinet (La) 79 R 28
Marina (La) (Taragona) 45 I 33
Marina (La) (Valencia) 69 O 29
Marinaleda 84 T 15
Marinas (Las) (Almería) 86 V 22
Marinas (Las) (Valencia) 69 P 30
Marines ((Olocau)) 56 M 28
Marines ((Llíria)) 56 M 28
Marines (Los) 72 S 10
Mariña (A) 3 B 5
Mariola (Serra de) 69 P 28
Maripérez 66 O 23
Marisán 56 N 28
Marisánchez 65 P 20
Marismas (Puerto de las) 73 S 11
Marismilla 83 U 12
Mariz 3 C 6
Marjaliza 52 N 18
Markina 14 C 22
Marlín 38 J 15
Marmellar de Abajo 25 E 18
Marmellar de Arriba 25 E 18
Mármol 76 R 19
Mármol (Punta del) 94 O 9
Marmolance (Sierra de) 77 S 22
Marmolejo 75 R 17
Marmolejo (Embalse de) 75 R 17
Maro 85 V 18
Marolla (Puerto) 18 F 36
Maroma 85 V 17
Maroñas 6 D 3
Marqués (Casa del) 67 Q 24
Marqués (Punta) 94 N 9
Marqués (Sierra) 16 E 30
Marqués de Villena (Parador) 54 N 23
Marquina 13 D 21
Marquínez 14 D 22
Marracos 29 F 27
Marratxí 90 N 38
Marroquí o de Tarifa (Punta) 88 X 13
Marrupe 51 L 15
Martes 15 E 27
Martes (Serra) 68 N 26
Martiago 36 K 10
Martialay 27 G 22
Martiherrero 38 J 15
Martillán 36 J 9
Martimporra 5 C 13
Martín 4 C 8
Martín (Arroyo) 75 R 17
Martín (Río) (Cuenca) 55 M 25
Martín (Río) (Teruel) 43 J 27
Martín de la Jara 84 U 15
Martín del Río 43 J 27
Martín de Yeltes 36 J 11
Martinet 18 E 35
Martinete 85 T 16
Martínez 37 K 13
Martínez (Los) 79 S 26
Martín Malo 76 R 19
Martín Miguel 39 J 17
Martín Muñoz 40 I 19
Martín Muñoz de la Dehesa 38 I 15
Martín Muñoz de las Posadas 38 J 16
Martiñán 3 B 7
Martiño (Punta) 93 V 5
Martorell 32 H 35
Martorelles 32 H 36
Martos 75 S 18
Martos (Portillo de) 85 T 17
Martul 3 C 7
Maruanas 75 S 16
Maruca (La) 12 B 18
Marugán 39 J 16
Maruri 13 B 21
Mar y Land 91 Q 34
Marzà 19 F 39
Marzagán 94 P 9
Marzales 24 H 14
Marzán 10 D 11
Marzoa 2 C 4
Masa 12 E 18
Masada (La) 56 L 28
Masada del Sordo 56 M 28
Masadas (Alto de) 28 F 25
Masalavés 69 O 28
Masarac 19 E 38
Mas Buscà 19 F 39
Masca 92 G 8
Mascaraque 52 M 18
Mascarat (Barranco del) 69 Q 30
Mascún (Barranco de) 16 F 29
Mas de Barberáns 44 J 31
Mas de Bondia (El) 31 H 33
Mas de Caballero 55 N 26
Mas de Flors 57 L 29
Mas de Jacinto 55 L 26
Mas de las Altas 44 J 29
Mas de las Matas 44 J 29
Mas de Lloréns 56 L 29
Mas de Llosa 56 L 29
Mas del Olmo 55 L 26
Masdenverge 45 J 31
Mas-de-riudoms 45 I 32
Masegosa 41 K 23
Masegoso 66 P 23
Masegoso de Tajuña 41 J 21
Masella 18 E 35
Masía de Carril 56 N 27
Masía de Cortichelles 56 N 28
Masía de los Pérez 56 M 27
Masía del Segarró 57 K 29
Masía Molino Abad 44 J 30
Masía Montalvana 44 K 29
Maside 7 E 5
Masies de Voltregà (Les) 18 F 36
Masllorenç 32 I 34
Mas Llunés 33 G 38
Masma 4 B 8
Masma (Golfo de la) 4 B 8
Mas Nou 33 G 39
Masnou (El) 33 H 36
Masos (Els) 33 G 39
Maspalomas 94 O 11
Maspalomas (Punta de) 94 O 11
Masquefa 32 H 35
Masroig (El) 45 I 32
Massalcoreig 30 H 31
Massalfassar 57 N 29
Massamagrell 57 N 29
Massana (La) 18 E 34
Massanassa 56 N 28
Massanella 90 M 38
Massanes 33 G 37
Massanet de Cabrenys / Maçanet de Cabrenys 19 E 38
Massoteres 31 G 33
Masueco 36 I 10
Mata (Burgos) 12 E 18
Mata (Cantabria) 12 C 17
Mata (Córdoba) 84 T 16
Mata (La) (Alicante) 79 R 28
Mata (La) (cerca de Carmena) 52 M 16
Mata (La) (León) 10 D 13
Mata (La) (Segovia) 39 I 18
Mata (La) (Sevilla) 83 U 13
Mata (La) (cerca de Los Yébenes) 52 N 18
Mata (Salines de la) 79 R 27
Mata (Sierra de la) 41 I 22
Matabuena 39 I 18
Matacas 75 S 18
Matachel 62 Q 12
Mata da Rainha 48 L 8
Mata de Alcántara 49 M 9
Mata de Armuña (La) 37 I 13
Mata de Cuéllar 39 H 16
Mata de Hoz 12 D 17
Mata de la Riba (La) 10 D 13
Mata de Ledesma (La) 37 J 12
Mata de los Olmos (La) 43 J 28
Mata del Páramo (La) 23 E 12
Mata de Monteagudo (La) 11 D 14
Mata de Morella (La) 44 K 29
Matadeón de los Oteros 23 E 13
Matadepera 32 H 36
Mataelpino 39 J 18
Mataespesa 39 K 17
Matagalls 33 G 37
Matagorda (Almería) 86 V 21
Matagorda (Cádiz) 88 W 11
Mata Lagarto 26 F 19
Matalascañas 82 U 10
Matalavilla 9 D 10
Matal de Toscal 75 S 16
Matalebreras 27 G 23
Matalindo 26 F 19
Matallana (Guadalajara) 40 I 19
Matallana (Sevilla) 83 U 12
Matallana de Torío 10 D 13
Matallana de Valmadrigal 10 E 13
Matalloso 64 P 16
Matalobos del Páramo 23 E 12
Mataluenga 10 D 12
Matamá 20 F 3
Matamala 39 I 18
Matamala de Almazán 27 H 22
Matamorisca 12 D 17
Matamorosa 12 D 17
Matanela (Puerto de) 12 C 18
Matanza 23 F 13
Matanza (La) 79 R 26
Matanza (La) 93 S 8
Matanza de Acentejo (La) 92 J 7
Matanza de Soria 26 H 20
Matanzas 43 K 28
Mataparta 55 M 26
Mataporquera 12 D 17
Matapozuelos 38 H 15
Matapuercas 75 R 16
Mataró 33 H 37
Matarraña 44 J 30
Matarredonda 84 T 15
Matarrosa del Sil 9 D 10
Matarrubia 40 J 20
Matas (Las) 39 K 18
Matasanos 83 T 13
Matas Blancas 93 S 8
Matasejún 27 G 23
Matas Verdes 66 O 22
Matea 77 R 22
Mateo (Puerto de) 85 U 16
Matet 56 M 28
Matián 77 T 22
Matienzo 12 C 19
Matilla (La) 39 I 18
Matilla (La) 93 U 6
Matilla de Arzón 23 F 13
·Matilla de los Caños 24 H 15
Matilla de los Caños del Río 37 J 12
Matilla la Seca 23 H 13
Matillas 41 J 21
Mato 3 C 7
Matola 79 R 27
Matorral (Punta del) 93 R 9
Matorro (Puerto El) 26 F 19
Matueca 10 D 13
Matute (La Rioja) 27 F 21
Matute (Soria) 27 H 22
Mauberme (Pic de) 17 D 32
Maus de Salas 21 G 6
Mave 12 D 17
Maxal 7 D 6
Maya (La) 37 J 13
Mayalde 37 I 12
Mayes (Embalse de) 78 R 25
Mayor (Cabo) 12 B 18
Mayor (Cuenca) 54 L 22
Mayor (Isla) (Murcia) 79 S 27
Mayor (Isla) (Sevilla) 83 U 11
Mayor (Lugo) 4 B 8
Mayor (Riera) 33 G 37
Mayor (Soria) 27 F 21
Mayorga (Badajoz) 60 O 8
Mayorga (Valladolid) 24 F 14
Maz 15 D 27
Mazagón 82 U 9
Mazaleón 44 I 30
Mazalvete 27 G 23
Mazarabeas Altas 52 M 17
Mazarambroz 52 M 17
Mazarete 41 I 23
Mazaricos 6 D 3
Mazariegos 24 F 15
Mazariegos (Puerto) 26 F 19
Mazarracín 52 M 18
Mazarrón (Golfo de) 78 T 26
Mazarrón (Huelva) 73 T 10
Mazarrón (Murcia) 79 T 26
Mazarulleque 54 L 21
Mazaterón 27 H 23
Mazcuerras 12 C 17
Mazo 95 C 6
Mazo (Collado del) 62 N 13
Mazores 38 I 14
Mazorra (Puerto de La) 12 D 19
Mazos 27 H 22
Mazueco 26 F 19
Mazuecos 53 L 20
Mazuecos de Valdeginate 24 F 15
Mazuela 25 F 18
Meabia 7 E 4
Meagas (Alto de) 14 C 23
Meano (Navarra) 14 E 22
Meaño (Pontevedra) 6 E 3
Meca 88 X 11
Meca (Rivera de) 72 T 8
Mecerreyes 26 F 19
Mecina Alfahar 86 V 20
Mecina Bombarón 86 V 20
Mecina Fondales 86 V 20
Meco 40 K 20
Meda (Lugo) 3 C 7
Meda (Orense) 8 E 7
Meda (Pico de) 2 C 3
Médano (El) 92 I 9
Medeiros 21 G 7
Medellín 62 P 12
Medes (Islas) 19 F 39
Mediana 29 H 27
Mediana (La) 82 U 10
Mediana de Voltoya 38 J 16
Media Naranja (Punta de la) 87 V 24
Mediano (Embalse de) 16 E 30
Medida (La) 92 J 8
Medín 7 D 5
Medina (Laguna de) 88 W 11
Medina Azahara 74 S 15
Medinaceli 41 I 22
Medinaceli (Estación de) 41 I 22
Medina de las Torres 73 Q 10
Medina del Campo 38 I 15
Medina de Pomar 12 D 19
Medina de Rioseco 24 G 14
Medina-Sidonia 88 W 12
Medinilla 37 K 13
Medinyà 19 F 38
Mediona 32 H 34
Medranda 40 J 21
Medrano 27 E 22
Medro 78 T 24
Medua 8 E 9
Médulas (Las) (León) 9 E 9
Médulas (Las) (León) 9 E 9
Megeces 38 H 16
Megina 42 K 24
Megorrón (Sierra) 41 J 22
Meilán (Lugo) 3 C 7
Meilán (Mondoñedo) 4 B 8
Meira (Lugo) 4 C 8
Meira (Pontevedra) 20 F 3
Meira (Sierra de) 4 C 8
Meirama 2 C 4
Meirás (cerca de Sada) 3 B 5
Meirás (cerca de Valdoviño) 3 B 5
Meis 6 E 3
Mejara (Puerto) 62 P 13
Mejorada 51 L 15
Mejorada del Campo 53 K 19
Melegís 85 V 19
Melegriz 67 P 24
Melenara 94 P 10
Melendreros 5 C 13
Melgar de Abajo 24 F 14
Melgar de Arriba 24 F 14
Melgar de Fernamental 25 E 17
Melgar de Tera 23 G 11
Melgar de Yuso 25 F 17
Melgarejo 65 P 20
Melgosa (La) 54 L 23
Melgoso 78 S 24
Meliana 56 N 28
Melias 7 E 6
Melicena 86 V 20
Mélida 28 E 25
Melide 7 D 5

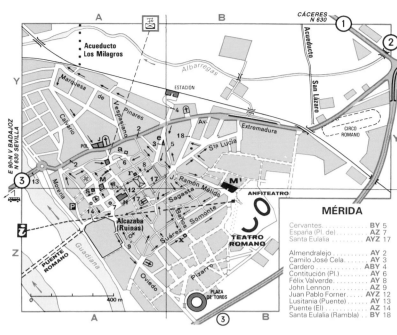

MÉRIDA

Cervantes . . . . **BY** 5
España (Pl. de) . . . . **AZ** 7
Santa Eulalia . . . . **AYZ** 17

Almendralejo . . . . **AY** 2
Camilo José Cela . . . . . . **AY** 3
Cardero . . . . **ABY** 4
Contitución (Pl.) . . . . . . **AY** 6
Félix Valverde . . . . **AY** 8
John Lennon . . . . **AY** 9
Juan Pablo Forner . . . . . **AYZ** 12
Lusitania (Puente) . . . . . **AY** 13
Puente (El) . . . . **AZ** 14
Santa Eulalia (Rambla) . . **BY** 18

Mellanzos 10 E 14
Melón 20 F 5
Melones (Sierra de los) 89 W 13
Melque 39 I 16
Membibre de la Hoz 39 H 17
Membribe 37 J 12
Membrilla (Córdoba) 74 T 15
Membrilla (Cuidad Real) 65 P 19
Membrillar 11 E 15
Membrillera 40 J 21
Membrillo (El) (Sevilla) 73 S 12
Membrillo (El) (Toledo) 51 M 15
Membrillo (Lucio del) 82 V 10
Membrillo Alto 72 T 10
Membrillos (Embalse de los) 74 R 14
Membrío 48 N 8
Mena 23 G 11
Menagaray 13 C 20
Menárguens 31 G 32
Menas (Las) 87 U 22
Menas (Los) 87 T 24
Menasalbas 52 N 17
Menaza 12 D 17
Mencal 86 T 20
Menchón de Abril (El) 85 T 18
Mencilla 26 F 20
Mencilla (Sierra) 26 F 19
Mendaro 14 C 22
Mendata 14 C 22
Mendavia 27 E 23
Mendaza 14 E 23
Mendeica 13 C 20
Mendexa 14 B 22
Méndez 67 Q 24
Mendigorría 14 E 24
Mendióroz 15 D 25
Mendo 3 C 5
Mendoza 13 D 21
Menera (Sierra de) 42 J 25
Meneses 54 N 23
Meneses de Campos 24 G 15
Menga (Puerto de) 38 K 14
Mengabril 62 P 12
Mengamuñoz 38 K 15
Menga y Viera (Cuevas de) 84 U 16
Mengíbar 75 S 18
Menjillán 83 U 13
Menor (Isla) 83 U 11
Menor (Mar) 79 S 27
Menorca 91 M 41
Menorca (Cap de) 90 M 39
Menorca o Bajolí (Cap) 91 L 41

Menores (Los) 92 H 9
Menoyo 13 C 20
Mens 2 C 3
Mentera 12 C 19
Mentiras 77 R 22
Méntrida 52 L 17
Menudero 4 B 10
Menuza (Ermita de) 43 I 28
Meñaka 13 B 21
Meoz 15 D 25
Mequinenza 30 H 30
Mequinenza (Embalse de) 30 H 30
Mera (cerca de Ortiguira) 3 A 6
Mera (cerca de Santa Cruz) 2 B 4
Mera (Lugo) 7 D 6
Mera (Río) 3 B 6
Meranges 18 E 35
Merás 4 B 10
Merca (A) 21 F 6
Mercadal (es) 91 M 42
Mercadillo (Burgos) 13 C 20
Mercadillo (Vizcaya) 13 C 20
Mercadillos de Abajo 67 P 24
Mercedes (Las) 93 K 6
Mercedes (Monte de las) 93 K 6
Meré 11 B 15
Meredo 4 B 8
Merelas 3 C 5
Merendero 3 C 6
Meréns 20 F 5
Mérida 61 P 10
Merille 3 B 7
Merinos (Sierra de los) 84 V 14
Merlán 7 D 6
Merlès (Riera de) 32 G 35
Merli 17 E 31
Mero 3 C 5
Merodio 11 C 16
Merou 4 B 9
Merza 7 D 5
Mesa 42 I 24
Mesa (La) (Jaén) 76 R 19
Mesa (La) (La Rioja) 27 F 22
Mesa del Mar 92 J 6
Mesa Roldán (La) 87 V 24
Mesas (Las) (Cuenca) 66 N 21
Mesas (Las) (Málaga) 84 V 14
Mesas de Asta 83 V 11
Mesas de Ibor 50 M 13
Mesas del Guadalora 74 S 14
Mesas de Santiago 83 V 12
Mesegar 52 M 16
Mesegar de Corneja 38 K 14
Mesía 3 C 5

Mesillas 50 L 12
Mesón do Vento 2 C 4
Mesones 40 J 19
Mesones (Los) 37 I 12
Mesones de Isuela 28 H 25
Mesta 66 Q 22
Mesta (Río de la) 66 Q 22
Mesta de Con 11 B 14
Mestanza 64 Q 17
Mestanza (Puerto de) 64 Q 17
Mestas 4 C 10
Mestas (Las) 49 L 9
Metauten 14 D 23
Mezalocha 43 H 26
Mezalocha (Embalse de) 43 H 26
Mezas (Las) 49 L 9
Mezio 20 G 5
Mezkiritz 15 D 25
Mezquetillas 41 I 22
Mezquín 44 J 29
Mezquita (A) 21 F 8
Mezquita (Estación de la) 82 T 9
Mezquita (La) 84 U 15
Mezquita de Jarque 43 J 27
Mezquita de Loscos 43 I 26
Mezquitilla 85 V 17
Mezquitilla (La) 84 U 14
Miajadas 62 O 12
Miami Platja 45 I 32
Mianos 15 E 27
Micereces de Tera 23 G 12
Michos 64 P 16
Micieces de Ojeda 11 D 16
Miedes 42 I 25
Miedes de Atienza 40 I 21
Miengo 12 B 18
Miera (Asturias) 5 C 13
Miera (Cantabria) 12 C 18
Miera (La) 66 O 21
Miera (Río) 12 C 18
Mieres (Asturias) 5 C 12
Mieres (Gerona) 19 F 37
Mierla (La) 40 J 20
Mieza 36 I 9
Migjorn Gran (es) 91 M 42
Miguel (Punta de) 93 B 11
Miguelagua 52 N 18
Miguelánez 39 I 16
Miguel Esteban 53 N 20
Miguel Ibáñez 39 I 16
Migueltura 64 P 18
Mijares (Ávila) 51 L 15
Mijares (Puerto de) 51 K 15
Mijares (Río) 57 M 29
Mijares (Teruel) 56 L 27
Mijares (Valencia) 56 N 27
Mijas 84 W 16
Mijas (Sierra de) 89 W 15
Mijas Costa 89 W 15

Milagres (Santuario Os) 21 F 7
Milagro 28 F 24
Milagro (El) 52 N 17
Milagro (Puerto del) 52 N 17
Milagro (Río) 52 N 17
Milagros 25 H 18
Milán 93 J 6
Milano (Albacete) 66 P 22
Milano (Salamanca) 36 I 10
Milanos 85 U 17
Milanos (Estación de los) 72 T 9
Miliana 44 K 31
Miliario del Caudillo 25 H 18
Milladoiro 6 D 4
Millana 41 K 22
Millanes 50 M 13
Millarada (A) 7 E 5
Millares 68 O 27
Millares (Embassament de) 68 O 27
Millares (Los) 71 T 7
Millares (Necrópolis de los) 87 V 22
Millares (Salto de) 68 O 27
Millarón (El) 48 N 8
Miller 77 R 22
Milles de la Polvorosa 23 G 12
Millón 6 D 3
Milmarcos 42 I 24
Mimbrales (Los) 82 U 10
Minas (La) 43 J 27
Minas (Las) (Almería) 87 V 22
Minas (Las) (Albacete) 78 R 24
Minas (Las) (Cuenca) 55 M 25
Minas de Cala 73 S 10
Minas del Castillo 73 S 10
Minas del Marquesado 86 U 20
Minas de Riotinto 72 S 10
Minateda 67 Q 25
Minateda (Cuevas de) 67 Q 25
Minaya 66 O 23
Minaya (Estación de) 66 O 23
Mingarnao 77 R 22
Minglanilla 55 N 25
Mingo Chico 36 K 9
Mingogil 67 Q 25
Mingorría 38 J 15
Mingorrubio 39 K 18
Mingrano 78 S 24
Mínguez (Puerto) 43 J 26
Mini Hollywood 87 U 22

Minilla (Embalse de la) 73 S 11
Mínima (Isla) 83 U 11
Ministra (Sierra) 41 I 22
Miñagón 4 B 9
Miñana 27 H 23
Miñana (Sierra de) 27 H 23
Miñano 78 R 24
Miñano Mayor 14 D 22
Miñarros 78 T 25
Miño 3 B 5
Miño (Río) 20 F 5
Miño Cuevo 23 G 11
Miño de Medina 41 I 22
Miño de San Esteban 26 H 19
Miñóns 6 D 2
Miñosa (La) 40 I 21
Miñotos 3 B 7
Mioma 13 D 20
Mioño 13 B 20
Mira 55 M 25
Mira (Barranco de) 28 G 26
Mira (La) (Cáceres) 50 L 13
Mira (La) (Cuidad Real) 64 P 17
Mira (Río) 55 M 25
Mira (Sierra de) 55 M 25
Mirabel (Cáceres) 49 M 11
Mirabel (Ermita de) 50 N 13
Mirabel (Sevilla) 83 U 12
Mirabueno 41 J 21
Miracle (El) 32 G 34
Miradera (Sierra de la) 62 Q 11
Mirador de Oseja 11 C 14
Mirador du Uña 55 L 24
Mirador (El) 79 S 27
Mirador (Sierra del) 4 C 8
Mirador del Romero 39 K 17
Miraelrío 76 R 19
Miraflor 94 O 9
Miraflor 69 P 30
Miraflores (Cuenca) 54 M 22
Miraflores de la Sierra 39 J 18
Mirafuentes 14 E 23
Miragreros 52 L 16
Miralcamp 31 H 32
Miralcampo 67 O 24
Miralrío 40 J 21
Miralsot de Abajo 30 H 30
Miramar 90 M 37
Mirambel 43 K 28
Miranda (Lugo) 8 D 8
Miranda (Murcia) 79 S 26
Miranda de Arga 14 E 24
Miranda de Azán 37 J 12
Miranda de Ebro 13 D 21
Miranda del Castañar 37 K 12
Miranda del Rey 76 Q 19
Mirandilla 62 O 11
Mirantes de Luna 10 D 12
Miravalles (León) 9 D 9
Miraveche 13 D 20
Miravet 45 I 31
Miravete 43 K 27
Miravete (Puerto de) 50 M 12
Miraz (cerca de Guitiriz) 3 C 6
Miraz (cerca de Xermade) 3 B 6
Mirjancas 13 D 21
Miro (El) 9 D 10
Mirón (El) 37 K 13
Mironcillo 38 K 15
Mirones 12 C 18
Mirones (Los) 64 Q 18
Mirueña de los Infanzones 38 J 14
Mitagalan 85 T 19
Miyares 5 B 14
Moal 4 C 10
Moanes 4 B 10
Moaña 20 F 3
Moar 3 C 5
Moarves 11 D 16
Mocanal 93 B 11
Mocasilla 41 J 22
Mocejón 52 M 18
Mochales 74 T 15
Mochales (Guadalajara) 41 I 23

Mochales (Sevilla) 83 T 13
Mochila 86 T 19
Mochuelos (Los) 76 Q 20
Moclín 85 T 18
Moclinejo 85 V 17
Modino 10 D 14
Modorra 42 I 26
Modubar 26 F 19
Modúbar de San Cibrián 26 F 19
Moeche 3 B 6
Mogábar 75 Q 16
Mogán 94 N 10
Mogán (Barranco de) 94 N 10
Mogarraz 37 K 11
Mogatar 37 H 12
Mogón 76 R 20
Mogor 6 E 3
Mogorrita (Cuenca) 55 K 24
Mogorrita (Guadalajara) 41 J 23
Mogro 12 B 18
Moguer 82 U 9
Moharras 66 O 22
Moheda (La) 49 L 10
Mohedas 49 L 11
Mohedas (Las) 66 Q 23
Mohedas de la Jara 51 N 14
Mohernando 40 J 20
Mohorte 54 L 23
Moià 32 G 36
Moixent 68 P 27
Mojácar 87 U 24
Mojados 38 H 16
Mojantes (Sierra de) 77 R 23
Mojares 41 I 22
Mojina (Sierra de) 64 Q 18
Mojón (El) (Valencia) 55 L 25
Mojón (El) (Alicante) 79 S 27
Mojón (El) (Murcia) 79 R 27
Mojón Alto (Cuenca) 54 M 22
Mojón Alto (Cuidad real) 85 T 16
Mojón Blanco 55 K 24
Mojonera 86 V 21
Mojón Gordo 84 V 14
Mojón Pardo 67 O 24
Mola 91 Q 34
Mola (Castillo de la) 68 Q 27
Mola (Faro de la) 91 Q 34
Mola (La) (Barcelona) 32 H 36
Mola (La) (Menorca) 91 M 42
Molar (El) (Jaén) 76 S 20
Molar (El) (Madrid) 40 J 19
Molar (El) (Tarragona) 45 I 32
Molar (Sierra del) 67 Q 25
Molata 77 R 23
Molata (La) 67 P 23
Molatón 67 P 25
Moldes 7 D 5
Moldones 22 G 10
Molezuelas de la Carballeda 23 F 11
Moli 91 P 33
Moli Azor 56 L 28
Molina (La) (Burgos) 13 D 20
Molina (La) (Lérida) 18 E 35
Molina (Sierra de) 42 K 24
Molina de Aragón 42 J 24
Molina de Segura 79 R 26
Molina de Ubierna (La) 12 E 19
Molinaferrera 9 E 10
Molinas (Los) 87 U 23
Molinaseca 9 E 10
Molinicos 66 Q 23
Molinilla 13 D 21
Molinillo (El) 37 K 12
Molinillo (El) 52 N 17
Molino 78 R 25
Molino (El) 60 P 8
Molino Blanco 51 M 16
Molino Romaní 69 O 28
Molinos 43 J 28
Molinos (Arroyo) 73 T 11

Molinos (La Coruña) 2 C 2
Molinos (Los) 94 N 10
Molinos (Los) 93 T 6
Molinos (Los) (Huesca) 16 E 30
Molinos (Los) (Madrid) 39 J 17
Molinos de Duero 27 G 21
Molinos del Río Aguas (Los) 87 U 23
Molinos de Matachel (Embalse de los) 62 Q 11
Molinos de Papel 54 L 23
Molinos de Razón 27 G 22
Molino Viejo (Parador del) (Gijón) 5 B 13
Molins de Rei 32 H 36
Molledo 12 C 17
Mollerussa 31 H 32
Mollet (Barcelona) 32 H 36
Mollet (Gerona) 19 E 39
Mollina 84 U 16
Mollinedo 13 C 20
Molló 19 E 37
Molló (Sierra del) 44 K 30
Molsosa (La) 32 G 34
Moluengo 55 N 25
Molvízar 85 V 19
Momán (cerca de Cospeito) 3 C 7
Momán (cerca de Xermade) 3 C 6
Mombeltrán 51 L 14
Momblona 41 H 22
Mombuey 23 F 11
Momediano 13 D 19
Momia 88 W 12
Mompichel 67 P 25
Mona (Punta de la) 85 V 18
Monachil 85 U 19
Monasterejos 83 V 11
Monasterio (Guadalajara) 40 J 20
Monasterio (Soria) 27 H 21
Monasterio de la Sierra 26 F 20
Monasterio del Coto 4 C 9
Monasterio de Rodilla 26 E 19
Monasterio de Vega 24 F 14
Monasterioguren 14 D 22
Moncada 56 N 28
Moncalián 12 B 19
Moncalvillo 26 G 20
Moncalvillo del Huete 54 L 21
Moncalvo 22 F 9
Moncayo 77 S 22
Moncayo (Santuario del) 28 G 24
Moncayo (Sierra del) 28 G 24
Moncelos 3 C 7
Moncelos (Puerto de) 20 F 5
Monclova (La) 74 T 14
Moncófar 57 M 29
Monda 89 W 15
Mondalindo 39 J 18
Mondariz 20 F 4
Mondéjar 53 L 20
Mondoñedo 3 B 7
Mondragón / Arrasate 14 C 22
Mondreganes 11 D 14
Mondriz 3 C 7
Mondrón 85 V 17
Mondúber 69 O 29
Mondújar 86 V 19
Monegre 28 H 25
Monegrillo 29 H 28
Monegros (Canal de) 29 F 28
Monegros (Los) 29 H 28
Monells 33 G 38
Moneo 12 D 19
Mones 4 B 10
Monesma 30 G 30
Monesma y Cajigar 17 F 31
Monesterio 73 R 11
Moneva 43 I 28

Name		
Moneva (Embalse de)	43	I 27
Monfarracinos	23	H 12
Monfero	3	C 5
Monfero (Monasterio de)	3	B 5
Monflorite	29	F 28
Monforte de la Sierra	37	K 11
Monforte del Cid	79	Q 27
Monforte de Lemos	8	E 7
Monforte de Moyuela	43	I 26
Monfragüe (Santuario de)	49	M 11
Monfragüe (Parque Natural de)	50	M 13
Mongo	69	P 30
Monigón	27	G 23
Monistrol de Calders	32	G 36
Monistrol de Montserrat	32	H 35
Monjas (Las) (Cuidad Real)	65	O 19
Monjas (Las) (Sevilla)	83	U 13
Monjas (Las) (Valencia)	55	N 26
Monleón (Salamanca)	37	K 12
Monleras	37	I 11
Monllats (Els)	44	K 29
Monmeneu	30	H 31
Monnegre (Río)	69	Q 28
Monóvar	68	Q 27
Monrabana	56	M 27
Monreal (Cuenca)	54	N 21
Monreal (Navarra)	15	D 25
Monreal de Ariza	41	I 23
Monreal del Campo	42	J 25
Monreal del Llano	54	N 21
Monrepós (Puerto de)	16	E 28
Monroy	49	N 11
Monroyo	44	J 29
Monsaete (Puerto de)	41	K 23
Monsagro	37	K 11
Monsalud	61	Q 9
Monsalud (Monasterio de)	41	K 22
Monsalupe	38	J 15
Monserrat	69	N 28
Monta (La)	65	O 18
Montaberner	69	P 28
Montagut	19	F 37
Montagut (Balneario)	18	F 36
Montagut (Monte)	32	H 34
Montalbán (Teruel)	43	J 27
Montalbán (Toledo)	52	M 16
Montalbán de Córdoba	74	T 15
Montalbanejo	54	M 22
Montalbo	54	M 21
Montalbos	43	J 28
Montalvos	67	O 23
Montamarta	23	H 12
Montán (Castellón de la Plana)	56	L 28
Montan (Lérida)	18	F 34
Montánchez	62	O 11
Montánchez (Sierra de)	62	O 11
Montanchuelos	65	P 19
Montanejos	56	L 28
Montanúy	17	E 32
Montaña Blanca	92	I 8
Montaña Blanca	95	W 4
Montaña Clara (Isla de)	95	W 2
Montaña Colorada	92	I 8
Montaña de Covadonga (Parque nacional de la)	11	C 14
Montaña de la Data	94	O 11
Montaña de Sal	32	G 35
Montañana (Huesca)	17	F 32
Montañana (Zaragozal)	29	G 27
Montaña Reventada	92	H 8
Montaña Roja	92	I 8
Montañas (Ermita de las)	83	V 13
Montañas Negras	92	H 8
Montañesa (Peña)	16	E 30
Montañeta (La)	92	I 7
Montaos	2	C 4
Montareño	17	E 33
Montargull	31	G 33
Montarrón	40	J 20
Montarto	17	E 32
Montaves	27	F 23
Montblanc	31	H 33
Montblanquet	31	H 33
Montbrió de la Marca	31	H 33
Montbrió del Camp	45	I 33
Montcada I Reixac	32	H 36
Montcau (El)	32	G 36
Montclar	18	F 35
Montclar d'Urgell	31	G 33
Montcortès	17	F 33
Monte (El)	67	P 23
Monte (Ermita del)	73	S 12
Monte (La Coruña)	3	B 5
Monte (Lugo)	3	B 7
Monteagú	65	Q 19
Monteagudo (Embalse)	41	H 23
Monteagudo (Isla de)	20	F 3
Monteagudo (Murcia)	79	R 26
Monteagudo (Navarro)	28	G 24
Monteagudo de las Salinas	55	M 24
Monteagudo de las Vicarías	41	H 23
Monteagudo del Castillo	43	K 27
Montealegre	24	G 15
Montealegre del Castillo	68	P 26
Monte Aloya (Parque natural del)	20	F 3
Monte Alto	74	T 15
Montearagón	52	M 16
Monte Aragón (Cordillera de)	67	P 24
Monte Aragón (Monasterio de)	29	F 28
Monte Calderón	40	J 19
Montecillo	12	D 18
Montecoche (Sierra de)	89	X 13
Monte Coello	94	P 9
Montecorto	84	V 14
Monte Cristina	57	L 29
Montecubeiro	4	C 8
Monte de los Santos	69	O 29
Monte de Luna	95	C 6
Monte de Meda	8	D 7
Monte de Orusco (El)	53	L 20
Montederramo	21	F 7
Montefrío	85	U 17
Montehermoso	49	L 10
Monte Horquera	56	N 28
Monte Hueco	40	J 20
Monteixo	18	E 34
Montejaque	84	V 14
Montejícar	76	T 19
Montejo	37	K 13
Montejo de Arévalo	38	I 16
Montejo de Bricia	12	D 18
Montejo de Cebas	13	D 20
Montejo de la Sierra	40	I 19
Montejo de la Vega	26	H 19
Montejo de Tiermes	40	H 20
Montejos del Camino	10	E 12
Monte la Reina	23	H 13
Montellà	18	E 35
Montellano (Sevilla)	83	V 13
Montellano (Sierra de)	83	V 13
Montellano (Vizcaya)	13	C 20
Monte Lope Álvarez	75	S 17
Montemayor (Albacete)	66	P 23
Montemayor (Córdoba)	74	T 15
Montemayor (Ermita de)	82	U 9
Montemayor (Valencia)	68	O 26
Montemayor del Rio	50	K 12
Montemayor de Pililla	25	H 16
Montemolín	73	R 11
Montenartró	17	E 33
Montenegro	86	U 21
Montenegro de Cameros	27	F 21
Montepalacio	83	U 13
Monte Perdido (Parador de) (Bielsa)	16	D 30
Monte Picayo	57	N 29
Monterde	42	I 24
Monterde de Albarracín	42	K 25
Monte Redondo	41	J 21
Monte Robledal	53	L 20
Monteros (Los) (Málaga)	89	W 15
Monteros (Los) (Toledo)	52	L 16
Monterreal	20	F 3
Monterredondo	20	F 5
Monterrei	21	G 7
Monterrey	52	M 17
Monterroso	7	D 6
Monterrubio	39	J 16
Monterrubio de Armuña	37	I 13
Monterrubio de Demanda	26	F 20
Monterrubio de la Serena	62	Q 13
Monterrubio de la Sierra	37	J 12
Montes de Málaga (Parque natural de los)	84	V 16
Montes (Los)	85	T 18
Montesa	68	P 28
Montesalgueiro	3	C 5
Montesclaros	51	L 15
Montes de Mora	64	N 17
Montes de San Benito	72	S 8
Montes de Valdueza	9	E 10
Montesinho (Parque natural de)	22	G 9
Montesinos (Los)	79	R 27
Montesión (Santuario de)	90	N 39
Montesol (Alicante)	69	P 28
Montesol (Valencia)	36	N 28
Montesquiu	18	F 36
Montes Universales (Reserva nacional de los)	42	K 24
Montesusín	29	G 28
Monteviejo (Puerto de)	11	D 15
Montferrer de Segre	18	E 34
Montferri	32	I 34
Montgai	31	G 32
Montgarri	17	D 33
Montgat	33	H 36
Montgó	19	F 39
Montiano	13	C 20
Montichelvo	69	P 28
Montiel	66	P 21
Montiel (Campo de)	66	P 21
Montiela (La)	74	T 15
Montijo	61	P 10
Montijo (Canal de)	61	P 9
Montilla	75	T 16
Montilla (Sierra de)	77	S 22
Montillana	85	T 18
Montinier	16	E 30
Montizón	76	Q 20
Montjuïc	32	H 36
Montjuïc (Castillo de)	33	G 38
Montlleó (Riu) (Castellón de la Plana)	57	L 29
Montmagastre	31	G 33
Montmajor	18	F 35
Montmaneu	32	H 34
Montmany	32	G 36
Montmeló	32	H 36
Montmessa	29	F 28
Montnegre	69	Q 28
Montnegre (Barcelona)	33	G 37
Montnegre (Gerona)	33	G 38
Montnegre (Zaragoza)	30	H 30
Montnoso	62	Q 11
Montolar	28	H 26
Montoliu	31	H 31
Montón	42	I 25
Montorio	12	E 18
Montornès	32	H 36
Montornès de Segarra	31	H 33
Montoro	75	R 16
Montoro (Embalse de)	64	Q 17
Montoro (Río)	64	Q 18
Montoro de Mezquita	43	J 28
Montortal	69	O 28
Montoso	65	P 20
Montoto	11	D 16
Montouto (La Coruña)	3	C 5
Montouto (León)	8	E 8
Montouto (Lugo)	3	B 7
Montoxo (San Román)	3	B 6
Montoxo (San Xulián)	3	B 6
Montpalau	32	H 34
Mont-ral	45	I 33
Mont-ras	33	G 39
Mont-roig	31	G 32
Mont-roig del Camp	45	I 32
Mont-ros	17	E 32
Montroy	68	N 28
Montsant	45	I 32
Montsant (Sierra del)	45	I 32
Montsec (Huesca)	17	F 31
Montsec (Lérida)	17	F 32
Montsec (Sierra del)	17	F 32
Montseny	33	G 37
Montseny (Monte)	17	E 33
Montseny (Parc natural del)	33	G 36
Montseny (Sierra de)	33	G 37
Montserrat (Monasterio)	32	H 35
Montserrat (Sierra de)	32	H 35
Montsià (Sierra del)	45	K 31
Montuenga (Burgos)	25	F 18
Montuenga (Segovia)	38	I 16
Montuenga de Soria	41	I 23
Montuïri	90	N 38
Monturque	84	T 16
Monturull (Pic de)	18	E 34
Monumenta	23	H 11
Monzalbarba	29	G 27
Monzón	30	G 30
Monzón de Campos	25	F 16
Moñux	27	H 22
Mor	3	B 7
Mora (La)	32	I 34
Mora (León)	10	D 12
Mora (Puerto de la)	86	U 19
Mora (Teruel)	56	L 27
Mora (Toledo)	52	M 18
Móra d'Ebre	45	I 31
Mora de Rubielos	56	L 27
Mora de Santa Quiteria	67	Q 25
Moradillo	12	D 18
Moradillo del Castillo	12	D 18
Moradillo de Roa	25	H 18
Moragete	68	O 26
Moraira	69	P 30
Moraira (Cap de)	69	P 30
Moral	77	R 23
Moral (El)	77	S 23
Moral (Sierra del)	65	P 19
Móra la Nova	45	I 31
Moral de Calatrava	65	P 19
Moral de Hornuez	40	H 19
Moral de la Reina	24	G 14
Moral de Sayago	23	H 11
Moraleda (Sierra de)	33	H 37
Moraleda de Zafayona	85	U 18
Moraleja	49	L 9
Moraleja (La)	40	K 19
Moraleja (Sierra de la)	63	P 14
Moraleja de Coca	39	I 16
Moraleja de Cuéllar	39	I 17
Moraleja de Enmedio	52	L 18
Moraleja de las Panaderas	38	I 15
Moraleja del Vino	23	H 13
Moraleja de Matacabras	38	I 15
Moraleja de Sayago	37	I 11
Moralejo	77	S 23
Moralejo (Monte)	77	S 23
Morales (Cuidad Real)	64	Q 18
Morales (León)	23	E 11
Morales (Los)	85	T 18
Morales (Rambla de)	87	V 23
Morales (Soria)	26	H 21
Morales de Campos	24	G 14
Morales del Vino	23	H 12
Morales de Rey	23	F 12
Morales de Toro	24	H 14
Morales de Valverde	23	G 12
Moralico (El)	66	Q 21
Moralina	23	H 11
Moralita (La)	37	J 11
Moralzarzal	39	J 18
Morancelle	6	D 2
Moranchel	41	J 22
Morante	72	T 9
Moraña	6	E 4
Morás	3	A 7
Morás (Punta de)	3	A 7
Morasverdes	37	K 11
Morasverdes (Río)	37	K 11
Morata	78	T 25
Morata de Jalón	28	H 25
Morata de Jiloca	42	I 25
Morata de Tajuña	53	L 19
Moratalla (Córdoba)	74	S 14
Moratalla (Murcia)	78	R 24
Moratilla de Henares	41	I 21
Moratilla de los Meleros	40	K 21
Moratillas	68	N 27
Moratinos	24	E 15
Moratones	23	F 12
Morche (El)	85	V 18
Morcillo	49	L 10
Morcín	5	C 12
Morcuera	40	H 20
Morcuera (Puerto de)	39	J 18
Morcuera (Sierra de)	39	J 18
Moreda (Granada)	86	T 20
Moreda (Lugo)	7	D 6
Moreda de Álava	14	E 22
Moreda de Aller	5	C 12
Moredo (Pico de)	17	D 33
Moreiras (cerca de Orense)	21	F 6
Moreiras (cerca de Xinzo de Limia)	21	F 6
Morell (El)	45	I 33
Morella	44	K 29
Morella (La)	32	I 35
Morella (Riu)	44	K 29
Morella la Vella	44	K 29
Morellana	85	T 17
Morena	73	R 11
Morena (Sierra)	73	S 11
Morenilla	42	J 24
Morenos (Los)	74	R 13
Morente	75	S 16
Morentín	14	E 23
Morera (Ermita)	68	P 27
Morera (La)	61	Q 10
Morera de Montsant (La)	45	I 32
Moreras (Sierra de las)	78	T 25
Moreruela (Monasterio de)	23	G 12
Moreruela de los Infanzones	23	H 12
Moreruela de Tábara	23	G 12
Morés	28	H 25
Morey	91	M 40
Morga	13	C 21
Morgana (La)	86	V 20
Moriles	84	T 16
Morilla	30	G 30
Morille	37	J 12
Morillejo	40	J 21
Morillo de Liena	17	E 31
Morillo de Monclús	17	E 30
Morillo de Tou	16	E 30
Moriñigo	37	J 13
Morisco (El)	94	O 10
Moriscote	67	Q 23
Morla	23	F 11
Moro (El)	65	P 19
Moro (Granada)	77	S 21
Moro (Huesca)	16	E 28
Moro (Rambla del)	78	R 25
Morón (Río)	41	H 22
Morón de Almazán	41	H 22
Morón de la Frontera	83	U 13
Moronta	36	J 10
Moropeche	77	Q 22
Moror	17	F 32
Moros	43	H 24
Moros (Monte)	38	K 14
Moros (Río)	39	J 17
Morquitián	2	C 2
Morralblancar	67	P 25
Morrano	16	F 29
Morras (Las)	63	Q 15
Morrazo (Península de)	20	F 3
Morredero (Alto El)	9	E 10
Morredero (El)	9	E 10
Morriondo	10	E 12
Morro (Punta del)	93	J 7
Morro del Jable	93	R 9
Morrón (Albacete)	67	Q 24
Morrón (Almería)	86	V 21
Morrón de los Genoveses	87	V 23
Morrón del Puerto	68	Q 26
Morrones (Los) (Cuidad Real)	65	Q 20
Morrones (Los) (Granada)	86	T 19
Mortera (La)	4	C 10
Mos (Pontevedra)	20	F 4
Mos (Reguengo)	20	F 4
Moscán	8	D 7
Moscardón	55	L 25
Moscari	90	M 38
Moscaril	85	V 18
Moscoso	20	F 4
Mosende (Lugo)	3	A 7
Mosende (Pontevedra)	20	F 4
Mosqueruela	56	K 28
Mosqueruela (Puerto de)	43	K 28
Mosquete	6	E 3
Mosquil (Embalse de)	62	Q 11
Mosteiro (Meis)	6	E 3
Mosteiro (Orense)	21	F 5
Mosteiro (Pol)	3	C 7
Móstoles	52	L 18
Mota (Fortaleza de la)	85	T 18
Mota (La) (Cádiz)	84	V 14
Mota (La) (Gerona)	19	F 38
Mota de Altarejos	54	M 23
Mota del Cuervo	54	N 21
Mota del Marqués	24	H 14
Motilla del Palancar	55	N 24
Motilleja	67	O 24
Motos	42	K 25
Motril	85	V 19
Moucide	3	B 7
Mougás	20	F 3
Mourentán	20	F 5
Mourisca	21	F 8
Mouriscados	20	F 4
Mourulle	7	D 6
Mousende	4	B 8
Moutas	5	B 11
Moveros	23	H 11
Moya	55	M 25
Moya	94	O 9
Moyas (Las)	65	O 20
Moyuela	43	I 27
Mozaga	95	W 3
Mozárbez	37	J 13
Mozas (Monte de las)	67	O 23
Mozoncillo	39	I 17
Mozóndiga	10	E 12
Mozos de Cea	11	E 14
Mozota	29	H 26
Mozuelo de Muñó	25	F 18
Mozuelo de Valverde	23	G 12
Muchachos (Roque de los)	95	B 5
Mucientes	24	G 15
Mudá	11	D 16
Mudapelos	75	S 17
Mudela	65	Q 19
Muduex	40	J 21
Mudurra (La)	24	G 15
Muel	29	H 26
Muela (Albacete)	67	P 25
Muela (Burgos)	26	F 19
Muela (Cerca de Cantavieja)	43	K 28
Muela (Cerca de Manzanera)	56	L 27
Muela (cerca de San Martin)	55	M 26
Muela (cerca de Tortola)	54	M 23
Muela (Córdoba)	74	R 13
Muela (La) (Valencia)	55	M 26
Muela (La) (Zaragoza)	29	H 26
Muela (La) (cerca de Algodonales)	84	V 13
Muela (La) (cerca de Vejer)	88	X 12
Muela (Meseta de la)	29	H 26
Muela (Murcia)	78	S 25
Muela (Sierra de la) (Cerca de las Murtas)	77	R 23
Muela (Sierra de la) (Cerca de Cartagena)	79	T 26
Muela (Sierra de la) (Guadalajara)	41	I 21
Muela (Sierra de la) (Zaragoza)	29	H 26
Muela de Cortes (Reserva nacional de la)	68	O 27
Muelas de los Caballeros	23	F 10
Muelas del Pan	23	H 12
Muelle de Vega Terrón	36	I 9
Mués	14	E 23
Muez	14	D 24
Muga (Río)	19	E 37
Muga de Alba	23	G 11
Muga de Sayago	37	H 11
Mugardos	3	B 5
Mugares	3	C 7
Mugrón (Sierra del)	68	P 26
Mugueimes	21	G 6
Muides	4	B 9

MURCIA

Colón (Alameda de) .... DZ
Floridablanca .... DZ 18
Isidoro de la Cierva .... DY 40
Platería .... DY
Trapería .... DY
Alfonso X el Sabio (Gran Vía) .... DY 2
Cardenal Belluga (Pl.) .... DY 5
España (Glorieta de) .... DZ 15
Garay (Paseo de) .... DZ 20
Gómez Cortina .... CY 28
Infante Juan Manuel (Avenida) .... DZ 33
José Antonio Ponzoa .... DY 44
Licenciado Cascales .... DY 56
Marcos Redondo .... CY 60
Martínez Tornel (Pl.) .... DZ 65
Proclamación .... DZ 75
San Francisco (Plano de) .... CYZ 78
Sociedad .... DY 80
Teniente Flomesta (Av.) .... DZ 83

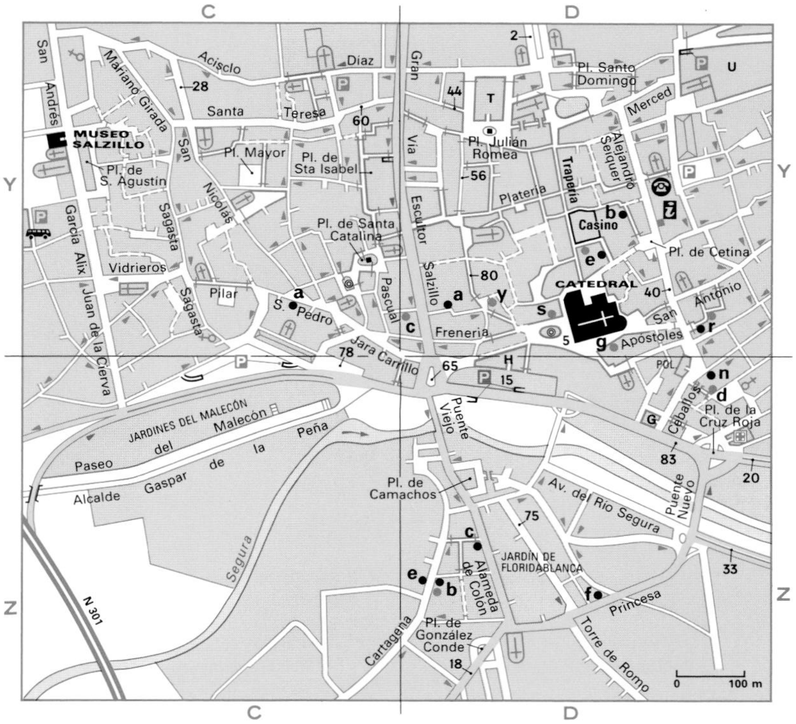

C
D
Y
Z
MUSEO SALZILLO
CATEDRAL
Casino
Pl. Santo Domingo
Pl. Julián Romea
Pl. Mayor
Pl. de Sta Isabel
Pl. de S. Agustín
Pl. de Santa Catalina
Pl. de Cetina
Pl. de la Cruz Roja
Pl. de Camachos
Pl. de González Conde
JARDINES DEL MALECÓN
Malecón
JARDÍN DE FLORIDABLANCA
Paseo del Malecón
Alcalde Gaspar de la Peña
Av. del Río Segura
Segura
Puente Viejo
Puente Nuevo
Gran Vía
Trapería
Platería
Frenería
Apóstoles
Princesa
Cartagena
Torre de Romo
N 301
0 100 m

Muimenta (Lugo) 3 C 7
Muimenta (Pontevedra) 7 D 5
Muiña 4 C 8
Muiños 21 G 6
Mujer Muerta (La) 39 J 17
Mula 78 R 25
Mula (Río) 78 R 25
Mulato (Embalse del) 94 N 10
Mulato (Lomo del) 94 N 10
Mulería (La) 87 U 24
Muleteros 53 L 19
Mulhacén 86 U 20
Mullidar 67 Q 24
Mulva (Castillo de) 73 S 12
Munárriz 14 D 24
Mundaka 13 B 21
Mundo 67 Q 24
Mundo (Nacimiento del Río) 66 Q 22
Munébrega 42 I 24
Munera 66 O 22
Mungia 13 B 21
Múnia (La) 32 I 34
Munia (Monte La) 16 D 30
Muniáin 14 E 23
Muniellos (Coto national de) 4 C 9
Muniesa 43 I 27
Muniferral 3 C 5
Munilla 27 F 23
Muntells (Els) 45 K 32
Munts (Els) 32 I 34
Muña (La) 75 S 18
Muñana 38 K 14
Muñas 4 B 10
Muñecas 26 G 20
Muñecas (Las) 13 C 20
Múñez 38 K 15
Muñico 38 J 14
Muñique 95 W 3
Muñís 8 D 9
Muño 5 B 13
Muñoces (Los) 78 S 26
Muñogalindo 38 K 15
Muñogrande 38 J 15
Muñomer del Peco 38 J 15
Muñopedro 39 J 16
Muñopepe 38 K 15
Muñosancho 38 J 14
Muñotello 38 K 14
Muñoveros 39 I 18
Muñoyerro 38 J 15
Muñoz 37 J 11
Mura 32 G 35
Muradelle 7 E 6
Muras 3 B 6
Murcia 79 S 26
Murchante 28 F 25
Murchas 85 V 19
Murciélagos (Cueva de los) 85 T 17
Murero 42 I 25
Mures 85 T 18
Mures (Monte) 84 V 14
Murguía 13 D 21
Murias (cerca de Proaza) 5 C 11
Murias (cerca de Santibáñez) 5 C 12
Murias (León) 10 E 11
Murias (Zamora) 22 F 10
Murias de Paredes 10 D 11
Murias de Ponjos 10 D 11
Muriedas 12 B 18
Muriel 40 J 20
Muriel de la Fuente 27 G 21
Muriel de Zapardiel 38 I 15
Muriellos 5 C 12
Muriel Viejo 26 G 21
Murieta 14 E 23
Murillo 14 D 24
Murillo Berroya 15 D 26
Murillo de Calahorra 28 E 24
Murillo de Gállego 29 E 27
Murillo de Río Leza 27 E 23
Murillo el Cuende 28 E 25
Murillo el Fruto 28 E 25
Muro 90 M 39
Muro (Torrent de) 90 M 39
Muro de Ágreda 28 G 24
Muro de Aguas 27 F 23
Muro de Alcoy 69 P 28
Muro en Cameros 27 F 22
Muros 6 D 2
Muros de Nalón 5 B 11
Muros y Noia (Ría de) 6 D 2
Murta (La) 79 S 26
Murtas 86 V 20
Murtas (Las) 78 R 24
Murtiga 72 R 9
Muruarte de Reta 15 D 25
Murueta 13 B 21
Muruzábal 14 D 24
Muruzábal de Andión 14 E 24
Musel (El) 5 B 12
Museros 56 N 28
Musitu 14 D 22
Muskilda (Santuario de) 15 D 26
Muskiz 13 B 20
Mussara (La) 45 I 33
Mussara (Sierra de la) 45 I 33
Mustio (El) 72 S 8
Mutanyola 32 G 36
Mutiloa 14 C 23
Mutilva 15 D 25
Mutriku 14 C 22
Mutxamel 69 Q 28
Muxavén 9 D 11
Muxia 2 C 2
Muxika 13 C 21
Muyo (El) 40 I 20

N

Na Macaret 91 L 42
Nabarniz 14 C 22
Nacha 30 G 31
Nacimiento (Almería) 86 U 22
Nacimiento (Córdoba) 85 T 16
Nadela 8 D 7
Nafría de Ucero 26 G 20
Nafría la Llana 27 H 21
Nágima 27 H 23
Nagore 15 D 25
Naharros (Cuenca) 54 L 22
Naharros (Guadalajara) 40 I 21
Najarra 39 J 18
Nájera 27 E 21
Najerilla 27 F 21
Najurrieta 15 D 25
Nalda 27 E 22
Nalec 31 H 33
Nalón 5 B 11
Nambroca 52 M 18
Nambroca (Sierra de) 52 M 18
Nanclares (cerca de Ariñez) 13 D 21
Nanclares (cerca de Embalse de Ullíva) 14 D 22
Nansa 11 C 16
Nao (Cabo de la) 69 P 30
Napal 15 D 26
Náquera 56 N 28
Naraío 3 B 5
Naranco (Sierra del) 5 B 12
Naranjal (Sierra del) 60 O 8
Naranjeros (Los) 92 J 7
Naranjo de Bulnes 11 C 15
Naraval 4 B 10
Narbarte 15 C 25
Narboneta 55 M 25
Narboneta (Arroyo de) 55 M 25
Narcea 5 B 11
Nariga (Punta de) 2 C 3
Narila 86 V 20
Nariz (Punta de la) 95 E 9
Narla 3 C 6
Narón (La Coruña) 3 B 5
Narón (Lugo) 7 D 6
Narrero (Punta) 92 I 7
Narrillos del Álamo 37 K 13
Narrillos del Rebollar 38 K 15
Narros 27 G 23
Narros de Cuéllar 39 I 16
Narros del Castillo 38 J 14
Narros del Puerto 38 K 15
Narros de Matalayegua 37 J 12
Narros de Saldueña 38 J 15
Narvaja 14 D 22
Nati (Punta) 91 L 41
Natón 2 C 3
Nava 5 B 13
Nava (Embalse de) 28 F 24
Nava (Estación de la) 72 S 9
Nava (La) (Badajoz) 62 P 13
Nava (La) (Ciudad Real) 65 Q 19
Nava (Laguna la) 65 O 18
Nava (La) (Huelva) 72 S 9
Nava (La) (Sevilla) 73 R 13
Nava (Puerto de la) 63 P 14
Nava Alta (Sierra de) 28 H 25
Navacarros 50 K 12
Navacepeda de Tormes 51 K 14
Navacepedilla de Corneja 38 K 14
Navacerrada (Ciudad Real) 64 P 16
Navacerrada (Madrid) 39 J 17
Navacerrada (Puerto de) 39 J 17
Navacerrada (Sierra de) 64 P 16
Navachica 85 V 18
Navaconcejo 50 L 12
Nava de Abajo 67 Q 24
Nava de Arévalo 38 J 15
Nava de Arriba 67 P 24
Nava de Béjar 37 K 12
Nava de Campana 67 Q 25
Nava de Francia 37 K 11
Nava de Jadraque (La) 40 I 20
Nava de la Asunción 39 I 16
Nava del Barco 50 L 13
Nava de los Caballeros 10 E 14
Nava del Rey 38 I 14
Nava de Ordunte 13 C 20
Nava de Pablo 76 S 21
Nava de Ricomalillo (La) 51 N 15
Nava-de Roa 25 H 18
Nava de San Pedro 76 S 21
Nava de Santiago (La) 61 O 10
Nava de Sotrobal 38 J 14
Navadijos 51 K 14
Nava el Zar 76 Q 18
Navaescurial 38 K 14
Navafría (León) 10 E 13
Navafría (Puerto de) 39 J 18
Navafría (Segovia) 39 I 18
Navahermosa (cerca de Aracena) 72 S 9
Navahermosa (cerca de Valdeverde del C.) 72 T 9
Navahermosa (Málaga) 84 U 15
Navahermosa (Toledo) 52 N 16
Navaholguín 73 S 12
Navahombela 37 K 13
Navahondilla 52 L 16
Navajarra 64 O 16
Navajarra (Sierra de) 64 O 16
Navajas 56 M 28
Navajuelos (Estación de) 67 Q 25
Navajuelos (Sierra de los) 67 Q 24
Navajún 27 G 23
Naval 16 F 30
Navalacruz 51 K 15
Navalafuente 39 J 18
Navalagamella 39 K 17
Navalatienda 63 P 15
Navalavaca 65 Q 20
Navalcaballo 27 G 22
Navalcán 51 L 14
Navalcán (Embalse de) 51 L 14
Navalcarnero 52 L 17
Navalcuervo 74 R 14
Navalengua 67 P 23
Navaleno 26 G 20
Navales 37 J 13
Navalguijo 50 L 13
Navalices 64 N 17
Navaliego (Sierra de) 5 C 12
Navalilla 39 H 18
Navalmanzano 39 I 17
Navalmanzano (Sierra de) 75 Q 17
Navalmoral 38 K 15
Navalmoral (Puerto de) 38 K 15
Navalmoral de Béjar 50 K 12
Navalmoral de la Mata 50 M 13
Navalmoral de la Mata (Embalse de) 50 L 12
Navalmoralejo 51 M 14
Navalmorales (Los) 52 M 16
Navalón 54 L 23
Navalón de Abajo 68 P 27
Navalón de Arriba 68 P 27
Navalonguilla 50 L 13
Navalonguilla (Sierra de) 64 P 17
Navalosa 51 K 15
Navalperal de Pinares 39 K 16
Navalperal de Tormes 51 K 14
Navalpino 64 O 16
Navalpotro 41 J 22
Navalrincón 64 O 16
Navalsáuz 51 K 14
Navaltoril 51 N 15
Navalucillos (Los) 52 M 16
Navaluenga 51 K 15
Navalvillar 73 S 13
Navalvillar de Ibor 50 N 13
Navalvillar de Pela 62 O 13
Navamorales 37 K 13
Navamorcuende 51 L 15
Navamuel 12 D 17
Navandrinal 38 K 15
Navapalos 26 H 20
Navaquesera 51 K 15
Navarcles 32 G 35
Navardún 15 E 26
Navares 78 R 24
Navares de Ayuso 39 H 18
Navares de Enmedio 39 H 18
Navares de las Cuevas 39 H 18
Navaridas 14 E 22
Navarra (Provincia) 14 E 23
Navarra (Acequia de) 28 F 25
Navarredonda (Madrid) 39 J 18
Navarredonda (Sevilla) 84 U 14
Navarredonda de Gredos 51 K 14
Navarredonda de la Rinconada 37 K 11
Navarredonda de Salvatierra 37 K 12
Navarredondilla 51 K 15
Navarrés 68 O 27
Navarrete (Álava) 14 E 22
Navarrete (La Rioja) 27 E 22
Navarrete del Río 42 J 26
Navarrevisca 51 K 15
Navarros (Los) 94 N 10
Navàs 32 G 35
Navas (Embalse de las) 29 F 28
Navas (Las) (Monte) 49 L 9
Navas (Las) (Toledo) 64 N 17
Navas (Las) (Granada) 85 T 17
Navas (Las) (Sevilla) 83 V 12
Navas (Río de las) 64 N 17
Navasa 16 E 28
Navascués 15 D 26
Navas de Buitrago (Las) 40 J 19
Navas de Bureba 13 D 20
Navas de Estena 52 N 16
Navas de Jadraque (Las) 40 I 20
Navas de Jorquera 67 O 24
Navas de la Concepción (Las) 74 S 13
Navas del Madroño 49 N 10
Navas del Marqués (Las) 39 K 17
Navas del Pinar 26 G 20
Navas del Rey 52 K 17
Navas de Oro 39 I 16
Navas de Riofrío 39 J 17
Navas de San Antonio 39 J 17
Navas de San Juan 76 R 20
Navas de Selpillar 84 T 16
Navas de Tolosa (Las) 76 R 19
Navasfrías 49 L 9
Navata 19 F 38
Navata (La) 39 K 18
Navatalgordo 51 K 15
Navatejares 50 K 13
Navatrasierra 51 N 14
Navazo (Alto) 26 F 19
Navazos (Los) 66 P 21
Navazuelo 85 T 16
Navazuelo (El) 86 T 19
Nave (Cabo de la) 6 D 2
Návea 21 F 7
Navelgas 4 B 10
Navelonga (Ermita de) 49 L 9
Naveros 88 W 12
Navès 32 G 34
Navezuelas (cerca de Mirabel) 49 M 11
Navezuelas (cerca de Roturas) 50 N 13
Navia 4 B 9
Navia (Ría de) 4 B 9
Navia (Río) 4 C 9
Navia (Valle del) 4 C 9
Navia de Suarna 8 D 8
Navianos de Alba 23 G 12
Navianos de Valverde 23 G 12
Navilla 62 P 11
Navillas (Las) 52 N 16
Na Xamena 91 O 34
Naya (La) 72 S 10
Nazar 14 E 23
Nazaret 57 N 29
Nazaret (Ermita de) 76 Q 20
Neblines 83 T 13
Nebra 6 D 3
Nebreda 26 G 19
Nechite 86 U 20
Neda 3 B 5
Neda (Cordal de) 3 B 7
Negra (Punta) (Granada) 86 V 20
Negra (Punta) (Murcia) 79 T 27
Negra (Serra) (Castellón de la Plana) 56 K 29
Negra (Sierra) (Huesca) 17 E 31
Negradas 3 A 6
Negralejo (El) 53 K 19
Negrales (Los) 39 K 17
Negras (Las) 87 V 23
Negratín (Embalse del) 86 T 21
Negre (Cap) 91 M 41
Negredo 41 I 21
Negredo (El) 40 I 20
Negreira 6 D 3
Negret 44 J 30
Negrete (Cabo) 79 T 27
Negrilla de Palencia 37 I 13
Negrita (Montaña de la) 92 J 8
Negro (Río) 4 B 10
Negro (Zamora) 22 F 10
Negrón 55 L 25
Negrón (Túnel de) 10 D 12
Negueira de Muñiz 4 C 9
Neguillas 27 H 22
Neguri 13 B 20
Neila 26 F 21
Neila (Sierra de) 27 F 21
Neila de San Miguel 50 K 13
Neira 8 D 8
Neiro 4 C 8
Nela 12 D 19
Nembro 5 B 12
Nemeño 2 C 3
Nemiña 2 C 2
Nepas 27 H 22
Nerín 16 E 30
Nerja 85 V 18
Nerja (Cueva de) 85 V 18
Nerpio 77 R 23
Nerva 72 S 10

Nerva (Embalse de) 72 S 10
Nerva (Embalse de) 72 S 10
Nervión 13 C 21
Nespereira 7 D 6
Nestar 12 D 17
Nestares 27 F 22
Neulos (Pico) 19 E 38
Nevada (Sierra) 86 U 19
Nevada (Sierra) 85 U 19
Nevera 44 K 29
Neves (As) (La Coruña) 3 B 6
Neves (As) (Pontevedra) 20 F 4
Nevosa (Alto de) 20 G 5
Niajo 11 C 14
Nicho (Ermita del) 76 S 20
Nicova (Rivera de la) 72 T 9
Niebla 82 T 9
Niefla (Puerto de) 64 Q 16
Nietos (Los) 79 T 27
Nieva 39 I 16
Nieva de Cameros 27 F 21
Nieve (Pozo de la) 87 U 22
Nieves (Cuenca) 55 L 24
Nieves (La Coruña) 3 B 5
Nieves (Las) 95 W 3
Nieves (Las) (Sevilla) 73 T 11
Nieves (Las) (Toledo) 52 M 18
Nieves (Nuestra Señora de las) 12 C 19
Nigoi 6 E 4
Nigrán 20 F 3
Nigüelas 86 V 19
Nigüella 28 H 25
Niharra 38 K 15
Níjar 87 V 23
Níjar (Campo de) 87 V 23
Niñas (Embalse de las) 94 N 10
Niñas (Las) 74 S 15
Niño (El) 78 R 25
Niño (Sierra del) 88 X 13
Niñodaguia 21 F 7
Niñons 2 C 3
Nistal 23 E 11
Nívar 85 U 19
Niveiro 2 C 4
Noáin 15 D 25
Noalejo 76 T 19
Noalla 6 E 3
Noarre 17 D 33
Nobeda 54 L 23
Nobla (Sierra) 15 E 27
Noblejas 53 M 19
Noceco (cerca de Espinosa de los M.) 12 C 19
Noceda (cerca de Castrillo de Cabrera) 9 E 10
Noceda (León) 9 D 10
Noceda (Lugo) 8 D 8
Nocedo (cerca de Sedano) 12 D 18
Nocedo de Curueño 10 D 13
Nocedo do Val 21 F 7
Noche 3 C 7
Nocito 16 F 29
Nódalo 27 G 21
Nodar 3 C 6
Noez 52 M 17
Nofuentes 12 D 19
Nogais (As) 8 D 8
Nogal de las Huertas 24 E 16
Nogales (Badajoz) 61 Q 9
Nogales (Embalse de) 61 Q 9
Nogales (Los) 52 L 16
Nogales (Málaga) 84 V 16
Nogales (Palencia) 12 D 17
Nogales (Rivera de) 61 Q 9
Nogalte (Rambla de) 78 T 24
Nogar 22 F 10
Nogarejas 23 F 11
Nograles 40 H 21

Nograro 13 D 20
Nogueira (Lugo) 7 E 6
Nogueira (Orense) 7 E 5
Nogueira (Pontevedra) 6 E 3
Nogueira de Ramuín 7 E 6
Noguera 42 K 25
Noguera de Lladorre 17 E 33
Noguera de Tort (Río) 17 E 32
Noguera Pallaresa 17 D 33
Noguera Pallaresa (Vall de la) 17 E 33
Noguera (Puerto de) 42 K 25
Noguera Ribagorçana 17 E 32
Nogueras 43 I 26
Nogueras (Las) 55 N 26
Noguero 17 F 31
Noguerones (Los) 85 T 17
Nogueruela (La) 55 L 25
Nogueruelas 56 L 28
Nogueruelas (Sierra de) 56 L 28
Nohalos 52 M 17
Noharre 38 J 15
Noicela 2 C 4
Nois 4 B 8
Noja 12 B 19
Nolay 27 H 22
Nombela 52 L 16
Nombrevilla 42 I 25
Nomparedes 27 H 23
Nonaspe 44 I 30
Nonó (Cap) 91 O 33
Nora 72 R 9
Nora (La) (León) 23 F 12
Noreña 5 B 12
Norfeu (Cabo) 19 F 39
Norias (Embalse de las) 14 E 22
Norias (Las) (cerca de Almerimar) 86 V 21
Norias (Las) (cerca de Huércal Overa) 78 T 24
Norias (Las) (Ciudad Real) 65 Q 19
Noriega 11 B 16
Norís 18 E 34
Norte (Punta) 93 B 10
Notáez 86 V 20
Nou (La) 18 F 35
Nou de Gaià (La) 32 I 34
Novales 12 B 17
Novales (Huesca) 16 F 29
Novaliches 56 M 28
Novallas 28 G 24
Novelda 68 Q 27
Novelda del Guadiana 61 P 9
Novellaco 28 E 26
Novellana 5 B 11
Novés (Huesca) 16 E 28
Novés (Toledo) 52 L 17
Noves de Segre 18 F 34
Noviercas 27 G 23
Novillas 28 G 25
Novo Sancti Petri 88 W 11
Noya 32 G 34
Nuarbe 14 C 23
Nubledo 5 B 12
Nucia (La) 69 Q 29
Nueno 29 F 28
Nueros 43 J 26
Nuestra Señora de Angosto 13 D 20
Nuestra Señora de Alarcos 64 P 17
Nuestra Señora de Altagracia (Ermita de) 63 P 14
Nuestra Señora de Aranz (Ermita de) 41 J 22
Nuestra Señora de Cortés (Santuario) 66 P 22

Nuestra Señora de Gracia 72 R 9
Nuestra Señora de Guadalupe (Ermita de) 64 O 16
Nuestra Señora de la Antigua (Ermita de) 62 P 12
Nuestra Señora de la Antigua (Santuario de) 65 P 20
Nuestra Señora de la Bienvenida 41 K 22
Nuestra Señora de la Cabeza 42 J 24
Nuestra Señora de la Carrasca 66 P 21
Nuestra Señora de la Hoz 41 J 23
Nuestra Señora de la Luz (Ermita de) 49 N 10
Nuestra Señora de las Nieves 65 P 19
Nuestra Señora de la Peña (Ermita de) 49 L 9
Nuestra Señora de las Nieves (Refugio de) 50 L 13
Nuestra Señora del Campo (Cáceres) 61 N 9
Nuestra Señora del Llano 67 O 23
Nuestra Señora de los Desamparados 54 K 21
Nuestra Señora de los Hilos (Ermita de) 49 M 9
Nuestra Señora del Puerto (Ermita de) 49 L 11
Nuestra Señora de Melque 52 M 16
Nuestra Señora de Zuqueca 65 P 18
Nuestra Señora de Araceli 84 T 16
Nuestra Señora de Arrate 14 C 22
Nuestra Señora de Bellmunt 19 F 36
Nuestra Señora de Bella 82 U 8
Nuestra Señora de Chilla (Santuario de) 51 L 14
Nuestra Señora de Escardiel (Ermita) 73 S 11
Nuestra Señora de Fuensanta 89 W 15
Nuestra Señora de Gádor 86 V 21
Nuestra Señora de Garón (Ermita de) 25 G 17
Nuestra Señora de Gracia (Ermita de) 57 M 29
Nuestra Señora de Guadalupe 14 B 24
Nuestra Señora de Guadalupe 95 F 9
Nuestra Señora de Hontanares (Ermita de) 40 I 19
Nuestra Señora de la Anunciada 24 G 14
Nuestra Señora de la Carrasca (Ermita) 42 J 25
Nuestra Señora de la Misericordia (Barcelona) 33 H 37
Nuestra Señora de la Misericordia (Zaragoza) 28 G 25
Nuestra Señora de la Candelaria (Basílica) 93 J 7

Nuestra Señora de la Consolación 83 U 12
Nuestra Señora de la Rosa (Ermita de) 43 J 27
Nuestra Señora de la Salut 19 F 37
Nuestra Señora de la Estrella 76 R 19
Nuestra Señora de la Esperanza 78 R 24
Nuestra Señora de las Fuentes (Monasterio de) 30 G 29
Nuestra Señora de la Fuensanta (Córdoba) 74 S 15
Nuestra Señora de la Silla (Ermita de) 42 I 26
Nuestra Señora de la Fuensanta (Jaén) 76 R 21
Nuestra Señora de la Luz (Santuario de) 88 X 13
Nuestra Señora de la Sierra (Ermita de) 74 T 16
Nuestra Señora de las Nieves 95 C 5
Nuestra Señora de las Viñas (Burgos) 26 F 19
Nuestra Señora de las Viñas (Zaragoza) 42 H 25
Nuestra Señora de la Soledad 82 U 9
Nuestra Señora del Castillo 12 E 18
Nuestra Señora del Campo (Teruel) 42 J 26
Nuestra Señora de Lebeña 11 C 16
Nuestra Señora del Far 19 F 37
Nuestra Señora del Gresolet 18 F 35
Nuestra Señora de Linares 74 S 15
Nuestra Señora de Lluc (Monasterio) 90 M 38
Nuestra Señora del Mont 19 F 38
Nuestra Señora de Lomos de Orios 27 F 22
Nuestra Señora de los Reyes 93 A 11
Nuestra Señora de los Àngels 33 G 38
Nuestra Señora de los Ángeles (Ermita de) 44 K 30
Nuestra Señora de los Ángeles 72 S 9
Nuestra Señora del Pueyo 43 I 27
Nuestra Señora del Pasico (Ermita) 79 S 27
Nuestra Señora del Pilar (Ermita de) 68 P 27
Nuestra Señora del Prado (Ermita de) 73 S 10
Nuestra Señora del Puig 90 M 39
Nuestra Señora del Puerto 73 S 11
Nuestra Señora del Remedio (Ermita de) 55 N 26
Nuestra Señora del Remedio (Santuario) 56 M 27
Nuestra Señora del Tremedal (Ermita de) 42 K 25
Nuestra Señora del Yugo 28 F 25
Nuestra Señora de Monlora (Santuario de) 29 F 27

Nuestra Señora de Oca 26 E 20
Nuestra Señora de Piedras Albas 72 T 8
Nuestra Señora de Pineta 16 D 30
Nuestra Señora de Queralt 18 E 35
Nuestra Señora de Regla 82 V 10
Nuestra Señora de Setefilla 74 S 13
Nuestra Señora de Sonsoles (Ermita) 39 K 16
Nuestra Señora de Vico (Monasterio de) 27 F 23
Nueva 11 B 15
Nueva (La) 5 C 12
Nueva Andalucía 89 W 15
Nueva Carteya 74 T 16
Nueva Europa 94 O 11
Nueva Jarilla 83 V 11
Nuévalos 42 I 24
Nueva Villa de las Torres 38 I 14
Nuevo (Puerto) 49 K 10
Nuevo Baztán 53 K 20
Nuevo Castellar 89 X 13
Nuevo Gallipienzo 15 E 25
Nuevo Rocío 83 U 11
Nuevos 66 Q 21
Nuevo Toboso 39 K 18
Nuez 22 G 10
Nuez de Abajo (La) 25 E 18
Nuez de Arriba (La) 12 E 18
Nuez de Ebro 29 H 27
Nules 57 M 29
Nullán 8 D 8
Nulles 45 I 33
Numancia 27 G 22
Numancia de la Sagra 52 L 18
Nuño Gómez 52 L 16
Nuñomoral 49 K 11
Núria 18 E 36
Ñora (La) (Murcia) 79 S 26

O

Oasis (El) (Maspalomas) 94 O 11
Oba 13 C 21
Obando 62 O 13
Obanos 14 D 24
Obarenes (Montes) 13 E 20
Obejo 74 R 15
Obispo Hernández 56 M 26
Obispo (Torre del) 76 R 19
Oblea 37 J 11
Obón 43 J 27
Obona 4 B 10
Obra 7 D 4
Obregón 12 B 18
Oca 12 E 19
Oca (Montes de) 26 E 19
Ocaña (Almería) 86 U 21
Ocaña (Toledo) 53 M 19
Oceja de Valdellorma 10 D 14
Ocejo de la Peña 11 D 14
Ocejón 40 I 20
Ocentejo 41 J 22
Ocero 9 D 10
Ochagavía 15 D 26
Ochando 39 I 16
Ocharán 13 C 20
Ochavillo del Rio 74 S 14
Ochíchar 85 U 18
Ocio 13 E 21
Oco 14 E 23
Ocón 27 F 23
Odèn 18 F 34
Odena 32 H 34
Oderitz 14 D 24
Odiel 72 S 9
Odiel (Embalse de) 72 S 10
Odollo 9 E 10
Odón 42 J 25
Odra 12 E 17
Odres (Los) 77 R 23

Odres (Los) (Monte) 77 R 23
Odrilla 12 E 17
Odrón 14 E 23
Oencia 8 E 9
Oeste (Roque del) 95 W 2
Ofra 93 K 7
Ogassa 18 F 36
Ogern 18 F 34
Ogíjares 85 U 19
Ogoño (Cabo) 14 B 22
Oguina 14 D 22
Ohanes 86 U 21
Oia 20 F 3
Oiartzun 14 C 24
Oieregi 15 C 25
Oimbra 21 G 7
Oíns 7 D 5
Oirán 3 B 7
Oirás 3 B 7
Ois 3 C 5
Oitura 28 G 26
Oitz 15 C 24
Oix 19 F 37
Oja 13 E 21
Ojacastro 26 E 20
Ojailén 64 Q 18
Ojebar 13 C 19
Ojedo 11 C 16
Ojén 89 W 15
Ojén (Puerto de) (Cádiz) 88 X 13
Ojén (Puerto de) (Málaga) 89 W 15
Ojén (Sierra de) 88 X 13
Ojete (Sierra de) 85 U 17
Ojo Guareña 12 C 19
Ojós 78 R 25
Ojos-Albos 39 J 16
Ojos de Cabra (Laguna de) 83 U 11
Ojos de Moya (Los) 55 M 25
Ojos Negros 42 J 25
Ojuel 27 G 23
Ojuelos 74 R 13
Ojuelos (Laguna de los) 84 U 14
Ojuelos (Los) 84 U 14
Okondo 13 C 20
Olleros de Pisuerga (Palencia) 12 D 17
Olleros (León) 11 D 14
Ola 16 F 29
Olabe 15 D 25
Olaberria 14 C 23
Olagato 15 D 26
Olague 15 D 25
Oláibar 15 D 25
Olalla 42 J 26
Olas (Punta de las) 2 C 4
Olatz 14 C 22
Olaverri 15 D 25
Olaz (Puerto) 15 E 25
Olazti 14 D 23
Olba 56 L 28
Olcoz 14 E 24
Olea 12 D 17
Olea de Boedo 11 E 16
Oleiros (cerca de Ribeira) 6 E 2
Oleiros (cerca de Sada) 3 B 5
Oleiros (Lugo) 3 C 7
Olejua 14 E 23
Olelas 20 G 5
Olèrdola 32 I 35
Olesa de Bonesvalls 32 H 35
Olesa de Montserrat 32 H 35
Oliana 18 F 33
Oliana (Embalse de) 18 F 34
Olías 85 V 17
Olías del Rey 52 M 18
Oliete 43 J 27
Oliola 31 G 33
Olius 18 F 34
Oliva 69 P 29
Oliva (Ermita de la) 88 X 12
Oliva (La) 93 U 6
Oliva (Monasterio de la) 28 E 25

Oliva (Sierra de) 68 P 26
Oliva de la Frontera 72 R 9
Oliva de Mérida 62 P 11
Oliva de Plasencia 49 L 11
Oliván 16 E 29
Olivar (Convento del) 43 J 28
Olivar (El) (Guadalajara) 41 K 21
Olivar (El) (La Rioja) 27 E 23
Olivar (El) (Madrid) 52 K 18
Olivares 83 T 11
Olivares (Los) 85 T 18
Olivares de Duero 25 H 16
Olivares de Júcar 54 M 22
Oliveira 20 F 4
Olivella 32 I 35
Olivenza 60 P 8
Olivenza (Río de) 61 Q 9
Olives 7 D 4
Olivillo (El) 83 V 11
Olivos 28 F 24
Olla de Altea 69 Q 29
Ollauri 13 E 21
Ollería (L') 69 P 28
Ollería (Puerto de L') 69 P 28
Olleros de Alba 10 D 12
Olleros de Pisuerga 12 D 17
Olleros de Tera 23 G 11
Olleta 15 E 25
Ollo 14 D 24
Olloniego 5 C 12
Olmeda (La) (Cuenca) 55 M 26
Olmeda (La) (Soria) 26 H 20
Olmeda de Cobeta 41 J 23
Olmeda de Eliz 54 L 22
Olmeda de Jadraque (La) 41 I 21
Olmeda de la Cuesta 54 L 22
Olmeda de las Fuentes 53 K 20
Olmeda del Extremo 41 J 21
Olmeda del Rey 54 M 23
Olmedilla de Alarcón 54 N 23
Olmedilla del Campo 54 L 21
Olmedillas 41 I 22
Olmedillas (Las) 55 M 26
Olmedillo de Roa 25 G 18
Olmedo 38 I 15
Olmedo de Camaces 36 J 10
Olmillos 26 H 20
Olmillos de Castro 23 G 12
Olmillos de Muñó 25 F 18
Olmillos de Sasamón 25 E 17
Olmillos de Valverde 23 G 12
Olmo (El) 40 I 19
Olmo de la Guareña 38 I 14
Olmos (La) 43 J 28
Olmos de Esgueva 25 G 16
Olmos de la Picaza 25 E 18
Olmos de Ojeda 11 D 16
Olmos de Peñafiel 25 H 17
Olmos de Pisuerga 12 D 17
Oló (Riera de) 32 G 36
Olocau 56 M 28
Olocau (Barranco de) 56 N 28
Olocau del Rey 43 K 28
Olombrada 39 H 17
Olóriz 15 E 25
Olost 32 G 36
Olot 19 F 37
Olp 17 E 33
Olsón 16 F 30
Oluges (les) 31 G 33
Olula de Castro 87 U 22
Olula del Río 87 T 23
Olvan 18 F 35
Ólvega 28 G 24
Olveira 6 E 2
Olveiroa 6 D 2
Olvena 16 F 30
Olvera 84 V 14

Olvera (Embalse de) 76 R 20
Olvés 42 I 25
Olza 14 D 24
Olzinelles 33 H 37
Omañas 10 D 11
Omañas (Las) 10 D 12
Omañón 10 D 11
Omecillo 13 D 20
Omellons (Els) 31 H 32
Omells de Na Gaia (Els) 31 H 33
Omeñaca 27 G 23
Onamio 9 E 10
Oncala 27 G 23
Oncala (Puerto de) 27 G 23
Oncebreros 67 P 25
Onceta (Isla de) 6 E 3
Onda 56 M 29
Ondara (Alicante) 69 P 30
Ondara(Río) (Lleida) 31 H 33
Ondarroa 14 C 22
Ondes 5 C 11
Ongoz 15 D 26
Onil 68 Q 27
Onís 11 B 15
Onón 4 C 10
Ons 6 E 3
Ons (Isla de) 6 E 3
Onsares 66 Q 22
Onsella 15 E 27
Ontalafia (Laguna de) 67 P 24
Ontalafia (Sierra de) 67 P 24
Ontalvilla de Almazan 41 H 22
Ontaneda 12 C 18
Ontano (El) 64 O 18
Ontígola 53 L 19
Ontinar del Salz 29 G 27
Ontinyent 68 P 28
Ontiñena 30 G 30
Onton 13 B 20
Ontur 67 Q 25
Onza 74 R 13
Onzonilla 10 E 13
Oña 12 D 19
Oña (Sierra de) 13 D 19
Oñati 14 C 22
Opacua 14 D 22
Opacua (Puerto de) 14 D 23
Oqueales 76 T 20

Oquillas 25 G 18
Orallo 9 D 10
Oraque 72 T 9
Orba 69 P 29
Orba (Sierra de) 15 E 27
Orbada (La) 37 I 13
Orbaitzeta 15 D 26
Orbaitzeta Ola 15 D 26
Orbaneja del Castillo 12 D 18
Orbaneja-Ríopico 26 E 19
Orbara 15 D 26
Orbiso 14 D 23
Orbita 39 I 16
Orcajo 42 I 25
Orcau 17 F 32
Orce 77 S 22
Orce (Sierra de) 77 S 22
Orcera 77 R 22
Orchilla (Punta de) 93 A 11
Ordal 32 H 35
Ordaliego 5 C 13
Ordejón de Arriba 12 E 17
Orden (Pozo de la) 75 S 17
Ordes 2 C 4
Ordes (Les) 32 H 34
Ordesa (Parque nacional de) 16 D 29
Ordesa (Valle de) 16 E 29
Ordial (El) 40 I 20
Ordino 18 E 34
Ordis 19 F 38
Ordizia 14 C 23
Ordoeste 6 D 3
Ordunte (Embalse de) 13 C 20
Ordunte (Montes de) 12 C 19
Orduña (Monte) (Granada) 86 U 19
Orduña (Puerto de) 13 D 20
Orduña (Vizcaya) 13 D 20
Orea 42 K 24
Oreja (Toledo) 53 L 19
Orejana 39 I 18
Orejanilla 39 I 18
Orellan 9 E 9
Orellana (Canal de) 62 O 12
Orellana (Embalse de) 62 P 13
Orellana de la Sierra 62 O 13

Orellana la Vieja 62 O 13
Orense / Ourense 7 E 6
Oreña 12 B 17
Orera 42 I 25
Orés 29 F 27
Orexa (Guipúzcoa) 14 C 24
Orfes 19 F 38
Órganos (Los) 95 E 8
Organos de Montoro 43 J 28
Organyà 18 F 33
Orgaz 52 N 18
Orgiva 86 V 19
Orhí 15 D 26
Oria (Almería) 87 T 23
Oria (Río) (Guipúzcoa) 14 D 23
Oria (Rambla de) 87 T 22
Oria (Sierra de) 77 T 23
Oricáin 15 D 25
Oriche (Sierra de) 43 I 26
Orient 90 M 38
Orihuela 79 R 27
Orihuela (Puerto) 42 K 25
Orihuela del Tremedal 42 K 25
Orillares 26 G 20
Orille 21 F 6
Orillena 30 G 29
Oriñón 13 B 20
Orio 14 C 23
Oris 18 F 36
Orísoain 14 E 24
Oristà 32 G 36
Orito 68 Q 27
Orives (Los) 78 T 24
Orjal 7 D 5
Orlé 5 C 14
Ormaiztegi 14 C 23
Ormijana 13 D 21
Orna de Gállego 16 E 29
Orniz (Peña) 5 C 11
Oro 4 C 9
Oro (El) 68 O 27
Oro (Nuestra Señora del) 13 D 21
Oro (Sierra del) (Badajoz) 62 Q 13
Oro (Sierra del) (Murcia) 78 R 25
Oroel 16 E 28
Oroel (Puerto de) 16 E 28
Orokieta 14 C 24

Orón 13 D 21
Oronoz-Mugairi 15 C 25
Oronz 15 D 26
Oropesa 51 M 14
Oropesa del Mar / Orpesa 57 L 30
Ororbia 14 D 24
Oros 16 E 29
Orosa 7 D 6
Oroso 7 E 5
Orotava (La) 92 I 7
Orotava (Valle de la) 92 I 7
Oroz-Betelu 15 D 26
Orozco 13 C 21
Orózqueta 13 C 21
Orpesa / Oropesa del Mar 57 L 30
Orpí 32 H 34
Orreaga / Roncesvalles 15 C 26
Orrios 43 K 27
Òrrius 33 H 37
Ortegal (Cabo) 3 A 6
Ortegas (Los) 74 S 14
Ortegicar 84 V 15
Ortiga 62 P 12
Ortigal (El) 93 J 7
Ortigosa (Albacete) 66 P 21
Ortigosa (Embalse de) 27 F 21
Ortigosa (La Rioja) 27 F 21
Ortigosa del Monte 39 J 17
Ortigosa de Pestaño 39 I 16
Ortigosa de Rioalmar 38 J 14
Ortigueira 3 A 6
Ortiguera 4 B 9
Ortilla 29 F 28
Ortuño (Mirador de) 92 J 7
Orús 16 E 29
Orusco 53 L 20
Orxa (L') 69 P 29
Orxeta 69 Q 29
Orzanzurieta 15 C 26
Orzola 95 X 2
Orzonaga 10 D 13
Osa (Sierra de la) 63 P 15
Osácar 14 D 24

Osa de la Vega 54 N 21
Oscuro 85 T 19
Os de Balaguer 31 G 32
Oseja 28 H 24
Oseja de Sajambre 11 C 14
Oselle 8 D 8
Osera 29 H 28
Oset 56 M 27
Osia 15 E 27
Osinaga 14 D 24
Oso (El) 38 J 15
Oso (Sierra del) 77 S 23
Osona 27 H 21
Osonilla 27 H 21
Osor 33 G 37
Osor (Riera) 33 G 37
Osornillo 25 E 17
Osorno la Mayor 25 E 16
Ossa de Montiel 66 P 21
Ossero (El) 66 P 21
Osso 30 G 30
Ossó de Sió 31 G 33
Ostiz 15 D 25
Osuna 84 U 14
Otañes 13 C 20
Otazu 14 D 22
Oteo (Álava) 14 D 22
Oteo (Burgos) 13 C 20
Oter 41 J 22
Oterico 10 D 12
Otero (El) 25 H 16
Otero (León) 10 E 11
Otero (Toledo) 3 C 7
Otero (Toledo) 52 L 16
Otero de Bodas 23 G 11
Otero de Guardo 11 D 15
Otero de Herreros 39 J 17
Otero de las Dueñas 10 D 12
Otero de Naragantes 9 D 10
Otero de Sanabria 22 F 10
Otero de Sariegos 23 G 13
Oteros (Los) 55 L 24
Oteruelo del Valle 39 J 18
Oteruelos 27 G 22
Otilla 42 J 24
Otiñano 14 E 23
Otívar 85 V 18
Oto 16 E 29
Otones de Benjumez 39 I 17
Otos (Murcia) 77 R 23
Otos (Valencia) 69 P 28
Otur 4 B 10
Otura 85 U 19
Oturia 16 E 29
Otxandio 14 C 22
Otxondo (Puerto de) 15 C 25
Oubiña 6 E 3
Oulego 8 E 9
Oural 8 D 7
Ourense / Orense 7 E 6
Ouria 4 B 8
Ouro 3 B 7
Ourol 3 B 7
Outara 8 E 7
Outeiro (Lugo) 8 E 8
Outeiro (Orense) 7 E 6
Outeiro de Augas (Puerto de) 20 F 5
Outeiro de Rei 3 C 7
Outeiro Mayor 3 C 7
Outes 6 D 3
Outomuro 21 F 5
Ouviaño 4 C 9
Ouzande 6 D 4
Ovanes 5 B 11
Ove 4 B 8
Oviedo 5 B 12
Oville 10 D 13
Oyambre (Cabo de) 11 B 16
Oyón-Oion 14 E 22
Oza (cerca de Carballo) 2 C 3
Oza (cerca de Teo) 6 D 4
Oza dos Ríos 3 C 5
Ozaeta 14 D 22
Ozón 2 C 2
Ozuela 9 E 10

P

Paca (La) 78 S 24
Pachecas (Las) 65 O 20
Pacios (cerca de Baamonde) 3 C 6
Pacios (cerca de Castro de Rei) 3 C 7
Pacios (Paradela) 8 D 7
Pacs del Penedès 32 H 35
Padastro 84 V 14
Paderne 3 C 5
Paderne de Allariz 21 F 6
Padiernos 38 K 15
Padilla 92 H 8
Padilla de Abajo 25 E 17
Padilla de Arriba 25 E 17
Padilla de Duero 25 H 17
Padilla de Hita 40 J 21
Padilla del Ducado 41 J 22
Padornelo 22 F 9
Padornelo (Puerto) 73 S 11
Padrastro 66 Q 23
Padre Caro 72 S 10
Padrenda 20 F 5
Padrón 6 D 4
Padrón (O) 4 C 8
Padrón (Sierra del) 9 D 9
Padrona (Puerto) 73 S 11
Padrones de Bureba 12 D 19
Padróns 20 F 4
Padul 85 U 19
Padules 86 V 21
Pagán (Lo) 79 S 27
Paganes (Los) 78 S 26
Pago del Humo 88 W 11
Pagoeta 14 C 23
Paja (La) 76 S 21
Pajanosas (Las) 73 T 11
Pájara 92 J 8
Pájara 93 T 7
Pajar de Marta 66 P 22
Pajareiras 6 D 2
Pajarejos 40 H 19
Pajares (Asturias) 5 C 12
Pajares (Cuenca) 54 L 23
Pajares (Embalse de) 27 F 22
Pajares (Guadalajara) 41 J 21
Pajares (Los) 73 T 12
Pajares (Madrid) 39 K 17
Pajares (Puerto de) 10 D 12
Pajares (Valladolid) 24 F 14
Pajares de Abaja 39 J 16
Pajares de Adaja 38 J 16
Pajares de Fresno 40 H 19
Pajares de Hinojosos de Abajo 51 M 14
Pajares de la Laguna 37 I 13
Pajares de la Lampreana 23 G 12
Pajares de los Oteros 23 F 13
Pajarete 88 W 12
Pajarón (Cuenca) 55 M 24
Pajarón (Monte) (Murcia) 77 R 23
Pajaroncillo 55 M 24
Pajonales (Morro de) 94 O 10
Pal 18 E 34
Pal (Collado de) (Barcelona) 18 F 35
Pal (Collado de) (Girona) 19 E 37
Palacio 10 D 13
Palacio de Jamuz 23 F 11
Palacio de las Cabezas 50 M 12
Palacio de Valdellorma 10 D 14
Palacio Quemado 61 P 11
Palacios (Los) 65 P 20
Palacios de Benaver 25 E 18
Palacios de Campos 24 G 15
Palacios de Goda 38 I 15
Palacios del Alcor 25 F 16
Palacios del Arzobispo 37 I 12

Palacios de la Sierra 26 G 20
Palacios de la Valduerna 23 E 12
Palacios del Pan 23 H 12
Palacios del Sil 9 D 10
Palacios de Riopisuerga 25 E 17
Palacios de Salvatierra 37 K 12
Palacios de Sanabria 22 F 10
Palaciosrubios 38 I 14
Palacios Rubios 38 I 15
Palafolls 33 G 38
Palafrugell 33 G 39
Palamós 33 G 39
Palancar 49 M 10
Palancares 40 I 20
Palancares (Estación de) 55 M 24
Palancas 65 O 19
Palancia (Embalse de) 56 M 28
Palancia (Riu) 56 M 27
Palanques 44 J 29
Palas (Las) 79 T 26
Palas de Rei 7 D 6
Palau d'Anglesola (El) 31 H 32
Palau de Noguera 17 F 32
Palau de Plegamans 32 H 36
Palau-sator 19 F 39
Palau-saverdera 19 F 39
Palazuelo (Badajoz) 62 O 12
Palazuelo (cerca de León) 10 D 13
Palazuelo (León) 10 D 14
Palazuelo de las Cuevas 23 G 11
Palazuelo de Vedija 24 G 14
Palazuelo-Empalme (Estación de) 49 M 11
Palazuelos 41 I 21
Palazuelos de Eresma 39 J 17
Palazuelos de la Sierra 26 F 19
Palazuelos de Muñó 25 F 18
Palazuelos de Villadiego 12 E 17
Paleira 3 B 6
Palencia 25 F 16
Palencia de Negrilla 37 I 13
Palenciana 84 U 16
Palenzuela 25 F 17
Pallaresos (Els) 45 I 33
Pallargues (Les) 31 G 33
Pallars-Aran (Reserva nacional de Alto) 17 D 32
Pallaruelo (Sierra de) 30 G 29
Pallaruelo de Monegros 30 G 29
Pallejà 32 H 35
Paller 18 F 35
Pallerol 17 E 32
Pallerols 17 E 33
Palm-Mar 92 H 9
Palma 90 N 37
Palma (Badia de) 90 N 37
Palma (La) 79 S 27
Palma (Parador de la) (Santa Cruz de la Palma) 95 C 5
Pálmaces (Embalse de) 41 I 21
Pálmaces de Jadraque 40 I 21
Palma d'Ebre (La) 45 I 31
Palma de Gandía 69 P 29
Palma del Condado (La) 82 T 10
Palma del Río 74 S 14
Palmanova 90 N 37
Palmanyola 90 N 37
Palmar (El) 92 G 7
Palmar (El) 94 O 9

OVIEDO

Palacio Valdés .... AY 28
Pelayo .... AYZ 30
Uria .... AY 45

Adelantado de la Florida .... BY 2
Alcalde G. Conde........ BY 3
Alfonso II (Plaza) .... BZ 4
Argüelles .... ABY 5
Arzobispo Guisasola ...... BZ 6
Cabo Noval............. AZ 7
Campos de los Patos (Pl.).. BY 8

Canóniga................ BZ 9
Cimadevilla.............. BZ 10
Constitución (Plaza de la).......... BZ 12
Covadonga .... AY 13
Daoiz y Velarde (Pl. de) .... BZ 14
Division Azul............. AZ 15
Fruela................. ABZ 17
Ingeniero Marquina....... AY 18
Marqués de Gastañaga ... AZ 20
Marqués de Santa Cruz ... AZ 21
Martínez Marina .... ABZ 22
Martínez Vigil .... BY 23
Melgulades Alvarez........ AY 25

Monumentos (Av. de los) .... AY 27
Porlier (Plaza de) .... BZ 32
Postigo Alto .... BZ 33
Riego (Plaza) .... BZ 34
San Antonio .... BZ 36
San Francisco .... ABZ 37
San José .... BZ 38
San Vicente .... BYZ 39
Tenderina (La) .... BY 42
Teniente Alfonso Martínez.. BY 44

P   ANTIGUO HOSPITAL DEL PRINCIPADO

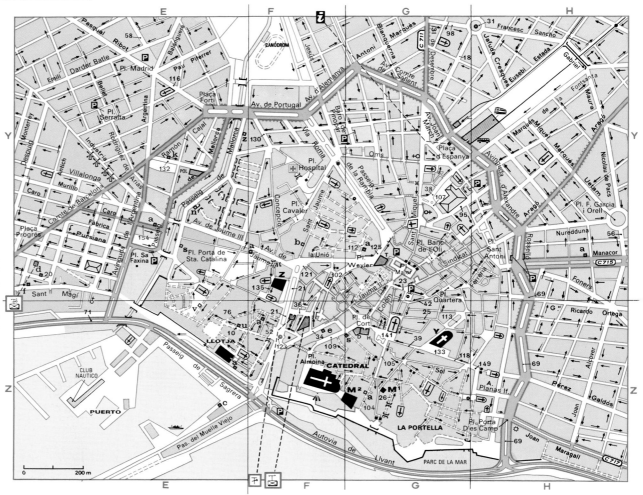

PALMA

Born (Pas. des) . . . . **FYZ** 21
Jaume III (Av.) . . . . **EY**

Antoni Maura (Av. d') . . . . **FZ** 7
Apuntadors . . . . **EZ** 10
Arxiduc Lluís Salvador . . . . . . **GY** 18
Bayarte . . . . **EY** 20
Bosseria . . . . **GY** 23
Can Savellà . . . . **GZ** 25
Can Serra . . . . **GZ** 26
Cardenal Reig (Pl.) . . . . **GHY** 31
Conquistador . . . . **FZ** 34
Constitució . . . . **FZ** 36
Convent dels Caputxins . . . . . **GY** 38
Convent Sant Francesc . . . . . **GZ** 39
Correria . . . . **GYZ** 42
Felip Bauçà . . . . **FZ** 52
Francesc Barceló
    i Combis . . . . **HY** 56
Francesc Martí i Mora . . . . . . **EY** 58
Gabriel Alomar i
    Villalonga (Av.) . . . . **HYZ** 69
Gabriel Roca (Av.) . . . . **EZ** 71
Gloria (Forn de la) . . . . **EZ** 76
Josep Tous i Ferrer . . . . **GY** 95
Julià Álvarez . . . . **GY** 98
Mercat (Pl.) . . . . **FY** 102
Miramar . . . . **GZ** 104
Morey . . . . **GZ** 105
Olivar (Pl.) . . . . **GY** 107
Palau Reial . . . . **FZ** 109
Pueyo . . . . **GY** 112
Quadrato . . . . **GZ** 113
Rafael
    Rodríguez Mendez . . . . . . **EY** 116
Ramón Llull . . . . **GZ** 118
Rei Joan Carles I (Pl.) . . . . . . **FY** 121
Reina (Pl.) . . . . **FZ** 123
Riera . . . . **GY** 125
Rubén Darío . . . . **FY** 130
Ruiz de Alda . . . . **EY** 132
Sant Francesc (Pl.) . . . . **GZ** 133
Sant Gaieta . . . . **FY** 135
Santa Eulalia (Pl.) . . . . **GZ** 141
Temple (Pl.) . . . . **HZ** 149
Teodor Llorente . . . . **EY** 154

M¹ MUSEO DE MALLORCA
M² MUSEO DIOCESANO
Y IGLESIA
    DE SANT FRANCESC
Z PALACIO SOLLERICH

IRUÑEA
PAMPLONA

Carlos III (Av. de) . . . . . **BYZ**
Chapitela . . . . **BY** 17
García Castañón . . . . . **ABY** 30
San Ignacio (Av. de) . . . **BYZ** 66
Zapatería . . . . **AY** 89

Amaya . . . . **BYZ** 4
Ansoleaga . . . . **AY** 5

Bayona (Av. de) . . . . **AY** 13
Castillo de Maya . . . . **BZ** 16
Conde Oliveto (Av. del) . . . . . **AZ** 19
Cortés de Navarra . . . . **BY** 20
Cruz (Pl. de la) . . . . **BZ** 22
Esquiroz . . . . **AZ** 25
Estafeta . . . . **BY** 26
Juan de Labrit . . . . **BY** 33
Leyre . . . . **BYZ** 36
Mayor . . . . **AY** 40
Mercaderes . . . . **AY** 43
Navarrería . . . . **BY** 48
Navas de Tolosa . . . . **AY** 50

Paulino Caballero . . . . **BZ** 51
Principe
    de Viana (Pl. del) . . . . **BZ** 54
Reina (Cuesta de la) . . . . **AY** 56
Roncesvalles (Av. de) . . . . . . **BY** 59
Sancho el Mayor . . . . **ABZ** 60
San Fermín . . . . **BZ** 63
San Francisco (Pl. de) . . . . . . **AY** 65
Sangüesa . . . . **BZ** 69
Santo Domingo . . . . **AY** 70
Sarasate (Paseo de) . . . . **AY** 72
Taconera (Recta de la) . . . . . . **AY** 73
Vinculo (Pl. del) . . . . **AYZ** 78

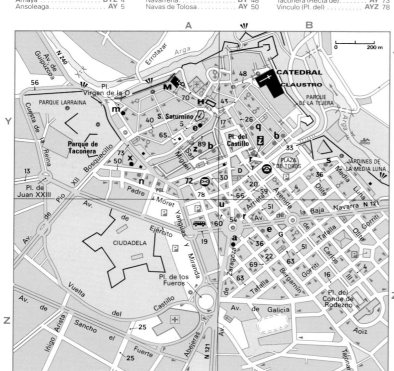

Palmar (El) (Cádiz)	88	X 11	Palomares del Campo	54	M 22	Panderruedas (Puerto de)	11 C 15
Palmar (El) (Murcia)	79	S 26	Palomares del Río	83	U 11	Pandetrave (Puerto de)	11 C 15
Palmar (El) (Valencia)	69	O 29	Palomas	62	P 11	Pando	13 C 20
Palmar (Valle de El)	92	G 7	Palomas (Las)	92	I 9	Pando (Puerto del)	11 D 14
Palmar de Troya (El)	83	U 12	Palomas (Puerto de las) (Cádiz)	84	V 13	Pandóls (Sierra de)	44 I 31
Palmas de Gran Canaria (Las)	94	P 9	Palomas (Puerto de las) (Jaén)	76	S 21	Pandos (Casa de los)	68 P 26
Palmeira	6	E 3	Palomas (Puerto de las)	76	T 19	Panera	50 L 22
Palmer (es)	90	N 39	Palombera (Puerto de)	12	C 17	Panes	11 C 16
Palmeral (El)	79	R 27	Palomeque	52	L 18	Panillo	17 F 30
Palmeras (Las) (Mallorca)	90	N 38	Palomera	54	L 23	Paniza	42 I 26
Palmeras (Las) (Valencia)	69	O 29	Palomera	68	O 26	Paniza (Puerto de)	42 I 26
Palmeritas (Las)	81	U 8	Palomera (Sierra)	43	K 26	Panizares	12 D 19
Palmerola	18	F 36	Palomero	49	L 11	Pano	16 F 30
Palmés	7	E 6	Palomes (Puerto de Las)	75	T 18	Pansas	68 Q 26
Palmes (Desert de les)	57	L 29	Palomillas	62	Q 11	Pantano de Navabuena	50 M 12
Palmitera (Sierra)	89	W 14	Palomitas (Casas de)	43	K 28	Panticosa	16 D 29
Palmitos Park	94	O 10	Palos (Cabo de)	79	T 27	Pantinat (Punta)	91 L 42
Palmones	89	X 13	Palos de la Frontera	82	U 9	Pantoja	52 L 18
Palmosa (La)	88	W 12	Palou de Sanaüja	31	G 33	Pantón	8 E 7
Palo	16	F 30	Palou de Torà	32	G 34	Pantono	44 J 29
Palo (El)	85	V 16	Pals	33	G 39	Pantorrillas	44 J 30
Palo (Puerto de)	16	D 28	Pámanes	12	B 18	Panxón	20 F 3
Palo (Puerto del)	4	C 9	Pampaneira	86	V 19	Panzacola (Embalse de)	76 R 19
Palo (Punta del)	94	P 9	Pampanico	86	V 21	Panzano	16 F 29
Palo Blanco	92	I 7	Pampliega	25	F 18	Paones	40 H 21
Palo de Revardit	19	F 38	Pamplona / Iruñea	15	D 25	Papagayo (Punta del)	95 V 4
Palojo	85	T 16	Panadella (La)	32	H 34	Papatrigo	38 J 15
Paloma (Lagunas de)	53	N 20	Pánchez (Los)	74	R 14	Papiol (El)	32 H 36
Paloma (Punta)	88	X 12	Pancorbo	13	E 20	Paracuellos	55 M 24
Palomar (Córdoba)	84	T 15	Pancorbo (Sierra de)	13	D 20	Paracuellos de Jarama	40 K 19
Palomar (El) (Albacete)	66	Q 22	Pancrudo (Monte) (La Rioja)	26	F 21	Paracuellos de Jiloca	42 I 25
Palomar (El) (Sevilla)	83	T 13	Pancrudo (Río)	43	J 26	Paracuellos de la Ribera	42 H 25
Palomar (Valencia)	69	P 28	Pancrudo (Teruel)	43	J 26	Parada (La Coruña)	2 C 4
Palomar de Arroyos	43	J 27	Pandenes	5	B 13	Parada (Monte) (Cuenca)	55 M 24
Palomarejos	56	L 27	Pandera			Parada de Arriba	37 J 12
Palomares	87	U 24	Pandera (Sierra de la)	75	T 18	Parada de Rubiales	37 I 13
						Parada do Sil	8 E 7

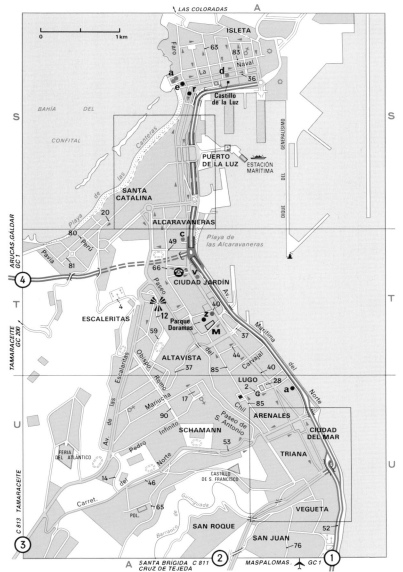

LAS PALMAS
DE GRAN CANARIA

Juan Rejón	AS 36
La Naval	AS
Alfonso XII	AU 2
Ansite (Av.)	AT 4
Cornisa (Paseo)	AT 12
Doctor Marañón	AU 14
Don Benito (Plaza de)	AU 17
Fernando Guanarteme	AS 20
Ingeniero León y Castillo (Pl.)	AU 28
Juan XXIII (Av.)	AT 37
León y Castillo	AT 40
Lugo (Paseo de)	AT 44
Luis Correa Medina	AU 46
M. González Martín	AT 49
Mata (Carret. de)	AU 53
Ortiz de Zárate	AT 59
Perez Muñoz	AS 63
Pino Apolinario	AU 65
Pio XII	AT 66
San José (Paseo)	AU 76
Secretario Padilla	AT 80
Simancas	AT 81
Tecen	AS 83
Tomás Morales (Paseo)	ATU 85
Zaragoza	AU 90

Parada dos Montes	8	E 8	
Paradas	83	U 13	
Paradaseca (León)	9	D 9	
Paradaseca (Orense)	21	F 7	
Paradavella	4	C 8	
Paradela (La Coruña)	7	D 6	
Paradela (Lugo)	8	D 7	
Paradela (Pontevedra)	7	D 4	
Paradilla	10	E 13	
Paradilla (La)	39	K 17	
Paradilla de Gordón	10	D 12	
Paradinas	39	I 16	
Paradinas de San Juan	38	J 14	
Parador (El)	87	V 22	
Paraísás	21	F 8	
Paraíso	39	K 17	
Paraíso (Balneario del)	56	L 27	
Paraíso (El)	89	W 14	
Paraíso Alto	56	L 27	
Paraíso Bajo	56	L 27	
Parajas	4	C 10	
Parajes	4	C 8	
Paralacuesta	12	D 19	
Paramera			
(Puerto de la)	39	K 16	
Paramera (Sierra de la)	38	K 15	
Paramíos	4	B 8	
Páramo (Asturias)	5	C 11	
Páramo (Lugo)	8	D 7	
Páramo (Monte) (Lugo)	8	D 7	
Paramo de Boedo	11	E 16	
Páramo del Sil	9	D 10	
Parámo de Masa (Puerto de)	12	E 18	
Paramos	6	D 3	
Paraño (Alto de)	7	E 5	
Paraños	20	F 4	
Parapanda	85	U 18	
Parauta	89	W 14	
Paraya (La)	5	C 13	
Parbayón	12	B 18	
Parcelas (Las)	64	Q 16	
Parcent	69	P 29	
Parchel (Punta del)	94	N 11	
Parchite (Estación de)	84	V 14	
Parda (Cabeza)	75	R 18	
Parda (Sierra)	67	Q 25	
Pardal (El)	66	Q 23	
Pardavé	10	D 13	
Pardellas	3	C 6	
Pardemarín	7	D 4	
Pardesivil	10	D 13	
Pardilla	25	H 18	
Pardines	18	F 36	
Pardo (El)	39	K 18	
Pardo (Embalse de El)	39	K 18	
Pardo (Monte de El)	39	K 18	
Pardornelo (Portilla de)	22	F 9	
Pardos	42	J 24	
Pardos (Rambla de los)	87	T 23	
Pardos (Sierra de)	42	I 24	
Pared	87	U 22	
Pared (La)	68	O 26	
Pared (La)	93	S 8	
Paredes (Asturias)	4	B 10	
Paredes (Cuenca)	54	L 21	
Paredes (Orense)	21	F 7	
Paredes (Pontevedra)	6	E 4	
Paredes de Buitrago	40	I 19	
Paredes de Escalona	52	L 16	
Paredes de Monte	24	G 16	
Paredes de Nava	24	F 15	
Paredes de Sigüenza	41	I 21	
Paredesroyas	27	H 23	
Paredón	63	O 14	
Pareis (Torrent de)	90	M 38	
Pareja	41	K 22	
Parellades (Les)	44	J 31	
Parets	32	H 36	
Parga	3	C 6	
Parga (Río)	3	C 6	
Parilla (La)	85	U 16	
Parla	52	L 18	
Parladé	73	S 11	
Parlavà	19	F 39	
Parlero	4	B 9	
Parolis las Juntas	77	R 22	
Parque natural de Cabañeros	64	N 16	
Parque natural de Cazorla, Segura y las Villas	77	R 21	
Parque natural de la Sierra de Castril	77	S 21	
Parque natural de la Sierra Maria	77	S 23	
Parque natural de la Sierra de Baza	86	T 21	
Parque natural del Delta del Obro	45	J 32	
Parque regional del Sureste	53	K 19	
Parque Coimbra	52	L 18	

Parque de Las Castillas	40	J 19	
Parque del Cubillas	85	U 18	
Parque Robledo	39	J 17	
Parra	65	N 19	
Parra (La) (Almería)	86	V 20	
Parra (La) (Ávila)	51	L 14	
Parra (La) (Badajoz)	61	Q 10	
Parra de las Vegas (La)	54	M 23	
Parral (El)	38	J 15	
Parralejo (El)	77	R 22	
Parralejo (El)	76	Q 21	
Parralejo Nuevo	88	W 21	
Parras de Castellote (Las)	44	J 29	
Parras de Martín (Las)	43	J 27	
Parres (Arriondas)	11	B 14	
Parres (Asturias)	11	B 15	
Parrilla (La) (Sevilla)	73	S 12	
Parrilla (La) (Valladolid)	25	H 16	
Parrillas	51	L 14	
Parrillas (Las)	55	L 24	
Parroquia (La)	78	S 24	
Parróquia d'Hortó (La)	18	F 34	
Parroso (Arroyo del)	73	S 12	
Parsa	74	T 13	
Partaloa	87	T 23	
Parte de Bureba (La)	13	D 19	
Parte de Sotoscueva (La)	12	C 18	
Partido (Arroyo del)	82	U 10	
Partidor (El)	79	R 26	
Partidores (Los)	67	P 23	
Partovía	7	E 5	
Parzán	16	E 30	
Pas	12	C 18	
Pas de la Casa	18	E 35	
Pas (El)	45	K 31	
Pasadilla	94	P 10	
Pasai Donibane	14	C 24	
Pasai San Pedro / Pasajes de San Pedro	14	C 24	
Pasaia / Pasajes	14	B 24	
Pasajes / Pasaia	14	B 24	
Pasajes de San Pedro / Pasai San Pedro	14	C 24	
Pasarela	2	C 2	
Pasariegos	37	H 11	
Pasarón de la Vera	50	L 12	
Pascualcobo	38	K 14	
Pascuales	39	I 16	
Pascuales (Los)	76	Q 21	
Pasito Blanco (Punta del)	94	O 11	
Paso	93	K 6	
Paso (El)	95	B 6	
Paso Alto (Castillo)	93	K 7	
Paso Chico (Punta de)	93	T 6	
Passanant	31	H 33	
Pasteral (El)	33	G 37	
Pasteral (Embalse de El)	33	G 37	
Pastillos (Sierra de los)	63	O 14	
Pastor (La Coruña)	3	C 5	
Pastor (Monte) (Ávila)	50	L 13	
Pastor (Monumento al)	13	E 20	
Pastores	36	K 10	
Pastores (Los) (Cádiz)	89	X 13	
Pastores (Los) (Teruel)	56	L 27	
Pastoriza (La Coruña)	3	A 6	
Pastoriza (Lugo)	3	C 7	
Pastrana (Guadalajara)	53	K 21	
Pastrana (Murcia)	78	T 25	
Pastriz	29	H 27	
Pata del Caballo (Coto nacional de la)	72	T 10	

Pata de Mulo	84	T 15	
Patalavaca	94	N 11	
Paterna	56	N 28	
Paterna del Campo	73	T 10	
Paterna del Madera	66	Q 22	
Paterna del Río	86	U 21	
Paterna de Rivera	88	W 12	
Paternáin	14	D 24	
Patones	40	J 19	
Patrás	72	S 9	
Patrite	88	W 12	
Patró	69	P 29	
Patrocinio (El)	76	Q 18	
Patudas (Las)	63	Q 14	
Pau	19	F 39	
Paul (El)	56	L 27	
Paúl (La)	29	G 27	
Paular (El)	39	J 18	
Paulenca	87	V 22	
Paúles (Albacete)	77	R 22	
Paúles (Huesca)	16	F 30	
Paules (Zaragoza)	29	F 27	
Paules del Agua	25	F 18	
Paules de Lara	26	F 19	
Paúls	44	J 31	
Pava	68	Q 26	
Pavias	56	M 28	
Pavos (Los)	79	R 26	
Paymogo	71	S 7	
Payo (El)	49	L 9	
Payo de Ojeda	11	D 16	
Payosaco	2	C 4	
Payueta	13	E 21	
Paz (La)	74	T 15	
Pazo	3	B 6	
Pazo de Mariñan	3	C 5	
Pazo de Oca	7	D 4	
Pazos (cerca de Cortegada)	21	F 7	
Pazos (cerca de Lamas)	2	C 3	
Pazos (cerca de Leiro)	7	E 5	
Pazos (cerca de Ponte-Ceso)	2	C 3	
Pazos de Borbén	20	F 4	
Pazuengos	26	F 21	
Peal de Becerro	76	S 20	
Peares (Embalse de los)	7	E 6	
Peares (Os)	7	E 6	
Pecá	54	L 23	
Pechina	87	V 22	
Pechiquera (Punta)	95	U 4	
Pechón	11	B 16	
Pedernoso (El)	54	N 21	
Pedra	3	A 6	
Pedra (La)	18	F 34	
Pedrafita			
Camporredondo	8	D 8	
Pedrafita do Cebreiro	8	D 8	
Pedrafita do Cebreiro (Puerto de)	8	D 8	
Pedraja	26	H 20	
Pedraja de Portillo (La)	25	H 16	
Pedrajas	27	G 22	
Pedrajas de San Esteban	38	H 16	
Pedralba	56	N 27	
Pedralba de la Pradería	22	F 9	
Pedraza	39	I 18	
Pedraza de Alba	37	J 13	
Pedraza de Campos	24	G 15	
Pedraza de la Sierra	39	I 18	
Pedre	7	E 4	
Pedredo	10	E 11	
Pedregal (El) (Asturias)	4	B 10	
Pedregal (El) (Guadalajara)	42	J 25	
Pedregosa (Sierra)	43	J 27	
Pedreguer	69	P 30	
Pedreira (La Coruña)	7	D 5	
Pedreira (Pontevedra)	7	E 4	
Pedreiro	3	B 6	
Pedreña	12	B 18	

Pedrera (Embassament de la)	79	R 27	
Pedrera (Punta)	91	P 34	
Pedrera (Sevilla)	84	U 15	
Pedrera (Toledo)	64	N 18	
Pedret	19	F 39	
Pedrezuela	40	J 19	
Pedrezuela (Embalse de)	40	J 19	
Pedriza (La)	39	J 18	
Pedriza (Sierra de la)	39	J 18	
Pedrizas (Puerto de las)	85	V 16	
Pedro Abad	75	S 16	
Pedro Álvarez	93	K 6	
Pedro Andrés	77	R 22	
Pedro Barba	95	X 2	
Pedro Bernardo	51	L 15	
Pedroche	74	Q 15	
Pedro Díaz	74	S 14	
Pedro Gómez (Sierra de)	62	N 12	
Pedro Izquierdo	55	M 25	
Pedrola	28	G 26	
Pedro Malo	65	O 20	
Pedro Marín (Embalse de)	76	S 19	
Pedro Martínez	76	T 20	
Pedro Muñoz	66	N 21	
Pedroñeras (Las)	54	N 21	
Pedro Rodríguez	38	J 15	
Pedrosa (La)	83	V 12	
Pedrosa de Duero	25	G 18	
Pedrosa de la Vega	11	E 15	
Pedrosa del Páramo	25	E 18	
Pedrosa del Príncipe	25	F 17	
Pedrosa del Rey	24	H 14	
Pedrosa de Muñó	25	F 18	
Pedrosa de Río Urbel	25	E 18	
Pedrosa de Tobalina	13	D 19	
Pedrosas (Las)	29	F 27	
Pedrosillo (El)	72	T 10	
Pedrosillo de Alba	37	J 13	
Pedrosillo de los Aires	37	J 12	
Pedrosillo el Ralo	37	I 13	
Pedroso (Asturias)	11	B 15	
Pedroso (El) (Cádiz)	88	W 12	
Pedroso (El) (Sevilla)	73	S 12	
Pedroso (La Coruña)	3	B 5	
Pedroso (La Rioja)	27	F 21	
Pedroso (Río)	26	F 20	
Pedroso (Sierra del)	85	U 16	
Pedroso (El) (Asturias)	5	B 13	
Pedroso de Acim	49	M 10	
Pedroso de la Armuña (El)	37	I 13	
Pedroso de la Carballeda	22	G 10	
Pedrotoro	36	K 10	
Pedrouzo (O)	7	D 4	
Pedrouzos	6	D 3	
Pedroveya	5	C 12	
Pedrún de Torío	10	D 13	
Pegalajar	76	S 19	
Pego	69	P 29	
Pego (El)	37	I 13	
Peguera	18	F 35	
Peguera	90	N 37	
Peguerillas	82	T 9	
Peguerinos	39	K 17	
Peinado (Arroyo del)	84	T 14	
Peinao (El)	42	K 25	
Pela (Sierra de) (Badajoz)	62	O 13	
Pela (Sierra de) (Guadalajara)	40	I 20	
Pelabravo	37	J 13	
Pelada (Sierra) (Ciudad Real)	65	P 19	
Pelada (Sierra) (Huelva)	72	S 9	
Pelado	87	T 22	
Pelahustán	52	L 16	

Place	Page	Ref
Pelarda (Santuario de)	43	J 26
Pelarrodríguez	37	J 11
Pelayo	74	R 14
Pelayos	37	K 13
Pelayos de la Presa	52	K 17
Pelayos del Arroyo	39	I 18
Peleagonzalo	23	H 13
Peleas de Abajo	37	H 12
Peleas de Arriba	37	I 12
Pelegrina	41	I 22
Pelejaneta (La)	57	L 29
Peligro (Punta del)	95	E 8
Peligros	85	U 19
Pellila	37	I 11
Peloche	63	O 14
Pelugano	5	C 13
Pembes	11	C 15
Pena (A) (La Coruña)	6	D 3
Pena (A) (Orense)	21	F 6
Peña (La)	93	B 11
Pena (Lugo)	3	C 6
Penacaballera	50	K 12
Penagos	12	B 18
Penáguila	69	P 28
Penamil	8	D 8
Penarrubia (Lugo)	8	D 8
Penas	7	D 6
Pendilla	5	C 12
Pendón (Sierra del)	60	Q 8
Pendones	5	C 14
Pendueles	11	B 16
Penedo (Punta de)	95	W 3
Penela	8	E 7
Penelles	31	G 32
Penilla (La)	12	C 18
Penoselo	9	D 9
Penouta	4	B 9
Pentedura	26	F 19
Pentes	21	F 8
Penya Rossa	68	Q 27
Penyagolosa	56	L 28
Penyal d'Ifac	69	Q 30
Penzol	4	B 9
Peña (Embalse de)	44	J 30
Peña (Embalse de la)	29	E 27
Peña (La)	93	T 7
Peña (La) (Asturias)	5	B 11
Peña (La) (Huesca)	29	E 27
Peña (La) (Salamanca)	36	I 10
Peña (Monte) (Castellón de la Plana)	57	L 29
Peña (Montes La)	12	C 19
Peña (Rivera de la)	36	I 10
Peña (Sierra de la)	15	E 27
Peñablanca	42	K 24
Peñacerrada	13	E 21
Peña de Cabra	37	J 12
Peña de Francia	37	K 11
Peña de Francia (Sierra)	37	K 12
Peña del Águila	82	V 10
Peña del Águila (Embalse de)	61	O 9
Peñadiz	21	F 7
Peñafiel	25	H 17
Peñaflor (Asturias)	5	B 11
Peñaflor (Sevilla)	74	S 13
Peñaflor (Zaragoza)	29	G 27
Peñaflor de Hornija	24	G 15
Peñafuente	4	C 9
Peñagua	83	U 13
Peñahorada	12	E 19
Peña Hueca (Laguna de)	53	N 19
Peña Labra (Sierra de)	12	C 17
Peñalagos	41	K 21
Peñalajos	65	Q 19
Peñalara	39	J 18
Peñalba	26	H 20
Peñalba (Castellón de la Plana)	56	M 28
Peñalba (Huesca)	30	H 29
Peñalba de Ávila	38	J 15
Peñalba de Castro	26	G 19
Peñalba de Cilleros	10	D 11
Peñalba de la Sierra	40	I 19
Peñalba de Santiago	9	E 10
Peñalén	41	K 23
Peñalosa	74	S 14
Peñalosa (Sierra de)	27	F 23
Peñaloscintos	27	F 21
Peñalsordo	63	P 14
Peñalver	41	K 21
Peñalvo	37	I 11
Peñamellera Alta	11	B 15
Peñamellera Baja	11	C 16
Peña Mira	22	G 10
Peña Negra	27	F 21
Peña Negra (Asturias)	5	C 11
Peña Negra (León)	23	F 10
Peña Negra (Puerto de la)	51	K 14
Peña Nofre	21	F 7
Peñaparda	49	L 9
Peñaranda de Bracamonte	38	J 14
Peñaranda de Duero	26	G 19
Peñarandilla	37	J 13
Peñarrodrigo	64	Q 16
Peñarroja	69	Q 28
Peñarroya	56	K 28
Peñarroya (Embalse de)	66	O 21
Peñarroya (Ermita de)	65	O 20
Peñarroya (Sierra de)	44	J 30
Peñarroya de Tastavíns	44	J 30
Peñarroya-Pueblonuevo	74	R 14
Peñarroyas	43	J 27
Peñarrubia (Cantabria)	11	C 16
Peñarrubia (cerca de Elche)	67	Q 23
Peñarrubia (cerca de Peñascosa)	66	P 23
Peñarrubia (Embalse de)	9	E 9
Peñarrubia (Monte) (Albacete)	67	O 25
Peñarrubia (Monte) (Lugo)	8	D 9
Peñarrubia (Monte) (Murcia)	68	Q 26
Peñarrubias de Pirón	39	I 17
Peñas (Cabo de)	5	B 12
Peña Sagra (Sierra de)	11	C 16
Peña Santa	11	C 15
Peñas Blancas (Puerto de)	89	W 14
Peñas Blancas (Sierra de)	62	P 11
Peñascales (Los)	39	K 18
Peñascosa	66	P 22
Peñas de San Pedro	67	P 23
Peñas Libres (Sierra de)	21	G 8
Peñas Negrillas (Coto nacional de)	76	Q 19
Peña-Tú	11	B 15
Peñaullán	5	B 11
Peñausende	37	I 12
Peña Utrera	61	Q 9
Peña Vieja	11	C 15
Peñaza (La)	29	H 26
Peñillas	85	T 17
Peñíscola	57	K 31
Peñíscola (Estación de)	44	K 31
Peñita	73	R 13
Peñolite	76	R 21
Peñón (Alto del)	22	F 10
Peñón (El) (Albacete)	77	R 23
Peñón (El) (Granada)	76	T 20
Peñón Bemejo (Punta del)	94	N 10
Peñones (Los)	94	O 10
Peñoso	78	S 24
Peñota (La)	39	J 17
Peñuela	85	T 18
Peñuela (La)	82	T 9
Peñuelas	85	U 18
Peón	5	B 13
Pepino	51	L 15
Pepino (El)	53	K 20
Peque	23	F 11
Pequeño	11	D 15
Pera	18	E 34
Pera (La)	19	F 38
Pera (Sierra de)	85	U 18
Peracense	42	K 25
Perafita (Barcelona)	18	F 36
Perafita (cerca de Calaf)	32	G 34
Perafort	45	I 33
Peral (Barranco del)	87	U 23
Peral (El)	55	N 24
Peral (La)	5	B 12
Peralada	19	F 39
Peralba	31	G 32
Peral de Arlanza	25	F 17
Peraleda de la Mata	50	M 13
Peraleda del Zaucejo	62	Q 13
Peraleda de San Román	50	M 13
Peraleja (La)	54	L 22
Peralejo (El)	73	S 10
Peralejo (Madrid)	39	K 17
Peralejo (Soria)	40	I 20
Peralejos	43	K 26
Peralejos de Abajo	36	I 10
Peralejos de Arriba	36	I 10
Peralejos de las Truchas	42	K 24
Perales (Los)	49	N 9
Perales (Palencia)	24	F 16
Perales (Puerto de)	49	L 9
Perales (Río)	52	K 17
Perales del Alfambra	43	K 26
Perales del Puerto	49	L 9
Perales del Río	53	L 19
Perales de Tajuña	53	L 19
Peralosa (Puerto de la)	64	O 17
Peralosas (Las)	64	O 17
Peralta	28	E 24
Peralta de Alcofea	30	G 29
Peralta de la Sal	30	G 31
Peraltilla	16	F 29
Peralveche	41	K 22
Peralvillo Alto	64	O 18
Peramato	37	J 11
Peramea	17	F 33
Peramola	17	F 33
Peramora (Rivera de)	72	S 8
Peranzanes	9	D 10
Perarrúa	17	F 31
Peratallada	33	G 39
Perazancas	11	D 16
Perbes	3	B 5
Perdices	27	H 22
Perdices (Sierra de las)	61	O 9
Perdido (Monte)	16	D 30
Perdigón	72	R 8
Perdigón (El)	37	H 12
Perdiguero	17	D 31
Perdiguero (Embalse de)	28	F 24
Perdiquera	29	G 28
Perdoma (La)	92	I 7
Perdón	15	D 24
Perdón (Puerto del)	14	D 24
Perea	77	T 22
La Pereda	11	B 15
Pereda de Ancares	9	D 9
Peredilla	10	D 13
Peregrina (La)	24	E 14
Pereira (La Coruña)	6	D 3
Pereira (Lugo)	7	E 6
Pereiriña	2	C 2
Pereiro	21	F 8
Pereiro de Aguiar	7	E 6
Pereje	9	E 9
Perelló (El) (Tarragona)	45	J 32
Perelló (El) (Valencia)	69	O 29
Perellonet (El)	69	O 29
Perenos (Los)	84	U 15
Pereña	36	I 10
Perera (La)	40	H 20
Perero	72	S 8
Pereruela	37	H 12
Perex	13	D 20
Pérez (Los)	84	U 15
Periana	85	V 17
Pericay (Sierra del)	78	S 24
Pericón (El)	79	S 26
Perilla de Castro	23	G 12
Perín	79	T 26
Pernía (La)	74	T 15
Pernia (La)	11	D 16
Perogordo	39	J 17
Peromingo	37	K 12
Perona (Cuenca)	54	N 23
Perona (Monte) (Murcia)	78	S 25
Perorrubio	39	I 18
Perosillo	39	H 17
Peroxa (A)	7	E 6
Perra (Sierra)	14	E 23
Perro (Punta del)	82	V 10
Perrunal (El)	72	S 9
Pertusa	30	G 29
Perul (El)	12	E 18
Peruyes	11	B 14
Perves (Collado de)	17	E 32
Pesadas de Burgos	12	D 19
Pesadoira	6	D 3
Pesaguero	11	C 16
Pescadores (Puerto de los)	89	W 15
Pescadores (Refugio de)	30	H 30
Pescueza	49	M 10
Pesebre	66	P 22
Pesebre (Punta)	93	R 9
Pesetes	56	K 29
Pesga (La)	49	L 11
Peso (Pic del)	17	E 32
Pesoz	4	C 9
Pesqueira	6	E 3
Pesquera (Burgos)	12	D 18
Pesquera (Cantabria)	12	C 17
Pesquera (La)	55	N 25
Pesquera (León)	10	D 14
Pesquera de Duero	25	H 17
Pesquerín	5	B 14
Pesqueruela	24	H 15
Pessons (Pic dels)	18	E 34
Pesués	11	B 16
Petilla de Aragón	15	E 26
Petín	8	E 8
Petit I (Embalse de)	49	N 10
Petra	90	N 39
Petrer	68	Q 27
Petrés	56	M 29
Pétrola	67	P 25
Pétrola (Laguna de)	67	P 25
Peza (La)	86	U 20
Pezuela de las Torres	53	K 20
Piapaxaro (Pico)	8	E 8
Pias	22	F 9
Pías (Embalse de)	22	F 9
Piatones (Sierra de)	50	M 12
Pica (Sierra de la)	27	G 23
Picacho	84	V 13
Picacho (Sierra del)	78	Q 25
Picacho de la Barre (Faro El)	82	U 9
Picamoixons	45	I 33
Picanya	56	N 28
Picassent	56	N 28
Picato	8	D 7
Picaza (Montes de)	42	J 24
Picazo	41	J 21
Picazo (El)	54	N 23
Picazo (Embalse de El)	54	N 23
Picena	86	V 20
Pico (Puerto del)	51	L 14
Pico de las Flores (Mirador)	92	J 7
Pico del Castrón (Mirador del)	12	C 17
Pico del Inglés (Mirador)	93	K 6
Picón	64	O 17
Piconcillo	74	R 13
Picones	36	I 10
Picorzo	54	M 21
Picorzos	67	Q 23
Picota	6	D 3
Picouto	21	F 6
Pico Viejo	92	H 8
Pidal	78	R 24
Pi de Sant Just (El)	32	G 34
Piedra	41	I 24
Piedra (La) (Burgos)	12	E 18
Piedra (La) (Granada)	77	S 22
Piedra (Monasterio de)	42	I 24
Piedra Aguda (Embalse de)	60	Q 8
Piedrabuena (Ciudad Real)	64	O 17
Piedrabuena (Badajoz)	61	O 9
Piedra de la Sal (Ensenada)	92	J 9
Piedra del Sol	8	E 7
Piedraescrita	51	N 15
Piedra Escrita (Ermita de)	62	P 13
Piedrafita (Huesca)	16	D 29
Piedrafita (León)	5	C 13
Piedrafita (Puerto de)	5	C 13
Piedrafita de Babia	10	D 11
Piedrafitas (Mirador de)	11	C 15
Piedrahíta (Ávila)	38	K 14
Piedrahita (Teruel)	43	I 26
Piedrahita de Castro	23	G 12
Piedralá	64	O 17
Piedralaves	51	L 15
Piedra Mena	92	H 10
Piedramillera	14	E 23
Piedras (Canal del)	82	U 8
Piedras (Embalse)	72	T 8
Piedras (Las)	85	S 17
Piedras Albas	49	M 9
Piedra San Martin (Collado de la)	15	D 27
Piedras Blancas	5	B 12
Piedrasluengas	11	C 16
Piedrasluengas (Puerto de)	11	C 16
Piedratajada	29	F 27
Piedros (Los)	84	T 16
Piera	32	H 35
Piérnigas	12	E 19
Pierola	32	H 35
Pieros	9	E 9
Pierre	76	T 20
Piescolgados	87	U 22
Piedra Caballera (Punta de)	94	P 9
Pigüeña	4	C 11
Pigüeña (Río)	5	C 11
Pijotilla (La)	61	P 10
Pila	79	R 26
Pila (Sierra de la) (Guadalajara)	41	I 21
Pila (Sierra de la) (Murcia)	79	R 26
Pilar (El)	87	U 23
Pilar (Ermita del)	56	K 27
Pilar de Jaravia	87	T 24
Pilar de la Horadada	79	S 27
Pilar del Prado	84	V 16
Pilar de Moya	75	S 17
Pilares	83	U 13
Pilas	82	U 11
Pilas (Casas de)	73	R 12
Pilas (Puerto de las)	38	K 16
Pilas Verdes	66	Q 21
Piles	69	P 29
Piles (Les)	32	H 34
Pileta (Cueva de la)	84	V 14
Pililla	54	M 23
Pilillas	74	S 15
Piloña	5	B 13
Piloña (Río)	5	B 13
Piloño	7	D 5
Pilzán	17	F 31
Pimpollar (El)	39	K 17
Pina (Mallorca)	90	N 38
Pina (Monte) (Castelló)	56	L 28
Pina de Ebro	29	H 28
Pina de Montalgrao	56	L 28
Pinar (Cádiz)	84	V 13
Pinar (Cap de)	90	M 39
Pinar (Cap des)	91	N 40
Pinar de la Mola (El)	91	P 34
Pinar (El)	93	B 11
Pinar (El)	79	S 27
Pinar (El) (Castelló)	57	L 30
Pinar (El) (Madrid)	39	K 18
Pinar (Ermita del)	39	I 18
Pinar (Monte) (Castelló)	56	M 28
Pinar (Monte) (Cuenca)	54	L 21
Pinar (Monte) (Zaragoza)	43	H 26
Pinar (Puerto del)	77	R 22
Pinar de Almorox (El)	52	L 16
Pinar de Antequera	24	H 15
Pinar de los Franceses	88	W 11
Pinar de Puenteviejo	39	J 16
Pinarejo	54	N 22
Pinarejos	39	I 17
Pinar Grande (Estación de)	26	G 21
Pinarnegrillo	39	I 17
Pinar Negro	78	R 24
Pindal (Cueva del)	11	B 16
Pindo (O)	6	D 2
Pinedas de Gigüela	54	L 22
Pineda de la Sierra	26	F 20
Pineda de Mar	33	H 38
Pinedas	37	K 12
Pinedas (Las)	74	S 15
Pineda-Trasmonte	25	G 18
Pinedillo	25	F 18
Pinel	8	E 7
Pinell	32	G 34
Pinell de Brai (El)	45	I 31
Pinet	79	R 28
Pineta (Valle de)	16	E 30
Pinganillo	83	U 12
Pinilla	69	P 28
Pinilla (cerca de Fuente Alamo)	67	P 25
Pinilla (cerca de Fuente-Higuera)	66	Q 23
Pinilla (La) (Murcia)	78	S 26
Pinilla (La) (Segovia)	40	I 19
Pinilla (León)	23	F 11
Pinilla (Río)	66	P 21
Pinilla Ambroz	39	I 16
Pinilla de Buitrago	39	J 18
Pinilla de Fermoselle	36	H 10
Pinilla de Jadraque	40	I 21
Pinilla del Campo	27	G 23
Pinilla del Olmo	41	I 22
Pinilla de los Barruecos	26	G 20
Pinilla de los Moros	26	F 20
Pinilla del Valle	39	J 18
Pinilla de Molina	42	J 24
Pinilla de Toro	23	H 13
Pinilla-Trasmonte	26	G 19
Pinillos (Burgos)	25	G 18
Pinillos (La Rioja)	27	F 22
Pinillos de Polendos	39	I 17
Pinjat	31	H 31
Pino (Alto de)	16	F 30
Pino (Burgos)	12	D 19
Pino (Cuerda del)	77	S 23
Pino (El)	61	P 10
Pino (Lugo)	8	E 7
Pino (Zamora)	23	H 11
Pino (O)	7	D 4
Pino Alto	39	K 17
Pino del Río	11	E 15
Pino de San José	83	T 12
Pino de Tormes (El)	37	I 12
Pino de Valencia	60	O 8
Pino do Val	6	D 3
Pinofranqueado	49	L 10
Pinós (El)	69	P 29
Pinos (León)	10	D 12
Pinos (Los) (Cáceres)	63	O 13
Pinos (Los) (Toledo)	52	M 18
Pinos (Monte Los) (Málaga)	89	W 13
Pinós (Sierra de) (Lleida)	32	G 34
Pinós (Sierra de)	32	G 34
Pinosa	78	S 24
Pinos de Gáldar (Los)	94	O 9
Pinos del Valle	85	V 19
Pinos de Mar	82	U 9
Pinos Genil	86	U 19
Pinoso (Alicante)	68	Q 26
Pinoso (Monte) (Guadalajara)	41	J 22
Pinos Puente	85	U 18
Pinseque	29	G 26
Pinsoro	28	F 25
Pintado (Contra-embalse del)	73	S 12
Pintado (El)	73	S 12
Pintado (Embalse del)	73	S 12
Pintano	15	E 26
Pintanos (Los)	15	E 26
Pintín	8	D 7
Pinto (Madrid)	52	L 18
Pinto (O)	7	D 4
Pinto (Río) (Jaén)	75	R 18
Pintueles	5	B 13
Pinzales	5	B 12
Pinzón	83	U 11
Piña (La Coruña)	2	C 4
Piña de Campos	25	F 16
Piña de Esgueva	25	G 16
Piñar (Estación de)	85	T 19
Piñar (Granada)	86	T 19
Piñeira (Lugo)	8	E 7
Piñeira (Orense)	21	F 6
Piñeiro (cerca de Germadé)	3	B 6
Piñeiro (cerca de Lugo)	8	D 7
Piñeiro (cerca de Marín)	6	E 3
Piñeiro (cerca de Meira)	4	C 8
Piñeiro (cerca de Mondariz)	20	F 4
Piñel de Abajo	25	G 17
Piñel de Arriba	25	G 17
Piñera	4	B 9
Piñeres	5	C 12
Piñero (El)	38	H 13
Piñor	7	E 5
Piñuécar	40	I 19
Piñuel	37	H 11
Pío	11	C 14
Piornal	50	L 12
Piornal (Puerto del)	50	L 12
Piornedo	21	F 7
Piorno	86	V 22
Pioz	40	K 20
Pipaón	14	E 22
Piquera	26	H 20
Piqueras	42	K 24
Piqueras (Puerto de)	27	F 22
Piqueras del Castillo	54	M 23
Piquín	4	C 8
Pira	31	H 33
Piracés	16	F 29
Pirón	39	I 17
Pisueña	12	C 18
Pisueña (Río)	12	C 18
Pisuerga (Río)	12	D 17
Pitarque	43	K 28
Pitas	83	V 12
Pitiegua	37	I 13
Pitillas	28	E 25
Pitillas (Laguna de)	28	E 25
Pitres	86	V 20
Piúca (A)	21	F 6
Piúgos	8	D 7
Pixeiros	21	F 8
Pizarra	84	V 15
Pizarral	37	K 13
Pizarrera (La)	39	K 17
Pizarro	62	O 12
Pizarroso (Embalse del)	51	M 14
Placín	21	F 8
Pla (El)	30	G 31
Pla de la Font	30	G 31
Pla del Penedès (El)	32	H 35
Pla dels Hospitalets	18	E 36
Pla dels Pitxells	57	K 31

Name	Page	Ref
Pla de Manlleu (El)	32	H 34
Pla de Sant Tirs (El)	18	F 34
Pla de Santa Maria (El)	31	H 33
Plan	17	E 31
Plana (La)	17	E 32
Plana (Punta) (Mallorca)	90	N 38
Plana (Punta) (Zaragoza)	44	I 30
Planas (Las)	44	J 29
Plandogau	31	G 33
Planes	69	P 28
Planes d'Hostoles (Les)	19	F 37
Planoles	18	F 36
Plantío (El)	39	K 18
Plasencia	49	L 11
Plasencia (Embalse de)	50	L 11
Plasencia de Jalón	28	G 26
Plasencia del Monte	29	F 28
Plasenzuela	62	N 11
Plata (Sierra de la)	88	X 12
Platera (La)	77	R 21
Platja Arena	69	P 30
Platja Ben Afeli	57	M 30
Platja Corinto	57	M 29
Platja de Albir	90	Q 29
Platja de Alboraya	57	N 29
Platja de Bellreguard	69	P 29
Platja de Binibèquer	91	M 42
Platja de Casa Blanca	57	M 29
Platja de Chilches	57	M 29
Platja de Cumbre del Sol	69	P 30
Platja de Daimús	69	P 29
Platja de Denia	69	P 30
Platja de Formentor	90	M 39
Platja de Gandía	69	O 29
Platja de Guardamar	79	R 28
Platja de la Concha	57	L 30
Platja de la Dehesa	69	N 29
Platja de la Granadella	69	P 30
Platja de la Malvarrosa	57	N 29
Platja de l'Albufereta	69	Q 28
Platja de las Fuentes	57	L 30
Platja de les Villes	57	L 30
Platja de Levante (Alicante)	69	Q 29
Platja de los Arenales del Sol	79	R 28
Platja de Moraira	69	P 30
Platja de Morro de Gos Isleta	57	L 30
Platja de Muro	90	M 39
Platja de Nules	57	M 29
Platja de Peñíscola	57	K 31
Platja de Piles	69	P 29
Platja de Pinedo	57	N 29
Platja de Poniente	69	Q 29
Platja de Puçol	57	N 29
Platja de San Juan	69	Q 28
Platj a de Sant Tomás	91	M 42
Platja de Son Bou	91	M 42
Platja de Tavernes	69	O 29
Platja de Tirant	91	L 42
Platja de Xeresa	69	O 29
Platja del Carregador	57	L 30
Platja del Paradis	69	Q 29
Platja del Pinar	57	M 30
Platja del Pinet	79	R 28
Platja del Saler	69	N 29
Platja d'en Bossa	91	P 34
Platja des Canar	91	O 34
Platja des Cavallet	91	P 34
Platja des Figueral	91	O 34
Platja des Trenc	90	N 38
Platja d'Olives	69	P 29
Platja la Pobla de Farnals	57	N 29
Platja Lissa	79	R 28
Platja Miramar	69	P 29
Platja Mitjorn	91	P 34
Platja Muchavista	69	Q 28
Platja d'Aro (La)	33	G 39
Platja de Canyelles	33	G 38
Platjas de Orihuela	79	S 28
Platosa (La)	84	T 14
Playa de Area	3	A 7
Playa de Calahardina	78	T 25
Playa de Fanals	33	G 38
Playa de la Reya	78	T 26
Playa de Marchamalo	79	S 27
Playa del Mojón	79	S 27
Playa del Pedrucho	79	S 27
Playa del Pudrimal	79	S 27
Playa Honda	79	T 27
Playa (Laguna la)	30	H 29
Playa Amanay	93	S 8
Playa América	20	F 3
Playa Barca	93	S 9
Playa Bella	89	W 14
Playa Berruguete	93	K 7
Playa Blanca	93	U 7
Playa Blanca de Yaiza	95	W 4
Playa Canela	81	U 7
Playa Charco Verde	95	B 6
Playa Colmenares	92	I 9
Playa de Agua Dulce	92	H 7
Playa de Alcalá	92	H 8
Playa de Alcanar	45	K 31
Playa de Anosma	93	L 6
Playa de Arinaga	94	P 10
Playa de Aro	33	G 39
Playa de Arriba	92	J 8
Playa de Avalo	95	F 9
Playa de Balarés	2	C 3
Playa de Baldaio	2	C 3
Playa de Balerma	86	V 21
Playa de Balito	94	N 11
Playa de Barlovento	93	R 9
Playa de Barranco Seco	92	G 8
Playa de Bateles	88	X 11
Playa de Benalmádena	84	W 16
Playa de Benijo	93	K 6
Playa de Ber	3	B 5
Playa de Bozo	4	B 10
Playa de Burriana	85	V 18
Playa de Butihondo	93	S 9
Playa de Calera	95	D 9
Playa de Callao Salvaje	92	H 9
Playa de Canelas	6	E 3
Playa de Carnota	6	D 2
Playa de Castilla	82	U 9
Playa de Cayado Hondo	92	J 9
Playa de Cerillos	87	V 22
Playa de Cofete	93	R 9
Playa de Cortadura	88	W 11
Playa de Covafumada	32	I 35
Playa de Cuevas del Mar	11	B 15
Playa de Cumana	92	J 8
Playa de Doniños	3	B 5
Playa de El Draguillo	93	K 6
Playa de Ereses	95	E 9
Playa de Estepona	89	W 14
Playa de Famara	95	W 3
Playa de Fontanilla	88	X 11
Playa de Fuentebravía	88	W 11
Playa de Garcey	93	S 7
Playa de Gavaman	32	I 36
Playa de Getares	89	X 13
Playa de Gran Tarajal	93	T 8
Playa de Guayedra	94	N 9
Playa de Isla Cristina	82	U 8
Playa de Janubio	95	V 4
Playa de Juan Gómez	93	R 9
Playa de la Ampolla	45	J 32
Playa de la Antilla	82	U 8
Playa de la Arena	92	G 8
Playa de la Ballena	82	V 10
Playa de la Barqueta	95	C 6
Playa de la Barrera	92	H 8
Playa de la Barrosa	88	W 11
Playa del Abrigo	92	I 9
Playa de la Caleta	95	F 9
Playa de la Caleta	92	J 8
Playa de la Costilla	88	W 10
Playa de Ladeira	6	E 2
Playa de la Enramada	92	H 9
Playa de la Entrada	92	I 9
Playa de la Fosca	33	G 39
Playa de la Garita	94	P 9
Playa de la Garita	95	X 3
Playa de la Guancha	95	F 9
Playa de la Herradura	93	B 12
Playa de la Hullera	94	P 10
Playa de la Laja	94	P 9
Playa de la Lanzada	6	E 3
Playa de la Madera	95	V 3
Playa de la Margallera	92	J 8
Playa de Lapamán	6	E 3
Playa de la Pineda	45	I 33
Playa de Laredo	12	B 19
Playa de Lariño	6	D 2
Playa de las Aguas	92	I 7
Playa de las Alcaravaneras (Las Palmas)	94	P 9
Playa de las Américas	92	H 9
Playa de las Burras (Maspalomas)	94	O 11
Playa de las Caletillas	93	J 7
Playa de las Canteras (Las Palmas)	94	P 9
Playa de las Casillas	94	P 11
Playa de las Conchas	95	W 2
Playa de las Cruces	94	P 10
Playa de las Galletas	92	I 9
Playa de las Gaviotas	93	K 6
Playa de las Hermosas	93	S 8
Playa de las Meloneras	94	O 11
Playa del Asno	94	N 10
Playa de la Solapa	93	T 7
Playa de las Pilas	93	R 9
Playa de las Teresitas	93	K 6
Playa de la Tejita	92	I 9
Playa de la Verga	94	N 10
Playa de la Victoria	88	W 11
Playa de la Zamora	95	B 6
Playa del Azufre	95	C 6
Playa del Bajo de la Burra	93	U 5
Playa del Bobo	92	H 9
Playa del Burrero	94	P 10
Playa del Cabrito	95	F 9
Playa del Cabrón	94	P 10
Playa del Cardón	94	P 11
Playa del Carrizal	92	G 8
Playa del Castro	95	E 8
Playa del Confital	92	I 9
Playa del Diablito	94	N 11
Playa de Levante (Cádiz)	88	W 11
Playa del Hombre	94	P 10
Playa del Hoyo	95	C 6
Playa de Lima	93	J 7
Playa de Linés	93	A 11
Playa del Inglés (Maspalomas)	94	O 11
Playa de Llas	4	B 8
Playa del Matorral	93	S 9
Playa del Matorral	93	U 7
Playa del Médano	92	I 9
Playa del Medio	92	I 9
Playa del Muellito	93	U 7
Playa del Muerto	93	K 7
Playa de los Abrigos	92	I 9
Playa de los Abrigos	92	J 9
Playa de los Amadores	94	N 11
Playa de los Cancajos	95	C 6
Playa de los Cardones	93	B 11
Playa de los Corrales	93	A 11
Playa de los Cristianos	92	H 9
Playa de Los Eucaliptus	45	K 32
Playa de los Joraditos	93	A 11
Playa de los Mozos	93	A 11
Playa de los Palos	93	A 11
Playa de los Pocillos	95	W 4
Playa de los Troches	93	K 6
Playa de Louro	6	D 2
Playa del Porís	92	J 9
Playa del Puerco	88	X 11
Playa del Reducto	95	W 4
Playa del Rincón	45	I 33
Playa del Río	92	J 9
Playa del Risco	94	N 9
Playa del Risco	95	W 2
Playa del Roque	93	K 6
Playa del Rostro	6	D 2
Playa del Socorro	92	I 7
Playa del Tamadite	93	K 6
Playa del Viejo Rey	93	S 8
Playa del Malpaso	94	P 9
Playa de Maspalomas	94	O 11
Playa de Matagorda	95	W 4
Playa de Matalascañas	82	V 10
Playa de Mazagón	82	U 9
Playa de Montalvo	6	E 3
Playa de Ojos	93	R 9
Playa de Pals	19	F 39
Playa de Puerto Rey	87	U 24
Playa de Punta Umbría	82	U 8
Playa de Rapadoira	4	B 8
Playa de Regla	82	V 10
Playa de Riazor	2	B 4
Playa de Rifa	45	I 32
Playa de Ris	12	B 19
Playa de Roda	20	F 3
Playa de Rodiles	5	B 13
Playa de Sabanell	33	H 38
Playa de Salinas	5	B 12
Playa de Salinetas	94	P 10
Playa de Salou	45	I 33
Playa de Samil	20	F 3
Playa de San Antolín	11	B 15
Playa de San Xorxe	3	B 5
Playa de San Agustín (Maspalomas)	94	O 11
Playa de San Borondón	94	P 9
Playa de San Cristóbal	85	V 18
Playa de San Juan	92	H 8
Playa de San Marcos	92	H 7
Playa de Sant Pol	33	G 39
Playa de Santa Comba	3	B 5
Playa de Santa Catalina	95	E 8
Playa de Santa Inès	93	T 7
Playa de Santiago	95	E 9
Playa de Santo Domingo	92	H 7
Playa de Sardina	94	N 9
Playa de Tarajalejo	93	T 8
Playa de Tarajalillo	94	O 11
Playa de Tasarte	94	N 10
Playa de Tauro	94	N 11
Playa de Tebeto	93	T 6
Playa de Topuerque	92	J 8
Playa de Torre del Mar	85	V 17
Playa de Torremolinos	84	W 16
Playa de Traba	2	C 2
Playa de Troya	92	H 9
Playa de Tufia	94	P 10
Playa de Vallehermoso	95	E 8
Playa de Velilla	85	V 19
Playa de Veneguera	94	N 10
Playa de Xilloy	3	A 7
Playa Francesa	95	W 2
Playa Granada	85	V 19
Playa Honda	95	W 4
Playa Larga	45	I 33
Playa las Carretas	92	J 8
Playa los Molinillos	93	S 8
Playa Moreno	92	H 7
Playa Ojos de Garza	94	P 10
Playa Paraíso	92	H 9
Playa Pita	27	G 21
Playa Pozo Negro	93	U 8
Playa Quemada	95	W 4
Playa Río Sieira	6	E 2
Playas (Las)	93	B 11
Playas (Mirador de las)	93	B 11
Playas de Chacón	44	I 29
Playas de Corralejo	93	V 5
Playas de Fuengirola	84	W 16
Playas del Cotillo	93	T 5
Playas de Marbella	89	W 15
Playas de Sotavento	93	S 9
Playa Segura	94	N 9
Playa Serena	87	V 22
Playas Largas	93	B 11
Playas Negras	93	S 8
Playetas (Las)	57	L 30
Playitas (Las)	93	U 8
Plaza (Ciudad Real)	65	O 19
Plaza (Cuenca)	53	M 20
Plaza (La)	5	C 11
Pleitas	28	G 26
Plenas	43	I 27
Plentzia	13	B 21
Pliego	78	S 25
Pliego (Río)	78	S 25
Plomo (El)	87	V 24
Plou	43	J 27
Póbes	13	D 21
Pobla (A)	8	E 8
Pobla de Farnals (La) / Puebla de Farnals	57	N 29
Pobla del Duc (La)	69	P 28
Pobla Tornesa (La)	57	L 29
Población de Abajo	12	D 18
Población de Arroyo	24	D 14
Población de Campos	25	F 16
Población de Cerrato	25	G 16
Población de Valdivielso	12	D 19
Pobla de Cérvoles (La)	31	H 32
Pobla de Claramunt (La)	32	H 35
Pobla de Lillet (La)	18	F 35
Pobla de Mafumet (La)	45	I 33
Pobla de Massaluca (La)	44	I 31
Pobla de Montornès (La)	32	I 34
Pobla de Segur (La)	17	F 32
Pobla de Vallbona (La)	56	N 28
Poblado Ibérico	55	L 26
Poblado de Santiago	64	O 16
Pobladura de Aliste	22	G 10
Pobladura de las Regueras	10	D 11
Pobladura de la Sierra	9	E 10
Pobladura del Valle	23	F 12
Pobladura de Pelayo García	23	F 12
Pobladura de Sotiedra	24	H 14
Pobladura de Valderaduey	23	G 13
Pobles (Les)	32	H 34
Poblet (Monasterio de)	31	H 33
Pobleta (La)	44	J 29
Pobleta (La) (cerca de Andilla)	56	M 27
Pobleta (La) (cerca de Serra)	56	M 28
Pobleta de Bellveí (La)	17	E 32
Poblete	64	P 18
Pobo (El)	43	K 27
Pobo (Sierra del)	43	K 27
Pobo de Dueñas (El)	42	J 25
Poboleda	45	I 32
Pobre (Punta del)	95	W 2
Pocetas (Las)	93	T 7
Pocico (El)	87	U 23
Pocicos (Los)	67	P 24
Pocicos (Puerto de los)	66	P 22
Pocito (Sierra del)	64	N 17
Podes	5	B 12
Pogallinero	29	G 26
Poio	6	E 3
Pol (cerca de Reguntille)	4	C 8
Pol (Mosteiro)	3	C 7
Pol (Orense)	7	E 5
Polacra	87	V 24
Polaciones	11	C 16
Polán	52	M 17
Polanco	12	B 17
Polentinos	11	D 16
Polícar	86	U 20
Polientes	12	D 18
Polinyà de Xúquer	69	O 28
Polinyà del Vallès	32	H 36
Pollença	90	M 39
Pollença (Badía de)	90	M 39
Pollos	38	H 14
Pollosa (Puerto de la)	32	G 36
Polop	69	Q 29
Polop (Ermita del)	68	P 28
Polopos	86	V 20
Poloria	85	T 19
Polvorido	11	C 14
Polvorosa	11	E 16
Pomaluengo	12	C 18
Pomar	30	G 30
Pomar de Valdivia	12	D 17
Pombeiro	7	E 6
Pombriego	9	E 9
Pomer	28	H 24
Pompajuela	51	M 15
Pompenillo	29	F 28
Poncebos	11	C 15
Ponferrada	9	E 10
Ponga	11	C 14
Ponga (Río)	11	C 14
Ponjos	10	D 11
Pons	31	G 33
Pont d'Inca (es)	90	N 38
Pont d'Armentera (El)	32	H 34
Pont d'Arrós	17	D 32
Pont de Bar (El)	18	E 34
Pont de Molins	19	F 38
Pont de Suert	17	E 32
Pont de Vilomara (El)	32	G 35
Ponte (A) (Arnoia)	20	F 5
Ponte (A) (Orense)	22	F 9
Ponte Albar	6	D 4
Ponte Ambía	21	F 6
Ponteareas	20	F 4
Ponte Barxas	20	F 5
Ponte-Caldelas	6	E 4
Ponte Carreira	3	C 5
Ponte-Ceso	2	C 3
Pontecesures	6	D 4
Pontedeume	3	B 5
Pontedeva	10	E 6
Pontedo	10	D 13
Ponte do Porto	2	C 2
Pontejos	37	H 12
Ponte Ledesma	7	D 4
Ponte Nafonso	6	D 3
Pontenova-Villaodriz (A)	4	B 8
Pontes de García Rodríguez (As)	3	B 6
Ponte Ulla	7	D 4
Ponte Valga	6	D 4
Pontevedra	6	E 4
Pontevedra (Ría de)	6	E 3
Ponticiella	4	B 9
Pontigón	4	B 10
Pontils	32	H 34
Pontón (El)	55	N 26
Pontón (Puerto del)	11	C 14
Pontón Alto	77	R 21
Pontón de la Oliva (Embalse del)	40	J 19
Pontones	77	R 21
Pontons	32	H 34
Pontós	19	F 38
Ponzano	16	F 29
Póo	11	B 15
Porciles (Alto de)	4	C 10
Porcún	83	T 13
Porcuna	75	S 17
Poreño	5	B 13
Porís de Abona (El)	92	J 9
Porma	10	E 13
Porma (Embalse del)	11	D 14
Porqueira (A)	21	F 6
Porquera	12	D 17
Porquera (Ermita de la)	88	X 12
Porqueres	19	F 38
Porqueriza	37	J 12
Porquero	10	E 11
Porrejón	40	I 19
Porrera	45	I 32
Porreres	90	N 39
Porriño	20	F 4
Porros (Illa dels)	91	L 42
Porrosa (La)	76	R 21
Porrosillo	76	R 19
Porrúa	11	B 15
Port Aventura	31	I 33
Port d'Alcúdia	90	M 39
Port d'Andratx	90	N 37
Port de la Selva (El) / Puerto de la Selva	19	E 39
Port de Pollença / Puerto de Pollença	90	M 39
Port de Sagunt (El)	58	N 29
Port de Sant Miquel	91	O 34
Port de Sóller / Puerto de Sóller	90	M 38
Port de Valldemossa	90	M 37
Port del Balís	33	H 37
Port des Canonge	90	M 37
Port (Pic du)	18	E 34
Porta Coeli (Monasterio de)	56	M 28
Portaje	49	M 10
Portaje (Embalse de)	49	M 10
Portal (El)	88	W 11
Portalet (Puerto del)	16	D 28
Portalrubio	43	J 26
Portalrubio de Guadamajud	54	L 22
Portals Nous	90	M 37
Portals Vells	90	N 37
Portas	6	E 4

Portas
  (Embalse de Las) 21 F 8
Portazgo 29 G 27
Portbou 19 E 39
Port de Comte 18 F 34
Port de Llançà (El) 19 E 39
Port des Torrent 91 P 33
Portela (cerca de
  Barro) 6 E 4
Portela (cerca de
  Bueu) 20 F 3
Portela (La Coruña) 7 D 5
Portela (Orense) 9 E 9
Portela Alta 92 G 8
Portela Baja 92 G 7
Portela de Aguiar 8 E 9
Portelárbol 27 G 22
Portell 32 G 34
Portella (La) 31 G 31
Portellada (La) 44 J 30
Portell
  dels Terradets 17 F 32
Portell de Morella 44 K 29
Portelo 8 D 9
Portera (La) 55 N 26
Portes (Punta de) 91 P 34
Portet (El) 69 P 30
Portezuelo 49 M 10
Portezuelo (El) 93 J 7
Porticholl 68 Q 27
Portichuelo 68 Q 26
Portil (El) 82 U 8
Portilla (Cuenca) 54 L 23
Portilla (La)
  ((Almería) 87 U 24
Portilla (La) (León) 23 F 12
Portilla (Álava) 13 D 21
Portilla Alta 49 K 11
Portilla de la Reina 11 C 15
Portilla de Luna 10 D 12
Portillas
  (Alto de las) 11 D 15
Portillejo 11 E 16
Portillinas (Alto
  Las) 9 E 10
Portillo 25 H 16
Portillo (El) 92 I 8
Portillo (El)
  (Salamanca) 37 K 11
Portillo (El) (Teruel) 55 K 24
Portillo (El)
  (Valencia) 56 N 27
Portillo de
  Pinochos
  (Sierra del) 27 G 21
Portillo de Soria 27 H 23
Portillo de Toledo 52 L 17
Portillón
  (Collado del) 17 D 31
Portinatx 91 O 34
Portiña
  (Embalse de la) 51 L 15
Portman 79 T 27
Porto 22 F 9
Porto de Celeiro 3 A 7
Portobravo 6 D 3
Portocamba 21 F 7
Portocelo 3 A 7
Portocolom 90 N 39
Portocristo 91 N 40
Portocristo Novo 91 N 39
Porto de Abaixo 4 B 8
Porto de Bares 3 A 6
Porto de Espasante 3 A 6
Portodemouros
  (Embalse de) 7 D 5
Porto do Barqueiro 3 A 6
Porto do Son 6 D 2
Portol 90 N 38
Portomarín 8 D 7
Portomourisco 8 E 8
Portomouro 6 D 4
Portonovo 6 E 3
Portopetro 90 N 39
Portosín 6 D 3
Portugalete 13 C 20
Pórtugos 86 V 20
Portuguesa (La) 61 P 9
Portús 79 T 26
Port Verd 91 N 40
Porvenir (El) 74 R 14
Porzomillos 3 C 5
Porzún 4 B 8
Porzuna 64 O 17
Posada (Asturias) 11 B 15
Posada de Omaña 10 D 11

Posada de Valdeón 11 C 15
Posada (Llanera) 5 B 12
Posadas (Córdoba) 74 S 14
Posadas (La Rioja) 26 F 20
Posadilla (Córdoba) 74 R 14
Posadilla (León) 23 E 12
Posets 17 E 31
Potes 11 C 16
Potiche 67 Q 23
Potríes 69 P 29
Pou-blanc 68 Q 27
Poulo 20 F 5
Poulo 20 F 5
Poutomillos 8 D 7
Poveda (Ávila) 38 K 14
Poveda (La) 53 L 19
Poveda (Salamanca) 38 I 14
Poveda
  de la Obispalía 54 M 22
Poveda de las
  Cintas 38 I 14
Poveda de la Sierra 41 K 23
Póveda de la Soria
  (La) 27 F 22
Povedilla 66 P 22
Povedillas (Las) 64 O 17
Poyales del Hoyo 51 L 14
Poyatas (Las) 62 P 11
Poyato 89 W 14
Poyatos 54 K 23
Poyo (El) 22 G 10
Poyo (Puerto El) 8 D 8
Poyo del Cid (El) 42 J 25
Poza de la Sal 12 E 19
Poza de la Vega 11 E 15
Pozal de Gallinas 38 I 15
Pozáldez 38 H 15
Pozalet (Mas de) 56 N 28
Pozalmuro 27 G 23
Pozancos
  (Guadalajara) 41 I 22
Pozancos (Palencia) 12 D 17
Pozán de Vero 16 F 30
Pozazal (Puerto) 12 D 17
Pozo (El) 77 R 22
Pozo (Sierra de) 76 S 21
Pozo Alcón 76 S 21
Pozo Aledo 79 S 27
Pozoamargo 66 N 23
Pozo Amargo 83 U 13
Pozoantiguo 23 H 13
Pozoblanco
  (Córdoba) 74 Q 15
Pozo Cañada 67 P 24
Pozo de Abajo 66 Q 22
Pozo de Almoguera 53 K 20
Pozo de
  Guadalajara 40 K 20
Pozo de la Peña 67 P 24
Pozo de la Rueda 77 S 23
Pozo de las
  Calcosas 93 B 10
Pozo de la Serna 65 P 20
Pozo de las Nieves 94 O 10
Pozo del Camino 81 U 8
Pozo del Esparto
  (El) 87 T 24
Pozo de los Frailes
  (El) 87 V 23
Pozo de Sabinosa 93 A 11
Pozo de Urama 24 F 15
Pozo Estrecho 79 S 27
Pozo Higuera 78 T 24
Pozohondo 67 P 24
Pozo Izquierdo
  (Bahía de) 94 P 11
Pozo Lorente 67 O 25
Pozondón 42 K 25
Pozondón (Puerto
  de) 42 K 25
Pozo Negro 93 U 8
Pozorrubio 53 M 21
Pozos de Hinojo 36 J 10
Pozoseco 55 N 24
Pozo Usero (El) 87 V 23
Pozuel de Ariza 41 H 23
Pozuel del Campo 42 J 25
Pozuelo (Albacete) 67 P 23
Pozuelo (El)
  (Cuenca) 41 K 23
Pozuelo (El)
  (Granada) 86 V 20
Pozuelo (El)
  (Huelva) 72 T 9
Pozuelo (Monte)
  (Granada) 85 T 18

Pozuelo de Alarcón 52 K 18
Pozuelo de Aragón 28 G 25
Pozuelo de
  Calatrava 64 P 18
Pozuelo de la
  Orden 24 G 14
Pozuelo del
  Páramo 23 F 12
Pozuelo del Rey 53 K 20
Pozuelo de Tábara 23 G 12
Pozuelo de
  Vidriales 23 F 12
Pozuelo de Zarzón 49 L 10
Pozuelos
  de Calatrava
  (Los) 64 P 17
Pozuelos del Rey 24 F 15
Prada (Asturias) 4 C 10
Prada (Embalse de) 21 F 8
Prada (Orense) 21 F 8
Pradaira 4 C 9
Pradairo 4 C 8
Pradales 39 H 18
Pradales (Sierra de) 39 H 18
Prádanos de
  Bureba 13 E 19
Prádanos de Ojeda 11 D 16
Pradejón 27 E 23
Pradela 9 E 9
Pradell 45 I 32
Pradet 17 D 32
Pradilla 42 J 24
Pradilla de Ebro 28 G 26
Prado (Asturias) 5 C 11
Prado (Caravia) 11 B 14
Prado (cerca de
  Maceira) 20 F 5
Prado (cerca de
  Ponteareas) 20 F 4
Prado (cerca de
  Silleda) 7 D 5
Prado (Lugo) 3 C 6
Prado (Orense) 21 F 7
Prado (Sierra del) 62 Q 12
Prado (Zamora) 23 G 13
Pradoalvar 21 F 8
Pradochano 49 L 11
Prado de la
  Guzpeña 11 D 14
Prado del Rey 83 V 13
Prado Llano 86 U 19
Pradolongo 21 F 8
Pradoluengo 26 F 20
Pradorredondo 66 P 23
Pradorrey 10 E 11
Prados 78 R 24
Prados (Los)
  (Albacete) 66 Q 22
Prados (Los)
  (Córdoba) 85 T 17
Prados de Armijo 76 R 21
Pradosegar 38 K 14
Prados Redondos 42 J 24
Pradoviejo
  (Alto de) 12 E 18
Prado y Eritas 72 S 9
Pradreiro 2 C 3
Prat de Comte 45 J 31
Prat de Llobregat
  (El) 32 I 36
Pratdip 45 I 32
Prats de Cerdanya 18 E 35
Prats de Lluçanès 18 F 36
Prats de Rei (Els) 32 G 34
Praves 12 B 19
Pravia 5 B 11
Predaja
  (Puerto de la) 26 E 19
Preixana 31 H 33
Preixens 31 G 33
Préjano 27 F 23
Premià de Dalt 33 H 37
Premià de Mar 33 H 37
Prenafeta 31 H 33
Prendes 5 B 12
Prendones 4 B 9
Prenyanosa (La) 31 G 33
Présaras 3 C 5
Presas (Las) 75 R 17
Presedo 3 C 5

Presencio 25 F 18
Preses (Les) 19 F 37
Presillas Bajas
  (Las) 87 V 23
Preso (El) 65 O 20
Presqueira 7 E 4
Prevediños 7 D 4
Prexiqueiro 20 F 5
Priaranza
  de la Valduerna 23 F 11
Priaranza del
  Bierzo 9 E 10
Priego 41 K 23
Priego de Córdoba 85 T 17
Priero 5 B 11
Priesca 5 B 13
Priescas 5 C 14
Prieta 84 V 15
Prieta (Peña) 11 C 15
Prieta (Punta) 95 X 2
Prieta (Sierra) 65 P 19
Prietas (Sierras) 52 N 17
Prieto 84 V 15
Prieto (Cabo) 11 B 15
Prim (Castillo de) 64 N 17
Prima (Punta) 91 P 34
Primajas 10 D 14
Prioiro 3 B 5
Prior (Cabo) 3 B 5
Prior (Sierra del) 63 P 15
Priorato 74 S 13
Prioriño (Cabo) 2 B 4
Prioro 11 D 15
Prix (El) 92 J 6
Proaño 12 C 17
Proaza 5 C 11
Progo 21 G 8
Propios del
  Guadiana (Los) 76 S 20
Proserpina
  (Embalse de) 61 P 10
Provadura 7 E 6
Provencio (El) 66 N 22
Providencia (La) 5 B 13
Pruit 19 F 37
Prullans 18 E 35
Pruna 84 V 14
Pruvia 5 B 12
Puch (Ermita del) 42 K 26
Puçol 57 N 29
Pudent (Estany) 91 P 34
Puebla de Cazalla
  (Embalse de la) 84 U 14
Puebla de Farnals /
  Pobla de Farnals
  (La) 57 N 29
Puebla (La) (Ciudad
  Real) 64 P 18
Puebla (La) (Murcia) 79 S 27
Puebla de Albortón 43 H 27
Puebla de Alcocer 63 P 14
Puebla de
  Alcollarín 62 O 12
Puebla de Alfindén 29 H 27
Puebla de
  Almenara 54 M 21
Puebla
  de Almoradiel
  (La) 53 N 20
Puebla de Arenoso 56 L 28
Puebla de
  Arganzón 13 D 21
Puebla de Argeme 49 M 10
Puebla de Azaba 36 K 9
Puebla de Beleña 40 J 20
Puebla de
  Benifasar 44 K 30
Puebla de Brollón 8 E 7
Puebla de Castro
  (La) 17 F 30
Puebla de Cazalla
  (La) 84 U 14
Puebla
  de Don Fadrique 77 S 22
Puebla
  de Don Rodrigo 64 O 16
Puebla de Eca 41 H 22
Puebla de Fantova
  (La) 17 F 31
Puebla de Guzmán 72 T 8
Puebla de Híjar (La) 43 I 28
Puebla de Labarca
  (La) 14 E 22

Puebla
  de la Calzada 61 P 10
Puebla de la Reina 62 Q 11
Puebla de la Sierra 40 I 19
Puebla del
  Caramiñal 6 E 3
Puebla de Lillo 5 C 14
Puebla del Maestre 73 R 11
Puebla de
  los Infantes (La) 74 S 13
Puebla del Príncipe 66 Q 21
Puebla del Prior 62 Q 11
Puebla del Río (La) 83 U 11
Puebla del
  Salvador 55 N 24
Puebla
  de Montalbán
  (La) 52 M 16
Puebla
  de Mula
  (La) 78 R 25
Puebla de Obando 61 O 10
Puebla de Pedraza 39 I 18
Puebla de Roda
  (La) 17 F 31
Puebla de San
  Julián 8 D 7
Puebla de San
  Medel 37 K 12
Puebla
  de San Miguel 55 L 26
Puebla
  de Sanabria 22 F 10
Puebla
  de Sancho Pérez 73 Q 10
Puebla de Trives 8 E 8
Puebla de Valdavia
  (La) 11 D 16
Puebla de Vallés 40 J 20
Puebla de Valverde
  (La) 56 L 27
Puebla de Yeltes 37 K 11
Pueblanueva (La) 51 M 15
Puéblica de
  Valverde 23 G 12
Pueblo 23 H 13
Puebloblanco 87 V 23
Pueblo Nuevo
  de Miramontes 50 L 13
Puelo 4 C 10
Puendeluna 29 F 27
Puentalarra
  (Embalse de) 13 D 20
Puente Arce 12 B 18
Puente de San
  Miguel 12 B 17
Puente (El) 13 B 20
Puente (La) 65 O 20
Puente Agüera 5 B 14
Puente Almuhey 11 D 15
Puenteblanca 25 H 14
Puentecilla 4 C 10
Puente
  de Domingo
  Flórez 9 E 9
Puente de Génave 76 Q 21
Puente de Híjar 78 Q 24
Puente de la
  Cerrada
  (Embalse del) 76 S 20
Puente
  del Arzobispo
  (El) 51 M 14
Puente
  de las Herrerías 76 S 21
Puente de la Sierra 75 S 18
Puente del
  Congosto 37 K 13
Puente del Infierno 4 C 10
Puente del Obispo 76 S 19
Puente de los
  Fierros 5 C 12
Puente del Río 86 V 21
Puente del Villar 75 S 18
Puente
  de Montañana 17 F 32
Puente de San
  Martín 5 B 11
Puente de Sanabria 22 F 10
Puente
  de Valderredible 12 D 18
Puentedey 12 D 18
Puente Duda 77 S 22
Puente Duero 24 H 15
Puente-Genil 75 T 15
Puente la Reina 14 D 24

Puente la Reina
  de Jaca 15 E 27
Puentenansa 11 C 16
Puente Navarro
  (Embalse de) 65 O 18
Puente Nuevo
  (Ávila) 52 K 16
Puente Nuevo
  (Embalse de) 74 R 14
Puente Nuevo
  (Jaén) 75 S 18
Puente Porto
  (Embalse de) 22 F 9
Puente Pumar 11 C 16
Puentes
  (Embalse de) 78 S 24
Puente Torres 67 O 25
Puentevea 6 D 4
Puente Viesgo 12 C 18
Puercas 23 G 11
Puerco
  (Arroyo del) 72 T 9
Puerta (La) 41 K 22
Puerta (Sierra de
  la) 78 R 24
Puerta de Segura
  (La) 77 Q 21
Puertas 37 I 11
Puertas de
  Villafranca (Las) 65 N 19
Puertecico 78 T 24
Puerte
  de San Miguel 12 B 17
Puertito (El) 92 H 9
Puertito (El) 93 V 5
Puertito
  (Punta del) 92 J 7
Puerto 85 V 18
Puerto Cabopino 89 W 15
Puerto Calero 95 V 4
Puerto de la Selva /
  Port de la Selva
  (El) 19 E 39
Puerto de la Torre 84 V 16
Puerto
  de Pollença / Port
  de Pollença 90 M 39
Puerto de Sóller /
  Port de Sóller 90 M 38
Puerto (El)
  (Asturias) 5 C 11
Puerto (El)
  (Castellón de la
  Plana) 57 M 29
Puerto (El) (Cuenca) 55 M 26
Puerto (El) (Almería) 87 V 22
Puerto (El) (Huelva) 72 S 9
Puerto San Nicolás 94 N 9
Puerto (Sierra del) 78 R 25
Puerto Alegre 84 T 15
Puerto Alto 75 S 18
Puerto Banús 89 W 15
Puerto Castilla 50 L 13
Puerto de Béjar 50 K 12
Puerto de Catarroja 56 N 28
Puerto de Güimar 93 J 8
Puerto de la Cruz 92 I 7
Puerto de la Cruz 93 R 9
Puerto de la Encina 84 U 14
Puerto de la Estaca 93 B 11
Puerto de la Luz
  (Las Palmas) 94 P 9
Puerto de la Peña 93 T 7
Puerto
  de las Nieves 94 N 9
Puerto del Carmen 95 V 4
Puerto del
  Centinela
  (Sierra del) 61 O 9
Puerto de los
  Mozos 92 H 9
Puerto del Pino 66 Q 23
Puerto del Rosario 93 U 6
Puerto de
  Mazarrón 78 T 26
Puerto de Mogán 94 N 11
Puerto de Motril 86 V 19
Puerto
  de San Vicente 51 N 14
Puerto
  de Santa Cruz 62 O 12
Puerto de Santa
  María (El) 88 W 11
Puerto de Santiago 92 G 8
Puerto
  de Sardina 94 N 9

Puerto de Tazacorte 95 B 6
Puerto de Vega 4 B 10
Puerto Gil 72 S 10
Puerto Hurraco 62 Q 13
Puerto Lajas 93 U 6
Puerto Lápice 65 O 19
Puértolas 16 E 30
Puertolanillo 83 V 12
Puertollano 64 P 17
Puertollano
  (Sierra de) 64 Q 17
Puerto López 85 T 18
Puerto Lumbreras 78 T 24
Puertomingalvo 56 L 28
Puerto Moral 72 S 10
Puerto Naos 95 B 6
Puerto Nuevo 94 O 8
Puerto Real 88 W 11
Puerto Rey
  (Almería) 87 U 24
Puerto Rey (Toledo) 52 N 14
Puerto Rico 94 N 11
Puertos (Los)
  (Castellón de la
  Plana) 44 K 29
Puertos (Los)
  (Tarragona) 44 J 31
Puertos de Beseit
  (Reserva
  nacional) 44 J 30
Puerto Seguro 36 J 9
Puerto Serrano 84 V 13
Pueyo (El) 16 D 29
Pueyo
  (Monasterio de) 16 F 30
Pueyo (Monte)
  (Huesca) 16 E 29
Pueyo (Navarra) 15 E 25
Pueyo de Araguás
  (El) 16 E 30
Pueyo de Fañanás 16 F 29
Pueyo de Santa
  Cruz 30 G 30
Puibolea 29 F 28
Puig 57 N 29
Puigcerdà 18 E 35
Puigdàlber 32 H 35
Puiggrós 31 H 32
Puigllançada 18 E 35
Puigmal 18 E 36
Puig Moreno 44 I 29
Puigmoreno
  de Franco 44 I 29
Puig Pedrós 18 E 35
Puigpelat 45 I 33
Puigpunyent 90 M 37
Puig-reig 32 G 35
Puig Rom 19 F 37
Puigsacalm 19 F 37
Puigverd
  d'Agramunt 31 G 33
Puigverd de
  Laguna 31 H 32
Puilatos 29 G 27
Pujal (El) 17 F 33
Pujalt 32 G 34
Pujarnol 19 F 38
Pujayo 12 C 17
Pujerra 89 W 14
Pujols (es) 91 P 34
Pulgar 52 M 17
Pulgosa (la) 67 P 24
Pulpí 78 T 24
Pulpite 77 T 22
Pulpites (Los) 78 R 26
Pumalverde 12 C 17
Pumarejo de Tera 23 G 11
Pumares 8 E 9
Punta (La) 30 H 30
Punta Alta 17 E 32
Punta Brava 92 I 7
Punta del Hidalgo 93 K 6
Punta de Mujeres 95 X 3
Punta Europa 89 X 14
Puntagorda 95 B 5
Puntal 85 V 18
Puntal (El) (Asturias) 5 B 13
Puntal (El) (Valencia) 68 P 27
Puntal de la Mina 66 Q 22
Puntales
  (Sierra de los) 74 R 15
Puntallana 95 C 5
Puntalón 86 V 19
Punta Mala 89 X 14
Punta Negra 92 G 7

Punta Negra 92 H 9
Punta Negra 92 I 9
Punta ó Senia Sevilla (La) 57 L 30
Punta Prima (Alicante) 79 S 27
Punta Prima (Menorca) 91 M 42
Punta Roja 92 I 9
Punta Umbría 82 U 9
Puntillas (Mesa de las) 94 O 11
Punxín 7 E 5
Puras (Burgos) 26 E 20
Puras (Valladolid) 38 I 16
Purburell 30 H 29
Purchena (Almería) 87 T 22
Purchena (Huelva) 82 T 10
Purchil 85 U 19
Purias 78 T 25
Purias (Puerto) 78 T 25
Purón (Asturias) 11 B 15
Purón (Río) 13 D 20
Purroy 28 H 25
Purroy de la Solana 17 F 31
Purujosa 28 G 24
Purullena 86 U 20
Pusa 52 M 16
Puyalón 28 H 25

Q

Quar (La) 18 F 35
Quart de les Valls 56 M 29
Quart de Poblet 56 N 28
Quart d'Onyar 33 G 38
Quartell 56 M 27
Quartell 56 M 29
Quatretonda 69 P 28
Quebrada (Sierra) 73 R 11
Quebradas 67 Q 24
Quecedo 12 D 19
Queguas 20 G 5
Queiles 28 G 24
Queimada 3 C 5
Queipo de Llano 83 U 11
Queirogás 21 G 7
Queiruga 6 D 2
Queixa (Sierra de) 21 F 7
Queixans 18 E 35
Queixas 2 C 4
Queizán 8 D 8
Quejigal 37 J 12
Quejigo 63 O 15
Quejo (Álava) 13 D 20
Quejo (Cantabria) 12 B 19
Quejo (Cabo) 12 B 19
Quejola 67 P 23
Quel 27 F 23
Quemada 26 G 19
Quéntar 86 U 19
Quéntar (Embalse de) 86 U 19
Quer 40 K 20
Queralbs 18 E 36
Queralt 32 H 34
Querencia 41 I 21
Quer Foradat (El) 18 F 34
Quero 53 N 20
Querol 32 H 34
Querol (Puerto de) 44 K 29
Querolt 18 F 34
Ques 5 B 13
Quesa 68 O 27
Quesada 76 S 20
Quesada (Estación de) 76 S 20
Quesada (Peña de) 76 S 21
Quesada (Río) 76 S 20
Quesera (Collado de la) 40 I 19
Queveda 12 B 17
Quibas (Sierra de) 79 R 26
Quicena 29 F 28
Quiebrajano (Embalse de) 76 T 18
Quijas 12 B 17
Quijorna 52 K 17
Quiles (Los) 64 O 18
Quilmas 6 D 2
Quilós 9 E 9
Quincoces de Yuso 13 D 20
Quindons 9 D 9
Quines 20 F 5
Quinta (La) 92 H 9
Quinta (la) (Madrid) 39 K 18
Quinta (La) (Málaga) 84 V 14
Quintana (Álava) 14 E 22
Quintana (cerca de Albariza) 5 C 11
Quintana (cerca de Astrana) 12 C 19
Quintana (cerca de Nava) 5 B 13
Quintana (cerca de Vega) 5 B 13
Quintana (cerca de Villegar) 12 C 18
Quintana (La) 12 D 17
Quintana (Sierra de) 64 Q 17
Quintana (Zamora) 22 F 9
Quintanabureba 13 E 19
Quintana de Fuseros 9 D 11
Quintana de la Serena 62 P 12
Quintana del Castillo 10 E 11
Quintana del Marco 23 F 12
Quintana del Monte 11 E 14
Quintana del Pidio 25 G 18
Quintana del Puente 25 F 17
Quintana de Rueda 10 E 14
Quintanadueñas 25 E 18
Quintanaélez 13 E 20
Quintanaloranco 13 E 20
Quintana-manvirgo 25 G 18
Quintana María 13 D 20
Quintana-Martín Galíndez 13 D 20
Quintanaopio 12 D 19
Quintanaortuño 25 E 18
Quintanapalla 26 E 19
Quintanar (Collado de) 26 F 20
Quintanar (Sierra del) 39 J 17
Quintanar de la Orden 53 N 20
Quintanar de la Sierra 26 G 20
Quintanar del Rey 67 N 24
Quintana Redonda 27 H 22
Quintanarraya 26 G 19
Quintanarruz 12 E 19
Quintanas de Gormaz 26 H 21
Quintanas de Valdelucio 12 D 17
Quintanas Rubias de Abajo 40 H 20
Quintanas Rubias de Arriba 40 H 20
Quintanatello de Ojeda 11 D 16
Quintanavides 12 E 19
Quintana y Congosto 23 F 11
Quintanilla (Burgos) 25 F 18
Quintanilla (Cantabria) 11 C 16
Quintanillabón 13 E 20
Quintanilla de Arriba 25 H 17
Quintanilla de Babia 10 D 11
Quintanilla de Flórez 23 F 11
Quintanilla de la Berzosa 11 D 16
Quintanilla de la Cueza 24 F 15
Quintanilla del Agua 26 F 19
Quintanilla de la Mata 25 G 18
Quintanilla de las Torres 12 D 17
Quintanilla de las Viñas 26 F 19
Quintanilla del Coco 26 G 19
Quintanilla del Molar 23 G 13
Quintanilla del Monte (León) 10 E 12
Quintanilla del Monte (Zamora) 23 G 13
Quintanilla del Omo 23 G 13
Quintanilla de Losada 22 F 10
Quintanilla de los Oteros 23 F 13
Quintanilla del Valle 10 E 12
Quintanilla de Nuño Pedro 26 G 20
Quintanilla de Ojada 13 D 20
Quintanilla de Onésimo 25 H 16
Quintanilla de Onsoña 24 E 16
Quintanilla de Pienza 12 D 19
Quintanilla de Riopisuerga 12 E 17
Quintanilla de Rueda 11 D 14
Quintanilla de Sollamas 10 E 12
Quintanilla de Somoza 23 E 11
Quintanilla de Tres Barrios 26 H 20
Quintanilla de Trigueros 24 G 16
Quintanilla de Urz 23 F 12
Quintanilla de Yuso 22 F 10
Quintanilla-Pedro Abarca 12 E 18
Quintanillas (Las) 25 E 18
Quintanilla San García 13 E 20
Quintanilla-Sobresierra 12 E 18
Quintanilla-Vivar 25 E 18
Quintares (Los) 40 J 19
Quintás (La Coruña) 3 C 5
Quintás (Orense) 20 G 5
Quintela (León) 8 D 9
Quintela (Lugo) 3 C 7
Quintela de Leirado 20 F 5
Quintera (La) 73 S 13
Quintería (La) 75 R 18
Quintes 5 B 13
Quintillo (El) 65 P 19
Quintinilla-Rucandio 12 D 18
Quinto 29 H 28
Quintos de Mora (Coto nacional) 64 N 17
Quintueles 5 B 13
Quinzano 29 F 28
Quiñonería (la) 27 H 23
Quipar (Río) 78 R 24
Quipar (Sierra de) 78 R 24
Quireza 7 E 4
Quiroga 8 E 8
Quirós 5 C 12
Quiruelas 23 F 12
Quismondo 52 L 17

R

Rabadá y Navarro 56 L 26
Rábade 3 C 7
Rabadeira 2 C 3
Rábago 11 C 16
Rabal (Orense) 21 G 7
Rabal (Chandrexa de Queixa) 21 F 7
Rabanal (Punta del) 13 B 20
Rabanal de Fenar 10 D 13
Rabanal del Camino 9 E 11
Rabanales 23 G 11
Rabanera 27 F 22
Rabanera del Pinar 26 G 20
Rábano 25 H 17
Rábano de Aliste 22 G 10
Rábano de Sanabria 22 F 10
Rábanos 26 F 20
Rábanos (Embalse de Los) 27 G 22
Rábanos Los) 27 G 22
Rabassa (La) 32 H 34
Rabassa (La) 00 O 8
Rabé 25 G 18
Rabera (Sierra de la) 52 N 18
Rábida (Monasterio de la) 82 U 9
Rabinadas (Las) 64 O 17
Rabisca (Punta de) 95 B 4
Rábita 84 U 15
Rábita (La) (Granada) 86 V 20
Rábita (La) (Jaén) 75 T 17
Rabizo (Alto del) 10 D 13
Rabo 4 C 10
Rabós 19 E 39
Racó de Santa Llucía 32 I 35
Rad (La) 37 J 12
Rada 28 F 25
Rada de Haro 54 N 22
Radazul 93 K 7
Radiquero 16 F 30
Radona 41 I 22
Rafal 79 R 27
Ráfales 44 J 30
Rafalet 69 P 30
Rafelbunyol 56 N 28
Rafelguaraf 69 O 28
Ráfol de Almunia 69 P 29
Rágama 38 J 14
Rágol 86 V 21
Ragua (Puerto de la) 86 U 20
Ragudo (Cuesta de) 56 M 28
Raguero de Bajo 78 S 25
Raíces (Las) 93 J 7
Raigada 21 F 8
Raimat 30 G 31
Rairiz de Veiga 21 F 6
Raixa 90 M 38
Rajadell 32 G 35
Rajadell (Riera de) 32 G 35
Rajita (La) 95 E 9
Rala 77 Q 23
Ram 90 N 37
Ramacastañas 51 L 14
Ramales de la Victoria 12 C 19
Ramallosa 6 D 4
Ramallosa (A) 20 F 3
Rambla 65 P 19
Rambla (Barranco La) 68 O 26
Rambla (La) 92 I 7
Rambla (La) (Albacete) 67 P 23
Rambla (La) (Córdoba) 74 T 15
Rambla Aljibe (La) 87 U 23
Rambla de Castellar 65 Q 20
Rambla del Agua 86 U 21
Rambla de Martín (La) 43 J 27
Ramblas (Las) 67 Q 24
Rambla Seca 68 O 27
Ramil 3 C 7
Ramilo 22 F 9
Ramirás 21 F 5
Ramiro 38 I 15
Ramonete (Ermita del) 78 T 25
Rancajales (Los) 39 J 18
Ranchón (Peña del) 5 C 12
Randa 90 N 38
Randín 21 G 6
Ranedo 13 D 20
Ranera (Burgos) 13 D 20
Ranera (Monte) (Cuenca) 55 M 26
Ranero 13 C 20
Raneros 10 E 13
Ranin 17 E 30
Ransol 18 E 34
Rante 21 F 6
Rañadoiro (Puerto de) 4 C 9
Rañadoiro (Sierra de) 4 C 9
Rañas del Avellanar 63 N 15
Rao 9 D 9
Rapariegos 38 I 16
Ràpita (Ensenada de sa) 90 N 38
Rápita (La) (Barcelona) 32 I 34
Rápita (Las Salinas de la) 45 K 32
Ràpita (sa) (Mallorca) 90 N 38
Rasa (La) 26 H 20
Rasal 16 E 28
Rasca (Faro de la) 92 H 9
Rasca (Punta de la) 92 H 9
Rascafría 39 J 18
Rascaña (La) 56 N 28
Rasillo (El) 27 F 21
Rasines 12 C 19
Raso (El) 50 L 13
Rasos de Peguera 18 F 35
Raspay 68 Q 26
Raspilla 66 Q 22
Rasquera 45 I 31
Rasueros 38 I 14
Rat (Port de) 18 E 34
Rates (Coll de) 69 P 29
Rauric 32 H 34
Raval de Crist 45 J 31
Raval de Jesús 45 J 31
Ravelo 92 J 7
Raxo 6 E 3
Raxón 3 B 5
Rayo (Puerto del) 63 P 15
Rayo (Sierra del) 43 K 28
Razbona 40 J 20
Razo 2 C 3
Razón 27 G 22
Real (Caño) 82 V 10
Real (Lucio) 83 V 11
Real (Sierra) 89 W 14
Real de la Jara (El) 73 S 11
Real de Montroy 68 N 28
Real de San Vicente (El) 51 L 15
Realejo Alto 92 I 7
Realejo Bajo 92 I 7
Realejos (Los) 92 I 7
Realengo Lugar 79 R 27
Reales 89 W 14
Reatillo o de Sot (Riu) 55 N 26
Rebalsadors 56 M 28
Rebanal de las Llantas 11 D 16
Rebate 79 S 27
Rebide 8 E 8
Reboiró 8 D 7
Rebolado de Traspeña 12 D 17
Rebollada (cerca de Laviana) 5 C 13
Rebollada (cerca de Mieres) 5 C 12
Rebollar 55 N 26
Rebollar (Asturias) 9 D 10
Rebollar (Cáceres) 50 L 12
Rebollar (Soria) 27 G 22
Rebollarejo (Sierra del) 52 N 18
Rebolledo (El) 79 Q 28
Rebolledo de la Torre 12 D 17
Rebollera 75 Q 17
Rebollo (cerca de Mira) 55 M 25
Rebollo (Monte) (Cuenca) 54 M 22
Rebollo (Segovia) 39 I 18
Rebollo (Soria) 27 H 21
Rebollosa de Hita 40 J 20
Rebollosa de Jadraque 41 I 21
Reboredo (cerca de Boiro) 6 D 3
Reboredo (cerca de O Grove) 6 E 3
Reboredo (cerca de Oza dos Ríos) 3 C 5
Rebost 18 F 35
Recajo 14 E 23
Recaré 3 B 7
Recas 52 L 18
Reclot (Serra del) 68 Q 27
Recópolis (Ruinas de) 53 L 21
Recueja (La) 67 O 25
Recuenco (El) 41 K 22
Recuerda 26 H 21
Redal (El) 27 E 23
Redecilla del Campo 26 E 20
Redipollos 5 C 14
Redipuertas 5 C 13
Redonda 6 D 2
Redonda (La) 36 J 9
Redonda (Peña) 8 E 8
Redondal 9 E 10
Redondela 20 F 4
Redondela (La) 81 U 8
Redondo 12 C 19
Redondo 92 H 7
Redondo (Puerto) 26 G 20
Redován 79 R 27
Redueña 40 J 19
Refoxos 7 E 5
Refugio (El) 57 L 30
Regadas 20 F 5
Regajo (Embassament de) 56 M 28
Regal 15 E 26
Regallo (Arroyo de) 44 I 29
Regana (Cap de) 90 N 38
Regato (El) 13 C 20
Regencós 33 G 39
Régil 14 C 23
Regla (La) 4 C 10
Régola (La) 31 G 32
Reguengo 20 F 4
Regueral 5 B 12
Regueras (Las) 5 B 12
Regueras de Arriba 23 F 12
Reguérs (Els) 44 J 31
Regumiel de la Sierra 26 G 21
Reguntille 3 C 7
Reigada 4 C 10
Reigosa 3 C 7
Reillo 55 M 24
Reina 73 R 12
Reina (Mirador de la) 11 C 14
Reinante 4 B 8
Reina Sofía (Aeropuerto) 92 I 9
Reineta (La) 13 C 20
Reino (El) 7 E 5
Reinosa 12 C 17
Reinosilla 12 D 17
Reinoso 12 E 19
Reinoso de Cerrato 25 G 16
Rejano 84 U 15
Rejas 26 H 20
Rejas de Ucero 26 G 20
Relance (Pico) 10 D 14
Relaño (El) 79 R 26
Relea 11 E 15
Reliegos 10 E 13
Rellana 87 V 23
Rellanos 4 B 10
Relleu 69 Q 29
Rellinars 32 H 35
Rello 41 H 21
Reloj 84 V 13
Relumbrar 66 Q 21
Remedios (Ermita de los) 72 R 10
Remedios (Punta de los) 6 D 2
Remendia 15 D 26
Remolcador (Puerto El) 56 L 28
Remolina 11 D 14
Remolino (El) 84 T 15
Remolinos 28 G 26
Remondo 39 H 16
Rena 62 O 12
Renales 41 J 22
Renales (Cabeza) 39 J 17
Renche 8 D 8
Rendona (La) 88 W 12
Renedo (Cantabria) 12 B 18
Renedo de Cabuérniga 11 C 17
Renedo (Valladolid) 25 H 16
Renedo de Cabuérniga 12 C 17
Renedo de la Vega 24 E 15
Renedo de Valdavia 11 E 16
Renedo de Valderaduey 11 E 15
Renedo de Valdetuéjar 11 D 14
Renera 40 K 20
Rengos 4 C 10
Renieblas 27 G 22
Renodo 12 D 17
Renteria / Errenteria 14 C 24
Rentonar (Puerto del) 69 Q 28
Renúñez Grande 65 P 20
Reocín 12 B 17
Reolid 66 Q 22
Repilado (El) 72 S 9
Repollés (Masía del) 43 K 28
Repostería 7 D 6
Represa 10 E 13
Requeixo 21 G 7
Requejada (Embalse de la) 11 D 16
Requejo (Cantabria) 12 C 17
Requejo (Zamora) 22 F 9
Requena 55 N 26
Requena de Campos 25 F 16
Requiás 21 G 6
Reres (Coto nacional de) 5 C 14
Resconorio 12 C 18
Resinera (La) 85 V 18
Resoba 11 D 16
Respaldiza 13 C 20
Respenda de la Peña 11 D 15
Respumoso (Embalse de) 16 D 29
Restábal 85 V 19
Restiello 5 C 11
Restinga (La) 93 B 12
Retama 64 O 16
Retamal 61 P 10
Retamal de Llerena 62 Q 12
Retamar (Almería) 87 V 23
Retamar (Ciudad Real) 64 P 17
Retamar (El) 92 H 8
Retamosa 50 N 13
Retamosa (La) 64 P 16
Retamoso 51 M 15
Retascón 42 I 25
Retiendas 40 J 20
Retín 62 Q 11
Retiro (El) 53 K 18
Retorno (El) 67 N 25
Retorta (Lugo) 7 D 6
Retorta (Orense) 21 F 7
Retortillo (Cantabria) 12 D 17
Retortillo (Embalse de derivación del) 74 S 14
Retortillo (Embalse del) 74 S 14
Retortillo (Río) (Sevilla) 74 S 13
Retortillo (Salamanca) 36 J 10
Retortillo de Soria 40 I 21
Retriñón 5 C 13
Retuerta (Burgos) 26 F 19
Retuerta (Monte) (Teruel) 43 J 26
Retuerta del Bullaque 52 N 16
Retuerto 11 C 14
Reus 45 I 33
Revalbos 37 K 13
Revellinos 23 G 13
Revenga (Burgos) 25 F 18
Revenga (Segovia) 39 J 17
Revenga de Campos 25 F 16
Reventón 39 J 18
Reventón (Puerto del) 65 P 18
Revilla (Huesca) 16 E 30
Revilla (Cantabria) 12 B 18
Revilla (Palencia) 12 D 17
Revilla (La) (Burgos) 26 F 20
Revilla (La) (Cantabria) 11 B 16
Revilla de Calatañazor (La) 27 H 21
Revilla de Campos 24 F 15

Revilla de Collazos 11 E 16
Revilla del Campo 26 F 19
Revillaruz 26 F 19
Revilla-Vallegera 25 F 17
Revolcadores 77 R 23
Rey (Barranco del) 92 H 9
Rey (Embalse del) 53 L 19
Rey (Sierra del) 64 Q 17
Reyero 10 D 14
Reyertas (Las) 83 V 13
Reyertilla 83 U 13
Reyes (Bahía de los) 93 A 11
Reyes Católicos (Parador de los) 87 U 24
Rey Fernando II de León (Parador) (Benavente) 23 F 12
Reznos 27 H 23
Ría de Abres 4 B 8
Riaguas de San Bartolomé 40 H 19
Riahuelas 40 H 19
Rial (cerca de Rianxo) 6 E 3
Rial (La Coruña) 2 C 4
Rial (Pontevedra) 6 E 4
Rialp 17 E 33
Rialp (Embalse de) 17 F 33
Riancho 12 C 19
Riánsares 53 N 20
Riánsares (Estación de) 53 L 21
Rianxo 6 E 3
Riaño (Cantabria) 12 B 19
Riaño (Embalse de) 11 D 14
Riaño (León) 11 D 15
Riaño (Reserva nacional de) 11 C 14
Riaño (Sierra de) 11 C 15
Rías Baixas / Rías Bajas 6 E 2
Rías Bajas / Rías Baixas 6 E 2
Rías Altas 2 B 4
Rías Gallegas 2 C 2
Riaza 40 I 19
Riaza (Canal del) 25 H 18
Riaza (Río) 40 I 19
Riba (La) 45 I 33
Riba-roja de Túria 56 N 28
Ribabellosa 13 D 21
Ribadavia 20 F 5
Ribadedeva 11 B 16
Riba de Escalote (La) 41 H 21
Ribadelago 22 F 9
Ribadeo 4 B 8
Ribadeo (Ría de) 4 B 8
Riba de Saelices 41 J 23
Riba de Santiuste 41 I 21
Ribadesella 11 B 14
Ribadeume 3 B 6
Riba de Valdelucio (La) 12 D 17
Ribadulla 7 D 4
Ribadumia 6 E 3
Ribaforada 28 G 25
Ribafrecha 27 E 22
Ribagorda 54 K 23
Ribagorda (Ermita de) 42 K 24
Riba-roja (Embalse de) 45 I 31
Riba-roja d'Ebre 44 I 31
Ribarredonda 41 J 23
Ribarroya 27 H 22
Ribarteme 20 F 4
Ribas (León) 23 F 12
Ribasaltas 8 E 7
Ribas de Campos 25 F 16
Ribas de Miño 7 E 6
Ribas de Sil 8 E 8
Ribas de Sil (Monasterio de) 7 E 6
Ribas Pequeñas 8 E 7
Ribatajada 54 K 23
Ribatajadilla 54 L 23
Ribatejada 40 K 19
Ribeira (Embalse de la) 3 B 6
Ribeira (La Coruña) 6 E 3
Ribeira (Lugo) 8 D 8
Ribera (Jaén) 85 T 18

Ribera (La) 9 E 10
Ribera (Navarra) 27 E 23
Ribera de Arriba 5 C 12
Ribera de Cabanes 57 L 30
Ribera de Cardós 17 E 33
Ribera del Fresno 62 Q 11
Ribera de Los Molinos 73 R 11
Ribera de Molina 79 R 26
Ribera de Piquín 4 C 8
Ribera de Vall 17 F 32
Ribera-Oveja 49 L 11
Riberas 5 B 11
Riberas de Lea 3 C 7
Ribereta (Puerto de) 17 E 32
Ribero (El) 12 C 19
Riberos de la Cueza 24 F 15
Ribesalbes 56 L 29
Ribes de Freser 18 F 36
Ribota (Burgos) 13 C 20
Ribota (Rambla de) 28 H 24
Ribota (Segovia) 40 H 19
Ricabo 5 C 12
Ricardo Roca (Mirador) 90 N 37
Ricasa 92 H 9
Ricla 28 H 25
Ricobayo 23 H 12
Ricote 78 R 25
Ricote (Sierra de) 78 R 25
Riego (El) 92 J 8
Riegoabajo 5 B 11
Riego de Ambros 9 E 10
Riego de la Vega 23 E 12
Riego del Camino 23 G 12
Riego del Monte 23 E 13
Riello 10 D 12
Riells (cerca de Breda) 33 G 37
Riells (cerca de l'Escala) 19 F 39
Riells del Fai 32 G 36
Rielves 52 M 17
Rienda 41 I 21
Riensena 11 B 14
Riera (La) (cerca de Aguasmestas) 5 C 11
Riera (La) (cerca de Covadonga) 11 C 14
Riera (La) (León) 10 D 11
Riera (La) (Tarragona) 32 I 34
Riglos 29 E 27
Rigueira 3 B 7
Riguel (Rio) 15 F 26
Rigüelo 84 U 15
Rilleira 3 C 6
Rillo 43 J 27
Rillo de Gallo 42 J 24
Rincón de Ballesteros 61 O 10
Rincón del Obispo 49 M 10
Rincón (El) 93 A 11
Rincón (El) (Albacete) 67 P 25
Rincón (El) (Murcia) 78 S 24
Rinconada (Ávila) 38 J 14
Rinconada (Monte) (Badajoz) 63 P 14
Rinconada (La) (Albacete) 66 P 23
Rinconada (La) (Ávila) 51 K 16
Rinconada (La) (Sevilla) 73 T 12
Rinconada (Sierra de la) 63 O 15
Rinconada de la Sierra (La) 37 K 11
Rinconadas (Las) 55 M 26
Rinconcillo (El) (Cádiz) 89 X 13
Rinconcillo (El) (Córdoba) 74 S 15
Rincón de la Victoria 85 V 17
Rincón de la Zofra 69 Q 28
Rincón del Moro 67 Q 24
Rincón de Loix 69 Q 29
Rincón de Olivedo 28 F 24
Rincón de Soto 28 F 24
Riner 32 G 34
Rinlo 4 B 8
Rin Sec 45 I 31
Río (Barranco del) 92 I 8

El Río Chico 86 V 21
Río (El) 92 I 9
Río (El) 64 O 17
Río (El) 95 W 2
Río (Lugo) 8 D 8
Río (Mirador del) 95 X 2
Río (Orense) 8 E 8
Río (Punta del) 87 V 22
Riobarba 3 A 6
Riocabado 38 J 15
Riocavado de la Sierra 26 F 20
Río Cedena 52 N 16
Riocerezo 26 E 19
Riocobo 3 A 7
Río Cofio 39 K 17
Rioconejos 22 F 10
Riocorvo 12 C 17
Río de Losa 13 D 20
Río de Lunada 12 C 19
Río de Trueba 12 C 19
Río Deva (Parador del) 11 C 15
Riodeva (Río de) (Valencia) 55 L 26
Riodeva (Teruel) 55 L 26
Riofabar 5 C 13
Río Frío 64 O 16
Riofrío (Ávila) 38 K 15
Riofrío (Granada) 85 U 17
Riofrio (León) 10 E 12
Riofrío de Aliste 23 G 11
Riofrío del Llano 41 I 21
Riofrío de Riaza 40 I 19
Riogordo 85 V 17
Rioja 87 V 22
Rioja (Balcón de la) 13 E 21
Rioja (La) (Provincia) 27 F 21
Río Juanes 56 N 27
Riola 69 O 29
Riolago 10 D 11
Riolobos 49 M 11
Río Madera 66 Q 23
Riomalo 50 K 11
Riomanzanas 22 G 10
Ríomao 8 E 8
Riomar 45 J 32
Rionansa 11 C 16
Rionegro del Puente 23 F 11
Riópar 66 Q 22
Ríos 21 G 8
Ríos (Los) (Jaén) 75 R 18
Ríos (Los) (Valencia) 56 N 27
Riosa 5 C 12
Riosalido 41 I 21
Ríoscuro 9 D 11
Ríos de Abajo 56 M 27
Rioseco (Asturias) 5 C 13
Rioseco (cerca de Laredo) 13 B 20
Rioseco (cerca de Reinosa) 12 C 17
Rioseco de Soria 27 H 21
Rioseco de Tapia 10 D 12
Riosequino 10 D 13
Rioseras 26 E 19
Ríos Menudos 11 D 16
Riospaso 5 C 12
Río Tajo (Estación de) 49 M 10
Riotorto 4 B 8
Rioxuán 4 C 8
Río Záncara (Estación de) 66 N 21
Ripodas 15 D 26
Ripoll 18 F 36
Ripoll (Río) 32 H 36
Ripollet 32 H 36
Riquer (Punta de) 92 H 7
Ris 12 B 19
Risco 63 P 14
Risco (El) 94 N 9
Risco (Embalse del) 72 T 8
Risco Blanco 94 O 10
Risco de las Moras 51 N 14
Rituerto 27 H 23
Riudarenes 33 G 38
Riudaura 19 F 37
Riudecanyes 45 I 32
Riudecols 45 I 32
Riudellots de la Selva 33 G 38
Riumors 19 F 39
Riva 12 C 19

Riva (La) 12 C 18
Rivas (Zaragoza) 28 F 26
Rivas de Jarama 53 K 19
Rivas de Tereso 13 E 21
Rivas-Vaciamadrid 53 L 19
Rivero 12 C 17
Rivero de Posadas 74 S 14
Rivilla de Barajas 38 J 15
Roa de Duero 25 G 18
Roales (Valladolid) 23 F 13
Roales (Zamora) 23 H 12
Robalceira (Punta) 3 A 6
Robla (La) 10 D 13
Robladillo 24 H 15
Robladillo de Ucieza 25 E 16
Roble 67 P 23
Robleda 9 E 10
Robleda-Cervantes 22 F 9
Robledal (El) 53 K 20
Robledal (Sierra del) 40 I 20
Robledillo (Ávila) 38 K 15
Robledillo (El) 64 N 18
Robledillo (Río) 64 Q 17
Robledillo (Toledo) 51 N 15
Robledillo de Gata 49 L 10
Robledillo de la Jara 40 J 19
Robledillo de la Vera 50 L 13
Robledillo de Mohernando 40 J 20
Robledillo de Trujillo 62 O 12
Robledo (Albacete) 66 P 22
Robledo (Arroyo del) 53 M 20
Robledo (Asturias) 5 B 14
Robledo (Ciudad Real) 64 O 17
Robledo (El) (Jaén) 77 R 21
Robledo (León) 23 F 11
Robledo (Lugo) 8 D 9
Robledo (Orense) 8 E 9
Robledo (Sierra del) 64 N 18
Robledo (Zamora) 22 F 10
Robledo de Caldas 10 D 12
Robledo de Chavela 39 K 17
Robledo de Corpes 40 I 21
Robledo de las Traviesas 9 D 10
Robledo de la Valcueva 10 D 13
Robledo del Buey 51 N 15
Robledo del Mazo 51 N 15
Robledo Hermoso 36 I 10
Robledollano 50 N 13
Robledondo 39 K 17
Roblelacasa 40 I 20
Robleluengo 40 I 20
Roblido 8 E 8
Robliza de Cojos 37 J 12
Robredo 13 D 20
Robredo-Temiño 26 E 19
Robregordo 40 I 19
Robres 29 G 28
Robres del Castillo 27 F 23
Robriguero 11 C 16
Roca 3 C 6
Rocabruna 19 E 37
Rocacorba 19 F 38
Roca de la Sierra (La) 61 O 9
Roca del Vallès (La) 33 H 36
Rocafort (Barcelona) 32 G 35
Rocafort (Lérida) 31 H 33
Rocafort (Valencia) 56 N 28
Rocafort de Queralt 31 H 33
Rocaforte 28 E 26
Roca Grossa 33 G 38
Rocallaura 31 H 33
Roca Llisa 94 O 10
Rocamudo 12 D 18
Rocas Doradas 45 J 32
Rocha (Puerto de la) 7 E 5
Roche (Cabo) 88 X 11
Roche (Cádiz) 88 W 11
Roche (Murcia) 79 T 27
Rocho (Puerto de) 55 M 24
Rociana del Condado 82 U 10

Rocina (Arroyo de la) 82 U 10
Rocina (El) 82 U 10
Rocinejo 88 W 12
Rocío (El) 82 U 10
Roda 79 S 27
Roda (La) (Albacete) 67 O 23
Roda (La) (Asturias) 4 B 9
Roda de Andalucía (La) 84 U 15
Roda de Barà 32 I 34
Roda de Eresma 39 I 17
Roda de Isábena 17 F 31
Roda de Ter 32 G 36
Rodalquilar 87 V 23
Rodanas (Santuario de) 28 H 25
Rodanillo 9 E 10
Rodeche 56 L 28
Rodeiro 7 E 6
Rodellar 16 F 29
Rodén 29 H 28
Ródenas 42 K 25
Rodeos (Aeropuerto de los) 93 J 7
Rodeos (Los) 78 R 26
Rodezas 12 B 17
Rodezno 13 E 21
Rodical (El) 4 C 10
Rodicio (Alto del) 21 F 7
Rodiezmo 10 D 12
Rodilana 38 H 15
Rodiles 5 B 11
Rodillazo 10 D 13
Rodiño 7 D 4
Rodonyà 32 I 34
Rodrigas 4 B 8
Rodrigatos de la Obispalía 10 E 11
Rodrigatos de las Regueras 10 D 11
Rodriguillo (El) 79 Q 26
Roelos 37 I 11
Roig (Cabo) (Gerona) 33 G 39
Roig (Cabo) (Tarragona) 45 J 32
Roig (Cap) (Ibiza) 91 O 34
Roig (Puig) 90 M 38
Roimil 3 C 6
Rois 6 D 3
Roiteguí 14 D 22
Roiz 11 C 16
Rojal (El) 3 B 5
Rojales 79 R 27
Rojals 31 H 33
Rojas 12 E 19
Roldán 79 S 26
Roldán (Faro) 87 V 24
Roldán (Monte) 79 T 26
Roldán (Salto del) 29 F 28
Rollamienta 27 G 22
Rollán 37 J 12
Rollo (Arroyo del) 76 S 20
Roma 55 N 26
Roma (Punta) 91 P 34
Romai 6 D 3
Romana (La) 79 Q 27
Romancos 41 J 21
Romanes (Los) 85 V 17
Romaneta (La) 68 Q 27
Romangordo 50 M 12
Romanillos de Atienza 41 I 21
Romanillos de Medinaceli 41 I 22
Romanones 40 K 21
Romanos 42 I 26
Romántica (La) 92 I 7
Romanyà de la Selva 33 G 38
Romariz 3 B 7
Romeán 3 C 7
Romedales (Los) 54 L 23
Romedios (Ermita de los) 62 P 12
Romelle 2 C 3
Romera 66 O 21
Romeral 53 N 19
Romeral (Cueva del) 84 U 16
Romeral (El) (Málaga) 84 V 16
Romeral (El) (Toledo) 53 M 19

Romeral (El) (Valencia) 56 M 28
Romerano (El) 71 T 7
Romeros (Los) 72 S 9
Rompido (Barra de El) 82 U 8
Rompido (El) 82 U 8
Roncadoira (Punta) 3 A 7
Roncal 15 D 27
Roncal (Valle del) 15 D 27
Roncesvalles / Orreaga 15 C 26
Roncudo (Punta) 2 C 3
Ronda 84 V 14
Ronda (Serranía de) 84 V 14
Ronda la Vieja 84 V 14
Rondín 64 P 18
Roní 17 E 33
Ronquillo (El) (Sevilla) 73 S 11
Ronquillo (El) (Badajoz) 61 P 9
Ropera (La) 75 R 17
Roperuelos del Páramo 23 F 12
Roque 93 U 5
Roque (El) 92 I 9
Roque (El) 94 O 9
Roque Colorado 94 N 10
Roque del Faro 95 B 5
Roque Nublo 94 O 10
Roque Partido 94 N 9
Roquerole (Sierra de) 45 I 33
Roques (Bahía de los) 95 C 6
Roques (Los) 92 I 8
Roques (Los) (Cerca de Fasnia) 92 J 8
Roquetas de Mar 87 V 22
Roquetas de Mar (Urbanización) 87 V 22
Roquete (El) 93 L 6
Roquetes 45 J 31
Ros 12 E 18
Rosa (La) 61 P 9
Rosal 20 G 3
Rosal (El) 74 S 15
Rosal Alto (El) 73 T 12
Rosal de la Frontera 72 S 8
Rosalejo 50 M 13
Rosales 12 D 19
Rosales (Los) (Toledo) 52 L 16
Rosales (Los) (Jaén) 76 S 20
Rosales (Los) (Sevilla) 73 T 12
Rosamar 33 G 38
Rosario (El) 93 J 7
Rosario (Ermita del) 68 O 26
Rosarito (Embalse de) 51 L 14
Rosas / Roses 19 F 39
Rosas (Las) 95 E 8
Rosas (Las) 93 J 7
Roscales 11 D 16
Rosell 44 K 30
Roses / Rosas 19 F 39
Roses (Golfo de) 19 F 39
Rosildos 57 L 29
Rosinos de la Requejada 22 F 10
Rosomo (Sierra de) 26 G 21
Rossa (Punta) 91 P 34
Rosselló 31 G 31
Rosso 84 U 14
Rostro (El) 64 O 16
Rota 88 W 10
Rotas (Las) 69 P 30
Rotasa (Laguna de la) 84 U 15
Rotglá y Corbera 69 O 28
Rotja (Punta) 91 Q 34
Rótova 69 P 29
Roturas (Cáceres) 50 N 13
Roturas (Valladolid) 25 G 17
Rouch (Monte) 17 D 33
Roupar 3 B 6
Rourell (El) 45 I 33
Royo 67 P 23
Royo (El) 27 G 22
Royo Odrea 67 Q 22
Royos (Los) 77 S 23

Royuela 55 K 25
Royuela de Río Franco 25 G 18
Rozadas (cerca de Boal) 4 B 9
Rozadas (cerca de El Pedroso) 5 B 13
Rozadas (cerca de Sotrondio) 5 C 13
Rozadio 11 C 16
Rozalejo 83 U 13
Rozalén del Monte 54 M 21
Rozas (Cantabria) 12 C 19
Rozas (Embalse de las) 9 D 10
Rozas (Las) (Cantabria) 12 D 17
Rozas (Monte Las) (Orense) 21 F 8
Rozas (Zamora) 22 F 10
Rozas de Madrid (Las) 39 K 18
Rozas de Puerto Real 52 L 16
Rúa 3 B 7
Rúa (A) 8 E 8
Rúanales 12 D 18
Ruanes 62 O 11
Rubalcaba 12 C 18
Rubayo 12 B 18
Rubena 26 E 19
Rubí 32 H 36
Rubia 8 E 9
Rubia (La) 27 G 22
Rubia (Peña) (cerca de Lorca) 78 T 24
Rubia (Peña) (Murcia) 78 R 24
Rubia (Peña) (Orense) 20 F 5
Rubiales (Badajoz) 73 Q 12
Rubiales (Teruel) 55 L 26
Rubián 8 E 7
Rubiáns 6 E 3
Rubiás (Lugo) 3 C 7
Rubiás (Orense) 21 F 7
Rubí de Bracamonte 38 I 15
Rubielos Altos 54 N 23
Rubielos Bajos 54 N 23
Rubielos de la Cérida 42 J 26
Rubielos de Mora 56 L 28
Rubillas Bajas 75 S 16
Rubinat 31 H 33
Rubió (Barcelona) 32 H 34
Rubió (cerca de Foradada) 31 G 32
Rubió (cerca de Sort) 17 E 33
Rubio (El) (cerca de Montellano) 83 V 12
Rubio (El) (cerca de Osuna) 84 T 15
Rubiós 20 F 4
Rubios (Los) 73 R 13
Rubite 86 V 19
Rublacedo de Abajo 12 E 19
Rucandio (Burgos) 12 B 18
Rucandio (Cantabria) 12 D 19
Rucayo 10 D 14
Ruchena 83 V 12
Rudilla 43 J 26
Rudilla (Puerto de) 43 I 26
Rudrón 12 D 18
Ruecas (Badajoz) 62 O 12
Ruecas (Río) (Badajoz) 62 O 12
Rueda (Guadalajara) 42 J 24
Rueda (Monasterio de) 44 I 29
Rueda (Valladolid) 38 H 15
Rueda de Jalón 28 H 26
Rueda de Pisuerga 11 D 16
Ruedas de Ocón (Las) 27 F 23
Ruenes 11 C 15
Ruente 12 C 17
Rúerrero 12 D 18
Ruesca 42 I 25
Ruescas 87 V 23
Ruesga 11 D 16
Rugat 00 P 28

Ruguilla 41 J 22

S

Ruices (Los)
(Albacete) 67 P 25
Ruices (Los)
(Murcia) 79 T 26
Ruices (Los)
(Valencia) 55 N 26
Ruidarenes 33 G 38
Ruidera 66 P 21
Ruidera
(Lagunas de) 66 P 21
Ruidera (Río) 66 P 21
Ruidoms 45 I 33
Ruiforco 10 D 13
Ruigómez 92 H 7
Ruiloba 12 B 17
Ruiseñada 12 B 17
Ruitelán 8 D 9
Rumblar 75 R 19
Rumblar
(Embalse del) 75 R 18
Ruña (Montes de
la) 6 D 2
Rupià 19 F 39
Rupit 19 F 37
Rus (Jaén) 76 R 19
Rus (La Coruña) 2 C 3
Rus (Río) (Cuenca) 54 N 22
Rute 85 U 16
Ruyales del Agua 25 F 18
Ruyales del
Páramo 12 E 18

Sa Calobra 90 M 38
Sa Creu (Punta de)
(Ibiza) 91 O 34
Sa Mola
(Cap de) 90 N 37
Sa Pobla 90 M 39
Sa Ruda (Punta de) 91 Q 34
Sáa 8 D 8
Saavedra 3 C 7
Sabadell 32 H 36
Sabadelle (Lugo) 7 E 6
Sabadelle (Orense) 7 E 6
Sabando 14 D 22
Sabar 85 V 17
Sabardes 6 D 3
Sabariego 75 T 17
Sabataia
(Collado de) 90 M 38
Sabayés 29 F 28
Sabero 11 D 14
Sabina Alta 92 J 8
Sabinar 28 F 26
Sabinar (El)
(Albacete) 66 P 21
Sabinar (El)
(Murcia) 77 R 23
Sabinar (Punta) 86 V 21
Sabinas
(Collado de las) 86 U 19
Sabinita (La) 92 J 8

Sabinosa 93 A 11
Sabiñánigo 16 E 28
Sabiote 76 R 20
Sable 30 H 30
Saboredo 17 E 32
Sabucedo (Orense) 21 F 6
Sabucedo
(Pontevedra) 7 E 4
Sacañet 56 M 27
Sacecorbo 41 J 22
Saceda 22 F 10
Saceda (La) 41 J 23
Saceda del Río 54 L 22
Saceda Trasierra 54 L 21
Sacedillas (Las) 76 Q 20
Sacedón 41 K 21
Sacedoncillo 54 L 23
Saceruela 64 P 16
Saceruela
(Sierra de) 64 O 16
Sa Coma 91 N 40
Sacos 6 E 4
Sacramenia 25 H 18
Sacramento 83 U 12
Sacratif (Cabo) 86 V 19
Sa Creu (Punta de)
(Formentera) 91 P 34
Sacristanía (La) 64 P 18
Sacro (Pico) 7 D 4
Sada 3 B 5
Sádaba 28 F 26
Sada de Sangüesa 15 E 25

Sadernes 19 F 37
Saelices 54 M 21
Saelices de la Sal 41 J 22
Saelices
del Payuelo 10 E 14
Saelices del Río 11 E 14
Saelices de
Mayorga 24 F 14
Saelices el Chico 36 J 10
Safari Madrid 52 L 17
Sa Galera (Punta
de) 91 M 42
Sagallos 22 G 10
Saganta 30 G 31
S'Agaró 33 G 39
Sagides 41 I 23
Sagra (Alicante) 69 P 29
Sagra (Granada) 77 S 22
Sagra
(Sierra de la) 77 S 22
Sagrada (La) 37 J 11
Sagrajas 61 P 9
Sagunt / Sagunto 57 M 29
Sagunto / Sagunt 57 M 29
Sahagún 24 E 14
Sahechores 10 E 14
Sahuco (El) 67 P 23
Sahuco (Sierra del) 67 P 23
Sahún 17 E 31
Saja 12 C 17
Saja (Monte) 12 C 17

Saja (Reserva
nacional de) 11 C 16
Sajazarra 13 E 21
Sal (Punta de la) 94 P 10
Sal (Sierra de la) 88 W 12
Salada (Cerro) 56 M 27
Salada (La) 84 U 15
Salada (Laguna) 44 I 29
Salada (Ribera) 18 F 34
Salada Grande 44 I 29
Saladar (El) 79 R 27
Saladas (Las) 79 R 28
Saladillo (Arroyo
de) 83 U 13
Saladillo (El) 89 W 14
Salado (Arroyo del) 83 U 13
Salado (Arroyo del)
(Jaén) 75 S 17
Salado (Arroyo del)
(Sevilla) 84 U 14
Salado (Río)
(Córdoba) 85 T 17
Salado (El) 77 S 22
Salado (Río)
(Guadalajara) 41 I 21
Salado de los
Villares 75 S 17
Salamanca 37 J 12
Salamir 5 B 11
Salamón 11 D 14
Salanova 17 F 31
Salar 85 U 17
Salardú 17 D 32
Salares 85 V 17
Salas 5 B 11
Salas (Embalse de) 21 G 6
Salas (Las) 11 D 14
Salas Altas 16 F 30
Salas Bajas 16 F 30
Salas de Bureba 12 D 19
Salas de la Ribera 9 E 9
Salas de los Barios 9 E 10
Salas
de los Infantes 26 F 20
Salàs de Pallars 17 F 32
Salave 4 B 9
Salazar 12 D 19
Salazar (Río) 15 D 26
Salazar (Valle de) 15 D 26
Salce (León) 10 D 11
Salce (Zamora) 37 I 11
Salceda
(Convento de la) 40 K 21
Salceda (La) 39 I 18
Salceda de Caselas 20 F 4
Salcedillo (Palencia) 12 D 17
Salcedillo (Teruel) 43 J 26
Salcedo 13 D 21
Salcedo (El) 75 R 18
Salces 12 C 17
Salcidos 20 G 3
Saldaña 11 E 15
Saldaña de Ayllón 40 H 19
Saldeana 36 I 10
Saldes 18 F 35
Saldías 14 C 24
Saldoira 4 B 8
Sáldon 55 L 25
Salduero 27 G 21
Salem 29 P 28
Salema (Punta) 92 H 10
Saler (El) 57 N 29
Saleres 85 V 19
Sales de Llierca 19 F 37
S'Algar 91 M 42
Salguerias 2 C 3
Salgueiros (la
Coruña) 2 C 2
Salgueiros (Lugo) 7 D 6
Salgüero de
Juarros 26 F 19
Salicor (Laguna de) 53 N 20
Saliencia 5 C 11
Saliencia (Lagos
de) 5 C 11
Saliente 77 T 23
Salientes 9 D 11
Salillas 30 G 29
Salillas de Jalón 28 H 26
Salime (Embalse
de) 4 C 9
Salina Grande 23 G 13
Salinas (Alicante) 68 Q 27
Salinas (Asturias) 5 B 12
Salinas de Sin 16 E 30
Salinas (Huesca) 16 E 30

Salinas (Laguna
de) 68 Q 27
Salinas (Las) 53 L 20
Salinas (Las) 93 U 7
Salinas (Loma de) 93 T 6
Salinas (Navarra) 15 D 25
Salinas (Punta) 95 C 5
Salinas
(Punta de las) 94 P 10
Salinas (Sierra de) 68 Q 26
Salinas
(Sierra de las) 84 V 14
Salinas de Añana 13 D 21
Salinas de Hoz 16 F 30
Salinas de Jaca 29 E 27
Salinas del
Manzano 55 L 25
Salinas
de Medinaceli 41 I 22
Salinas de Oro 14 D 24
Salinas de Pinilla 66 P 22
Salinas de Pisuerga 11 D 16
Salines 18 E 36
Salines (Les) 19 E 38
Salinillas
de Buradón 13 E 21
Salinillas de
Bureba 13 E 19
Salitja 33 G 38
Sallent 32 G 35
Sallent (El) 19 F 37
Sallent (Riera de) 31 G 33
Sallent de Gállego 16 D 29
Sallfort 19 E 39
Salmanquinos
de Arriba (Los) 52 N 16
Salmantón 13 C 20
Salmerón
(Guadalajara) 41 K 22
Salmerón (Murcia) 78 Q 24
Salmeroncillos
de Abajo 41 K 22
Salmeroncillos
de Arriba 41 K 22
Salmor (Roque) 93 B 11
Salmoral 38 J 14
Salo 32 G 34
Salobral 38 K 15
Salobral (El) 67 P 24
Salobralejo 38 K 15
Salobralejo
(Laguna del) 67 P 25
Salobre (cerca de
Alcaraz) 66 Q 22
Salobre
(cerca de Munera) 66 O 22
Salobre (Río) 66 Q 22
Salobreña 85 V 19
Salomó 32 I 34
Salón 12 C 19
Salor 48 N 8
Salor (Embalse del) 61 N 11
Salória 18 E 34
Salória (Pico) 18 E 34
Salorino 48 N 8
Salou 45 I 33
Salou (Cabo) 45 I 33
S'Alqueria Blanca 90 N 39
Salsadella 44 K 30
Salse (El) 68 P 27
Salt 33 G 38
Saltador (El) 87 T 24
Saltador
(Rambla del) 67 Q 25
Salteras 83 T 11
Saltes (Isla de) 82 U 9
Salto (Estación del) 36 K 10
Salto al Cielo
(Ermita) 88 W 11
Salto de Bolarque 53 K 21
Salto del Ciervo 84 T 14
Salto del Negro 85 V 17
Salto de Villalba 54 L 23
Salto de Villora 55 M 25
Saltor 18 F 36
Saltos (Punta de
los) 93 B 12
Salto Saucelle 36 I 9
Saludes
de Castroponce 23 F 12
Salvacañete 55 L 25
Salvada (Sierra) 13 D 20
Salvadiós 38 J 14
Salvador 28 E 24
Salvador (Ermita
El) 56 M 29

Salvador
de Zapardiel 38 I 15
Salvaje (Punta del) 93 T 6
Salvaleón 61 Q 9
Salvaterra de Miño 20 F 4
Salvatierra 14 D 22
Salvatierra de Escá 15 D 26
Salvatierra
de los Barros 61 Q 9
Salvatierra
de Santiago 62 O 11
Salvatierra de
Tormes 37 K 13
Sálvora (Isla de) 6 E 2
Sama de Grado 5 C 11
Sama de Langreo 5 C 12
Samaniego 13 E 21
Sámano 13 B 20
Samara (Montaña) 92 H 8
Sambana 89 W 13
Samboal 39 I 16
Sambreixo 7 D 6
Sames 11 C 14
Samieira 6 E 3
Samir de los Caños 23 G 11
Samos 8 D 8
Samper 17 E 30
Samper de Calanda 43 I 28
Samper del Salz 43 I 27
Samprizón 7 E 5
San Adrián (Cabo
de) 2 B 3
San Adrián (León) 10 D 14
San Adrián
(Navarra) 28 E 24
San Adrián
de Juarros 26 F 19
San Adrián del
Valle 23 F 12
San Adrián de
Sasabe
(Ermita de) 16 D 28
San Adriano 4 B 8
San Agustín
(Maspalomas) 94 O 11
San Agustín 93 U 6
San Agustín
(Almería) 86 V 21
San Agustín
(Convento de) 55 L 24
San Agustín
del Guadalix 40 J 19
San Agustín (Teruel) 56 L 27
San Agustín del
Pozo 23 G 13
San Amancio
(Ermita de) 42 J 24
San Amaro 7 E 5
San Andrés 93 B 11
San Andrés 95 C 5
San Andrés 93 K 6
San Andrés 94 O 9
San Andrés
(Asturias) 5 C 12
San Andrés (cerca
de Potes) 11 C 16
San Andrés (cerca
de San Miguel) 12 C 18
San Andrés
(Sierra de) 64 Q 18
San Andrés (Soria) 27 G 23
San Andrés de
Arroyo 11 D 16
San Andrés
de la Regla 11 E 15
San Andrés
de las Puentes 9 E 10
San Andrés
del Congosto 40 J 20
San Andrés
del Rabanedo 10 E 13
San Andrés del Rey 41 K 21
San Andrés
de Teixido 3 A 6
San Antolín
(Monasterio de) 11 B 15
San Antolín de
Ibias 4 C 9
San Antón (Burgos) 12 D 18
San Antón (Ciudad
Real) 65 P 20
San Antón
(Ermita de)
(Cáceres) 60 N 8
San Antón (Ermita
de) (Guadalajara) 54 K 21

SALAMANCA

Azafranal . . . . BY 8
Mayor (Pl.) . . . . BY
Toro . . . . BY
Zamora . . . . BY

Anaya (Pl.) . . . . AZ 2
Alvaro Gil . . . . BY 4
Ángel (Pl.) . . . . BY 7
Balmes . . . . AZ 10
Bordadores . . . . AY 12
Cervantes . . . . AY 14
Campania . . . . AY 17
Comuneros (Av. de los) . . BY 18

Concilio de Trento . . . . BZ 21
Condes de Crespo Ransón . AY 22
Desengaño (Paseo) . . . . AZ 25
Dr. Torres Villarroel
(Paseo del) . . . . BY 27
Enrique Estevan (Puente) . AZ 28
Estación (Paseo de la) . . . . BY 31
Fray Luis de Granada . . . . . . AY 32
Frederico Amaya (Av. de) . . AY 34
Juan de la Fuente . . . . BZ 37
Libertad (Pl. de la) . . . . ABY 39
Libreros . . . . AZ 40
Maria Auxiliadora . . . . BY 42
Marquesa de Almarza . . . . BZ 43
Mateo Hernandez (Av.) . . . AY 44
Meléndez . . . . AY 45

Obispo Jarrin . . . . BY 46
Padilla . . . . BY 48
Palominos . . . . AZ 50
Patio Chico . . . . AZ 51
Pedro Mendoza . . . . AY 53
Peña de Francia . . . . AY 54
Pozo Amarillo . . . . BY 58
Prior . . . . AY 59
Ramon y Cajal . . . . AY 61
Reyes de España (Av.) . . . . BY 63
San Justo . . . . BY 71
Santa Eulalia (Pl.) . . . . BY 72
Sánchez Fabres (Puente) . . AZ 74
Sancti Spiritus (Cuesta) . . . BY 75
Sorias . . . . AY 77
Tostado . . . . AZ 79

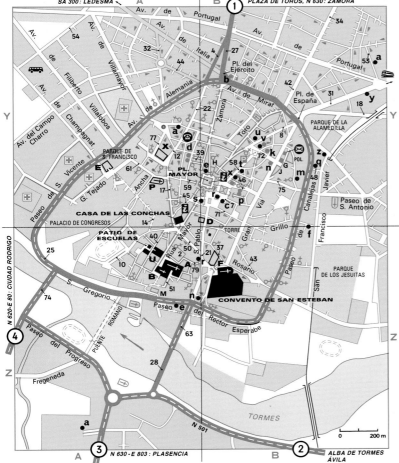

A CATEDRAL NUEVA
B CATEDRAL VIEJA
D PALACIO DE FONSECA
E COLEGIO FONSECA

F CONVENTO DE
LAS DUEÑAS
P IGLESIA DE LA
PURÍSIMA CONCEPCIÓN

U PATIO DE
LAS ESCUELAS
X CONVENTO DE
LAS ÚRSULAS

San Antón (Puerto de)	14	C 24
San Antón (Sevilla)	74	T 14
San Antoniño	6	E 4
San Antonio	95	B 5
San Antonio	92	I 7
San Antonio (Cordoba)	75	S 16
San Antonio de Banaixeve	56	N 28
San Antonio (Ermita de) (cerca de Aliaguilla)	55	M 26
San Antonio (Ermita de) (Alicante)	69	Q 28
San Antonio (Ermita de) (La Coruña)	3	B 6
San Antonio (Ermita de) (cerca de Cardenete)	55	M 25
San Antonio (Ermita de) (Valencia)	69	P 28
San Antonio (Sierra de)	26	F 20
San Antonio (Valencia)	55	N 26
San Antonio (Volcán de)	95	B 7
San Antonio del Fontanar	84	U 14
San Asensio	13	E 21
San Bartoleme del Jubera	27	F 23
San Bartolomé	95	W 3
San Bartolomé (Cuenca)	54	L 21
San Bartolomé (Guadalajara)	41	J 21
San Bartolomé (Embalse de)	28	F 26
San Bartolomé (Ermita de) (Badajoz)	63	O 14
San Bartolomé (Ermita de) (Cáceres)	62	O 12
San Bartolomé (Ermita de) (Teruel)	42	J 26
San Bartolomé de Béjar	50	K 13
San Bartolomé de Corneja	37	K 13
San Bartolomé de las Abiertas	51	M 15
San Bartolomé de la Torre	72	T 8
San Bartolomé de Pinares	39	K 16
San Bartolomé de Rueda	10	D 14
San Bartolomé de Tirajana	94	O 10
San Bartolomé de Tormes	51	K 14
San Baudelio (Ermita de)	41	H 21
San Benito (cerca de Almadèn)	63	Q 15
San Benito (Convento)	49	M 9
San Benito (Ermita de) (Cáceres)	49	N 10
San Benito (Ermita de) (Sevilla)	73	S 12
San Benito (Ermita de) (Teruel)	43	K 27
San Benito (Valencia)	68	P 26
San Benito de la Contienda	60	Q 8
San Bernabé	89	X 13
San Bernabé (Ermita de)	42	J 25
San Bernabé (Sierra de)	49	L 11
San Bernado de Valbuena	25	H 17
San Bernardino	83	V 12
San Bernardo	92	H 7
San Bernardo	94	O 10
San Bernardo (Sierra de)	73	R 11
San Blas (Teruel)	42	K 26
San Blas (Zamora)	22	G 10
San Bruno	64	O 18
San Calixto	74	S 14
San Caprasio	29	G 28
San Caprasio (Collado de)	16	F 30
San Carlos (Burgos)	26	G 19
San Carlos del Valle	65	P 20
San Cayaturol	79	S 27
San Cebrián	11	D 16
San Cebrián de Campos	25	F 16
San Cebrián de Castro	23	G 12
San Cebrián de Mazote	24	G 14
San Cibrao	21	F 8
San Cibrau	21	G 7
San Cibrián de Arriba	10	E 13
San Cibrián de la Somoza	10	D 14
San Ciprián (Cabo de)	3	A 7
San Ciprián (cerca de Hermisende)	22	G 9
San Ciprián (Lugo)	3	A 7
San Ciprián (Zamora)	22	F 10
San Ciprián de Viñas	21	F 6
San Cipriano del Condado	10	E 13
San Claudio (Asturias)	5	B 12
San Claudio (La Coruña)	3	B 6
San Clemente (Convento de)	62	N 12
San Clemente (Cuenca)	66	N 22
San Clemente (Embalse)	77	S 22
San Clemente (Embalse de)	77	S 22
San Clemente de Valdueza	9	E 10
San Clodio	8	E 8
San Cosme (Asturias)	5	B 11
San Cosme (Lugo)	4	B 8
San Crispín	39	K 18
San Cristóbal I	43	J 26
San Cristóbal	94	P 9
San Cristóbal (Badajoz)	72	R 9
San Cristóbal (Cáceres)	62	O 13
San Cristóbal (Ciudad Real)	66	Q 21
San Cristóbal (Cuenca)	54	L 22
San Cristóbal (Ermita de) (cerca de Andorra)	43	J 28
San Cristóbal (Ermita de) (cerca de Barrachina)	43	J 26
San Cristóbal (Ermita de) (cerca de Bronchales)	42	K 25
San Cristóbal (Ermita de) (Ciudad Real)	65	N 19
San Cristóbal (Ermita de) (Cádiz)	88	W 11
San Cristóbal (Ermita de) (cerca de Lagueruela)	42	I 26
San Cristóbal (Ermita de) (cerca de Monreal de Campo)	42	J 25
San Cristóbal (Ermita de) (cerca de Sarrión)	56	L 27
San Cristóbal (Monte)	14	E 24
San Cristóbal (Navarra)	15	D 25
San Cristóbal (Santuario)	42	I 25
San Cristóbal (Sevilla)	74	S 13
San Cristóbal (Valencia)	69	O 28
San Cristóbal de Boedo	11	E 16
San Cristóbal de Cea	7	E 6
San Cristóbal de Chamoso	8	D 7
San Cristóbal de Cuéllar	39	H 16
San Cristóbal de Entreviñas	23	F 13
San Cristóbal de la Cuesta	37	I 13
San Cristóbal de la Polantera	23	E 12
San Cristóbal de la Vega	38	I 16
San Cristóbal de los Angeles	53	K 18
San Cristóbal de Trabancos	38	J 14
San Cristóbal de Valdueza	9	E 10
San Cristobo	21	G 8
San Cucao	5	B 12
San Diego	89	X 14
San Diego (Ermita de)	73	R 13
San Emiliano (Asturias)	4	C 9
San Emiliano (León)	10	D 12
San Enrique de Guadiaro	89	X 14
San Esteban	5	B 11
San Esteban de Gormaz	26	H 20
San Esteban de la Sierra	37	K 12
San Esteban de Litera	30	G 30
San Esteban del Molar	23	G 13
San Esteban de los Buitres	4	C 9
San Esteban de los Patos	38	J 16
San Esteban del Valle	51	L 15
San Esteban de Nogales	23	F 12
San Esteban de Saviñao	7	E 6
San Esteban de Valdueza	9	E 10
San Esteban de Zapardiel	38	I 15
San Eugenio	92	H 9
San Facundo	7	E 5
San Felices (Burgos)	12	D 18
San Felices (Soria)	27	G 23
San Felices de los Gallegos	36	J 9
San Felipe	94	O 9
San Felipe (Castillo de) (Puerto de la Cruz)	92	I 9
San Felipe (La Coruña)	3	B 5
San Felipe (Cuenca)	55	K 24
San Feliú de Torró	17	E 31
San Feliú de Guixols / Sant Feliu de Guixols	33	G 39
San Feliz de las Lavanderas	10	D 12
San Feliz de Torío	10	D 13
San Fernando	94	O 9
San Fernando (Cádiz)	88	W 11
San Fernando de Henares	53	K 19
San Fiz do Seo	8	E 9
San Francisco (Almeria)	78	T 24
San Francisco (Convento de)	24	G 14
San Franscisco (Ermita de)	93	U 7
San Francisco (Mallorca)	90	N 38
San Francisco (Mirador)	26	F 20
San Francisco (Parador) (Granada)	85	U 19
San Francisco de Meredo	52	L 16
San Francisco de Olivenza	60	P 8
San Frutos (Ermita de)	39	I 18
San Fulgencio	79	R 27
San Gabriel	95	W 4
San García de Ingelmos	38	J 14
San Gerardo	56	N 28
San Gil (Cáceres)	49	M 11
San Gil (Zaragoza)	29	F 27
San Ginés	42	K 25
San Glorio (Puerto de)	11	C 15
San Gregorio (Basilica de)	14	E 23
San Gregorio (Ermita de) (Badajoz)	61	P 10
San Gregorio (Ermita de) (Guadalajara)	42	J 24
San Gregorio (Granada)	75	Q 16
San Gregorio (Guipúzcoa)	14	D 23
San Gregorio (Toledo)	53	N 20
San Gregorio y Balneario	49	N 9
San Ignacio del Viar	73	T 12
San Ildefonso-La Granja	39	J 17
San Isidoro (Ermita de)	62	P 13
San Isidro	92	I 9
San Isidro (Albacete)	67	O 25
San Isidro (Ermita de) (cerca de Alcazar de San Juan)	65	N 20
San Isidro (cerca de Alcobendas)	40	K 19
San Isidro (cerca de Aranjuez)	53	L 19
San Isidro (cerca de Berlanga)	73	R 12
San Isidro (cerca de Huérca Overa)	87	T 24
San Isidro (cerca de Níjar)	87	V 23
San Isidro (Ermita de) (cerca de Fuente de Cantos)	73	R 10
San Isidro (cerca de Navalmorales)	52	M 16
San Isidro (cerca de Piedrabuena)	64	O 17
San Isidro (cerca de Quero)	53	N 20
San Isidro (Ciudad Real)	65	P 19
San Isidro (Ermita)	94	N 9
San Isidro (Ermita de)	56	M 26
San Isidro	94	O 9
San Isidro (Ermita de) (Cuenca)	55	N 24
San Isidro (Cerca de Gáldar)	94	O 9
San Isidro (Guadalajara)	54	L 21
San Isidro (Puerto de)	5	C 13
San Isidro (Monasterio de) (Cerca de Radazul)	93	K 7
San Isidro (Cerca de Utiaca)	94	O 9
San Isidro (Valencia)	56	N 28
San Isidro de Guadalete	88	W 12
San Isidro del Pinar	28	E 25
San Jaime (Ermita de)	68	P 28
San Javier	79	S 27
San Jerónimo (Cordoba)	74	S 15
San Jeronimo (Murcia)	79	S 26
San Jerónimo de Lagar (Ermita de)	49	N 10
San Joaquím	53	L 20
San Joaquín	44	J 29
San Jorge (Alicante)	69	Q 29
San Jorge (Badajoz)	61	Q 10
San Jorge (Castelló)	44	K 30
San Jorge (Ermita de) (Valencia)	56	N 27
San Jorge (Ermita de) (Zaragoza)	44	I 30
San Jorge (Huesca)	29	G 28
San Jorge de Alor	60	Q 8
San José	92	I 7
San José	94	P 9
San José	95	W 4
San José (Almeria)	87	V 23
San José (Albacete)	66	P 21
San José (Badajoz)	72	Q 9
San José (Canal de)	23	H 13
San José (Embalse de)	38	H 14
San José (Ermita de)	78	R 24
San José (Ermita de)	92	H 8
San José (Ermita de) (Jaén)	75	R 17
San José (Ermita de) (Teruel)	44	J 29
San José (Grutas de)	56	M 29
San José de la Rábita	85	T 17
San José de la Rinconada	73	T 12
San José de los Llanos	92	H 8
San José del Valle	88	W 12
San José de Malcocinado	88	W 12
San Juan	92	H 8
San Juan (Cáceres)	49	L 10
San Juan (Embalse de)	52	K 17
San Juan (Ermita de) (cerca de Cedrillas)	43	K 27
San Juan (Ermita de) (cerca de Montalbán)	43	J 28
San Juan (Málaga)	84	U 16
San Juan (Madrid)	52	K 17
San Juan (Río)	85	T 17
San Juan (Río de)	62	P 11
San Juan (Sierra de)	83	U 13
San Juan (Cerca de Tacoronte)	92	J 6
San Juan (Valencia)	55	N 26
San Juan de Alicante	69	Q 28
San Juan de Gaztelugache	13	B 21
San Juan de Gredos	51	K 14
San Juan de la Cuesta	22	F 10
San Juan de la Encinilla	38	J 15
San Juan de la Mata	9	E 10
San Juan de la Nava	38	K 15
San Juan de la Peña (Monasterio de)	15	E 27
San Juan de la Rambla	92	I 7
San Juan del Flumen	30	G 29
San Juan del Molinillo	38	K 15
San Juan del Monte	26	G 19
San Juan del Olmo	38	K 14
San Juan de los Terreros	87	T 25
San Juan del Puerto	82	U 9
San Juan del Rebollar	22	G 10
San Juan del Reparo	92	H 7
San Juan de Moró	57	L 29
San Juan de Mozarrifar	29	G 27
San Juan de Nieva	5	B 12
San Juan de Ortega	26	E 19
San Juan de Plan	17	E 31
San Juanico el Nuevo	23	F 11
San Julián (Asturias)	5	B 13
San Julián de Sales/San Xulian de Sales	6	D 4
San Julián (Jaén)	75	R 17
San Julián (La Coruña)	6	D 2
San Julián (Málaga)	84	W 16
San Julián (Murcia)	79	T 27
San Julián de Banzo	29	F 28
San Just (Ermita de)	43	J 27
San Just (Puerto de)	43	J 27
San Just (Sierra de)	43	J 27
San Justo	22	F 10
San Justo de Cabanillas	9	D 10
San Justo de la Vega	10	E 11
San Leandro	83	U 12
San Leonardo de Yagüe	26	G 20
San Lorenzo	94	P 9
San Lorenzo (La Coruña)	23	G 12
San Lorenzo (Ermita de) (Guadalajara)	42	K 24
San Lorenzo (Ermita de) (Teruel)	42	J 26
San Lorenzo (La Rioja)	26	F 21
San Lorenzo (Valle de)	92	H 9
San Lorenzo de Calatrava	64	Q 18
San Lorenzo de El Escorial	39	K 17
San Lorenzo de la Parrilla	54	M 22
San Lorenzo de Tormes	50	K 13
San Lourenzo	21	G 8
San Luis	93	J 6
San Luis de Sabinillas	89	W 14
San Mamed (cerca de Viana do Bolo)	21	F 8
San Mamed (cerca de Xinzo)	21	F 6
San Mamed (Zamora)	22	G 10
San Mamede	3	B 6
San Mamede (Sierra de)	21	F 7
San Mamés (Burgos)	25	E 18
San Mamés (Cantabria)	12	B 19
San Mamés (Ermita de)	42	I 25
San Mamés (Madrid)	39	J 18
San Mamés de Abar	12	D 17
San Mamés de Campos	25	E 16
San Marcial (Guipúzcoa)	14	C 24
San Marcial (Zamora)	37	H 12
San Marco	3	C 5
San Marcos	92	H 7
San Marcos (Cádiz)	88	W 11
San Marcos (Cáceres)	50	M 13
San Marcos (La Coruña)	3	B 5
San Marcos (Ermita de) (cerca de Alustante)	42	K 24
San Marcos (Ermita de) (cerca de Tordesilos)	42	J 25
San Marcos (Navarra)	14	E 24
San Marcos (Sierra de)	27	G 22
San Martín (Asturias)	5	C 11
San Martín (Burgos)	12	D 18
San Martín (Cantabria)	12	C 18
San Martín del Jubera	27	F 22
San Martín (Huesca)	17	E 31
San Martín (Navarra)	14	D 23
San Martín de Boniches	55	M 25
San Martín de Castañeda	22	F 9
San Martín de Don	13	D 20
San Martín de Elines	12	D 18
San Martín de Galvarín	13	D 21
San Martín de la Falamosa	10	D 12
San Martín de la Tercia	10	D 12
San Martín de la Vega	53	L 19
San Martín de la Vega del Alberche	51	K 14
San Martín de la Virgen de Moncayo	28	G 24
San Martín del Camino	10	E 12
San Martín del Castañar	37	K 11
San Martín del Monte	11	E 16
San Martín de los Herreros	11	D 16
San Martín del Pedroso	22	G 10
San Martín del Pimpollar	51	K 14
San Martín del Rey Aurelio	5	C 13
San Martín del Río	42	I 25
San Martín del Tesorillo	89	W 14
San Martín de Luiña	5	B 11
San Martín de Mondoñedo	4	B 8
San Martín de Montalbán	52	M 16
San Martín de Moreda	9	D 9
San Martín de Oscos	4	C 9
San Martín de Pusa	51	M 16
San Martín de Rojo	12	D 18
San Martín de Rubiales	25	H 18
San Martín de Tábara	23	G 12

San Martín de
Torres 23 F 12
San Martín
de Trevejo 49 L 9
San Martín de Unx 15 E 25
San Martín
de Valdeiglesias 52 K 16
San Martín
de Valderaduey 23 G 13
San Martín
de Valvení 25 G 16
San Martín
y Mudrián 39 I 17
San Martiño
(cerca de Castro
Caldelas) 8 E 7
San Martiño
(cerca de
Cualedro) 21 G 7
San Martiño
(Embalse de) 8 E 8
San Martiño (Isla
de) 20 F 3
San Mateo
de Gállego 29 G 27
San Mauro 3 C 5
San Medel 37 K 12
San Migel
de Aralar
(Santuario de) 14 D 24
San Miguel 92 I 9
San Miguel
(Asturias) 5 C 12
San Miguel
(Cantabria) 12 C 18
San Miguel
(Castillo) 92 H 7
San Miguel
(Ermita de)
(cerca de la Virgen
de la Vega) 56 K 28
San Miguel
(Ermita de)
(Cuenca) 54 L 22
San Miguel (Ermita
de) (Guadalajara) 41 K 22
San Miguel
(Ermita de)
(cerca de Orrios) 43 K 27
San Miguel
(Ermita de)
(cerca de Teruel) 56 L 26
San Miguel (Ermita
de) (Castellón de
la Plana) 57 L 30
San Miguel
(Ermita de)
(cerca de
Valderrobres) 44 J 30
San Miguel
(Huesca) 30 G 30
San Miguel (Jaén) 76 S 20
San Miguel (Madrid) 53 L 19
San Miguel (Murcia) 78 R 24
San Miguel
(Orense) 21 F 8
San Miguel
(Sierra de) 15 D 27
San Miguel
(Sierra de) 73 R 12
San Miguel
(Zaragoza) 28 H 26
San Miguel
de Aguayo 12 C 17
San Miguel de Aras 12 C 19
San Miguel
de Bernúy 39 H 18
San Miguel
de Corneja 38 K 14
San Miguel
de Escalada 10 E 14
San Miguel de
Foces 16 F 29
San Miguel
de la Puebla 44 K 29
San Miguel
de la Ribera 37 I 13
San Miguel
del Arroyo 39 H 16
San Miguel
de la Dueñas 9 E 10
San Miguel
de las Victorias 41 K 23
San Miguel
del Camino 10 E 12
San Miguel de Lillo 5 B 12

San Miguel del
Pino 24 H 15
San Miguel del
Valle 23 F 13
San Miguel
de Meruelo 12 B 19
San Miguel
de Montañán 24 F 14
San Miguel
de Pedroso 26 E 20
San Miguel
de Salinas 79 S 27
San Miguel
de Serrezuela 38 J 14
San Miguel
de Tajao 92 J 9
San Miguel de
Valero 37 K 12
San Millán (Alava) 14 D 22
San Millán (Burgos) 13 D 20
San Millán (Monte) 26 F 20
San Millán (Orense) 21 G 7
San Millán
de Juarros 26 F 19
San Millán
de la Cogolla 27 F 21
San Millán de Lara 26 F 19
San Millán
de los Caballeros 23 F 13
San Millán de
Yécora 13 E 20
San Morales 37 J 13
San Muñoz 37 J 11
San Nicolás 95 B 6
San Nicolás
del Puerto 73 S 13
San Nicolás
de Tolentino 94 N 10
San Pablo (Sevilla) 83 T 12
San Pablo de
Buceite 89 W 14
San Pablo
de la Moraleja 38 I 15
San Pablo
de los Montes 52 N 17
San Paio 21 G 6
San Pantaleón
de Losa 13 D 20
San Pascual 38 J 15
San Pascual
(Ermita de) 79 Q 28
San Payo 3 C 7
San Pedro 94 N 9
San Pedro (Almería) 87 V 24
San Pedro
(Albacete) 66 P 23
San Pedro (Cáceres) 60 N 8
San Pedro
(Cantabria) 12 C 19
San Pedro (cerca de
Grado) 5 B 11
San Pedro
(cerca de Oviedo) 5 B 12
San Pedro (cerca de
Parres) 11 B 14
San Pedro (Cuenca) 53 L 20
San Pedro de
Rudaguera 12 B 17
San Pedro de
Viveiro 3 B 7
San Pedro
(Embalse de) 7 E 6
San Pedro (Ermita
de) 4 C 8
San Pedro (Lugo) 8 D 8
San Pedro
(Palencia) 11 D 16
San Pedro
(Pontevedra) 7 E 5
San Pedro
(Puerto de) 79 S 27
San Pedro (Monte) 39 J 18
San Pedro
(Sierra de)
(Cáceres) 61 O 10
San Pedro
(Sierra de)
(Navarra) 15 E 25
San Pedro
(Torrico de) 48 N 9
San Pedro
Bercianos 23 E 12
San Pedro
Cansoles 11 D 15
San Pedro
de Agüeira 4 C 9

San Pedro
de Alcántara
(Ávila) 51 L 14
San Pedro
de Alcántara
(Málaga) 89 W 15
San Pedro
de Arlanza
(Ermita) 26 F 19
San Pedro
de Cardeña 26 F 19
San Pedro de
Ceque 23 F 11
San Pedro
de Gaíllos 39 I 18
San Pedro
de la Nave 23 H 12
San Pedro
del Arroyo 38 J 15
San Pedro
de las Herrerías 22 G 10
San Pedro
de Latarce 24 G 14
San Pedro de la
Viña 23 F 11
San Pedro
del Pinatar 79 S 27
San Pedro
del Romeral 12 C 18
San Pedro del Valle 37 I 12
San Pedro de
Mérida 62 P 11
San Pedro de
Olleros 9 D 9
San Pedro
de Paradela 9 D 10
San Pedro de
Rozados 37 J 12
San Pedro
de Valderaduey 24 E 15
San Pedro de
Zamudia 23 G 12
San Pedro
Manrique 27 F 23
San Pedro
Palmiches 54 K 22
San Pedro Samuel 25 E 18
San Pelayo
(Burgos) 12 C 19
San Pelayo
(Convento de) 25 G 17
San Pelayo (Monte) 15 E 25
San Pelayo
(Valladolid) 24 G 14
San Pelayo (Vizcaya) 13 B 21
San Pelayo
de Guareña 37 I 12
San Pol de Mar /
Sant Pol de Mar 33 H 37
San Prudencio 14 C 22
San Quintín 64 P 17
San Quirce
de Riopisuerga 12 E 17
San Rafael (Cádiz) 83 V 12
San Rafael (cerca de
Polop) 69 Q 29
San Rafael
(Puerto de) 56 K 27
San Rafael
(Segovia) 39 J 17
San Rafael del Río 44 K 31
San Rafael de
Navallana
(Embalse de) 75 S 16
San Rafael
de Olivenza 60 P 8
San Ramón (La
Coruña) 3 B 5
San Ramón
(Madrid) 52 K 16
San Román (Alava) 14 D 23
San Román
(Cantabria) 12 B 18
San Román
(cerca de
Bembibre)) 9 E 10
San Román
(cerca de Piloña) 5 B 14
San Román
(cerca de
Portomarín) 8 D 7
San Román
(cerca de Pravia) 5 B 11
San Román
(cerca de Santas
Martas) 23 E 13

San Román
(Cervantes) 8 D 8
San Román
(Embalse de) 23 H 12
San Román
(Zamora) 23 F 12
San Román de
Basa 16 E 29
San Román
de Cameros 27 F 22
San Román
de Campezo 14 D 22
San Román
de Castro 17 F 30
San Román
de Hornija 24 H 14
San Román
de la Cuba 24 F 15
San Román de la
Vega 10 E 11
San Román
de los Caballeros 10 E 12
San Román
de los Infantes 23 H 12
San Román
de los Montes 51 L 15
San Roque
(Asturias) 11 B 15
San Roque (Cádiz) 89 X 13
San Roque
de Riomiera 12 C 18
San Roque
(Ermita de) (cerca
de Alustante) 42 K 25
San Roque
(Ermita de)
(Teruel) 55 L 26
San Roque
(Ermita de) (cerca
de la Yunta) 42 J 24
San Roque (La
Coruña) 2 C 3
San Roque
(Orense) 20 F 5

San Roque
Torre Guadiaro 89 X 14
San Sadurniño 3 B 5
San Salvador
(cerca de
Negueira) 4 C 9
San Salvador
(cerca de Teverga) 5 C 11
San Salvador
de Poyo
(Pontevedra) 6 E 3
San Salvador
(Lugo) 3 C 6
San Salvador
(Sierra de) 72 R 9
San Salvador
(Valladolid) 24 H 14
San Salvador
de Cantamuda 11 D 16
San Salvador de
Meis 6 E 3
San Saturio
(Ermita de) 27 G 22
San Sebastián /
Donostia 14 C 24
San Sebastián
(Castillo) 88 W 11
San Sebastián
(Embalse de) 22 F 9
San Sebastián
(Ermita de)
(Badajoz) 63 P 14
San Sebastián
(Ermita de)
(Valencia) 68 P 27
San Sebastián
(Ermita de)
(Zaragoza) 28 G 25
San Sebastián
(Pontevedra) 7 D 4
San Sebastián
de Garabandal 11 C 16
San Sebastián de la
Gomera 95 F 4

San Sebastián
de los
Ballesteros 74 T 15
San Sebastián
de los Reyes 40 K 19
San Segundo
(Ermita de) 42 J 24
San Serván 61 P 10
San Silvestre
(Castillo) 52 L 17
San Silvestre de
Guzmán 71 T 7
San Telmo (Huelva) 72 S 9
San Telmo
(Parador)
(Tui) 20 F 4
San Tirso (cerca de
Oviedo) 5 C 12
San Tirso (cerca de
Pravia) 5 B 11
San Tirso (León) 8 E 9
San Tirso de Abres 4 B 8
San Torcuato 27 E 21
San Urbez
(Santuario de) 16 F 29
San Vicente de
Toranzo
(Cantabria) 12 C 18
San Vicente
(Ermita de)
(Valencia) 56 N 28
San Vicente
(Ermita de)
(Alicante) 79 R 28
San Vicente
(Navarra) 15 D 26
San Vicente
(Orense) 8 E 8
San Vicente
(Salamanca) 37 J 13

San Vicente
de Arana 14 D 22
San Vicente
de Arévalo 38 J 15
San Vicente
de la Barquera 11 B 16
San Vicente
de la Sonsierra 13 E 21
San Vicente de
León 12 C 17
San Vicente
del Grove 6 E 3
San Vicente del
Mar 6 E 3
San Vicente
del Monte 12 C 17
San Vicente
del Palacio 38 I 15
San Vicente
del Raspeig 69 Q 28
San Vincente
del Valle 26 E 20
San Vicente Ferrer 83 U 11
San Vicentejo 13 D 21
San Victorian
(Monasterio de) 16 E 30
San Vincente
de la Cabeza 23 G 11
San Vitero 22 G 10
San Xulian de
Sales / San Julián
de Sales 6 D 4
San Zardonil 13 D 20
Sanabria (Lago de) 22 F 9
Sanabria
(Valle de) 22 F 9
Sanatorio (El) 92 I 8
Sanatorio de
Abona 92 J 9
Sanaüja 31 G 33
Sancedo 9 E 10
Sánchez Gomez
(Laguna de) 54 N 21
Sanchicorto 38 K 15

**DONOSTIA
SAN SEBASTIÁN**

Andia . . . . CZ 2
Boulevard
(Alameda del) . . . . CY 6
Garibai . . . . CY
Hernani . . . . CY
Libertad (Av. de) . . . . CDYZ
Urbieta . . . . CDZ

Constitución (Pl. de la) . . . . . CY 8
Euskadi (Pl. de) . . . . DY 10
Fermín Calbetón . . . . CY 12
Getaria . . . . DZ 18
Gipúzkoa (Pl. de) . . . . DY 19
Íñigo . . . . CY 22
Kursaal (Puente del) . . . . . . DY 27
Lasala (Pl.) . . . . CY 28
María Cristina
(Puente de) . . . . DZ 30
Miramar . . . . CZ 31

Puerto . . . . CY 35
Ramón María Lili (Pas.) . . . . DY 37
Reina Regente . . . . DY 38
República
Argentina (Pas.) . . . . DY 41
San Jerónimo . . . . CY 44
San Juan . . . . CY 45
Santa Catalina
(Puente de) . . . . DY 47
Urdaneta . . . . DZ 51
Zabaleta . . . . DY 54

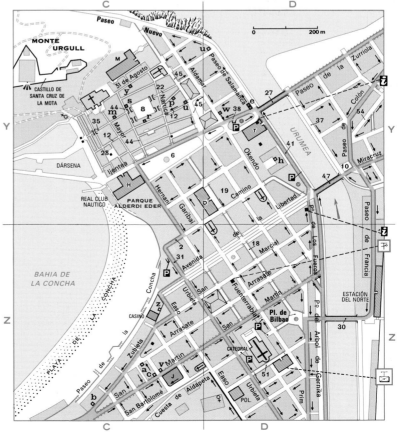

Sanchidrián 38 J 16
Sancho (Embalse de) 72 T 8
Sancho Abarca 28 G 26
Sancho Abarca (Monte) 28 F 26
Sancho Leza (Collado de) 27 F 22
Sanchón de la Ribera 36 I 10
Sanchón de la Sagrada 37 J 11
Sanchonuño 39 I 17
Sanchorreja 38 K 15
Sanchotello 37 K 12
Sancti Petri 88 W 11
Sancti Petri (Isla) 88 W 11
Sancti Spíritus (Badajoz) 63 P 14
Sancti-Spíritus (Salamanca) 36 J 10
Sandamias 5 B 11
Sande 20 F 5
Sandiás 21 F 6
Sandiche 5 B 11
Sandín 22 G 10
Sandinies 16 D 29
Sando 37 J 11
Sandoval de la Reina 12 E 17
San Esteban del Valle 51 L 15
Sanet y Negrals 69 P 29
Sangarcía 39 J 16
Sangarrén 29 F 28
Sangenjo / Sanxenxo 6 E 3
Sangonera la Verde 79 S 26
Sangrera 51 M 15
Sangüesa 15 E 26
Sangusín 37 K 12
San Llorente 25 G 17
San Llorente de la Vega 25 E 17
San Llorente del Páramo 24 E 15
Sanlúcar de Barrameda 82 V 10
Sanlúcar de Guadiana 71 T 7
Sanlúcar la Mayor 83 T 11
Sansoáin (cerca de Lumbier) 15 D 26
Sansoáin (cerca de Taffala) 15 E 25
Sansol 14 E 23
Sansomain 15 E 25
Sansustre (Rivera del) 61 O 9
Sant Adrià de Besòs 32 H 36
Sant Agustí (Ibiza) 91 P 33
Sant Agustí de Lluçanès 18 F 36
Sant Andreu 17 E 33
Sant Andreu de la Barca 32 H 35
Sant Andreu de Llavaneres 33 H 37
Sant Andreu Salou 33 G 38
Sant Aniol 19 F 37
Sant Aniol de Finestres 19 F 37
Sant Antolí i Vilanova 32 H 34
Sant Antoni (Cap de) 69 P 30
Sant Antoni de Portmany / San Antonio de Portmany 91 P 33
Sant Antoni (Embalse de) 17 F 32
Sant Antoni de Calonge 33 G 39
Sant Bartolomeu del Grau 33 G 36
Sant Bartomeu d'Almisdrà 79 R 27
Sant Bernabé de les Tenes 18 F 36
Sant Boi 32 H 36
Sant Boi de Lluçanès 18 F 36
Sant Carles (Ibiza) 91 O 34

Sant Carles de la Ràpita 45 K 31
Sant Cebrià de Vallalta 33 H 37
Sant Celoni 33 G 37
Sant Cerni 17 F 32
Sant Climent (Minorca) 91 M 42
Sant Climent de Llobregat 32 H 35
Sant Climent Sescebes 19 E 38
Sant Cugat del Vallès 32 H 36
Sant Elm (Mallorca) 90 N 37
Sant Esperit (Monastero) 56 M 28
Sant Esteve de la Sarga 17 F 32
Sant Esteve d'En Bas 19 F 37
Sant Esteve de Palautordera 33 G 37
Sant Esteve Sesrovires 32 H 35
Sant Felip de Neri 79 R 27
Sant Feliu 32 H 36
Sant Feliu de Guixols / San Feliú de Guixols 33 G 39
Sant Feliu de Buixalleu 33 G 37
Sant Feliu de Codines 32 G 36
Sant Feliu del Racó 32 H 36
Sant Feliu de Pallerols 19 F 37
Sant Feliu Sasserra 32 G 36
Sant Ferran (Formentera) 91 P 34
Sant Francesc 91 P 34
Sant Francesc de s'Estany 91 P 34
Sant Fruitós de Bages 32 G 35
Sant Genís 33 H 38
Sant Gervás (Sierra de) 17 F 32
Sant Grau 33 G 38
Sant Gregori 33 G 38
Sant Gregori (Monte) 33 G 37
Sant Guim de Freixenet 32 H 34
Sant Guim de la Plana 31 G 33
Sant Hilari Sacalm 33 G 37
Sant Hipòlit de Voltregà 18 F 36
Sant Iscle de Vallalta 33 H 37
Sant Isidre d'Albatera 79 R 27
Sant Jaume 19 F 37
Sant Jaume de Frontanyà 18 F 36
Sant Jaume de Llierca 19 F 37
Sant Jaume dels Domenys 32 I 34
Sant Jeroni 32 H 35
Sant Jeroni (Convento de) 69 P 29
Sant Joan 90 N 39
Sant Joan (Banyos de) 90 N 39
Sant Joan (Barranco de) 45 I 31
Sant Joan de Labritja 91 O 34
Sant Joan de l'Erm 17 E 33
Sant Joan de les Abadesses 18 F 36
Sant Joan de Mollet 19 F 38
Sant Joan de Vilatorrada 32 G 35
Sant Joan de Vinyafrescal 17 F 32
Sant Joan Fumat 18 E 34
Sant Joan les Fonts 19 F 37
Sant Jordi (Ibiza) 91 P 34
Sant Jordi (Barcelona) 18 F 35
Sant Jordi (Golfo de) 45 J 32

Sant Jordi (Mallorca) 90 N 38
Sant Jordi Desvalls 19 F 38
Sant Josep (Ibiza) 91 P 33
Sant Juan de Penyagolosa 56 L 28
Sant Julià 19 F 37
Sant Julià de Cerdanyola 18 F 35
Sant Julià de Lória 18 E 34
Sant Julià de Vilorta 33 G 36
Sant Llorenç (Gerona) 33 G 38
Sant Llorenç (Ibiza) 91 O 34
Sant Llorenç des Cardassar 90 N 39
Sant Lluís 91 M 42
Sant Magí (Santuario) 32 H 34
Sant Mamet (Sierra de) 31 G 32
Sant Marçal (Ermita) 33 G 37
Sant Martí d'Albars 18 F 36
Sant Martí de Barcedana 17 F 32
Sant Martí de Centelles 32 G 36
Sant Martí de Llémena 19 F 37
Sant Marti de Ogassa 18 F 36
Sant Martí de Riucorb 31 H 33
Sant Marti de Surroca 18 F 36
Sant Martí de Torroella 32 G 35
Sant Martí de Tous 32 H 34
Sant Martí Llac (Sierra de) 17 E 32
Sant Martin (Cap de) 69 P 30
Sant Martí Sacalm 19 F 37
Sant Martí Sapresa 33 G 37
Sant Martí Sarroca 32 H 34
Sant Martí Sescorts 19 F 36
Sant Martí Sesgueioles 32 G 34
Sant Martí Sesserres 19 F 38
Sant Martí Vell 19 F 38
Sant Mateu 33 G 38
Sant Mateu (Castelló) 44 K 30
Sant Mateu (Ibiza) 91 O 34
Sant Mateu de Bages 32 G 35
Sant Maurici 18 F 35
Sant Maurici (Embalse de) 17 E 32
Sant Miquel (Ibiza) 91 O 34
Sant Miquel (Lérida) 32 G 34
Sant Miquel (Mallorca) 90 N 39
Sant Miquel (Torrent de) 90 M 39
Sant Miquel de Campmajor 19 F 38
Sant Miquel de Cladells 33 G 37
Sant Miquel de Fluvià 19 F 38
Sant Miquel del Fai 32 G 36
Sant Mori 19 F 38
Sant Nicolau 17 E 32
Sant Pau 57 K 29
Sant Pau de Segúries 19 F 37
Sant Pau d'Ordal 32 H 35
Sant Pere de Casserres 33 G 37
Sant Pere de Ribes 32 I 35
Sant Pere de Riudebitlles 32 H 35
Sant Pere de Rodes (Monasterio de) 19 F 39
Sant Pere Despuig 19 F 37
Sant Pere de Torelló 18 F 36
Sant Pere de Vilamajor 33 G 37
Sant Pere Pescador 19 F 39
Sant Pere Sallavinera 32 G 34

Sant Pol de Mar / San Pol de Mar 33 H 37
Sant Ponç (Embalse de) 32 G 34
Sant Privat d'En Bas 19 F 37
Sant Quintí de Mediona 32 H 34
Sant Quirze 32 H 36
Sant Quirze de Besora 18 F 36
Sant Quirze de Pedret 18 F 35
Sant Quirze Safaja 32 G 36
Sant Rafel 69 P 28
Sant Rafel (Ibiza) 91 P 34
Sant Ramon 32 G 34
Sant Romà d'Abella 17 F 33
Sant Sadurní d'Anoia 32 H 35
Sant Sadurní de l'Heura 33 G 38
Sant Sadurní d'Osormort 33 G 37
Sant Salvador 19 F 39
Sant Salvador (Mallorca) 90 N 39
Sant Salvador de Bianya 19 F 37
Sant Salvador de Guardiola 32 G 35
Sant Salvador de Toló 17 F 33
Sant Sebastià (Cabo de) 33 G 39
Sant Sebastià de Montmajor 32 H 36
Sant Tomàs 91 M 42
Sant Vicenç (Sierra de) 90 M 39
Sant Vicenç de Castellet 32 G 35
Sant Vicenç dels Horts 32 H 36
Sant Vicenç de Montalt 33 H 37
Sant Vicenç de Torelló 18 F 36
Sant Vicent 56 L 28
Sant Vicent (Ibiza) 91 O 34
Santa (Monasterio La) 78 S 25
Santa Afra 19 F 38
Santa Agnès (Ibiza) 91 O 34
Santa Agnès de Malanyanes 33 H 37
Santa Agueda (Castelló) 44 K 30
Santa Águeda (Álava) 14 C 22
Santa Agueda (Menorca) 91 L 42
Santa Amalia 62 O 11
Santa Ana (Asturias) 5 C 13
Santa Ana (Cáceres) 62 O 12
Santa Ana (cerca de Albacete) 67 P 24
Santa Ana (cerca de Alcadozo) 67 P 23
Santa Ana (Ermita de) 62 O 12
Santa Ana (Ermita de) (Guadalajara) 42 K 24
Santa Ana (Ermita de) (Madrid) 53 L 19
Santa Ana (Ermita de) (cerca de Rubielos de la Cérida) 42 J 26
Santa Ana (Jaén) 85 T 18
Santa Ana (León) 9 E 10
Santa Ana (Toledo) 52 L 17
Santa Ana (Monasterio de) 68 Q 26
Santa Ana (Murcia) 79 S 26

Santa Ana (Sierra) 68 Q 26
Santa Ana (Zamora) 22 G 10
Santa Ana de Abajo 67 P 24
Santa Ana de Arriba 67 P 23
Santa Ana de Pusa 51 M 15
Santa Ana la Real 72 S 9
Santa Anastasia 28 F 26
Santa Anna (Embalse de) 30 G 31
Santa Baia (Embalse de) 8 E 8
Santa Bárbara 92 H 7
Santa Bárbara (Almería) 87 T 24
Santa Bárbara (Asturias) 5 C 13
Santa Bárbara (Cáceres) 49 L 11
Santa Bárbara (Ermita de) (cerca de Alcañiz) 44 J 29
Santa Bárbara (Ermita de) (cerca de Calamocha) 42 J 25
Santa Bárbara (Ermita de) (Cuenca) 54 L 22
Santa Bárbara (Ermita de) (cerca de Camarena de la Sierra) 55 L 26
Santa Bárbara (Ermita de) 41 K 23
Santa Bárbara (Ermita de) (cerca de Celadas) 43 K 26
Santa Bárbara (Ermita de) 56 L 27
Santa Bárbara (Ermita de) (cerca de la Puebla de Valverde) 56 L 27
Santa Bárbara (Ermita de) (cerca de Teruel) 56 K 26
Santa Bárbara (Ermita de) (cerca de Villalba Baja) 42 K 26
Santa Bárbara (Ermita de) (cerca de Visiedo) 43 J 26
Santa Bárbara (Ermita de) (Córdoba) 74 S 16
Santa Bárbara (Ermita de) (Gerona) 33 G 37
Santa Bárbara (Ermita de) (Huesca) 15 E 27
Santa Bárbara (Monte) 86 T 21
Santa Bárbara (Navarra) 15 D 27
Santa Bárbara (Tarragona) 45 J 31
Santa Bárbara de Casa 72 S 8
Santa Brígida 94 O 9
Santa Brígida (Ermita de) 64 P 17
Santa Casilda (Santuario de) 12 E 19
Santa Catalina 92 I 7
Santa Catalina (Las Palmas) 94 P 9
Santa Catalina (La Coruña) 2 C 3
Santa Catalina (Jaén) 75 S 18
Santa Catalina (Monte) 63 O 14
Santa Catalina (Teruel) 42 I 26
Santa Catalina (Toledo) 52 M 17
Santa Cecilia (Burgos) 29 F 18
Santa Cecilia (Ermita) 32 H 35
Santa Cecilia (Soria) 27 F 22

Santa Cecilia del Alcor 24 G 16
Santa Cecilia de Voltregà 32 G 36
Santa Cilia 16 F 29
Santa Cilia de Jaca 15 E 27
Santa Clara (Ciudad Real) 64 P 16
Santa Clara (Córdoba) 63 Q 14
Santa Clara de Avedillo 37 H 12
Santa Coloma 27 E 22
Santa Coloma 18 E 34
Santa Coloma (Riera de) 33 G 37
Santa Coloma de Farners 33 G 38
Santa Coloma de Queralt 32 H 34
Santa Colomba de Curueño 10 D 13
Santa Colomba de la Carabias 23 F 13
Santa Colomba de las Monjas 23 G 12
Santa Colomba de Somoza 23 E 11
Santa Comba (La Coruña) 2 C 3
Santa Comba (Lugo) 8 D 7
Santa Comba de Bande 21 G 6
Santa Cova 32 H 35
Santa Cova 91 P 33
Santa Cristina 41 K 23
Santa Cristina d'Aro 33 G 39
Santa Cristina de la Polvorosa 23 F 12
Santa Cristina de Lena 5 C 12
Santa Cristina de Valmadrigal 24 E 14
Santa Croya de Tera 23 G 12
Santa Cruz (Alava) 14 D 22
Santa Cruz (Almería) 87 U 22
Santa Cruz (Asturias) 5 B 12
Santa Cruz (Segovia) 39 I 18
Santa Cruz (cerca de Moeche) 3 B 6
Santa Cruz (Córdoba) 74 S 16
Santa Cruz (Vizcaya) 13 C 20
Santa Cruz del Monte 11 E 16
Santa Cruz (Ermita de) 43 K 27
Santa Cruz (La Coruña) 3 B 4
Santa Cruz (Sierra de) (Burgos) 26 F 20
Santa Cruz (Sierra de) (Cáceres) 62 O 12
Santa Cruz (Sierra de) (Zaragoza) 42 I 25
Santa Cruz de Abranes 22 G 9
Santa Cruz de Bezana 12 B 18
Santa Cruz de Boedo 11 E 16
Santa Cruz de Grio 42 H 25
Santa Cruz de Juarros 26 F 19
Santa Cruz de la Palma 95 C 5
Santa Cruz de la Salceda 26 H 19
Santa Cruz de la Serós 15 E 27
Santa Cruz de la Sierra 62 N 12
Santa Cruz de la Zarza 53 M 20
Santa Cruz del Comercio 85 U 18
Santa Cruz de los Cañamos 66 Q 21

Santa Cruz del Retamar 52 L 17
Santa Cruz del Tozo 12 E 18
Santa Cruz del Valle 51 L 15
Santa Cruz del Valle Urbión 26 F 20
Santa Cruz de Mieres 5 C 12
Santa Cruz de Moncayo 28 G 24
Santa Cruz de Moya 55 M 26
Santa Cruz de Mudela 65 Q 19
Santa Cruz de Nogueras 43 I 26
Santa Cruz de Paniagua 49 L 11
Santa Cruz de Pinares 38 K 16
Santa Cruz de Tenerife 93 K 7
Santa Cruz de Yanguas 27 F 22
Santa Elena (Ermita de) 55 L 26
Santa Elena (Huesca) 16 D 29
Santa Elena (Jaén) 76 Q 19
Santa Elena (Monasterio de) 16 E 29
Santa Elena de Jamuz 23 F 12
Santa Emilia 51 M 15
Santa Engracia (Huesca) 15 E 27
Santa Engracia (Zaragoza) 28 G 26
Santa Engracia del Jubera 27 F 23
Santa Eufemia 63 Q 15
Santa Eufemia del Arroyo 24 G 14
Santa Eufemia del Barco 23 G 12
Santa Eugenia (Lugo) 7 E 6
Santa Eugènia (Mallorca) 90 N 38
Santa Eugenia (Pontevedra) 6 E 3
Santa Eugènia de Berga 32 G 36
Santa Eulalia (Alicante) 68 Q 27
Santa Eulalia (Cantabria) 11 C 16
Santa Eulalia (Cabranes) 5 B 13
Santa Eulalia del Río / Santa Eulària des Riu 91 P 34
Santa Eulalia (Ermita de) 72 S 10
Santa Eulalia (Jaén) 76 R 19
Santa Eulalia (Morcín) 5 C 12
Santa Eulalia (Teruel) 42 K 26
Santa Eulalia (Zamora) 23 F 11
Santa Eulalia Bajera 27 F 23
Santa Eulalia de Bóveda 7 D 6
Santa Eulalia de Cabrera 22 F 10
Santa Eulalia de Gállego 29 F 27
Santa Eulàlia de la Peña 29 F 28
Santa Eulalia de Oscos 4 C 8
Santa Eulàlia de Puig-oriol 18 F 36
Santa Eulàlia de Riuprimer 32 G 36
Santa Eulàlia de Ronçana 32 H 36
Santa Eulalia de Tábara 23 G 12
Santa Eulalia La Mayor 16 F 29
Santa Eulària des Riu / Santa Eulalia del Río 91 P 34

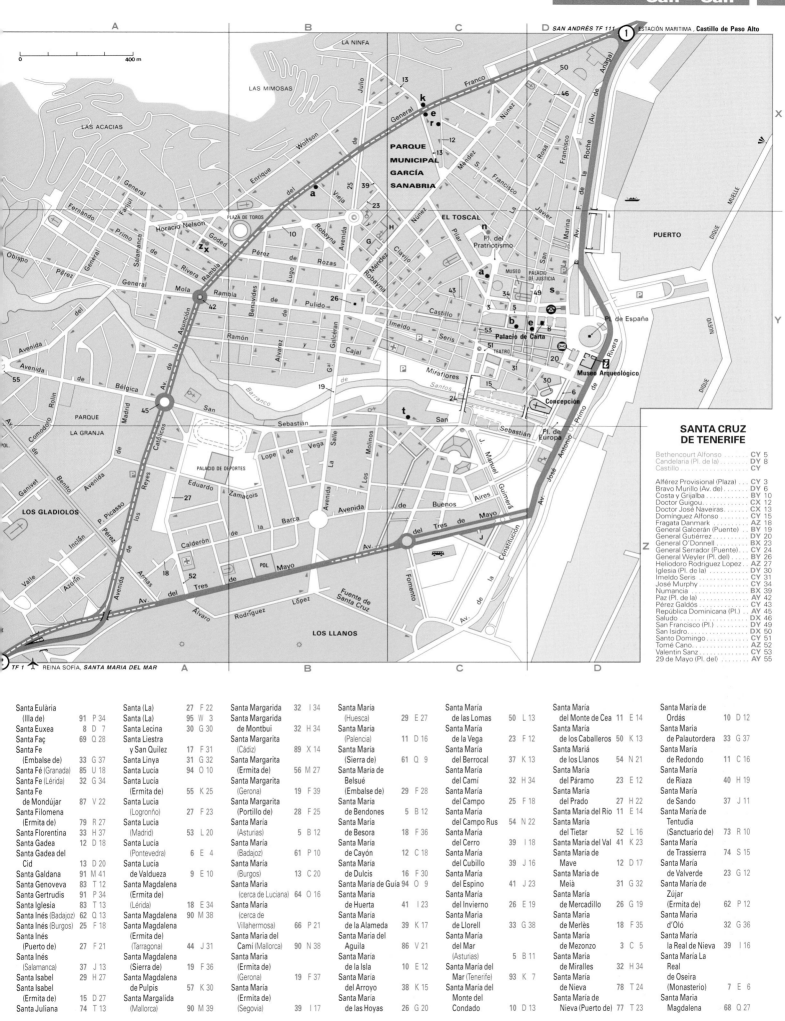

SANTA CRUZ DE TENERIFE

SANTANDER

Calvo Sotelo (Av. de)	AY	7
Isabel II	AY	24
Juan de Herrera	AY	33
Lealtad	AY	36
Rúalasal	AY	
San Francisco	AY	54
Alfonso XIII (Av. de)	AY	2

Antonio López	AZ	4
Calderón de la Barca (Av.)	AZ	6
Cañadio (Pl.)	BY	9
Casimiro Sainz	BY	12
Castelar	BY	14
Cisneros	AY	15
Cornelia (Vía)	AY	16
General Mola	AY	
Jesús de Monasterio (Alam.)	AY	28
José Antonio Primo		
de Rivera (Pl.)	BY	31

Juan de la Cosa	BY	34
Marcelino S. de Santuola	BY	37
Ramón Dóriga	AY	47
Rubio	BY	52
San José	AY	55
Velarde (Pl. de)		
(o Pl. Porticada)	AY	56

D MUSEO REGIONAL DE PREHISTORIA Y ARQUEOLOGÍA

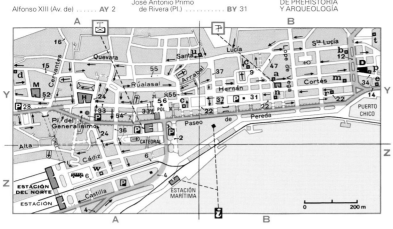

Santa María-Ribarredonda	13	E 20
Santa Marina (Asturias)	5	C 12
Santa Marina (León)	9	E 10
Santa Marina (Pontevedra)	6	D 4
Santa Marina del Rey	10	E 12
Santa Marina de Somoza	23	E 11
Santa Marina de Valdeón	11	C 15
Santa Mariña (La Coruña)	2	C 3
Santa Marta (Albacete)	66	O 23
Santa Marta (Badajoz)	61	Q 10
Santa Marta (Málaga)	89	W 14
Santa Marta de Magasca	49	N 11
Santa Marta de Ortigueira (Ría de)	3	A 6
Santa Marta de Tera	23	G 12
Santa Marta de Tormes	37	J 13
Santa Olaja (Burgos)	13	C 20

Santa Olaja (León)	11	D 14
Santa Olaja de la Varga	11	D 14
Santa Olaja de la Vega	11	E 15
Santa Olalla	52	L 16
Santa Olalla (Sierra de)	49	L 9
Santa Olalla de Bureba	26	E 19
Santa Olalla del Cala	73	S 11
Santa Olalla de Yeltes	37	J 11
Santa Oliva	32	I 34
Santa Pau	19	F 37
Santa Paula	51	M 15
Santa Pelada (Ermita de la)	65	P 19
Santa Pellaia	33	G 38
Santa Perpètua (Barcelona)	32	H 36
Santa Perpètua (Tarragona)	32	H 34
Santa Pola	79	R 28
Santa Pola (Cap de)	79	R 28
Santa Pola del Este	79	R 28
Santa Ponça	90	N 37
Santa Quiteria (Ciudad Real)	64	O 16
Santa Quiteria (Toledo)	51	N 15

Santa Quiteria (Ermita de) (Guadalajara)	42	K 24
Santa Quiteria (Ermita de) (Teruel)	43	K 27
Santa Quiteria (Ermita de) (Zaragoza)	42	H 24
Santa Rita	66	P 21
Santa Rosa	5	C 12
Santa Rosa (Casa de)	68	P 26
Santa Rosalía (Málaga)	84	V 16
Santa Rosalia (Murcia)	79	S 27
Santa Sabiña	2	C 3
Santa Susanna	33	H 38
Santa Tecla	20	G 3
Santa Teresa (Cádiz)	88	W 11
Santa Teresa (Embalse de)	37	K 13
Santa Teresa (Ermita)	78	S 24
Santa Teresa (Salamanca)	37	J 13
Santa Úrsula	92	J 7
Santabaia	3	C 6
Santacara	28	E 25
Santa Catalina	83	T 12
Santaella	74	T 15
Santalavilla	9	E 10

Santander	12	B 18
Santandria	91	M 41
Santanyí	90	N 39
Santaolalla	86	T 21
Santas (Las)	7	E 5
Santas Martas	23	E 13
Santaya	3	C 5
Sante (Asturias)	4	B 9
Sante (Lugo)	4	B 8
Santed	42	I 25
Santed (Puerto de)	42	I 25
Santeles	6	D 4
Santelices	12	D 18
Santervás	26	G 20
Santervás de Campos	24	F 14
Santervás de la Vega	11	E 15
Santes Creus	31	G 33
Santes Creus (Monasterio)	32	H 34
Santiago (Cáceres)	48	N 8
Santiago (Ermita de)	65	P 19
Santiago (Jaén)	75	S 17
Santiago (Sierra de)	61	O 9
Santiago Apostol	52	L 16
Santiago de Alcántara	48	N 8
Santiago de Calatrava	75	S 17

Santiago de Compostela	6	D 4
Santiago de la Espada	77	R 22
Santiago de la Puebla	38	J 14
Santiago de la Requejada	22	F 10
Santiago de la Ribera	79	S 27
Santiago del Arroyo	39	H 16
Santiago del Campo	49	N 10
Santiago del Collado	50	K 13
Santiago del Monte	5	B 11
Santiago de Loquiz (Sierra de)	14	D 23
Santiago del Teide	92	H 8
Santiago de Mora	67	Q 25
Santiago de Tormes	50	L 13
Santiago Millas	23	E 11
Santiagos (Los)	64	P 17
Santiagos (Sierra de los)	64	P 17
Santianes (cerca de Pravia)	5	B 11
Santianes (cerca de Ribadesella)	11	B 14
Santianes (cerca de Santo Adriano)	5	C 11
Santianes (cerca)	4	C 10
Santibáñez (Asturias)	5	C 13
Santibáñez (Cantabria)	12	C 18
Santibáñez (León)	10	D 13
Santibáñez de Ecla	11	D 16
Santibáñez de Ayllón	40	H 20
Santibáñez de Béjar	37	K 13
Santibáñez de Esgueva	25	G 18
Santibáñez de la Peña	11	D 15
Santibáñez de la Sierra	37	K 12
Santibáñez del Val	26	G 19
Santibáñez de Montes	9	E 11
Santibáñez de Porma	10	E 13
Santibáñez de Resoba	11	D 16
Santibáñez de Rueda	11	D 14
Santibáñez de Tera	23	G 12
Santibáñez de Valcorba	25	H 16
Santibáñez de Vidriales	23	F 11
Santibáñez el Alto	49	L 10
Santibáñez el Bajo	49	L 11
Santibáñez-Zarzaguda	25	E 18
Santidad	94	O 9
Santiellos	4	C 9
Santigosa (Collado de)	19	F 36
Santigoso	8	E 9
Santillán	24	E 15
Santillana (Embalse de)	39	J 18
Santillana de Castilla	25	E 16
Santillana del Mar	12	B 17
Santimamiñe	14	B 22
Santiorxo	8	E 7
Santi Petri	84	V 16
Santiponce	83	T 11
Santiscal (El)	83	V 12
Santiso	7	D 5
Santisteban del Puerto	76	R 20
Santiurde de Reinosa	12	C 17
Santiurde de Toranzo	12	C 18
Santiuste (Guadalajara)	41	I 21

Santiuste (Soria)	26	H 21
Santiuste de Pedraza	39	I 18
Santiuste de San Juan Bautista	38	I 16
Santiz	37	I 12
Sant Llorenç (Embalse de)	31	G 32
Sant Llorenç de la Muga	19	F 38
Sant Llorenç del Munt (Parc natural de)	32	G 35
Sant Llorenç del Munt	32	H 36
Sant Llorenç de Montgai	31	G 32
Sant Llorenç de Morunys	18	F 34
Sant Llorenç d'Hortons	32	H 35
Sant Llorenç Savall	32	G 36
Sant Martí d'Empúries	19	F 39
Santo Adriano	5	C 11
Santo Domingo (Badajoz)	60	Q 8
Santo Domingo (Córdoba)	74	S 15
Santo Domingo (Ermita de) (Cáceres)	49	N 10
Santo Domingo (Ermita de) (Guadalajara)	42	J 24
Santo Domingo (Ermita de) (Orense)	7	E 5
Santo Domingo (Puerto de)	73	Q 10
Santo Domingo (Punta y Próis de)	95	B 5
Santo Domingo (Sevilla)	73	T 13
Santo Domingo (Valencia)	56	N 28
Santo Domingo (Zaragoza)	15	E 27
Santo Domingo de Huebra	37	K 12
Santo Domingo de la Calzada	26	E 21
Santo Domingo de las Posadas	38	J 16
Santo Domingo de Moya	55	M 25
Santo Domingo de Pirón	39	I 18
Santo Domingo de Silos	26	G 19
Santo Estevo (Embalse de)	21	E 7
Santo Niño (Ermita del)	53	M 19
Santo Tomé (Jaén)	76	R 20
Santo Tomé (Lugo)	4	B 8
Santo Tomé (Orense)	21	F 5
Santo Tomé del Puerto	40	I 19
Santo Tomé de Rozados	37	J 12
Santo Tomé de Zabarcos	38	J 15
Santo Toribio de Liébana	11	C 16
Santolea	43	J 28
Santolea (Embalse de)	44	J 29
Santomera	79	R 26
Santomera (Embalse de)	79	R 26
Santoña	12	B 19
Santo (Peñón del)	85	V 18
Santopétar	87	T 23
Santopitar	85	V 17
Santorcaz	40	K 20
Santoréns	17	E 32
Santos (Ermita de los)	12	C 17
Santos (Ermita de los) (Cádiz)	88	W 12
Santos (Ermita de los) (Teruel)	44	J 30

Santos (Los) (Córdoba)	84	T 16
Santos (Los) (Salamanca)	37	K 12
Santos (Los) (Valencia)	55	L 26
Santos (Sierra de los) (Badajoz)	62	Q 11
Santos (Sierra de los) (Córdoba)	74	R 13
Santos de la Humosa (Los)	40	K 20
Santos de la Piedra (Ermita de los)	42	K 25
Santos de Maimona (Los)	61	Q 10
Santoseco	5	B 11
Santotis (Burgos)	13	D 19
Santotis (Cantabria)	11	C 16
Santovenia (Segovia)	39	I 16
Santovenia (Zamora)	23	G 12
Santovenia de la Valdoncina	10	E 13
Santovenia del Monte	10	E 13
Santovenia de Oca	26	E 19
Santovenia de Pisuerga	24	G 15
Santoveña	11	B 15
Santoyo	25	F 16
Santpedor	32	G 35
Santuario de Belén	68	P 26
Santuario de la Incarnación	67	Q 24
Santueri (Castillo de)	90	N 39
Santullán	13	B 20
Santullano	5	B 12
Santurde	26	E 21
Santurdejo	26	E 21
Santurtzi	13	B 20
Sanxenxo / Sangenjo	6	E 3
Sanxián	20	G 3
Sanzo	4	C 9
Sanzoles	38	H 13
Sao (El)	94	O 11
Saornil de Voltoya	38	J 16
Sapeira	17	F 32
Sa Punta (Gerona)	33	G 39
Sa Punta (Mallorca)	91	N 39
Sar	6	D 4
Saracho	13	C 20
Sarandón	6	D 4
Sarasa	15	D 24
Saraso	14	D 23
Saravillo	16	E 30
Sarceda	11	C 16
Sarces	2	C 2
Sardas	16	E 29
Sardina	94	P 10
Sardina (Punta de)	94	N 9
Sardinas	76	R 20
Sardinero	73	S 13
Sardinero (El)	12	B 18
Sardineros (Los)	68	N 26
Sardinilla	75	R 17
Sardiñeiro de Abaixo	6	D 2
Sardón de Duero	25	H 16
Sardón de los Frailes	37	I 11
S'Arenal (Mallorca)	90	N 38
Sarga (Pico de la)	66	Q 22
S'Argamassa	91	P 34
Sargentes de la Lora	12	D 18
Sargilla (La)	67	Q 23
Sariego	5	B 13
Sariegos	10	E 13
Sa Riera	33	G 39
Sariñena	30	G 29
Sarnago	27	F 23
Saro	12	C 18
Sarón	12	C 18
Sarrablo (Puerto del)	16	E 29
Sarracín	25	F 18
Sarracín de Aliste	23	G 11

SANTIAGO DE COMPOSTELA

Caldeireria	X	17
Orfas	X	70
Nova (R.)	X	
Vilar (R. do)	X	
Acibecheria	V	2
Algalia de Arriba	V	5
Arco de Palacio	V	9
Camiño (Porta do)	V	20
Castrón Douro	X	22
Cervantes (Pr. de)	V	25
Faxeiras (Porta da)	X	37
Ferradura (Paseo da)	X	40
Galicia (Pr. de)	X	45
Gelmírez	X	47
Inmaculada (Pr. da)	V	58
Patio de Madres	V	72
Pena (Porta da)	V	75
Praterías (Pr. das)	VX	77
Preguntoiro	V	80
Rodrigo de Padrón (Av. de)	X	90
San Francisco	V	98
San Martiño (Pr. de)	V	101
San Roque	V	104
Senra	X	113
Trinidade	V	116
Troia	V	119

A PALACIO GELMÍREZ

SEGOVIA

Cervantes . . . . BY 15
Isabel la Católica . . . BY 39
Juan Bravo . . . . BY 47

Azoquejo (Pl. del) . . . BY 8
Colón . . . . BY 18
Conde de Cheste
(Pl. del) . . . . BY 21
Cronista Lecea . . . . . BY 23
Escuderos . . . . AY 24
Fernández
Ladreda (Av.) . . . . BY 27

Gobernador F.
Jiménez . . . . . . BY 30
Independencia . . . . . BY 36
Judería Vieja . . . . . AY 51
Laguna (Pl. Dr.) . . . BY 52
Los Zuloaga . . . . . . BY 53
Marqués
del Arco . . . . . . AY 56
Mayor (Pl.) . . . . . ABY 59
Merced
(Pl. de la) . . . . . AX 62
Obispo
Gandasegui . . . . BY 67
Padre Claret
(Av.) . . . . BY 70

Ruiz de Alda . . . . . . BY 73
Salón (Pas.) . . . . . . BY 76
San Martín
(Pl.) . . . . BY 78
San Quirce . . . . BX 81

Santiago
(Puerta de) . . . . . AX 83
Serafín . . . . BY 88
Socorro . . . . AY 91
Valde Laguila . . . . . BX 94

S'Arracó	90 N 37	Saucedilla		Sazadón (Portillo	
Sarral	31 H 33	(Embalse de)	64 Q 16	de)	23 G 11
Sarratella	57 L 30	Saucejo (El)	84 U 14	Scala Dei	45 I 32
Sarreaus	21 F 7	Saucelle	36 I 9	Seadur	8 E 8
Sarria	8 D 7	Saucelle		Seara	8 E 8
Sarrià de Ter	19 F 38	(Embalse de)	36 I 9	Seara (A)	21 F 5
Sarriés	15 D 26	Sauceral (El)	52 N 17	Seares	4 B 8
Sarrión	56 L 27	Saucillo	94 O 9	Seavia	2 C 3
Sarroca de Bellera	17 E 32	Sauco	87 U 22	Sebo (Punta del)	82 U 9
Sarroca de Lleida	31 H 31	Saúgo (El)	36 K 10	Sebúlcor	39 I 18
Sarroqueta	17 E 32	Saulces (Los)	95 C 5	Sec de Betxí	
Sarsamarcuello	29 F 27	Sauquillo de		(Riu)	57 M 29
Sartaguda	27 E 23	Boñices	27 H 22	Seca (Embalse de)	31 H 31
Sartajada	51 L 15	Sauquillo de		Seca (La) (León)	10 D 13
Sarvisé	16 E 29	Cabezas	39 I 17	Seca (La) (Soria)	27 H 21
Sarzol	4 C 9	Sauquillo del		Seca (La) (Valladolid)	38 H 15
Sasa del Abadiado	16 F 29	Campo	41 H 22	Seca (Sierra de)	77 S 21
Sasal	16 E 28	Sauquillo		Secada (La)	5 B 13
Sasamón	25 E 17	de Paredes	40 H 21	Secanos	78 S 25
Sas de Penelas	8 E 7	Saus	19 F 38	Secastilla	16 F 30
Sasdónigas	3 B 7	Sauvegarde (Pico		Seco (Río) (cerca de	
Sáseta	14 D 22	de)	17 D 31	Benicarló)	44 K 31
Sástago	43 I 28	Sauzal (El)	92 J 7	Seco (Burgos)	26 F 19
Sastres	64 O 16	S'Avall	90 O 39	Seco (Pico)	7 E 5
Sa Tuna	33 G 39	Savallà del Comtat	31 H 33	Seco (Salamanca)	37 J 12
Saturrarán	14 C 22	S'Avalls		Secuita (La)	45 I 33
Sau		(Torrent de)	90 N 39	Sedano	12 D 18
(Embalse de)	33 G 37	Savina (La)	91 P 34	Sedella	85 V 17
Sauca	41 I 22	Saviñán	28 H 25	Sedes	3 B 5
Saúca (Ermita de)	41 K 21	Saviñao	8 E 7	Sediles	42 H 25
Sauceda	49 L 10	Sax	68 Q 27	Segán	7 D 6
Sauceda (La)	88 W 13	Sayalonga	85 V 17	Segart	56 M 28
Saucedilla	50 M 12	Sayatón	53 K 21	Sege	77 R 23

SEVILLA

Ada . . . . FR 2
Alameda de Hércules . . . . . . FR 5
Alcalde Juan Fernández . . . . FR 8
Almirante Lobo . . . . FR 22
Antonio Bienvenida . . . . FR 26
Asunción . . . . FR 33
Borbolla . . . . FR 38
Calatrava . . . . FR 40
Capuchinos (Ronda) . . . . . . FR 45
Cardenal Ilundain . . . . FS 46
Carlos Marx . . . . GR 50
Carlos V (Av.) . . . . FR 52
Castilla . . . . ER 57
Chapina (Puente) . . . . FR 59
Ciudad Jardín (Av.) . . . . FR 60
Cristóbal Colón (Paseo) . . . . FR 72
Cruz del Campo (Av.) . . . . . . FR 80
Dolicias (Paseo de las) . . . . . FR 82
Diego Martinez Barrio . . . . . FR 85
Doctor Fedriani . . . . FP 87
Don Fabrique . . . . FP 92
Eduardo Dato (Av.) . . . . FR 100
Éfeso . . . . FR 102
Enramadilla . . . . FR 107
Eritaña (Av.) . . . . FR 110
España (Pl. de) . . . . FR 112
Federico Mayo Gayarre . . . . GR 117
Felipe II . . . . FR 120
Francisco Buendía . . . . FR 125
General Merry . . . . FR 132
Generalísimo (Puente del) . . FR 137
Greco (El Av.) . . . . FR 138
Ingeniero la Cierva . . . . GR 142
Isabel II (Puente) . . . . FR 145
López de Gomara . . . . ER 157
Luis Morales . . . . FR 162
Manuel Fal Conde . . . . FS 165
Manuel Siurot (Av.) . . . . FS 167
Maqueda . . . . GR 170
María Auxiliadora . . . . FR 175
María Luisa (Av.) . . . . FR 177
Marqués de
Luca de Tena . . . . FS 182
Marqués de Paradas . . . . . . FR 185
Marqués de Pickman . . . . . . FR 187
Menéndez Pelayo . . . . FR 195
Miraflores (Av.) . . . . FR 198
Muñoz León . . . . FR 200
Padre García Tejero (Av.) . . . FS 212
Paez de Rivera . . . . FR 215
Pagés del Corro . . . . FR 217
Pedro Gual Villalbi (Av.) . . . . FP 225
Pie XII (Ronda) . . . . FP 229
Portugal (Av.) . . . . FR 237
Quintillo (Camino) . . . . FS 244
Ramón y Cajal (Av.) . . . . . . FR 247
Ramón de
Carranza (Av.) . . . . FR 249
Recaredo . . . . FR 252
República Argentina (Av.) . . EFR 255
Rosolana . . . . FR 257
Rubén Dario . . . . FR 265
San Fernando . . . . FR 267
San Francisco Javier (Av.) . . . FR 270
San Juan de la Cruz (Av.) . . . GR 275
San Juan de Ribera . . . . FP 280
San Juan de la Salle . . . . . . FP 282
San Luis . . . . FR 285
San Telmo (Puente de) . . . . FR 290
Sánchez Pizjuan (Av.) . . . . . FP 292
Santa Fe . . . . EFR 295
Tesalónica . . . . GR 305
Virgen de Luján . . . . FR 322

M² MUSEO ARQUEOLÓGICO

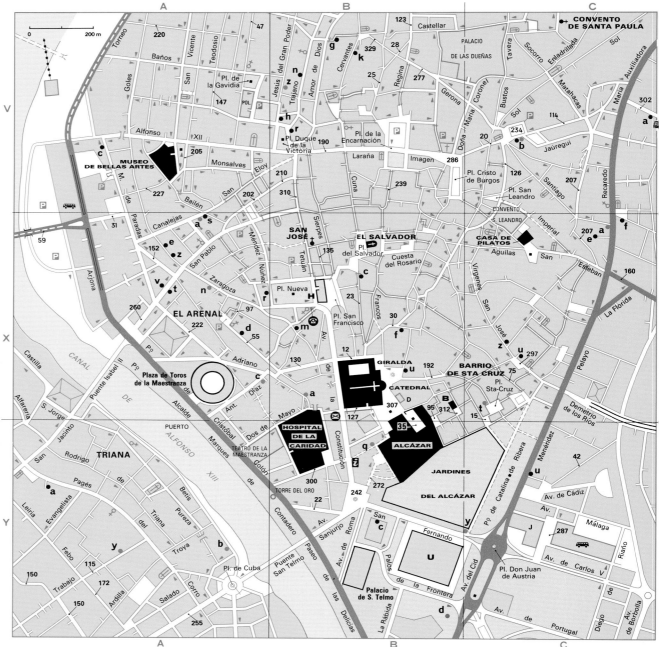

SEVILLA

Francos .... BX
Sierpes .... BVX
Tetuán .... BX

Alemanes .... BX 12
Alfaro (Pl.) .... CXY 15
Almirante Apodaca ...... CV 20
Almirante Lobo ...... BY 22
Álvarez Quintero ...... BX 23
Amparo .... BV 25
Aposentadores .... BV 28
Argote de Molina ...... BX 30
Armas (Pl. de) .... AX 31
Banderas (Patio de) ... BXY 35
Capitán Vigueras ...... CY 42
Cardenal Spínola ...... AV 47
Castelar .... AX 55
Chapina (Puente) ...... AV 59
Cruces .... CX 75
Doña Elvira .... BX 95
Doña Guiomar .... AX 97
Escuelas Pias .... CV 114
Farmacéutico E
  Murillo Herrera ...... AY 115
Feria .... BV 123
Francisco Carrión
  Mejias .... CV 126
Fray Ceferino González ... BX 127
García de Vinuesa ..... BX 130
General Polavieja ..... BX 135
Jesús de la Vera Cruz ... AV 147
José Maria Martínez
  Sanchez Arjona ...... AY 150
Julio Cesar .... AX 152
Luis Montoto .... CX 160
Marcelino Champagnat ... AY 172
Martin Villa .... BV 190
Mateos Gago .... BX 192
Murillo .... AV 202
Museo (Pl.) .... AV 205
Navarros .... CVX 207
O'Donnell .... BV 210
Pascual de Gayangos ... AV 220
Pastor y Landero ...... AX 222
Pedro del Toro .... AV 227
Ponce de León (Pl.) ... CV 234
Puente y Pellón .... BV 239
Puerta de Jerez .... BY 242
República Argentina
  (Av.) .... AY 255
Reyes Católicos .... AX 260
San Gregorio .... BY 272
San Juan de la Palma ... BV 277
San Pedro (Pl.) .... BV 286
San Sebastián (Pl.) ... CY 287
Santa María La Blanca ... CX 297
Santander .... BY 300
Saturno .... CV 302
Triunfo (Pl.) .... BX 307
Velázquez .... BX 310
Venerables (Pl.) ...... BX 312
Viriato .... BV 329

Segóbriga (Ruinas romanas de) 54 M 21
Segorbe 56 M 28
Segovia 39 J 17
Segoyuela de los Cornejos 37 K 11
Segre (Río) 18 E 35
Segre (Vall du) 18 E 34
Segundera (Sierra) 22 F 9
Segur de Calafell 32 I 34
Segura (Guipúzcoa) 14 C 23
Segura (Puerto de) 43 J 27
Segura (Riu) 79 R 26
Segura (Sierra de) 76 S 21
Segura (Tarragona) 31 H 33
Segura de la Sierra 77 R 22
Segura de Léon 72 R 10
Segura de los Baños 43 J 27
Segura de Toro 50 L 12
Segurilla 51 L 15
Seguro (El) 12 C 18
Seira 17 E 31
Seixido 7 E 4
Seixo (Orense) 21 F 7
Seixo (Pontevedra) 6 E 3
Seixo (O) 20 G 3
Seixón 3 C 6
Sejas de Aliste 22 G 10
Sela 20 F 4
Selas 41 J 23
Selaya 12 C 18

Sel de la Carrera 12 C 18
Selgas 5 B 11
Selgua 30 G 30
Sella (Alicante) 69 Q 29
Sella (Río) (Asturias) 11 B 14
Sella (Riu) 69 Q 29
Selladores (Casa Forestal de) 76 Q 18
Sellent 68 O 28
Selmo 9 E 9
Selorio 5 B 13
Selva (Mallorca) 90 M 38
Selva (Murcia) 78 S 24
Selva del Camp (La) 45 I 33
Selva de Mar (La) 19 F 39
Selvanera 31 G 33
Selviella 5 C 11
Semillas 40 I 20
Sena (Huesca) 30 G 29
Sena de Luna 10 D 12
Senan 31 H 33
Senande 2 C 2
Sencelles 90 N 38
Sendadiano 13 D 21
Sendelle 7 D 5
Senegüe 16 E 28
Senés 87 U 22
Senés de Alcubierre 29 G 28
Senet 17 E 32

Sénia (La) 44 K 30
Senija 69 P 30
Seno 44 J 29
Senra 10 D 11
Senterada 17 F 32
Sentfores 32 G 36
Sentiu de Sió (La) 31 G 32
Sentmenat 32 H 36
Senz 17 E 31
Seña (Cantabria) 12 B 19
Señales (Las) 11 C 14
Señora 60 Q 8
Señorío de Bertiz 17 C 25
Señuela 41 H 22
Señuela (La) 83 U 11
Seo de Urgel / Seu d'Urgell (La) 18 E 34
Seoane (cerca de Fonsagrada) 4 C 8
Seoane (cerca del Puerto El Buey) 8 E 8
Seoane (cerca de Monforte) 8 E 7
Sepulcro (Ermita del) 53 L 19
Sepulcro Hilario 37 J 11
Sepúlveda 39 I 18
Sequeiros 8 E 8
Sequera de Fresno 40 H 19
Sequera de Haza (La) 25 H 18

Sequero (Ermita de) 49 M 9
Sequeros 37 K 11
Sequillo (Embalse de Río) 39 J 18
Sequillo (Río) (Soria) 27 H 21
Sequillo (Río) (Valladolid) 24 F 15
Sequillo (Río) (Zamora) 23 G 13
Ser (La Coruña) 2 C 3
Ser (Gerona) 19 F 38
Serandinas 4 B 9
Seráns 6 E 4
Serantes (Asturias) 4 B 9
Serantes (cerca de Ferrol) 3 B 5
Serantes (cerca de Melide) 7 D 5
Serantes (Madrid) 52 L 17
Serella (Serra de) 69 P 29
Serena 87 U 24
Serena (La) 62 P 13
Serín 5 B 12
Serinyà 19 F 38
S'Ermita 90 N 39
Serna (La) 24 E 16
Serna del Monte (La) 40 I 19
Serón (Almería) 87 T 22

Serón (Zaragoza) 42 I 24
Serón de Nágima 27 H 23
Serones (Embalse de) 39 J 16
Serós 30 H 31
Serpis (Riu) 69 P 29
Serpos 72 S 9
Serra 56 M 28
Serracines 40 K 19
Serrada 24 H 15
Serrada (La) 38 K 15
Serrada de la Fuente 40 J 19
Serra d'Almos (La) 45 I 32
Serra de Daró 19 F 39
Serradell 17 F 32
Serra d'Ensija 18 F 35
Serra de Outes 6 D 3
Serradero 27 F 22
Serradero (Punta del) 95 A 5
Serradiel 67 O 25
Serradilla 32 G 35
Serradilla del Arroyo 36 K 10
Serradilla del Llano 36 K 10
Serradúy 17 F 31
Serral (Sierra del) 68 Q 26
Serramo 2 C 3
Serrana (Puerto de la) 50 M 11
Serranía de Cuenca 41 K 23

Serranía de Cuenca (Reserva nacional) 54 L 23
Serranía de Ronda (Reserva nacional de) 89 W 14
Serrano 78 R 26
Serranillo (Ciudad Real) 65 P 20
Serranillo (Salamanca) 36 J 9
Serranillos 51 K 15
Serranillos (Collado de) 51 L 15
Serranillos del Valle 52 L 18
Serranillos Playa 51 L 15
Serrano 78 R 26
Serrantina (Sierra de la) 4 C 10
Serrapio 6 E 4
Serrat (El) 18 E 34
Serrata 77 R 23
Serrateix 32 G 35
Serrato 84 V 15
Serrejón 50 M 12
Serrejón (Sierra de) 50 M 12
Serres 17 F 31
Serreta (Granada) 86 T 20
Serreta (Murcia) 78 T 24
Serrota 38 K 14
Serué 16 E 28
Serval 85 T 17

Serveto 16 E 30
Servoi 21 F 7
Ses Illetes 90 N 37
Ses Meravelles 90 N 38
Ses Salines 90 N 38
Ses Salines (Cap de) 90 O 39
Sesa 30 G 29
Sésamo 9 D 10
Ses Ánimes (Mirador de) 90 M 37
Ses Crestes (Punta de) 90 N 39
Seseña 52 L 18
Seseña Nuevo 53 L 19
Sesga 55 L 26
S'Esgleieta 90 N 37
Sesma 14 E 23
Sesmo (El) 84 V 16
Sesnández 23 G 11
S'Estany d'en Mas 90 N 39
S'Estanyol (Mallorca) 90 N 38
S'Estanyol (Ibiza) 91 P 33
Sestao 13 C 21
Sestorraso 4 C 10
Sestrica 28 H 25
Sesué 17 E 31
Set 31 H 31
Set (Río) 31 E 32
Setcases 18 E 36
Setefilla 74 S 13

Setenil 84 V 14
Setenil (Estación de) 84 V 14
Seteventos 8 D 8
Setiles 42 J 25
Seu d'Urgell (La) / Seo de Urgel 18 E 34
Seu d'Urgell (Parador de la) 18 E 34
Seva 32 G 36
Sevares 5 B 14
Sever 48 N 7
Sevilla 83 T 12
Sevilla (Puerto de) 61 P 10
Sevilla la Nueva 52 K 17
Sevilleja 75 R 18
Sevilleja de la Jara 51 N 15
Sevillejas (Sierra de) 51 N 15
Sexmiro 36 J 9
Shangril-La 91 M 42
S'Horta 90 N 39
Sía (Puerto de la) 12 C 19
Siberio (Embalse de) 94 N 10
Sidamon 31 H 32
Sienes 41 I 22
Siero 5 B 12
Siero de la Reina 11 D 15
Sierpe (La) 37 K 12
Sierra 67 Q 25
Sierra Brava (Embalse de) 62 O 13
Sierra de Andújar (Parque natural de la) 75 Q 17
Sierra de Aracena y Picos de Aroche (Parque natural de la) 72 R 9
Sierra de Cardeña y Montero (Parque natural de la) 75 R 16
Sierra de Grazalema (Parque natural de la) 89 V 13
Sierra de Hornachuelos (Parque natural de la) 74 S 13
Sierra de Huétor (Parque natural) 86 U 19
Sierra de las Nieves 84 V 14
Sierra (La) (Albacete) 66 Q 22
Sierra (La) (Cádiz) 83 V 12
Sierra (La) (Huesca) 16 E 30
Sierra Mágina (Parque natural de la) 76 S 19
Sierra Nevada (Parque natural de la) 86 U 19
Sierra Norte de Sevilla (Parque natural de la) 73 S 11
Sierra (Pico de la) 26 G 19
Sierra Subbética (Parque natural de la) 85 T 17
Sierra Boyera (Embalse de) 74 R 14
Sierra de Fuentes 49 N 11
Sierra de Luna 29 F 27
Sierra de Tejeda (Reserva nacional de) 85 V 18
Sierra de Yeguas 84 U 15
Sierra Engarcerán 57 L 29
Sierra Espuña (Reserva nacional de) 78 S 25
Sierra Mayor (Puerto) 29 F 27
Sierra Nevada 86 U 19
Sierra Nevada (Reserva nacional de) 86 U 19
Sierra Perenchiza 56 N 28
Sierro 87 U 22
Sieso de Huesca 16 F 29
Siesta 91 P 34
Siétamo 16 F 29
Siete Aguas 56 N 27
Sieteiglesias 40 J 19
Sieteiglesias de Tormes 37 J 13
Siete Iglesias de Trabancos 38 H 14
Sietes 5 B 13
Sigena 30 H 29
Sigena (Monasterio de) 30 G 29
Sigeres 38 J 15
Sigrás 2 C 4
Sigüeiro 7 D 4
Sigüenza 41 I 22
Siguero 40 I 19
Sigueruelo 40 I 19
Sigüés 15 E 26
Sigüeya 9 E 10
Sil (Río) 8 E 7
Sil (Gargantas del) 7 E 6
Silán 3 B 7
Silanes 13 D 20
Sileras 85 T 17
Siles 77 Q 22
Silillos 74 S 14
Silillos (Embalse de) 72 T 9
Silió 12 C 17
Silla 69 N 28
Silla de Felipe II 39 K 17
Silladores 76 Q 18
Sillar Baja 86 T 19
Silleda 7 D 5
Silleiro (Cabo) 20 F 3
Silleta 49 M 10
Sillo (Arroyo del) 72 R 9
S'Illot 91 N 40
Silos (Los) 92 H 7
Silos (Los) 72 S 9
Sils 33 G 38
Silva 2 C 4
Silva (La) 9 E 11
Silván 9 E 9
Silvón 4 B 9
Silvosa 6 D 3
Silvoso 6 E 4
Simancas 24 H 15
Simarro (El) 66 N 23
Simat de la Valldigna 69 O 29
Simón 77 T 23
Sin 16 E 30
Sinarcas 55 M 26
Sineu 90 N 39
Singla 78 R 24
Singra 42 K 26
Singra (Puerto de) 42 K 26
Sinlabajos 38 I 15
Sinués 16 E 28
Sió 31 G 33
Sios 8 E 7
Sipán 16 F 29
Siresa 15 D 27
Siruela 63 P 14
Siruela (Río) 63 O 14
Siruela (Sierra de) 63 P 14
Sisamo 2 C 3
Sisamón 41 I 23
Sisante 66 N 23
Sisargas (Islas) 2 B 3
Sisca (Masía de la) 43 J 28
Siscar 79 R 26
Sistallo 3 C 7
Sisterna 9 D 10
Sistín 8 E 7
Sisto 3 B 6
Sitges 32 I 35
Sitjar (Embassament de) 57 L 29
Sitrama de Trasmonte 23 F 12
Siurana 19 F 38
Siurana (Río) 45 I 32
Sivil 16 F 29
Sober 8 E 7
Sobia (Sierra de) 5 C 11
Sobradelo 8 E 9
Sobradiel 29 G 26
Sobradillo (El) 93 K 7
Sobradillo de Palomares 37 H 12
Sobradillo 36 J 9
Sobrado (Asturias) 4 C 10
Sobrado dos Monxes 3 C 5
Sobrado (León) 8 E 9
Sobrado (Lugo) 8 D 7
Sobrado (Orense) 21 F 8
Sobrefoz 11 C 14
Sobrelapeña 11 C 16
Sobremunt 18 F 36
Sobrescobio 5 C 13
Sobrón 13 D 20
Sobrón (Embalse de) 13 D 20
Socarrada (La) 28 F 26
Socorro (El) (Cerca de Candelaria) 93 J 8
Socorro (El) (Cerca de Tegueste) 93 J 6
Socorro (Sierra del) 54 L 23
Socovos 78 Q 24
Socuéllamos 66 O 21
Sodupe 13 C 20
Sofán 2 C 4
Sofuentes 28 E 26
Soga (Punta de la) 94 N 10
Sogo 37 H 12
Sogos 37 J 12
Sograndio 5 B 12
Soguillo 23 F 12
Sojo 13 C 20
Sojuela 27 E 22
Sol (Málaga) 85 V 18
Sol (Murcia) 78 Q 24
Sol (Punta del) 92 J 7
Sola (Serra) 44 K 30
Solana 50 N 13
Solana (La) (Albacete) 67 P 23
Solana (La) (Ciudad Real) 65 P 20
Solana (Serra de la) (Valencia) 68 P 27
Solana (Sierra de la) (Albacete) 77 Q 23
Solana (Valle de) 16 E 29
Solana de Alcudia (Sierra de la) 64 P 16
Solana de Ávila 50 L 13
Solana de los Barros 61 P 10
Solana del Pino 64 Q 17
Solana del Valle 73 S 12
Solana de Rioalmar 38 J 14
Solanara 26 G 19
Solanas de Valdelucio 12 D 17
Solanazo 64 O 16
Solán de Cabras 41 K 23
Solanell 18 E 34
Solanilla 66 P 22
Solanillos del Extremo 41 J 21
Solares 12 B 18
Solbeira 21 F 8
Soldeu 18 E 35
Solduengo 13 E 19
Solenaga 15 E 25
Solera 76 S 19
Solera del Gabaldón 55 M 24
Soleràs (El) 31 H 32
Soliedra 27 H 22
Solipueyo 17 E 30
Solius 33 G 38
Solivella 31 H 33
Sollana 69 O 28
Sollavientos 43 K 28
Sollavientos (Puerto de) 43 K 27
Sóller 90 M 38
Sóller (Puerto de) 90 M 38
Solleric 90 M 38
Sollube 13 B 21
Sollube (Alto del) 13 B 21
Solorio (Sierra de) 41 I 23
Solórzano 12 B 19
Solosancho 38 K 15
Solsía 68 Q 26
Solsona 32 G 34
Solsona (Riera de) 32 G 34
Solvito 85 T 17
Sol y Mar 57 L 30
Solyplayas 93 U 5
Somaén 41 I 23
Somanés 15 E 27
Sombrera 92 J 8
Somiedo 5 C 11
Somiedo (Puerto de) 5 C 11
Somiedo (Reserva nacional de) 5 C 11
Somió 5 B 13
Somo 12 B 18
Somocueva (Punta de) 12 B 18
Somolinos 40 I 20
Somontín 87 T 22
Somorrostro 13 C 20
Somosierra 40 I 19
Somosierra (Monte) 40 J 19
Somosierra (Puerto de) 40 I 19
Somozas 3 B 6
Somport (Puerto de) 16 D 28
Somport (Túnel de) 16 D 28
Son Bou 91 M 42
Son (Lérida) 17 E 33
Son (Lugo) 8 D 8
Son Serra de Marina 90 M 39
Sonabia (Punta de) 13 B 20
Son Carrió 91 N 39
Son Catlar (Torrent de) 90 N 38
Soncillo 12 D 18
Son del Puerto 43 J 27
Soneja 56 M 28
Son Ferriol 90 N 38
Son Marroig 90 M 37
Son Moll 91 M 40
Son Moro 91 N 40
Son Olivar Vell 91 M 41
Son Sardina 90 N 37
Sonseca 52 M 18
Son Servera 91 N 40
Sonsoto 39 J 17
Son Vida 90 N 37
Sóo 95 W 3
Sopalmo 87 U 24
Sopalmo (Sierra de) 68 Q 26
Sopeira 17 F 32
Sopela 13 B 21
Soportújar 85 V 19
Sor 3 B 6
Sora 18 F 36
Soraluze-Placencia 14 C 22
Sorana de Torralba 76 S 20
Sorbas 87 U 23
Sorbe 40 J 20
Sorbeda 9 D 10
Sorbeira 9 D 9
Sorbito (Estación El) 83 U 12
Sordillos 25 E 17
Sordo 78 S 24
Sordo (El) 82 U 10
Sordo (Monte) 26 E 20
Soria 27 G 22
Soria 94 N 10
Soria (Embalse de) 94 O 10
Soriguera 17 E 33
Sorihuela 37 K 12
Sorihuela del Guadalimar 76 R 20
Sorlada 14 E 23
Sorocuela (La) 12 B 19
Sorpe 17 E 33
Sorpe 17 E 33
Sorre 17 E 33
Sorriba 11 D 14
Sorribes 18 F 34
Sorribos de Alba 10 D 13
Sorrueda (La) 94 O 10
Sort 17 E 33
Sorvilán 86 V 20
Sorzano 27 E 22
Sos (Puerto de) 15 E 26
Sosa 30 G 30
Sosas del Cumbral 10 D 11
Sos del Rey Católico 15 E 26
Soses 30 H 31
Sotalvo 38 K 15
Sot de Chera 56 N 27
Sot de Ferrer 56 M 28
Sotés 27 E 22
Sotiel (Embalse de) 72 S 9
Sotiel Coronada 72 T 9
Sotiello (cerca de Gijón) 5 B 12
Sotiello (cerca de Lena) 5 C 12
Sotillo (Ciudad Real) 64 O 17
Sotillo (El) 41 J 22
Sotillo (Río) 73 R 12
Sotillo (Segovia) 40 I 19
Sotillo (Sierra de) 65 Q 19
Sotillo de la Adrada 52 L 16
Sotillo de la Ribera 25 G 18
Sotillo de las Palomas 51 L 15
Sotillo del Rincón 27 G 22
Sotillo de Sanabria 22 F 9
Sotillos (León) 10 D 14
Sotillos (Soria) 40 I 20
Soto 26 H 20
Soto de Cangas 11 B 14
Soto de Congas 11 B 14
Soto (El) (Cantabria) 12 C 18
Soto (El) (Madrid) 40 K 19
Sotobañado y Priorato 11 E 16
Sotoca 54 L 22
Sotoca de Tajo 41 J 22
Soto de Agües 5 C 13
Soto de Cameros 27 F 22
Soto de Caso 5 C 14
Soto de Cerrato 25 G 16
Soto de Dueñas 5 B 14
Soto de la Marina 12 B 18
Soto de la Vega 23 F 12
Soto del Barco 5 B 11
Soto de los Infantes 5 B 11
Soto del Real 39 J 18
Soto de Luiña 5 B 11
Soto de Ribera 5 C 12
Soto de Sajambre 11 C 14
Soto de Trevias 4 B 10
Soto de Viñuelas 39 K 18
Sotodosos 41 J 22
Sotogordo 76 S 19
Sotogrande 89 X 14
Sotojusto 20 F 4
Sotón 29 F 28
Sotonera (Embalse de) 29 F 27
Sotonera (La) 29 F 28
Sotopalacios 25 E 18
Sotos 54 L 23
Sotosalbos 39 I 18
Sotos del Burgo 26 H 20
Sotoserrano 37 K 11
Sotovellanos 12 E 17
Soto y Amío 10 D 12
Sotragero 25 E 18
Sotres 11 C 15
Sotresgudo 12 E 17
Sotrondio 5 C 13
Sotuélamos 66 O 22
Sousas 21 G 7
Soutelo 7 E 5
Soutelo Verde 21 F 7
Souto (cerca de Betanzos) 3 C 5
Souto (Toques) 7 D 6
Soutochao 21 G 8
Soutolongo 7 E 5
Soutomaior 6 E 4
Soutopenedo 21 F 6
Spinola 88 W 12
Su 32 G 34
Suances 12 B 17
Suano 12 D 17
Suarbol 9 D 9
Suarna 4 C 8
Subijana 13 D 21
Subirats 32 H 35
Subiza 14 D 24
Sucina 79 S 27
Sudanell 31 H 31
Sueca 69 O 29
Sueiro 4 B 9
Suellacabras 27 G 23
Suelta Alta 29 G 28
Suelza (Punta) 17 E 30
Sueras 56 M 28
Sueros de Cepeda 10 E 11
Suertes 9 D 9
S'Uestra 91 M 42
Sueve (Reserva nacional de) 5 B 14
Suevos (cerca de Carnota) 6 D 2
Suevos (cerca de La Coruña) 2 B 4
Suflí 87 T 22
Suido (Sierra del) 20 F 4
Sukarieta 13 B 21
Sumacárcer 68 O 28
Sumoas 3 A 7
Sunbilla 15 C 24
Sunyer 31 H 31
Super Molina 18 F 35
Suquets 30 G 31
Súria 32 G 35
Suró 31 H 33
Surp 17 E 33
Susana 7 D 4
Susañe 9 D 10
Susinos del Páramo 25 E 18
Suso (Monasterio de) 26 F 21
Suspiro del Moro (Puerto del) 85 U 19
Susqueda (Embalse de) 33 G 37
Suterranya 17 F 32

T

Taale 77 S 22
Tabagón 20 G 3
Tabaiba 93 K 7
Tabajete 83 V 11
Tabanera de Cerrato 25 F 17
Tabanera del Monte 39 J 17
Tabanera de Valdavia 11 E 15
Tabanera la Luenga 39 I 17
Tabaqueros 67 N 25
Tabar 15 D 25
Tábara 23 G 12
Tabarca (Illa de) 79 R 28
Tabayesco 95 X 3
Tabaza 5 B 12
Tabeaio 3 C 4
Tabeirós 6 E 4
Tabera de Abajo 37 J 11
Tabera de Arriba 37 J 11
Tabernanova 2 C 2
Tabernas 87 U 22
Tabernas (Rambla de) 87 V 22
Tabernas de Isuela 29 F 28
Taberno 87 T 23
Tablada 39 J 17
Tablada del Rudrón 12 D 18
Tablada de Villadiego 12 E 18
Tabladillo (Guadalajara) 41 K 21
Tabladillo (León) 23 E 11
Tabladillo (Segovia) 39 I 16
Tablado (El) 95 B 4
Tablado (El) 92 J 8
Tablado (Puerto de) 72 R 9
Tablado de Riviella 4 B 10
Tablas de Daimiel (Parque nacional) 65 O 19
Tablero (El) 93 J 7
Tablero (El) 94 O 11
Tablillas (Embalse de) 64 Q 17
Tablón (Sierra del) 84 V 14
Tablones (Los) 86 V 19
Taboada (La Coruña) 3 B 5
Taboada (Lugo) 7 D 6
Taboada (Pontevedra) 7 D 5
Taboada dos Freires 7 D 6
Taboadela 21 F 6
Taborno 93 K 6
Tabuenca 28 G 25
Taburiente (Caldera de) 95 B 5
Tabuyo del Monte 23 F 11
Taca 93 T 6
Taco 93 K 7
Tacones 52 M 16
Tacoronte 92 J 7
Tafalla 14 E 24
Tafira Alta 94 P 9
Tafira Baja 94 P 9
Tagamanent 32 G 36
Taganana 93 K 6
Tagarabuena 23 H 13
Tagle 12 B 17
Tagomago (Illa de) 91 O 34
Taguluche 95 E 9
Tahal 87 U 23
Tahiche 95 W 3
Tahivilla 88 X 12
Taialà 19 F 38
Taibilla 77 R 22
Taibilla (Embalse de) 77 R 23
Taibilla (Sierra de) 77 R 22
Taibique 93 B 11
Taidia 94 O 10
Taja 5 C 11
Tajahuerce 27 G 23
Tajera (Embalse de la) 41 J 22
Tajo 48 N 7
Tajo (Nacimiento del Río) 55 L 24
Tajo de la Encantada (Embalse) 84 V 15
Tajo de las Figuras (Cuevas del) 88 X 12
Tajonar 15 D 25
Tajonera 53 M 20
Tajoneras (Las) 65 Q 20
Tajo Segura 54 M 22
Tajueco 27 H 21
Tajuña 41 J 22
Tajuya 95 B 6
Tal 6 D 2
Tala (La) 37 K 13
Talamanca (Barcelona) 32 G 35
Talamanca (Ibiza) 91 P 34
Talamanca de Jarama 40 J 19
Talamantes 28 G 24
Talamillo 12 E 18
Talamillo del Tozo 12 E 18
Talarn 17 F 32
Talarrubias 63 O 14
Talaván 49 M 11
Talaván (Embalse de) 49 M 11
Talave 67 Q 24
Talave (Embalse de) 67 Q 24
Talavera (Almería) 87 T 22
Talavera (Lérida) 32 H 34
Talavera de la Reina 51 M 15
Talavera la Nueva 51 M 15
Talavera la Real 61 P 9
Talaveruela 50 L 13
Talayón (Cuenca) 55 L 25
Talayón (Murcia) 78 T 25
Talayuela 50 M 13
Talayuelas 55 M 26
Talayuelo 54 M 23
Talegones (Río) 41 H 21
Tales 56 M 29
Táliga 60 Q 8
Talisca Negra (Punta) 95 D 9
Tallada (La) 19 F 39
Tallante 79 T 26
Tállara 6 D 3
Tallón 16 D 29
Talveila 26 G 21
Tama 11 C 16
Tamadaba 94 N 9
Tamadaba (Pinar de) 94 N 9
Tamadite (Punta del) 93 K 6
Tamaduste 93 B 11
Tamaguelos 21 G 7
Tamaide 92 I 9
Tamaimo 92 H 8
Tamajón 40 I 20
Tamallancos 7 E 6
Tamallanes 4 C 10
Tamame 37 I 12
Tamames 37 K 11
Támara 25 F 16
Tamaraceite 94 P 9
Tamaral (El) 76 Q 18
Tamarinda 91 M 41

Tamarite de Litera	30 G 31	Tapioles	23 G 13
Tamariu	33 G 39	Tàpis	19 E 38
Tamariz de Campos	24 G 14	Tapuelo (El)	52 L 16
Tamarón	25 F 18	Tara	8 E 9
Tamayo	67 N 25	Taracena	40 K 20
Tambor		Taradell	32 G 36
(Monumento al)	44 I 29	Taragoña	6 D 3
Tambre	6 D 3	Taragudo	40 J 20
Támega	21 F 7	Taraguilla	89 X 13
Tameirón	21 F 8	Tarajalejo	93 T 8
Tameza	5 C 11	Tarajalillo	
Támoga	3 C 7	(Punta del)	94 O 11
Támoga (Río)	3 C 7	Taramay	85 V 18
Tamuja (Río)	61 N 11	Taramundi	4 B 8
Tamujoso (El)	72 S 9	Tarancón	53 L 20
Tamurejo	63 P 15	Tarancueña	40 H 20
Tanes (Embalse de)	5 C 13	Taranes	5 C 14
Tangel	69 Q 28	Taranilla	11 D 15
Taniñe	27 F 23	Taravilla	42 J 24
Tanorio	6 E 4	Taray (Laguna del)	53 N 20
Tanque (El)	92 H 7	Tarayuela	43 K 28
Tanque del Vidrio		Tarayuela	
(Punta del)	92 I 9	(Sierra de)	64 Q 16
Tañabuyes	26 F 19	Tarazona	28 G 24
Tao	95 W 3	Tarazona de	
Tapado (El)	92 I 9	Guareña	38 I 14
Tapia	12 E 17	Tarazona	
Tapia (Paso)	15 D 26	de la Mancha	67 O 24
Tapia de Casariego	4 B 9	Tárbena	69 P 29
Tàpies	19 E 38	Tardáguila	37 I 13

Tardajos	25 E 18	Tauro	94 N 11
Tardajos de Duero	27 G 22	Taús (Cerca de	
Tardelcuende	27 H 22	Adrall)	18 F 34
Tardesillas	27 G 22	Taús (Cerca de Gerri	
Tardienta	29 G 28	de la Sal)	17 F 33
Tardobispo	23 H 12	Tauste	28 G 26
Tariego de Cerrato	25 G 16	Tauste (Canal)	28 G 26
Tarifa	88 X 13	Tavascan	17 E 33
Tariquejo	82 T 8	Tavernes	
Tarna	5 C 14	de la Valldigna	69 O 29
Tarna (Puerto de)	11 C 14	Tavernes Blanques	56 N 28
Taroda	41 H 22	Tavèrnoles	33 G 36
Tarragolla	77 S 23	Tavertet	33 G 37
Tarragona	45 I 33	Tazacorte	95 B 6
Tarrasa / Terrassa	32 H 36	Tazo	95 E 8
Tàrrega	31 H 33	Tazona	78 R 24
Tarrés	31 H 33	Tazones	5 B 13
Tarrío	2 C 4	Tazones (Punta de)	5 B 13
Tarro (El)	61 O 9	Tea	20 F 4
Tarroja de Segarra	31 G 33	Teatoinos (Los)	76 R 20
Tarrós (El)	31 G 33	Teayo	6 D 3
Tartanedo	42 J 24	Teba	84 V 15
Tasarte	94 N 10	Tébar	54 N 23
Tasarte (Lomo de)	94 N 10	Tebongo	4 C 10
Tasartico	94 N 10	Tebra	20 F 4
Tastavins (Río)	44 J 30	Tedín	6 D 2
Tattendre	18 E 35	Tefía	93 U 9
Taucho	92 H 9	Tegueste	93 J 6
Taüll	17 E 32	Teguise	95 W 3
Taurito (Playa de)	94 N 11	Teià	33 H 36

Teide (Laderas del)	92 I 8	Tejares Abarca	68 O 26
Teide		Tejeda	94 O 10
Observatorio		Tejeda (Sierra de)	85 V 17
Astronómico del)	92 I 8	Tejeda de Tiétar	50 L 12
Teide (Parque		Tejeda y Segoyuela	37 K 11
Nacional del)	92 I 8	Tejedo de Ancares	9 D 9
Teide (Pico del)	92 I 8	Tejedo del Sil	9 D 10
Teix	90 M 37	Tejera (La)	22 G 9
Teix	69 Q 28	Tejerina	11 D 14
Teixeira (A)	8 E 7	Tejerizas	27 H 22
Teixeiro	3 C 5	Tejina	93 J 6
Teixeiro	3 C 7	Tejina	
Teixeta		(Cerca de Guía de	
(Puerto de la)	45 I 32	Isora)	92 H 8
Teja Chueca	64 O 16	Tejo	56 N 27
Tejada (Burgos)	26 G 19	Telde	94 P 9
Tejada (Huelva)	73 T 10	Teleno (El)	9 E 10
Tejada (La)	12 C 18	Teleno	
Tejadillos	55 L 25	(Sierra del)	23 F 11
Tejadillos		Tella	16 E 30
(Casa Forestal		Telledo	5 C 12
de)	54 K 24	Tello	77 S 23
Tejado	27 H 23	Tembleque	53 M 19
Tejado (El)	37 K 13	Temerón	84 T 16
Tejados	23 E 11	Temiño	26 E 19
Tejar (El)	84 U 16	Temisas	94 O 10
Tejarejo	61 N 9	Temple (El)	85 U 18
Tejares		Tempul	88 W 12
(Salamanca)	37 J 12	Tena (Valle de)	16 E 28
Tejares (Segovia)	39 H 18	Ten-Bel	92 I 9

Tendeñera		
(Sierra de)	16 D 29	
Tendilla	40 K 21	
Tenebrón	36 K 10	
Tenefé (Punta de)	94 P 11	
Teneguía (Volcán)	95 B 7	
Tenes	32 H 36	
Teno	92 G 7	
Teno (Faro de)	92 G 7	
Teno (Punta de)	92 G 7	
Tenoya	94 P 9	
Tenteniguada	94 O 10	
Tentudia	73 R 10	
Teo	6 D 4	
Ter (Río)	18 F 36	
Tera (Soria)	27 G 22	
Tera (Zamora)	22 F 9	
Tercia (Sierra de la)	78 S 24	
Teresa	56 M 28	
Teresa de		
Cofrentes	68 O 26	
Termas Orion	33 G 38	
Terme (Cabo del)	45 J 32	
Térmens	31 G 32	
Término (El)	84 T 14	
Terminón	12 D 19	
Teroleja	42 J 24	
Teror	94 O 9	
Terque	87 V 22	
Terrachán	20 G 5	

TOLEDO

Comercio	BY
Hombre de Palo	BY 27
Reyes Católicos	AY
Santo Tomé	ABY
Alcántara (Puente de)	CX
Alfileritos	BX
Alfonso VI (Pl. de)	BX
Alfonso X El Sabio	BY 2
Alfonso XII	BY 3
América (Av. de)	AX
Ángel	AY
Ave María	BZ
Ayuntamiento (Pl. del)	BY 4
Azarquiel (Puente de)	CX
Cabestreros (Paseo de)	CZ
Cadenas	BY 7
Campana (Travesía)	BY 8
Cardenal Lorenzana	BY 9
Cardenal Tavera	BX
Carlos III (Av. de)	AX
Carlos V (Cuesta de)	BY 13
Carmelitas	AY 14
Cervantes	CY
Circo Romano	
(Paseo del)	AX
Colegio de Doncellas	AY 17
Conde (Pl. del)	AY 18
Consistorio (Pl. del)	BY 19
Cordonerías	BY 20
Cristo de la Vega	
(Paseo del)	AX
Cruz Verde (Paseo de la)	BZ
Duques de Lerma	
(Av. de los)	BX
El Salvador	BY 22
Esteban Illán	BY 24
Gerardo Lobo	BX
Honda	BX 28
Juanelo (Ronda de)	CY
Mas del Ribero (Av. de)	AY
Matías Moreno	AY
Merced	BY
Nuncio Viejo	BY 29
Núñez de Arce	BX 32
Padilla (Pl. y Calle de)	ABY 33
Padre Mariana (Pl.)	BY 34
Pascuales (Cuesta de los)	CY 36
Plata	BY
Pozo Amargo	BZ
Real del Arrabal	BX
Recaredo (Paseo de)	AX
Reconquista (Av. de la)	ABX
Rosa (Paseo de la)	CX
San Cristóbal (Paseo)	BZ 38
San Juan de Dios	AY 40
San Justo (Cuesta)	CY
San Justo (Pl.)	BY 41
San Marcos	BY 42
San Martín (Puente)	AY
San Román	BY 44
San Sebastián	
(Carreras de)	BZ
San Torcuato	BZ
San Vicente (Pl. de)	BY 45
Santa Leocadia	
(Cuesta de)	AY
Sillería	BX
Sixto Ramón Parro	BY 46
Sola	BZ
Taller del Moro	BY 48
Toledo de Ohio	BY 49
Tornerías	BY 50
Tránsito (Paseo del)	AYZ 52
Trinidad	BY
Venancio González	CX 53
Zocodover (Pl. de)	CY

M¹ CASA Y MUSEO DE
EL GRECO

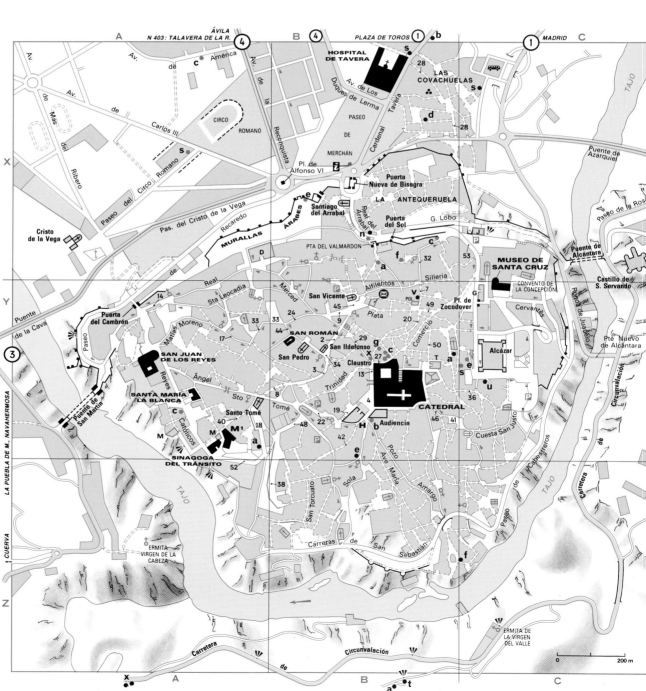

Name	Ref	Grid
Terrades	19	F 38
Terradets (Embalse dels)	17	F 32
Terradillos	37	J 13
Terradillos de Esgueva	25	G 18
Terradillos de los Templarios	24	E 15
Terradillos de Sedano	12	E 18
Terrassa / Tarrasa	32	H 36
Terrateig	69	P 29
Terraza	42	J 24
Terrazas	27	G 22
Terrazos	13	E 19
Terrente	86	T 19
Terreorgaz	61	N 11
Terrer	42	I 24
Terreras (Las)	78	S 24
Terrerazo	55	N 26
Terreros	25	F 18
Terri	19	F 38
Terriente	55	L 25
Terriente (Puerto)	55	L 25
Terril	84	U 14
Terrinches	66	Q 21
Terroba	27	F 22
Terrón (El)	82	U 8
Tertanga	13	D 20
Teruel	56	K 26
Terzaga	42	J 24
Tesejerague	93	T 8
Tesjuates	93	U 7
Tesla (Sierra de la)	12	D 19
Tesoro (Cueva del)	85	V 17
Testeiro (Montes del)	7	E 5
Testillos (Arroyo de)	53	M 20
Tetas	41	K 22
Tetas (Las)	94	N 10
Tetica	87	U 22
Tetir	93	U 6
Teulada (Alicante)	69	P 30
Teulada (Valencia)	56	N 27
Teverga	5	C 11
Teverga (Desfiladero del)	5	C 11
Texós	21	G 6
Teza	13	D 20
Tezanos	12	C 18
Tharsis	72	T 8
Tiagua	95	W 3
Tiana	32	H 36
Tías	95	W 4
Tibi	69	Q 28
Tibidabo	32	H 36
Tices	86	U 21
Tiebas	15	D 25
Tiedra	24	H 14
Tielmes	53	L 20
Tielve	11	C 15
Tiemblo (El)	51	K 16
Tiena	85	U 18
Tienda	40	I 20
Tiendas (Las)	61	P 10
Tienera Vieja (La)	89	W 13
Tierga	28	H 25
Tiermes	40	I 20
Tierra de Campos (Mirador de)	24	F 16
Tierra de Campos (Mirador de)	24	G 14
Tierra del Trigo (La)	92	H 7
Tierra Negra (Punta de)	95	X 3
Tierrantona	16	E 30
Tierz	29	F 28
Tierzo	42	J 24
Tiesa	74	S 13
Tietar	50	L 13
Tietar del Caudillo	50	L 13
Tigaday	93	A 11
Tigalate	95	C 6
Tiguerorte	95	C 6
Tijarafe	95	B 5
Tijimiraque (Punta de)	93	B 11
Tijoco de Abajo	92	H 9
Tijoco de Arriba	92	H 8
Tíjola	87	T 22
Tilos (Los)	95	C 5
Timanfaya (Montañas de)	95	V 4
Time (El)	95	B 6
Time (El)	93	U 6
Tinadas	40	I 20
Tinajas	41	K 22
Tinajeros	67	O 24
Tinajo	95	V 3
Tinajones (Los)	66	Q 21
Tindaya	93	U 6
Tineo	4	C 10
Tines	2	C 3
Tinguatón	95	V 3
Tinieblas	26	F 19
Tinizara	95	B 5
Tinto	72	T 10
Tiñor	93	B 11
Tiñosa (Punta de la)	93	V 6
Tiñosillos	38	J 15
Tiñoso (Cabo)	79	T 26
Tirajana (Barranco de)	94	O 10
Tirajana (Embalse de)	94	O 10
Tiraña	5	C 13
Tirapu	14	E 24
Tirez (Laguna de)	53	N 19
Tirgo	13	E 21
Tiriez	66	P 23
Tírig	44	K 30
Tirón	26	F 20
Tiros	63	P 14
Tiros (Sierra de)	63	P 13
Tirteafuera	64	P 17
Tirteafuera (Río)	64	P 16
Tírvia	17	E 33
Tiscamanita	93	T 7
Tiscar	76	S 20
Tiscar (Puerto de)	76	S 20
Titaguas	55	M 26
Tito Bustillo (Cuevas de)	11	B 14
Titulcia	53	L 19
Tivenys	45	J 31
Tivissa	45	I 32
Tivoli World	84	W 16
Tixera (Punta de)	92	H 9
Toba	6	D 2
Toba (Embalse de la)	55	L 24
Toba (La) (Cuenca)	55	L 24
Toba (La) (Granada)	85	U 17
Toba (La) (Guadalajara)	40	I 21
Toba de Valdivielso	12	D 19
Tobalina	83	U 11
Tobar	12	E 18
Tobar (El)	41	K 23
Tobar (Sierra del)	77	R 23
Tobarra	67	Q 24
Tobaruela	75	R 18
Tobed	42	H 25
Tobera	13	D 21
Tobes	41	I 22
Tobes y Rahedo	12	E 19
Tobia	27	F 21
Tobia (Arroyo)	27	F 21
Tobillas	77	Q 23
Tobillos	41	J 23
Toboso (El)	54	N 21
Tocina	73	T 12
Tocinillos	72	R 10
Tocodomán	94	N 10
Tocón	86	U 19
Todolella	44	K 29
Todoque	95	B 6
Todosaires	75	T 17
Toén	21	F 6
Toga	56	L 28
Toiríz	7	D 5
Toja (La) / A Toxa	6	E 3
Tojo (El)	12	C 17
Tojos (Los)	12	C 17
Tol	4	B 9
Tolbaños	38	J 16
Tolbaños de Arriba	26	F 20
Toldaos	8	D 8
Toledana (La)	64	O 17
Toledillo	27	G 22
Toledo	52	M 17
Toledo (Hoya de)	94	O 11
Toledo (Montes de)	64	N 17
Tolibia de Abajo	10	D 13
Tolibia de Arriba	10	D 13
Tolilla	23	G 11
Tolinas	5	C 11
Tolivia	5	C 13
Tollón (Laguna de)	83	V 11
Tollos	69	P 29
Tolmo (Ensenada del)	89	X 13
Tolocirio	38	I 16
Toloño	13	E 21
Toloriu	18	E 34
Tolosa (Albacete)	67	O 25
Tolosa (guipúzcoa)	14	C 23
Tolox	84	V 15
Tolox (Sierra de)	84	V 15
Tolva	17	F 31
Tomares	83	T 11
Tomas Maestre	79	S 27
Tombrio de Abajo	9	D 10
Tomellosa	40	K 21
Tomelloso	65	O 20
Tomillosas (Sierra de)	62	Q 12
Tomiño	20	G 3
Tomir	90	M 38
Tona	32	G 36
Tonda	28	G 24
Tondos	54	L 23
Tonín	5	C 12
Tonosas (Los)	77	T 23
Topares	77	S 23
Topas	37	I 13
Toques	7	D 6
Tor (Lérida)	18	E 34
Tor (Lugo)	8	E 7
Torà	32	G 34
Toral	23	E 12
Toral de los Guzmanes	23	F 13
Toral de los Vados	9	E 9
Toranzo	28	G 24
Toranzo	28	G 24
Torás	56	M 27
Torás Bejís (Estación de)	56	M 27
Torazo	5	B 13
Torcal de Antequera (Parque Natural)	84	V 16
Torcas (Embalse de las)	42	I 26
Torcas (Las)	55	L 24
Torcón	52	M 16
Torcón (Embalse del)	52	N 16
Tordehumos	24	G 14
Tordellego	42	J 24
Tordelpalo	42	J 24
Tordelrábano	41	I 21
Tordera	33	G 38
Tordera (Punta de)	33	H 38
Tordera (Río)	33	G 37
Tordesillas	24	H 14
Tordesilos	42	J 25
Tórdiga (Puerto de)	54	M 23
Tordillos	37	J 13
Tordoia	2	C 4
Tordómar	25	F 18
Tordueles	26	F 19
Torellas	28	G 24
Torelló	18	F 36
Toreno	9	D 10
Torerera (La)	72	T 9
Torete (Guadalajara)	41	J 23
Torete (Río) (Soria)	41	H 21
Torga	9	D 9
Torija	40	J 20
Toril	50	M 12
Toril (El)	83	T 13
Torina (Embalse de)	12	C 18
Torío	5	C 13
Torla	16	E 29
Torlengua	41	H 23
Tormaleo	9	D 9
Tormantos	26	E 20
Tormantos (Sierra de)	50	L 12
Torme	12	D 19
Tormellas	50	L 13
Tormes (Río)	36	I 10
Tormillo (El)	30	G 29
Tormo (El)	56	L 28
Tormón	55	L 25
Tormos	29	F 27
Tormos (Els)	31	H 32
Torn (El)	19	F 37
Tornabous	31	G 33
Tornadijo	26	F 19
Tornadizo (El)	37	K 12
Tornadizos de Ávila	38	K 16
Tornafort	17	E 33
Tornajo	78	S 24
Tornajos (Sierra de los)	77	S 22
Tornajuelos	77	S 21
Tornavacas	50	L 12
Tornavacas (Puerto de)	50	L 13
Torneiros (Lugo)	3	C 7
Torneiros (Orense)	20	G 5
Tornera (La)	40	I 19
Torneros (cerca de Castrocontrigo)	23	F 11
Torneros (cerca de León)	10	E 13
Torneros (Sierra de los)	52	N 17
Torneros de Jamuz	23	F 11
Tornín	11	C 14
Torno (El) (Cádiz)	88	W 12
Torno (El) (Cáceres)	50	L 12
Torno (El) (Ciudad Real)	64	O 17
Tornos	42	J 25
Tornos (Alto de los)	13	C 19
Toro (Canal de)	23	H 13
Toro (El) (Mallorca)	90	N 37
Toro (El) (Huelva)	72	S 8
Toro (El) (Valencia)	56	M 27
Toro (Illa del)	90	N 37
Toro (Monte)	91	M 42
Toro (Orense)	21	F 7
Toro (Zamora)	23	H 13
Torongil	61	P 10
Toros de Guisando	52	K 16
Torote	40	K 19
Torozo (Sierra del) (Badajoz)	63	P 14
Torozo (Sierra del) (Ciudad Real)	64	P 16
Torozos (Montes de)	24	G 15
Torquemada	25	F 17
Torralba (cerca de Mecinaceli)	41	I 22
Torralba (cerca de Soria)	27	H 23
Torralba (Cuenca)	54	L 23
Torralba de Aragón	29	G 28
Torralba de Calatrava	65	O 18
Torralba del Burgo	26	H 21
Torralba de los Frailes	42	I 25
Torralba de los Sisones	42	J 25
Torralba del Pinar	56	M 28
Torralba del Río	14	E 23
Torralba de Oropesa	51	M 14
Torralba de Ribota	42	H 24
Torralbilla	42	I 25
Torralva	83	V 12
Torraño	40	H 20
Torrasa (Embalse de la)	17	E 33
Torre de Arcas	44	J 29
Torre (Brazo de la)	83	U 11
Torre (cerca de Taboada)	7	D 6
Torre (cerca de Villalba)	3	C 6
Torre (Collado de la)	56	K 28
Torre Embesora	57	L 29
Torre Endoménech	57	L 30
Torre (La) (Álava)	38	K 15
Torre (La) (Cádiz)	83	V 12
Torre (La) (Valencia)	56	M 26
Torre (La) (Murcia)	78	R 25
Torre (La) (Valencia)	56	M 26
Torre-saura	91	M 41
Torre Abraham (Embalse)	64	N 17
Torreadrada	39	H 18
Torreagüera	79	S 26
Torrealba (Ermita de)	49	N 11
Torre Alháquime	84	V 14
Torre Alta (Murcia)	79	R 26
Torre Alta (Valencia)	55	L 26
Torreandaluz	41	H 21
Torre Arboles	74	S 15
Torrearévalo	27	G 22
Torrebaja	55	L 26
Torrebarrio	5	C 12
Torrebeleña	40	J 20
Torrebesses	31	H 31
Torreblacos	26	G 21
Torreblanca	57	L 30
Torreblanca de los Caños	83	T 12
Torreblanca del Sol	84	W 16
Torreblascopedro	76	S 19
Torrebuceit	54	M 22
Torrec	31	G 33
Torrecaballeros	39	J 17
Torrecampo	63	Q 15
Torre Cardela	86	T 19
Torre Castiel	44	I 29
Torrecera	88	W 12
Torre Cerredo	11	C 15
Torrechiva	56	L 28
Torrecica (La)	67	O 24
Torrecilla (Ciudad Real)	64	P 18
Torrecilla (Cuenca)	54	L 23
Torrecilla (Málaga)	84	V 14
Torrecilla de Alcañiz	44	J 29
Torrecilla de la Abadesa	24	H 14
Torrecilla de la Jara	51	M 15
Torrecilla de la Orden	38	I 14
Torrecilla de la Torre	24	H 14
Torrecilla del Ducado	41	I 22
Torrecilla del Monte	25	F 18
Torrecilla de los Ángeles	49	L 10
Torrecilla del Pinar (Cuenca)	41	J 23
Torrecilla del Pinar (Segovia)	39	H 17
Torrecilla del Rebolar	43	J 26
Torrecilla del Valle	38	H 14
Torrecilla de Valmadrid	29	H 27
Torrecilla en Cameros	27	F 22
Torrecillas (Las)	84	T 15
Torrecillas (Las) (cerca de Badajoz)	61	P 9
Torrecillas (Las) (cerca de Mengaloril)	62	P 12
Torrecillas de la Tiesa	50	N 12
Torrecitores	25	G 18
Torreciudad	16	F 30
Torrecuadrada de los Valles	41	J 22
Torrecuadrada de Molina	42	J 24
Torrecuadradilla	41	J 22
Torrecuadros	82	U 10
Torre de Alcotas	56	M 27
Torre de Arcas	44	J 29
Torre de Babia	10	D 11
Torre de Benagalbón	85	V 17
Torre de Cabdella (La)	17	E 32
Torre de Claramunt (La)	32	H 34
Torre de Don Miguel	49	L 10
Torre de Esgueva	25	G 17
Torre de Esteban Hambrán (La)	52	L 17
Torre de Fluvià (La)	31	G 32
Torre de Fontaubella (La)	45	I 32
Torre de Juan Abad	65	Q 20
Torre del Águila	83	U 12
Torre del Águila (Embalse de)	83	U 12
Torre de la Higuera	82	U 10
Torre de la Horadada	79	S 27
Torre de la Reina	73	T 11
Torre de la Sal	57	L 30
Torre de las Arcas	43	J 27
Torre de la Vall	69	O 29
Torre del Bierzo	9	E 11
Torre del Burgo	40	J 20
Torre del Cabo	69	O 29
Torre del Campo	75	S 18
Torre del Compte	44	J 30
Torre de l'Espanyol (La)	45	I 31
Torre del Mar	85	V 17
Torre del Moro	79	R 28
Torre del Oro	82	U 9
Torre del Rey	57	L 30
Torre del Valle (La)	23	F 12
Torredembarra	32	I 34
Torredonjimeno	75	S 18
Torre en Cameros	27	F 22
Torrefarrera	31	G 31
Torrefeta	31	G 33
Torrefrades	37	H 11
Torrefresneda	62	P 11
Torrefuente	55	L 25
Torregalindo	25	H 18
Torregamones	23	H 11
Torre Gorda	88	W 11
Torregrossa	31	H 32
Torrehermosa	41	I 23
Torreiglesias	39	I 17
Torrejón	60	N 8
Torrejoncillo	49	M 10
Torrejoncillo del Rey	54	L 22
Torrejón de Ardoz	53	K 19
Torrejón de la Calzada	52	L 18
Torrejón del Rey	40	K 19
Torrejón de Velasco	52	L 18
Torrejón el Rubio	49	M 11
Torrejón-Tajo (Embalse de)	50	M 12
Torrejón-Tiétar (Embalse de)	50	M 12
Torre la Cárcel	42	K 26
Torrelaguna	40	J 19
Torrelameu	31	G 32
Torrelapaja	28	H 24
Torrelara	26	F 19
Torre la Ribera	17	E 31
Torrelavandeira	3	C 5
Torrelavega	12	B 17
Torrelavit	32	H 35
Torrelengua (Cuenca)	54	M 21
Torrelengua (Sevilla)	83	U 12
Torrellano	79	R 28
Torrelles de Foix	32	H 34
Torrelles de Llobregat	32	H 35
Torrelobatón	24	H 14
Torrelodones	39	K 18
Torre los Negros	43	J 26
Torremanzanas	69	Q 28
Torremanzanas (Río)	69	Q 28
Torremayor	61	P 10
Torremegía	61	P 10
Torremendo	79	S 27
Torremenga	50	L 12
Torre Miró (Puerto de)	44	J 29
Torremocha	61	N 11
Torremocha de Ayllón	40	H 20
Torremocha de Jadraque	41	I 21
Torremocha de Jarama	40	J 19
Torremocha del Campo	41	J 23
Torremocha del Pinar	41	J 23
Torremochuela	42	J 24
Torremolinos	84	W 16
Torremontalbo	13	E 21
Torremormojón	24	G 15
Torremuelle	84	W 16
Torrenostra	57	L 30
Torrent (Valencia)	56	N 28
Torrent (Gerona)	33	G 39
Torrente de Cinca	30	H 31
Torrenueva (Ciudad Real)	65	Q 19
Torrenueva (Granada)	86	V 19
Torrenueva (Málaga)	89	W 15
Torre Pacheco	79	S 27
Torrepadre	25	F 18
Torreparedones	75	S 16
Torre Pedro	66	Q 23
Torreperogil	76	R 20
Torrequebradilla	76	S 19
Torrequemada	61	N 11
Torre Real	89	W 15
Torres (Cabo)	5	B 12
Torres (Jaén)	76	S 19
Torres (Las)	94	P 9
Torres (Las) (Salamanca)	37	J 13
Torres (Las) (cerca de Calatorao)	28	H 26
Torres (Monte)	31	H 31
Torres (Navarra)	15	D 25
Torres (Río)	76	S 19
Torres-Torres	56	M 28
Torres (cerca de Calatayud)	42	H 25
Torresandino	25	G 18
Torresaviñán (La)	41	J 22
Torres Cabrera	74	S 15
Torrescárcela	25	H 17
Torres de Albánchez	77	Q 21
Torres de Albarracín	55	K 25
Torres de Alcanadre	30	G 29
Torres de Aliste (Las)	23	G 11
Torres de Barbués	29	G 28
Torres de Berellén	29	G 26
Torres de Cotillas (Las)	78	R 26
Torres de la Alameda	53	K 19
Torres del Carrizal	23	H 12
Torres del Obispo	17	F 31
Torres del Río	14	E 23
Torres de Montes	16	F 29
Torres de Segre	31	H 31
Torre-serona	31	G 31
Torresmenudas	37	I 12
Torrestio	5	C 11
Torresuso	40	H 20
Torre Tallada	68	P 27
Torre Uchea	67	Q 25
Torre Val de San Pedro	39	I 18
Torrevelilla	44	J 29
Torrevicente	40	H 21
Torrevieja	79	S 27
Torrevieja (Salines de)	79	S 27
Torrico	51	M 14
Torrijas	56	L 27
Torrijas (Río)	56	L 27
Torrijo	28	H 24
Torrijo del Campo	42	J 25
Torrijos	52	M 17
Torroella de Fluvià	19	F 39
Torroella de Montgrí	19	F 39
Torroja del Priorat	45	I 32
Torronteras	41	K 22
Torroña	20	F 3
Torrox	85	V 18
Torrox (Punta de)	85	V 18
Torrox Costa	85	V 18
Torrubia (Córdoba)	75	Q 16
Torrubia (Guadalajara)	42	J 24
Torrubia del Campo	53	M 21
Torrubia del Castillo	54	M 23
Torrubia de Soria	27	H 23
Tortajada	56	K 26
Tortas	66	Q 23
Tortellà	19	F 37
Tórtola	54	M 23
Tórtola de Henares	40	J 20
Tórtoles (Ávila)	38	K 14
Tórtoles (Zaragoza)	28	G 24
Tórtoles de Esgueva	25	G 17

Name	Page	Grid		Name	Page	Grid
Tortonda	41	J 22		Tubilleja	12	D 18
Tortosa	45	J 31		Tuca	17	D 32
Tortosa (Cabo de)	45	J 32		Tuda (La)	37	H 12
Tortuera	42	J 24		Tudanca	11	C 16
Tortuero	40	J 19		Tudela (Gerona)	19	F 39
Torviscal	62	O 12		Tudela (Navarra)	28	F 25
Torviscal (El)	83	U 12		Tudela Agüeria	5	C 12
Torviscas	92	H 9		Tudela de Duero	25	H 16
Torvizcón	86	V 20		Tudela de Segre	31	G 33
Tosa d'Alp	18	F 35		Tudela Veguín	5	B 12
Tosal (El)	69	Q 29		Tudelilla	27	F 23
Tosalet (El)	69	P 30		Tudera	37	H 11
Tosantos	26	E 20		Tudia (Sierra de)	73	R 10
Tosca (Embalse de la)	41	K 23		Tudons (Naveta des)	91	M 41
Toscana (La)	77	S 22		Tudons (Puerto de)	69	Q 29
Toscas (Las)	95	E 9		Tuéjar	56	M 26
Toscón (El)	94	O 10		Tuéjar (Riu)	55	M 26
Toscón (El) (Cerca de Tamaraceite)	94	P 9		Tuela	22	F 9
Tosende	21	G 6		Tuelas (Los)	78	S 25
Toses	18	F 36		Tuerto	10	E 11
Toses (Collada de)	18	E 35		Tuesta	13	D 20
Tosos	43	I 26		Tufiones	2	C 2
Tospe	5	C 14		Tui	20	F 4
Tossa de Mar	33	G 38		Tuilla	5	C 13
Tossa (La)	32	H 34		Tuineje	93	T 8
Tossal (El)	31	G 33		Tuiriz	8	E 7
Tossa Pelada	18	F 34		Tuixén	18	F 34
Tosto (Cabo)	2	C 2		Tuixén-la Vansa	18	F 34
Tostón (Punta de)	93	T 5		Tuiza	5	C 12
Totalán	85	V 17		Tujena	73	T 10
Totana	78	S 25		Tulebras	28	G 24
Totanés	52	M 17		Tumas (Punta del)	94	N 9
Toto	93	T 7		Tumbalejo (El)	72	T 10
Toural	6	E 4		Tumbo	3	C 7
Touriñán	2	C 2		Túnez	92	I 9
Touriñán (Cabo)	2	C 2		Tuña	4	C 10
Touro	7	D 5		Tuñón	5	C 12
Tourón	6	E 4		Turbón	17	E 31
Tous	68	O 28		Turca	85	U 17
Tous (Embalse de)	68	O 27		Turces	7	D 5
Tous (Presa de)	68	O 28		Turcia	10	E 12
Tous (Ruinas del pueblo de)	68	O 28		Turégano	39	I 17
Tóvedas	55	L 25		Turia	55	L 26
Tox	4	B 10		Turia (Riu)	55	L 26
Toxa (A) / La Toja	6	E 3		Turieno	11	C 16
Toya	76	S 20		Turienzo (Río)	10	E 11
Tozalmoro	27	G 23		Turienzo Castañero	9	E 10
Tózar	85	T 18		Turillas	87	U 23
Tozo	49	N 11		Turillas (Peñón de)	87	U 23
Tozo (Embalse del)	50	N 12		Turís	68	N 27
Traba	2	C 2		Turiso	13	D 21
Traba (La)	4	C 8		Turleque	53	N 19
Trabacua (Puerto de)	14	C 22		Turmell	44	K 30
Trabada	4	B 10		Turmiel	41	I 23
Trabadelo	9	E 9		Turó de l'Home	33	G 37
Trabanca	36	I 10		Turón (Asturias)	5	C 12
Trabancos	38	I 14		Turón (Granada)	86	V 20
Trabaque (Río)	54	K 23		Turón (Río)	84	V 15
Trabazos	22	G 10		Turones	36	J 9
Trabucador (El)	45	K 32		Turquillas (Las)	84	T 14
Tracastro	8	E 8		Turra de Alba	37	J 13
Trafalgar (Cabo de)	88	X 11		Turre	87	U 24
Tragacete	55	K 24		Turrilla (Albacete)	77	R 23
Tragó	17	F 33		Turrilla (Murcia)	78	S 24
Tragoncillo	77	R 22		Turro (El)	85	U 18
Traguntía	36	J 10		Turrubuelo	40	I 19
Traibuenas	28	E 25		Turruchel	66	Q 21
Traid	42	J 24		Turruncún	27	F 23
Traiguera	44	K 30		Tús	77	Q 22
Trajano	83	U 12		Tús (Balneario de)	77	Q 22
Tramacastilla (Teruel)	55	K 25		Tús (Río)	77	Q 22
Tramacastilla de Tena (Huesca)	16	D 29				
Tramaced	30	G 29				
Tramascatiel	55	L 26				
Tramuntana (Cap de)	90	N 36				
Tranco	77	R 21				
Tranco (Embalse del)	76	R 21				
Tranquera (Embalse de la)	42	I 24				
Tranquera (La)	42	I 24				
Trapaga	13	C 20				
Trapera	62	Q 13				
Trapiche	85	V 17				
Trasancos	3	B 5				
Trasanquelos	3	C 5				
Trascastro (Asturias)	4	C 10				
Trascastro (León)	9	D 10				
Trascatro (Pontevedra)	7	D 6				
Trashaedo	12	D 18				
Trasierra	73	R 12				
Traslaloma	12	C 19				
Traslasierra (Badajoz)	62	P 11				
Traslasierra (Huelva)	72	S 10				
Tras la Sierra (Montes de)	50	L 12				
Trasmiras	21	F 7				
Trasmontaña	94	O 9				
Trasmonte (La Coruña)	2	C 4				
Trasmonte (Lugo)	3	C 6				
Trasmoz	28	G 24				
Trasmulas	85	U 18				
Trasobares	28	H 25				
Traspeña	11	D 16				
Traspinedo	25	H 16				
Trasvase (Canal de)	54	L 21				
Trasvase Tajo Segura (Canal de)	67	O 23				
Travesas	2	C 3				
Traviesa (Sierra)	73	S 12				
Traviesas	2	C 4				
Traviesas (Puerto de las)	43	J 28				
Travieso (El)	73	S 13				
Trazo	2	C 4				
Trebujena	83	V 11				
Treceño	12	C 17				
Tredós	17	D 32				
Trefacio	22	F 10				
Tregurà de Dalt	18	E 36				
Trejo	84	V 14				
Trelle	21	F 6				
Trelles	4	B 9				
Trema	12	D 19				
Tremañes	5	B 12				
Tremedal	50	K 13				
Tremedal (Puerto)	50	K 13				
Tremedal de Tormes	37	I 11				
Tremor	10	E 11				
Tremor de Abajo	9	E 11				
Tremor de Arriba	10	D 11				
Tremp	17	F 32				
Tresabuela	11	C 16				
Tres Arroyos	61	P 9				
Tres Cantos	39	K 18				
Trescares	11	C 15				
Trescasas	39	J 17				
Tresgrandas	11	B 16				
Tresjuncos	54	M 21				
Tres Mares (Pico de)	11	C 16				
Tresmonte	11	B 14				
Tres Mugas	28	F 25				
Trespaderne	13	D 19				
Tres Picos (Embalse de)	72	T 8				
Tresponts (Garganta de)	18	F 34				
Tres Provincias	26	F 21				
Trespuentes	13	D 21				
Tresviso	11	C 15				
Trévago	27	G 23				
Trevejo	49	L 9				
Trevélez	86	U 20				
Trevélez (Horcajo de)	86	U 20				
Trevélez (Río)	86	U 20				
Treviana	13	E 20				
Trevijano	27	F 22				
Trevinca (Peña)	22	F 9				
Treviño	13	D 21				
Triacastela	8	D 8				
Triana (Las Palmas)	94	P 9				
Triana	85	V 17				
Tribaldos	54	M 21				
Tricias (Las)	95	B 5				
Tricio	27	E 21				
Trigaza	26	F 20				
Trigueros	82	T 9				
Trigueros del Valle	24	G 16				
Trijueque	40	J 21				
Trillo	41	J 22				
Trinchete (El)	64	O 17				
Trinidad (Ermita de la)	14	D 24				
Trinidad (Estación de la)	83	U 13				
Trinidad (La)	73	T 13				
Triollo	11	D 15				
Triongo	11	B 14				
Triquivijate	93	U 7				
Triste	29	E 27				
Trobajo	10	E 13				
Trobal (El)	83	U 12				
Trobo (cerca de Cospeito)	3	C 7				
Trobo (cerca de Fonsagrada)	4	C 8				
Tronceda	7	D 5				
Troncedo (Asturias)	5	B 11				
Troncedo (Huesca)	16	F 30				
Tronchón	43	K 28				
Trubia	5	B 12				
Trubia (Río)	5	C 11				
Truchas	22	F 10				
Truchillas	22	F 10				
Trucios	13	C 20				
Trueba	12	D 19				
Trujillanos	62	P 11				
Trujillo	50	N 12				
Tubilla del Agua	12	D 18				
Tubilla del Lago	26	G 19				

U

Name	Page	Grid		Name	Page	Grid
Ubeda (Alicante)	68	Q 27		Umbría del Oso	55	L 25
Úbeda (Jaén)	76	R 19		Umbrías (Ávila)	50	L 13
Ubidea	13	C 21		Umbrías (Murcia)	78	T 25
Ubierna	12	E 18		Umia	6	E 4
Ubierna (Río)	25	E 18		Unamuno (Monumento)	93	U 6
Ubiña (Peña)	5	C 12		Unarre	17	E 33
Ubrique	84	V 13		Uncastillo	29	E 26
Ubrique (Sierra)	89	W 13		Unciti	15	D 25
Ucar	15	D 24		Undués de Lerda	15	E 26
Uceda	40	J 19		Undués-Pintano	15	E 26
Ucedo	10	E 11		Undurraga	13	C 21
Ucero	26	G 20		Ungilde	22	F 10
Ucero (Río)	26	G 20		Ungría	41	J 21
Uces (Las)	36	I 10		Union (La)	79	T 27
Ucieda	12	C 17		Unión de Campos (La)	24	F 14
Ucieza (Río)	11	E 16		Universales (Montes)	55	K 24
Uclés	54	M 21		Unquera	11	B 16
Udalar	14	C 24		Unzá	13	D 21
Udalla	12	C 19		Unzué	15	E 25
Udías	12	C 17		Uña	55	L 24
Udra (Cabo de)	6	E 3		Uña (La)	11	C 14
Uga	95	V 4		Uña de Quintana	23	F 11
Ugalde	13	C 21		Urbanova	79	R 28
Ugao-Miraballes (Vizcaya)	13	C 21		Urbasa (Puerto de)	14	D 23
Ugarte-Berri	14	C 23		Urbasa (Sierra de)	14	D 23
Ugena	52	L 18		Urbel	12	E 18
Uges	2	C 4		Urbel del Castillo	12	E 18
Ugíjar	86	V 20		Urberuaga de Ubilla	14	C 22
Uharte-Arakil	14	D 24		Urbies	5	C 12
Uitzi	14	C 24		Urbina	14	D 22
Uitzi (Alto)	14	C 24		Urbión	27	F 21
Ujados	40	I 20		Urbión (Monte)	27	F 21
Ujo	5	C 12		Urbión (Reserva nacional de)	27	G 21
Ujué	15	E 25		Urbión (Sierra de)	27	G 21
Ulea	78	R 26		Urcal	78	T 24
Uleila del Campo	87	U 23		Urculota	15	C 26
Ulía (Monte)	14	B 24		Urculu	15	C 26
Ulíbarri	14	D 23		Urda (Estación de)	52	N 18
Ulíbarri (Peñas)	14	D 23		Urda (Guipúzcoa)	14	C 23
Ullà	19	F 39		Urda (Toledo)	65	N 18
Ulla (Río)	6	D 4		Urdaburu (Monte)	14	C 24
Ullastrell	32	H 35		Urdaitz	15	D 25
Ullastret	19	F 39		Urdanta	26	F 21
Ulldecona	44	K 31		Urdazubi	15	C 25
Ulldecona (Embassament d')	44	J 30		Urdiain	14	D 23
Ulldemolins	45	I 32		Urdiales del Páramo	23	E 12
Ullívari-Viña	13	D 21		Urdilde	6	D 3
Ullívarri	14	D 22		Urdués	15	D 27
Ullívarri (Embalse de)	14	D 22		Urduliz	13	B 21
Ullívarri-Arrazua	14	D 22		Urgell (Canal auxiliar de)	31	G 32
Ulloa	7	D 6		Urgell (Canal de)	31	G 33
Ultramort	19	F 39		Urgón	64	O 17
Ulzurrun	14	D 24		Uria (Sierra de)	4	C 9
Umán (Collado de)	56	N 27		Urigoiti	13	C 21
Umbralejo	40	I 20		Uriz (Lugo)	3	C 7
Umbrete	83	T 11		Uriz (Navarra)	15	D 25
Umbría (Granada)	86	V 20		Urmella	17	E 31
Umbría (La)	72	S 10		Urmi	57	K 31
Umbría (Murcia)	78	S 24		Urnieta	14	C 24
Umbría (Sierra de la)	77	S 22		Urola	14	C 23
Umbría (Teruel)	43	K 28		Urones de Castroponce	24	F 14
Umbría de Fresnedas	65	Q 19		Uroz	15	D 25
Umbría de las Lomas	78	S 24		Urquiaga (Coll de)	15	C 24
				Urquilla (Sierra de)	14	D 22
				Urquiola (Puerto)	14	C 22
				Urrácal	87	T 22
				Urraca-Miguel	39	J 16
				Urrea de Gaén	43	I 28
				Urrea de Jalón	28	H 26
				Urrejola	14	C 22
				Urrestilla	14	C 23
				Urretxu	14	C 23
				Urrez	26	F 19
				Urria	12	D 19
				Urría (Río)	26	F 20
				Urriés	15	E 26
				Urrobi	15	D 25
				Urrotz de Doneztebe	15	C 24
				Urroz	15	D 25
				Urrúnaga	14	D 22
				Urrúnaga (Embalse de)	14	D 22
				Urrutias (Los)	79	S 27
				Urtasun	15	D 24
				Urturi	14	E 22
				Urtx	18	E 35
				Urueña	24	G 14
				Urueñas	39	H 18
				Urumea	14	C 24
				Uruñuela	27	E 21
				Urús	18	E 35
				Urz (La)	10	D 12
				Urzainqui	15	D 26
				Usagre	73	Q 11
				Usagre (Rivera de)	62	Q 11
				Usana	16	E 30
				Usanos	40	J 20
				Usánsolo	13	C 21
				Usateguieta (Puerto de)	14	C 24
				Uscarrés	15	D 26
				Used	42	I 25
				Used (Puerto de)	42	I 25
				Useres (Les)	57	L 29
				Usi	15	D 24
				Usón	30	G 29
				Ustés	15	D 26
				Usún	15	E 26
				Usurbil	14	C 23
				Utande	40	J 21
				Utebo	29	G 27
				Uterga	14	D 24
				Utero	12	E 19
				Utiaca	94	O 9
				Utiel	55	N 26
				Utiel (Serra d')	55	N 26
				Utrera (Badajoz)	62	P 12
				Utrera (Sevilla)	83	U 12
				Utrilla	41	I 23
				Utrillas	43	J 27
				Utxesa (Embalse d')	31	H 31
				Uznayo	11	C 16
				Uzquiano	13	D 21
				Uztárroz	15	D 27
				Uztárroz (Sierra de)	15	D 26

V - W

Name	Page	Grid
Vaca (La)	71	S 7
Vaca (Morro de la)	90	M 38
Vacaloura (Montes de)	7	D 6
Vacar (El)	74	R 15
Vacarisses	32	H 35
Vadiello (Embalse de)	16	F 29
Vadillo	26	G 20
Vadillo de la Guareña	37	I 13
Vadillo de la Sierra	38	K 14
Vadillos (Cuenca)	41	K 23
Vadillos (La Rioja)	27	F 22
Vado (Embalse de El)	40	I 20
Vado Baena	75	S 17
Vadocondes	26	H 19
Vado del Álamo	84	V 15
Vado de las Hoyas (Embalse de)	76	R 19
Vadofresno	85	U 16
Vado Jaén (Estación de)	75	S 17
Vadollano (Estación de)	76	R 19
Vados (Los)	85	V 17
Vados de Torralba	76	S 19
Vajol (La)	19	E 38
Val	3	B 5
Val de Algoso	22	H 10
Val (Laguna de)	83	V 11
Valacloche	55	L 26
Valadares (La Coruña)	6	D 3
Valadares (Pontevedra)	20	F 3
Valadouro	3	B 7
Valareña	28	F 26
Valberzoso	12	D 17
Valboa	7	D 4
Valbona	56	L 27
Valbona (Río)	56	L 27
Valbonilla	25	F 17
Valbuena	50	K 12
Valbuena de Duero	25	H 17
Valbuena de Pisuerga	25	F 17
Valbueno	40	K 20
Valbuxán	21	F 8
Valcabadillo	11	E 15
Valcabado	23	H 12
Valcabra (Rambla de)	86	T 21
Valcaliente	50	N 12
Valcárceres (Los)	12	E 18
Valcarlos	15	C 26
Valcavado	23	F 12
Valchillón	74	S 15
Valcotos	39	J 18
Valcovero	11	D 15
Valcuerna (Arroyo de)	30	H 30
Valcueva (La)	10	D 13
Valdabra	29	F 28
Valdajos	53	L 20
Valdániga	11	C 16
Valdantxa (Serra de)	57	K 30
Valdanzo	26	H 19
Valdanzuelo	26	H 19
Valdaracete	53	L 20
Valdarachas	40	K 20
Valdastillas	50	L 12
Valdavia	11	D 15
Valdavida	11	E 14
Valdeagorfa	44	J 29
Valdeajos	12	D 18
Valdealcón	10	E 14
Valdealiso	10	E 14
Valdealvillo	26	H 21
Valdeande	26	G 19
Valdearcos (León)	23	E 13
Valdearcos (Valladolid)	25	H 17
Valdearenas	40	J 21
Valdeavellano	40	J 21
Valdeavellano de Tera	27	G 22
Valdeavellano de Ucero	26	G 20
Valdeavero	40	K 20
Valdeaveruelo	40	K 20
Valdeazogues	64	P 16
Valdeazogues (Río)	63	P 15
Valdeazores (Ciudad Real)	65	Q 19
Valdeazores (Montes)	63	O 13
Valdeazores (Toledo)	63	N 15
Valdebótoa	61	P 9
Valdecaballeros	63	O 14
Valdecabras	54	L 23
Valdecabrillas	54	L 22
Valdecañas (Centro Agronómico de)	51	L 14
Valdecañas (Ciudad Real)	65	P 18
Valdecañas (Cuenca)	54	L 23
Valdecañas (Embalse de)	50	M 13
Valdecañas de Campos	25	G 17
Valdecañas de Tajo	50	M 13
Valdecarpinteros	36	K 10
Valdecarros	37	K 13
Valdecasa	38	K 14
Val de Castillo	10	D 14
Valdecazorla	76	S 20
Valdecebollas	11	D 16
Valdecebro	56	K 26
Valdecilla	12	B 18
Valdecolmenas de Abajo	54	L 22
Valdecolmenas de Arriba	54	L 22
Valdeconcha	53	K 21
Valdecuenca	55	L 25
Valdecuenca (Puerto de)	55	L 25
Valdecuna	5	C 12
Valdedíos	5	B 13
Valdedo	4	B 9
Valdefinjas	23	H 13
Valdeflores	73	S 10
Valdefresno (Arroyo)	44	I 29
Valdefresno	10	E 13
Valdefuentes	62	O 11
Valdefuentes (Sierra de)	54	L 23
Valdefuentes (Santuario de)	49	L 11
Valdefuentes del Páramo	23	F 12
Valdefuentes de Sangusín	37	K 12
Valdeganga	67	O 24
Valdeganga de Cuenca	54	M 23
Valdegeña	27	G 23
Valdegovía	13	D 20
Valdegrudas	40	J 20
Valdegutur	28	G 24
Valdehermoso de la Fuente	54	N 23
Valdeherreros	61	O 10
Valdehierro	64	O 17
Valdehijaderos	50	K 12
Valdehorna	42	I 25
Valdehornillo	62	O 12
Valdehoyas	52	L 18
Valdehúncar	50	M 13
Valdeinede (Arroyo de)	62	Q 11
Valdeinfierno (Embalse de)	78	S 24
Valdeíñigos	50	M 12
Valdejimeno	29	H 26
Valdelacalzada	61	P 9
Valdelacasa	37	K 12
Valdelacasa de Tajo	51	M 14
Valdelafuente	10	E 13
Valdelageve	50	K 12
Valdelagrana	88	W 11
Valdelagua (Guadalajara)	41	J 21
Valdelagua (Madrid)	40	K 19
Valdelagua (Soria)	27	G 23
Valdelagua (Toledo)	52	M 18
Valdelaguna	53	L 19
Valdelamadera	64	O 17
Valdelamusa	72	S 9
Valdelarco	72	S 9
Val de la Sabina	55	L 26
Valdelatas	39	K 17
Valdelateja	12	D 18
Valdelavia (Alto de)	39	K 16
Valdelavilla	27	G 23
Valdelcubo	41	I 21
Valdelinares	56	K 28
Valdellosa	42	J 25
Valdelobos (Cañada de)	66	O 22
Valdelosa	37	I 12
Valdelosica (Sierra)	29	F 27
Valdelosjugos	29	H 28
Valdeltormo	44	J 30
Valdelugueros	10	D 13
Valdemadera	27	G 23
Valdemaluque	26	G 20
Valdemanco	40	J 19
Valdemanco del Esteras	63	P 15
Valdemaqueda	39	K 17
Valdemarías	52	M 16
Valdemarín (Casa Forestal de)	76	R 21
Valdemeca	55	L 24
Valdemeca (Sierra de)	55	L 24
Valdemembra	67	O 24
Valdemerilla	22	F 10
Valdemierque	37	J 13
Valdemora	23	F 13
Valdemorales	62	O 11
Valdemorilla	24	F 14
Valdemorillo	39	K 17
Valdemorillo de la Sierra	55	L 24
Valdemoro	53	L 18
Valdemoro del Rey	54	L 22
Valdemoro Sierra	55	L 24
Valdemuño	24	G 15
Valdenarros	26	H 21
Valdenebro	26	H 21
Valdenebro de los Valles	24	G 15
Valdenoceda	12	D 19
Valdenoches	40	J 20
Valdenoguera	36	J 9
Valdenuño Fernández	40	J 19
Valdeobispo	49	L 11
Valdeobispo (Embalse de)	49	L 11
Valdeolea	12	D 17
Valdeolivas	41	K 22
Valdeolmillos	25	F 16
Valdeolmos	40	J 19
Valdepalacios	51	M 14
Valdepares	4	B 9
Valdepeñas	65	P 19
Valdepeñas de Jaén	75	T 18
Valdepeñas de la Sierra	40	J 19
Valdeperdices	23	H 12
Valdeperillo	27	F 23
Valdepiélago	10	D 13
Valdepiélagos	40	J 19
Valdepolo	10	E 14
Valdeprado (Cantabria)	11	C 16
Valdeprado (Soria)	27	G 23
Valdeprado del Río	12	D 17
Valdeprados	39	J 17
Valderaduey	24	E 15
Valderas	23	F 13
Valderías	12	D 18
Valderrábano	11	E 16
Valderrama	13	D 20
Valderrebollo	41	J 21
Valderredible	12	D 18
Valderrepisa (Puerto)	64	Q 16
Valderrey	23	E 11
Valderrobres	44	J 30

VALENCIA

Alcade Reig .... BV 3
Ángel Guimerá .... AU 4
Burjassot (Av. de) .... AU 6
Campanar (Av.) .... AU 7
Cataluña (Av. de) .... BU 9
Cavanilles .... BU 10
Constitución (Av. de la) ... BU 12
Doctor Peset Alexandre (Av.) ... BU 13
Fernando el Católico (G. Vía) ... AU 15
Filipinas .... BV 16
Gaspar Aguilar (Av. de) .... AU 18
General Avilés (Av.) .... AU 19
Giorgeta (Av.) .... AV 21
Guadalaviar .... BU 22
Ingeniero Manuel Soto (Av.) ... CV 24
José Soto Mico .... AV 25
Llano de la Zaidia .... BU 27
Maestro Rodrigo (Av.) .... AU 28
Manuel de Falla (Av.) .... AU 31
Menéndez Pidal (Av.) ... AU 31
Moreras (Camino) .... CV 33
Pérez Galdós (Av. de) .... AU 34
Peris y Valero (Av. de) .... BV 36
Primaldo Reig (Av. del) .... BU 37
San José de Calasanz .... AU 39
San Vincente Mártir (Av.) ... AU 40
Tirso de Molina (Av.) .... AU 42
9 de Octubre .... AU 43

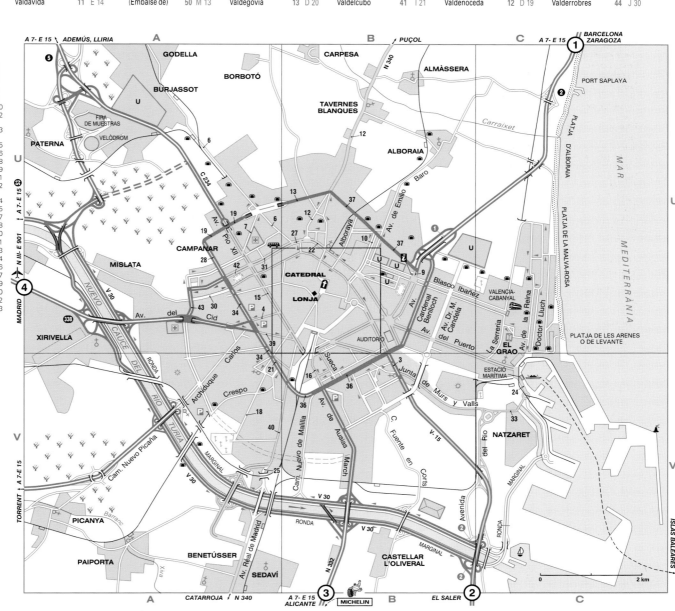

Valderrodilla	27 H 21	Valdeteja	10 D 13	Valdunciel	37 I 12	Valeriano	85 T 18	Vallclara	31 H 32	Valle de Cabuerniga	12 C 17	Vallehermoso	52 M 16
Valderrodrigo	36 I 10	Valdeteja (Collada de)	10 D 13	Valdunquillo	24 F 14	Valero	37 K 12	Vall d'Alba	57 L 29	Valle de Cerrato	25 G 16	Vallehondo (Arroyo de)	11 E 15
Valderrubio	85 U 18	Valdeterrazo del Marqués	60 Q 8	Valduro Nuevo	61 P 9	Vales	7 E 6	Valldan (La)	18 F 35	Valle de Finolledo	9 D 9	Valleja	83 V 12
Valderrueda (León)	11 D 15	Valdetorres	62 P 11	Valduvieco	10 E 14	Valfarta	30 H 29	Vall de Alcalá	69 P 28	Valle de Lago	5 C 11	Vallejera de Riofrío	50 K 12
Valderrueda (Soria)	27 H 21	Valdetorres de Jarama	40 J 19	Valeixe	20 F 5	Valfermoso de las Monjas	41 J 21	Vall de Almonacid	56 M 28	Valle de las Casas (El)	11 D 14	Vallejimeno	26 F 20
Valdés	85 V 17	Valde-Ucieza	25 E 16	Valencia	57 N 29	Valfermoso de Tajuña	40 K 21	Vall de Bianya (La)	19 F 37	Valle de la Serena	62 P 12	Vallejo	12 D 17
Valdesalor	61 N 10	Valdevacas de Montejo	26 H 19	València d'Àneu	17 E 33	Valfonda de Santa Ana	29 G 28	Valldebous (Barranco de)	44 K 31	Valle de la Venta	48 L 9	Vallejo de Mena	13 C 19
Valdesalor	61 O 10	Valdevacas y Guijar	39 I 18	Valencia de Alcántara	48 N 8	Valga	6 D 4	Vall de Ebo	69 P 29	Valle de la Viuda (El)	64 O 16	Vallelado	39 H 16
Val de San García	10 D 12	Valdevaqueros (Ensenada de)	88 X 12	Valencia de Don Juan	23 F 13	Valgañón	26 F 20	Vall de Gallinera	69 P 29	Valle de Lierp	17 E 31	Valle los Nueves (El)	94 P 9
Val de San Lorenzo	23 E 11	Valdeverdeja	51 M 14	Valencia de las Torres	73 Q 12	Valgrande	10 D 12	Vall de Laguart	69 P 29	Valle de los Caídos	39 K 17	Valleluengo	23 F 11
Val de San Román	23 E 11	Valdevimbre	23 E 13	Valencia del Mombuey	72 R 8	Valhermoso	42 J 24	Valldemossa	90 M 37	Valle de Matamoros	72 Q 9	Vallentes de Molina (Los)	79 R 26
Val de San Vicente	11 B 16	Valdezate	25 H 18	Valencia del Ventoso	72 R 10	Valiñas	6 E 4	Valldoreix	32 H 36	Valle de San Roque	94 P 9	Valle Retortillo	24 F 15
Val de San Martín	42 I 25	Valdezcaray	26 F 21	Valencia (Golfo de)	57 N 29	Valira d'Orient	18 E 34	Valle	12 C 19	Valle de San Lorenzo	92 I 9	Valleruela de Pedraza	39 I 18
Val de Santa María	23 G 11	Valdezufre	72 S 10	Valencina de la Concepción	83 T 11	Valjunquera	44 J 30	Valle (El) (Cádiz)	88 X 12	Valle de Santa Inés	93 T 7	Valleruela de Sepúlveda	39 I 18
Val de Santo Domingo	52 L 17	Valdihuelo	39 K 16	Valenoso	11 E 16	Vall d'Uixó (La)	57 M 29	Valle (El) (León)	9 E 10	Valle de Santa Ana	72 Q 9	Valles	12 B 17
Valdesaz	40 J 21	Valdilecha	53 L 20	Valentin	78 R 24	Vallada	68 P 27	Valle (Sierra del) (Asturias)	12 B 10	Valle de Tabladillo	39 H 18	Valles (Los)	95 W 3
Valdescorriel	23 F 13	Valdín	22 F 9	Valentins (Els)	44 K 31	Valladares	41 I 22	Valle (Sierra del) (Cádiz)	88 W 12	Valle de Vegacervera	10 D 13	Valles (Reserva nacional de los)	15 D 27
Valdesimonte	39 I 18	Valdivia	62 O 12	Valenzuela	75 S 17	Vallado	4 C 10	Vallebrón	93 J 6	Valle de Zamancas	12 D 18	Vallesa	38 I 14
Valdesoto	5 B 13	Val do Dubra	2 C 4	Valenzuela de Calatrava	65 P 18	Valladolid	24 H 15	Valle-Brosque	93 K 6	Valledor	4 C 9	Valles de Ortega	93 T 7
Valdesotos	40 J 20	Valdomar	3 C 6	Valer	23 G 11	Valladolises	79 S 26	Vallecas	40 K 19	Valledor (Sierra de)	4 C 9	Valles de Palenzuela	25 F 17
Valdespina (Palencia)	25 F 16	Valdoré	10 D 14	Valera	72 R 10	Vallanca	55 L 25	Vallecillo	24 E 14	Vallegera	25 F 17	Valles de Valdavia	11 E 16
Valdespina (Soria)	27 H 22	Valdoro (Sierra de)	64 Q 17	Valera de Abajo	54 M 23	Vallarta de Bureba	13 E 20	Vallecillo (El)	55 L 25	Valle Gran Rey	95 E 9	Valle Seco	93 K 7
Valdespino Cerón	23 F 13	Valdorros	25 F 18	Valeria	54 M 23	Vallat	56 L 28	Valle de Abdalajís	84 V 15	Valle Guera	92 J 6	Valleseco	94 O 9
Valdespino de Somoza	23 E 11	Valdosera	31 H 33			Vallbona d'Anoia	32 H 35	Valle de Arán (Parador de) (Vielha)	17 D 32				
Valdesqui	39 J 18	Valdoviño	3 B 5			Vallbona de les Monges	31 H 33	Valle de Arriba	92 H 31				
Valdestillas	24 H 15					Vallcarca	32 I 35	Valle de Bardagí	17 E 31				
						Vallcebre	18 F 35						

VALENCIA

Ayuntamiento (Pl. del) ... EY
Marqués de Sotelo (Av.) . EZ
Pascual y Genís .... EYZ
Paz .... EFY
San Vicente Mártir...... DY

Almirante .... EX 2
Almudín............... EX 3
Ángel Guimerá........ DY 4
Bolsería.............. DX 7
Carmen (Pl. del) ..... DX 8
Dr. Collado (Pl.) ..... EY 9
Dr. Sanchis Bergón ... DX 12
Embajanor Vich .... EY 13
Esparto (Pl. del) .... DX 14
Garrigues .... DY 16
General Palanca ...... FY 17
Guillem Sorolla....... DY 18
Maestres............. FX 20
Maestro Palau .... DY 21
María Cristina (Av.) .. EY 22
Marqués de Dos Aguas . EY 25
Micalet .... EX 26
Moro Zeit .... DX 27
Músico Peydro........ DY 30
Nápoles y Sicilia (Pl.) . EX 31
Padre Huérfanos ...... EX 32
Palau .... EY 34
Periodista Azzati .... DY 35
Pie de la Cruz .... DY 36
Poeta Quintana .... FY 38
Salvador Giner .... DX 39
San Vicente Ferrer (Pl.) . EY 40
Santa Ana (Muro) ..... EX 43
Santa Teresa .... DY 44
Santo Tomás .... DX 45
Transits .... EY 47
Universidad........... EY 48
Virgen (Pl. de la) ... EX 49
Virgen de la Paz (Pl.) . EY 51

M¹ MUSEO DE CERÁMICA
N COLEGIO DEL PATRIARCA O DEL CORPUS CHRISTI

Para que sus viajes sean un éxito, prepárelos de antemano. Los mapas y las guías Michelin le proporcionan todas las indicaciones útiles sobre : itinerarios, visitas de curiosidades, alojamiento, precios, etc...

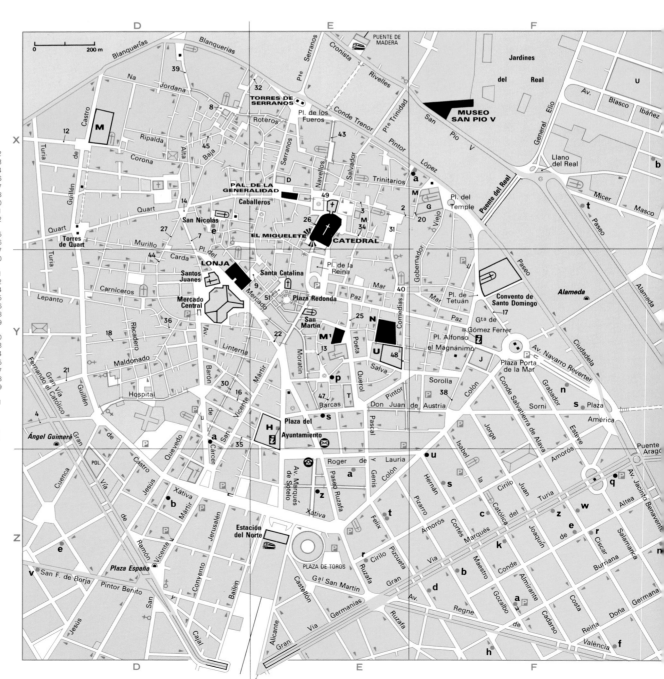

Vallespinosa	32 H 34	Valltorta		Valparaiso de		Valvanera		Valverde de		Veciana	32 H 34	Vega de Doña
Vallespinoso		(Barranco de)	57 K 30	Abajo	54 L 22	(Monasterio de)	27 F 21	Llerena	73 R 12	Vecilla (La)	10 D 13	Olimpa	11 E 16
de Aguilar	11 D 16	Valluerca	13 D 20	Valparaíso de		Valvenedizo	40 I 20	Valverde del		Vecindario	94 P 10	Vega de
Vall Ferrera	18 E 34	Valluercanes	13 E 20	Arriba	54 L 22	Valverde	93 B 11	Majano	39 J 17	Vecinos	37 J 12	Espinareda	9 D 10
Vallfogona		Vallunquera	25 F 17	Valporquero	10 D 14	Valverde	35 J 7	Valverde		Vedao	29 G 28	Vega de Gordón	10 D 13
de Balaguer	31 G 32	Vallverd (Lérida)	31 G 32	Valporquero de		Valverde		de los Arroyos	40 I 20	Vedao (Sierra del)	15 D 27	Vega de Infanzones	10 E 13
Vallfogona de		Vallverd		Torío	10 D 13	(Alicante)	79 R 28	Valverde de Mérida	62 P 11	Vedat de Torrente		Vega del Castillo	22 F 10
Ripolles	18 F 36	(Tarragona)	31 H 33	Valrío	49 L 10	Valverde		Valverde		(El)	56 N 28	Vega del Codorno	42 K 24
Vallfogona		Valmadrid	29 H 27	Valronquillo	64 O 17	(Burgos)	26 G 19	de Valdelacasa	37 K 12	Vedra	6 D 4	Vega de Liébana	11 C 16
de Riucorb	31 H 33	Valmala	26 F 20	Valsain	39 J 17	Valverde (Ciudad		Valverde Enrique	24 F 14	Vedrà (Illa)	91 P 33	Vega de los Viejos
Vallgorguina	33 H 37	Valmartino	11 D 14	Valsalabroso	36 I 10	Real)	64 P 17	Valverdejo	54 N 23	Vega (Alto de la)	55 K 24	(La)	10 D 11
Vallibierna		Valmayor	64 Q 17	Valsalada	29 F 28	Valverde (Soria)	28 G 24	Valverdín	10 D 13	Vega (Asturias)	5 B 13	Vega del Rey	5 C 12
(Pico de)	17 E 31	Valmayor		Valsalobre (Cuenca)	41 K 23	Valverde (Teruel)	42 J 26	Valverdón	37 I 12	Vega (Cantabria)	12 C 18	Vega de Magaz	10 E 11
Vallibona	44 K 30	(Embalse de)	39 K 17	Valsalobre		Valverde de Alcalá	53 K 20	Valvieja	40 H 19	Vega (La)	92 H 7	Vega de Matalobos	49 L 9
Vallirana	32 H 35	Valmojado	52 L 17	(Guadalajara)	42 J 24	Valverde		Valviadero		Vega (La) (Badajoz)	60 O 8	Vegadeo	4 B 8
Vallivana	44 K 30	Valmuel del		Valseca	39 I 17	de Burguillos	72 R 10	Vanacloig	56 M 27	Vega (La) (Cantabria)	11 C 16	Vega de Pas	12 C 18
Vallivana (Montes		Caudillo	44 I 29	Valsemana	10 D 12	Valverde de		Vandellós	45 I 32	Vega (La)		Vega de Rengos	5 C 11
de)	44 K 29	Valonga	30 G 30	Valsendero	94 O 9	Campos	24 G 14	Vanidodes	10 E 11	(cerca de		Vega de Río Palmas	93 T 7
Vall Llebrera	31 G 33	Válor	86 V 20	Valsequillo	94 P 10	Valverde de		Vansa	18 F 34	Ribadesella)	11 B 14	Vega de Ruiponce	24 F 14
Vall-Llobrega	33 H 39	Valoria de Aguilar	12 D 17	Valsequillo	74 Q 13	Cervera	28 G 24	Vara	6 D 3	Vega (La) (cerca de		Vega de San Mateo	94 O 9
Vallmanya (cerca de		Valoria del Alcor	24 G 15	Valtablado del Río	41 J 22	Valverde de Júcar	54 M 23	Vara (Alto de la)	41 I 21	Tineo)	5 C 11	Vega de Santa
Lérida)	30 H 31	Valoria la Buena	25 G 16	Valtajeros	27 G 23	Valverde de la		Vara de Rey	54 N 23	Vega (La) (Riosa)	5 C 12	María	38 J 16
Vallmanya (cerca de		Valpalmas	29 F 27	Valtiendas	25 H 18	Sierra	11 D 15	Varas	75 R 16	Vega (La) (Sariego)	5 B 13	Vega de Tera	23 G 11
Cardona)	32 G 34	Valparaiso		Valtierra	28 F 25	Valverde de la Vera	50 L 13	Varas		Vega Blanquilla	88 W 12	Vega de Tirados	37 I 12
Vallmoll	45 I 33	(cerca de		Valtorres	42 I 24	Valverde		(Fuente de las)	12 B 18	Vegacervera	11 C 14	Vega de
Vallobal	5 B 14	Cuelgamures)	37 I 12	Valtueña	41 H 23	de la Virgen	10 E 12	Varelas	7 D 5	Vega de Almanza		Valdetronco	24 H 14
Valloria	27 F 22	Valparaiso		Valuengo	72 R 9	Valverde del		Vargas	12 C 18	(La)	11 D 14	Vega de Valcarce	8 E 9
Vallromanas	33 H 36	(cerca de		Valuengo		Camino	72 T 9	Varluenga		Vega de Anzo	5 B 11	Vega de Villalobos	23 G 13
Valls	45 I 33	Mombuey)	23 G 11	(Embalse de)	72 R 10	Valverde de		(Barranco de la)	29 F 27	Vega de Bur	11 D 16	Vega de Yeres	9 E 9
Vallter 2000	18 E 36	Valparaiso		Valvaler	4 C 9	Leganés	60 P 9	Varona	42 H 24	Vega de Caballeros	10 D 12	Vega Esquivia	64 N 18
		(Embalse de)	22 G 10			Valverde del		Vascos (Ruinas				Vegafría	39 H 17
						Fresno	49 L 9	romanas)	51 M 14			

VALLADOLID

Duque de la Victoria . . . . . BY 17
Fuente Dorada (Pl. de) . . BY 20
Miguel Iscar . . . . BY 29
Santiago . . . . BY 41
Teresa Gil . . . . BY

Arco de Ladrillo
(Paseo del) . . . . BZ 2
Arzobispo Gandásegui . . . CY 3
Bailarín
Vicente Escudero . . . . . CY 5
Bajada de la Libertad . . . BCY 6
Cadenas de
San Gregorio . . . . CX 8
Cánovas del Castillo . . . . BCY 9
Cardenal Mendoza . . . . . CY 10
Chancillería . . . . CX 13
Claudio Moyano . . . . BY 14
Doctrinos . . . . BY 16
España (Pl. de) . . . . BY 18
Gondomar . . . . CX 21
Industrias . . . . CY 24
Maldonado . . . . CY 25
Marqués del Duero . . . . . CXY 26
Pasión . . . . BY 30
Portillo de Balboa . . . . . . CX 32
San Augustín . . . . BXY 35
San Ildefonso . . . . BY 36
San Pablo (Pl. de) . . . . . . BX 37
Santa Cruz (Pl. de) . . . . . CY 40
Santuario . . . . CY 42
Sanz y Forés . . . . CXY 45
Zorrilla (Paseo de) . . . . . ABZ 47

— IGLESIA DE
   LAS ANGUSTIAS

Para circular en ciudad,
utilice los planos
de la Guía Michelin :
vias de penetración
y circunvalación,
cruces y plazas
importantes,
nuevas calles,
aparcamientos,
calles peatonales...
un sinfín de
datos puestos
al día cada año.

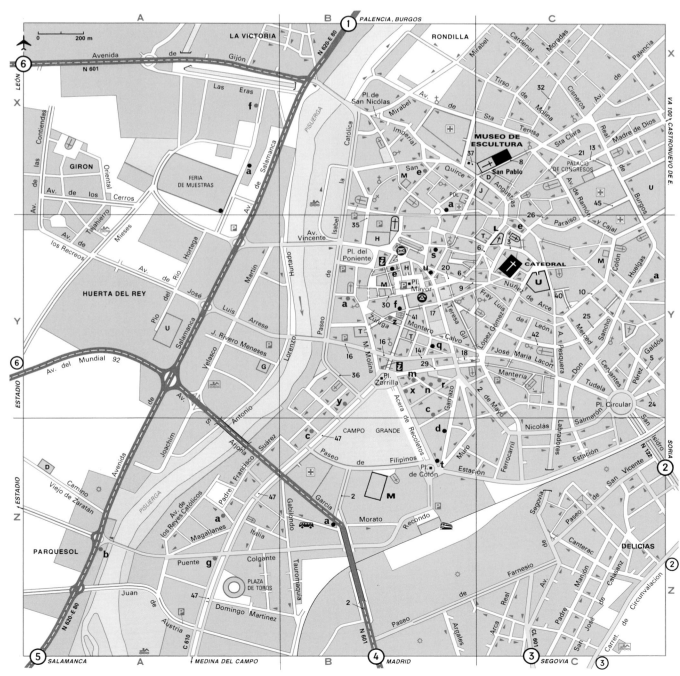

Vegafriosa	5	B 11
Vegalagar	4	C 10
Vegalatrave	23	G 11
Vegallera	66	Q 23
Vegameoro	4	C 10
Veganzones	39	I 18
Vegaquemada	10	D 14
Vegarada (Puerto de)	5	C 13
Vegarienza	10	D 11
Vegas (Las)	92	I 9
Vegas (Las)	94	P 10
Vegas Altás	62	O 13
Vegas de Almenara	74	S 13
Vegas de Coria	49	K 11
Vegas de Domingo Rey	36	K 10
Vegas del Condado	10	D 13
Vegas de Matute	39	J 17
Vegas de San Antonio (Las)	51	M 15
Vegaviana	49	L 9
Veguellina de Órbigo	23	E 12
Vegueta (Las Palmas)	94	P 9
Veguilla	12	C 19
Veguillas	40	J 20
Veguillas (Las)	37	J 12
Veguillas de la Sierra	55	L 25
Veiga	2	C 4
Veiga (A) (cerca de Celanova)	21	F 6
Veiga (A) (cerca de O Barco)	8	E 9
Veiga (A) (cerca de Viana do Bolo)	21	F 8
Veiga de Logares (A)	4	C 8
Vejer de la Frontera	88	X 12
Vejo	11	C 15
Vela	7	T 17
Velada	51	M 15
Velamazán	41	H 21
Velascálvaro	38	I 15
Velate (Castillo de)	15	C 25
Velate (Puerto de)	15	C 25
Velayos	38	J 16
Veldedo	10	E 11
Velefique	87	U 22
Veleta (La)	79	S 27
Veleta (Pico)	86	U 19
Vélez	78	S 24
Vélez Blanco	77	S 23
Vélez de Benaudalla	86	V 19
Vélez Málaga	85	V 17
Vélez Málaga (Punta de)	85	V 17
Vélez Rubio	77	T 23
Velilla (Cerca de San Esteban de Gormaz)	26	H 20
Velilla (Cerca de Soria)	27	G 22
Velilla (Valladolid)	24	H 14
Velilla (La)	39	I 18
Velilla de Cinca	30	H 30
Velilla de Ebro	29	H 28
Velilla de Jiloca	42	I 25
Velilla de la Reina	10	E 12
Velilla de los Ajos	27	H 23
Velilla de los Oteros	23	E 13
Velilla del Río Carrión	11	D 15
Velilla de Medinaceli	41	I 22
Velilla de San Antonio	53	K 19
Velilla de Valderaduey	11	E 15
Velillas	16	F 29
Velle (Embalse de)	21	E 6
Vellés (La)	37	I 13
Vellila de Tarilonte	11	D 15
Vellisca	54	L 21
Velliza	24	H 15
Vellón (El)	40	J 19
Vellos	16	E 30
Vellosillo	39	I 18
Vences	21	G 7
Vencias (Embalse de las)	39	H 18
Vencillon	30	G 30
Vendas da Barreira	21	G 8
Vendelaras de Abajo	66	P 23
Vendelaras de Arriba	66	P 23
Vendoval	73	R 11
Vendrell (El)	32	I 34
Veneguera	94	N 10
Venero	62	N 13
Veneros (Los)	84	U 14
Venialbo	38	H 13
Venta de Gaeta (La)	68	O 27
Venta del Molinillo	86	U 19
Venta del Probe	87	V 23
Venta (La) (Ciudad Real)	64	O 18
Venta (La) (cerca de Almedinilla)	85	T 17
Venta (La) (cerca de Baza)	86	T 21
Venta Cerezo	75	R 17
Venta de Baños	25	G 16
Venta de Cañete	84	U 14
Venta de Cárdenas	76	Q 19
Venta de Culebrín	73	R 11
Venta de Don Quijote	54	N 21
Venta de la Muela	77	R 21
Venta del Charco	75	R 17
Venta del Cruce	83	U 11
Venta del Fraile	85	V 18
Venta del Moro	55	N 25
Venta del Obispo	51	K 14
Venta del Ojo de Mierla	42	J 25
Venta de los Santos	76	Q 20
Venta del Palmar (La)	84	T 14
Venta del Patio	14	D 22
Venta del Peral (La)	77	T 22
Venta del Puerto	75	R 16
Venta del Tarugo	86	V 20
Venta de Micena	77	S 22
Ventalles (Les)	45	K 31
Ventalló	19	F 39
Ventamillo (Congosto de)	17	E 31
Ventana (Puerto)	5	C 11
Ventaniella (Puerto de)	11	C 14
Ventanilla	11	D 16
Ventano del Diablo	54	L 23
Venta Nueva	4	C 10
Venta Pantalones	75	T 17
Venta Quemada (Granada)	77	T 22
Venta Quemada (Valencia)	56	N 27
Ventas (Las)	5	C 11
Venta Santa Bárbara	85	U 17
Ventas Blancas	27	E 23
Ventas con Peña Aguilera	52	N 17
Ventas de Arraiz	15	C 25
Ventas de Arriba	72	S 10
Ventas de Huelma	85	U 18
Ventas del Carrizal	75	T 18
Ventas de Muniesa	43	I 27
Ventas de Retamosa (Las)	52	L 17
Ventas de San Julián (Las)	51	L 14
Ventas de Zafarraya	85	V 17
Venta Valero	85	T 17
Vente de las Ranas	5	B 13
Ventilla (La) (Ciudad Real)	65	O 20
Ventilla (La) (Córdoba)	74	S 14
Ventillas	64	Q 17
Ventín	20	F 4
Ventolà	18	F 36
Ventorrillo (El)	12	C 17
Ventorros de San José	85	U 17
Ventós (Cap)	90	O 38
Ventosa (cerca de Medinaceli)	41	I 22
Ventosa (cerca de Soria)	27	G 22
Ventosa (Guadalajara)	42	J 24
Ventosa (La)	54	L 22
Ventosa (Pontevedra)	7	D 6
Ventosa de Fuentepinilla	27	H 21
Ventosa de la Cuesta	38	H 15
Ventosa del Rio Almar	37	J 13
Ventosa de Pisuerga	12	E 17
Ventosa de San Pedro	27	F 23
Ventosela	20	F 5
Ventoses (Les)	31	G 33
Ventosilla (Jaén)	75	S 18
Ventosilla (La)	52	M 17
Ventosilla (Soria)	27	G 22
Ventosilla y Tejadilla	39	I 18
Ventoso	4	C 8
Ventrosa	27	F 21
Venturada	40	J 19
Veo	56	M 28
Veo (Cabo)	2	C 2
Ver	8	E 7
Vera (Almería)	87	U 24
Vera (Badajoz)	63	P 14
Vera (La)	92	I 7
Vera (La)	50	L 13
Veracruz (Huesca)	17	E 31
Veracruz (Jaén)	76	R 20
Vera de Erques	92	H 8
Vera de Moncayo	28	G 24
Veral	15	E 27
Verde	85	V 18
Verdegás	68	Q 28
Verdelecho (Arroyo del)	87	U 22
Verdelpino de Huete	54	L 22
Verdeña	11	D 16
Verdes (Cueva de los)	95	X 3
Verdiago	11	D 14
Verdicio	5	B 12
Verdú	31	H 33
Verdugo Rio	20	E 4
Verdugo II	83	V 13
Verea	21	F 6
Veredas (Ciudad Real)	64	Q 16
Veredas (Huelva)	72	S 9
Veredón	74	S 15
Vergaño	11	D 16
Vergel	69	P 30
Verges	19	F 39
Vergós	31	H 33
Verín	21	G 7
Veriña	5	B 12
Verís	3	C 5
Vermell (Cap)	91	N 40
Vero	16	E 30
Vertavillo	25	G 17
Vertientes (Las)	77	T 22
Veruela (Monasterio de)	28	G 24
Vescar (Sierra El)	72	R 8
Vesgas (Las)	13	E 19
Vespella	32	I 34
Vetaherrado	83	U 12
Vezdemarbán	23	H 13
Viacamp	17	F 31
Via de la Plata (Parador) (Mérida)	61	P 10
Viados	17	E 31
Viana (Navarra)	14	E 22
Viana de Cega	24	H 15
Viana de Duero	27	H 22
Viana de Jadraque	41	I 21
Viana de Mondéjar	41	K 22
Viana do Bolo	21	F 8
Viandar de la Vera	50	L 13
Vianos	65	Q 22
Viaña (Cantabria)	12	C 17
Viaño Pequeño	2	C 4
Viar (Badajoz)	73	R 11
Viar (Canal del)	73	S 12
Viar (Río)	73	R 11
Viar (Sevilla)	73	T 12
Viariz	8	E 9
Viascón	6	E 4
Viator	87	V 22
Víboras	85	T 17
Vic / Vich	32	G 36
Vic (Parador)	33	G 37
Vicálvaro	53	K 19
Vícar	86	V 22
Vicario (Embalse de El)	64	O 18
Vicedo	3	A 6
Vicente	52	N 16
Vicentes (Los)	79	R 27
Vicfred	32	G 34
Vich / Vic	32	G 36
Vicién	29	F 28
Vicinte	3	C 6
Vico	83	V 12
Vicolozano	33	J 16
Vicort (Sierra de)	42	H 25
Vicorto	67	Q 23
Victoria (La)	74	S 15
Victoria de Acentejo (La)	92	J 7
Victory (A.)	51	L 14
Vid (Arroyo de la)	50	M 12
Vid III (Embalse de la)	50	M 12
Vid (La) (Burgos)	26	H 19
Vid (La) (León)	10	D 13
Vidanes	11	D 14
Vidángoz	15	D 26
Vidania	14	C 23
Vidaurreta	14	D 24
Vidayanes	23	G 13
Vid de Bureba (La)	13	E 20
Vide (cerca de Cenlle)	21	F 5
Vide (cerca de Maceda)	21	F 7
Vide de Alba	23	G 11
Videferre	21	G 7
Videmala	23	H 11
Vidiago	11	B 16
Vidio (Cabo)	5	B 11
Vidola (La)	36	I 10
Vidrà	19	F 36
Vidre (Puerto de)	56	L 29
Vidreres	33	G 38
Vidrieros	11	D 15
Vidrio (Sierra del)	61	O 10
Vidural	4	B 10
Vieiro (Alto de)	21	F 6
Vieja (Cueva de la)	68	O 26
Vieja (Sierra)	61	Q 10
Viejas	65	O 20
Viejas (Sierra de)	50	N 13
Viejo (El)	53	N 20
Viejo (Puerto)	49	K 10
Vielha	17	D 32
Vielha (Túnel de)	17	E 32
Viella	10	B 12
Vila de Bares	3	A 6
Viladecans	32	I 36
Viento	85	V 16
Viento (Puerto del)	84	V 14
Viento (Punta del)	92	J 6
Viento (Punta del)	93	U 8
Viento (Sierra del) (Murcia)	78	T 24
Viento (Sierra del) (Sevilla)	73	R 12
Viento (Sierra del) (Huelva)	72	R 9
Viergol	13	C 20
Vierlas	28	G 24
Viernoles	12	C 17
Viforcos	9	E 11
Vigaña (cerca de Grado)	5	C 11
Vigaña (cerca de Peña Manteca)	5	C 11
Vigas	28	E 25
Vignemale	16	D 29
Vigo (El)	13	C 20
Vigo (La Coruña)	3	C 5
Vigo (Pontevedra)	20	F 3
Vigo (Ría de)	20	F 3
Viguera	27	F 22
Vila (Huesca)	17	D 32
Vila-real / Villarreal	57	M 29
Vilabade (La Coruña)	2	C 4
Vilabella	45	I 33
Vilabertran	19	F 38
Vilablareix	33	G 38
Vilaboa (La Coruña)	3	B 5
Vilaboa (Pontevedra)	6	E 4
Vilacampa	3	B 7
Vilachá (cerca de Liber)	8	D 8
Vilachá (cerca de Monforte)	8	E 7
Vilachá (La Coruña)	3	B 5
Vilachá de Mera	8	D 7
Vilacoba	20	F 4
Vilacova	6	D 3
Vilada	18	F 35
Viladamat	19	F 39
Viladasens	19	F 38
Viladavil	7	D 5
Viladecavalls	32	H 35
Vila de Cruces	7	D 5
Vilademuls	19	F 38
Vilademula	8	E 9
Viladequinta	8	E 9
Viladordis	32	G 35
Viladrau	33	G 37
Vilaesteva	3	B 7
Vilaestrofe	3	B 7
Vilafamés	57	L 29
Vilafant	19	F 38
Vilaflor	92	I 9
Vilaformán	4	B 8
Vilaframil	4	B 8
Vilafranca de Bonany	90	N 39
Vilafranca del Penedès	32	H 35
Vilafranquesa	69	Q 28
Vilagarcia de Arousa	6	E 3
Vilagrassa	31	H 33
Vila Joiosa (La) / Villajoyosa	69	Q 29
Vilajuïga	19	F 39
Vilalba/Villalba (Lugo)	3	C 6
Vilalba dels Arcs	45	I 31
Vilalba Sasserra	33	H 37
Vilalbite	3	C 6
Vilalba (Lugo)	4	C 8
Vilalba	45	I 33
Vilaleo	8	D 7
Vilalle	4	C 8
Vilalleons	33	G 36
Vilaller	17	E 32
Vilallobent	18	E 35
Vilallonga del Camp	45	I 33
Vilallonga de Ter	18	E 36
Vilalonga	6	E 3
Vilapape	8	E 7
Vilamacolum	19	F 39
Vilamaior (La Coruña)	3	B 5
Vilamaior (Lugo)	8	D 7
Vilamaior (Orense)	21	G 6
Vilamaior de Negral	7	D 6
Vilamajor	33	G 37
Vilamalla	19	F 38
Vilamaniscle	19	E 39
Vilamarín	7	E 6
Vilamartín	4	B 8
Vilamartín de Valdeorras	8	E 8
Vilamarxant	56	N 28
Vilamateo	3	B 5
Vilameá	20	G 5
Vilameán	20	F 3
Vilamitjana	17	F 32
Vilamor	7	D 6
Vilamós	17	D 32
Vilamur	17	E 33
Vilán (Cabo)	2	C 2
Vilanant	19	F 38
Vilanova (Valencia)	55	M 26
Vilanova (cerca de Monterroso)	7	D 6
Vilanova (cerca de Sarria)	8	D 7
Vilanova d'Alcolea	57	L 30
Vilanova (Lourenzá)	4	B 8
Vilanova (Orense)	22	F 9
Vilanova (Pontevedra)	20	F 3
Vilanova de Arosa	6	E 3
Vilanova de Bellpuig	31	H 32
Vilanova de la Barca	31	G 32
Vilanova de l'Aguda	31	G 33
Vilanova de les A.	31	G 32
Vilanova de les Avellanes	31	G 32
Vilanova de Meià	31	G 32
Vilanova de Prades	31	H 32
Vilanova de Sau	33	G 37
Vilanova d'Escornalbou	45	I 32

VIGO

Colón	BY
Policarpo Sanz	ABY
Príncipe	AYZ
Urzaiz	BZ
Alfonso XII (Paseo de)	AZ 2
Cánovas del Castillo	AY 4
Carral	AY 9
Cervantes	BZ 10
Concepción Arenal	BY 12
J. Elduayen	AY 14
Lepanto	BZ 15
Luis Taboada	AY 16
Marqués de Valladares	AY 17
Montero Ríos	AY 18
Porta do Sol	AY 19
Reconquista	AY 20
República Argentina	BZ 21
Ribera	AY 22
Urzaiz (Pl.)	BZ 23
Velázquez Moreno	AYZ 24
Victoria	AY 25

Place	Map	Grid
Vilanova de Segrià	31	G 31
Vilanova i la Geltrú / Villanueva y Geltrú	32	I 35
Vilanoveta Roquetes	32	I 35
Vilaosende	4	B 8
Vilapedre (cerca de Sarria)	8	D 7
Vilapedre (cerca de Villalba)	3	B 7
Vilapene	3	C 7
Vilaplana	45	I 33
Vilaquinte	7	E 6
Vilar (cerca de A Caniza)	20	F 5
Vilar (cerca de Vigo)	20	F 4
Vilar (El)	17	F 33
Vilar (Orense)	21	G 6
Vilarbacu	8	E 8
Vilarchán	6	E 4
Vilarchao	4	C 8
Vilar de Barrio	21	F 7
Vilar de Cervos	21	G 7
Vilar de Donas	7	D 6
Vilar de Lor	8	E 8
Vilar de Moros	4	C 8
Vilar de Rei	21	F 7
Vilar de Santos	21	G 8
Vilardevós	21	G 8
Vilares	3	C 6
Vilarig	19	F 38
Vilarino de Conso (Estación de)	21	F 8
Vilariño	6	E 3
Vilariño das Poldras	21	F 6
Vilariño de Conso	21	F 8
Vilariño Frío	21	F 7
Vilarmeao	21	F 8
Vila-rodona	32	I 34
Vilarrube	3	B 5
Vilarrubín	7	E 6
Vilarxoán	8	D 8
Vila-sacra	19	F 39
Vila-sana	31	H 32
Vilasantar	3	C 5
Vila-seca	45	I 33
Vilaseco	21	F 8
Vilasobroso	20	F 4
Vilasouto (Embalse de)	8	D 7
Vilassar de Mar	33	H 37
Vilaster	8	E 8
Vilatán	7	E 6
Vilatuxe	7	E 5
Vilaür	19	F 38
Vilaúxe	7	E 6
Vilavella	21	F 8
Vilaverd	31	H 33
Vilaxoán	6	E 3
Vilches	76	R 19
Vildé	26	H 20
Vileiriz	8	D 7
Vilela (cerca de Ribadeo)	4	B 8
Vilela (cerca de Taboada)	7	D 6
Vilela (La Coruña)	2	C 4
Vilela (Pontevedra)	7	D 6
Vilella (La)	45	I 32
Vileña	13	E 20
Vileta (La)	90	N 37
Villabalter	10	E 13
Villabandín (Sierra de)	10	D 11
Villabáñez	25	H 16
Villabaruz de Campos	24	F 15
Villabáscones de Bezana	12	D 18
Villabasil	13	C 20
Villabasta	11	E 16
Villabermudo	11	E 16
Villablanca	81	U 7
Villablino	9	D 11
Villaboa	4	C 8
Villabona (Asturias)	5	B 12
Villaboa (Guipúzcoa)	14	C 23
Villabrágima	24	G 14
Villabraz	23	F 13
Villabrázaro	23	F 12
Villabuena (Alava)	14	E 22
Villabuena (León)	9	E 9
Villabuena (Soria)	27	G 22
Villabuena del Puente	38	H 13
Villacadima	40	I 20
Villacalbiel	23	E 13
Villacampo del Moral	76	T 19
Villacañas	53	N 19
Villacarli	17	E 31
Villacarralón	24	F 14
Villacarriedo	12	C 18
Villacarrillo	76	R 20
Villacastín	39	J 16
Villaceca	39	I 18
Villacelama	10	E 13
Villacián	13	D 20
Villacibrán	4	C 10
Villacidaler	24	F 15
Villacidayo	10	E 14
Villacid de Campos	24	F 14
Villaciervos	27	G 22
Villacil	10	E 13
Villacintor	10	E 14
Villaco	25	G 17
Villaconancio	25	G 17
Villacondide	4	B 9
Villaconejos	53	L 19
Villaconejos de Trabaque	54	K 23
Villacorta	40	I 19
Villacorza	41	I 21
Villacreces	24	F 14
Villacuende	24	E 15
Villada	24	F 15
Villadangos del Páramo	10	E 12
Villadecanes	9	E 9
Villa de Don Fadrique (La)	53	N 20
Villa del Campo	49	L 10
Villa del Prado	52	L 17
Villa del Rey	49	N 9
Villa del Río	75	S 17
Villademor de la Vega	23	F 13
Villadepalos	9	E 9
Villadepán	10	D 11
Villadepera	23	H 11
Villadesuso	20	F 3
Villadevelle	4	B 8
Villa de Ves	68	O 26
Villadiego	12	E 17
Villadiego de Cea	11	E 15
Villadiezma	25	E 16
Villadonga	3	C 7
Villadoz	42	I 26
Villaeles de Valdavia	11	E 16
Villaescobedo	12	D 17
Villaescusa (Cantabria)	12	D 17
Villaescusa (Zamora)	37	I 13
Villaescusa de Haro	54	N 21
Villaescusa del Butrón	12	D 19
Villaescusa de Palositos	41	K 22
Villaescusa de Roa	25	G 17
Villaescusa la Sombría	26	E 19
Villaespasa	26	F 19
Villaesper	24	G 14
Villaestrigo	23	F 12
Villafáfila	23	G 13
Villafalé	10	E 13
Villafañé	10	E 13
Villafeliche (Puerto de)	42	I 25
Villafeliche (Salamanca)	42	I 25
Villafeliz de la Sobarriba	10	E 13
Villafer	23	F 13
Villaferrueña	23	F 12
Villafiz	7	D 6
Villaflor (Ávila)	38	J 15
Villaflor (Zamora)	23	H 12
Villaflores	38	I 14
Villaflores (Guadalajara)	40	K 20
Villafrades de Campos	24	F 15
Villafranca (Embalse de)	75	S 16
Villafranca (Sierra de)	51	K 14
Villafranca (Navarra)	28	F 24
Villafranca (Segovia)	39	I 18
Villafranca de Córdoba	75	S 16
Villafranca de Duero	38	H 14
Villafranca de Ebro	29	H 28
Villafranca de la Sierra	38	K 14
Villafranca del Bierzo	9	E 9
Villafranca del Campo	42	J 25
Villafranca del Castillo	39	K 18
Villafranca del Cid	44	K 29
Villafranca del Delta	45	K 32
Villafranca de los Barros	61	Q 10
Villafranca de los Caballeros	53	N 19
Villafranca-Montes de Oca	26	E 20
Villafranco del Guadalhorce	84	V 15
Villafranco del Guadalquivir	83	U 11
Villafranco del Guadiana	61	P 9
Villafrechós	24	G 14
Villafría (Alava)	14	E 22
Villafría (cerca de Burgos)	26	E 19
Villafría (cerca de San Zardonil)	13	D 20
Villafruel	11	E 15
Villafruela	25	G 18
Villafuerte	25	G 17
Villafuerte (Sierra de)	77	R 23
Villafuertes	25	F 18
Villagalijo	26	E 20
Villagarcía	23	E 12
Villagarcía de Campos	24	G 14
Villagarcía de la Torre	73	R 11
Villagatón	10	E 11
Villagellegos	23	E 13
Villager de Laciana	9	D 10
Villageriz	23	F 12
Villagómez	25	F 18
Villágomez la Nueva	24	F 14
Villagonzalo	62	P 11
Villagonzalo de Coca	38	I 16
Villagonzalo de Tormes	37	J 13
Villagonzalo-Pedernales	25	F 18
Villagudín (Embalse de)	2	C 4
Villagutiérrez	25	F 18
Villahán	25	F 17
Villaharta	74	R 15
Villahermosa	66	P 21
Villahermosa del Campo	42	I 26
Villahermosa del Río	56	L 28
Villaherreros	25	E 16
Villahizán	25	F 17
Villahizán de Treviño	25	E 17
Villaimez	25	F 18
Villajimena	25	F 16
Villajoyosa / Vila Joiosa (La)	69	Q 29
Villalacre	12	C 19
Villalaín	12	D 19
Villalambrús	13	D 20
Villalán de Campos	24	F 14
Villalangua	29	E 27
Villalar	4	C 10
Villalar de los Comuneros	24	H 14
Villalazán	23	H 13
Villalba/Vilalba (Lugo)	3	C 6
Villalba (Soria)	41	H 22
Villalba Alta	43	K 27
Villalba Baja	43	K 26
Villalba Calatrava	65	Q 19
Villalba de Adaja	38	H 15
Villalba de Duero	25	G 18
Villalba de Guardo	11	D 15
Villalba de la Lampreana	23	G 13
Villalba del Alcor	82	T 10
Villalba de la Sierra	54	L 23
Villalba de Loma	24	F 14
Villalba de Losa	13	D 20
Villalba de los Alcores	24	G 15
Villalba de los Barros	61	Q 10
Villalba de los Llanos	37	J 12
Villalba de los Morales	42	J 25
Villalba del Rey	54	K 22
Villalba de Perejiles	42	I 25
Villalba de Rioja	13	E 21
Villalbarba	24	H 14
Villalbilla (Burgos)	25	E 18
Villalbilla (Madrid)	53	K 20
Villalbilla de Gumiel	26	G 19
Villalbilla de Villadiego	12	E 18
Villalbilla Sobresierra	12	E 19
Villalcampo	23	H 11
Villalcampo (Embalse de)	23	H 11
Villalcázar de Sirga	25	F 16
Villalción	24	F 15
Villaldemiro	25	F 18
Villaldín	5	C 11
Villalebrín	24	E 15
Villalfeide	10	D 13
Villalgordo del Júcar	67	O 23
Villalgordo del Marquesado	54	M 22
Villalibre de la Jurisdicción	9	E 10
Villalís	23	F 11
Villallana	5	C 12
Villallano	12	D 17
Villalmanzo	25	F 18
Villalobar de Rioja	26	E 21
Villalobón	25	F 16
Villalobos (Jaén)	85	T 18
Villalobos (Zamora)	23	G 13
Villalómez	26	E 20
Villalón	74	S 14
Villalón de Campos	24	F 14
Villalones	84	V 14
Villalonga	69	P 29
Villalonso	24	H 14
Villalpando	23	G 13
Villalpardo	55	N 25
Villalta	12	D 19
Villalube	23	H 13
Villaluenga	42	H 24
Villaluenga de la Sagra	52	L 18
Villaluenga de la Vega	11	E 15
Villaluenga del Rosario	84	V 13
Villalumbroso	24	F 15
Villalval	26	E 19
Villálvaro	26	H 20
Villalverde	23	F 11
Villalveto	11	D 15
Villalvilla de Montejo	26	H 19
Villamalea	67	N 25
Villamalur	56	M 28
Villamandos	23	F 13
Villamanín	10	D 13
Villamanrique	66	Q 21
Villamanrique de la Condesa	82	U 11
Villamanrique de Tajo	53	L 20
Villamanta	52	L 17
Villamantilla	52	K 17
Villamañán	23	F 13
Villamar	4	B 8
Villamarciel	24	H 15
Villamarco	5	C 11
Villamarín	5	C 11
Villamartín (Alicante)	79	S 27
Villamartín (Burgos)	12	C 18
Villamartín (Cádiz)	83	V 13
Villamartín de Campos	25	F 16
Villamartín de Don Sancho	11	E 14
Villamartín de Villadiego	12	D 17
Villamayor (Asturias)	5	B 14
Villamayor (cerca de Teverga)	5	C 11
Villamayor (Salamanca)	37	J 12
Villamayor (Zaragoza)	29	G 27
Villamayor de Calatrava	64	P 17
Villamayor de Campos	23	G 13
Villamayor del Condado	10	E 13
Villamayor de los Montes	25	F 18
Villamayor del Río	26	E 20
Villamayor de Monjardín	14	E 23
Villamayor de Santiago	54	M 21
Villamayor de Treviño	25	E 17
Villambrán de Cea	24	F 14
Villambrosa	13	D 20
Villambroz	24	E 15
Villameá	4	B 8
Villameca	10	E 11
Villamediana	25	F 16
Villamediana de Iregua	27	E 22
Villamediananilla	25	F 17
Villameján	5	B 11
Villamejil	10	E 11
Villamejín	5	C 11
Villameriel (León)	10	D 11
Villameriel (Palencia)	11	E 16
Villamesías	62	O 12
Villamiel	49	L 9
Villamiel de la Sierra	26	F 19
Villamiel de Toledo	52	M 17
Villaminaya	52	M 18
Villamizar	11	E 14
Villamol	24	E 14
Villamontán de la Valduerna	23	F 12
Villamor	12	D 19
Villamoratiel de las Matas	24	E 14
Villamorco	24	E 16
Villamor de Cadozos	37	I 11
Villamor de la Ladre	37	H 11
Villamorey	5	C 13
Villamorisca	11	D 15
Villamoronta	24	E 15
Villamudria	26	E 20
Villamuelas	52	M 18
Villamuera de la Cueza	24	F 15
Villamuñío	10	E 14
Villamuriel de Campos	24	G 14
Villamuriel de Cerrato	25	G 16
Villanañe	13	D 20
Villanasur	26	E 20
Villandás	5	C 11
Villán de Tordesillas	24	H 15
Villandiego	25	E 17
Villandín	53	L 20
Villaneceriel	11	E 16
Villanova	17	E 31
Villanovilla	16	E 28
Villanúa	16	D 28
Villanubla	24	G 15
Villanueva (cerca de Boal)	4	B 9
Villanueva (cerca de Cangas)	11	B 14
Villanueva (cerca de Luarca)	4	B 10
Villanueva (cerca de Ribadedeva)	11	B 16
Villanueva (cerca de Teverga)	5	C 11
Villanueva de Castellón	69	O 28
Villanueva (Lugo)	8	D 8
Villanueva (Madrid)	40	K 19
Villanueva (Santo Adriano)	5	C 11
Villanueva (Vizcaya)	13	C 19
Villanueva y Geltrú / Vilanova i la Geltrú	32	I 35
Villanueva de Abajo	11	D 15
Villanueva de Alcardete	53	M 20
Villanueva de Alcorón	41	J 23
Villanueva de Algaidas	84	U 16
Villanueva de Argaño	25	E 18
Villanueva de Argecilla	40	J 21
Villanueva de Arriba	11	D 15
Villanueva de Ávila	51	K 15
Villanueva de Azoague	23	G 12
Villanueva de Bogas	53	M 19
Villanueva de Cameros	27	F 22
Villanueva de Campeán	37	H 12
Villanueva de Cañedo	37	I 12
Villanueva de Carazo	26	G 20
Villanueva de Carrizo	10	E 12
Villanueva de Cauche	85	V 16
Villanueva de Córdoba	75	R 16
Villanueva de Duero	24	H 15
Villanueva de Franco	65	P 19
Villanueva de Gállego	29	G 27
Villanueva de Gómez	38	J 15
Villanueva de Gormaz	40	H 20
Villanueva de Guadamajud	54	L 22
Villanueva de Gumiel	26	G 19
Villanueva de Henares	12	D 17
Villanueva de Jamuz	23	F 12
Villanueva de Jiloca	42	I 25
Villanueva de la Cañada	52	K 17
Villanueva del Aceral	38	I 15
Villanueva de la Concepción	84	V 16
Villanueva de la Condesa	24	F 14
Villanueva de la Fuente	66	P 21
Villanueva de la Jara	55	N 24
Villanueva de la Nia	12	D 17
Villanueva de la Peña	12	C 17
Villanueva del Arbol	10	E 13
Villanueva de la Reina	75	R 18
Villanueva del Ariscal	83	T 11
Villanueva del Arzobispo	76	R 20
Villanueva de las Cruces	72	T 8
Villanueva de la Serena	62	P 12
Villanueva de la Sierra (Cáceres)	49	L 10
Villanueva de la Sierra (Zamora)	21	F 8
Villanueva de las Manzanas	10	E 13
Villanueva de las Peras	23	G 12
Villanueva de las Torres	76	T 20
Villanueva de la Tercia	10	D 12
Villanueva de la Vera	50	L 13
Villanueva del Campillo	38	K 14
Villanueva del Campo	23	G 13
Villanueva del Conde	37	K 11
Villanueva del Duque	74	Q 14
Villanueva del Fresno	60	Q 8
Villanueva del Huerva	43	H 26
Villanueva de los Caballeros	24	G 14
Villanueva de los Castillejos	72	T 8
Villanueva de los Escuderos	54	L 23
Villanueva de los Infantes (Ciudad Real)	65	P 20
Villanueva de los Infantes (Valladolid)	25	G 16
Villanueva de los Nabos	24	E 16
Villanueva del Pardillo	39	K 18
Villanueva del Pedrega	8	D 9
Villanueva del Rebolar de la Sierra	43	J 26
Villanueva del Rebollar	24	F 15
Villanueva del Rey (Córdoba)	74	R 14
Villanueva del Rey (Sevilla)	74	T 14
Villanueva del Río	73	T 12
Villanueva del Río Segura	78	R 26
Villanueva del Río y Minas	73	T 12
Villanueva del Rosario	85	V 16
Villanueva del Trabuco	85	U 16
Villanueva de Mena	13	C 20
Villanueva de Mesia	85	U 17
Villanueva de Odra	12	E 17
Villanueva de Omaña	10	D 11
Villanueva de Oscos	4	C 9
Villanueva de Perales	52	K 17
Villanueva de Puerta	12	E 18
Villanueva de San Mancio	24	G 14
Villanueva de San Carlos	64	Q 18
Villanueva de San Juan	84	U 14
Villanueva de Sigena	30	G 29
Villanueva de Tapia	85	U 17
Villanueva de Valdueza	9	E 10
Villanueva de Valrojo	23	G 11
Villanueva de Viver	56	L 28
Villanueva de Zamaján	27	H 23
Villanuevas (Los)	56	L 28

Villanueva Soportilla	13	D 20
Villanuño de Valdavia	11	E 16
Villaobispo	10	E 11
Villaornate y Castro	23	G 13
Villapaderne	12	C 17
Villapadierna	11	D 14
Villapalacios	66	Q 22
Villapeceñil	24	E 14
Villapedre	4	B 10
Villaprovedo	11	E 16
Villaquejida	23	F 13
Villaquilambre	10	E 13
Villaquirán de la Puebla	25	F 17
Villaquirán de los Infantes	25	F 17
Villalquite	10	E 14
Villar (El) (Albacete)	67	O 24
Villar (El) (Ciudad Real)	64	Q 17
Villar (El) (Huelva)	72	S 9
Villar (Embalse de El)	40	J 19
Villar (Rivera del)	72	T 9
Villaralbo	23	H 12
Villaralto	63	Q 15
Villarcayo	12	D 19
Villar da Torre	6	D 3
Villar de Acero	9	D 9
Villar de Argañán	36	J 9
Villar de Arnedo (El)	27	F 23
Villar de Canes	57	K 29
Villar de Cantos	54	N 22
Villar de Cañas	54	M 22
Villar de Chinchilla	67	P 25
Villar de Ciervo	36	J 9
Villar de Ciervos	23	E 11
Villardeciervos	23	G 11
Villar de Cobeta	41	J 23
Villar de Corneja	37	K 13
Villar de Cuevas	75	S 18
Villar de Domingo García	54	L 23
Villardefallaves	24	G 14
Villar de Farfón	23	G 11
Villardefrades	24	G 14
Villar de Gallimazo	38	J 14
Villar de Golfer	23	E 11
Villar de la Encina	54	N 22
Villar del Águila	54	M 22
Villar del Ala	27	G 22
Villar del Arzobispo	56	M 27
Villar de las Traviesas	9	D 10
Villar de la Yegua	36	J 9
Villar del Buey	37	I 11
Villar del Campo	27	G 23
Villar del Cobo	55	K 24
Villar del Horno	54	L 22
Villar del Humo	55	M 25
Villar del Infantado	54	K 22
Villar del Maestre	54	L 22
Villar del Monte	23	F 11
Villar del Olmo	53	K 20
Villar de los Navarros	43	I 26
Villar del Pedroso	51	M 14
Villar del Pozo	64	P 18
Villar del Rey	61	O 9
Villar del Río	27	F 22
Villar del Salz	42	J 25
Villar del Saz de Arcas	54	M 23
Villar del Saz de Navalón	54	L 22
Villar de Matacabras	38	I 14
Villar de Maya	27	F 22
Villar de Mazarife	10	E 12
Villar de Olalla	54	L 23
Villar de Olmos	55	N 26
Villar de Peralonso	37	I 11
Villar de Plasencia	49	L 11
Villar de Pozo Rubio	67	O 24
Villar de Rena	62	O 12
Villar de Samaniego	36	I 10
Villar de Santiago (El)	10	D 11
Villar de Sobrepeña	39	I 18

Villar de Tejas	55	N 26
Villar de Torre	27	E 21
Villardíaz	4	C 8
Villardiegua de la Ribera	23	H 11
Villárdiga	23	G 13
Villardompardo	75	S 17
Villardondiego	23	H 13
Villarejo (Albacete)	67	Q 23
Villarejo (Ávila)	38	K 15
Villarejo (El)	55	L 25
Villarejo (Logroño)	26	E 21
Villarejo (Segovia)	40	I 19
Villarejo de Fuentes	54	M 21
Villarejo de la Peñuela	54	L 22
Villarejo del Espartal	54	L 22
Villarejo del Valle	51	I 15
Villarejo de Medina	41	J 22
Villarejo de Montalbán	52	M 16
Villarejo de Órbigo	10	E 12
Villarejo de Salvanés	53	L 20
Villarejo Periesteban	54	M 22
Villarejos (Los)	51	M 15
Villarejo Sobrehuerta	54	L 22
Villarente	10	E 13
Villares	67	Q 23
Villares (Los) (Ciudad Real)	66	P 21
Villares (Los) (cerca de Andújar)	75	R 18
Villares (Los) (cerca de Jaén)	75	S 18
Villares (Los) (Córdoba)	85	T 17
Villares (Los) (Granada)	86	T 20
Villares de Jadraque	40	I 20
Villares de la Reina	37	I 13
Villares del Saz	54	M 22
Villares de Órbigo	10	E 12
Villares de Yeltes	36	J 10
Villargarcía del Llano	67	O 24
Villargordo (Jaén)	75	S 18
Villargordo (Salamanca)	36	I 11
Villargordo (Sevilla)	72	T 10
Villargordo del Cabriel	55	N 25
Villargusán	10	D 12
Villarias	12	D 19
Villaricos	87	U 24
Villariezo	25	F 18
Villarín	23	E 12
Villarino (León)	22	F 10
Villarino (Salamanca)	36	I 10
Villarino de Cebal	23	G 11
Villarino del Sil	9	D 10
Villarino de Manzanas	22	G 10
Villarino Tras la Sierra	22	G 10
Villarluengo	43	K 28
Villarluengo (Puerto de)	43	K 28
Villarmayor	37	I 12
Villarmentero de Campos	24	F 16
Villarmentero de Esgueva	25	G 16
Villarmid	2	C 2
Villarmide	4	C 8
Villarmuerto	36	I 10
Villarmún	10	E 13
Villarodrigo de Ordás	10	D 12
Villaronte	4	B 8
Villaroya	27	F 23
Villaroya (Puerto de)	43	K 28
Villaroya de los Pinares	43	K 27
Villarpedre	4	C 9
Villarquemado	42	K 26
Villarrabé	24	E 15
Villarrabines	23	F 13
Villarramiel	24	F 15

Villarrasa	82	T 10
Villarreal / Legutiano	14	D 22
Villarreal / Vila-real	57	M 29
Villarreal	60	P 8
Villarreal de Huerva	42	I 26
Villarreal de la Canal	15	E 27
Villarreal de San Carlos	49	M 11
Villarrín de Campos	23	G 13
Villarroañe	10	E 13
Villarrobejo	11	E 15
Villarrobledo	66	O 22
Villarrodrigo (Jaén)	66	Q 22
Villarrodrigo (Palencia)	11	E 15
Villarroquel	10	E 12
Villarroya de la Sierra	28	H 24
Villarroya del Campo	42	I 26
Villarrubia	74	S 15
Villarrubia de los Ojos	65	O 19
Villarrubia de Santiago	53	M 19
Villarrubín	8	E 8
Villarrubio	54	M 21
Villarta	55	N 25
Villarta de Escalona	52	L 16
Villarta de los Montes	63	O 15
Villarta de San Juan	65	O 19
Villarta-Quintana	26	E 20
Villartelín	8	D 8
Villartorey	4	B 9
Villartoso	27	F 22
Villarué	17	E 31
Villarueva de la Torre	40	K 20
Villasabariego	10	E 13
Villasabariego de Ucieza	25	E 16
Villasana de Mena	13	C 20
Villasandino	25	E 17
Villasante de Montija	12	C 19
Villasar	33	H 37
Villasarracino	25	E 16
Villasayas	41	H 22
Villasbuenas	36	I 10
Villasbuenas de Gata	49	L 10
Villasdardo	37	I 11
Villas de Turbón (Las)	17	E 31
Villaseca (Segovia)	39	I 18
Villaseca (Córdoba)	74	S 14
Villaseca (Cuenca)	54	L 23
Villaseca (La Rioja)	13	E 21
Villaseca de Arciel	27	H 23
Villaseca de Laciana	10	D 11
Villaseca de la Sagra	52	M 18
Villaseca de Uceda	40	J 19
Villasecino	10	D 11
Villaseco	23	H 12
Villaseco de los Gamitos	37	I 11
Villaseco de los Reyes	37	I 11
Villaselán	11	E 14
Villasequilla de Yepes	52	M 18
Villasevil	12	C 18
Villasexmir	24	H 14
Villasidro	25	E 17
Villasila	11	E 16
Villasilos	25	F 17
Villasimpliz	10	D 13
Villasinde	8	E 9
Villaspesa	55	L 26
Villasrubias	49	K 10
Villastar	55	L 26
Villasur	11	E 15
Villasur de Herreros	26	F 19
Villasuso	12	C 17
Villas Viejas	54	M 21
Villa Tardo Romana	27	H 22
Villatobas	53	M 20

Villatorcas	56	M 28
Villatoro (Ávila)	38	K 14
Villatoro (Burgos)	25	E 18
Villatoya	67	O 25
Villatresmil	4	B 10
Villatuerta	14	E 24
Villaturde	24	E 15
Villaturiel	10	E 13
Villaumbrales	24	F 16
Villaute	12	E 18
Villava	15	D 25
Villavaler	5	B 11
Villavaliente	67	O 25
Villavaquerín	25	H 16
Villavedón	12	E 17
Villavelasco de Valderaduey	11	E 15
Villavelayo	26	F 21
Villavellid	24	G 14
Villavendimio	23	H 13
Villavente	10	E 13
Villaventín	13	C 19
Villaverde	93	U 6
Villaverde (Asturias)	5	B 13
Villaverde (Castillo de)	29	F 27
Villaverde de Pontones	12	B 18
Villaverde (León)	9	E 9
Villaverde (Madrid)	52	K 18
Villaverde de Abajo	10	D 13
Villaverde de Arcayos	11	E 14
Villaverde de Guadalimar	66	Q 22
Villaverde de Guareña	37	I 13
Villaverde de Iscar	39	I 16
Villaverde del Ducado	41	J 22
Villaverde del Monte (Burgos)	25	F 18
Villaverde del Monte (Soria)	27	G 21
Villaverde del Río	73	T 12
Villaverde de Medina	38	I 14
Villaverde de Montejo	26	H 19

Villaverde de Pontanes	12	B 18
Villaverde de Sandoval	10	E 13
Villaverde de Trucios	13	C 20
Villaverde la Chiquita	10	E 14
Villaverde-Mogina	25	F 17
Villaverde-Peñahorada	25	E 18
Villaverde de Rioja	27	F 21
Villaverde y Pasaconsol	54	M 23
Villaveta	25	M 17
Villaveza del Agua	23	G 12
Villaveza de Valverde	23	G 12
Villavicencio de los Caballeros	24	F 14
Villaviciosa	5	B 13
Villaviciosa (Ría de)	5	B 13
Villaviciosa de Córdoba	74	R 14
Villaviciosa de la Ribera	10	E 12
Villaviciosa de Odón	52	K 18
Villaviciosa de Tajuña	41	J 21
Villavieja	57	M 29
Villavieja del Cerro	24	H 14
Villavieja del Lozoya	39	I 18
Villavieja de Muñó	25	F 18
Villavieja de Yeltes	36	J 10
Villaviudas	25	G 16
Villayón	4	B 9
Villayuste	10	D 12
Villaza	21	G 7
Villazala	23	E 12
Villazanzo de Valderaduey	11	E 15
Villazón	5	B 11
Villazopeque	25	F 17
Villegar	12	C 18
Villegas	25	E 17
Villegas o Mardos	67	Q 25
Villeguillo	38	I 16

Villel	55	L 26
Villela	12	D 17
Villel de Mesa	42	I 24
Villelga	24	F 15
Villena	68	Q 27
Villeriás	24	G 15
Villes de Benicàssim (Les)	57	L 30
Villeza	24	F 14
Villiguer	10	E 13
Villimer	10	E 13
Villivañe	23	E 13
Villobas	16	E 29
Villodas	13	D 21
Villodre	25	F 17
Villodrigo	25	F 17
Villoldo	25	F 16
Villomar	10	E 13
Villora	55	M 25
Villora (Cabeza de)	55	M 25
Villores	44	J 29
Villoria (Asturias)	5	C 13
Villoria (Salamanca)	37	I 13
Villoria de Boada	37	J 11
Villorquina de Herrera	11	E 16
Villoruebo	26	F 19
Villoruela	37	I 13
Villoslada	39	J 16
Villoslada de Cameros	27	F 21
Villota del Duque	11	E 16
Villota del Páramo	11	E 15
Villotilla	24	E 15
Villovela	25	G 18
Villoviado	25	F 19
Villovieco	25	F 16
Villuercas	50	N 13
Villarejo Seco	54	M 22
Viloalle	3	B 7
Vilobí d'Onyar	33	G 38
Vilopriu	19	F 38
Viloria (Navarra)	14	D 23
Viloria (Valladolid)	39	H 16
Viloria de Rioja	26	E 20
Vilosell (El)	31	H 32
Vilouriz	7	D 6
Vilouzás	3	C 5

Vilvarejo (El)	42	J 26
Vilves	31	G 33
Vilvestre	36	I 9
Vilviestre	27	G 22
Vilviestre del Pinar	26	G 20
Vilviestre de Muñó	25	F 18
Vilvis	52	L 17
Vimbodí	31	H 33
Vimianzo	2	C 2
Vinaceite	43	I 28
Vinaderos	38	I 15
Vinaixa	31	H 32
Vinallop	45	J 31
Vinalopó (Riu)	68	P 27
Vinarós	45	K 31
Vincios	20	F 3
Vindel	41	K 22
Vinebre	44	I 31
Viniegra de Abajo	27	F 21
Viniegra de Arriba	27	F 21
Vinseiro	7	D 4
Vinuesa	27	G 21
Vinyoles	68	O 26
Vinyols	45	I 33
Viña	3	C 5
Viña (La)	85	U 17
Viñales	9	E 13
Viñamala (Reserva nacional de)	16	D 29
Viñas	22	G 10
Viñas (Las)	75	R 18
Viñegra	38	J 14
Viñegra de Moraña	38	J 14
Viñón (Asturias)	5	B 13
Viñón (Cantabria)	11	C 16
Viñuela	85	V 17
Viñuela (Embalse de la)	85	V 17
Viñuela (La) (Ciudad Real)	64	P 17
Viñuela (La) (Sevilla)	73	S 13
Viñuela de Sayago	37	I 12
Viñuelas (Castillo de)	40	K 19
Viñuelas (Guadalajara)	40	J 19
Violada (Canal de la)	29	F 27
Vírgala	14	D 22

GASTEIZ VITORIA

Angulema	BZ	2
Becerro de Bengoa	AZ	5
Cadena y Eleta	AZ	8
Diputación	AZ	12
Escuelas	BY	15
España (Pl. de)	BZ	18
Herrería	AY	24
Machete (Pl. del)	BZ	30
Madre Vedruna	AZ	33
Dato	BZ	
Gasteiz (Av. de)	AYZ	
Independencia	BZ	27
Postas	BZ	
Ortiz de Zárate	BZ	36
Pascual de Andagoya (Pl. de)	AY	39
Portal del Rey	BZ	42
Prado	AZ	45
San Francisco	BZ	48
Santa María (Cantón de)	BY	51
Virgen Blanca (Pl. de la)	BZ	55

M[1] MUSEO DE ARQUEOLOGÍA M[3] MUSEO DE ARMERÍA M[4] MUSEO "FOURNIER" DEL NAIPE

Virgen (Ermita de la) 41 J 22
Virgen (La) 42 I 24
Virgen (Puerto de la) 87 U 23
Virgen (Sierra de la) 28 H 24
Virgen Coronada (Ermita de la) 63 O 14
Virgen de Ara (Ermita) 73 R 12
Virgen de Fabana (Ermita de la) 16 F 29
Virgen de la Cabeza 76 T 21
Virgen de la Cabeza (Ermita de la) (Ciudad Real) 65 Q 19
Virgen de la Cabeza (Ermita de la) (Murcia) 77 S 23
Virgen de la Cabeza (Santuario) 75 R 17
Virgen de la Encina 52 L 18
Virgen de la Estrella (Santuario de la) 56 K 29
Virgen de Lagunas (Ermita de la) 42 H 26
Virgen de la Montaña (La) 49 N 10
Virgen de la Muela 53 M 20
Virgen de la Peña 15 D 26
Virgen de la Peña (Ermita) 93 B 11
Virgen de la Peña (Ermita de la) (Huelva) 72 T 8
Virgen de la Peña (Ermita de la) (Teruel) 43 K 28
Virgen de las Cruces 65 O 18
Virgen de la Sierra (Ermita de la) 65 O 18
Virgen de la Sierra (Santuario de) 28 H 24
Virgen de las Viñas 66 O 21
Virgen de la Vega (Ciudad Real) 65 Q 20
Virgen de la Vega (Ermita de la) 44 J 30
Virgen de la Vega (Guadalajara) 41 J 22
Virgen de la Vega (La) 56 K 27
Virgen del Buenlabrado (Ermita de) 41 J 23
Virgen del Buen Suceso (Ermita de la) 43 K 28
Virgen del Camino (La) 10 E 13
Virgen del Campo (Ermita de la) (cerca de Argente) 43 J 26
Virgen del Campo (Ermita de la) (cerca de Camarillas) 43 K 27
Virgen del Castillo 63 P 15
Virgen del Castillo (Ermita de la) (Segovia) 39 I 17
Virgen del Castillo (Ermita de la) (Teruel) 42 K 26
Virgen del Molino (Ermita de la) 42 K 26
Virgen de los Ángeles (Ermita de la) 42 K 25
Virgen de los Santos 64 P 18
Virgen del Pinar (Ermita de la) 54 K 22
Virgen del Poral (Ermita de la) 41 K 21
Virgen del Prado (Ermita de la) 49 N 10
Virgen del Robledo (Ermita de la) 73 S 13
Virgen del Rocío 73 T 12
Virgen del Rosario (Ermita de la) 43 J 26
Virgen de Luna 74 R 15

Virgen de Montesinos (Ermita de la) 41 J 23
Virgen de Nieves Tara Mazas (Ermita) 44 J 29
Virgen de Suceso 13 C 20
Virrey Toledo (Parador) (Oropesa) 51 M 14
Virtudes (Las) (Alicante) 68 Q 27
Virtudes (Las) (Ciudad Real) 65 Q 19
Virtus 12 D 18
Visantoña 3 C 5
Visaurin 16 D 28
Visiedo 43 J 26
Viso (El) (Albacete) 68 O 26
Viso (El) (La Coruña) 6 D 2
Viso (El) (Córdoba) 63 Q 15
Viso del Alcor (El) 83 T 12
Viso del Marqués 65 Q 19
Viso de San Juan (El) 52 L 18
Vista Alegre 3 B 5
Vistabella 43 I 26
Vistabella del Maestrazgo 56 L 29
Vistahermosa 88 W 11
Vistalegre 51 M 15
Vista Ramos 92 J 8
Vita 38 J 14
Vitigudino 36 I 10
Vitoria / Gasteiz 13 D 21
Vitoria (Montes de) 14 D 22
Vitoriano 13 D 21
Víu 17 E 31
Viuda (Rambla de la) 57 L 29
Viu de Llevata 17 E 32
Vivar de Fuentidueña 25 H 17
Vivar del Cid 25 E 18
Vivares 62 O 11
Vivedro 4 B 9
Viveiro (cerca de Muras) 3 B 7
Viveiro (Lugo) 3 B 7
Viveiro (Ría de) 3 A 7
Vivel del Río Martín 43 J 27
Viver (Castelló) 56 M 28
Viver (Barcelona) 32 G 35
Viver de la Sierra 28 H 25
Vivero 63 P 15
Viveros 66 P 22
Vives (Els) 79 R 27
Vivinera 23 G 11
Vixán 6 E 2
Vizcaina (La) 95 E 9
Vizcainos 26 F 20
Vizcalmón 75 T 17
Vizcaya (Balcón de) 14 C 22
Vizcaya (Golfo de) 14 B 22
Vizcaya (Provincia) 13 B 21
Vizcodillo 22 F 10
Vizcuerno (Sierra de) 44 I 29
Vizmanos 27 F 22
Víznar 85 U 19
Voladilla Alta 89 W 14
Voltoya 39 J 16
Vorcel 83 U 12
Vozmediano 28 G 24
Voznuevo 10 D 14
Vueltas 95 E 9
Vulpellac 33 G 39
Wamba 24 G 15

X
Xàbia / Jávea 69 P 30
Xallas 6 D 2
Xanceda 3 C 5
Xara (La) 69 P 30
Xares (Orense) 22 F 9
Xares (Río) 8 E 8
Xarrié 65 O 18
Xàtiva / Játiva 69 P 28
Xaviña 2 C 2
Xendive 20 G 5
Xeraco 69 O 29

Xerdiz 3 B 7
Xeresa 69 O 29
Xermade 3 B 6
Xermar 3 C 7
Xerta 45 J 31
Xesta (cerca de Lalin) 7 E 5
Xesta (cerca de Lama) 7 E 4
Xesta (Puerto de la) 3 B 7
Xestal 3 C 5
Xesteira 6 E 4
Xesteiras 6 D 4
Xestosa 21 F 6
Xestoso 3 C 6
Xeve 6 E 4
Xiá 3 C 6
Xiabre 6 E 3
Xilorna 68 Q 27
Xilornet (El) 68 Q 27
Xinzo de Limia 21 F 6
Xirivella 56 N 28
Xironda 21 G 7
Xistral 3 B 7
Xistral (Sierra del) 3 B 7
Xiva de Morella 44 K 29
Xixona 69 Q 28
Xondón 68 Q 27
Xoroi (Coves d'en) 91 M 42
Xove 3 A 7
Xuances 3 A 7
Xubia 3 B 5
Xunqueira de Ambía 21 F 6
Xunqueira de Espadañedo 21 F 7
Xuño 6 E 2
Xúquer (Riu) 55 O 28
Xúquer Turia (Canal) 69 O 28
Xurés (Sierra de) 21 G 6
Xustás 3 C 7
Xuvencos 8 E 7

Y
Yaco 92 I 9
Yaiza 95 V 4
Yanguas 27 F 22
Yanguas de Eresma 39 I 17
Yaso 16 F 29
Yátor 86 V 20
Yátova 68 N 27
Ye 95 X 2
Yébenes (Los) 52 N 18
Yébenes (Sierra de los) 52 N 17
Yebes 40 K 20
Yebra 53 K 21
Yebra de Basa 16 E 29
Yechar 78 R 25
Yecla 68 Q 26
Yecla de Yeltes 36 J 10
Yécora 14 E 22
Yedra (La) 76 R 19
Yegas (Laguna de Las) 85 U 19
Yegen 86 V 20
Yegua (Cabeza de la) 9 E 10
Yegua (Puerto de la) 88 W 13
Yeguas 87 V 23
Yeguas (Embalse de) 75 R 17
Yeguas (Las) (Málaga) 84 U 15
Yeguas (Las) (Toledo) 52 L 17
Yeguas (Río de las) 75 R 17
Yegüerizos (Los) 77 R 21
Yela 41 J 21
Yélamos de Abajo 41 K 21
Yélamos de Arriba 41 K 21
Yelbes 62 P 11
Yeles 52 L 18
Yeles (Estación de) 52 L 18
Yelmo 77 R 21
Yelo 41 I 22
Yeltes 36 J 10
Yelves (Sierra de) 62 P 11
Yémeda 55 M 24
Yepes 53 M 19
Yéqueda 29 F 28
Yera 12 C 18

Yerga 28 F 24
Yermo 12 C 17
Yernes 5 C 11
Yernes y Tameza 5 C 11
Yerri 14 D 24
Yesa 15 E 26
Yesa (Embalse de) 15 E 26
Yesa (La) 56 M 27
Yesares (Los) 67 O 24
Yeseras (Las) 93 S 9
Yésero 16 E 29
Yesos (Los) (Almería) 87 U 23
Yesos (Los) (Granada) 86 V 20
Yeste 77 R 23
Yetas de Abajo 77 R 23
Yezosa 65 P 19
Yudego 25 E 17
Yugueros 11 D 14
Yuncler 52 L 18
Yunclillos 52 L 18
Yuncos 52 L 18
Yunquera 84 V 15
Yunquera (La) 66 P 23
Yunquera de Henares 40 J 20
Yunta (La) 42 J 24
Yuso 11 C 15
Yuso (Monasterio de) 27 F 21
Yuste (Monasterio de) 50 L 12

Z
Zabalza (cerca de Lumbier) 15 D 26
Zabalza (cerca de Pamplona) 14 D 24
Zacatín (Sierra del) 77 R 23
Zael 25 F 18
Zafara 37 H 11
Zafarraya 85 V 17
Zafra 61 Q 10
Zafra (La) 68 P 27
Zafra de Záncara 54 M 22
Zafrilla 55 L 25
Zafrón 37 I 11
Zagra 85 U 17
Zagrilla 85 U 17
Zahara (Embalse de) 84 V 13
Zahara (Ensenada de) 88 X 12
Zahara de la Sierra 84 V 13
Zahara de los Atunes 88 X 12
Zahariche 74 T 13

Zahinos 72 R 9
Zahora 88 X 11
Zahora (La) 85 U 18
Zaida (La) 43 I 28
Zaida (Laguna de) 42 I 25
Zaidín 30 H 30
Zaidín (Canal de) 30 G 30
Záitegui 13 D 21
Zajarrón Bajo 61 O 9
Zalamea de la Serena 62 Q 13
Zalamea la Real 72 S 10
Zalamillas 23 F 13
Zaldibar 14 C 22
Zaldivia 14 C 23
Zaldúendo (Burgos) 26 E 19
Zaldundo (Alava) 14 D 22
Zalea 84 V 15
Zalla 13 C 20
Zamajón 27 H 22
Zamarra 36 K 10
Zamarramala 39 J 17
Zamarrón 76 T 20
Zamayón 37 I 12
Zambra 85 T 16
Zambrana 13 E 21
Zamora 23 H 12
Zamora (Mirador de) 94 O 9
Zamora (Puerto del) 84 U 14
Zamoranos 75 T 17
Zamores (Embalse de) 48 N 8
Zamudio 13 C 21
Záncara 65 O 20
Zancarrón de Soto (Cueva del) 82 T 9
Zangallón (El) 61 O 9
Zángano (Puerto del) 61 O 9
Zanzabornin 5 B 12
Zaorejas 41 J 23
Zaos (Arroyo) 72 R 8
Zapadiel (Rio) 38 H 14
Zapardiel 38 I 15
Zapardiel de la Cañada 37 K 13
Zapardiel de la Ribera 51 K 14
Zapateras (Las) 62 P 11
Zapateros 66 Q 22
Zapatón 61 O 9
Zapillo (El) 74 T 13
Zapillo (El) 87 V 22
Zárabes 27 H 23
Zaragoza 29 H 27
Zaragozana 43 K 28
Zarapicos 37 I 12
Zaratán 24 H 15

Zaratomo 13 C 21
Zarautz 14 C 23
Zarcilla de Ramos 78 S 24
Zarcita (La) 95 E 9
Zariquieta (Sierra de) 15 D 26
Zarra 68 O 26
Zarracatín 83 U 12
Zarratón 13 E 21
Zarza (La) (Albacete) 67 P 23
Zarza (La) (Ávila) 50 L 13
Zarza (La) (Murcia) 78 S 25
Zarza (La) (Valladolid) 38 I 15
Zarza (La) (cerca de Cañada del Trillo) 79 R 26
Zarza (Puerto de la) 72 S 8
Zarza (Sierra de la) 77 S 23
Zarza Capilla 63 P 14
Zarza de Alange 62 P 11
Zarza de Granadilla 49 L 11
Zarza de Montánchez 62 O 11
Zarza de Pumareda (La) 36 I 10
Zarza de Tajo 53 L 20
Zarzadilla de Totana 78 S 24
Zarzal 52 N 16
Zarza la Mayor 49 M 9
Zarzalejo 39 K 17
Zarzosa 27 F 22
Zarzosa de Riopisuerga 12 E 17
Zarzoso (Sierra del) 61 Q 9
Zarzuela 54 L 23
Zarzuela (La) 88 X 12
Zarzuela (La) (Madrid) 39 K 18
Zarzuela de Jadraque 40 I 20
Zarzuela del Monte 39 J 16
Zarzuela del Pinar 39 I 17
Zás 2 C 3
Zayas de Báscones 26 G 20
Zayas de Torre 26 G 20
Zayuelas 26 G 20
Zazuar 26 G 19
Zeberio 14 C 22
Zegama 14 D 23
Zegri (Puerto del) 85 T 19
Zenia (La) 79 S 27
Zerain 14 C 23
Zestoa 14 C 23
Ziga 15 C 25
Zilbeti 15 D 25
Ziordia 14 D 23
Zizurkil 14 C 23

Zocas (Las) 92 I 9
Zocueza 75 R 18
Zollo 13 C 21
Zoma (La) 43 J 28
Zomas (Las) 54 M 23
Zóñar (Laguna de) 84 T 15
Zorelle 21 F 7
Zorita (Cáceres) 62 O 12
Zorita (Embalse de) 53 K 21
Zorita (Salamanca) 37 I 12
Zorita de la Frontera 38 I 14
Zorita de la Loma 24 F 14
Zorita del Maestrazgo 44 J 29
Zorita de los Canes 54 L 21
Zorita de los Molinos 38 J 15
Zorraquín 26 F 20
Zorrillas (Las) 73 R 11
Zotes del Páramo 23 F 12
Zuazo 14 D 22
Zuazo de Cuartango 13 D 21
Zubia 85 U 19
Zubia (La) 85 V 17
Zubielqui 14 D 23
Zubieta 15 C 24
Zubiri 15 D 25
Zub Isabal 13 C 21
Zucaina 56 L 28
Zudaire 14 D 23
Zuera 29 G 27
Zufre 73 S 10
Zugarramurdi 15 C 25
Zuheros 75 T 17
Zujaira 85 U 18
Zújar (Canal del) 62 P 12
Zújar (Embalse del) 62 P 13
Zújar (Río) 62 P 12
Zulema 67 O 25
Zulueta 15 D 25
Zulún 79 R 26
Zumaia 14 C 23
Zumarraga 14 C 23
Zumelzu 13 D 21
Zumeta 77 R 22
Zuñeda 26 E 20
Zúñiga 14 D 23
Zurbarán 62 O 12
Zurbarán (Parador) (Guadalupe) 51 N 14
Zurbitu 13 D 21
Zureda 5 C 12
Zurgena 87 T 23
Zurita 30 G 31
Zuriza 15 D 27
Zuzones 26 H 19

ZARAGOZA

Alfonso I ... YZ
Alonso V ... Z 6
Conde de Aranda ... YZ
Coso ... Z
Don Jaime I ... YZ
Independencia (Av.) ... Z
San Vicente de Paúl ... YZ
Candalija ... Z 10
Capitán Portolés ... Z 13
César Augusto (Av.) ... Y 15
Cinco de Marzo ... Z 18
Magdalena ... Z 42
Manifestación ... Y 43
Sancho y Gil ... Z 58
San Pedro Nolasco (Pl. de) ... Z 63
Teniente Coronel Valenzuela ... Z 67

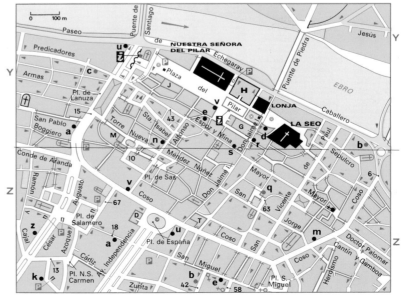

Portugal

A

Place	Coord
Abaças	35 I 6
Abade de Neiva	20 H 4
Abadia (Nossa Senhora d')	20 G 5
Abambres	21 H 8
Abela	70 S 4
Abitureiras	46 O 3
Abiúl	47 M 4
Aboadela	34 I 6
Aboboreira	47 N 5
Aboim	20 H 5
Aboim da Nóbrega	20 G 4
Aboim das Choças	20 G 4
Aborim	20 H 4
Abrã	46 N 3
Abragão	34 I 6
Abrantes	47 N 5
Abreiro	35 H 8
Abrigada	58 O 2
Abrilongo (Ribeira de)	60 O 8
Abrunheira	46 L 3
Abrunhosa-a-Velha	35 K 7
Abuxanas	58 O 3
Achada	96 J 20
Achada	58 P 1
Achada do Gamo	71 T 7
Achadas da Cruz	80 A Y
Achadinha	96 J 20
Achete	46 O 3
Acoreira	35 I 8
Açoteias	80 U 5
Adão	35 K 8
Adaúfe	20 H 4
À-da-Velha	20 F 5
Ade	36 K 9
A de Barros	35 J 7
Adiça (Serra da)	71 S 7
A-do-Pinto	71 S 7
Adorigo	35 I 7
A dos Cunhados	58 O 2
A. dos Ferreiros	34 K 4
Adoufe	35 H 6
Adraga	58 P 1
Afife	20 G 3
Afonsim	21 H 6
Agadão	34 K 5
Agroal	47 M 4
Agrochão	21 G 8
Agua de Pau	96 J 19
Agua de Pau (Serra de)	96 J 19
Água do Alto	96 J 19
Agua Retorta	96 J 20
Aguada de Baixo	34 K 4
Aguada de Cima	34 K 4
Água de Madeiros	46 M 2
Água de Peixes	71 R 6
Água de Pena	80 B Y
Água Longa	34 I 4
Agualva	96 G 14
Agualva-Cacém	58 P 2
Água Negra	71 S 7
Águas	48 L 8
Águas Belas (Guarda)	48 K 8
Águas Belas (Santarém)	47 M 5
Águas Boas	35 J 7
Águas de Moura	58 Q 3
Águas dos Fusos	81 U 6
Águas Frias (Faro)	80 U 5
Águas Frias (Vila Real)	21 G 7
Águas Réves-e-Castro	21 H 7
Águas Santas	34 I 4
Água Travessa	59 O 5
Aguçadoura	20 H 3
Aguda	47 M 5
Águeda (Rio) (Guarda)	36 J 9
Águeda	34 K 4
Águeda (Rio) (Aveiro)	34 K 4
Aguiã	20 G 4
Aguiar	59 Q 6
Aguiar (Ribeira de)	36 J 9
Aguiar da Beira	35 J 7
Aguiar de Sousa	34 I 4
Aguieira (Barragem da)	34 K 5
Agulha (Ponta da)	96 J 18
Airães	34 I 5
Aire (Serra de)	46 N 4
Ajuda (Ponta da)	96 J 20
Alagoa	60 N 7
Alamo	60 Q 7
Alandroal	60 P 7
Alares	48 M 8
Albarnaz (Ponta do)	96 E 2
Albergaria	46 M 3
Albergaria-a-Nova	34 J 4
Albergaria-a-Velha	34 J 4
Albergaria dos Doze	46 M 4
Albergaria dos Fusos	71 R 6
Albernoa	71 S 6
Albufeira	80 U 5
Albufeira (Lagoa de)	58 Q 2
Alburitel	47 N 4
Alcabideche	58 P 1
Alcácer do Sal	59 Q 4
Alcáçovas	59 Q 5
Alcáçovas (Estação de)	59 Q 5
Alcáçovas (Ribeira das)	59 Q 5
Alcafozes	48 M 8
Alcaide	48 L 7
Alcains	48 M 7
Alcanede	46 N 3
Alcanena	46 N 3
Alcanhões	58 O 4
Alcantarilha	80 U 4
Alcaravela	47 N 5
Alcaraviça	60 P 7
Alcaria (Beja)	71 R 6
Alcaria (Castelo Branco)	48 L 7
Alcaria (Leiria)	46 N 3
Alcaria (perto de Boliqueime)	80 U 5
Alcaria (perto de Odeleite)	71 T 7
Alcaria Alta	71 T 6
Alcaria de Javazes	71 T 7
Alcaria do Cume	81 U 6
Alcaria Longa	71 T 6
Alcaria Ruiva	71 S 6
Alcarias	81 U 7
Alcarrache	71 R 7
Alcobaça	46 N 3
Alcobertas	46 N 3
Alcochete	58 P 3
Alcoentre	58 O 3
Alcofra	34 K 5
Alcongosta	48 L 7
Alcorochel	46 N 4
Alcoutim	71 T 7
Alcôvo das Várzeas	47 L 6
Aldehuela	49 K 10
Aldeia da Mata	59 O 6
Aldeia da Ponte	36 K 9
Aldeia da Ribeira (Guarda)	36 K 9
Aldeia da Ribeira (Santarém)	46 N 3
Aldeia das Amoreiras	70 T 4
Aldeia das Dez	47 L 6
Aldeia da Serra (Évora)	60 P 7
Aldeia da Serra (Leiria)	47 M 4
Aldeia da Serra (perto de São Gregório)	59 P 6
Aldeia da Tor	81 U 5
Aldeia de Ana de Avis	47 M 5
Aldeia de Eiras	47 N 5
Aldeia de Irmãos	58 Q 2
Aldeia de Joanes	48 L 7
Aldeia de João Pires	48 L 8
Aldeia de Nacomba	35 J 7
Aldeia de Santa Margarida	48 L 8
Aldeia de São Francisco de Assis	47 L 6
Aldeia do Bispo (Castelo Branco)	48 L 8
Aldeia do Bispo (Guarda)	49 L 9
Aldeia do Carvalho	48 L 7
Aldeia do Corvo	71 T 6
Aldeia do Mato	47 N 5
Aldeia do Neves	71 T 6
Aldeia do Ronquenho	70 S 5
Aldeia dos Delbas	70 S 5
Aldeia dos Fernandes	70 T 5
Aldeia dos Francos	46 O 2
Aldeia dos Grandaços	70 T 5
Aldeia dos Neves	71 T 5
Aldeia dos Palheiros	70 T 5
Aldeia dos Pescadores	46 N 2
Aldeia dos Ruins	70 R 5
Aldeia Gavinha	58 O 2
Aldeia Nova (Beja)	71 S 5
Aldeia Nova (Bragança)	23 H 11
Aldeia Nova (Faro)	81 U 7
Aldeia Nova (perto de Almeida)	36 J 9
Aldeia Nova (perto de Trancoso)	35 J 7
Aldeias (Beja)	71 R 6
Aldeias (Guarda)	35 K 7
Aldeias (Viseu)	35 I 6
Aldeias de Montoito	60 Q 7
Aldeia Velha (Beja)	71 R 6
Aldeia Velha (Guarda)	49 K 9
Aldeia Velha (Portalegre)	59 O 5
Aldeia Viçosa	35 K 8
Alegrete	60 O 8
Alenquer	58 O 2
Alenquer (Ribeira de)	58 O 2
Alentisca	60 P 8
Alfafar	47 L 4
Alfaião	22 G 9
Alfaiates	49 K 9
Alfambra	80 U 3
Alfândega da Fé	36 H 9
Alfarela de Jales	21 H 7
Alfarelos	47 L 4
Alfarim	58 Q 2
Alfeizerão	46 N 2
Alferce	80 U 4
Alferrarede	47 N 5
Alfrivida	48 M 7
Alfundão	71 R 5
Alfusqueiro	34 K 4
Algaça	47 L 5
Algar do Carvão	96 G 14
Algar Seco	80 U 4
Algarvia	96 J 20
Alge (Ribeira de)	47 M 5
Algeriz	21 H 7
Algeruz	58 Q 3
Algibre (Ribeira de)	80 U 5
Algodor	71 S 6
Algodres	35 J 8
Algoso	22 H 10
Algoz	80 U 5
Alguber	58 O 2
Algueirão-Mem Martins	58 P 1
Alhadas	46 L 3
Alhais	35 J 6
Alhandra	58 P 2
Alhões	34 J 5
Alhos Vedros	58 Q 2
Alijó	35 I 7
Aljezur	80 U 3
Aljubarrota	46 N 3
Aljustrel	71 S 5
Almaça	34 K 5
Almaceda	48 L 7
Almada	58 P 2
Almada de Ouro	81 U 7
Almadafe (Ribeira do)	59 P 6
Almadena	80 U 3
Almagreira (Azores)	96 M 20
Almagreira (Leiria)	46 M 4
Almalaguês	47 L 4
Almancil	81 U 5
Almargem do Bispo	58 P 2
Almargens	81 U 6
Almeida	36 J 9
Almeirim	58 O 4
Almeirim	00 S 5
Almeirim (Évora)	59 Q 6
Almeirim (Santarém)	59 O 4
Almendra	35 I 8
Almodôvar	71 T 5
Almofala (Guarda)	36 J 9
Almofala (Leiria)	46 N 2
Almofala (Viseu)	35 J 6
Almograve	70 T 3
Almonda	47 N 4
Almoster (Leiria)	47 M 4
Almoster (Santarém)	58 O 3
Almourol (Castelo de)	47 N 4
Almuro (Ribeira do)	60 P 7
Alpalhão	48 N 7
Alpedrinha	48 L 7
Alpedriz	46 N 3
Alpendres de Lagares	71 S 7
Alpiarça	59 O 4
Alportel	81 U 6
Alportel (Ribeira de)	81 U 6
Alpreade (Ribeira de)	48 M 7
Alqueidão	46 L 3
Alqueidão da Serra	46 N 3
Alqueidão do Arrimal	46 N 3
Alqueva	71 R 7
Alqueva (Barragem de)	71 R 7
Alte	80 U 5
Alter do Chão	60 O 7
Alter Pedroso	60 O 7
Alto Cávado (Barragem de)	21 G 6
Alto Ceira (Barragem de)	47 L 6
Alto Fica	81 U 5
Alto Rabagão (Barragem do)	21 G 6
Altura	81 U 7
Alturas do Barroso	21 G 6
Alva	34 J 6
Alva (Rio)	47 L 5
Alvacar (Ribeira de)	71 T 6
Alvações do Corgo	35 I 6
Alvadia	21 H 6
Alvados	46 N 3
Alvaiade	47 M 6
Alvaiázere	47 M 4
Alvalade	70 S 4
Alvão (Serra de)	21 H 6
Alvarães	20 H 3
Alvarelhos	21 G 7
Alvarenga	34 J 5
Alvares (Beja)	71 T 6
Alvares (Coimbra)	47 L 5
Álvaro	47 M 6
Alvarrão	71 R 7
Alvarrões	60 N 7
Alvega	47 N 5
Alvelos (Serra de)	47 M 6
Alvendre	35 K 8
Alverca da Beira	35 J 8
Alverca do Ribatejo	58 P 2
Alviobeira	47 M 4
Alvite	35 J 6
Alvito	71 R 6
Alvito (Barragem do)	71 R 6
Alvito da Beira	47 M 6
Alvoco da Serra	47 L 6
Alvoco das Várzeas	47 L 6
Alvor	80 U 4
Alvorge	47 M 4
Alvorninha	46 N 2
Amadora	58 P 2
Amarante	34 I 5
Amarela (Serra)	20 G 5
Amareleja	72 R 8
Amares	20 H 4
Ameada	72 R 8
Amedo	35 I 8
Ameixial	71 T 6
Amêndoa	47 M 5
Amendoeira (Beja)	71 S 6
Amendoeira (Faro)	81 U 6
Amiães de Baixo	46 N 3
Amiães de Cima	46 N 3
Amieira (Castelo Branco)	47 M 6
Amieira (Évora)	71 R 7
Amieira Cova	47 M 6
Amieira do Tejo	47 N 6
Amieiro (Coimbra)	46 L 4
Amieiro (Vila Real)	35 I 7
Amor	46 M 3
Amora	58 Q 2
Amoreira (Faro)	81 T 6
Amoreira (Guarda)	35 K 8
Amoreira (Leiria)	46 N 2
Amoreira (Santarém)	47 N 5
Amoreira (Aqueduto da)	60 P 8
Amoreira da Gândara	34 K 4
Amoreiras	70 S 4
Amoreirinha	60 P 8
Amorim	20 H 3
Amorosa	20 H 3
Anadia	34 K 4
Ançã	47 L 4
Ancas	34 K 4
Âncora	20 G 3
Andam	46 N 3
Andorinha	47 L 4
Andrães	35 I 6
Andreus	47 N 5
Anelhe	21 G 7
Angeja	34 J 4
Angra do Heroismo	96 H 14
Angueira	22 H 10
Angueira (Rio)	22 H 10
Anha	20 G 3
Anhões	20 G 4
Anissó	20 H 5
Anjos	96 L 20
Anobra	47 L 4
Anreade	34 I 6
Ansiães	35 I 8
Ansião	47 M 4
Antanhol	47 L 4
Antas (perto de Fornos de Algodres)	35 K 7
Antas (perto de Penedono)	35 J 7
Apostiça	58 Q 2
Apúlia	20 H 3
Arada	34 J 4
Arada (Serra da)	34 J 5
Aradas	34 K 4
Arade (Barragem de)	80 U 4
Arades (Ribeira de)	48 M 9
Aranhas	48 L 8
Aravil (Ribiera do)	48 M 8
Arazede	46 L 4
Arca	34 K 5
Arcas (Bragança)	21 H 8
Arcas (Viseu)	35 J 6
Arco da Calheta	80 A Y
Arco de Baulhe	21 H 6
Arco de São Jorge	80 B Y
Arcos (Évora)	60 P 7
Arcos (Vila Real)	35 I 7
Arcos (Viseu)	35 I 7
Arcos de Valdevez	20 G 4
Arcossó	21 H 7
Arcozelo	35 K 7
Arcozelo das Maias	34 J 5
Arcozelos	35 J 7
Arda	34 J 5
Ardãos	21 G 7
Ardila	71 R 7
Arega	47 M 5
Areia	47 N 6
Areia de Baixo	47 N 5
Areias	47 M 4
Areias de Vilar	20 H 4
Arelho	46 N 2
Areosa	20 G 3
Arga (Serra de)	20 G 3
Arga de São João	20 G 3
Arganil (Coimbra)	47 L 5
Arganil (Santarém)	47 M 6
Argemil	21 H 7
Argomil	35 K 8
Argozelo	22 H 10
Aricera	35 I 7
Arieiro	80 B Y
Arieiro	58 Q 2
Ariz	35 J 7
Armação de Pêra	80 U 4
Armada	21 G 6
Armadouro	47 L 6
Armamar	35 I 6
Armil	20 H 5
Armona	81 U 6
Armona (Ilha de)	81 U 6
Arnas	35 J 7
Arneiro	80 B Y
Arneiro (Santarém)	47 M 4
Arneiro das Milhariças	46 N 3
Arnel (Ponta do)	96 J 20
Arnoso	20 H 4
Arões (Aveiro)	34 J 5
Arões (Braga)	20 H 5
Arosa	20 H 5
Arouca	34 J 5
Arrabal	46 M 3
Arrábida (Parque Natural da)	58 Q 2
Arrábida (Serra da)	58 Q 2
Arraiolos	59 P 6
Arramadões	71 R 6
Arranhó	58 P 2
Arreciadas	47 N 5
Arrentela	58 Q 2
Arrepiado	47 N 4
Arrifana (Faro)	80 U 3
Arrifana (Aveiro)	34 J 4
Arrifana (Coimbra)	47 L 5
Arrifana (Faro)	80 U 3
Arrifana (Guarda)	35 K 8
Arrifes	96 J 18
Arripiado	00 N 4
Arronches	60 O 8
Arrouquelas	58 O 3
Arruda dos Pisões	46 O 3
Arruda dos Vinhos	58 P 2
Arunca	47 M 4
Árvore	20 H 3
Arzila	47 L 4
Assafarge	47 L 4
Assafora	58 P 1
Asseca	58 O 3
Asseca (Ribeira de)	60 P 7
Asseiceira (perto de Rio Maior)	58 O 3
Asseiceira (perto de Tomar)	47 N 4
Assentiz	47 N 4
Assentiz (perto de Rio Maior)	58 O 3
Assumar	60 O 7
Assureira	21 G 6
Atalaia (Castelo Branco)	48 M 7
Atalaia (Évora)	59 Q 6
Atalaia (Guarda)	35 K 8
Atalaia (Lisboa)	58 O 2
Atalaia (Portalegre)	47 N 6
Atalaia (Santarém)	47 N 5
Atalaia (Setúbal)	58 P 3
Atalaia (Monte)	80 U 3
Atalaia (Monte) (Setúbal)	70 R 4
Atalaia (Ponta da)	80 U 3
Atalaia (Ponta da) (perto de Aljezur)	80 U 3
Atalaia do Campo	48 L 7
Atei	21 H 6
Atenor	22 H 10
Atouguia da Baleia	46 N 2
Avanca	34 J 4
Avantos	21 H 8
Ave	20 H 3
Aveiras de Baixo	58 O 3
Aveiras de Cima	58 O 3
Aveiro	34 K 4
Aveiro (Ria de)	34 J 3
Avelanoso	22 H 10
Avelar	47 M 4
Avelãs da Ribeira	35 J 8
Avelãs de Caminho	34 K 4
Avelãs de Cima	34 K 4
Aveleda	22 G 9
Aveledas	21 G 7
Aveloso	35 J 8
Avenal	46 N 2
A Ver-o-mar	20 H 3
Aves	20 H 4
Avessadas	34 I 5
Avidagos	21 H 8
Avidos	20 H 4
Avintes	34 I 4
Avioso	34 I 4
Avis	59 O 6
Avô	47 L 6
Azambuja	58 O 3
Azambuja (Ribeira da)	59 Q 6
Azambuja (Vala da)	58 O 3
Azambujeira	58 O 3
Azaruja	59 P 6
Azeitada	58 O 3
Azenha	46 L 3
Azenhas do Mar	58 P 1
Azere	34 K 5
Azervadinha	59 P 4
Azevedo	20 G 3
Azevel	60 Q 7
Azevo	35 J 8
Azias	20 G 4
Azibo	22 H 9
Azibo (Barragem de)	22 H 9
Azinhaga	47 N 4
Azinhal (Beja)	71 S 6
Azinhal (Faro)	81 U 7
Azinheira	46 O 3
Azinheira dos Barros	70 R 4
Azinheiro	81 U 6
Azinhoso	36 H 9
Azóia (Leiria)	46 M 3
Azóia (Setúbal)	58 Q 2
Azóia de Baixo	58 O 3
Azóia de Cima	46 N 3
Azul (Lagoa)	96 J 18
Azurara	20 H 3

B

Place	Coord
Babe	22 G 10
Baçal	22 G 9
Bacalhoa (Quinta da)	58 Q 3
Badamalos	36 K 9
Bagueixe	22 H 9
Baião	34 I 5
Bairrada	47 M 6
Bairro	46 N 4
Baixa da Banheira	58 Q 2
Baixo ou da Cal (Ilhéu da)	80 C X
Balancho	60 Q 7
Balazar	20 H 4
Balboa	61 P 9
Baldos	35 J 7
Baleal	46 N 1
Baleizão	71 R 6
Balsa	35 H 7
Balsemão	22 H 9
Balugães	20 H 4
Balurco	71 T 7

BRAGA

Capelistas (Rua dos) ...... **A** 7	Biscainhos (Rua dos) ...... **A** 4	Dr Gonçalo Sampaio (Rua) .... **B** 21
D. Diogo de Sousa (Rua) .. **AB** 16	Caetano Brandão (Rua) ...... **B** 6	General Norton de Matos
Franc. Sanches (Rua) ...... **B** 22	Carmo (Rua do) ...... **A** 9	(Av.) ...... **A** 24
São Marcos (Rua) ...... **AB** 28	Central (Avenida) ...... **A** 10	Nespereira (Avenida) ...... **A** 25
Souto (Rua do) ...... **AB** 33	Chãos (Rua dos) ...... **A** 12	São João do Souto
	Conde de Agrolongo (Praça) .. **A** 13	(Praça) ...... **B** 27
Abade Loureira (Rua) ...... **A** 3	Dom Afonso Henriques	São Martinho (Rua de) ...... **A** 30
	(Rua) ...... **B** 15	São Tiago (Largo de) ...... **B** 31
	Dom Gonç. Pereira (Rua) .. **B** 18	
	Dom Paio Mendes (Rua) .... **B** 19	**B** CAPELA DOS COIMBRAS

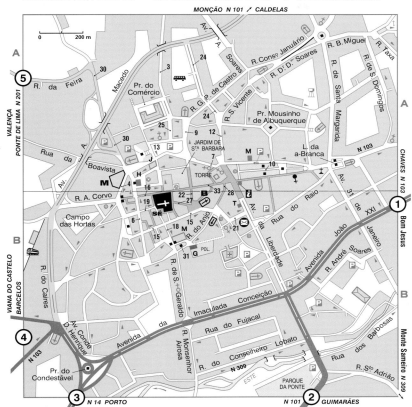

Balurcos	71	T 7	Barrocal do Douro	36	H 11	Benespera	35	K 8	
Bandeiras	96	H 10	Barrocaria	46	M 4	Benfeita	47	L 6	
Bando dos Santos	47	N 6	Barroças e Taias	20	F 4	Benfica do Ribatejo	58	O 3	
Baraçal	35	J 8	Barrosa	96	J 19	Benquerença	48	L 8	
Barão de Forrester			Barrosa	58	P 3	Benquerenças	48	M 7	
(Pousada) (Alijó)	35	I 7	Barrosellos	20	H 3	Bens	71	T 7	
Barão de São João	80	U 3	Barrosinha	59	Q 4	Bensafrim	80	U 3	
Barão de São			Barroso (Serra do)	21	H 6	Beringel	71	R 6	
Miguel	80	U 3	Barrossas	34	I 5	Berlenga	46	N 1	
Barbacena	60	P 8	Barulho	60	O 8	Beságueda	48	L 8	
Barbaído	48	M 7	Batalha	46	N 3	Beselga	47	N 4	
Barca (Ponta da)	96	F 11	Batocas	36	K 9	Besteiros			
Barca de Alva	36	I 9	Bebedouro	46	L 3	(Bragança)	35	I 8	
Barcel	35	H 8	Beberriqueira	47	N 4	Besteiros (Faro)	81	U 6	
Barcelinhos	20	H 4	Beça	21	G 6	Bicada	71	T 6	
Barcelos	20	H 4	Beça (Rio)	21	H 6	Bicas	47	N 5	
Barco	48	L 7	Beijós	34	K 6	Bico (Aveiro)	34	J 4	
Barcos	35	I 7	Beirã	48	N 7	Bico (Viana do			
Barcouço	47	L 4	Beja	71	R 6	Castelo)	20	G 4	
Bardeiras	00	P 6	Belas	58	P 2	Bicos	70	S 4	
Baros	35	I 6	Belazaima	34	K 4	Bigas	35	J 6	
Barosa	46	M 3	Belém	58	P 2	Bigorne	35	J 6	
Barqueiro	47	M 4	Beliche	81	U 7	Bigorne (Serra de)	35	J 6	
Barqueiros	20	H 3	Beliche			Bilhó	21	H 6	
Barracão	46	M 3	(Barragem de)	81	U 7	Biscoitos	96	G 14	
Barrada (Évora)	60	Q 7	Belide	47	L 4	Bismula	36	K 9	
Barrada (Faro)	71	T 6	Belinho	20	H 3	Bitarães	34	I 5	
Barrada (Santarém)	47	N 5	Belmeque	71	R 7	Bizarril	35	J 8	
Barra de Mira	34	K 3	Belmonte	48	K 7	Boa Aldeia	34	K 5	
Barrancão	59	Q 4	Belo	71	T 6	Boalhosa	20	G 4	
Barranco	71	T 6	Belver	47	N 6	Boa Ventura	80	B Y	
Barrancos	72	R 9	Belver (Barragem			Boa Viagem	46	L 3	
Barranco Velho	81	U 6	de)	47	N 6	Boa Vista	46	M 3	
Barreira (Guarda)	35	J 8	Bemposta			Boa Vista			
Barreira (Leiria)	46	M 3	(Bragança)	36	I 10	(Miradouro da)	35	I 6	
Barreiras	59	O 5	Bemposta (Castelo			Boavista do Paiol	70	S 3	
Barreiro (Leiria)	47	M 4	Branco)	48	L 8	Boavista			
Barreiro (Setúbal)	58	Q 2	Bemposta			dos Pinheiros	70	T 4	
Barreiros (Leiria)	46	M 3	(Santarém)	47	N 5	Bobadela (Coimbra)	34	K 6	
Barreiros (Viseu)	35	J 6	Bemposta			Bobadela (perto			
Barreta (Ilha da)	81	V 6	(Barragem de)	36	I 10	de Águas Frias)	21	G 8	
Barril	58	O 1	Benafim Grande	81	U 5	Bobadela (Vila Real)	21	G 7	
Bárrio	20	G 4	Benavente	58	P 3	Boca do Inferno	58	P 1	
Barrô	35	I 6	Benavila	59	O 6	Boco	34	K 4	
Barro Branco	60	P 7	Bencatel	60	P 7	Bodiosa	34	J 6	
Barroca	47	L 6	Bendada	48	K 8	Boelhe	34	I 5	
Barrocal	60	Q 7	Benedita	46	N 3	Bogalhal	35	J 8	

Bogas de Baixo	47	L 6	Brejo	70	R 4	Cadafaz (Coimbra)	47	L 5	Candelária	96	J 18
Bogas de Cima	47	L 6	Brenha	46	L 3	Cadafaz (Portalegre)	47	N 6	Candemil (Porto)	34	I 6
Boialvo	34	K 4	Brenhas	71	R 7	Cadaval	58	O 2	Candemil		
Boiças	58	O 3	Bretanha	96	J 18	Cadima	46	L 4	(Viana do Castelo)	20	G 3
Boivão	20	F 4	Bretanha (Ponta			Cadiz (Golfo de)	82	U 8	Candosa	34	K 6
Boiveis	46	N 4	da)	96	J 18	Cadraço	34	K 5	Caneças	58	P 2
Boleiros	46	N 4	Brinches	71	R 7	Caeiro	70	T 4	Canedo	34	I 4
Boliqueime	80	U 5	Brinço	21	H 8	Cafede	48	M 7	Canedo de Basto	21	H 6
Bombarral	58	O 2	Briteiros	20	H 5	Caia (Barragem do)	60	P 8	Caneiro	46	N 4
Bombel	59	P 4	Britelo	20	G 5	Caiada	71	R 6	Canelas	34	J 5
Bombel (Estação			Britiande	35	I 6	Caia e São Pedro	60	P 8	Canha	58	P 4
de)	59	P 4	Brito	20	H 4	Caíde de Rei	34	I 5	Canha (Ribeira de)	59	P 4
Bom Jesus do			Brogueira	46	N 4	Caima	34	J 4	Canhas	80	A Y
Monte	20	H 4	Brotas	59	P 5	Caixeiro	70	R 5	Canhestros	70	R 5
Borba	60	P 7	Bruçó	36	I 9	Caldas da Cavaca	35	J 7	Caniçada	20	H 5
Borba da			Brufe	20	G 5	Caldas da Felgueira	35	K 6	Caniçada		
Montanha	20	H 5	Brunheda	35	I 7	Caldas da Rainha	46	N 2	(Barragem de)	20	H 5
Borbela	35	I 6	Brunheira	70	R 4	Caldas de Aregos	34	I 5	Caniçada (Pousada		
Bordeira	80	U 3	Brunheiras	70	S 3	Caldas de			de)	20	H 5
Bornes	21	H 8	Brunhós	46	L 3	Manteigas	35	K 7	Caniçal	80	B Y
Borralha (Aveiro)	34	K 4	Brunhoso	36	H 9	Caldas			Caniceira	34	K 3
Borralha (Vila Real)	21	H 6	Brunhozinho	36	H 10	de Monchique	80	U 4	Caniço	80	B Z
Borralhal	34	K 5	Buarcos	46	L 3	Caldas de Vizela	20	H 5	Canidelo	34	I 4
Botão	47	L 4	Buarcos (Monte)	46	L 3	Calde	35	J 6	Cano	59	P 6
Boticas	21	G 7	Buçaco	34	K 4	Caldeira (Faial)	96	H 9	Cantanhede	34	K 4
Bouça	21	H 8	Bucelas	58	P 2	Caldeira (São			Cantanhede		
Bouça (Barragem			Bucos	20	H 5	Miguel)	96	J 20	(Dunas de)	34	K 3
da)	47	M 5	Budens	80	U 3	Caldeira (Terceira)	96	G 14	Canto	46	M 3
Bouças	70	R 4	Bugio	58	Q 3	Caldeirão	46	D 2	Caparica	58	Q 2
Bouceguedim	34	J 5	Bugios	47	N 6	Caldeirão (Serra			Caparrosa	34	K 5
Bouceiros	46	N 3	Bunheira	70	T 4	do)	71	T 5	Capela (Portalegre)	60	O 7
Bouçães	21	G 8	Bunheiro	34	J 4	Caldeiras	96	J 19	Capela (Porto)	34	I 4
Bougado	20	H 4	Burga	21	H 8	Caldelas	20	G 4	Capela (Santarém)	47	N 6
Bouro	20	H 5	Burgau	80	U 3	Caldelas (Taipas)	20	H 4	Capelas	96	J 18
Boxinos	47	L 6	Burgo	34	J 5	Calhariz	58	Q 2	Capelinhos	96	H 9
Boa Vista			Burinhosa	46	M 3	Calheiros	20	G 4	Capelo	96	H 9
(Miradouro da)	35	I 6	Bustelo (Vila Real)	21	G 7	Calheta	80	A Y	Capeludos	21	H 7
Boavista do Paiol	70	S 3	Bustelo (Viseu)	34	I 5	Calheta	96	H 11	Capinha	48	L 7
Bracial	70	S 3	Bustos	34	K 4	Calheta de			Caramulinho	34	K 5
Braga	20	H 4				Nesquim	96	H 11	Caramulo	34	K 5
Bragadas	21	H 6	**C**			Calhetas	96	J 19	Caramulo (Serra		
Bragado	21	H 7				Caloura	96	J 19	do)	34	K 5
Bragança	22	G 9	Cabaços (Leiria)	47	M 4	Calvão (Aveiro)	34	K 3	Caranguejeira	46	M 3
Branca	00	P 4	Cabaços (Viana do			Calvão (Vila Real)	21	G 7	Carapacho	96	F 12
Brasfemes	47	L 4	Castelo)	20	G 4	Calvaria de Cima	46	N 3	Carapeços	20	H 4
Bravães	20	G 4	Cabaços (Viseu)	35	I 7	Calvelhe	22	H 9	Carapetosa	48	M 7
Bravo	47	M 5	Cabana Maior	20	G 4	Calvo	21	G 8	Carapinha (Serra		
Bravura			Cabanas (Faro)	81	U 7	Camacha	80	B Y	da)	70	T 4
(Barragem da)	80	U 3	Cabanas (Viseu)	34	K 6	Camacha	80	C X	Carapinheira	46	L 4
Brejão	70	T 4	Cabanas de Torres	58	O 2	Camachos	70	T 4	Carapito	35	J 7
Brejoeira (Serra da)	70	T 4	Cabanões	35	K 6	Câmara de Lobos	80	B Z	Caratão	47	L 5
			Cabeça	47	L 6	Cambarinho	34	J 5	Caravelas	21	H 8
			Cabeça Alta	35	K 7	Cambas	47	L 6	Carcalhinho	47	L 4
			Cabeça Boa	35	I 8	Cambra	34	J 5	Carção	22	H 10
			Cabeça das			Cambres	35	I 6	Carcavelos	58	P 1
			Pombas	46	N 3	Caminha	20	G 3	Cardanha	35	I 8
			Cabeça da Velha	35	K 6	Campanário	80	A Y	Cardigos	47	M 5
			Cabeça de Carneiro	60	Q 7	Campeã	35	I 6	Cardosa	47	M 6
			Cabeça do Velho	35	K 7	Campelo	47	L 5	Caria (Castelo		
			Cabeça Gorda	71	S 6	Campelos	58	O 2	Branco)	48	L 7
			Cabeção	59	P 5	Campilhas			Caria (Viseu)	35	J 7
			Cabeças	47	M 5	(Barragem de)	70	S 4	Caria (Ribeira de)	48	L 7
			Cabeceiras de			Campilhas			Caridade	60	Q 7
			Basto	20	H 6	(Ribeira de)	70	S 4	Carlão	35	I 7
			Cabeço	34	K 3	Campinho	60	Q 7	Carmões	58	O 2
			Cabeço Alto			Campo (perto de			Carnaxide	58	P 2
			(Castelo Branco)	48	M 8	Roriz)	20	H 4	Carneiro	34	I 6
			Cabeço Alto			Campo (perto de			Carnicães	35	J 8
			(Vila Real)	21	G 6	Valongo)	34	I 4	Carnide	46	M 3
			Cabeço da Neve	34	K 5	Campo (Viseu)	34	J 6	Carnide (Rio de)	46	M 3
			Cabeço de Vide	60	O 7	Campo de			Carnota	58	O 2
			Cabeçudo	47	M 5	Beisteros	34	K 5	Carquejo	47	L 4
			Cabouco	96	J 19	Campo de Cima	80	C X	Cárquere	34	I 6
			Cabração	20	G 4	Campo de Viboras	22	H 10	Carragosa	22	G 9
			Cabras (Ribeira			Campo do Gerês	20	G 5	Carralcova	20	G 4
			das)	35	K 8	Campo Maior	60	O 8	Carrapatas	22	H 9
			Cabreira	47	L 5	Campo Redondo	70	S 4	Carrapateira	80	U 3
			Cabreira (Serra da)	20	H 5	Campos (Viana do			Carrapatelo	60	Q 7
			Cabreiro	20	G 4	Castelo)	20	G 3	Carrapatelo		
			Cabreiro (Monte)	21	H 7	Campos (Vila Real)	21	H 6	(Barragem de)	34	I 5
			Cabrela	59	Q 4	Camposa	34	I 4	Carrapichana	35	K 7
			Cabril (Coimbra)	47	L 6	Canadelo	34	I 6	Carrascais	71	R 5
			Cabril (Vila Real)	20	G 5	Canal-Caveira			Carrascal	47	N 6
			Cabril (Viseu)	34	J 5	(Estação)	70	R 4	Carrazeda		
			Cabril (Barragem			Canas			de Ansiães	35	I 8
			do)	47	M 5	de Santa Maria	34	K 5	Carrazede	47	N 4
			Caçarelhos	22	H 10	Canas de Senhorim	34	K 6	Carrazedo	22	G 9
			Caçarilhe	20	H 5	Canaveses	21	H 7	Carrazedo		
			Cacela Velha	81	U 7	Canaviais	59	Q 6	de Montenegro	21	H 7
			Cachão	35	H 8	Candal (Coimbra)	47	L 5	Carreço	20	G 3
			Cachopo	81	U 6	Candal (Leiria)	47	M 4	Carregado	58	O 3
			Cachorro	96	H 10	Candedo	35	H 7	Carregal	35	J 7
			Cacia	34	J 4	Candeeiros			Carregal do Sal	34	K 6
			Cacilhas	58	P 2	(Serra dos)	46	N 3	Carregosa	34	J 4
			Cadafais	58	O 2	Candelária	96	H 10	Carregueira	47	N 4

Carregueiros 47 N 4
Carreiras 48 N 7
Carreiras (Ribeira de) 71 T 6
Carriço 46 M 3
Carríl 34 I 5
Carroqueiro 48 L 8
Carros 71 T 6
Cartaxo 58 O 3
Carva 21 H 7
Carvalha 35 J 6
Carvalhais (Bragança) 21 H 8
Carvalhais (Coimbra) 46 L 3
Carvalhais (Vila Real) 21 G 6
Carvalhais (Viseu) 34 J 5
Carvalhais (Rio de) 21 H 8
Carvalhal (Beja) 70 T 3
Carvalhal (Coimbra) 47 L 5
Carvalhal (Leiria) 58 O 2
Carvalhal (perto de Belmonte) 48 L 8
Carvalhal (perto de Castro Daire) 35 J 6
Carvalhal (perto de Guarda) 35 K 8
Carvalhal (perto de Mêda) 35 J 8
Carvalhal (perto de Sertã) 47 M 5
Carvalhal (perto de Viseu) 35 J 6
Carvalhal (Santarém) 47 N 5
Carvalhal (Setúbal) 70 R 3
Carvalhal Benfeito 46 N 2
Carvalhal de Vermilhas 34 K 5
Carvalhal do Estanho 34 J 5
Carvalhal Redondo 34 K 6
Carvalhelhos 21 G 6
Carvalho (Braga) 20 H 5
Carvalho (Coimbra) 47 L 5
Carvalho de Egas 35 I 8
Carvalhos 34 I 4
Carvalhosa 34 I 4
Carvalhoso 36 I 9
Carvão 96 J 18
Carvas 21 H 7
Carvela 21 G 7
Carviçais 36 I 9
Carvide 46 M 3

Carvoeira (perto de Mafra) 58 P 1
Carvoeira (perto de Torres Vedras) 58 O 2
Carvoeiro (Faro) 80 U 4
Carvoeiro (Santarém) 47 N 6
Carvoeiro (Cabo) (Faro) 80 U 4
Carvoeiro (Cabo) (Leiria) 46 N 1
Casa Branca 70 R 4
Casa Branca (Évora) 59 Q 5
Casa Branca (Portalegre) 59 P 6
Casa Branca (Setúbal) 70 R 3
Casais (Faro) 80 U 4
Casais (Santarém) 47 N 4
Casais do Chafariz 46 O 2
Casal Comba 34 K 4
Casal de Cinza 35 K 8
Casal de Ermio 47 L 5
Casal dos Bernardos 47 M 4
Casalinho (Portalegre) 59 O 6
Casalinho (Santarém) 59 O 4
Casal Novo (Coimbra) 47 L 5
Casal Novo (Leiria) 46 M 3
Casal Velho 46 N 2
Casa Nova 70 S 4
Casas 80 U 5
Casas de Fonte Cova 46 M 3
Casas Louras 47 N 5
Casas Novas 60 P 8
Cascais 58 P 1
Cascalho 58 P 3
Casebres 59 Q 4
Casegas 47 L 6
Casével (Beja) 71 S 5
Casével (Santarém) 46 N 4
Castainço 35 J 7
Castanheira (Bragança) 22 H 10
Castanheira (Guarda) 35 K 8
Castanheira (perto de Trancoso) 35 J 7
Castanheira (Vila Real) 21 G 6
Castanheira de Pêra 47 L 5

Castanheira do Ribatejo 58 P 3
Castanheira do Vouga 34 K 4
Castanheiro 46 L 3
Castanheiro do Sul 35 I 7
Castedo (Bragança) 35 I 8
Castedo (Vila Real) 35 I 7
Casteição 35 J 8
Castelãos 22 H 9
Casteleiro 48 L 8
Castelejo 48 L 7
Castelhanas 46 M 3
Castelhanos 71 T 6
Castelo Branco 96 H 9
Castelo (Castelo Branco) 47 M 5
Castelo (Pico do) 80 D X
Castelo (Ponta do) 96 M 20
Castelo (Santarém) 47 N 5
Castelo (Viseu) 35 I 7
Castelo (Ponta do) 80 U 5
Castelo (Pousada do) (Óbidos) 46 N 2
Castelo Bom 36 K 9
Castelo Branco (Bragança) 36 I 9
Castelo Branco (Castelo Branco) 48 M 7
Castelo de Bode (Barragem do) 47 N 5
Castelo de Maia 34 I 4
Castelo de Paiva 34 I 5
Castelo de Vide 48 N 7
Castelo do Neiva 20 H 3
Castelões 35 I 8
Castelo Melhor 35 I 8
Castelo Mendo 36 K 9
Castelo Novo 48 L 7
Castelo Rodrigo 36 J 9
Castrelos 22 G 9
Castro Daire 35 J 6
Castro de Avelãs 22 G 9
Castro Laboreiro 20 F 5
Castro Marim 81 U 7
Castro Verde 71 S 5
Castro Vicente 36 H 9
Catalão 59 Q 4
Cativelos 35 K 6
Catrão 48 L 7
Cava 47 M 5
Cávado 21 G 6
Cavadoude 35 K 8
Cavaleiro 70 T 3

Cavalinhos 46 M 3
Caveira (Ponta da) 96 E 2
Cavernães 35 J 6
Cavês 21 H 6
Caxarias 47 M 4
Caxias 58 P 2
Cebolais de Baixo 48 M 7
Cebolais de Cima 48 M 7
Cedães 21 H 8
Cedillo (Barragem de) 48 N 7
Cedovim 35 I 8
Cedrim 34 J 4
Cedros 96 H 9
Cegonhas Novas 48 M 8
Ceira 47 L 5
Ceira (Rio) 47 L 4
Ceivães 20 F 4
Cela 46 N 2
Celas 22 G 9
Cela Velha 46 N 2
Celavisa 47 L 5
Celeiro 20 H 5
Celeirós (Braga) 20 H 4
Celeirós (Vila Real) 35 I 7
Celorico da Beira 35 K 7
Celorico de Basto 20 H 5
Centum Cellas 48 K 8
Cepães 20 H 5
Cepelos 34 J 4
Cepões 35 J 6
Cepos 47 L 6
Cerca (Ribeira da) 80 U 3
Cercal (Leiria) 47 N 5
Cercal (Lisboa) 58 O 2
Cercal (Setúbal) 70 S 3
Cercal (Serra do) 70 S 3
Cercio 23 H 11
Cerdal 20 G 4
Cerdeira (Coimbra) 47 L 6
Cerdeira (Guarda) 35 K 8
Cerdeirinhas 20 H 5
Cerejais 36 I 9
Cernache 47 L 4
Cernache de Bonjardim 47 M 5
Cerro (perto de Alte) 80 U 5
Cerro (perto de Loulé) 81 U 5
Cerro da Vila 80 U 5
Cerros 60 Q 7
Cerva 21 H 6
Cervães 20 H 4
Cervos 21 G 6
Cete 34 I 4
Cetóbriga (Ruinas Romanas de) 58 Q 3

Cevadais 60 O 8
Chã 35 I 7
Chacim (Braga) 21 H 6
Chacim (Bragança) 22 H 9
Chamusca 47 N 4
Chança 59 O 6
Chança (Estação de) 59 O 6
Chança (Rio) 71 S 7
Chancelaria 47 N 4
Chão da Parada 46 N 2
Chão das Servas 47 M 6
Chão da Vã 48 M 7
Chão da Velha 47 N 6
Chão de Codes 47 N 5
Chão de Couce 47 M 4
Chão de Lopes 47 N 5
Chãos 47 M 4
Charneca 71 S 7
Chãs 35 J 8
Chãs (Monte) 34 J 5
Chãs de Tavares 35 K 7
Chavães 35 I 7
Chaves 21 G 7
Cheleiros 58 P 2
Choça Queimada 81 U 7
Chorente 20 H 4
Chosendo 35 J 7
Chouto 59 O 4
Ciborro 59 P 5
Cicouro 23 H 11
Cidade 46 N 2
Cidadelhe (Guarda) 35 J 8
Cidadelhe (Viana do Castelo) 20 G 5
Cid Almeida 71 R 7
Ciladas 60 P 8
Cima (Ilhéu de) 80 D X
Cimadas Fundeiras 47 M 6
Cimbres 35 I 6
Cinco Vilas 36 J 9
Cinfães 34 I 5
Cintados 81 U 7
Cintrão (Ponta do) 96 J 19
Cisterna 21 G 8
Clarines 71 T 7
Clérigo (Ponta do) 80 B Y
Côa 48 L 8
Cobres (Ribeira de) 71 T 5
Codaval 21 H 7
Codeçais 35 I 8
Codeçoso 20 H 5
Codessoso 21 H 6
Coelheira 34 J 5
Coelhoso 22 H 10
Coentral 47 L 5
Cogula 35 J 8
Coiço 47 L 5
Coimbra 47 L 4
Coimbrão 46 M 3
Coina 58 Q 2
Coito 71 T 7
Coja 47 L 6
Coja (Ribeira de) 35 J 7
Colar de Perdizes 58 P 3
Colares 58 P 1
Colcorinho (Monte) 47 L 6
Colmeal (Castelo Branco) 35 K 8
Colmeal (Coimbra) 47 L 5
Colmeias (Leiria) 46 M 3
Colorada 72 R 9
Colos 70 S 4
Comeira 46 M 3
Comenda 47 N 6
Comporta 58 Q 3
Concavada 47 N 5
Conceição (Beja) 70 S 5
Conceição (perto de Faro) 81 U 6
Conceição (perto de Tavira) 81 U 7
Condeixa-a-Nova 47 L 4
Condeixa-a-Velha 47 L 4
Congo (Lagoa do) 96 J 19
Conimbriga 47 L 4
Conlelas 22 G 9
Cónqueiros 47 M 6
Consolação 46 O 1
Constância 47 N 4
Constantim (Bragança) 23 H 11
Constantim (Vila Real) 35 I 6
Contenda 60 O 8

Contendas (Ponta das) 96 H 14
Contensas de Baixo 35 K 6
Corchas (Portela das) 70 T 4
Cordinhã 34 K 4
Corgas 47 M 6
Corgas (Barragem de) 47 M 6
Corgo 21 H 6
Coriscada 35 J 8
Coroa 21 G 8
Coroa (Serra da) 21 G 8
Corona (Ribeira de) 70 S 4
Coronado 34 I 4
Correias 46 N 3
Correlha 20 G 4
Corte 34 K 5
Corte Brique 70 T 4
Corte Condessa 71 S 6
Corte da Velha 71 S 6
Corte de São Tomé 71 T 7
Corte do Gago 81 U 7
Corte Figueira 71 T 5
Cortegaça (Aveiro) 34 J 4
Cortegaça (Viseu) 34 K 5
Corte Gafo de Baixo 71 S 6
Corte Gafo de Cima 71 S 6
Corte João Marques 71 T 6
Cortelha 81 U 6
Cortelha 81 U 7
Corte Pequena 71 S 6
Corte Pequena 71 S 6
Corte Pinto 71 S 7
Cortes (Beja) 72 R 8
Cortes (Castelo Branco) 35 I 6
Cortes (Leiria) 46 M 3
Cortes de Baixo 71 R 6
Corte Serranos 71 T 6
Corte Sines 71 S 7
Cortes Pereiras 71 T 7
Corte Tabelião 71 T 7
Corte Vicente Eanes 71 S 5
Corte Zorrinha 71 T 5
Cortiçada 35 J 7
Cortiçadas do Lavre 59 P 4
Cortiço da Serra 35 K 7
Cortiços 21 H 8
Coruche 59 P 4
Corujeira 35 J 6
Corujeira 34 K 3
Corva 58 Q 2
Corval 60 Q 7
Corveira 34 K 5
Corvo (Ilha do) 96 D 2
Costa da Caparica 58 Q 2
Costa de Lavos 46 L 3
Costa de Santo André 70 R 3
Costa Nova (Aveiro) 34 K 3
Costa Nova (Coimbra) 46 L 3
Costa Nova (Ria da) 34 K 3
Costa Verde 20 H 2
Cota 35 J 6
Cotelo 35 I 6
Cótimos 35 J 8
Couço 59 P 5
Coudelaria de Alter 59 O 6
Coura 20 G 4
Coura (Rio) 20 G 3
Courelas 71 R 7
Courelas do Vale 59 Q 4
Coussó 20 F 5
Couto 34 I 4
Couto de Esteves 34 J 5
Couto de Mosteiro 34 K 5
Cova da Iria 46 N 4
Cova da Piedade 58 Q 2
Covão de Lobo 34 K 4
Covão do Feto 46 N 3
Covão dos Mendes 46 M 3
Covas (Coimbra) 47 M 5
Covas (Viana do Castelo) 20 G 3
Covas de Barroso 21 H 6
Covas do Douro 35 I 7
Covas do Monte 34 J 5

Covas do Rio 34 J 5
Covelães 21 G 6
Covelas 20 H 5
Covelo (Coimbra) 47 L 5
Covelo (Porto) 34 I 4
Covelo (Viseu) 34 J 5
Covelo de Gerês 21 G 6
Covilhã 48 L 7
Covinhos (Ponta dos) 46 N 2
Covoada 96 J 18
Covões 34 K 4
Coz 46 N 3
Crasto 20 G 4
Crato 60 O 7
Crestuma 34 I 4
Crestuma (Barragem de) 34 I 4
Crias 20 H 3
Cristelo 20 H 3
Cristo (Convento de) 47 N 4
Cristo (Museu de) 60 P 7
Criz 34 K 5
Cruz (Ponta da) 80 B Z
Cruzamento de Pegões 58 P 4
Cruz da Légua 46 N 3
Cruz de João Mendes 70 R 4
Cruzes 34 J 5
Cuba 71 R 6
Cubalhão 20 F 5
Cuine (Sierra do) 96 G 14
Cujó 35 J 6
Culatra (Ilha da) 81 V 6
Cumeada (Castelo Branco) 47 M 5
Cumeada (Faro) 80 U 4
Cumeira 46 N 3
Cumiada 60 Q 7
Cumieira (Coimbra) 47 M 4
Cumieira (Vila Real) 35 I 6
Cunha (Viana do Castelo) 20 G 4
Cunha (Viseu) 35 J 7
Cunha Baixa 35 K 6
Cunheira 59 O 6
Curalha 21 G 7
Curia 34 K 4
Curobos 21 H 8
Curral das Freiras 80 B Y
Curral da Velha (Ribeira do) 71 T 6
Curros 21 H 7
Curros (Rio) 21 H 7
Curvos 20 H 3
Custóias 35 I 8

D

Dadim 21 G 8
Dão 35 J 7
Dardavaz 34 K 5
Darque 20 G 3
Dáspera 47 M 6
Decermilo 35 J 7
Degebe 59 Q 6
Degolados 60 O 8
Degracias 47 L 4
Deilão 22 G 10
Delães 20 H 4
Deocriste 20 H 4
Derreada Cimeira 47 M 5
Destriz 34 K 5
Divor (Barragem do) 59 P 6
Divor (Ribeira de) 59 P 4
Dogueno 71 T 5
Dois Portos 58 O 2
Dom Diniz (Pousada de) 20 G 3
Domingos da Vinha 47 N 6
Dominguizo 48 L 7
Donai 22 G 9
Dona Maria 71 R 7
Dornelas 20 H 4
Dornelas do Zêzere 47 L 6
Dornes 47 M 5
Douro 23 H 11
Duas Igrejas 22 H 10
Dunas de Ovar 34 J 3
Durão 36 I 9

COIMBRA

Comércio (Praça do) .... Z
Fernão de Magalhães (Avenida) .... Y
Ferreira Borges (Rua) .... Z 27
Sofia (Rua da) .... Y

Visconde da Luz (Rua) .... Y 43
Ameias (Largo das) .... Z 3
Antero de Quental (Rua) .... Y 4
Borges Carneiro (Rua de) .... Z 10
Dr João Jacinto (Rua do) .... Y 18

Dr José Falcão (Rua) .... Z 19
Fernandes Tomás (Rua de) .... Z 25
Guilherme Moreira (Rua) .... Z 31
Portagem (Largo da) .... Z 36
Quebra-Costas (Escadas de) .... Z 37
Sobre-Ripas (Rua de) .... Z 42
8 de Maio (Praça) .... Y 45

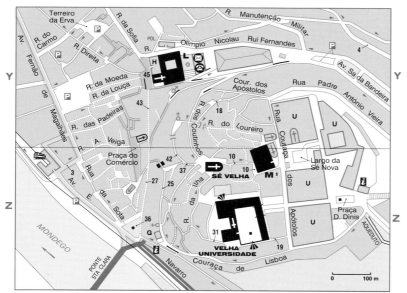

L   MOSTEIRO DE SANTA CRUZ

M¹ MUSEU NACIONAL MACHADO DE CASTRO

ÉVORA

Giraldo (Praça do)... **BZ**
João de Deus
(Rua)............ **AY** 16
República (Rua da)... **BZ**
5 de Outubro (Rua). **BYZ**

Álvaro Velho
(Largo)............ **BZ** 3
Aviz (Rua de)..... **BY** 4
Bombeiros Voluntários
de Évora (Av.).... **CZ** 6
Caraça (Trav. da)... **BZ** 7
Cenáculo
(Rua do)......... **BY** 9

Combatentes
da Grande Guerra
(Av. dos)........ **BZ** 10
Conde de Vila-Flor
(Largo)........... **BY** 12
Diogo Cão (Rua)... **BZ** 13
Freiria de Baixo
(Rua da)......... **BY** 15

José Elias Garcia
(Rua)............ **AY** 18
Lagar dos Dízimos
(Rua do)......... **BZ** 19
Luís de Camões
(Largo).......... **AY** 21
Marquês de Marialva
(Largo).......... **BY** 22

Menino Jesus
(R. do).......... **BY** 24
Misericórdia (Largo). **BZ** 25
Penedos
(Largo dos)...... **AY** 28
Santa Clara (Rua de). **AZ** 30
São Manços
(Rua de)......... **BZ** 31

Senhor da Pobreza
(Largo).......... **CZ** 33
Torta (Trav.)..... **AZ** 34
Vasco da Gama
(Rua)............ **BY** 36
1º de Maio (Praça). **BZ** 37
M¹ MUSEU DE ÉVORA

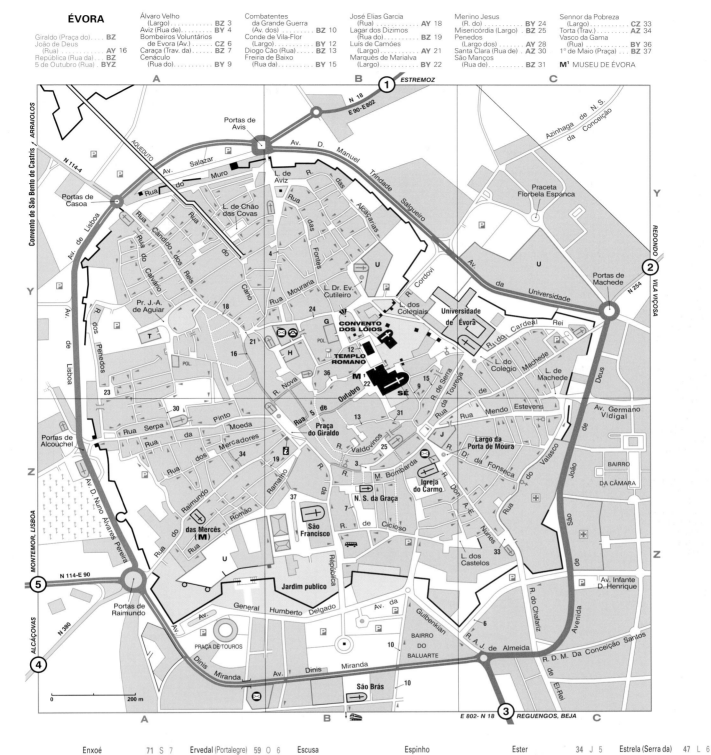

E

Edral 21 G 8
Edrosa 22 H 9
Edroso 22 H 9
Ega 47 L 4
Eira de Calva 47 L 5
Eirado 35 J 7
Eiras 47 L 4
Eiras Maiores 22 G 9
Eirinha 71 T 6
Eirinhas 71 R 7
Eirogo 20 H 4
Eixo 34 K 4
Elvas 60 P 8
Encarnacão 58 O 1
Encumeada
(Boca da) 80 A Y
Entradas 71 S 5
Entre Ambosrios 20 G 5
Entre-os-Rios 34 I 5
Entroncamento 47 N 4
Envendos 47 N 6
Enxabarda 48 L 7
Enxara do Bispo 58 P 2

Enxoé 71 S 7
Enxofre (Furna do) 96 F 12
Enxofre (Furnas
do) 96 G 14
Erada 48 L 7
Ereira 58 O 3
Erges (Rio) 48 M 9
Ericeira 58 P 1
Ermelo (Viana do
Castelo) 20 G 5
Ermelo (Vila Real) 21 H 6
Ermesinde 34 I 4
Ermida (Barragem
da) 47 L 5
Ermida (Castelo
Branco) 47 M 6
Ermida (Coimbra) 34 K 3
Ermida
(Viana do Castelo) 20 G 5
Ermidas-Aldeia 70 S 4
Ermidas-Sado 70 R 4
Erra 59 P 4
Erra (Ribeira da) 59 O 4
Ervas Tenras 35 J 8
Ervedal (Coimbra) 34 K 6

Ervedal (Portalegre) 59 O 6
Ervededo 21 G 7
Ervedeira 59 O 5
Ervedosa
(Bragança) 21 G 8
Ervedosa (Guarda) 35 J 8
Ervedosa do Douro 35 I 7
Ervideira 46 N 3
Ervidel 71 S 5
Ervões 21 H 7
Escalhão 36 J 9
Escalos de Baixo 48 M 7
Escalos de Cima 48 M 7
Escalos do Meio 47 M 5
Escanchinhas 81 U 5
Escarigo (Castelo
Branco) 48 L 8
Escarigo (Guarda) 36 J 9
Escariz (Aveiro) 34 J 4
Escariz (Braga) 20 H 4
Escariz (Vila Real) 35 H 6
Escaroupim 58 O 3
Escudeiros 20 H 4
Escuro (Monte) 96 J 19
Escurquela 35 I 7

Escusa
(perto de Castelo
de Vide) 48 N 7
Escusa
(perto de Ponte de
Sor) 47 N 6
Esfrega 47 M 6
Esmoriz 34 J 4
Espadanedo 22 H 9
Espargal 81 U 5
Espargança 60 O 8
Esperança (Pico da) 96 H 11
Espiche 80 U 3
Espichel (Cabo) 58 Q 2
Espinhaço de Cão
(Serra do) 80 U 3
Espinhal 47 L 4
Espinheira 59 Q 6
Espinheiro 46 N 3
Espinho (Alto do) 35 I 6
Espinho (Aveiro) 34 I 4
Espinho
(perto de
Caramulo) 34 K 5

Espinho
(perto de
Mangualde) 35 K 6
Espinho
(perto de
Mortágua) 34 K 5
Espinhosela 22 G 9
Espinhoso 21 G 8
Espírito Santo 71 T 7
Espite 46 M 4
Espiunca 34 J 5
Esporões 20 H 4
Esposende 20 H 3
Espragosa 71 T 6
Estação de Ourique 70 S 5
Estação de Viana 59 Q 5
Estanqueiro 58 P 3
Estarreja 34 J 4
Este 20 H 4
Este (Rio) 20 H 4
Esteiro (Aveiro) 34 J 4
Esteiro
(Coimbra) 47 L 6
Estela 20 H 3
Estelas 46 N 1

Ester 34 J 5
Estevais (perto de
Cardanha) 35 I 8
Estevais (perto de
Est. de Freixo) 36 I 9
Esteveira 47 N 5
Esteves 47 M 6
Estibeira 70 T 3
Estiramantens 81 U 6
Estói 81 U 6
Estômbar 80 U 4
Estorãos 20 H 4
Estorãos
(Braga) 20 H 5
Estorãos (Viana do
Castelo) 20 G 4
Estoril 58 P 1
Estorninhos 81 U 7
Estreito 47 M 6
Estreito da Calheta 80 A Y
Estreito de Câmara
de Lobos 80 B Y
Estrela 71 R 7
Estrela (Parque
Natural da Serra
da) 35 K 7

Estrela (Serra da) 47 L 6
Estremoz 60 P 7
Eucisia 35 I 8
Évora 59 Q 6
Évora de Alcobaça 46 N 3
Évoramonte 59 P 6
Extremo 20 G 4

F

Facha 20 G 4
Facho 46 N 2
Fadagosa
(Portalegre) 48 N 7
Fadagosa
(Santarém) 47 N 6
Fafe 20 H 5
Fagilde (Barragem
de) 35 K 6
Faia 20 H 6
Faial 80 B Y
Faial (Canal do) 96 H 10
Faial da Terra 96 J 20
Faial (Ilha do) 96 H 9

FUNCHAL

Alfândega (R. da) ..... BZ 3
Aljube (R. do) ..... BZ 4
Bettencourt (R. do) ..... CY 9
Chafariz (Largo do) ..... CZ 19
Dr Fernão de Ornelas (R.) ..... CZ 28

João Tavira (R.) ..... BZ 39
Phelps (Largo do) ..... CY 58
Pretas (R. das) ..... BY 61
Aranhas (R. dos) ..... ABZ 6
Autonomia (Pr. da) ..... CZ 7
Brigadeiro Oudinot (R.) ..... CY 10
Carne Azeda (R. da) ..... BY 12

Carvalho Araujo (R.) ..... AZ 15
Conceição (R. da) ..... CY 22
Conselheiro
  Aires Ornelas (R.) ..... CY 24
Conselheiro
  José Silvestre Ribeiro (R.) ..... BZ 25
Encarnação
  (Calç. da) ..... BY 30

Hospital Velho
  (R. do) ..... CYZ 34
Imperatriz D. Amélia
  (R. da) ..... AZ 36
Ivens (R.) ..... BZ 37
Latino Coelho (R.) ..... CZ 40
Lazaréto (Caminho do) ..... DZ 42
Maravilhas (R. das) ..... AZ 46

Marquês do Funchal
  (R.) ..... BY 49
Miguel Carvalho (R.) ..... CY 51
Mouraria (R.) ..... BY 52
Ponte de S. Lázaro (R.) ..... AZ 60
Ribeirinha (R.) ..... CY 63
Sabão (R. do) ..... CZ 66
Santa Clara (Calç.) ..... BY 67

São Francisco (R. de) ..... BZ 69
Saude (Calç.) ..... BY 72
Til (R. do) ..... BY 73
Visconde do Anadia (R.) ..... CYZ 78
Zirco (Av.) ..... BZ 81

M¹ MUSEU DE ARTE SACRA
V VISTA DA PONTA DA ANGRA

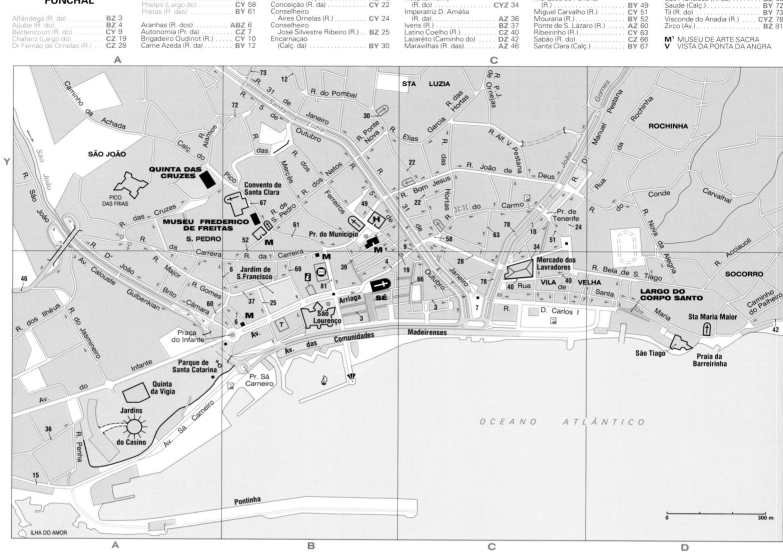

Faial (Ponta do) 96 J 20
Fail 34 K 6
Failde 22 G 9
Faiões 21 G 7
Fajã de Cima 96 J 19
Fajã do Ouvidor 96 G 11
Fajã dos Cubres 96 H 12
Fajã Grande 96 E 2
Fajã da Ovelha 80 A Y
Fajão 47 L 6
Fajãzinha 96 E 2
Fajões 34 J 4
Falca 46 N 2
Falcoeiras 60 Q 7
Famalicão (Guarda) 35 K 7
Famalicão (Leiria) 46 N 2
Fanhais 46 N 2
Fanhões 58 P 2
Fão 20 H 3
Faria 20 H 4
Farilhões 46 N 1
Farminhão 34 K 5
Faro 81 U 6
Faro (Ilha de) 81 V 6
Faro (Monte do) 20 F 4
Faro do Alentejo 71 R 6
Farropa 48 M 7
Fatauços 34 J 5
Fatela 48 L 7
Fátima 46 N 4
Favacal 47 M 4
Favaios 35 I 7
Fazamões 35 I 6
Fazenda 59 O 6
Fazendas de Almeirim 59 O 4
Febres 34 K 4
Feces de Abaixo 21 G 7
Feira 34 J 5

Feiteira 81 U 6
Felgar 36 I 9
Felgueira 34 J 5
Felgueiras 22 H 9
Felgueiras (Bragança) 35 I 8
Felgueiras (Porto) 20 H 5
Felgueiras (Viseu) 34 I 6
Fenais da Ajuda 96 J 20
Fenais da Luz 96 J 19
Fermelã 34 J 4
Fermentelos 34 K 4
Fermil 20 H 6
Fernandilho 81 U 6
Fernão Ferro 58 Q 2
Fernão Joanes 35 K 7
Ferradosa 35 I 9
Ferral 21 G 6
Ferraria (Ponta da) 96 J 18
Ferrarias 60 O 8
Ferreira (Bragança) 22 H 9
Ferreira (Porto) 34 I 4
Ferreira (Viana do Castelo) 20 G 4
Ferreira (Rio) 34 I 4
Ferreira-a-Nova 46 L 3
Ferreira de Aves 35 J 7
Ferreira do Alentejo 71 R 5
Ferreira do Zêzere 47 M 5
Ferreiras 80 U 5
Ferreirim (perto de Lamego) 35 I 6
Ferreirim (perto de Penedono) 35 J 7
Ferreirós do Dão 34 K 5
Ferrel 46 N 2

Ferro 48 L 7
Ferro (Ilhéu de) 80 C X
Ferro (Pico do) 96 J 19
Fervença (Braga) 20 H 5
Fervença (Leiria) 46 N 3
Fervidelas 21 G 6
Feteiras 96 J 18
Fiães (Aveiro) 34 J 4
Fiães (Guarda) 35 J 7
Fiães (Viana do Castelo) 20 F 5
Fiães (Vila Real) 21 G 8
Fiães do Rio 21 G 6
Fialho 71 T 6
Figueira (Bragança) 36 I 9
Figueira (Castelo Branco) 47 M 6
Figueira (Faro) 80 U 3
Figueira (perto de Portimão) 80 U 4
Figueira (Portalegre) 60 O 8
Figueira (Viseu) 35 I 6
Figueira (Ribeira da) 71 R 5
Figueira da Foz 46 L 3
Figueira de Castelo Rodrigo 36 J 9
Figueira de Lorvão 47 L 4
Figueira dos Cavaleiros 70 R 5
Figueira e Barros 59 O 6
Figueiras 59 O 4
Figueiras 70 S 5
Figueiredo (Castelo Branco) 47 M 6
Figueiredo de Alva 35 J 7
Figueirinha 81 U 6

Figueiró 34 K 6
Figueiró (Ribeira de) 47 N 6
Figueiró da Granja 35 K 7
Figueiró da Serra 35 K 7
Figueiró do Campo 47 L 4
Figueiró dos Vinhos 47 M 5
Fiolhoso 21 H 7
Flamengos 96 H 10
Flor da Rosa 60 O 7
Flores (Ilha das) 96 E 2
Fogo (Lagoa do) 96 J 19
Folgado 60 P 7
Folgosa 35 I 6
Folgosinho 35 K 7
Folhadela 35 I 6
Folques 47 L 5
Fontainhas (Porto) 20 H 4
Fontainhas (Setúbal) 70 R 3
Fontão Fundeiro 47 M 5
Fonte Arcada 35 J 7
Fonte da Telha 58 Q 2
Fonte de Aldeia 22 H 10
Fonte Ladrão 22 H 10
Fontelas 35 I 6
Fonte Limpa 47 L 5
Fonte Longa (Guarda) 35 I 8
Fontes (Santarém) 47 N 5
Fontes (Vila Real) 35 I 6
Fonte Santa 48 M 7
Fontes da Matosa 80 U 4
Fonte Serne (Barragem) 70 S 4
Fontinha (Beja) 70 T 3

Fontinha (Leiria) 46 L 3
Fontoura 20 G 4
Forcalhos 49 K 9
Forjães 20 H 3
Formigais 47 M 4
Formosa (Ria) 81 V 6
Fornalhas Novas 70 S 4
Fornalhas Velhas 70 S 4
Fornelos (Braga) 20 H 5
Fornelos (Viana do Castelo) 20 G 4
Fornelos (Viseu) 34 I 5
Fornilhos 72 R 8
Forninhos 35 J 7
Fornos 36 I 9
Fornos de Algodres 35 K 7
Fornos do Pinhal 21 H 8
Forno Telheiro 35 J 7
Fornos 36 I 9
Foros da Adúa 59 Q 5
Foros da Caiada 70 S 4
Foros da Fonte de Pau 59 P 4
Foros da Fonte Seca 60 Q 7
Foros da Salgueirinha 59 P 4
Foros das Malhadinhas 58 P 3
Foros das Pombas 59 Q 6
Foros de Benfica 58 O 4
Foros de Casa Nova 70 S 4
Foros de Vale de Figueira 59 P 5
Foros do Arrão 59 O 5
Foros do Baldio 59 Q 4
Foros do Biscainho 59 P 4
Foros do Cortiço 59 P 5
Foros do Freixo 60 P 7

Foros do Mocho 59 O 5
Foros do Queimado 59 Q 6
Forjães 20 H 3
Forte da Graça 60 P 8
Fortes 81 T 7
Fortios 60 O 7
Foupana (Ribeira da) 71 T 6
Foz 59 O 5
Foz de Alge 47 M 5
Foz de Arouce 47 L 5
Foz de Odeleite 81 T 7
Foz do Arelho 46 N 2
Foz do Arroio 70 T 4
Foz do Douro 34 I 3
Foz do Farelo 70 T 4
Foz do Lisandro 58 P 1
Foz do Sabor 35 I 8
Foz Giraldo 47 L 6
Fradelos 20 H 4
Fradizela 21 H 8
Fraga Negra 20 G 5
Fragosela 35 K 6
Fragoso 20 H 3
Fráguas (Santarém) 46 N 3
Fráguas (Viseu) 35 J 6
França 22 G 9
Franco 21 H 7
Franqueada 81 U 5
Franzilhal 35 I 8
Fratel 47 N 6
Fratel (Barragem de) 47 N 6
Frazão 34 I 4
Freamunde 34 I 4
Frechas 21 H 8
Freches 35 J 7
Fregil (Barragem do) 34 I 5

Freineda 36 K 9
Freiria (Lisboa) 58 O 2
Freiria (Vila Real) 21 H 7
Freixeda (Bragança) 21 H 7
Freixeda (Vila Real) 21 H 7
Freixeda do Torrão 35 J 8
Freixedas 35 J 8
Freixedelo 22 G 9
Freixial 60 P 7
Freixial do Campo 48 M 7
Freixianda 47 M 4
Freixieiro 20 G 3
Freixiel 35 I 8
Freixiosa (Bragança) 23 H 11
Freixiosa (Viseu) 35 K 8
Freixo (Guarda) 35 K 8
Freixo (Viana do Castelo) 20 H 4
Freixo (Viseu) 34 K 5
Freixo de Espada à Cinta 36 I 9
Freixo de Numão 35 I 8
Frende 35 I 6
Fresulfe 22 G 9
Fridão 35 I 6
Friestas 20 F 4
Friões 21 G 7
Friúmes 47 L 5
Fronhas (Barragem de) 47 L 5
Fronteira 60 O 7
Frossos 34 K 4
Funchal 80 B Z
Funcheira 70 S 4
Funcho (Barragem do) 60 U 4
Fundada 47 M 5
Fundão 48 L 7

Fungalvaz	47 N 4	Gafanha da Nazaré	34 K 3	Gandra (Porto)	34 I 4	Gebelim	22 H 9	Giraldos	71 S 5	Gondemaria	46 M 4	Gouvinhas	35 I 7
Furadouro (Aveiro)	34 J 3	Gafanha do Carmo	34 K 3	Garajau (Ponta do)	80 B Z	Gema (Ribeira da)	70 S 4	Girão (Cabo)	80 A Z	Gondiães	21 H 6	Gove	34 I 5
Furadouro (Coimbra)	47 L 4	Gafanhoeira	59 P 5	Garça (Ponta da)	96 J 19	Genísio	22 H 10	Glória	60 P 7	Gondomar	34 I 4	Graça	47 M 5
Furnas	96 F 12	Gafanhoeiras	60 Q 7	Garcia (Faro)	81 U 6	Geraldes	58 O 1	Glória do Ribatejo	58 O 4	Gondomil	20 F 4	Graciosa (Ilha da)	96 F 11
Furnas	96 F 12	Gáfete	47 N 6	Garcia (Leiria)	46 M 3	Geraz do Lima	20 G 3	Godeal	59 P 5	Gondoriz	20 G 4	Gradil	58 P 2
Furnas do Enxofre	96 G 14	Gagos	35 K 8	Gardete	47 N 6	Gerês	20 G 5	Godelim	72 R 8	Gontifelos	20 H 4	Gradiz	35 J 7
Furnas (Lagoa das)	96 J 20	Gaia	35 K 8	Gardunha (Serra da)	48 L 7	Gerês (Serra do)	21 G 5	Godinhanços	20 H 8	Gorda (Serra)	96 J 18	Gralha	46 N 2
Furnazinhas	81 T 7	Gaiate	47 L 5	Garfe	20 H 5	Gestaçô	35 I 6	Góis	47 L 5	Gordo (Monte)	58 P 2	Gralhas	21 G 6
Furtado	47 N 6	Gala	46 L 3	Garvão	70 S 4	Gesteira	47 L 4	Golegã	47 N 4	Gorjão	59 O 5	Gralheira (Serra da)	34 J 4
Fuzeta	81 U 6	Galafura	35 I 6	Gatão	71 T 6	Gestosa	21 H 8	Golfeiras	21 H 8	Gorjões	81 U 6	Gralhos (Bragança)	22 H 9
		Galera (Ponta da)	96 J 19	Gateira	35 J 8	Gestoso	34 J 5	Gomes Aires	70 T 5	Gosende	35 I 6	Gralhos (Vila Real)	21 G 6
G		Galizes	47 L 6	Gatões	46 L 3	Gévora del Caudillo	61 P 9	Gonça	20 H 5	Gostei	22 G 9	Gralheira (Serra	
		Galveias	59 O 6	Gaula	80 B Y	Gia	34 I 5	Gonçalo	35 K 7	Gouvães da Serra	21 H 6	Graminhais	
Gaeiras	46 N 2	Gamil	20 H 4	Gave	20 F 5	Giesteira	47 M 6	Gonçalo Bocas	35 K 8	Gouveia (Bragança)	36 I 9	(Planalto dos)	96 J 20
Gafanha da Boa Hora	34 K 3	Gândara	46 M 3	Gavião (Braga)	20 H 4	Giesteiras	47 M 6	Gondar (Braga)	20 H 5	Gouveia (Lisboa)	58 P 1	Grande (Ribeira)	59 O 6
Gafanha da Encarnação	34 K 3	Gândara de Espariz	47 L 5	Gavião (Castelo Branco)	47 M 6	Giestoso	20 F 5	Gondar (Porto)	34 I 9	Gouveia (perto de Freixedas)	35 K 8	Grândola	70 R 4
		Gandarela	20 H 5	Gavião (Portalegre)	47 N 6	Gilvrazino	81 U 5	Gondarém	20 G 3	Gouveia (perto de Seia)	35 K 7	Grândola (Ribeira de)	70 R 4
		Gandra (perto de Ponte de Lima)	20 G 4	Gaviãozinho	47 M 6	Gimonde	22 G 9	Gondelim (Coimbra)	47 L 5			Grândola (Serra de)	70 R 4
						Ginetes	96 J 18	Gondelim (Viana do Castelo)	20 G 4				
						Giões	71 T 6						

Aeroporto (Rotunda do)	DN 3	Bica do Marquês (R. da)	AQ 45
Afonso III (Av.)	DP 4	Calhariz de Benfica (Estr. do)	AP 51
Alcântara (L. de)	BQ 6	Calvário (L. do)	BQ 54
Alexandre Herculano (R.)	AQ 12	Campolide (R. de)	BP 60
Aliança Operária (R.)	BP J 20	Caramão (Estr. do)	AQ 61
António Augusto de Aguiar (Av.)	CP 15	Carolina M. Vasconcelos (R.)	AN 64
António José de Almeida (Av.)	DP 18	Casal Ribeiro (Av.)	CP 66
António Pereira Carrilho (R.)	DP 22	Cascais (R.)	BQ 67
Barbadinhos (Calç. dos)	DQ 35	Ceuta (Av. de)	BPQ 69
Bartolomeu Dias (R.)	AQ 37	Columbano Bordalo Pinheiro (R.)	BP 73
Belém (R. de)	AQ 39	Combatentes (Av. dos)	BN 74
Berna (Av. de)	CP 42	Conselheiro F. de Sousa (Av.)	BP 79

Correia (Estr. da)	AN 84	Ferreira Borges (R.)	BQ 132
Cruz da Pedra (Calç. da)	DP 87	Fonte (R. da)	AN 138
Cruzeiro (R. do)	AQ 88	Fontes Pereira de Melo (Av.)	CP 139
Dom Carlos I (Av.)	CQ 94	Forças Armadas (Av. das)	CN 142
Dom João (R.)	CQ 99	Formoso de Baixo (R. do)	DN 145
Dom Vasco (R. de)	AQ 103	Império (Pr. do)	AQ 156
Dom Vasco da Gama (Av.)	AQ 105	João de Barros (R. de)	AQ 168
Domingos Sequeira (R.)	BQ 106	Joaquim António de Aguiar (Av.)	CP 169
Duque de Saldanha (Pr.)	CP 112	Laranjeiras (Estr. das)	BNP 172
Engenheiro Duarte Pacheco (Av.)	BP 115	Londres (Pr. de)	DP 177
Escola Politécnica (R. da)	CQ 120	Marquês da Fronteira (R.)	CP 181
Esphanha (Pr. de)	CP 124		
Fernando Palha (R.)	DN 130		

Miguel Bombarda (Av.)	CP 186	Xabregas (R. de)	DP 271
Mirante (Calç. do)	AQ 189	5 de Outubro (Av.)	CNP 273
Mouzinho de Albuquerque (Pr.)	CN 192		
Pascoal de Melo (R.)	DP 196		
Pedro Alvares Cabral (Av.)	CQ 199		
Pedrouços (R. de)	AQ 202		
República (Av. da)	CP 216		
Restelo (Av. do)	AQ 217		
Rovisco Pais (Av.)	DP 222		
S. Bento (R. de)	BQ 259		
Saraiva de Carvalho (R.)	BQ 259		
Seminário (Av. do)	AN 261		
Telheiras (Estr. de)	BN 265		
Torre de Belém (Av.)	AQ 268		

M⁴	CENTRO DE ARTE MODERNA
M⁵	MUSEU DA MARINHA
M⁶	MUSEU NACIONAL DOS COCHES
M⁷	MUSEU NACIONAL DE ARTE ANTIGA
M⁸	MUSEU DA ÁGUA DA EPAL
M⁹	MUSEU DO AZULEJO
M¹⁴	MUSEU NACIONAL DO TRAJO

LISBOA

Granho	58 O 4	Guedelhas	71 T 6	Horta da Vilariça	35 I 8
Granho Novo	58 P 3	Guerreiro	71 S 6	Hortas	81 U 7
Granja (Bragança)	22 H 10	Guerreiros do Rio	71 T 7	Horta Seca	71 R 6
Granja (Évora)	72 R 8	Guia (Faro)	80 U 5	Hortinhas	60 Q 7
Granja (Porto)	34 I 4	Guia (Leiria)	46 M 3		
Granja (Viseu)	35 I 7	Guide (Rio de)	21 H 8	**I**	
Granja do Ulmeiro	47 L 4	Guilhabreu	34 I 4	Idanha (Barragem da)	48 M 8
Granjal	35 J 7	Guilheiro	35 J 7	Idanha-a-Nova	48 M 8
Granja Nova	35 I 6	Guilheta	20 H 3	Idanha-a-Velha	48 M 8
Grau	46 M 3	Guilhofrei	20 H 5	Ifanes	23 H 11
Grijó (Bragança)	22 H 9	Guimarães	20 H 5	Igreja Nova	58 P 2
Grijó (Porto)	34 I 4	Guisande	34 J 4	Igreja Nova do Sobral	47 M 5
Grijó de Parada	22 G 9	Guiso	71 S 7	Igrejinha	59 P 6
Grocinas	47 M 4			Ilha (Ponta da)	96 H 11
Gruta	00 M 4	**H**		Ilhas	59 P 6
Guadalupe	96 F 11	Homem	20 G 5	Ílhavo	34 K 3
Guadalupe	59 Q 5	Homem (Portela do)	20 G 5	Ilhéus (Ponta dos)	96 E 2
Guadiana	60 Q 8	Horta	96 H 10		
Guadramil	22 G 10	Horta	35 I 8		
Guarda	35 K 8				
Guarda do Norte	46 M 3				
Guardeiras	34 I 4				

Infantado	58 P 3	João Serra	71 S 6	**L**	
Infante (Pousada do) (Sagres)	80 U 3	Jolda	20 G 4	Laborato	71 T 6
Inferno (Poço do)	35 K 7	Jou	21 H 7	Laboreiro	20 G 5
Inguias	48 L 8	Jovim	34 I 4	Labruge	34 I 3
Insalde	20 G 4	Juizo	35 J 8	Labrujó	20 G 4
Isna	47 M 6	Junca	36 J 9	Ladaino	22 H 9
Isna (Ribeira da)	47 M 5	Juncais	35 K 7	Ladário	35 J 6
Izeda	22 H 9	Juncal (Castelo Branco)	47 N 6	Ladoeiro	48 M 8
		Juncal (Leiria)	46 N 3	Lagarelhos	21 G 7
J		Juncal do Campo	48 M 7	Lagares (Coimbra)	35 K 6
Janeiro de Baixo	47 L 6	Junceira	47 N 5	Lagares (Porto)	34 I 4
Janeiro de Cima	47 L 6	Jungeiros	70 S 9	Lagarinhos	35 K 6
Jardim do Mar	80 A Y	Junqueira (Aveiro)	34 J 5	Lagarteira	47 M 4
Jardo	36 K 9	Junqueira (Bragança)	22 H 10	Lagarto (Portela do)	20 F 5
Jarmelo	35 K 8	Junqueira (Faro)	81 U 7	Lagoa	96 J 19
Javali	81 U 6	Junqueira (Porto)	20 H 3	Lagoa (Bragança)	21 G 7
Jazente	34 I 5	Juromenha	60 P 8	Lagoa (Faro)	80 U 4
João Bom	96 J 18			Lagoa (Monte)	71 T 6
João Antão	35 K 8			Lagoaça	36 I 9
				Lagoa Parada	47 M 5

Lagos	80 U 3
Laje	20 H 4
Laje (Ponta da)	58 P 2
Lajedo	96 E 2
Lajeosa (Guarda)	49 K 9
Lajeosa (Viseu)	34 K 6
Lajeosa do Mondego	35 K 7
Lajes (Flores)	96 E 2
Lajes (Terceira)	96 G 14
Lajes do Pico	96 H 11
Lajes (Faro)	81 U 6
Lajes (Guarda)	35 K 6
Lalim	35 I 6
Lama	20 H 4
Lama Chã	21 G 6
Lama de Arcos	21 G 7
Lamalonga	21 G 8
Lamares	35 I 6
Lamarosa	47 N 4
Lamas (Aveiro)	34 J 4
Lamas (Coimbra)	47 L 4

Augusta (R.)	**KY**	Cais de Santarém (R.)	**LZ** 49	Fanqueiros (R. dos)	**KY** 127	Portas de Santo Antão (R.)	**KX** 208	S. Domingos (L. de)	**KX** 240
Carmo (R. do)	**KY** 63	Chão da Feira (R. do)	**LY** 70	Figueira (Pr. da)	**KX** 135	Portas do Sol (L. das)	**JX** 210	S. Francisco (Calç. de)	**KZ** 243
Garrett (R.) (Chiado)	**KY**	Chiado (L. do)	**KY** 72	Funil (Trav. do)	**LY** 148	Príncipe Real (Pr. do)	**JX** 213	S. João da Praça (R.)	**LZ** 246
Ouro (R. do)	**KY**	Conceição da Glória (R.)	**JX** 75	Glória (Calç. da)	**JX** 151	Regueira (R. da)	**LY** 214	S. Miguel (R. de)	**LY** 249
Prata (R. da)	**KY**	Correeiros (R. dos)	**KY** 82	Graça (Calç. da)	**LX** 153	Rodrigues de Freitas (L.)	**LX** 220	S. Pedro (R. de)	**LY** 250
		Corvos (R. dos)	**MX** 85	Guilherme Braga (R.)	**LY**	Sacramento (Calç. do)	**KY** 225	S. Pedro de Alcântara (R. de)	**JX** 252
Alfândega (R. da)	**LZ** 10	Cruzes da Sé (R.)	**LZ** 90	Instituto Bacteriológico (R.)	**KV** 160	Salvador (R. do)	**KY** 226	S. Tiago (R. de)	**LY** 253
António Maria Cardoso (R.)	**JZ** 21	Diário de Notícias (R.)	**JY** 91	Jardim do Tabaco (R. do)	**MY** 165	Santa Catarina (R. de)	**JY** 228	S. Tomé (R. de)	**LX** 255
Atalaia (R. da)	**JY** 28	Dom João da Câmara (Pr.)	**KX** 97	João da Praça (R. de)	**LY** 166	Santa Justa (R. de)	**KY** 229	S. Vicente (Calç. de)	**LX** 256
Augusto Rosa (R.)	**LY** 31	Dom Pedro IV (Pr.) (Rossio)	**KX** 102	Limoeiro (L. do)	**LY** 175	Santa Luzia (Trav. de)	**LY** 231	Serpa Pinto (R.)	**KZ** 262
Barão (R.)	**LY** 33	Escola Gerais (R. das)	**LY** 118	Martim Moniz (L.)	**KX** 184	Santo António da Sé (L.)	**LY** 234	Terreiro do Trigo (R. do)	**LY** 267
Bartolomeu de Gusmão (R.)	**LY** 36			Misericórdia (R. da)	**JY** 190	Santo António dos Capuchos (R.)	**KV** 235	Vigário (R. do)	**MY** 270
				Norberto de Araújo (R.)	**LY** 193				

A MIRADOURO DE SÃO PEDRO DE ALCÂNTARA
C MIRADOURO DE SANTA LUZIA
M[1] IGREJA DO CARMO
M[2] MUSEU DE ARTE SACRA DE SÃO ROQUE
M[3] FUNDAÇÃO RICARDO DO ESPÍRITO STO SILVA
M[10] MUSEU MILITAR
V IGREJA DA CONCEIÇÃO VELHA

LISBOA

0 — 300 m

Name	Page	Grid
Lamas (Lisboa)	58	O 2
Lamas (Viseu)	35	J 6
Lamas de Ferreira	35	J 6
Lamas de Mouro	20	F 5
Lamas de Olo	21	H 6
Lamas de Orelhão	21	H 8
Lamas de Podence	22	H 9
Lamas do Vouga	34	K 4
Lamegal	35	J 8
Lamego	35	I 6
Lameira	20	H 5
Lameiras	35	J 8
Lameiro de Silgueiros	34	K 6
Lamosa	35	J 7
Lamparona	60	O 8
Lamporeira (Ponta da)	58	O 1
Lançao	22	G 9
Lanças	71	S 5
Landal	46	O 2
Landeira (Évora)	58	Q 4
Landeira (Viseu)	34	J 5
Lanhelas	20	G 3
Lanheses	20	G 3
Lapa (Santarém)	58	O 3
Lapa (Viseu)	35	J 7
Lapa (Serra da)	35	J 7
Lapa do Lobo	34	K 6
Lapas	46	N 4
Larçã	47	L 4
Lardosa	48	M 7
Lares	46	L 3
Larinho	35	I 8
Larouco (Serra do)	21	G 6
Laundos	20	H 3
Lavacolhos	48	L 7
Lavos	46	L 3
Lavra	34	I 3
Lavradas	21	G 6
Lavradio	58	P 2
Lavre	59	P 4
Lavre (Estação de)	59	P 4
Lavre (Ribeira de)	59	P 4
Lebre	71	S 7
Lebução	21	G 8
Leça	34	I 4
Leça da Palmeira	34	I 3
Légua	46	M 2
Leiranco (Serra de)	21	G 7
Leiria	46	M 3
Leiria (Pinhal de)	46	M 2
Leirosa	46	L 3
Lemede	47	L 4
Lena	46	N 3
Lentiscais (Castelo Branco)	48	M 7
Lentiscais (Faro)	80	U 5
Leomil	35	J 7
Leomil (Serra de)	35	J 6
Leonte (Portela de)	20	G 5
Liceia	46	L 3
Ligares	36	I 9
Lijó	20	H 4
Lima	20	G 4
Limãos	22	H 9
Limas (Ribeira de)	71	S 7
Limões	21	H 6
Lindoso	20	G 5
Linhaceira	47	N 4
Linhares (Bragança)	35	I 7
Linhares (Guarda)	35	K 7
Lisboa	58	P 2
Livramento	96	J 16
Livramento	81	U 6
Lixa	34	I 5
Liz	46	M 3
Lobão da Beira	34	K 5
Lodões	35	I 8
Lóios (Pousada dos) (Évora)	59	Q 6
Loivos	21	H 7
Loivos do Monte	34	I 6
Lomba da Fazenda	96	J 20
Lomba de Maia	96	J 19
Lombador	71	T 6
Lombardos	71	T 7
Lombo	22	H 9
Lombomeão	34	K 3
Longos	20	H 4
Longos Vales	20	F 4
Longra (Porto)	20	H 5
Longra (Viseu)	35	I 7
Longroiva	35	J 7
Lordelo (Braga)	20	H 4
Lordelo (Porto)	34	I 4
Lordosa	35	J 6
Loriga	47	L 6
Lorvão	47	L 5
Lotão	71	T 6
Louçainha	47	L 5
Loulé	81	U 5
Loureda (Aveiro)	34	J 4
Louredo (Vila Real)	35	I 6
Louredo (Rio)	21	H 6
Loureira	47	M 4
Loureiro (Aveiro)	34	J 4
Loureiro (Coimbra)	47	L 4
Loureiro de Silgueiros	34	K 6
Loures	58	P 2
Louriçal	46	L 3
Louriçal do Campo	48	L 7
Lourinhã	58	O 2
Louro	20	H 4
Lourosa (Aveiro)	34	J 4
Lourosa (Coimbra)	47	L 6
Lousa (Bragança)	35	I 8
Lousa (Castelo Branco)	48	M 7
Lousa (Lisboa)	58	P 2
Lousã	47	L 5
Lousã (Serra da)	47	L 5
Lousada	34	I 5
Lousadela	35	J 6
Lousado	20	H 4
Lovelhe	20	G 3
Lucefece (Ribeira de)	60	Q 7
Ludares	35	I 7
Ludo	81	U 6
Luso	34	K 4
Lustosa (Porto)	20	H 5
Lustosa (Viseu)	34	J 6
Luz	96	F 12
Luz (Lagos)	80	U 3
Luz (Évora)	71	Q 7
Luz (Monte)	23	H 11
Luz de Tavira	81	U 6
Luzianes	70	T 4
Luzim	34	I 5

M

Name	Page	Grid
Maçaínhas	35	K 8
Mação	47	N 6
Maçãs	22	G 10
Maçãs de Caminho	47	M 4
Maçãs de Dona Maria	47	M 5
Maceda	34	J 4
Maceda	34	J 4
Macedo de Cavaleiros	22	H 9
Macedo do Mato	22	H 9
Macedo do Peso	22	H 10
Maceira	46	M 3
Machados	71	R 7
Machados	81	U 6
Machico	80	B Y
Machio	47	L 5
Macieira	21	H 6
Macieira (Aveiro)	34	J 4
Macieira (Braga)	20	H 4
Macieira (Viseu)	34	J 5
Macieira da Maia	20	H 4
Macieira de Alcoba	34	K 5
Maçores	35	I 8
Maçussa	58	O 3
Madalena	96	H 10
Madalena (Porto)	34	I 4
Madalena (Santarém)	47	N 4
Madalena do Mar	80	A Y
Madeirã	47	M 5
Madrugada (Ponta da)	96	J 20
Mafra	58	P 2
Magoito	58	P 1
Magos (Barragem de)	58	P 3
Magueija	35	I 6
Maia	96	J 19
Maia (Porto)	34	I 4
Maia (Santa Maria)	96	M 20
Maiorca	46	L 3
Maiorga	46	N 3
Mairos	21	G 7
Malarranha	59	P 4
Malcata	48	L 8
Malcata (Serra de)	49	L 9
Malhada (Portalegre)	60	P 8
Malhada (Viseu)	35	J 6
Malhada Alta	60	P 7
Malhadal	47	M 6
Malhadas	23	H 11
Malhada Sorda	36	K 9
Malhão	81	U 6
Malhão (Serra do)	71	T 5
Malhou	46	N 3
Malpartida	36	J 9
Malpensado	70	S 3
Malpica do Tejo	48	M 7
Malpique	71	R 7
Malta	35	J 8
Malveira (perto de Estoril)	58	P 1
Malveira (perto de Mafra)	58	P 2
Mamarrosa	34	K 4
Mamodeiro	34	K 4
Mamouros	34	J 6
Manadas	96	H 11
Mancelos	34	I 5
Mancoca	70	S 5
Mangualde	35	K 6
Manhouce	34	J 5
Manigoto	35	J 8
Manique do Intendente	58	O 3
Mansores	34	J 4
Manteigas	35	K 7
Manuel Galo	71	T 6
Maqueda	46	N 3
Mar	20	H 3
Maranhão	59	O 6
Maranhão (Barragem de)	59	O 6
Marão (Serra do)	35	I 6
Marateca	58	Q 4
Marateca (Ribeira de)	59	Q 4
Marchil	81	U 6
Marco (Portalegre)	60	O 8
Marco (Vila Real)	21	H 6
Marco de Canaveses	34	I 5
Margalha	47	N 6
Marialva	35	J 8
Marianos	59	O 4
Maria Vinagre	70	T 3
Marinha das Ondas	46	L 3
Marinha Grande	46	M 3
Marinhais	58	O 3
Marinhas	20	H 3
Marmelar	71	R 7
Marmeleira (Santarém)	58	O 3
Marmeleira (Viseu)	34	K 5
Marmeleiro (Castelo Branco)	47	M 5
Marmeleiro (Guarda)	35	K 8
Marmelete	80	U 3
Marmelos	21	H 8
Marofa	35	J 8
Maroto	71	R 5
Maroufenha	70	T 3
Marrancos	20	G 4
Marrazes	46	M 3
Martianas	48	L 8
Martim	20	H 4
Martim Branco	48	M 7
Martim Longo	71	T 6
Martinchel	47	N 5
Martingança	46	M 3
Mártires	60	P 7
Marvão	48	N 7
Marvila	47	M 5
Marzagão	35	I 8
Mascarenhas	21	H 8
Massueime	35	J 8
Mata (Castelo Branco)	48	M 7
Mata (Santarém)	47	N 4
Matacães	58	O 2
Mata de Lobos	36	J 9
Mata Mourisca	46	M 3
Matança	35	J 7
Matela	22	H 10
Mateus	35	I 6
Mato	20	H 4
Mato de Miranda	46	N 4
Matoeira	46	N 2
Matos	71	R 6
Matosinhos	34	I 3
Maxiais	48	M 7
Maxial (Castelo Branco)	47	L 6
Maxial (Lisboa)	58	O 2
Maxieira	47	N 6
Mazes	35	I 6
Mazouco	36	I 9
Meadela	20	G 3
Mealhada	34	K 4
Meca	58	O 2
Mêda	35	J 8
Medelim	48	L 8
Medrões	35	I 6
Meia Praia	80	U 4
Meimão	48	L 8
Meimoa	48	L 8
Meimoa (Barragem de)	48	L 8
Meimoa (Ribeira da)	48	L 7
Meinedo	34	I 5
Meirinhos	36	I 9
Meixedo (Bragança)	22	G 9
Meixedo (Vila Real)	21	G 6
Meixide	21	G 7
Meixões de Cima	20	G 5
Meixomil	34	I 4
Melgaço	20	F 5
Melhe	22	G 9
Melides	70	R 3
Melres	34	I 4
Melriça	47	M 5
Memória	46	M 4
Mendiga	46	N 3
Mendro (Serra de)	71	R 6
Mente	21	G 8
Mentiras	72	R 8
Mentrestido	20	G 3
Mercês (Barragem das)	72	R 8
Mértola	71	T 7
Merufe	20	F 5
Mesão Frio (Braga)	20	H 5
Mesão Frio (Vila Real)	35	I 6
Mesquita	71	T 7
Mesquitela	35	K 7
Messangil	71	S 7
Messejana	70	S 5
Messines	80	U 5
Mestras	71	T 5
Mexilhoeira Grande	80	U 4
Mezio	35	J 6
Midões	34	K 6
Milagres	46	M 3
Milhão	22	G 10
Milharadas	70	T 4
Milharado	58	P 2
Milhazes	20	H 4
Milreu	47	N 5
Milreu (Ruinas de)	81	U 6
Mina da Caveira	70	R 4
Mina da Juliana	71	S 5
Mina de São Domingos	71	S 7
Mina de São João do Deserto	71	S 5
Mina do Bugalho	60	P 8
Mina do Lousal	70	R 4
Minas do Carris	20	G 5
Minde	46	N 3
Mindelo	34	I 3
Minheu	21	H 6
Minhocal	35	J 7
Miões	80	U 5
Mira	34	K 3
Mira (Rio)	71	T 5
Mira de Aire	46	N 3
Miradezes	21	H 8
Miragaia	58	O 2
Miramar	34	I 4
Miranda	20	G 4
Miranda (Barragem de)	23	H 11
Miranda do Corvo	47	L 5
Miranda do Douro	23	H 11
Mirandela	21	H 8
Miróbriga (Ruinas Romanas de)	70	R 3
Miuzela	35	K 8
Moçarria	58	O 3
Modivas	34	I 3
Mões	35	J 6
Mofreita	22	G 9
Mogadouro	36	I 9
Mogadouro (Leiria)	47	M 4
Mogadouro (Serra de)	36	I 9
Mogo de Ansiães	35	I 8
Mogofores	34	K 4
Moimenta	22	G 9
Moimenta da Beira	35	J 7
Moimenta da Serra	35	K 7
Moimenta de Maceira Dão	35	K 6
Moinhola	58	Q 4
Moinhos Velhos	46	N 3
Moita (perto de Castanheira de Pêra)	47	M 5
Moita (perto de Marinha Grande)	46	M 3
Moita (Setúbal)	58	Q 3
Moita da Roda	46	M 3
Moita do Boi	46	M 3
Moita dos Ferreiros	58	O 2
Moitas Venda	46	N 4
Moitinhas	70	T 4
Moldes	34	J 5
Moledo (Viana do Castelo)	20	G 3
Moledo (Viseu)	35	J 6
Molelos	34	K 5
Molianos	46	N 3
Mombeja	71	R 5
Monção	20	F 4
Moncarapacho	81	U 6
Monchique	80	U 4
Monchique (Serra de)	80	U 3
Mondego	35	K 7
Mondego (Cabo)	46	L 3
Mondim da Beira	35	I 6
Mondim de Basto	21	H 6
Monfebres	21	H 7
Monforte	60	O 7
Monforte da Beira	48	M 8
Monfortinho	49	L 9
Monfurado	59	Q 5
Moninho	47	L 6
Monsanto (Castelo Branco)	48	L 8
Monsanto (Santarém)	46	N 3
Monsanto (Monte)	48	L 8
Monsaraz	60	Q 7
Monsul	20	H 5
Montaivo	71	S 7
Montalegre	21	G 6
Montalvão	48	N 7
Montalvo	47	N 5
Montargil	59	O 5
Montargil (Barragem de)	59	O 5
Monte	80	B Y
Monte (Aveiro)	34	J 4
Monte (Braga)	20	H 5
Monte Brasil	96	H 14
Monte da Guia	96	H 10
Monte Alto	80	U 5
Monte Carvalho	60	O 7
Montechoro	80	U 5
Monte Claro	47	N 6
Monte Córdova	34	I 4
Monte da Estrada	70	S 4
Monte da Foz	58	P 3
Monte da Laje	71	S 7
Monte da Pedra	47	N 6
Monte da Rocha (Barragem de)	70	S 5
Monte das Flores	59	Q 6
Monte das Piçarras	58	Q 4
Monte de Aldeia	72	R 8
Monte de Baixo Grande	81	U 7
Monte de Goula	47	M 6
Monte de São Gens de Cidai	34	I 4
Monte do Outeiro	60	Q 7
Montedor	20	G 3
Monte dos Corvos	71	T 7
Monte do Trigo	59	Q 6
Monte Fernandes	71	T 7
Monte Fidalgo	48	M 7
Monte Gordo (Castelo Branco)	47	M 6
Monte Gordo (Faro)	81	U 7
Monte Grande (Beja)	70	S 5
Monte Grande (Faro)	81	U 6
Monteiras	35	J 6
Monteiros	21	H 6
Montejunto (Serra de)	58	O 2
Monte Juntos	60	Q 7
Montelavar	58	P 1
Monte Margarida	35	K 8
Montemor-o-Novo	59	Q 5
Montemor-o-Velho	46	L 3
Montemuro	34	J 5
Montemuro (Serra de)	34	J 5
Monte Novo	58	Q 4
Monte Novo (Barragem do)	59	Q 6
Monte Real	46	M 3
Monte Redondo (Leiria)	46	M 3
Monte Redondo (Lisboa)	58	O 2
Montes	47	N 5
Montes da Senhora	47	M 6
Montes de Cima	80	U 4
Montes Novos	81	U 6
Monte Velho	71	R 7
Monte Viegas	71	S 6
Montezinho	22	G 9
Montezinho (Parque Natural de)	22	G 9
Montezinho (Serra de)	22	G 9
Montijo	58	P 3
Montinho	60	O 8
Montinho da Dourada	59	Q 6
Montoito	60	Q 7
Montouto	22	G 9
Mora (Bragança)	22	H 10
Mora (Évora)	59	P 5
Morais	22	H 9
Moreanes	71	T 7
Moreira de Rei	35	J 8
Moreira do Castelo	20	H 5
Moreira de Rei	21	H 7
Moreiras	21	H 7
Morgade	21	G 6
Morgadinho	71	T 5
Morgavel (Barragem de)	70	S 3
Mortágua	34	K 5
Mós (Guarda)	35	I 8
Mós (perto de Bragança)	22	G 9
Mós (perto de Torre de Moncorvo)	36	I 9
Mós (Ribeira de)	36	I 9
Mós (Viseu)	34	J 5
Moscavide	58	P 2
Mosteiro (Beja)	71	S 6
Mosteiro (Castelo Branco)	47	M 6
Mosteiro (Guarda)	35	J 7
Mosteiro (Leiria)	47	M 5
Mosteiros	96	J 18
Mosteiros	60	O 8
Motrinos	60	Q 7
Mouços	35	I 6
Moura	71	R 7
Mourão (Bragança)	35	I 8
Mourão (Évora)	60	Q 7
Mourão (Albufeira de)	60	Q 8
Mouraz	34	K 5
Moure (perto de Barcelos)	20	H 4
Moure (perto de Vila Verde)	20	H 4
Mourilhe	21	G 6
Mouriscas	47	N 5
Mouriz	34	I 4
Mouro	20	F 4
Mouronho	47	L 5
Mouteado	34	K 4
Moz de Celas	22	G 9
Mozelos	34	J 6
Mu	71	T 5
Muda	70	S 3
Muge	58	O 3
Muge (Ribeira de)	59	O 4
Mundao	35	J 6
Muradal (Serra do)	47	M 6
Murça (Guarda)	35	I 8
Murça (Vila Real)	21	H 7
Murgeira	58	P 2
Múrias	21	H 8
Muro	34	I 4
Murtede	34	K 4
Murteirinha	47	M 6
Murtigao	72	R 8
Murtosa	34	J 4
Musgos	71	R 7
Muxagata	35	I 8

N

Name	Page	Grid
Nabais	35	K 7
Nabão	47	M 4
Nabo	35	I 8
Nadadouro	46	N 2
Nagosa	35	I 7
Nagozelo do Douro	35	I 7
Namorados	71	T 6
Nantes	21	G 7
Nariz	34	K 4
Navais	20	H 3
Nave (Guarda)	36	K 9
Nave (Portalegre)	60	O 8
Nave de Haver	36	K 9
Nave Redonda (Beja)	70	T 4
Nave Redonda (Guarda)	36	J 9
Nazaré	46	N 2
Negrões	21	G 6
Neiva	20	H 3
Nelas	35	K 6
Nesperal	47	M 5
Nespereira	20	H 5
Neves (Serra das)	70	S 4
Nevolgide	20	H 4
Nine	20	H 4
Ninho do Açor	48	M 7
Nisa	48	N 7
Nisa (Ribeira de)	48	N 7
Noéme	35	K 8
Nogueira	22	G 9
Nogueira (Serra de)	22	H 9
Nogueira da Montanha	21	H 7
Nogueira do Cima	34	J 4
Nogueira do Cravo	34	K 6
Nora	60	P 7
Nordeste	96	J 20
Nordestinho	96	J 20
Norte Grande	96	G 11
Norte Pequeno	96	H 11
Nossa Senhora da Graça	21	H 6
Nossa Senhora da Penha	48	N 7
Nossa Senhora da Boa Fé	59	Q 5
Nossa Senhora da Graça do Divor	59	Q 6
Nossa Senhora da Penha	70	R 4
Nossa Senhora da Serra	22	G 9
Nossa Senhora das Neves	71	R 6
Nossa Senhora da Taude	34	J 4
Nossa Senhora da Torega	59	Q 5
Nossa Senhora de Ares	59	Q 6
Nossa Senhora de Machede	59	Q 6
Nossa Senhora do Assunção	20	H 4
Nossa Senhora do Cabo	58	Q 2
Nossa Senhora dos Remédios	35	I 6
Noura	21	H 7
Nova da Baronia (Ribeira)	71	R 5
Nozelos (Bragança)	35	I 8
Nozelos (Vila Real)	21	G 8
Numão	35	I 8
Nunes	22	G 9

O

Name	Page	Grid
Óbidos	46	N 2
Óbidos (Lagoa de)	46	N 2
Ocreza	48	M 7
Odearce (Ribeira de)	71	R 6
Odeceixe	70	T 3

Odeleite	81 T 7	Oliveira	20 H 4	Ota	58 O 3	**P**		Pai Penela	35 J 8	Parada (Guarda)	35 K 8	Parâmio	22 G 9
Odeleite (Ribeira		Oliveira de		Ota (Ribeira de)	58 O 2			Pai Torto	21 H 8	Parada de Bouro	20 H 5	Paramos	34 J 4
de)	81 U 6	Azeméis	34 J 4	Ouca	34 K 4	Paçó	22 G 9	Paiva	35 J 6	Parada de Cunhos	35 I 6	Paranho	34 K 5
Odelouca (Ribeira		Oliveira de		Ouguela	60 O 8	Paço (Sendim)	35 I 9	Pala (Guarda)	35 J 8	Parada de Ester	34 K 5	Paranhos	35 K 6
de)	80 U 4	Barreiros	35 K 6	Oura	21 H 7	Paço de Arcos	58 P 2	Pala (Viseu)	34 K 5	Parada de Gonta	34 K 5	Parceiros	46 M 3
Odemira	70 T 4	Oliveira de Frades	34 J 5	Oural	20 G 4	Paço de Sousa	34 I 4	Palaçoulo	22 H 10	Parada de		Parceiros	
Odiáxere	80 U 4	Oliveira do Bairro	34 K 4	Ourém	46 N 4	Paço dos Negros	59 O 4	Palhaça	34 K 4	Monteiros	21 H 6	de São João	46 N 4
Odivelas (Beja)	71 R 5	Oliveira do Conde	34 K 6	Ourentã	34 K 4	Paços de Ferreira	34 I 4	Palhais (Castelo		Parada de Pinhão	35 H 7	Parchal	80 U 4
Odivelas (Lisboa)	58 P 2	Oliveira do Douro	34 I 5	Ourique	70 T 5	Paços de Gaiolo	34 I 5	Branco)	47 M 5	Paradança	21 H 6	Pardais	60 P 7
Odivelas		Oliveira do		Ourondo	47 L 6	Paços Novos	59 O 4	Palhais (Guarda)	35 J 7	Paradela (Aveiro)	34 J 4	Pardelhas (Aveiro)	34 J 4
(Barragem de)	71 R 5	Hospital	35 K 6	Ourozinho	35 J 7	Paços Velhos	59 O 4	Palhais (Setúbal)	58 Q 2	Paradela (perto de		Pardelhas (Vila Real)	21 H 6
Odivelas (Ribeira		Oliveira do		Ousilhão	22 G 9	Padeiro	58 P 4	Palheirinhos	81 U 6	Chaves)	21 G 7	Pardilhó	34 J 4
de)	71 R 5	Mondego	47 L 5	Outão	58 Q 3	Paderne (Faro)	80 U 5	Palheiros (Coimbra)	34 K 4	Paradela		Pardornelos	21 G 6
Oeiras	58 P 2	Oliveirinha	34 K 4	Outeiro		Paderne (Viana do		Palheiros (Vila Real)	21 H 7	(perto de Miranda		Parede	58 P 1
Oeiras (Ribeira de)	71 T 6	Olo	21 H 6	(Bragança)	22 G 10	Castelo)	20 F 5	Palma	58 Q 4	do Douro)	23 H 11	Paredes (Bragança)	21 G 9
Ofir	20 H 3	Onor	22 G 10	Outeiro (Évora)	60 Q 7	Padim de Graça	20 H 4	Palmaz	34 J 4	Paradela (perto de		Paredes (Porto)	34 I 5
Oiã	34 K 4	Orada (Beja)	71 R 7	Outeiro (Leiria)	47 M 4	Padornelo	20 G 4	Palme	20 H 3	Mogadouro)	36 H 9	Paredes da Beira	35 I 7
Olalhas	47 N 5	Orada (Évora)	60 P 7	Outeiro (Viana do		Padrão (Beja)	00 S 6	Palmeira	20 H 4	Paradela		Paredes de Coura	20 G 4
Olas	35 I 8	Orada (Convento | | Castelo)	20 G 3	Padrão (Castelo		Palmela	58 Q 3	(Viana do Castelo)	20 G 5	Paredes de	
Oldrões	34 I 5	da)	60 Q 7	Outeiro (Vila Real)	21 G 6	Branco)	47 N 6	Palmela		Paradela (Viseu)	35 I 7	Viadores	34 I 5
Oledo	48 M 8	Orbacém	20 G 3	Outeiro Alvo	20 F 5	Padrão de Moreira	34 I 4	(Pousada de)	58 Q 3	Paradela		Pargo (Ponta do)	80 A Y
Oleiros (Aveiro)	34 J 4	Orca	48 L 7	Outeiro da Cabeça	58 O 2	Padrão (Leiria)	46 M 3	Palvarinho	48 M 7	(Barragem de)	21 G 6	Parizes	81 U 6
Oleiros (Beja)	70 T 3	Ordem	71 R 6	Outeiro da		Padrela	21 H 7	Pampilhosa	34 K 4	Paradela		Parra	60 O 8
Oleiros (Castelo		Oriola	71 R 6	Cortiçada	46 O 3	Padrela (Serra da)	21 H 7	Pampilhosa da		(perto da		Partida	48 L 7
Branco)	47 M 6	Oriz	20 G 4	Outeiro de Gatos	35 J 8	Padroso	21 G 6	Serra	47 L 6	Barragem)	21 G 6	Passos	21 H 8
Olhalvo	58 O 2	Orjais	48 K 7	Outeiro Seco	21 G 7	Paiágua	47 M 6	Panasqueira	70 R 5	Paradela de Guiães	35 I 7	Pastoria	21 G 7
Olhão	81 U 6	Ortiga	47 N 5	Outiz	20 H 4	Paialvo	47 N 4	Panoias	71 S 5	Paradinha		Patacão	81 U 6
Olho Marinho	46 O 2	Ortigosa	46 M 3	Ovadas	34 I 6	Paião	46 L 3	Panoias de Cima	35 K 8	(Bragança)	22 G 10	Pataias	46 M 3
Olivais (Leiria)	46 M 3	Orvalho	47 L 6	Ovar	34 J 4	Pailobo	36 K 9	Panque	20 H 4	Paradinha (Viseu)	35 I 7	Pataias Gare	46 N 3
Olivais (Lisboa)	58 P 2	O Sítio	46 N 2	Ovar (Canal de)	34 J 3	Paio Mendes	47 M 5	Papoa	46 N 1	Paradinha Nova	22 H 10	Paúl (Castelo	
Olival	46 M 4	Ossa (Serra de)	59 P 6	Ovelha	34 I 5	Paio Pires	58 Q 2	Parada (Bragança)	22 G 9	Paraiso	34 I 5	Branco)	48 L 7

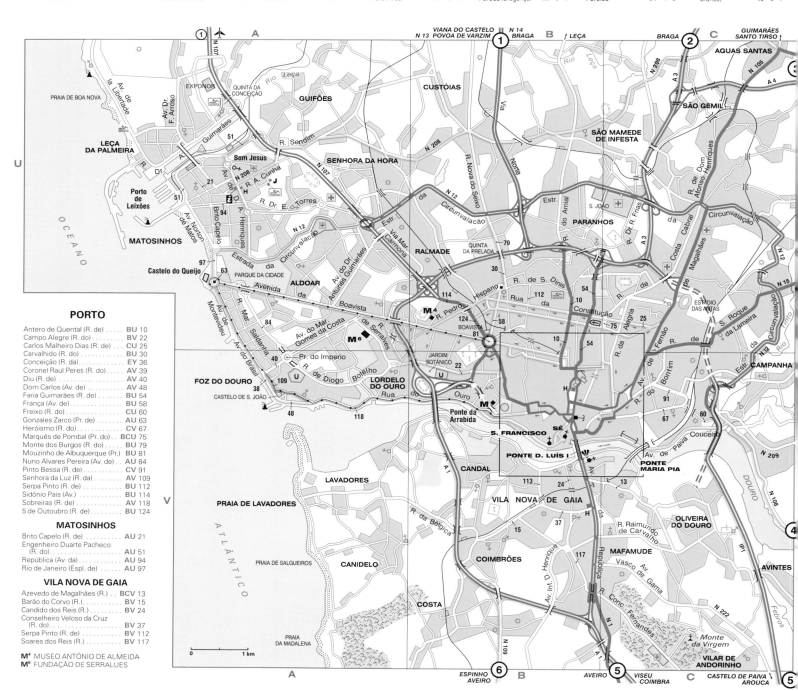

PORTO

Antero de Quental (R. de)	**BU** 10
Campo Alegre (R. do)	**BV** 22
Carlos Malheiro Dias (R. de)	**CU** 25
Carvalhido (R. do)	**BU** 30
Conceição (R. da)	**EY** 36
Coronel Raul Peres (R. do)	**AV** 39
Diu (R. de)	**AV** 40
Dom Carlos (Av. de)	**AV** 48
Faria Guimarães (R. de)	**BU** 54
França (Av. de)	**BU** 58
Freixo (R. do)	**CU** 60
Gonzales Zarco (Pr. de)	**AU** 63
Heróismo (R. do)	**CV** 67
Marquês de Pombal (Pr. do)	**BCU** 75
Monte dos Burgos (R. do)	**BU** 79
Mouzinho de Albuquerque (Pr.)	**BU** 81
Nuno Alvares Pereira (Av. de)	**AU** 84
Pinto Bessa (R. de)	**CV** 91
Senhora da Luz (R. da)	**AV** 109
Serpa Pinto (R. de)	**BU** 112
Sidónio Pais (Av.)	**BU** 114
Sobreiras (R. de)	**AV** 118
5 de Outoubro (R. de)	**BU** 124

MATOSINHOS

Brito Capelo (R. de)	**AU** 21
Engenheiro Duarte Pacheco (R. do)	**AU** 51
República (Av. da)	**AU** 63
Rio de Janeiro (Espl. de)	**AU** 97

VILA NOVA DE GAIA

Azevedo de Magalhães (R.)	**BCV** 13
Barão do Corvo (R.)	**BV** 15
Candido dos Reis (R.)	**BV** 24
Conselheiro Veloso da Cruz (R. do)	**BV** 37
Serpa Pinto (R. de)	**BV** 112
Soares dos Reis (R.)	**BV** 117

M⁴ MUSEU ANTÓNIO DE ALMEIDA
M⁶ FUNDAÇÃO DE SERRALVES

Paúl (Santarém) 47 N 5	Pedreira 96 J 20	Pelariga 46 M 4	Penela da Beira 35 I 7	Peral (Castelo Branco) 47 M 6	Pereiro (Guarda) 35 J 8
Paúl do Mar 80 A Y	Pedreira 47 N 4	Pelmá 47 M 4	Penha (Braga) 20 H 5	Peral (Faro) 81 U 6	Pereiro (perto de Mação) 47 N 5
Pavia 59 P 5	Pedreiras 46 N 3	Pena 81 U 5	Penha (Portalegre) 60 O 7	Peral (Lisboa) 58 O 2	Pereiro (perto de Tomar) 47 M 4
Pavia (Rio) 34 K 5	Pedrógão (Beja) 71 R 7	Pena (Parque da) 58 P 1	Penha de Aguia 35 J 8	Peralva 81 U 6	Pereiro (Viseu) 34 J 5
Pechão 81 U 6	Pedrógão (Castelo Branco) 48 L 8	Penabeice 21 H 7	Penha Garcia 48 L 8	Peramanca (Ribeira de) 59 Q 5	Pereiro de Palhacana 58 O 2
Pé da Serra (Portalegre) 48 N 7	Pedrógão (Évora) 59 P 5	Penacova 47 L 5	Penhascoso 47 N 5	Pêra Velha 35 J 7	Pereiros 35 I 8
Pé da Serra (Santarém) 46 N 3	Pedrógão (Leiria) 46 M 3	Penafiel 34 I 5	Penhas da Saúde 35 L 7	Perdigão 47 M 6	Perelhal 20 H 3
Pedome 21 G 8	Pedrógão (Santarém) 46 N 4	Pena Lobo 35 K 7	Penhas Juntas 21 G 8	Peredo 22 H 9	Pergulho 47 M 6
Pedorido 34 I 4	Pedrógão Grande 47 M 5	Penalva 72 S 8	Peniche 46 N 1	Peredo da Bemposta 36 I 10	Perna Seca 70 T 5
Pedra do Ouro 46 M 2	Pedrógão Pequeno 47 M 5	Penalva de Alva 47 L 6	Penida (Barragem da) 20 H 4	Peredo dos Castelhanos 35 I 8	Pernes 46 N 3
Pedrada 20 G 5	Pega 35 K 8	Penalva do Castelo 35 J 6	Penilhos 71 T 6	Pereira (Bragança) 21 H 8	Peroguarda 71 R 5
Pedra Furada 20 H 4	Pega (Ribeira da) 35 K 8	Penamacor 48 L 8	Peninha 58 P 1	Pereira (Coimbra) 47 L 4	Perolivas 60 Q 7
Pedraído 20 H 5	Pegarinhos 35 H 7	Pena Róia 36 H 10	Pensalvos 21 H 7	Pereira (Faro) 80 U 4	Pêro Moniz 58 O 2
Pedrario 21 G 7	Pego 47 N 5	Peneda (Serra da) 20 G 4	Pepim 34 J 6	Pereira (Vila Real) 21 G 6	Pêro Negro 80 U 3
Pedras Brancas 71 S 5	Pego do Altar (Barragem de) 59 Q 4	Peneda-Gerês (Parque nacional da) 20 G 5	Pêra 80 U 4	Pereiras 70 T 4	Pêro Pinheiro 58 P 2
Pedras de El Rei 81 U 7	Pegões-Estação 58 P 4	Penedo Gordo 71 S 6	Pêra do Moço 35 K 8	Pereiro (Faro) 71 T 7	Pêro Soares 35 K 8
Pedras Negras 46 M 2	Pedrógão (Santarém) 46 N 4	Penedono 35 J 7	Perafita 34 I 3		Pêro Viseu 48 L 7
Pedras Salgadas 21 H 7	Pelados 81 U 6	Penela 47 L 4	Perais 48 M 7		

Perozinho 34 I 4	Peva (Guarda) 36 J 9
Pesinho 48 L 7	Peva (Viseu) 35 J 6
Peso (Beja) 71 R 6	Pião 60 Q 8
Peso (Bragança) 22 H 10	Pias (Beja) 71 R 7
Peso (Castelo Branco) 48 L 7	Pias (Évora) 60 Q 7
Peso (Viana do Castelo) 20 F 5	Pias (Santarém) 47 M 5
Peso da Régua 35 I 6	
Pessegueiro (Coimbra) 47 L 5	
Pessegueiro (Faro) 71 T 6	
Peta 59 O 4	

PORTO

Almada (R. da) .... EXY
Carmelitas (R. das) .... EY 27
Clérigos (R. dos) .... EY 33
Dr. António Emílio de Magalhães (R. do) EY 42
Dr. Magalhães Lemos (R. do) ...... EY 43
Fernandes Tomás (R. de) .... EFY
Flores (R. das) .... EYZ
Formosa (R.) .... EFY
Passos Manuel (R. de) ...... FY 88
Sá da Bandeira (R. de) ..... FXY

Santa Catarina (R. de) ..... FY
31 de Janeiro (R. de) ...... EY 126
Alberto Aires Gouveia (R. de) ...... DY 3
Albuquerque (R. Af. de) .... DYZ 4
Alferes Malheiro (R. do) ... EXY 6
Almeida Garrett (Pr. de) ... EY 7
Antero de Quental (R. de) .. EX 10
Augusto Rosa (R. de) .... FZ 12
Belomonte (R. de) .... EZ 16
Boa Hora (R. da) .... DXY 18
Bonjardim (R. do) .... EXY 19
Carmo (R. do) .... DEY 28
Cimo da Vila (R. de) .... EY 31

Coelho Neto (R. de) .... FY 34
Dr. Tiogo de Almeida (R. do) .. DY 45
Dom Afonso Henriques (Av.) ...... EYZ 46
Dona Filipa de Lencastre (Pr.) ...... EY 49
Entreparedes (R. de) .... FY 52
Faria Guimarães (R. de) .... EX 54
Fonseca Cardoso (R. de) .... EY 57
Gomes Teixeira (R. de) ..... EY 61
Guedes de Azevedo (R. de) .. FXY 64
Heróis e Mártires de Angola (R.) ...... EY 66
Infante Dom Henrique (Pr. e R. do) ...... EZ 69

João das Regras (R. de) .... EX 70
Lisboa (Pr. de) .... EY 72
Loureiro (R. do) .... EY 73
Mártires da Patria (Campo dos) ...... DEY 76
Maternidade (R. da) .... DY 78
Nova de São Crispim (R.) ... FX 82
Oliveira (R. de) .... EY 85
Paraíso (R. do) .... EFX 87
Piedade (R. da) .... DX 90
Prov. Vicente José de Carvalho (R. do) DY 93
Ribeira (Pr. da) .... EZ 96
Sacadura Cabral (R.) .... DX 99

São Domingos (L. de) .... EZ 100
São João (R. de) .... EZ 102
São João Novo (Pr. de) ..... DZ 103
São Lazaro (Passeio de) .... FY 105
Saraiva de Carvalho (R.) ... EZ 106
Sé (Terreiro da) .... EZ 108
Soares dos Reis (L. de) .... EY 115
Trindade (R. da) .... EY 120
Vimara Peres (Av.) .... EY 121
Vitoria (R. da) .... EYZ 123

B   CASA DA MISERICÓRDIA
E   SANTA CLARA

Name	Page	Grid
Pias (Viana do Castelo)	20	F 4
Picamilho	71	S 6
Picão	34	J 6
Piçarras	71	T 5
Picarrel	60	Q 7
Pico	96	H 10
Pico Alto	96	M 60
Pico da Pedra	96	J 19
Pico (Ilha do)	96	H 10
Pico de Regalados	20	G 4
Picões	36	I 9
Picoitos	71	T 7
Picote	22	H 10
Picote (Barragem de)	36	H 10
Picoto	34	I 4
Piedade	96	H 11
Piedade	34	K 4
Piedade (Ponta da)	80	U 3
Pilado	46	M 3
Pindelo dos Milagres	34	J 6
Pinela	22	G 9
Pinelo	22	H 10
Pingarelhos	46	L 3
Pinhal do Norte	35	I 7
Pinhal Novo	58	Q 3
Pinhancos	35	K 6
Pinhão	35	I 7
Pinheiro (Braga)	20	H 5
Pinheiro (Guarda)	35	J 7
Pinheiro (perto de Castro Daire)	34	J 6
Pinheiro (perto de Mortágua)	34	K 5
Pinheiro (perto de Oliveira de Frades)	34	J 5
Pinheiro (Porto)	34	I 5
Pinheiro (Setúbal)	58	Q 3
Pinheiro (Estação de)	58	Q 3
Pinheiro da Bemposta	34	J 4
Pinheiro de Coja	47	L 6
Pinheiro Grande	47	N 4
Pinheiro Novo	21	G 8
Pinhel (Guarda)	35	J 8
Pinhel (Santarém)	46	N 4
Pinho (Vila Real)	21	H 7
Pinho (Viseu)	34	J 5
Pinoucas	34	K 5
Pintado	47	N 4
Pinzio	35	K 8
Piódão	47	L 6
Pipas	60	Q 7
Pisão (Aveiro)	47	L 4
Pisão (Portalegre)	60	O 7
Pisco	35	J 7
Pisões (Leiria)	46	N 3
Pisões (Vila Real)	21	G 6
Pisões-Moura	71	R 7
Pitões das Júnias	21	G 6
Pó	58	O 2
Pocariça	34	K 4
Poceirão	58	Q 3
Pocinho	35	I 8
Pocinho (Barragem do)	35	I 8
Poço Barreto	80	U 4
Poço dos Cães	47	M 4
Poços	71	S 6
Podence	22	H 9
Podentes	47	L 4
Poiares (Bragança)	36	I 9
Poiares (Vila Real)	35	I 6
Poio (Barragem do)	48	N 7
Poiso	80	BY
Poldra	80	U 3
Polvoeira	46	M 2
Pomar	47	M 6
Pomarão	71	T 7
Pomares (Coimbra)	47	L 6
Pomares (Guarda)	35	K 6
Pombal (Bragança)	35	I 7
Pombal (Leiria)	46	M 4
Pombalinho (Coimbra)	47	L 4
Pombalinho (Santarém)	46	N 4
Pombeiro da Beira	47	L 5
Pombeiros	71	S 6
Pondras	21	G 6
Ponsul	48	L 8
Ponta	80	C X
Ponta Delgada	96	E 2
Ponta Delgada	96	J 18
Ponta do Mistério	96	H 11
Ponta da Calheta	80	C X
Ponta do Pargo	80	A Y
Ponta do Sol	80	A Y
Pontal (Cabo)	80	U 3
Pontal (Gruta)	80	U 4
Pontão	47	M 4
Ponte	20	G 4
Ponte da Barca	20	G 4
Ponte Delgada	80	B Y
Ponte de Lima	20	G 4
Ponte de Sor	59	O 5
Ponte de Vagos	34	K 3
Ponte do Abade	35	J 7
Ponte do Rol	58	O 2
Ponte Nova	34	I 5
Pontével	58	O 3
Pontinha	59	O 6
Porches	80	U 4
Portagem	48	N 7
Portalegre	60	O 7
Portalegre (Estação de)	60	O 7
Porteirinhos	71	T 5
Portel	71	R 6
Portela (Faro)	81	U 6
Portela (Leiria)	58	O 2
Portela (Viana do Castelo)	20	G 4
Portela de Santa Eulália	21	H 6
Portela de Vade	20	G 4
Portela do Fojo	47	M 5
Portelas	80	U 3
Portelo	22	G 9
Portimão	80	U 4
Portinho da Arrábida	58	Q 3
Porto	34	I 4
Porto Alto	58	P 2
Porto Formoso	96	J 19
Porto Carvoeiro	34	I 4
Porto Covo	70	S 3
Porto da Balça	47	L 6
Porto da Calada	58	O 1
Porto da Cruz	80	B Y
Porto da Espada	60	N 7
Porto das Barcas	70	T 3
Porto de Barcas	58	O 1
Porto de Lagos	80	U 4
Porto de Mós	46	N 3
Porto de Ovelha	36	K 9
Porto de Sines	70	S 3
Porto do Carro	46	N 3
Porto do Codeço	35	J 6
Porto Moniz	80	A Y
Portos	20	F 5
Porto Santo	80	D X
Portunhos	47	L 4
Possacos	21	H 8
Pousada	35	K 8
Pousada da Ria	34	J 3
Pousadas Vedras	47	M 4
Pousaflores	47	M 4
Pousafoles do Bispo	35	K 8
Pousos	46	M 3
Póvoa (Bragança)	23	H 11
Póvoa (Viseu)	35	J 6
Póvoa (Barragem da)	48	N 7
Povoação	96	J 20
Póvoa da Atalaia	48	L 7
Póvoa da Isenta	58	O 3
Póvoa das Quartas	35	K 6
Póvoa de Lanhoso	20	H 5
Póvoa d'El-Rei	35	J 8
Póvoa de Midões	34	K 6
Póvoa de Penela	35	I 7
Póvoa de Rio de Moinhos	48	M 7
Póvoa de Santa Iria	58	P 2
Póvoa de Santarém	46	O 3
Póvoa de São Miguel (Beja)	72	R 8
Póvoa de Varzim	20	H 3
Póvoa do Concelho	35	J 8
Póvoa e Meadas	48	N 7
Povolide	35	K 6
Pracana (Barragem de)	47	N 6
Praderes	80	A Y
Prado	20	H 4
Prado Gatão	22	H 10
Prados (perto de Celorico da Beira)	35	K 7
Prados (perto de Freixedas)	35	J 8
Pragança	58	O 2
Praia	96	F 12
Praia	96	M 20
Praia da Cordama	80	U 3
Praia da Tocha	46	L 3
Praia da Vitória	96	G 14
Praia do Norte	96	H 9
Praia dos Mouranitos	80	U 3
Praia Azul	58	O 1
Praia da Aguda	34	I 4
Praia da Alagoa	81	U 7
Praia da Areia Branca	58	O 1
Praia da Árvore	34	I 3
Praia da Barra	34	K 3
Praia da Bordeira	80	U 3
Praia da Carreagem	70	T 3
Praia da Falesia	80	U 5
Praia da Galé	80	U 5
Praia da Ilha	70	S 3
Praia da Ilha de Faro	81	V 6
Praia da Ilha de Tavira	81	U 7
Praia da Manta Rota	81	U 7
Praia da Oura	80	U 5
Praia da Rocha	80	U 4
Praia das Maçãs	34	K 3
Praia da Vagueira	34	K 3
Praia da Vieira	46	M 3
Praia de Agudela	34	I 3
Praia de Areinho	34	I 3
Praia de Boa Nova	34	I 3
Praia de Cabadelo	20	G 3
Praia de Cabanas	81	U 7
Praia de Caparica	58	Q 2
Praia de Cascais	58	Q 1
Praia de Comporta	58	Q 3
Praia de Cortegaça	34	J 4
Praia de Dona Ana	80	U 4
Praia de Ericeira	58	P 1
Praia de Esmoriz	34	J 4
Praia de Espinho	34	J 3
Praia de Faro	81	U 6
Praia de Furadouro	34	J 3
Praia de Fuseta	81	U 6
Praia de Labruge	34	I 3
Praia de Lavadores	34	I 4
Praia de Leirosa	46	L 3
Praia de Magoito	58	P 1
Praia de Maria Luisa	80	U 5
Praia de Melides	70	R 3
Praia de Mira	34	K 3
Praia de Monte Branco	34	J 3
Praia de Monte Clérigo	70	T 3
Praia de Morgavel	70	S 3
Praia de Odeceixe	70	T 3
Praia de Porto Covo	70	S 3
Praia de Quiaios	46	L 3
Praia de Ribeiro	58	O 1
Praia de Samarra	58	P 1
Praia de Santa Cruz	58	O 1
Praia de Santo André (Porto)	20	H 3
Praia de Santo André (Setúbal)	70	R 3
Praia de São Lourenço	58	O 1
Praia de São Sebastião	58	P 1
Praia de São Torpes	70	S 3
Praia de Suave Mar	20	H 3
Praia do Castelejo	80	U 3
Praia do Guincho	58	P 1
Praia do Martinhal	80	U 3
Praia do Porto Novo	58	O 1
Praia do Rei Cortiço	46	N 2
Praia do Ribatejo	47	N 4
Praia do Salgado	46	N 2
Praia dos Tres Irmãos	80	U 4
Praia Grande (Beja)	70	T 3
Praia Grande (Lisboa)	58	P 1
Praia Nova	46	N 2
Praias de Albufeira	80	U 4
Praia Velha	46	M 2
Prainha	96	H 11
Prazeres	60	P 7
Préstimo	34	K 4
Proença-a-Nova	47	M 6
Proença-a-Velha	48	L 8
Prova	35	J 7
Provença	70	S 3
Provesende	35	I 7
Pueblonuevo del Guadiana	61	P 9
Pussos	47	M 4

Q

Name	Page	Grid
Quadrazais	48	L 9
Quarteira	81	U 5
Quartos	81	U 5
Quatrim do Sul	81	U 6
Quebradas	58	O 3
Queimada (Ponta da)	96	H 11
Queimadela	20	H 5
Queimado (Ponta do)	96	G 13
Queirã	34	J 5
Queiriga	35	J 6
Queiriz	35	J 7
Quelfes	81	U 6
Queluz	58	P 2
Querença	81	U 6
Quiaios	46	L 3
Quiaios (Dunas de)	46	L 3
Quintã (Aveiro)	34	K 3
Quintã (Beja)	71	T 6
Quinta da Corona	70	S 4
Quintã de Pêro Martins	35	J 8
Quinta de Santa Maria	71	R 5
Quinta do Anjo	58	Q 3
Quinta do Estácio	71	S 6
Quinta do Lago	81	U 5
Quinta do Pinheiro	59	O 6
Quintanilha	22	G 10
Quinta Nova	35	J 8
Quintãs	34	K 4
Quintas da Torre	48	L 8
Quintas do Norte	34	J 3
Quintela de Azurara	35	K 6
Quintela de Lampacas	22	H 9
Quintos	71	S 6
Quirás	21	G 8

R

Name	Page	Grid
Rã	59	Q 5
Rabaça	60	O 8
Rabaçal (Coimbra)	47	L 4
Rabaçal (Guarda)	35	J 8
Rabaçal (Rio)	21	G 8
Rabal	22	G 9
Rabo de Peixe	96	J 19
Raia (Ribeira da)	59	P 5
Raimonda	34	I 5
Rainha (Cabeço)	47	M 6
Rainha Santa Isabel (Pousada da) (Estremoz)	60	P 7
Raiva	34	I 4
Raiva (Barragem de)	47	L 5
Ramalhais	47	M 4
Ramalhal	58	O 2
Raminho	96	G 14
Ramo Alto	60	Q 7
Ranhados	35	J 8
Raposa	59	O 4
Raposeira	80	U 3
Rapoula do Côa	35	K 8
Rãs (Porto)	34	I 5
Rãs (Viseu)	35	J 7
Raso (Cabo)	58	P 1
Rates	20	H 3
Real	34	I 5
Rebolia	47	L 4
Rebolosa	36	K 9
Rebordainhos	22	H 9
Rebordãos	22	G 9
Rebordelo (Aveiro)	34	J 4
Rebordelo (Bragança)	21	G 8
Rebordelo (Porto)	34	H 6
Rebordões (Porto)	20	H 4
Rebordões (Viana do Castelo)	20	G 4
Reboreda	20	G 3
Reboredo (Serra do)	36	I 9
Recarei	34	I 4
Redinha	47	L 4
Redondelo	21	G 7
Redondo	60	Q 7
Réfega	22	G 10
Refoios do Lima	20	G 4
Regadas (Braga)	20	H 5
Regadas (Porto)	34	I 5
Rego	20	H 5
Rego (Monte)	60	P 8
Rego da Barca	35	I 8
Rego da Murta	47	M 4
Regueira de Pontes	46	M 3
Reguenga	34	I 4
Reguengo (Évora)	59	Q 5
Reguengo (Portalegre)	60	O 7
Reguengo do Fetal	46	N 3
Reguengo Grande	58	O 2
Reguengos de Monsaraz	60	Q 7
Reigada	36	J 9
Reigoso	21	G 6
Relíquias (Beja)	70	S 4
Relíquias (Évora)	60	P 7
Relva	96	J 18
Relva da Louça	47	M 6
Relvas	47	L 6
Remal	80	A Y
Remédios	96	J 18
Remédios	46	N 1
Remelhe	20	H 4
Remondes	36	H 9
Rendo	48	K 8
Rendufe	20	H 4
Requeixo	34	K 4
Reriz	34	J 6
Resende	35	I 6
Retaxo	48	M 7
Retiro	60	P 8
Retorta	71	S 7
Revel	21	H 7
Reveladas	60	N 7
Rexaldia	47	N 4
Riachos	47	N 4
Ria Formosa (Parque Natural da)	81	V 6
Ria (Pousada da) (Murtosa)	34	J 3
Riba d'Ave	20	H 4
Riba de Mouro	20	F 5
Ribadouro	21	I 5
Ribafeita	34	J 6
Ribafria	46	O 2
Ribalonga (Bragança)	35	I 7
Ribalonga (Vila Real)	35	H 7
Ribamar (perto de Ericeira)	58	O 1
Ribamar (perto de Lourinhã)	58	O 1
Ribamondego	35	K 7
Ribeira (Aveiro)	34	J 4
Ribeira (Coimbra)	47	L 5
Ribeira Cha	96	J 19
Ribeira Grande	96	J 19
Ribeira (Ponta da)	96	J 20
Ribeira Quente	96	J 20
Ribeira Seca	96	H 12
Ribeira Seca	96	J 19
Ribeira Brava	80	A Y
Ribeira da Janela	80	A Y
Ribeira de Fraguas	34	J 4
Ribeira de Pena	21	H 6
Ribeiradio	34	J 5
Ribeira dos Carinhos	35	K 8
Ribeira do Seissal	70	S 4
Ribeirão	20	H 4
Ribeiras	96	H 11
Ribeirinha	96	G 14
Ribeirinha	35	H 8
Ribeirinha	96	H 14
Ribeirinha	96	J 19
Ribeiro Frio	80	BY
Ribolhos	34	J 6
Riodades	35	I 7
Rio de Couros	47	M 4
Rio de Mel	35	J 7
Rio de Moinhos (Beja)	70	S 5
Rio de Moinhos (Évora)	60	P 7
Rio de Moinhos (Santarém)	47	N 5
Rio de Moinhos (Viseu)	35	J 6
Rio de Moinhos (Setúbal)	70	R 5
Rio de Mouro	58	P 1
Rio de Onor	22	G 10
Rio Douro	21	H 6
Rio Frio (Bragança)	22	G 10
Rio Frio (Setúbal)	58	P 3
Rio Frio (Viana do Castelo)	20	G 4
Rio Maior	46	N 3
Rio Mau (Braga)	20	G 4
Rio Mau (Porto)	20	H 3
Rio Milheiro	34	K 5
Rio Seco	81	U 7
Rio Torto (Guarda)	35	K 7
Rio Torto (Vila Real)	21	H 8
Rio Vide	47	L 5
Roca (Cabo da)	58	P 1
Rocamondo	35	K 8
Rocas do Vouga	34	J 4
Rocha dos Bordões	96	E 2
Rochoso	35	K 8
Roda Grande	47	N 4
Rogil	70	T 3
Rogodeiro	21	H 8
Rojão	34	K 5
Rojão Grande	34	K 5
Rolão	71	S 6
Roliça	46	O 2
Romã	58	O 2
Romarigães	20	G 4
Romariz	34	J 4
Romãs	35	J 7
Romeira	58	O 3
Romeu	21	H 8
Roncão	71	T 7
Ronfe	20	H 4
Roriz (Braga)	20	H 4
Roriz (Porto)	20	H 4
Roriz (Viseu)	35	J 6
Rosais	96	G 11
Rosais (Ponta dos)	96	G 11
Rosário (Beja)	71	T 5
Rosário (Évora)	60	Q 7
Rosmaninhal (Castelo Branco)	48	M 8
Rosmaninhal (Portalegre)	59	O 6
Rossão	35	J 6
Rossas (Aveiro)	34	J 5
Rossas (Braga)	20	H 5
Rossio ao Sul do Tejo	47	N 5
Rouças	20	G 5
Roxo (Barragem do)	71	S 5
Roxo (Ribeira do)	70	S 4
Rua	35	J 7
Rubiães	20	G 4
Ruivães	20	G 5
Ruivo	71	R 5
Ruivo (Pico)	80	B Y
Ruivo do Paúl	80	A Y
Runa	58	O 2
Ruvina	35	K 8

S

Name	Page	Grid
Sá	21	G 7
Sabacheira	47	M 4
Sabóia	70	T 4
Sabor	22	G 9
Sabrosa	35	I 7
Sabroso	21	H 7
Sabugal	48	K 8
Sabugal (Barragem do)	35	K 8
Sabugo	58	P 2
Sabugosa	34	K 5
Sabugueiro (Évora)	59	P 5
Sabugueiro (Guarda)	35	K 7
Sacavém	58	P 2
Sado	70	S 4
Sado Morgavel (Canal do)	70	S 4
Safara	72	R 8
Safira	59	Q 5
Safurdão	35	K 8
Sago	20	F 4
Sagres	20	H 5
Sagres (Ponta de)	80	V 3
Salamonde	20	G 5
Salavessa	48	N 7
Saldanha	22	H 10
Saldonha	22	H 9
Salema	80	U 3
Salgueirais	35	K 7
Salgueiro (Aveiro)	34	K 4
Salgueiro (Bragança)	36	I 9
Salgueiro (Castelo Branco)	48	L 8
Salgueiro (Leiria)	46	O 2
Salgueiro do Campo	48	M 7
Salgueiros (Beja)	71	T 7
Salgueiros (Vila Real)	21	H 7
Salir	81	U 5
Salir do Porto	46	N 2
Salreu	34	J 4
Salsas	22	H 9
Salselas	22	H 9
Salto (Beja)	71	S 6
Salto de Cavalo	96	J 20
Salto (Vila Real)	21	H 6
Salvada	71	S 6
Salvador (Castelo Branco)	48	L 8
Salvador (Samtarém)	59	O 4
Salvador do Monte	34	I 5
Salvaterra de Magos	58	O 3
Salvaterra do Extremo	49	M 9
Salzedas	35	I 6
Samardã	21	H 6
Sambade	22	H 9
Sambado	47	M 5
Sambrana	71	T 6
Sameice	35	K 6
Sameiro	35	K 7
Sameiro (Monte)	20	H 4
Samil	22	G 9
Samões	35	I 8
Samora Correia	58	P 3
Samouco	58	P 2
Samouqueira	70	T 3
Sampaio (perto de Mogadouro)	22	H 9
Sampaio (perto de Vila Flor)	35	I 8
Sampriz	20	G 4
Samuel	46	L 3
San Julião	60	O 8
San Martinho	48	M 7
San Martinho do Peso	22	H 10
San Pedro do Corval	60	Q 7
San Salvador	48	N 7
Sande (Braga)	20	H 4
Sande (Porto)	34	I 5
Sandim (Bragança)	21	G 8
Sandim (Porto)	34	I 4
Sandomil	35	K 6
Sanfins	21	G 8
Sanfins do Douro	35	I 7
Sangalhos	34	K 4
Sanguedo	34	I 4
Sanguinhal	58	O 2
Sanhoane	36	H 10
Sanjurge	21	G 7
Santa Antão	96	H 12
Santa Bárbara	96	G 13
Santa Bárbara	96	J 19
Santa Bárbara	96	M 20
Santa Bárbara	70	T 4

Place	Ref.
Santa Bárbara (Pousada de) (Póvoa das Quartas)	35 K 6
Santa Bárbara de Nexe	81 U 6
Santa Bárbara de Padrões	71 T 6
Santa Catarina (Faro)	80 U 4
Santa Catarina (Leiria)	46 N 2
Santa Catarina (Setúbal)	59 Q 4
Santa Catarina (Pousada de) (Miranda do Douro)	23 H 11
Santa Catarina da Fonte do Bispo	81 U 6
Santa Catarina da Serra	46 M 3
Santa Cita	47 N 4
Santa Clara	47 L 4
Santa Clara (Barragem de)	70 T 4
Santa Clara-a-Nova	71 T 5
Santa Clara-a-Velha	70 T 4
Santa Clara do Louredo	71 S 6
Santa Comba (Guarda)	35 J 8
Santa Comba (Porto)	34 I 4
Santa Comba (Viana do Castelo)	20 G 4
Santa Comba Dão	34 K 5
Santa Comba de Rosas	22 G 9
Santa Comba de Vilariça	35 H 8
Santa Combinha	22 H 9
Santa Cristina	34 K 5
Santa Cruz	80 B Y
Santa Cruz (Beja)	71 T 6
Santa Cruz da Graciosa	96 F 11
Santa Cruz das Flores	96 E 2
Santa Cruz (Setúbal)	70 R 3
Santa Cruz da Trapa	34 J 5
Santa Cruz do Douro	34 I 5
Santa Eufémia (Guarda)	35 J 8
Santa Eufémia (Leiria)	46 M 3
Santa Eugénia	35 H 7
Santa Eulália (Braga)	20 H 4
Santa Eulália (Guarda)	35 K 6
Santa Eulália (Lisboa)	58 P 2
Santa Eulália (Portalegre)	60 P 8
Santa Eulália (Porto)	20 H 5
Santa Iria	71 S 7
Santa Iria da Azóia	58 P 2
Santa Justa (Évora)	59 P 6
Santa Justa (Faro)	71 T 6
Santa Justa (Santarém)	59 O 5
Santa Leocádia (Porto)	34 I 5
Santa Leocádia (Viseu)	35 I 7
Santa Luzia	96 H 10
Santa Luzia (Monte)	71 S 7
Santa Luzia (Beja)	70 S 4
Santa Luzia (Castelo Branco)	48 L 7
Santa Luzia (Barragem de)	47 L 6
Santa Luzia (Basílica)	20 G 3
Santa Luzia (Forte de)	60 P 8
Santa Luzia (Pousada de)	60 P 8
Santa Luzia (Beja)	71 R 7
Santa Luzia (Viana do Castelo)	20 G 3
Santa Margarida do Sádo	70 R 4
Santa Margarida da Coutada	47 N 5
Santa Margarida da Serra	70 R 4
Santa Maria (Braga)	20 H 4
Santa Maria (Ilha de)	96 L 20
Santa Maria (Viseu)	35 I 8
Santa Maria (Barragem de)	36 J 9
Santa Maria (Cabo de)	81 V 6
Santa Maria (Pousada de) (Marvão)	48 N 7
Santa Maria da Feira	34 J 4
Santa Maria da Montanha	21 H 6
Santa Maria de Aguiar (Antigo Convento de)	36 J 9
Santa Maria de Émeres	21 H 7
Santa Maria de Oliveira (Pousada de) (Guimarães)	20 H 5
Santa Maria Madalena	20 H 4
Santa Marina (Couto de)	48 M 8
Santa Marinha (Guarda)	35 K 7
Santa Marinha (Viana do Castelo)	20 F 4
Santa Marinha do Zêzere	34 I 6
Santa Marta	71 T 7
Santa Marta de Portuzelo	20 G 3
Santa Marta de Penaguião	35 I 6
Santa Quitéria	20 H 5
Santa Sofia	59 Q 5
Santa Susana (Évora)	60 Q 7
Santa Susana (Setúbal)	59 Q 4
Santa Valha	21 G 8
Santa Vitória	71 S 5
Santa Vitória do Ameixial	59 P 6
Santalha	21 G 8
Santana	80 B Y
Santana (Coimbra)	46 L 3
Santana (Évora)	71 R 6
Santana (Setúbal)	58 Q 2
Santana da Serra	70 T 5
Santana de Cambas	71 T 7
Santana do Campo	59 P 5
Santar	35 K 6
Santarém	58 O 3
Santiago (Bragança)	36 H 10
Santiago (Guarda)	35 K 6
Santiago (Portalegre)	60 O 7
Santiago (Viseu)	35 I 6
Santiago (Pousada de)	70 R 3
Santiago da Guarda	47 M 4
Santiago de Besteiros	34 K 5
Santiago de Cassurrães	35 K 6
Santiago de Litém	46 M 4
Santiago de Ribeira de Alhariz	21 H 7
Santiago do Cacém	70 R 3
Santiago do Escoural	59 Q 5
Santiago dos Velhos	58 P 2
Santiago Maior	60 Q 7
Santiais	47 M 4
Santo Aleixo	60 P 7
Santo Aleixo da Restauração	72 R 8
Santo Aleixo de Além Tâmega	35 H 6
Santo Amador	72 R 8
Santo Amaro (Guarda)	35 I 8
Santo Amaro (Portalegre)	60 P 7
Santo Amaro de Oeiras	58 P 2
Santo André (Lagoa de)	70 R 3
Santo André (Setúbal)	70 R 3
Santo André (Vila Real)	21 G 7
Santo André das Tojeiras	47 M 6
Santo Antão do Tojal	58 P 2
Santo Antonio	80 BZ
Santo António	96 G 11
Santo António	96 H 10
Santo António	96 J 18
Santo Antonio da Serra	80 BY
Santo António (Pousada de)	34 K 4
Santo António das Areias	48 N 8
Santo António de Alcôrrego	59 O 6
Santo Antonio de Baldio	60 Q 7
Santo António de Monforte	21 G 7
Santo António de Outeiro	71 R 7
Santo António Velho	71 S 7
Santo Espírito	96 M 20
Santo Estêvão (Braga)	20 H 5
Santo Estêvão (Évora)	60 P 7
Santo Estêvão (Faro)	81 U 6
Santo Estêvão (Guarda)	48 L 8
Santo Estêvão (Santarém)	58 P 3
Santo Estêvão (Vila Real)	21 G 7
Santo Estêvão (Ribeira de)	58 P 3
Santo Estêvão das Galés	58 P 2
Santo Ildefonso	60 P 8
Santo Isidoro	58 P 1
Santo Isidro de Pegões	58 P 4
Santo Tirso	20 H 4
Santos (perto de Alcanena)	46 N 3
Santos (perto de Mação)	47 N 6
Santos Evos	35 K 6
Santulhão	22 H 10
São Barnabé	70 T 5
São Bartolomeu (Beja)	71 T 6
São Bartolomeu (perto de Bragança)	22 G 9
São Bartolomeu (Portalegre)	47 N 6
São Bartolomeu da Serra	70 R 4
São Bartolomeu de Messines	80 U 5
São Bartolomeu do Outeiro	59 Q 6
São Bartolomeu dos Galegos	58 O 2
São Bartolomeu (perto de Outeiro)	22 H 10
São Bento (Leiria)	46 N 3
São Bento (Pousada de)	20 H 5
São Bento (Viana do Castelo)	20 G 4
São Bento de Castris (Convento)	59 Q 6
São Bento do Ameixial	60 P 7
São Bento do Cortiço	60 P 7
São Bernardino	46 O 1
São Brás	71 S 7
São Brás (Pousada de)	81 U 6
São Brás de Alportel	81 U 6
São Brás do Regedouro	59 Q 5
São Brissos (Beja)	71 R 6
São Brissos (Évora)	59 Q 5
São Cipriano	34 K 6
São Cosme	20 H 4
São Cristóvão	59 Q 5
São Cristóvão (Ribeira de)	59 Q 4
São Domingos (Santarém)	47 N 5
São Domingos (Setúbal)	70 S 4
São Domingos (Ribeira de)	70 S 4
São Domingos da Ordem	59 Q 6
São Domingos de Ana Loura	60 P 7
São Domingos de Rana	58 P 1
São Facundo	47 N 5
São Félix	34 J 5
São Félix da Marinha	34 I 4
São Filipe (Pousada de)	58 Q 3
São Francisco da Serra	70 R 4
São Frutuoso de Montélios	20 H 4
São Gemil	34 K 6
São Gens	60 P 7
São Gens (Pousada de)	71 S 7
São Geraldo	59 P 5
São Gonçalo	80 B Z
São Gonçalo	22 H 9
São Gonçalo (Pousada de)	35 I 6
São Gregório (Évora)	59 P 6
São Gregório (Viana do Castelo)	20 F 5
São Gregório da Fanadia	46 N 2
São Jacinto	34 K 3
São Jerónimo (Pousada de)	34 K 5
São Joanico	22 H 10
São Joaninho (perto de Castro Daire)	35 J 6
São Joaninho (perto de Santa Comba Dão)	34 K 5
São João	96 H 10
São João	58 Q 2
São João (Ribeira de)	48 N 7
São João da Boa Vista	34 K 5
São João da Corveira	21 H 7
São João da Madeira	34 J 4
São João da Pesqueira	35 I 7
São João da Ribeira	58 O 3
São João da Serra	34 J 5
São João das Lampas	58 P 1
São João da Tahla	58 P 2
São João da Venda	81 U 6
São João de Areias	34 K 5
São João de Loure	34 K 4
São João de Negrilhos	71 S 5
São João de Tarouca	35 J 6
São João de Ver	34 J 4
São João do Campo	47 L 4
São João do Monte (perto de Caramulo)	34 K 5
São João do Monte (perto de Nelas)	35 K 6
São João do Peso	47 M 5
São João dos Caldeireiros	71 T 6
São João dos Montes	58 P 2
São Jomil	21 G 8
São Jorge	80 B Y
São Jorge (Aveiro)	34 J 4
São Jorge (Canal de)	96 H 11
São Jorge (Ilha de)	96 G 11
São Jorge (Leiria)	46 N 3
São Jorge (Ponta de)	80 B Y
São Jorge (Viana do Castelo)	20 G 4
São Jorge da Beira	47 L 6
São José da Lamarosa	59 O 4
São José das Matas	47 N 6
São Julião de Palácios	22 G 10
São Julião do Tojal	58 P 2
São Leonardo	60 Q 8
São Lourenço (Baia do)	96 M 20
São Lourenço (Bragança)	35 I 7
São Lourenço (Faro)	80 U 5
São Lourenço (Ponta de)	80 B Y
São Lourenço (Vila Real)	21 G 7
São Lourenço da Serra	70 R 4
São Lourenço de Mamporcão	60 P 7
São Lourenço de Ribapinhão	35 I 7
São Lourenço do Bairro	34 K 4
São Luís	70 S 4
São Macário	34 J 5
São Mamede do Sado	70 R 4
São Mamede (perto de Batalha)	46 N 3
São Mamede (perto de Óbidos)	46 O 2
São Mamede (Pico)	60 O 7
São Mamede (Serra de)	60 O 7
São Mamede de Ribatua	35 I 7
São Manços	59 Q 6
São Marcos	81 U 7
São Marcos da Abóbada	59 Q 6
São Marcos da Ataboeira	71 S 6
São Marcos da Serra	70 T 4
São Marcos do Campo	71 Q 7
São Martinho	80 B Y
São Martinho (Alto de)	46 N 2
São Martinho (Rio de)	59 Q 4
São Martinho da Cortiça	47 L 5
São Martinho das Amoreiras	70 T 4
São Martinho das Chãs	35 I 7
São Martinho de Angueira	22 H 10
São Martinho de Antas	35 I 7
São Martinho de Mouros	35 I 6
São Martinho do Porto	46 N 2
São Mateus	96 H 10
São Mateus	96 H 14
São Matias (Beja)	71 R 6
São Matias (Évora)	59 Q 5
São Miguel	81 U 6
São Miguel (Ilha de)	96 J 18
São Miguel de Acha	48 L 8
São Miguel de Machede	59 Q 6
São Miguel de Poiares	47 L 5
São Miguel de Vila Boa	35 J 6
São Miguel do Mato	34 J 4
São Miguel do Outeiro	34 K 5
São Miguel do Pinheiro	71 T 6
São Miguel do Rio Torto	47 N 5
São Paio	35 K 7
São Paio da Farinha Podre	47 L 5
São Paulo de Frades	47 L 4
São Pedro (Beja)	71 R 6
São Pedro (Bragança)	21 H 8
São Pedro (Évora)	71 R 6
São Pedro (Vila Real)	21 G 6
São Pedro (Pousada de) (Castelo do Bode)	47 N 5
São Pedro da Cadeira	58 O 1
São Pedro da Cova	34 I 4
São Pedro das Cabeças	71 S 5
São Pedro da Torre	20 G 4
São Pedro de Açor	47 L 6
São Pedro de Agostém	21 G 7
São Pedro de Alva	47 L 5
São Pedro de Balsemão	35 I 6
São Pedro de Moel	46 M 2
São Pedro de Rio Seco	36 K 9
São Pedro de Serracenos	22 G 9
São Pedro de Solis	71 T 6
São Pedro de Veiga de Lila	21 H 8
São Pedro do Esteval	47 N 6
São Pedro do Sul	34 J 5
São Pedro Fins	34 I 4
São Pedro Santa Luzia	81 U 7
São Pedro Velho	21 G 8
São Pedro Velho (Monte)	34 J 5
São Romão	35 K 6
São Romão (perto de Montemor-o-Novo)	59 Q 5
São Romão (perto de Vila Viçosa)	60 P 8
São Romão do Sado	70 R 4
São Roque	80 B Y
São Roque	96 J 19
São Roque do Pico	96 H 11
São Salvador	21 H 8
São Saturnino	60 O 7
São Sebastião	96 H 14
São Sebastião	47 L 4
São Sebastião da Giesteira	59 Q 5
São Sebastião dos Carros	71 T 6
São Simão de Litém	47 M 4
São Teotónio	70 T 3
São Teotónio (Pousada de) (Valença do Minho)	20 F 4
São Tomé do Castelo	21 H 6
São Torcato (Braga)	20 H 5
São Torcato (Santarém)	59 P 4
São Vicente	80 A Y
São Vicente de Ferreira	96 J 19
São Vicente (Évora)	71 R 5
São Vicente (Porto)	34 I 5
São Vicente (Vila Real)	21 G 8
São Vicente (Cabo de)	80 U 3
São Vicente da Beira	48 L 7
São Vicente da Chã	21 G 6
São Vicente de Lafões	34 J 5
São Vicente de Pereira Juza	34 J 4
São Vicente do Paúl	46 N 4
São Vicente do Pigeiro	60 Q 7
São Vicente e Ventosa	60 P 8
Sapataria	58 P 2
Sapelos	21 G 7
Sapiãos	21 G 7
Sapos	71 T 6
Sapos	71 T 7
Sardão	36 I 9
Sardão (Cabo)	70 T 3
Sardeiras de Baixo	47 M 6
Sardoal	47 N 5
Sarilhos Grandes	58 P 3
Sarnadas	80 U 5
Sarnadas de Ródão	48 M 7
Sarnadas de São Simão	47 M 6
Sarraquinhos	21 G 7
Sarzeda	35 J 7
Sarzedas	47 M 6
Sarzeda	47 M 4
Sarzedo (Castelo Branco)	48 K 7
Sarzedo (Viseu)	35 I 7
Sátão	35 J 6
Sazes da Beira	47 K 6
Seara Velha	21 G 7
Sebadelhe	35 I 8
Sebadelhe da Serra	35 J 7
Sebal	47 L 4
Secarias	47 L 5
Seco	36 J 9
Seda	59 O 6
Seda (Ribeira de)	59 O 6
Sedielos	35 I 6
Segirei	21 G 8
Segões	35 J 6
Segura	48 M 9
Seia	35 K 6
Seia (Rio)	35 K 6
Seiça	47 M 4
Seixa	21 H 6
Seixal	80 A Y
Seixal	58 Q 2
Seixas (Bragança)	21 G 8
Seixas (Guarda)	35 I 8
Seixas (Viana do Castelo)	20 G 3
Seixe (Ribeira de)	70 T 3
Seixo Amarelo	35 K 7
Seixo da Beira	35 K 6
Seixo de Ansiães	35 I 8
Seixo de Gatões	46 L 3
Seixo de Manhoses	35 I 8
Seixo do Côa	35 K 8
Sejarão	35 I 6
Selho	20 H 4
Selmes	71 R 6
Semide	47 L 4
Semideiro	59 O 5
Sendas	22 H 9
Sendim (Bragança)	36 H 10
Sendim (Vila Real)	21 G 6
Sendim (Viseu)	35 I 7
Sendim da Ribeira	36 I 9
Sendim da Serra	36 I 9
Senhora do Monte	96 J 20
Senhora da Ajuda	60 P 8
Senhora da Cola	70 T 5
Senhora da Conceição	70 R 4
Senhora da Graça de Padrões	71 T 6
Senhora da Laje	34 J 5
Senhora da Mó	34 J 5
Senhora da Orada	48 L 7
Senhora da Peneda	20 G 5
Senhora da Póvoa	35 I 8
Senhora da Ribeira	35 I 8
Senhora da Rocha	80 U 5
Senhora de Mércules	48 M 7
Senhora de Monte Alto	47 L 5

Senhora do Almurtão	48 M 8	Serrazola (Ribeira de)	59 O 6	Sintra (Serra de)	58 P 1
Senhora do Bom Sucesso	48 L 8	Serreta	96 G 13	Sistelo	20 G 4
Senhora do Desterro	35 K 6	Serrinha	60 O 8	Sítio das Éguas	81 U 5
Senhora do Nazo	22 H 10	Serrinha (Monte)	59 Q 4	Sizandro	58 O 1
Senhora do Rosário	60 O 8	Sertã	47 M 5	Soajo	20 G 5
Senhorim	35 K 6	Sertã (Ribeira da)	47 M 6	Soajo (Serra do)	20 G 5
Senouras	36 K 9	Serves	58 P 2	Soalhães	34 I 5
Sentieiras	47 N 5	Serzedelo	20 H 5	Soalheira	48 L 7
Sentinela	81 U 7	Sesimbra	58 Q 2	Soalheiras	48 M 8
Sepins	34 K 4	Sesmarias	70 R 4	Sobradelo da Goma	20 H 5
Serapicos (Bragança)	22 H 9	Sete	71 T 6	Sobradinho	81 U 5
Serapicos (Vila Real)	21 H 7	Sete Cidades	96 J 18	Sobrado	34 I 4
Serdedelo	20 G 4	Sete Cidades (Caldeira das)	96 J 18	Sobrainho dos Gaios	00 M 6
Sernada	34 J 4	Setil	58 O 3	Sobral (Castelo Branco)	47 M 5
Sernadas	34 K 5	Setúbal	58 Q 3	Sobral (Viseu)	34 K 5
Sernancelhe	35 J 7	Setúbal (Baia de)	58 Q 3	Sobral da Abelheira	58 P 1
Seroa	34 I 4	Sever do Vouga	34 J 4	Sobral da Adiça	72 R 8
Serpa	71 S 7	Sezelhe	21 G 6	Sobral da Lagoa	46 N 2
Serpins	47 L 5	Sezulfe	21 H 8	Sobral da Serra	35 K 8
Serra	47 N 5	Sezures	35 J 7	Sobral de Casegas	47 L 6
Serra de Água	80 A Y	Sicó (Serra de)	47 M 4	Sobral de Monte Agraço	58 O 2
Serra de Bornes	21 H 8	Silva	22 H 10	Sobral do Campo	48 L 7
Serra de Dentro	80 D X	Silvalde	34 J 3	Sobral Fernando	47 M 6
Serra d'El-Rei	46 N 2	Silvares (Braga)	20 H 5	Sobral Pichorro	35 J 7
Serra de Santo António	46 N 3	Silvares (Castelo Branco)	47 L 6	Sobral Valado	47 L 6
Serrado (Eira do)	80 B Y	Silvares (Porto)	34 I 5	Sobreira	34 I 4
Serra do Bouro	46 N 2	Silveira	58 O 1	Sobreira Formosa	47 M 6
Serra do Mouro	47 M 4	Silveirona	60 P 7	Sobreiro	34 J 4
Serras de Aire e Candeeiros (Parque Natural das)	46 N 3	Silveiros	20 H 4	Sobreiro de Cima	21 G 8
		Silves	80 U 4	Sobreposta	20 H 4
		Sines	70 S 3	Sobrosa (Beja)	72 R 8
		Sines (Cabo de)	70 S 3	Sobrosa (Porto)	34 I 4
		Sintra	58 P 1		

Soeima	22 H 9	Souto (Viana do Castelo)	20 G 4	Tanganheira	70 S 3
Soeira	22 G 9	Souto (Viseu)	35 I 7	Tangil	20 F 4
Sol Posto	70 S 4	Souto da Carpalhosa	46 M 3	Tapada	58 O 4
Solveira	21 G 6	Souto da Casa	48 L 7	Tapada Grande (Barragem da)	71 S 7
Somouqueira	80 U 3	Souto da Velha	36 I 9	Tapéus	47 L 4
Sonim	21 G 8	Souto de Aguiar da Beira	35 J 7	Tarouca	35 I 7
Sopo	20 G 3	Souto de Escarão	21 H 7	Tarouquela	34 I 5
Sor (Ribeira de)	47 N 6	Souto Maior	35 I 7	Taveiro	47 L 4
Sorraia	59 P 4	Suções	21 H 8	Tavila	47 M 6
Sortelha	48 K 8	Sul	34 J 5	Tavira	81 U 7
Sortelhão	35 K 8	Sul (Rio)	34 J 5	Tavira (Ilha de)	81 U 6
Sortes	22 G 9	Sume	59 O 6	Távora (Viana do Castelo)	20 G 4
Sosa	34 K 4			Távora (Viseu)	35 I 7
Soudes	71 T 7	**T**		Távora (Rio)	35 J 7
Soure	47 L 4			Tazem	21 H 7
Souro Pires	35 J 8	Taberna Seca	48 M 7	Tedo	35 I 7
Sousa	34 I 5	Taboeira	34 K 4	Teira	46 N 3
Sousel	59 P 6	Taboeiras	34 K 3	Teixeira (Bragança)	22 H 10
Sousel (Ribeira de)	59 P 6	Tábua	34 K 5	Teixeira (Coimbra)	47 L 6
Souselas	47 L 4	Tabuaço	35 I 7	Teixeira (Guarda)	47 L 6
Souselo	34 I 5	Tabuadelo	20 H 5	Teixeira (Porto)	35 I 6
Soutelinho	20 H 4	Tabuado	34 I 5	Teixelo	35 J 6
Soutelinho da Raia	21 G 7	Tadim	20 H 4	Teixoso	48 L 7
Soutelo (Aveiro)	34 J 4	Taião	20 G 4	Teja (Ribeira de)	35 J 8
Soutelo (Braga)	20 H 4	Taipadas	58 P 4	Tejo	48 M 7
Soutelo (Bragança)	22 H 9	Taipas	20 H 4	Telhada	46 L 3
Soutelo (perto de Chaves)	21 G 7	Talabita	71 R 7	Telhadela	34 J 4
Soutelo (perto de Vila Real)	35 I 6	Talefe	58 O 1	Telhado	48 L 7
Soutelo de Aguiar	21 H 6	Talhadas	34 K 5	Telheiro (Beja)	70 T 4
Soutelo do Douro	35 I 7	Talhas	22 H 9	Telheiro (Évora)	60 Q 7
Soutelo Mourisco	22 G 9	Talhrmu	21 G 8	Telões	21 H 6
Soutilha	21 G 8	Tâmega	21 G 7	Tendais	34 I 5
Souto (Aveiro)	34 J 4	Tancos	47 N 4	Tenencia	81 T 7
Souto (Guarda)	49 K 9	Tanganhal	70 R 4	Tentúgal	46 L 4
Souto (Santarém)	47 N 5			Tera (Ribeira de)	59 P 6

Terceira (Ilha)	96 G 14	
Terena	60 Q 7	
Terges (Ribeira de)	71 S 6	
Termas	34 J 5	
Termas de Alcafache	35 K 6	
Termas de Monfortinho	49 M 9	
Terras de Bouro	20 G 5	
Terreiro das Bruxas	48 L 8	
Terrenho	35 I 7	
Terrugem (Lisboa)	58 P 1	
Terrugem (Portalegre)	60 P 7	
Tinalhas	48 M 7	
Tinhela	21 G 8	
Tinhela (Rio)	35 H 7	
Tinhela de Baixo	21 H 7	
Tó	36 I 10	
Tocha	46 L 3	
Tojal	59 Q 5	
Tojal (Estação de)	59 Q 5	
Toledo	58 O 2	
Tolosa	47 N 6	
Tomadias	35 J 8	
Tomar	47 N 4	
Tonda	34 K 5	
Tondela	34 K 5	
Topo	96 H 12	
Topo (Ponta do)	96 H 12	
Topo (Serra do)	96 H 12	
Torgal (Ribeira de)	70 T 4	
Torgueda	35 I 6	
Tornada	46 N 2	
Torrais (Ponta)	96 D 2	
Torrão (Portalegre)	47 N 6	

SETÚBAL

Álvaro Castelões (R.)	BZ 7	Santo António (Largo de)	BZ 44
António Girão (Rua)	BZ 9	Alexandre Herculano (Av. de)	BY 3
Augusto Cardoso (Rua de)	BZ 13	Almirante Reis (Praça do)	AZ 4
Bocage (Rua do)	BZ 18	Almocreves (Rua dos)	BZ 6
Dr Paula Borba (Rua)	BZ 25	António José Batista (Rua)	CY 10
		Arronches Junqueiro (Rua)	BZ 12
		Bela Vista (Travessa da)	AZ 15

Bocage (Praça do)	BZ 16	Exército (Praça do)	BZ 27
Ciprestes (Estrada dos)	CY 19	José Filipe (Rua)	AZ 30
Clube Naval (Rua)	AZ 20	Machado dos Santos (Praça)	AZ 31
Combatentes da Grande Guerra (Av. dos)	AZ 21	Major Afonso Pala (Rua do)	BZ 33
Defensores da República (Largo dos)	CZ 22	Mariano de Carvalho (Av.)	BY 34
Dr António J. Granjo (Rua)	BZ 24	Marquês da Costa (Rua)	AZ 36
		Marquês de Pombal (Praça)	AZ 37
		Mirante (Rua do)	CY 38

Ocidental do Mercado (Rua)	AZ 39	
Paulino de Oliveira (Rua de)	AZ 40	
República de Guiné-Bissau (Av.)	BY 42	
Tenente Valadim (Rua)	AZ 43	
Trabalhadores do Mar (Rua dos)	AZ 45	
22 de Dezembro (Av.)	BY 46	

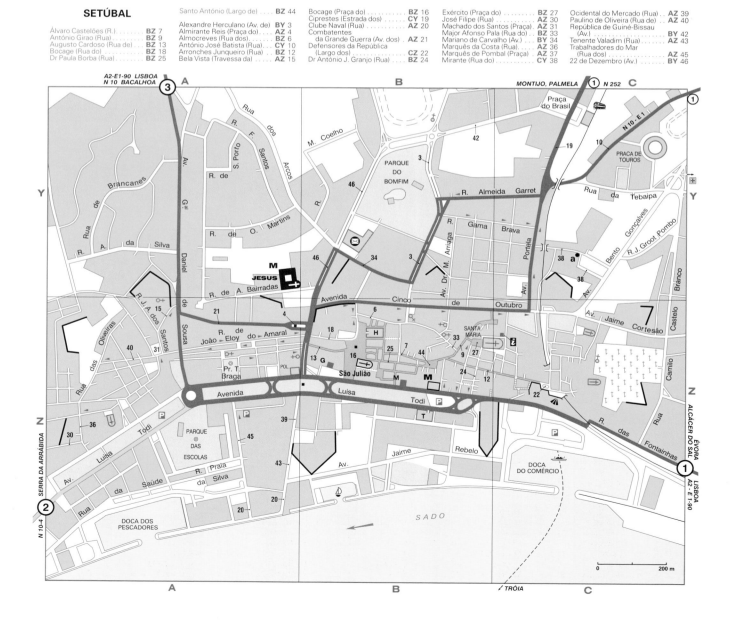

Torrão (Sétubal) 70 R 5
Torrão do Lameiro 34 J 4
Torre (Castelo Branco) 49 M 9
Torre de Aspa 80 U 3
Torre (Guarda) 48 K 8
Torre (Setúbal) 58 Q 3
Torre (Viana do Castelo) 20 G 3
Torre (Monte) 48 L 7
Torre da Gadanha 59 Q 5
Torre das Vargens 59 O 6
Torre de Bolsa 60 P 8
Torre de Coelheiros 59 Q 6
Torre de Dom Chama 21 H 8
Torredeita 34 K 5
Torre de Moncorvo 35 I 8
Torre de Pinhão 21 H 7
Torre de Vale de Todos 47 M 4
Torre do Terrenho 35 J 7
Torreira 34 J 3
Torres 35 J 8
Torres Novas 47 N 4
Torres Vedras 58 O 2
Torre Vã 70 S 4
Torrinheiras 20 H 6
Torroal 70 R 3
Torrozelas 47 L 6
Torrozelo 35 K 6
Torto (Rio) (Castelo Branco) 48 L 8
Torto (Rio) (Viseu) 35 I 7
Torto (Rio) (Vila Real) 21 H 7
Tortosendo 48 L 7
Touca (Castelo Branco) 48 L 7
Touça (Guarda) 35 I 8
Touguinha 20 H 3
Toulica (Barragem) 48 M 8
Toulões 48 M 8
Tourém 21 G 6
Tourigo 34 K 5
Touril 70 T 3
Touro 35 J 6
Tourões (Ribeira de) 36 K 9
Toutalga 71 R 7
Toutosa 34 I 5
Touvedo 20 G 4
Trafaria 58 P 2
Trafeiras 71 S 6
Tramaga 59 O 5
Tramagal 47 N 5
Trancoso 35 J 7
Travaços (perto de Povoa de Lanhoso) 20 H 5
Travanca (perto de Mogadouro) 36 H 10
Travanca (perto de Vinhais) 22 G 9
Travanca (Porto) 34 I 5
Travanca de Lagos 34 K 6
Travanca de Tavares 35 K 7
Travanca do Mondego 47 L 5
Travancas 21 G 8
Travassô 34 K 4
Travassós 20 H 5
Travessa 72 R 8
Treixedo 34 K 5
Tremês 46 N 3
Tresminas 21 H 7
Tresouras 35 I 6
Trevim (Alto de) 47 L 5
Trevões 35 I 7
Trezói 34 K 5
Trigaches 71 R 6
Trigais 47 L 6
Trigo (Monte) 96 G 11
Trindade (Beja) 71 S 6
Trindade (Bragança) 21 H 8
Trinta 35 K 7
Tripeiro 48 M 7
Tristão (Ponta do) 80 A Y
Trofa (Aveiro) 34 K 4
Trofa (Porto) 20 H 4
Tróia 58 Q 3
Tróia (Península de) 58 Q 3
Tronco 21 G 8
Troporiz 20 F 4
Troviscais 70 T 3
Troviscal (Aveiro) 34 K 4
Troviscal (Castelo Branco) 47 M 5
Tua 35 I 7
Tua (Rio) 21 H 8
Tuella 21 G 8
Tuido-Gandra 20 F 4
Tuizelo 21 G 8
Tunes 80 U 5
Turcifal 58 O 2
Turquel 46 N 3

U

Ulme 59 O 4
Umbrias de Camacho 81 U 7
Unhais da Serra 48 L 7
Unhais-o-Velho 47 L 6
Unhos 58 P 2
Urqueira 46 M 4
Urra 60 O 7
Urrós (perto de Brunhozinho) 36 H 10
Urros (perto de Ligares) 35 I 8
Urso (Pinhal do) 46 M 3
Urza 71 T 5
Urzelina 96 H 11
Uva 22 H 10

V

Vacariça 34 K 4
Vagos 34 K 3
Vaiamonte 60 O 7
Vairão 20 H 4
Valada 58 O 3
Valadares 34 I 4
Valadas (Beja) 71 S 7
Valadas (Castelo Branco) 47 N 5
Valado dos Frades 46 N 2
Valbom (Castelo Branco) 48 M 7
Valbom (Guarda) 35 J 8
Valbom (Leiria) 47 M 5
Valdelacalzada 61 P 9
Valdigem 35 I 6
Valdreu 20 G 5
Valdrez 22 H 9
Valdujo 35 J 8
Vale 20 G 4
Vale do Côa (Parque archeológico do) 35 I 8
Vale Furado 46 M 2
Vale (São Cosme) 20 H 4
Vale Alto 46 N 4
Vale Beijinha 70 S 3
Vale Bemfeito 22 H 9
Vale Covo (Beja) 71 S 7
Vale Covo (Leiria) 58 O 2
Vale da Madre 36 H 9
Vale da Mó 34 K 4
Vale da Mua 47 M 6
Vale da Mula 36 J 9
Vale da Pinta 58 O 3
Vale da Rosa 81 U 6
Vale da Seda 59 O 6
Vale da Senhora da Povoa 48 L 8
Vale das Fontes 21 G 8
Vale das Mós 47 N 5
Vale da Telha 80 U 3
Vale da Torre 48 L 7
Vale da Ursa 47 M 6
Vale da Vinha 47 N 6
Vale de Açor (Beja) 71 S 6
Vale de Açor (Portalegre) 59 O 6
Vale de Açor (Samtarém) 47 N 5
Vale de Afonsinho 35 J 8
Vale de Água (Beja) 70 S 5
Vale de Água (Setúbal) 70 S 4
Vale de Albuquerque 60 P 8
Vale de Anta 21 G 7
Vale de Asnes 21 H 8
Vale de Azares 35 K 7
Vale de Cambra 34 J 4
Vale de Cavalos (Portalegre) 60 O 8
Vale de Cavalos (Santarém) 59 O 4
Vale de Cobrão (Ribeira de) 58 P 3
Vale de Couço 21 H 8
Vale de Ebros 81 U 7
Vale de Espinho 49 L 9
Vale de Estrela 35 K 8
Vale de Ferro 70 S 4
Vale de Figueira (Santarém) 58 O 4
Vale de Figueira (Viseu) 35 I 7
Vale de Frades 22 H 10
Vale de Gaio (Barragem de) 70 R 5
Vale de Gaviões 47 N 6
Vale de Gouvinhas 21 H 8
Vale de Guiso 70 R 4
Vale de Ílhavo 34 K 4
Vale de Janeiro 21 G 8
Vale de Maceiras 60 O 7
Vale de Madeira 35 J 8
Vale de Moinhos 22 H 9
Vale de Moura 59 Q 6
Vale de Nogueira 22 H 9
Vale de Ossos 70 R 4
Vale de Pereiros 35 J 8
Vale de Prazeres 48 L 7
Vale de Rocins 71 S 6
Vale de Salgueiro 21 H 8
Vale de Santarém 58 O 3
Vale de Santiago 70 S 4
Vale de Telhas 21 H 8
Vale de Torno 35 I 8
Vale de Vaide 47 L 5
Vale de Vargo 71 S 7
Vale de Vilão 59 O 5
Vale de Zebro 71 S 5
Vale do Arco 47 N 6
Vale do Coelheiro 47 M 6
Vale do Homem 47 M 6
Vale do Judeu 81 U 5
Vale do Lobo 81 U 5
Vale do Paraiso 58 O 3
Vale do Pereiro 59 P 6
Vale do Peso 60 N 7
Vale do Rio 47 M 5
Vale do Seixo 35 J 8
Vale dos Reis 59 Q 4
Vale Feitoso 48 L 9
Vale Figueira 80 U 5
Vale Flor 35 J 8
Vale Formoso 72 R 8
Vale Frechoso 35 H 8
Valéga 34 J 4
Valeira (Barragem de) 35 I 7
Valença do Douro 35 I 7
Valença do Minho 20 F 4
Vale Pereiro 36 H 9
Vales (Beja) 70 S 4
Vales (Bragança) 35 H 9
Vales (Castelo Branco) 47 M 6
Vales (Faro) 81 U 6
Vales (perto de Aljezur) 80 U 3
Vales Mortos 71 S 7
Vale Verde (Bragança) 21 H 8
Vale Verde (Guarda) 36 J 9
Vale Vinagre 70 S 4
Valezim 35 K 6
Valhascos 47 N 5
Valhelhas 35 K 7
Valongo (Portalegre) 59 O 6
Valongo (Porto) 34 I 4
Valongo de Mihais 21 H 7
Valongo dos Azeites 35 I 7
Valongo do Vouga 34 K 4
Valoura 21 H 7
Valpaços 21 H 8
Valugas 21 H 7
Valverde (Bragança) 36 I 9
Valverde (Castelo Branco) 48 L 7
Valverde (Évora) 59 Q 5
Valverde (Santarém) 46 N 3
Valverde (Ribeira de) 59 Q 5
Vaqueiro 35 H 6
Vaqueiros 71 T 6
Vara (Pico da) 96 J 20
Varadouro 96 H 9
Varge 22 G 9
Vargem 60 O 7
Vargens 71 T 6
Variz 36 H 10
Várzea 96 J 18
Várzea (Coimbra) 47 L 5
Várzea (Santarém) 58 O 3
Várzea (Viana do Castelo) 20 G 5
Várzea Cova 20 H 5
Várzea da Ovelha 34 I 5
Várzea de Serra 35 J 6
Várzea de Trevões 35 I 7
Várzea dos Cavaleiros 47 M 5
Várzeas 46 M 3
Varziela 34 K 4
Vascão (Ribeira do) 71 T 6
Vasconha 34 J 5
Vascoveiro 35 J 8
Vassal 21 H 7
Vau 46 N 2
Veiga de lila 21 H 8
Veiros (Aveiro) 34 J 4
Veiros (Évora) 60 P 7
Vela 35 K 8
Vela (Lagoa da) 46 L 3
Velada 47 N 6
Velão (Alto de) 35 I 6
Velas 96 G 11
Velosa 35 K 8
Venade 20 G 3
Venda 60 Q 7
Vendada 35 J 8
Venda do Cepo 35 J 7
Venda do Pinheiro 58 P 2
Venda do Preto 47 M 4
Venda Nova (perto de Mação) 47 N 6
Venda Nova (perto de Tomar) 47 N 4
Venda Nova (Vila Real) 21 G 6
Venda Nova (Barragem de) 21 G 6
Vendas Novas 59 P 4
Vendinha 00 Q 7
Ventosa (Braga) 20 H 5
Ventosa (perto de Alenquer) 58 O 2
Ventosa (perto de Torres Vedras) 58 O 2
Ventosa do Bairro 34 K 4
Vera Cruz 71 R 6
Verde (Lagoa) 96 J 18
Verdelhos 35 K 7
Vergeira 70 S 4
Verigo 47 M 4
Vermelha 58 O 2
Vermelhos 71 T 5
Vermiosa 36 J 9
Vermoil 47 M 4
Vermoim 20 H 4
Verride 46 L 3
Vez 20 G 5
Viade de Baixo 21 G 6
Vialonga 58 P 2
Viana do Alentejo 71 R 5
Viana do Castelo 20 G 3
Viatodos 20 H 4
Vidago 21 H 7
Vidais 46 N 2
Vide 47 L 6
Videmonte 35 K 7
Vidigal (Castelo Branco) 47 M 6
Vidigal (Évora) 59 P 4
Vidigueira 71 R 6
Vidual 47 L 6
Viegas 71 S 7
Vieira de Leiria 46 M 3
Vieira do Minho 20 H 5
Vieirinhos 46 L 3
Vigia 70 T 4
Vigia (Barragem da) 60 Q 7
Vila do Porto 96 M 20
Vila Franca do Campo 96 J 19
Vila Nova de Corvo 96 D 2
Vila Nova de Santo André 70 R 3
Vila Alva 71 R 6
Vila Azeda 71 R 6
Vila Baleira 80 D X
Vila Boa de Ousilhão 22 G 9
Vila Boa do Bispo 34 I 5
Vila Boim 60 P 8
Vila Chã (Braga) 20 H 3
Vila Chã (Bragança) 22 H 10
Vila Chã (Guarda) 35 K 7
Vila Chã (Leiria) 47 M 4
Vila Chã (Porto) 34 I 3
Vila Chã (Viana do Castelo) 20 G 5
Vila Chã (Vila Real) 35 I 7
Vila Chã (Viseu) 34 K 6
Vila Chã de Braciosa 22 H 10
Vila Chã de Ourique 58 O 3
Vila Chão 34 I 5
Vila Cortês da Serra 35 K 7
Vila Cova 35 I 6
Vila Cova a Coelheira 35 J 6
Vila Cova de Alva 47 L 6
Vila Cova do Covelo 35 J 7
Vila da Ponte (Vila Real) 21 G 6
Vila da Ponte (Viseu) 35 J 7
Vila de Ala 36 I 10
Vila de Cucujães 34 J 4
Vila de Frades 71 R 6
Vila de Punhe 20 H 3
Vila de Rei 47 M 5
Vila do Bispo 80 U 3
Vila do Conde (Porto) 20 H 3
Vila do Conde (Vila Real) 21 H 7
Vila do Touro 35 K 8
Vila Facaia 47 M 5
Vila Fernando (Guarda) 35 K 8
Vila Fernando (Portalegre) 60 P 8
Vila Flor (Bragança) 35 I 8
Vila Flor (Portalegre) 47 N 6
Vila Formosa 59 O 6
Vila Franca 20 G 3
Vila Franca da Serra 35 K 7
Vila Franca das Naves 35 J 8
Vila Franca de Xira 58 P 3
Vila Franca do Rosário 58 P 2
Vila Fresca de Azeitão 58 Q 3
Vila Garcia (perto de Guarda) 35 K 8
Vila Garcia (perto de Trancoso) 35 J 8
Vila Longa 35 J 7
Vila Marim 35 I 6
Vila Meã 34 I 5
Vila Moinhos (Sobral) 34 K 5
Vila Moreira 46 N 3
Vilamoura 80 U 5
Vila Nogueira de Azeitão 58 Q 2
Vila Nova (Coimbra) 47 L 5
Vila Nova (Faro) 81 U 7
Vila Nova (Santarém) 47 N 5
Vila Nova da Barca 46 L 3
Vila Nova da Baronia 71 R 5
Vila Nova da Barquinha 47 N 4
Vila Nova da Rainha 58 O 3
Vila Nova de Anços 47 L 4
Vila Nova de Cacela 81 U 7
Vila Nova de Cerveira 20 G 3
Vila Nova de Famalicão 20 H 4
Vila Nova de Foz Côa 35 I 8
Vila Nova de Gaia 34 I 4
Vila Nova de Milfontes 70 S 3
Vila Nova de Monsarros 34 K 4
Vila Nova de Ourém 46 N 4
Vila Nova de Paiva 35 J 6
Vila Nova de Poiares 47 L 5
Vila Nova de São Bento 71 S 7
Vila Nova de São Pedro 58 O 3
Vila Nova de Tazem 35 K 6
Vila Nova do Ceira 47 L 5
Vila Nune 21 H 6
Vila Pouca da Beira 47 L 6
Vila Pouca de Aguiar 21 H 7
Vila Praia de Âncora 20 G 3
Vilar (Braga) 20 G 5
Vilar Formoso 36 K 9
Vilar (Lisboa) 58 O 2
Vilar (Vila Real) 21 H 6
Vilar (Viseu) 35 J 6
Vilar (Barragem de) 35 J 7
Vilarandelo 21 H 8
Vilar Barroco 47 M 6
Vilar Chão 36 H 9
Vilar da Lomba 21 G 8
Vilar da Veiga 20 G 5
Vilar de Amargo 35 J 8
Vilar de Arca 34 I 5
Vilar de Boi 47 N 6
Vilar de Cunhas 21 H 6
Vilar de Ferreiros 21 H 6
Vilar de Ledra 21 H 8
Vilar de Maçada 35 I 7
Vilar de Mouros 20 G 3
Vilar de Murteda 20 G 3
Vilar de Ossos 21 G 8
Vilar de Paraiso 34 I 4
Vilar de Perdizes 21 G 7
Vilar de Peregrinos 21 G 8
Vilar de Pinheiro 34 I 4
Vilar de Rei 36 I 9
Vilar do Monte 22 H 9
Vilar do Ruivo 47 M 5
Vilar dos Prazeres 46 N 4
Vila Real 35 I 6
Vila Real de Santo António 81 U 7
Vilarelho (Serra de) 21 H 7
Vilarelho da Raia 21 G 7
Vilarelhos 35 H 8
Vilares (Bragança) 21 H 8
Vilares (Guarda) 35 J 8
Vilares (Vila Real) 21 H 7
Vilariça (Ribeira de) 35 I 8
Vilarinha 80 U 3
Vilarinho (Bragança) 22 G 9
Vilarinho (Coimbra) 47 L 5
Vilarinho (Porto) 20 H 3
Vilarinho Seco 21 G 6
Vilarinho (Vila Real) 21 G 6
Vilarinho (Viseu) 34 J 5
Vilarinho da Castanheira 35 I 8
Vilarinho das Azenhas 35 H 8
Vilarinho das Cambas 20 H 4
Vilarinho das Furnas (Barragem) 20 G 5
Vilarinho de Agrochão 21 G 8
Vilarinho de Cotas 35 I 7
Vilarinho de Samardã 21 H 6
Vilarinho de São Luís 34 J 4
Vilarinho de São Romão 35 I 7
Vilarinho do Bairro 34 K 4
Vilarinho dos Galegos 36 I 10
Vilar Maior 36 K 9
Vilarouco 35 I 7
Vilar Seco 22 H 10
Vilar Seco de Lomba 21 G 8
Vilar Torpim 36 J 9
Vila Ruiva (Beja) 71 R 6
Vila Ruiva (Viseu) 35 K 6
Vilas Boas 35 H 8
Vilas do Pedro 47 M 5
Vila Seca (Braga) 20 H 3
Vila Seca (Coimbra) 47 L 4
Vila Seca (Viseu) 35 I 7
Vilas Ruivas 47 N 6
Vila Velha de Ródão 47 N 6
Vila Verde (Braga) 20 H 4
Vila Verde (Bragança) 22 G 9
Vila Verde (Coimbra) 46 L 3
Vila Verde da Raia 21 G 7
Vila Verde de Ficalho 72 S 8
Vila Verde dos Francos 58 O 2
Vila Verdinho 21 H 8
Vila Viçosa 60 P 7
Vilela 35 I 7
Vilela do Tâmega 21 G 7
Vilela Seca 21 G 7
Vilharinhos 81 U 6
Vimeiro (Leiria) 46 N 2
Vimeiro (Lisboa) 58 O 2
Vimieiro 59 P 6
Vimioso 22 H 10
Vinha da Rainha 46 L 3
Vinhais 21 G 8
Vinhas 22 H 9
Vinháticos (Pousada de dos) 80 A Y
Vinte e Dois (Barragem dos) 58 Q 3
Virtudes 58 O 3
Viseu 35 K 6
Viseus 71 T 6
Viso (Nossa Senhora do) 20 H 5
Vista Alegre 34 K 3
Viuvas 71 T 6
Viveiro 21 G 6
Vizela 20 H 4
Volta do Vale 59 P 4
Vouga 35 J 6
Vouguinha 35 J 6
Vouzela 34 J 5
Vreia de Bornes 21 H 7
Vreia de Jales 21 H 7

X

Xarrama 59 Q 6
Xartinho 46 N 3
Xerez de Baixo 60 Q 7
Xévora 60 O 8

Z

Zacarias (Ribeira de) 36 I 9
Zambujal (Coimbra) 47 L 4
Zambujal (Faro) 71 T 7
Zambujal (Setúbal) 58 Q 3
Zambujal de Cima 58 Q 2
Zambujeira do Mar 70 T 3
Zambujeiras 70 S 4
Zambujeiro 60 Q 7
Zava 36 I 9
Zavial 80 U 3
Zebreira 48 M 8
Zebro (Ribeira do) 71 R 7
Zedes 35 I 8
Zêzere (Rio) 48 K 7
Zêzere (Vale Glaciário do) 48 K 7
Zibreira 46 N 4
Zimão 21 H 7
Zoio 22 G 9

FRANCE • BENELUX
DEUTSCHLAND • ESPAÑA PORTUGAL
GREAT BRITAIN AND IRELAND • ITALIA • EUROPE
SUISSE SCHWEIZ SVIZZERA

GUÍAS VERDES TURÍSTICAS

ESPAÑA
ESPAGNE
SPAIN
SPANIEN

PORTUGAL
Madère

PORTUGAL
Madeira